国际(工程)项目管理专业资质认证培训系列丛书

中国工程项目管理知识体系

(上册)

《中国工程项目管理知识体系》编委会编写

主编 吴 涛 丛培经

中国建筑工业出版社

图书在版编目(CIP)数据

中国工程项目管理知识体系/《中国工程项目管理知识体系》编委会编写.—北京:中国建筑工业出版社,2003
(国际(工程)项目管理专业资质认证培训系列丛书)
ISBN 7-112-05857-0

Ⅰ.中… Ⅱ.中… Ⅲ.工程—项目管理—技术培训—教材 Ⅳ.F224.5

中国版本图书馆 CIP 数据核字(2003)第 040874 号

本书在借鉴国际上通用的项目管理方法的基础上,结合中国近 20 年推行工程项目管理的实践经验编写并初步建立了"中国工程项目管理知识体系"(C—CPMBOK)。前 10 章是以工程服务过程为主线的工程项目管理知识体系;后 10 章是以项目管理模块为特征的工程项目管理知识体系;全书既阐明了推进工程总承包中的项目管理服务,又构建了工程项目管理的知识模块结构,使工程项目管理的理论和知识实现了系统化、模块化、专业化和国际通用化。

本书除作为 IPMP、建造师、工程项目管理师的培训指导教材外,还可作为广大工程管理专业人员学习和深造的参考资料。

* * *

责任编辑 时咏梅

国际(工程)项目管理专业资质认证培训系列丛书
中国工程项目管理知识体系
(上、下册)
《中国工程项目管理知识体系》编委会编写
主编 吴 涛 丛培经

*

中国建筑工业出版社出版、发行(北京西郊百万庄)
新 华 书 店 经 销
北京中科印刷有限公司印刷

*

开本:787×1092 毫米 1/16 印张:42¾ 字数:1058 千字
2003 年 6 月第一版 2006 年 6 月第三次印刷
印数:6501—7500 册 定价:**58.00** 元(上、下册)
ISBN 7-112-05857-0
F·470(11496)

版权所有 翻印必究
如有印装质量问题,可寄本社退换
(邮政编码 100037)
本社网址:http://www.china-abp.com.cn
网上书店:http://www.china-building.com.cn

本书编委会

顾　问：
　　金德钧　　建设部总工程师
　　徐义屏　　中国建筑业协会秘书长（原建设部总经济师）

主任委员：
　　张青林　　中国建筑业协会副会长、工程项目管理委员会会长

副主任委员：
　　吴　涛　　中国建筑业协会工程项目管理委员会秘书长
　　丛培经　　北京建筑工程学院教授
　　钱福培　　国际项目管理专业资质中国认证委员会主席

委员（按姓氏笔画排列）：
　　王祖和　　山东科技大学教授
　　丛培经　　北京建筑工程学院教授
　　卢有杰　　清华大学教授
　　白思俊　　西北工业大学教授
　　成　虎　　东南大学教授
　　江见鲸　　清华大学教授
　　吴子燕　　西北工业大学教授
　　吴　涛　　中国建筑业协会工程项目管理委员会秘书长
　　何伯森　　天津大学教授
　　何伯洲　　东北财经大学教授
　　张婀娜　　人民大学教授
　　张　恒　　中建总公司管理学院副院长
　　林知炎　　同济大学教授
　　贾宏俊　　山东科技大学教授
　　钱福培　　国际项目管理专业资质中国认证委员会主席

办公室主任：
　　吴　涛（兼）

办公室副主任：
　　陈立军　　中国建筑业协会工程项目管理委员会研究发展部主任

编写分工

第1章　　成虎　白思俊
第2章　　白思俊
第3章　　丛培经　白思俊
第4章　　丛培经　吴涛
第5章　　林知炎　施骞
第6章　　贾宏俊　尤孩明
第7章　　成虎
第8章　　王祖和　贾宏俊
第9章　　卢有杰　丛培经
第10章　　贾宏俊　尤孩明
第11章　　丛培经　成虎　吴子燕
第12章　　张婀娜
第13章　　张婀娜
第14章　　林知炎　施骞　常陆军
第15章　　张婀娜　卢有杰
第16章　　何伯洲　王祖和
第17章　　何伯洲
第18章　　贾宏俊　尤孩明
第19章　　成虎
第20章　　张婀娜　丛培经
附录1　　卢有杰

序

新中国成立 50 多年来，在工程建设领域，我国建筑业积累了极为丰富的经验，特别是党的十一届三中全会以来，我国建筑业进入了更为蓬勃发展的阶段，并取得了举世瞩目的成就。1986 年国务院提出学习推广鲁布革工程管理经验，全国建筑业企业在邓小平建设有中国特色社会主义理论和党的基本路线指引下，认真总结传统的施工管理经验，借鉴国外先进管理方式和方法，以改革项目施工管理为突破口，推进企业管理体制改革，坚持项目经理责任制和项目成本核算制，以生产要素优化配置和动态管理为主要特征，形成了以工程项目管理为核心的新型经营管理机制，为建筑业企业走向市场，建立现代企业制度奠定了良好的基础。

实践证明，从"项目法施工到工程项目管理"具有坚实的理论基础，符合马克思主义关于解放发展生产力的理论和"三个代表"重要思想，具有把企业导向适应社会主义市场经济的积极作用，既能吸取国际先进经验又能带动建筑行业结构调整，在实践中取得了丰硕的成果。最近人事部、建设部又印发了《建造师执业资格制度暂行规定》及《关于培育发展工程总承包和工程项目管理企业的指导意见》，进一步阐述了推行工程总承包和工程项目管理的重要性和必要性，这对推进和调整我国勘察、设计、施工、监理企业的经营结构，加快中国建设工程项目管理与国际接轨必将产生深远的意义。为了更深入地在全国建筑业企业中学习、贯彻《中华人民共和国建筑法》和建设部、人事部有关文件精神，不断规范和深化建设工程项目管理，尽快形成和完善一套具有中国特色并与国际惯例接轨的、比较系统的、具有可操作性的项目管理的理论和方法，培育和造就一支高素质、职业化、国际化的项目管理人才队伍，以适应中国加入 WTO 后建筑业面临机遇和挑战的需要，真正帮助项目管理者掌握项目管理的基本理论和业务知识，提高工程项目管理水平，从而高质量、高效益地搞好工程建设，中国建筑业协会工程项目管理委员会组织有关企业、大专院校和科研单位的专家、学者共同策划研究，编写了《中国工程项目管理知识体系》和《工程总承包项目经理培训教材》系列丛书。本书在编写过程中，力求科学总结中国建筑业企业近 20 年来推行工程项目管理体制改革的经验，借鉴发达国家许多通用并适用于我国国情的管理方法，着眼于突出专业性和国际性。本书对中国推进建设工程项目管理的历史背景、运作方法、管理过程，对项目经理和注册建造师的业务基础知识要求和素质培养，对新世纪国际工程总承包项目管理的发展趋势等内容进行了较全面的论述。同时还重点介绍了一些我国大型国有建筑企业实施项目管理的实践经验、管理方法和经营理念，尽量将理论研究、实践经验、行业规范等有机地结合在一起，使其不仅具有重要的理论价值，而且具有较强的实用性和可操作性，对建设工程项目管理人员在项目管理实践操作中将起到重要的指导作用。

我由衷希望通过本书的出版，为参与建设工程项目管理的实际工作者，尤其是建设工程项目经理和中国注册建造师，提供一本实用的工作指导手册，也为工程项目管理的理论研究者和教学工作者提供一套比较完整、系统、科学的参考资料。由于工程项目管理在我国建筑行业中发展还不平衡,目前有些企业对项目经理责任制的推行还不够规范,随着中国工程项目管理体制改革的深化和工程总承包项目管理的推进,许多问题还需要进一步研究探讨。所以,本书的内容仍有不足之处,希望广大读者、项目经理和注册建造师提出宝贵意见,使本书能得以不断修订完善,真正高质量、高水平地服务于工程项目管理,服务于工程建设。

2003年5月20日

修订前言

随着国际(工程)项目管理专业资质培训与认证工作在建设工程行业全面展开和国家新颁布的有关法律、法规的出台,为了更有利于中国建设工程项目管理基本理论和做法与国际上通用的项目管理理论和方法对接,并在更大范围内推进工程总承包项目管理,根据广大读者的意见,本书在初版的基础上进行了修订。修订时对初版的章节目次进行了较大的调整,对初版中部分章节的内容进行了增删和修改。原第15章章目改为工程项目组织与人力资源管理并提前到第8章;原第8章工程项目设计阶段管理规划与原第9章工程项目施工管理合并为第9章,章目为工程项目设计与施工管理;原第16章工程项目风险管理、第17章工程项目采购与合同管理、第18章工程项目安全与环境管理、第19章项目沟通管理、第20章工程项目信息管理、第21章工程项目综合管理依次提前,变为第15章、第16章、第17章、第18章、第19章、第20章。修订后总章数由原来的21章减少为20章。

本书在修订编写委员会的直接领导下,分别由北京建筑工程学院丛培经,东南大学成虎,同济大学林知炎,中国人民大学张婀娜,西北工业大学白思俊、吴子燕,山东科技大学王祖和等教授按照章节负责修订。

全书由丛培经统稿,中国建筑业协会工程项目管理委员会吴涛、西北工业大学白思俊校审定稿。

初版前言

《中国工程项目管理知识体系》一书是自《建设工程项目管理规范实施手册》出版后又一套在借鉴国际工程项目管理通用做法，结合中国工程项目管理的实际并被实践证明为行之有效做法的基础上，编写的具有较完整和系统的专业知识体系教科书。本书的出版将配合学习掌握国际项目管理专业资质认证标准，用于建筑行业国际工程项目管理专业资质认证和注册建造师考前培训，同时为广大工程项目管理者学习深造提供一本实用的参考资料，具有重要的理论价值及较强的应用性和操作性。

建设部总工程师金德钧同志为本书作了序，并对该书的编写提出了宝贵意见。在本书的编写过程中还得到了建设部建筑市场管理司，中国（双法）项目管理研究会，中国建筑业协会工程项目管理委员会，北京统筹与管理科学学会，中建总公司等单位有关领导以及清华大学江见鲸教授、天津大学何伯森教授的热情关注和指导。这些有力的支持，使我们深受鼓舞，愿借此机会表示深深的敬意和谢意！

参加本书撰写、讨论、编辑、修改工作的有：中建协工程项目管理委员会吴涛，北京建筑工程学院丛培经，东南大学成虎，同济大学林知炎、施骞、常陆军，清华大学卢有杰，人民大学张婀娜，西北工业大学白思俊，山东科技大学贾宏俊、尤孩明，东北财经大学何伯洲等同志。

参加本书定稿工作的有张青林、吴涛、丛培经同志。

在此，谨向所有为本书付出艰苦劳动的业内人士致以由衷的谢意。

目 录

上 册

第1章 项目 ... 1
  1.1 项目的概念 ... 1
  1.2 项目的特性及其分类 ... 4
  1.3 项目利益相关者 ... 6
  1.4 项目构思 ... 8
  思考题 ... 16

第2章 项目管理 ... 18
  2.1 项目管理的发展 ... 18
  2.2 项目管理的概念 ... 30
  2.3 项目管理知识体系及其主要内容 ... 39
  2.4 项目管理的变革 ... 42
  2.5 项目的生命周期及其核心工作 ... 46
  思考题 ... 51

第3章 工程项目 ... 52
  3.1 工程项目的概念 ... 52
  3.2 工程项目的分类 ... 53
  3.3 工程项目的生命周期和建设程序 ... 55
  3.4 工程项目的系统分析 ... 58
  3.5 工程项目的过程 ... 60
  3.6 工程项目的利益相关者 ... 61
  3.7 成功的工程项目 ... 65
  思考题 ... 66

第4章 工程项目管理 ... 67
  4.1 工程项目管理的概念 ... 67
  4.2 工程项目管理在我国的发展历史 ... 70
  4.3 工程项目中的交易方式和管理模式 ... 73
  4.4 工程项目管理过程 ... 76
  4.5 工程项目管理的类型 ... 81

4.6　工程项目管理法律法规体系 ……………………………………………… 86
　　思考题 ……………………………………………………………………………… 91

第5章　工程项目策划 …………………………………………………………… 93

　　5.1　工程项目策划概述 …………………………………………………………… 93
　　5.2　工程项目发展策划 …………………………………………………………… 94
　　5.3　工程项目实施策划 …………………………………………………………… 103
　　5.4　工程项目运营策划 …………………………………………………………… 113
　　5.5　建设项目策划示例——上海洋山深水港建设项目定位 …………………… 115
　　思考题 ……………………………………………………………………………… 118

第6章　工程项目评价 …………………………………………………………… 119

　　6.1　工程项目融资效力评价 ……………………………………………………… 119
　　6.2　工程项目财务评价 …………………………………………………………… 125
　　6.3　工程项目国民经济评价 ……………………………………………………… 147
　　6.4　工程项目实施技术评价 ……………………………………………………… 151
　　6.5　工程项目社会综合评价 ……………………………………………………… 155
　　6.6　工程项目财务评价案例 ……………………………………………………… 161
　　思考题 ……………………………………………………………………………… 170

第7章　工程项目管理规划 ……………………………………………………… 171

　　7.1　工程项目管理规划概述 ……………………………………………………… 171
　　7.2　工程项目管理规划的编制 …………………………………………………… 173
　　7.3　工程项目管理规划的内容 …………………………………………………… 175
　　7.4　工程项目管理规划案例 ……………………………………………………… 177
　　思考题 ……………………………………………………………………………… 182

第8章　工程项目组织与人力资源管理 ………………………………………… 183

　　8.1　工程项目组织 ………………………………………………………………… 183
　　8.2　人力资源管理 ………………………………………………………………… 191
　　思考题 ……………………………………………………………………………… 208

第9章　工程项目设计与施工管理 ……………………………………………… 209

　　9.1　概述 …………………………………………………………………………… 209
　　9.2　工程项目设计管理 …………………………………………………………… 210
　　9.3　工程施工管理 ………………………………………………………………… 233
　　思考题 ……………………………………………………………………………… 246

第 10 章　工程项目后期管理 ····················· 247

10.1　工程项目竣工验收概述 ····················· 247
10.2　工程项目竣工验收的前期工作 ··············· 248
10.3　工程项目竣工验收资料 ····················· 250
10.4　工程项目竣工验收管理 ····················· 254
10.5　工程项目竣工结算 ························· 258
思考题 ·· 262

第 11 章　工程项目范围管理 ····················· 263

11.1　工程项目范围管理概述 ····················· 263
11.2　工程项目启动 ····························· 264
11.3　工程项目范围计划的编制 ··················· 268
11.4　工程项目范围界定及 WBS 的应用 ··········· 271
11.5　工程项目界面管理和系统描述 ··············· 280
11.6　工程项目范围核实 ························· 283
11.7　工程项目范围变更及控制 ··················· 285
思考题 ·· 288

第 12 章　工程项目时间管理 ····················· 290

12.1　工程项目工作界定 ························· 290
12.2　工程项目工作排序 ························· 291
12.3　工程项目工作持续时间估算 ················· 293
12.4　工程项目进度计划编制 ····················· 294
12.5　工程项目进度控制 ························· 296
12.6　流水施工方法 ····························· 300
12.7　工程网络计划技术 ························· 307
思考题 ·· 338

第1章 项 目

【内容提要】

本章将对项目的概念、项目的特性与分类、项目利益相关者、项目构思等概念进行系统介绍,使读者对项目的概念有一个新的认识。本章的重点有:

项目的定义与特征。项目的概念十分广泛,人们在社会生活、工作中会接触到大量的项目。对项目概念及特征的理解有助于项目管理理念及方法在实践中的应用。

项目的利益相关者的满意是现代项目管理的突出特点,在项目的全过程管理中必须关注利益相关者的期望和需求。

项目构思过程的了解有助于如何更好地提出项目,以及如何更好地对项目进行描述。

1.1 项目的概念

1.1.1 什么是项目

项目的表现形式多种多样,传统的大型项目来自于建筑、重工业、水利、能源,这种项目投入很大,要有大型专职的项目团队,并且需要多个组织的协作与努力。

我国在项目管理领域有极其丰富的实践。古代的长城、都江堰、秦始皇兵马俑等,即使是放在现在,也可以当之无愧的称得上是大型工程项目。新中国成立后的40多年,我国固定资产投资4万多亿元,建成了4700多个大中型建设项目。改革开放以来,各种规模、各种类型的项目更是百花齐放、数不胜数。

项目各种各样,有国家领导和专家反复论证、慎重决策的长江三峡水利枢纽、京九铁路,有政府部门加紧进行的体制改革,有企业家、经理们精心策划的开发、促销活动,有广大农民积极参与的科技推广,有研究单位遍地开花的科研课题,有淮河、太湖、滇池的保护水源"零点"行动,以及各种基础设施建设、房地产项目等等。再说得小一点,出趟差、搞个联欢会或请朋友来家聚会,都可以当作一个项目。可以看出,现代项目的概念已经有了较大地变更。

项目与项目管理起源于建筑业,现在人们对它的内涵与外延都有了新的认识。美国项目管理学会专业杂志上登载过的三个案例就颇有代表性。

(1) 新奥尔良市(New Orleans)是美国南方密西西比河和墨西哥湾交会的重要港口城市。该市20世纪70年代初制订了一项河岸改造战略计划,经过多年的努力,该市在沿河区完成了一个包括水族馆、河边公园、商贸中心和极具城市特色的河岸有轨电车等在内的综合性城市改建项目。这是传统意义上的典型的工程项目。

(2) 国际奥委会1988年成功地在加拿大的卡加立举办了第十五届冬季奥运会。这是一个有57个国家,2000多名运动员,数千名记者和专业人员以及上万名志愿工作者和150

万观众参加的大型体育盛会。冬奥会结束后给卡加立留下 5 亿美元的世界级运动设施,包括一个奥林匹克公园,还有 1.5 亿美元的场地维修保养费。这是一个将举办大型活动作为项目的典型案例。

(3) 加拿大伤残人瑞克·汉森为了证明其身残志坚,拟订并实施了一项举世瞩目的计划:以轮椅代足步行周游世界。结果他以惊人的毅力克服重重困难,用 3 年时间周游了世界 33 个国家,圆满地完成了预定的项目。这是一个典型的微型项目管理案例。

各类案例还可以举出很多,从以上三例可以看出,每个项目实际都是有待完成的任务。尽管各行业对"项目"含义的理解不完全相同,但其共性的内容是:项目是在限定条件下,为完成特定目标要求的一次性任务。任何项目的设立都有其特定目标,这种目标从广义的角度看,表现为预期的项目结束之后所形成的"产品"或"服务"。也有人把这类目标称为"成果性目标",与之相对应的还有另一类项目的目标,称为"约束性目标",如费用限制、进度要求等。显然,成果性目标是明确的,它是项目的最终目标,在项目实施过程中被分解成为项目的功能性要求,是项目全过程的主导目标;约束性目标通常又称限制条件,是实现成果性目标的客观条件和人为约束的统称,是项目实施过程中必须遵循的条件,从而成为项目管理的主要目标。作为一次性的项目任务,有区别于其他任务的基本特征,它意味着每一个项目都有其特殊性,不存在两个完全相同的项目。这是基于项目的整体性而言的,项目的特殊性可能表现在项目的目标、环境、条件、组织、过程等诸方面,两个目标不同的项目肯定各有其特殊性,即使目标相同的两个项目也各有其特殊性。例如,按照同一设计图纸建造两座图书馆,但建设这两座图书馆的项目是不会完全相同的,由于地理位置、施工的地质条件等不完全相同,其地基处理、平面处理、管道布置的施工方案和任务就不会完全相同。

从上述项目的概念可以看到,项目的外延是广泛的。大到长江三峡工程建设是一个项目,小到组织一次会议之类的活动也称其为一个项目。正像美国项目管理专业资质认证委员会主席 Paul Grace 所讲:"在当今社会中,一切都是项目,一切也将成为项目。"按项目进行管理将成为未来企业管理模式发展的主要方向。

1.1.2 项目的定义

项目是一个专业术语,有科学的定义,只有首先用科学的定义解释项目概念,搞清项目的特点和规律,才有可能发现管理项目的科学方法。

项目,来源于人类有组织的活动的分化。随着人类的发展,有组织的活动逐步分化为两种类型:

一类是连续不断、周而复始的活动,人们称之为"作业或运作"(Operations),如企业日常生产产品的活动;

另一类是临时性、一次性的活动,人们称之为"项目"(Projects),如企业的技术改造活动、一项环保工程的实施等。

基于对项目的不同理解,许多组织和个人都给项目下过定义:

(1) 美国项目管理学会认为"项目是一种被承办的旨在创造某种独特产品或服务的临时性努力。"

(2) 美国著名项目管理专家 James P. Lewis 认为"项目是指一种一次性的复合任务,具有明确的开始时间、明确的结束时间、明确的规模与预算,通常还有一个临时性的项目组。

(3) 国际项目管理协会主席 J. Rodney Turner 认为"项目是一种努力,它以一种新的方式将人力、财力和物资进行组织,完成独特范围定义的工作,使工作结果符合特定的规格要求,同时满足时间和成本的约束条件。"

本书的定义是基于国际项目管理协会的 IPMA Competence Baseline(ICB),其所给出的定义如下:

项目是一个特殊的将被完成的有限任务,它是在一定时间内,满足一系列特定目标的多项相关工作的总称。

此定义实际包含三层含义:

(1) 项目是一项有待完成的任务,有特定的环境与要求。这一点明确了项目自身的动态概念,即项目是指一个过程,而不是指过程终结后所形成的成果。例如,人们把一个新图书馆的建设过程称为一个项目,而不把新图书馆本身称为一个项目。

(2) 在一定的组织机构内,利用有限资源(人力、物力、财力等)在规定的时间内完成任务。任何项目的实施都会受到一定的条件约束,这些条件是来自多方面的,环境、资源、理念等等。这些约束条件成为项目管理者必须努力促其实现的项目管理的具体目标。在众多的约束条件中,质量(工作标准)、进度、费用是项目普遍存在的三个主要的约束条件。

(3) 任务要满足一定性能、质量、数量、技术指标等要求。项目是否实现,能否交付用户,必须达到事先规定的目标要求。功能的实现、质量的可靠、数量的饱满、技术指标的稳定,是任何可交付项目必须满足的要求,项目合同对于这些均具有严格的要求。

可以看出,项目可以是建造一栋大楼,一座工厂,或一座大水坝,也可以是解决某个研究课题,举办各种类型的活动等。这些都是一次性的,都要求在一定的期限内完成,不得超过一定的费用,并有一定的性能要求等。所以,有人说项目是建立一个新企业、新产品、新工程,或规划实施一项新活动、新系统的总称。

由此可见,在各种不同的项目中,项目内容可以说是千差万别的。但项目本身有其共同的特点,这些特点可以概括如下:

(1) 项目由多个部分组成,跨越多个组织,因此需要多方合作才能完成;
(2) 通常是为了追求一种新产物才组织项目;
(3) 可利用资源预先要有明确的预算;
(4) 可利用资源一经约定,不再接受其他支援;
(5) 有严格的时间界限,并公之于众;
(6) 项目的构成人员来自不同专业的不同职能组织,项目结束后原则上仍回原职能组织中;
(7) 项目的产物其保全或扩展通常由项目参加者以外的人员来进行。

1.1.3 项目的组成要素

为了达到预期的目标,项目由以下五个要素构成:

(1) 项目的(界定)范围;
(2) 项目的组织结构;
(3) 项目的质量;
(4) 项目的费用;
(5) 项目的时间进度。

项目目标五要素中,项目的界定(范围)和项目的组织是最基本的,而质量、时间、费用可以有所变动,是依附于界定和组织的。

1.2 项目的特性及其分类

1.2.1 项目的特征与属性

1. 项目的特征

通过对项目概念的认识和理解,可以归纳出项目作为一类特殊的活动(任务)所表现出来的区别于其他活动的特征:

(1) 项目的一次性

项目是一次性的任务。一次性是项目区别于其他任务(运作)的基本特征。这意味着每一个项目都有其特殊性,不存在两个完全相同的项目。项目的特殊性可能表现在项目的目标、环境、条件、组织、过程等诸方面,两个目标不同的项目肯定各有其特殊性,即使目标相同的两个项目也各有其特殊性。

(2) 项目目标的明确性

人类有组织的活动都有其目的性。项目作为一类特别设立的活动,也有其明确的目标。从上面对项目概念的剖析可以看到,项目目标一般由成果性目标与约束性目标组成。其中,成果性目标是项目的来源,也是项目的最终目标,在项目实施过程中成果性目标被分解成为项目的功能性要求,是项目全过程的主导目标;约束性目标通常又称限制条件,是实现成果性目标的客观条件和人为约束的统称,是项目实施过程中必须遵循的条件,从而成为项目实施过程中管理的主要目标。可见,项目的目标正是二者的统一,没有明确的目标,行动就没有方向,也就不成其为一项任务,也就不会有项目的存在。

(3) 项目的整体性

项目是为实现目标而开展的任务的集合,它不是一项孤立的活动,而是一系列活动的有机组合,从而形成一个完整的过程。强调项目的整体性,也就是强调项目的过程性和系统性。

2. 项目的属性

以上分析的是项目的外在特征,外在特征应该是其内在属性即项目本身所固有的特性的综合反映。结合项目的概念,项目的属性可归纳为以下六个方面:

(1) 惟一性

又称独特性,这一属性是"项目"得以从人类有组织的活动中分化出来的根源所在,是项目一次性属性的基础。每个项目都有其特别的地方,没有两个项目会是完全相同的。建设项目通常比开发项目更程序化些,但不同程度的用户化是所有项目的特点。在有风险存在的情况下,项目就其本质而言,不能完全程序化,项目主管之所以被人们强调很重要,是因为它们有许多例外情况要处理。

(2) 一次性

由于项目的独特性,项目作为一种任务,一旦任务完成,项目即告结束,不会有完全相同的任务重复出现,即项目不会重复,这就是项目的"一次性"。但项目的一次性属性是对项目整体而言的,并不排斥在项目中存在着重复性的工作。

项目的一次性也体现在如下几个方面:

① 项目　　　　——一次性的成本中心。
② 项目经理　　——一次性的授权管理者。
③ 项目经理部——一次性的施工生产临时组织机构。
④ 作业层　　　——一次性的项目劳务构成。

(3) 多目标属性

项目的目标包括成果性目标和约束性目标。在项目过程中成果性目标都是由一系列技术指标来定义的,同时都受到多种条件的约束,其约束性目标往往是多重的。因而,项目具有多目标属性。如图1-1 所示,项目的总目标是多维空间的一个点。

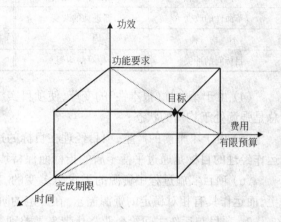

图 1-1　项目的多目标属性示意图

(4) 生命周期性

项目是一次性的任务,因而它是有起点也有终点的。任何项目都会经历启动、规划、实施、结束这样一个过程,人们常把这一过程称为"生命周期"。项目的生命周期特性还表现在项目的全过程中启动比较缓慢,规划与实施阶段比较快速,而结束阶段又比较缓慢的规律。

(5) 相互依赖性

项目常与组织中同时进展的其他工作或项目相互作用,但项目总是与项目组织的标准及手头的工作相抵触的。组织中各事业部门(行销、财务、制造等)间的相互作用是有规律的,而项目与事业部门之间的冲突则是变化无常的。项目主管应清楚这些冲突并与所有相关部门保持适当联系。

(6) 冲突性

项目经理与其他经理相比,生活在一个更具有冲突特征的世界中,项目之间有为资源而与其他项目进行的竞争,有为人员而与其他职能部门的竞争。项目组的成员在解决项目问题时,几乎一直是处在资源和领导问题的冲突中。

由上面关于项目的定义可以看出,在我们的社会中可以发现有各种各样的项目,埃及的金字塔和中国的古长城可以说是最早的"项目",而真正把项目作为一个系统来进行管理却是由曼哈顿原子计划开始的。

1.2.2　项目与运作

1. 项目与运作的区别

项目与运作最重要的不同点是单一性、独立性。两个极端的例子是罐头食品生产与航天飞行器的发射(或开发一种新食品罐头)。据此我们可以推导出项目与运作的诸多不同点,如表 1-1 所列:

(1) 项目是独一无二的,运作是重复进行的;

(2) 项目的存在于一个有限的期间内,运作运作于一个长期的稳定的环境中;

(3) 项目所导致的是对事物产生一些根本性的变革、改观,而运作所带来的是改良性

的、渐进性的改变;

项目与运作的比较　　　　　　　　表 1-1

项　目	运　作	项　目	运　作
独一无二	重　复　的	多变的资源需求	稳定的资源需求
有限时间	无限时间(相对)	柔性的组织	稳定的组织
革命性的改变	渐进性的改变	效　果　性	效　率　性
不　均　衡	均　衡	以完成目标、目的为宗旨	以完成任务、指标为宗旨
目标间的冲突	相对的均衡	风险和不确定性	稳　定　性

(4) 由于革命性(根本性)的变革,使项目实施必然处于不平衡(非均衡)的状态,而运作总是强调处于均衡的状态;

(5) 由于不平衡的产生,项目经理在目标的达成中所考虑的关键是化解和分散问题,而运作经理的目标是通过平衡矛盾的指标而保持均衡;

(6) 项目实施过程中资源的需求是多变的,其所用资源随着项目实施阶段的变更而变更,而运作具有相对稳定的资源需求,在一定的阶段内其对资源的需求很少变更。

2. 项目与运作之间给企业文化带来了差别

(1) 运作的环境是稳定的,从而导致运作具有相对稳定的组织结构,而项目的环境是柔性易变的,这要求项目的组织应该是一个柔性组织。

(2) 在对成果的衡量上,项目更注重实施的效果,注重项目的产品成果,而运作则注重完成任务的效率,注重与前期效率的比较。

(3) 运作过程的效率能够不断地提高,从而使得运作以完成任务、指标为宗旨,而项目由于无先例可循,项目经理们必须把注意力放在如何有效地达到基本目标上,其以完成目标、目的为宗旨。在运作中人们根据以往的经验通过执行工作规程而达到其基本目标,而项目经理则必须时刻注意目标实施的可能性,必须面向目标,对于工作规程可以酌情而行。

(4) 项目的实施往往没有经验,所以必须考虑面临的风险,项目经理对于能否达到目标应有风险意识,而运作过程鉴于以往的经验,应有更大的把握来确定预期达到的目标,其所面临的风险相对较小。项目是风险性管理,而运作则基本上是稳定性的管理。

1.3　项目利益相关者

每一项目的实施,都需要许多方面的个人或组织积极的参与,项目利益相关者,简单地说,就是项目的参与方及其受影响的个人或组织。一般来说,简单的项目,项目的利益相关者较少,大型复杂的项目往往需要多方面利益相关者的参与。例如,举行一个生日晚会,一般只有主人和被邀请的客人参与;而一个大型的投资工程项目,则要诸如客户、承建方、投资方、贷款方、分包商、供应商、设计方及咨询顾问方等利益相关者的参与,由于各方关系较为复杂,项目的直接利益相关者一般是通过合同或协议的形式联系在一起。因此,项目的利益相关者可以被定义为:在项目中有既定利益的任何人员,包括客户、供应商、贡献者、项目投资方、经理以及在项目涉及公共设施的当地居民。

1.3.1 客户或委托人

每个项目都有特定的客户,也叫委托人。它可能是个人,一个组织,也可能是由两个或更多的人组成的一个团体,或是对同一项目结果具有相同需求的许多组织。一般客户提出需求向被委托人提交需求建议书之时,也就是项目诞生之始。客户既是项目结果的需求者,也是项目实施的资金提供者。

客户是项目交付成果的最终使用者,在一些情况下,客户是订购并支付的人,例如建设建筑物、住宅或公路时;在其他情况下,客户是购买由项目开发出来,以及后来由公司生产出来的产品的人。质量改进运动强调把满足客户需要作为业务成功的一个条件,我们认为对许多项目而言,这也是个问题——没有真正满足客户需要。

1.3.2 项目发起人

项目发起人是首先实际命令执行项目的人。他可能是客户,但在许多情况下,是第三方,例如一位命令开发新产品的市场主任。项目发起人负责保证项目得到合适的预算款项、其计划可以接受以及团队具有达到要求结果所需要的资源。

1.3.3 项目经理

项目经理是对保证按时、按照预算、按照工作范围以及按所要求的性能水平完成项目全面负责的人。项目经理的作用对于项目的成功非常重要,但在很多情况下,项目经理的职权很弱,不能完全控制这些结果。

1.3.4 被委托人或承约商

被委托人,即承接项目满足客户需求的项目承建方,又叫承约商。被委托人承接项目以后,根据客户的需求和要求,开始启动项目。从项目启动、规划到项目的实施和结尾的整个管理过程中,被委托人始终处于主导地位。因此,被委托人素质和能力的高低直接关系着项目质量的高低,选择一个好的项目承约商,是创造高质量项目的关键。承约商可能是项目法人、建设单位、工程开发企业、工程总承包企业、工程项目管理公司等。

目前,在国际上,客户大多用招标、投标的方式来挑选最佳的承约商。

1.3.5 供应商

供应商,即为项目的承约商提供原材料、设备、工具等物资设备的商人。为了确保项目的实施进度和质量,每一承约商一般都有自己相对固定的供应商。长期的协作关系使得承约商和供应商之间有良好的信誉,这使承约商能有效地配置资源,供应商也能获得自己所期望的利润。

1.3.6 分包商

由于现代项目技术复杂、工程量较大、客户要求较高,一般承约商在承接项目之后,都要将总项目中的一些子项目再转包给不同的分包商。分包商的参与,将能有效地发挥各自的专业特长,使得项目能高质量完成;但这同时也增加了项目管理的复杂性,使得分包商与承约商之间,各分包商之间,有时很难得到有效的沟通和协调。

1.3.7 其他利益相关者

除了上述项目的直接利益相关者之外,还有一类个人和组织与项目之间有或多或少的利益关系。比如政府的有关部门、社区公众、项目用户、新闻媒体、市场中潜在的竞争对手和合作伙伴等;甚至项目班子成员的家属也应视为项目的利益相关者。

项目不同的利益相关者对项目有不同的期望和需求,他们关注的目标和重点常常相去甚远。例如,业主也许十分在意时间进度,设计师往往更注重技术一流,政府部门可能关心税收,附近社区的公众则希望尽量减少不利的环境影响等。弄清楚哪些是项目利益相关者,他们各自的需求和期望是什么,这一点对项目管理者来说非常重要。只有这样,才能对项目利益相关者的需求和期望进行管理并施加影响,调动其积极因素,化解其消极的影响,以确保项目获得成功。

1.4 项目构思

1.4.1 需求识别

1. 需求与项目的提出

随着社会的发展,人们的需要日益增长和多样化。项目来源于各种需求和要解决的问题,人们的需要就是急待解决的问题。人民生活、社会发展和国防建设的种种需要,常常要通过项目来满足,需求是产生项目的基本前提。

(1) 公共需求与公共项目

从经济学的角度来讲,公共需求就是对公共物品的需求。所谓公共物品,一般来说是由政府或社会提供的产品,这种产品具有两个特性,即非排他性和非竞争性。公共项目起源于公共需求,公共需求又起因于经济和社会的发展和进步。社会发展必然产生众多新的需求,需求有力地拉动着项目的建设,项目的建设进一步推动了社会的发展。社会发展——新的需求——项目的建设——社会发展,这就是经济、社会发展的过程。

(2) 民间需求与民间项目(私人需求与私人项目)

与公共需求相对的是民间需求,或称私人需求。民间需求的主体包括个人、家庭、社会团体、组织、企业、事业单位等,民间需求产生民间项目或称私人项目。

2. 需求识别

需求识别也称识别需求,它是项目启动阶段首要的工作。需求识别始于需求、问题或机会的产生,结束于需求建议书的发布。客户识别需求、问题或机会,是为了使自己所期望的目标能以更好的方式来实现,客户清楚地知道,只有需求明晰了,承约商才能准确地把握自己的意图,才能规划出好的项目,这对自己是大有益处的。

需求识别是一个过程,需求产生之时也就是开始识别需求之始,因为尽管产生了需求,客户萌发了要得到什么的愿望,或感觉到缺乏什么,但这只是一种朦胧的念头,他还不能真正知道什么具体的东西才能满足他这种愿望,他所期望的东西可能还只是一个范围,于是就要收集信息和资料,就要进行调查和研究,从而最终确定到底是什么样的一种产品、一项服务才能满足自己。当然他在需求识别的过程中还需要考虑到一系列的约束条件,需求的识别并非想入非非、随意确定的。有时,识别需求也并非客户的个体行为,他可能会受到熟知群体的影响,向他们征求建议,也可能与承约商接触时请求他们帮助定夺,因为承约商在此方面是专家,见多识广。当客户的需求界定之后,他便开始着手准备需求建议书了,这就是从客户自己的角度出发,全面详细地论述、表明自己所期望的目标或者希望得到什么,这种期望或希望实质上就是项目目标的雏形。当需求建议书准备完毕之后,客户剩下的工作就是向可能的承约商,发送需求建议书,以便从回复的项目申请书中挑选出一家自己认为最满意的承约商,并与之签约。至此需求识别告一段落。

一个需求识别的典型例子是,假如你感到居住多年的房屋已显得陈旧,希望将房屋重新装修一番,此时你的需求便告产生,因为你感到房子已经陈旧,需要将其重新装修,但此时的需求尚处于一种"朦胧"的状态,因为能满足这一愿望的还是一个较大的范围,装修的风格有多种多样,所需花费也大相径庭。为此你需要收集相关信息,进行调查研究,并积极同有关的装修公司接触。在这一期间,你可能走亲访友,现场观看他们房子的装修风格和了解他们的费用支出,也有可能调查一下市场,了解有关装修材料的种类和价格,还可能尝试性地与装修公司洽谈,征询他们的意见,总之,你需要做许多工作,以便识别自己的需求,决定自己意愿的费用支出和确定自己的装修风格和式样。当这些工作结束时,需求产生之时的那种"朦胧"想法已经清晰,你所期望的装修风格或式样已经缩小,甚至已经可以肯定地说要与邻居的装修大同小异。最后,你便可以把自己所确定的想法、要求以及费用支出等明确地写进需求建议书。

需求的识别过程对客户来说无疑是至关重要的。在现实的生活中我们经常可以碰到这样的例子,当装修公司询问客户需要什么样的布局、风格时,客户却随便说:"你看着办吧,只要好就行。"结果会如何呢?也许当房子装修完毕之后,客户说:"你怎么装修的如此浮华俗气,你知道我是一个知识分子,房间的布局、风格应充满书香墨气,具有古典之美才对!"产生冲突的症结是:一方面是客户没有明确告诉委托人他所希望的目标,另一方面是委托人也没有进行充分调查与研究。双方都具有一定的责任。

可以看出,需求识别的过程和作用,对于项目与项目管理是异常重要的,识别需求意味着从开始时就避免了项目投资的盲目性。一份良好的需求建议书便是客户与承约商沟通的基本前提条件,也是使得项目取得成功的关键所在。

3. 需求建议书

需求建议书(Requirement For Payment 即 RFP)就是从客户的角度出发,全面、详细地向承约商陈述、表达为了满足其已识别的需求应作哪些准备工作。也就是说,需求建议书是客户向承约商发出的用来说明如何满足其已识别需求的建议书。一份良好的需求建议书,主要包括:满足其需求的项目的工作陈述、对项目的要求、期望的项目目标、客户供应条款、付款方式、契约形式、项目时间、对承约商项目申请书的要求等。

好的需求建议书能让承约商把握客户所期待的产品或服务是什么,或他所希望得到的是什么,只有这样,承约商才能准确地进行项目识别、项目构思等,从而向客户提交一份有竞争力的项目申请书。仍以前面装修的例子来说,显然客户向承约商发送一份简单的装修申请是不够的,装修房子只是客户的一种愿望,它并不能使承约商清楚地知道客户具体的需求,或所希望的项目目标是什么。装修风格和式样千差万别,费用也相去甚远,这使得承约商及装修公司无所适从。装修公司显然不知道该如何设计装修的风格和式样,从而也无法向该客户提交项目申请书。为此,客户的需求建议书应当是全面的、明确的,能够提供足够的信息,以使承约商能在把握客户主体的思想上准备出一份最优秀的项目申请书。

当然,并非在所有的情况下都需要准备一份正式的需求建议书,如果某一单位产生的需求由内部开发项目予以满足时,这一过程似乎变得简单多了,此时更多需要的是口头上的交流和信息传递,而不是把宝贵的时间耽搁在仅仅作信息传递的需求建议书上。例如,某一软件开发公司感到公司原来的财务分析系统已经远远不能适应日益增加的业务需要时,便可直接要求软件开发小组进行开发,这时只需用口头把相关的要求传达给软件开发组即可。

客户为了全面、准确地向承约商表达自己的意图,就需要认真、充分地准备一份好的需求建议书。那么,一份好的需求建议书应包括哪些内容呢?

一般来说,客户主要应明确表达以下内容:

(1) 项目工作陈述

客户在工作的陈述中,必须载明项目的工作范围,概括说明客户要求承约商做的主要工作任务和任务范围。如果是一份关于装修的需求建议书,客户首先应让承约商或装修公司清楚他的工作是对旧房子进行装修,其次要说明装修的风格和样式,还要说明装修的大致范围。

(2) 项目的目标

项目的目标,亦即交付物,交付物是承约商所提供的实体内容。以一个用以结账和收款的软件系统来说,承约商可能被希望能提供硬件(计算机)、软件(磁盘和一些印刷品)、操作手册和培训教程。交付物也可能包括客户要求承约商提供的定期进度报告或结束报告。

(3) 项目目标的规定

要求涉及大小、数量、颜色、重量、速度和其他承约商提出的解决方案所必须满足的物理参数和操作参数。例如,对于销售手册而言,要求必须是特定样式的回邮信封,用规定的颜色打印,并随附在销售的产品中,印刷品为每批 20000 个。而盖房要求可能包括总计 $5000m^2$ 的面积、8 间卧式、2 间浴室、一间双车道车库、中央空调和一个游泳池。

有些要求会涉及到承约商交付成果的工作成绩。如对自动结账和收款系统,工作成绩要求可能包括:每天能办理近千余次交易的功能和其他特定的功能。工作成绩往往被客户用来作为检验的标准,承约商应向客户证明交付物能符合工作成绩的要求。

(4) 客户供应

客户供应主要涉及到项目实施上客户提供的保障及物品供应等。例如,在销售手册项目中,客户在需求建议书中必须表述出将提供的用于手册上的标识语。

(5) 客户的付款方式

这是承约商最为关心的内容,如分期付款、一次性付款等。例如,某房地产开发商在需求建议书中约定,在项目启动时支付给建筑公司 20% 的款项,项目完成 50% 再支付 30% 的款项,项目完成竣工后支付剩余 50% 资金。

(6) 项目的进度计划

项目的进度通常是客户关注的重要方面,它将影响着客户的利益。如装修房子的及时完成可以保证客户尽早地享受舒适的居住条件,因此客户一般都要在需求建议书中对项目的进度作出明确的要求。

(7) 对交付物的评价标准

项目实施的最终标准是客户满意,否则承约商很难获得所期望的利润。因此,客户对交付物的评价标准是需求建议书的重要内容。

(8) 有关承约商投标的事项

客户,尤其是大型项目的客户,大多采用招标、投标的方式来选择承约商,通过对若干个承约商的项目建议书或投标方案的比较来确定最后的承约商。这需要客户在需求建议书中对有关投标的事项,如项目建议书的格式及投标方案的内容作出一定的规定,这样才能为承约商提供一个公平竞争的环境。在需求建议书中,客户还需要对投标的最后期限作出规定,通常客户会在某一固定的时间(或期限内)把截止该日期的投标方案集中起来,并请有关专家对承约商的投标方案进行评审。因此,最后期限的规定非常重要,它向承约商提示了必须在此日期之前投交有关意向,否则,超过预定的日期,所提交的任何申请书都将不予考虑接受。

(9) 投标方案的评审标准

客户将用它来评审相互竞争的承约商的申请书,以便从众多的承约商中选择出一家来执行项目。客户的评审标准主要包括:承约商背景及经历、承约商的技术力量和技术方案、项目进度、项目成本等几个方面。

1.4.2 项目识别与项目构思

有许多情况,需求虽然已经清楚了,但是在本国、本地过去已经有过的项目中选用什么样的项目来满足却不清楚。例如满足同一需求,可以有多种项目。缺水问题可以打深井,抽取地下水,也可以建水渠,从远处河流将水引来,还可以在市区和近郊搞雨水拦蓄工程等等。

人们还常常会碰到一些情况,本国、本地过去已经有过的所有项目中由于种种原因都无法使用,因此根本就不知道应该用何种项目来满足人们的需求。

当客观上产生了某种需求时,人们往往不能立刻感受到。而当他们普遍感受到时,往往又无法马上得到满足。主要原因是上述种种需要与项目的关系并不总是像电力项目那样一目了然。例如"863"计划中涉及我国21世纪生产力长远发展的一些研究项目;某些罕见的或城市化造成的疾病的预防和治疗研究项目;解决人类可持续发展中将遇到的能源、水源、清洁空气以及灾害预防和减轻问题的各种软、硬研究或建设项目等。对于这种情况,就需要有人花力量来考虑,考虑用什么样的项目来满足人们将来的潜在需求。

1. 项目识别

所谓项目识别就是面对客户已识别的需求,承约商从备选的项目方案中选出一种可能的项目方案来满足这种需求。项目识别与需求识别的不同之处是需求识别是客户的一种行为,而项目识别是承约商的行为。

例如,某居民区的张先生夫妇,过去一直在公共浴室洗澡,但自从喜添了小宝宝后也增加了新的忧愁:必须保证宝宝的清洁卫生,因此家里添置一套洗浴装置迫在眉睫!本项目的识别需求和项目识别是什么呢?

此项目的识别需求是:客户经过调查,从可能的三个方案,即在煤气管道上安装热水器、安装电热水器、安装太阳能热水器中选择一个可以满足自己需求的方案,经过调查、比较及分析客户决定选用太阳能热水器,便可依次准备需求建议书。

而项目识别是:承约商在接到需求建议书之后,虽然客户表明是安装一套太阳能热水器,但其类型、性能等差异很大,承约商所要做的工作就是根据具体情况确定满足客户需求的项目,客户的成本预算能否足以完成满足需求的项目,分析客户已识别的需求是否经济可行,这一点应以客户为中心。尽管客户的意旨是安装太阳能热水器,但是承约商仍然要对这一方案进行系统的分析,根据情况也可能提出其他更好的方案。

项目识别是项目管理人员应当知道的重要问题。项目管理人员不应仅仅是接受他人的委托,而且应将其想法变成现实。

经过长期发展,发达国家市场上的竞争非常激烈。我们能够想到的项目提供的产品或服务市场在他们那里大多数已经饱和。要想挤入他们的市场,或开辟新市场,就必须要有新的产品,为顾客提供新的服务。要实现这一点,就有新的项目。所以,识别新项目就非常重要。

2. 项目构思

如何才能以更好的产品、更新的服务来满足客户的需求,赢得更多的效益呢?商家们在苦苦地思索着。一度,把简单的霓虹灯添加到收录机上,便使得"燕舞"牌收录机闻名大江南北;用鼠标来替代键盘的操作大大推动着计算机业的迅速发展。即使是一个很小的项目改进和创新,也能显示其巨大的功用。

项目构思,就是提出实施项目的各种各样的实施设想,寻求满足客户需求的项目最佳方案。

当客户识别了需求向承约商(或项目的承接单位)提交了需求建议书(RFP)之后,承约商就进入了项目启动前的项目构思阶段。项目构思,又称项目创意,是指承约商为了满足客户提出的需求,在需求建议书所规定的条件下,为实现客户预定的目标所作的设想。项目的构思在很大程度上可以说是一种思维过程,是对所要实现的目标进行的一系列想象和描绘,当然这种想象和描绘并非天马行空,无所约束。例如,某公司为了庆祝创业一百周年,特请甲文化传播公司为其百年庆祝项目进行设计和管理,经费预算为100万元。甲文化传播公司在接受该公司的需求建议书后,便开始进行百年庆祝项目的构思和策划。举行一系列别开生面的庆祝活动,用以宣扬该企业的文化和精神是此次百年庆祝项目的主要目标,而具体的各项庆祝活动该如何构思和设计,以调动参加此次庆祝活动的企业员工和嘉宾的热情,最终使该企业满意,是甲文化传播公司进行项目管理的主要职责,因为庆祝方式各种各样,具体内容也可以随意组合,这就是项目构思的实质所在。

因此,项目构思是对未来投资项目的目标、功能、范围以及项目设计的各主要因素和大体轮廓的设想和初步界定。项目的构想是一种创造性的探索过程,是项目投资的基础和首要步骤,通过项目的构思,最终要向客户提出令其满意的产品或服务。项目构思的好坏,不仅直接影响着和项目实施的进度,从某种意义来说,项目构思直接决定着项目的目标能否最终圆满地实现。

可见,客户的需求是项目构思的源泉,要实现的目标是项目构思的方向,客户至上,令客户满意的理念是项目创新的关键。

3. 项目识别和构思的主体和任务

项目识别是发现对项目的需求,明确项目的目的、目标以及实施该项目所有必要和充分条件的过程。

项目构思是指承约商为了满足客户提出的需求,在需求建议书所规定的条件下,为实现客户目标所作的设想。因此,项目识别和项目构思的是以项目的承约商为主体。

如此说来,哪些人可以识别项目呢?只要我们在家庭生活、工作、学习、社会活动和交往中,甚至在闲暇之中遇到问题或看到机会,从内心产生解决问题,摆脱困境或利用机会的欲望,萌发动机并决定采取具体行动时,项目就提出来了。例如,种菜的农民见冬季时鲜蔬菜有利可图,决定建塑料大棚于天冷时种黄瓜,就是一个项目。因此,工、农、商、学、兵社会各界;政府官员、企业领导与员工、街道民众和乡村百姓,人人皆可提出项目。

识别项目来源,提出项目设想的,可以是个人,也可以是社会组织,包括外国人,外国组织或国际组织。例如世界银行、亚洲开发银行、国际货币基金组织、联合国等。

项目识别阶段不仅要提出项目目标,也要识别有关的制约和限制条件。明确制约项目目标实现的因素非常重要。许多项目失败的原因就是因为项目发起人和管理者有意或无意地忽略了制约因素。

制约因素多种多样,如地理、气候、自然资源、人文环境、政治体制、法律规定、技术能力、人力资源、时间期限等等。所有这些都有可能制约和限制项目的实现。脱离了制约和限制条件而谈论项目的前景是没有意义的。

4. 项目构思和创新的内容

进行项目构思要考虑的内容及其范围有哪些呢? 一般来说,进行项目构思时,要考虑如下的内容:

(1) 项目的投资背景及意义;
(2) 项目投资方向和目标;
(3) 项目投资的功能及价值;
(4) 项目的市场前景及开发的潜力;
(5) 项目建设环境和辅助配套条件;
(6) 项目的成本及资源约束;
(7) 项目所涉及的技术及工艺;
(8) 项目资金的筹措及调配计划;
(9) 项目运营后预期的经济效益;
(10) 项目运营后社会、经济、环境的整体效益;
(11) 项目投资的风险及化解方法;
(12) 项目的实施及其管理。

5. 项目构思的过程

一个成功的令客户满意的项目构思不是一蹴而就的,它需要一个逐渐发展的递进过程。项目的构思一般分为三个阶段:准备阶段、酝酿阶段和调整完善阶段。

(1) 准备阶段

项目构思的准备阶段即进行项目构思的各种准备工作,一般来说它包括如下一些具体的工作和内容:

① 明确拟定构思项目的性质和范围;
② 调查研究、收集资料和信息;
③ 进行资料、信息的初步整理,去粗取精;
④ 研究资料和信息,通过分类、组合、演绎、归纳、分析等多种方法,从所获取的资料和信息中挖掘有用的信息或资源。

(2) 酝酿阶段

酝酿阶段一般包括潜伏、创意出现、构思诞生三个小过程。潜伏过程实质上就是把所拥有的资料和信息与所需要构思的项目联系起来,经过全面的系统的反复思考,进行比较分析。创意的出现就是在大量思维过程所出现的与项目有关的独特新意,但又不完全成熟或全面的某些想法或构思;这事实上也可以看作是以大脑中的信息、知识和智力为基础,通过综合、类比、借鉴、推理而得出某些想法和构思的逻辑思维过程,只不过在这一逻辑思维中,有关项目构思的某些细节、一些反复还不十分清晰,有时有关项目的一些想法或构思只是灵机的一闪,往往不能被人的意识所捕捉,因此,创意出现是项目构思者有意活动中逻辑思维和非逻辑思维的一种结果。多次多方面的创意出现和反复思考,形成了项目的初步轮廓,并用语言、文字、图形等可记录的方式明确地表现出来。项目构思的酝酿阶段是整个项目规划的基础,也是项目构思进一步深入的切入点。在这一阶段中,项目构思者能否捕捉到思维过程中随机出现的"灵机一闪"异常重要,许多成功项目的构思者在后来的回忆中说,有时正是因为这一瞬间之念,往往决定着整个项目的蓝图,或为整个项目的构思指明了方向。

(3) 调整完善阶段

项目构思的调整完善阶段,就是从项目初步构思的诞生到项目构思完善的这一过程。它又包含发展、评估、定型三个具体的小阶段。所谓项目构思的发展,就是将诞生的构思进行进一步的分析和设计,在外延和内涵上作进一步补充,使整个构思趋于完善;评估,就是对已形成的项目构思进行分析评价,或是对形成的多个构思方案进行评价筛选。在这一过程中,需要从项目组织中,甚至需要从外部聘请一些有关方面的技术专家、顾问参加,进行集体的会商和研究,力求使已形成的项目构思尽可能地完善或符合客观实际条件;定型阶段,则是对已通过发展和评估的项目构思,作进一步的调查分析,如是否能达到客户的满意,是否适合实际环境,资源是否充足、成本是否合理,实施后的项目能否取得预定的经济效益等。在此基础上,将项目的构思细化成具体可操作的项目方案。在细化过程中,如发现有不完善或不合理之处,应立即进行改进、修正和完善,至此,整个项目构思或项目方案得以定型。

项目构思的如上三个阶段,体现出了一个渐进发展的过程,只有每个阶段,每一个步骤的工作做得扎实了,才能达到理想的目标。

6. 项目构思的方法

项目构思是一种创造性的活动,无固定的模式或现成的方法可循,需要具体情况具体分析,但仍有一些常用的分析构思方法可以借鉴、参考,项目管理者们根据实践的经验,归纳出了一些有用的方法。

(1) 项目混合法

根据项目混合的形态,项目混合法又分为两种形式:其一是项目组合法,其二是项目复合法。

所谓组合法,简单地说,就是把两个或两个以上项目相加,形成新项目,这是项目构思时常采用的最简单方法。投资者(或客户)为了适应市场需要,提高项目的整体效益和市场竞争力,依据项目特征和自身条件,往往将企业自有或社会现在的几个相关项目联合相加成一个项目。例如,产品开发中的产品组合,如组合机床、组合家具、组合音箱等,就充分体现了组合的巨大价值和其潜在的魅力。

项目复合法就是将两个以上的项目,根据市场需要,复合形成一个新的项目。它与项目组合不同的是,经过组合后的项目,基本上仍保留原被组合项目的性质,而项目经过复合后,则可能变成性质完全不同的新项目。例如,我国农业仍有待大大发展,高效复合化肥市场需求巨大,如果某地有储量丰富的天然气资源开发与可通过技术改造生产化肥的某一化工厂有机结合起来,就能建设成一个生产尿素等高效化肥的复合化肥厂。

(2) 比较分析法

这种项目构思方法是指,项目策划者通过对自己所掌握或熟悉的某个或多个特定的项目,既可以是典型的成功项目也可以是不成功的项目,进行纵向分析或横向联想比较,从而挖掘和发现项目投资的新机会。这种方法是将现有项目从内涵和外延上进行研究和反复思考,因而比组合、复合法要复杂些,而且要求项目策划者具有一定的思维深度,掌握大量有价值的信息。在某地一条比较热闹的街上,一家外国商贸集团发现没有几个主干商场,但是这些商场的收益均为一般或偏差。通过逐个分析每个商场进货成本、价格定位、经营管理、软件服务等方面的情况,该外国商贸集团得出结论,这几家商场存在的问题是,有的商场商品进货成本偏高,花色品种不适合市场需要,顾客率偏低;有的商场是价格定位不当,促销宣传不够;还有的商场内部经营管理不善,销售服务差,费用支出过大,以至无法维持商场的正常运营。因此,尽管这条街上的商场效益均显一般,但只要针对上述问题一个一个改进,并做到经营有特色,集约经营,发挥规模效益,最终一定能取得可观的效益。于是该公司把这条街上所有的商场都承租了下来,经过两年的调整、运作,形势已大为改观,如今的该街道已成为当地驰名的商贸中心。

(3) 集体创造法

一个成功的项目构思,它所涉及的问题和因素很多,需要广阔的知识面、大量的商业信息以及多方向、多层次的思维。因此,单靠投资者本人或某些项目构思者,往往很难顺利地完成项目构思。发挥集体的力量,依靠群众的力量,依靠群众智慧进行项目构思是十分重要的。集体共同创造,可以取长补短;不同思维观点相互交织碰撞,可以相互启发,从而取得成功完善的项目构思方案。

1.4.3 项目选定

项目选定就是从可供实施的备选方案中选择最佳的方案来满足客户的需求,选择在现实中可行的、投入少、收益大的项目方案。项目方案评价的标准主要有:满足客户的程度、时间和成本、实施的可行性、风险的大小等等。

(1) 机会研究

考虑项目时不但要看社会是否需要,而且还要研究目前个人、组织或社会是否有能力投入足够的资源将其实现,实现之后能否为资源投入者和社会真正带来利益。这一研究过程,称为可行性研究,研究结果写在可行性研究报告中。

可行性研究始于项目构思或项目识别,随着对项目以及制约和限制条件认识的深入而逐步完善。可行性研究一般分为机会研究、初步可行性研究、详细可行性研究以及最后决策和评价报告几个阶段,不同阶段的作用不同。

在项目识别、构思和设想阶段进行的可行性研究叫机会研究。它通过对自然资源、社会和市场的调查和预测,确定项目,选择最有利的投资机会。机会研究是进行具体可行性研究前的预备性调查研究。有些个人或组织进行机会研究一般是为了向投资者介绍投资机会,引起他们的兴趣,最后找到投资者。

对于可行性研究的其他阶段,后面有专门章节介绍。在许多情况下,同一个项目可能要进行多次可行性研究。

具体由谁来做可行性研究,则有多种情况。例如由项目识别者、由项目识别者委托的他人、两者各做一部分等。

(2) 项目选定

社会的某种需要,往往可以通过多种不同的项目来满足。例如,城市交通拥挤问题,可以通过道路扩建来解决,也可以通过改善交通管理来解决。

另外,个人和组织可能会同时识别出多个项目,但是可以利用的资源却有限。特别是那些需要由政府拨款投资的项目。由于是政府拨款,于是就会有许多项目争夺有限的财政资金。遇到这种情况,就必须综合考虑政治、经济、文化、环境保护、技术、财务、物资和人力资源、组织机构和风险等多种因素,权衡必要和可能两个方面,对这些项目设想进行筛选。

在以上两种情况中,都必须对这多种可能的项目设想进行比较,选择那些投入少,收益大的项目设想继续进行研究,进而付诸实施。这个过程就是项目选定。在项目选定阶段筛选掉那些不太有希望或不会产生效益的项目设想,避免在项目的以后阶段浪费大量的人力和财力。

(3) 项目申请书

在项目方案确定之后,承约商就需要确定是否进行投标的选择,这就要分析会有哪些承约商参加投标,各自的优势,以及他们同客户的关系。在决定过程中,主要考虑的因素包括自身的技术能力、项目风险、承约商的资源配置能力及其他因素。

当决定参加投标竞争的时候,就需要完成一份项目的申请书或者称为投标书,一份完整的项目申请书一般包括三个部分的内容,即技术、管理、成本三个方面,如果是一份较复杂的项目申请书,这三个部分可能是3个独立的册子:

① 技术部分的目的是让客户认识到:承约商理解需求或问题,并且能够提供风险最低且收益最大的解决方案。

② 管理部分的目的是使客户确信:承约商能够做好项目所提出的工作,并且收到预期结果。

③ 成本部分的目的是使客户确信:承约商申请项目所提出的价格是现实的、合理的。

关于投标和招标问题将在后面的章节中详细介绍。

本章主要参考文献

1　中国项目管理研究委员会.《中国项目管理知识体系与国际项目管理专业资质认证标准》.北京:机械工业出版社 2001
2　白思俊主编.《现代项目管理》.北京:机械工业出版社,2002
3　吴之明、卢有杰编著.《项目管理引论》.北京:清华大学出版社,2000
4　袁义才主编.《项目管理手册》.北京:中信出版社,2001
5　成虎.《工程项目管理》.北京:中国建筑工业出版社,1997

思考题

1. 列举出你生活中或者自己从事的项目清单,分析其特点。
2. 用生活中的一个项目实例说明项目的概念。
3. 用生活中的一个项目实例说明项目的属性。
4. 用生活中的一个项目实例说明项目的特征。
5. 结合所从事行业分析项目的分类。
6. 试述项目与运作的区别。
7. 需求识别与项目识别的差异与联系。
8. 就你从事的一个项目分析其利益相关者。

9. 举例说明项目与运作的区别。
10. 结合所从事项目分析项目目标间的联系与制约。
11. 编写一个项目的需求建议书。
12. 结合实际项目分析项目的提出与需求的关系。
13. 怎样进行项目构思？
14. 项目申请书的内容有哪些？

第2章 项目管理

【内容提要】
　　本章全面系统地介绍了项目管理的概念及其发展,包括项目管理的产生与发展、国际项目管理组织及其发展、中国项目管理的发展、项目管理的概念及其内涵、项目管理的特点和职能、项目管理的知识体系框架、刘易斯项目管理模型、项目管理的变革、项目生命周期及其核心工作、不同层次不同类型项目管理的特点等。

2.1 项目管理的发展

2.1.1 项目管理的产生

　　"项目作为国民经济及企业发展的基本元素,一直在人类的经济发展中扮演着重要角色。实际上,自从有组织的人类活动出现到当今,人类就一直执行着各种规模的"项目"。中国的长城、埃及的金字塔及古罗马的尼姆水道都是人类历史上运作大型复杂项目的范例。在日常生活中,我们也被各类项目所淹没,例如家居装修、举办运动会、开发新软件、道路修筑、水运通道建设、港站建设、研制新型航天飞机、建设巨型水利枢纽等等,但是很少有人去有意识地来控制和管理这些项目。但是,直到第二次世界大战爆发,战争需要新式武器、探测需要雷达设备等,这些从未做过的项目接踵而至,不但技术复杂,参与的人员还众多,时间又非常紧迫,因此,人们开始关注如何有效地实行项目管理来实现既定的目标。"项目管理"这个词就是从这时才开始被认识的。随着现代项目规模越来越大,投资越来越高,涉及专业越来越广泛,项目内部关系越来越复杂,传统的管理模式已经不能满足运作好一个项目的需要,于是产生了对项目进行管理的模式,并逐步发展成为主要的管理手段之一。

　　项目和项目管理的发展是工程和工程管理实践的结果,首先是传统的项目和项目管理的概念,其主要是起源于建筑行业,这是由于传统的实践中建筑项目相对其他项目来说,组织实施过程表现地更为复杂。随着社会进步和现代科技的发展,项目管理也不断地得以完善,同时项目管理的应用领域也不断扩充,现代项目与项目管理的真正发展可以说是大型国防工业发展所带来的必然结果。

　　现代项目管理通常被认为是第二次世界大战的产物(如美国研制原子弹的曼哈顿计划),在20世纪四五十年代主要应用于国防和军工项目,20世纪60年代至20世纪80年代,其应用范围也还只局限于建筑、国防和航天等少数领域,如美国的阿波罗登月项目。进入20世纪90年代以后,随着信息时代的来临和高新技术产业的飞速发展并成为支柱产业,项目的特点也发生了巨大变化,管理人员发现许多在制造业经济下建立的管理方法,到了信息经济时代已经不再适用。制造业经济环境下,强调的是预测能力和重复性活动,管理的重点很大程度上在于制造过程的合理性和标准化;而在信息经济环境里,事务的独特性取代了重复性过程,信息本身也是动态的、不断变化的。灵活性成了新秩序的代名词。他们很快发现实行项目管理恰恰是实现灵活性的关键手段。他们还发现项目管理在运作方式上最大限度地利用了内外资源,从根本上改善了中层管理人员的工作效率。于是纷纷采用这一管理模式,并成为企业重要的管理手段。经过长期探索总结,现代项目管理逐步发展成为独立的学科体系,成为现代管理学的重要分支。

项目管理的理论来自于管理项目的工作实践。时至今日,项目管理已经成为一门学科,但是当前大多数的项目管理人员拥有的项目管理专业知识不是通过系统教育培训得到的,而是在实践中逐步积累的。并且还有许多项目管理人员仍在不断地重新发现积累这些专业知识。通常,他们要在相当长的时间内(5～10年),付出昂贵的代价后,才能成为合格的项目管理专业人员。正因为如此,近年来,随着项目管理的重要性为越来越多的组织(包括各类企业,社会团体,甚至政府机关)所认识,组织的决策者开始认识到项目管理知识、工具和技术可以为他们提供帮助,以减少项目的盲目性。于是这些组织开始要求他们的雇员系统地学习项目管理知识,以减少项目过程的偶发性。在多种需求的促进下,项目管理迅速得到推广普及。

目前,在欧美发达国家,项目管理不仅普遍应用于建筑、航天、国防等传统领域,而且已经在电子、通讯、计算机、软件开发、制造业、金融业、保险业甚至政府机关和国际组织中已经成为其运作的中心模式,比如AT&T、Bell、US West、IBM、EDS、ABB、NCR、Citybank、Morgan Stanley、美国白宫行政办公室、美国能源部、世界银行等在其运营的核心部门都采用项目管理。

1980邓小平亲自主持了我国最早与世界银行合作的教育项目会谈,从此中国开始吸收利用外资,而项目管理作为世行项目运作的基本管理模式,随着中国各部委世界银行贷款、赠款项目的启动而开始被引入并应用于中国。随后,项目管理开始在我国部分重点建设项目中运用,云南鲁布革水电站是我国第一个聘用外国专家采用国际标准应用项目管理进行建设的水电工程项目,并取得了巨大的成功。在二滩水电站、三峡水利枢纽建设和其他大型工程建设中,都采用了项目管理这一有效手段,并取得了良好的效果。但是,和国际先进水平相比较,中国项目管理的应用面窄(仅在建筑、交通、水利、国防、IT等国家大型重点项目以及跨国公司的在华机构中使用较多),发展缓慢,缺乏具有国际水平的项目管理专业人才。究其原因,是我国还没有形成自己的理论体系和学科体系,没有建立起完备的项目管理教育培训体系,更没有实现项目管理人员的专业化。

2.1.2 项目管理科学的发展

项目管理从经验走向科学的过程,应该说经历了漫长的历程,原始潜意识的项目管理萌芽经过大量的项目实践之后才逐渐形成了现代项目管理的理念,这一过程大致经历了如下四个阶段:

1. 潜意识的项目管理

这一阶段从远古到20世纪30年代以前,人们是无意识地按照项目的形式运作。

在古代,我们祖先就开始了项目管理的实践,人类早期的项目可以追溯到数千年以前,如古埃及的金字塔、古罗马的尼姆水道、古代中国的都江堰和万里长城。这些前人的杰作至今仍向人们展示着人类智慧的光辉。

有项目,就有项目管理问题。因此西方人提出,人类最早的项目管理是埃及的金字塔和中国的长城。但是,应该看到,直到本世纪初,项目管理还没有形成行之有效的计划和方法,没有科学的管理手段,没有明确的操作技术标准。因而,对项目的管理还只是凭个别人的经验、智慧和直觉,依靠个别人的才能和天赋,根本谈不上科学性。

2. 传统项目管理的形成

这一阶段从20世纪30年代初期到20世纪50年代初期。本阶段的特征是用横道图进行项目的规划和控制。

早在20世纪初,人们就开始探索管理项目的科学方法。第二次世界大战前夕,横道图已成为计划和控制军事工程与建设项目的重要工具。横道图又名条线图,由亨利·L·甘特(Henry. L. Gantt)于1900年前后发明,故又称为甘特(Gantt)图。甘特图直观而有效,便于监督和控制项目的进展状况,时至今日仍是管理项目尤其是建筑项目的常用方法。但是,由于甘特图难以展示工作环节间的逻辑关系,不适应大型项目的需要,因此在此基础上,卡洛尔·阿丹密基(Karol Adamiecki)于1931年研制出协调图以克服上述缺陷,但没有得到足够的重视和承认。不过与此同时,在规模较大的工程项目和军事项目中广泛采用了里程碑系统。里程碑系统的应用虽未从根本上解决复杂项目的计划和控制问题,但却为网络概念的产生充当了重要的媒介。应该指出的是,在这一阶段以及这一阶段之前,虽然人们对如何管理项目进行着广泛的研究和实践,但还没有明确提出项目管理的概念。项目管理的概念是在第二次世界大战后期,在实施曼哈顿项目时提出的。

3. 项目管理的传播和现代化

这一阶段从20世纪50年代初期到20世纪70年代末期。本阶段的重要特征是开发和推广应用网络计划技术。

进入20世纪50年代,美国军界和各大企业的管理人员纷纷为管理各类项目寻求更为有效的计划和控制技术。在各种方法中,最为有效和方便的技术莫过于网络计划技术。网络计划技术克服了条线图的种种缺陷,能够反映项目进展中各工作间的逻辑关系,能够描述各工作环节和工作单位之间的接口界面以及项目的进展情况,并可以事先进行科学安排,因而给管理人员对项目实行有效的管理带来极大的方便。

网络计划技术的开端是关键路线法和计划评审技术的产生和推广应用。始创于1956年的关键路线法(CPM—Critical Path Method)在次年应用于杜邦公司的一个投资千万美元的化工项目,结果大大缩短了建设周期,节约了10%左右的投资,取得了显著的经济效益。该方法由凯利(Kelly)和(Walker)于1959年公诸于世,计划评审技术(PERT—Program Evaluation & Review Techniques)出现于1958年,是美国海军在研究开发北极星(Polaris)号潜水舰艇所采用的远程导弹F.B.M的项目中开发出来的。PERT的应用,使美国海军部门顺利解决了组织、协调问题,这项工程涉及到了美国48个洲的200多个主要承包商和11000多个企业,节约了投资,缩短了约两年工期(计划工期为8年),缩短工期近25%。此后,美国三军和航空航天局在各自的管辖范围内全面推广了这一技术。美国国防部甚至在1962年发文规定,凡承包有关工程的单位都需要采用这种方法来安排计划。美国政府也明确规定所有承包商若要赢得政府的一项合同,就必须提交一份详尽的PERT网络计划,以保证工程的进度和质量。所以,这一技术很快就在世界范围内得到了重视,成为管理项目的一种先进手段。这一技术是由维拉·费查(Willard Fazar)在洛克希德公司导弹和空间部(Lockheed Missile and Space Division)的协助以及布兹(Booze)、艾伦(Allen)和哈密尔顿(Hamilton)的咨询帮助下开发出来的。20世纪60年代,耗资400亿美元,涉及两万多企业的阿波罗载人登月计划,也是采用 PERT 进行计划和管理的。

美国建筑业普遍认为,"没有一种管理技术像网络计划技术对建筑业产生那样大的影响"。日本于 1961 年引进了美国的网络计划技术,日本政府认为此项技术是最优方法,并规定全面推广。前苏联在 1970～1975 年的第九个五年计划期间,在建筑业推行了这一技术。英国推广应用网络计划技术比较普遍,除建筑业外,工业方面应用的也很多,他们为各级企业管理人员举办不同类型的短期培训班,使各级管理人员都能懂得和应用这种管理方法,以适应各层次管理人员的需要。法国、加拿大等发达国家应用网络计划技术也卓有成效。发达国家的经验表明,应用网络计划技术,可节约投资的 10%～15% 左右,缩短工期约 15%～20%,而编制网络计划所需要的费用仅为总费用的 0.1%。

早在 20 世纪 60 年代初期,我国就引进和推广了网络计划技术。华罗庚教授结合我国"统筹兼顾,全面安排"的指导思想,将这一技术称为"统筹法",并组织小分队深入重点工程进行推广应用,取得了良好的经济效益。1995 年 6 月 6 日。《人民日报》发表了华罗庚教授的《统筹方法》,推动了网络计划技术在全国的推广应用。

PERT 考虑了项目各工作环节在完成时间上的不确定性,在实际中却必须明确考虑其他不确定因素,如网络中是否每个活动都要完成,网络中是否应有回路,等等。1966 年,普利茨克尔(Priskre)等提出的图示评审技术 GERT(Graphical Evaluation & Review Techniques),是扩展了的网络模型,增加了随机适应性是其一个重大突破。GERT 综合应用了流线图理论和随机函数,求得随机问题的解答。但是,GERT 把费用看成是从属于时间的变量,未能对预算费用进行必要的控制,也没有确定预算费用对时间进度的影响。

1970 年,美国陆军研制出名为 MATHNET 的计算机程序模拟技术,其后又陆续产生了若干改进的计算机程序网络技术,如"风险系统费用分析"RISCA(Risk Information System Cost Analysis),以及 STATNET 与 SOLVNET 等。

1972 年,莫勒尔(Moeller G.L)在 MATHNET 与 STATNET 的基础上开发出了风险评审技术 VERT(Venture Evaluation & Review Techniques)。此法在网络的节点逻辑和数学关系式的处理上有较强的适应性,能统筹考虑"时间、费用、性能"问题,并给予三者以同等的处理层次。

1979 年依据 VERT 和 TRACENET 完成了 VERT—2,在此基础上,莫勒尔和迪格曼(Digmana L.A)又于 1981 年研制成一种全新的网络计划技术 VERT—3。

VERT—3 不仅能分析完成计划的进度,显示各项成果的范围、性能和费用水平,同时还能突出显示关键最优路线,提供成功的可能性和失败的风险度,因而在处理风险决策问题上,有着较大的价值。

网络方法的出现,给管理科学的发展注入了活力。它不仅促进了 1957 年出现的系统工程,而且使第二次世界大战中发展起来的运筹学也得到了充实。网络技术也由此而成为一门独立的学科,项目管理因之更加充实,并逐渐发展和完善起来。

此时,项目管理有了科学的系统方法,但当时主要应用在国防和建筑业,项目管理的任务主要是强调项目的执行。

4. 现代项目管理的发展

这一阶段是从 20 世纪 70 年代末到现在。这一阶段的特点表现为项目管理范围的扩大,以及与其他学科的交叉渗透和相互促进。进入20世纪70年代以后,项目管理的应用范围由最初的航空、航天、国防、化工、建筑等部门,广泛普及到了医药、矿山、石油等领域。计算机技术、价值工程和行为科学在项目管理中的应用,极大的丰富和推动了项目管理的发展。在这一阶段,项目管理在理论和方法上得到了更加全面深入的探讨,逐步把最初的计划和控制技术与系统论、组织理论、经济学、管理学、行为科学、心理学、价值工程、计算机技术等以及项目管理的实际结合起来,并吸收了控制论、信息论及其他学科的研究成果,发展成为一门较完整的独立学科体系。

当前,项目管理的发展有了新的突破,其特点是面向市场,迎接竞争;项目管理除了计划和协调外,对采购、合同、进度、费用、质量、风险等给予了更多的重视,并形成了现代项目管理的框架。为了在迅猛变化、剧烈竞争的市场中,迎接经济全球一体化的挑战,项目管理更加注重人的因素,注重顾客,注重柔性管理,力求在变革中生存和发展。在这个阶段,应用领域进一步扩大,尤其在新兴产业中得到了迅速发展,譬如电讯、软件、信息、金融、医药等。现代项目管理的任务也不仅仅是执行项目,而且还要开发项目,经营项目和项目完成后形成的设施或其他成果。

总的来讲,项目管理科学的发展是人类生产实践活动发展的必然产物,从最原始的实践活动来看,人们本能及潜意识行为是完成所给定的项目活动,也就是以完成任务为其最终目标,然而为了完成任务人们的活动常常受到一定的限制,即对项目的实现需要在时间、费用与可交付物之间进行综合平衡。传统项目管理的概念就是基于实现项目的三坐标约束而提出的一套科学管理方法,它追求的目标是在给定的费用限额下,在规定的时间内完成给定的项目目标。在这一界定下,传统项目管理着重在项目实施的环节,并且更多的是站在项目实施方的立场上,分析如何才能更好地完成项目。然而,项目管理涉及的面非常广泛,有投资方、设计方、承包方、监理方及用户方等等,为此项目管理中就必须充满多赢的思想,这也就是现代项目管理的理念,现代项目管理已经为项目管理的应用提供了一套完整的学科体系,其追求的目标是使项目参与方都得到最大的满意及项目目标的综合最优化。当代项目与项目管理是扩展了的广义概念,项目管理更加面向市场和竞争、注重人的因素、注重顾客、注重柔性管理,是一套具有完整理论和方法基础的学科体系。项目管理科学的发展归结起来,可以参见图2-1。

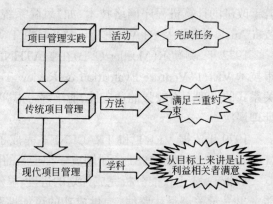

图2-1 项目管理科学的发展

项目管理知识体系(Project Management Body of Knowledge)的概念是在项目管理学科和专业发展进程中由美国项目管理学会(Project Management Institute,简称为PMI)首先提出来的,这一专门术语是指项目管理专业领域中知识的总和。

项目管理是管理科学的一个分支,同时又与项目相关的专业技术领域密不可分,项目管理专业领域所涉及的知识极为广泛。目前国际项目管理界普遍认为,项目管理知识体系的知识范畴主要包括三大部分,即项目管理所特有的知识、一般管理的知识及项目相关应用领域的知识。从图 2-2 可以看出,项目管理学科的知识体系与其他学科的知识体系在内容上有所交叉,这也符合学科发展的一般规律。通常,一个学科和专业的知识体系可能包括一些已被其他的学科和专业所包含但仍为本专业人员普遍接受的知识领域。但是,作为一门独立的学科和一个独立的专业,必须有其独特的知识体系,这个知识体系既不是另一专业知识体系的翻版,也不是一些其他专业知识体系内容的简单组合。比较典型的情

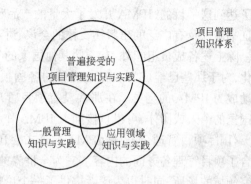

图 2-2 项目管理知识体系知识范畴示意图

况是,一个专业的知识体系与其他专业知识体系在内容上有所重叠,但它必须拥有与本专业领域相关的独特的知识内容。显然,项目管理所特有的知识是项目管理知识体系的核心。

就其概念而言,PMBOK 应包括项目管理专业领域相关的全部知识。但由于项目管理是一门实践性强的交叉学科,又涉及到不同的应用领域中各具特色的项目,加之学科和专业本身不断发展的特性,要建立一个"完全"的 PMBOK 文件几乎是不可能的。因而,各国项目管理知识体系的研究与开发,其核心是解决好"为什么要建立 PMBOK 文件?"、"哪些知识应包括在 PMBOK 文件中?"、"如何将这些知识组织成为一个有机的体系?"这三个关键问题,这实质上也就是在明确建立 PMBOK 的"目的"的基础上,解决好知识体系的"范畴"和"结构"问题。

中国项目管理研究委员会于 2001 年在其成立 10 周年之际正式推出了《中国项目管理知识体系》(C-PMBOK),其知识范畴限定在项目管理的共性知识,即"普遍接受的项目管理知识与实践",但在其体系结构上已考虑了包容其他领域知识的问题。

2.1.3 国际项目管理组织及其发展

世界各地项目管理学术组织的纷纷成立也是项目管理学科从经验走向科学的标志,国际具有代表性的项目管理学术组织的发展从某种角度上也反映了项目管理的发展历程。

1. 国际项目管理协会

国际项目管理协会(International Project Management Association,简称为 IPMA)是一个在瑞士注册的非营利性组织,她的职能是成为项目管理国际化的主要促进者。

IPMA 创建于 1965 年,早先的名字是 INTERNET,是国际上成立最早的项目管理专业组织,她的目的是促进国际间项目管理的交流,为国际项目领域的项目经理之间提供一个交流各自经验的论坛。IPMA 于 1967 年在维也纳主持召开了第一届国际会议,项目管理从那时起即作为一门学科而不断发展,截止目前 IPMA 已分别在世界各地举行了 17 次年会,主题涉及到项目管理的各个方面,如"网络计划在项目计划中的应用"、"项目实施与管理"、"按项目进行管理"、"无边界的项目管理"、"全面的项目管理"、"项目管理使梦想变为现实的艺术"、"基于项目的商业社会"等,范围极其广泛。

IPMA 的成员主要是各个国家的项目管理协会,到目前为止共有英国、法国、德国、中国、澳大利亚等 30 多个成员国组织,这些国家的组织用他们自己的语言服务于本国项目管理的专业需求,IPMA 则以广泛接受的英语作为工作语言提供有关需求的国际层次的服务。

为了达到这一目的,IPMA 开发了大量的产品和服务,包括研究与发展、教育与培训、标准化和证书制以及有广泛的出版物支撑的会议、讲习班和研讨会等。

除上述各成员组织外,有一些其他国家的学会组织与 IPMA 一起在促进项目管理的国际化,对于那些已经成为 IPMA 成员的各国项目管理组织,他们的个人会员或团体会员已自动成为 IPMA 的会员。在那些没有项目管理组织或本国项目管理组织尚未加入 IPMA 的国家的个人或团体,可以直接加入 IPMA 作为国际成员。

《国际项目管理杂志》是 IPMA 的正式会刊,每年面向其个人会员发行 6 期,该刊涵括并综合了项目管理各方面的内容。它为全世界的专业人员提供了一个了解所需技术、实践和研究领域的场所,同时也为读者提供了一个论坛,在这里读者可以分享到各个行业应用项目管理的共同经验,也可以分享在项目管理中应用各种技术的共同经验。其内容覆盖项目管理从系统至人员的各个方面,并通过出版案例分析和探讨最新重大问题将理论与实践相联系。

国际项目管理专业资质认证(International Project Management Professional,简称 IPMP)是 IPMA 在全球推行的四级项目管理专业资质认证体系的总称。IPMP 是对项目管理人员知识、经验和能力水平的综合评估证明,能力证明是 IPMP 考核的最大特点。根据 IPMP 认证等级划分获得 IPMP 各级项目管理认证的人员,将分别具有负责大型国际项目、大型复杂项目、一般复杂项目或具有从事项目管理专业工作的能力。

IPMP 认证的基准是国际项目管理专业资质标准(IPMA Competence Baseline,简称 ICB),由于各国项目管理发展情况不同,各有各的特点,因此 IPMA 允许各成员国的项目管理专业组织结合本国特点,参照 ICB 制定在本国认证国际项目管理专业资质的国家标准(National Competence Baseline,简称 NCB),这一工作授权于代表本国加入 IPMA 的项目管理专业组织完成。

2. 美国项目管理学会

美国项目管理学会(Project Management Instition,简称 PMI)创建于 1969 年,PMI 在推进项目管理知识和实践的普及中扮演了重要角色。

PMI 的成员主要以企业、大学、研究机构的专家为主。现在已经有 40000 多名会员。它卓有成效的贡献是开发了一套项目管理知识体系。20 世纪 60～70 年代,从事项目管理的人们都是在实践方面进行总结。1976 年的一次会议上,有人大胆地提出了一个设想,能否把这些具有共性的实践经验进行总结,并形成"标准"。作为一个议题,与会的人们会后深入地进行思考、研究。

1981 年,PMI 组委会批准了这个项目,组成了 Matthew H. Parry 为主席的 10 人小组进行开发。这个小组还得到了 25 个自愿者的帮助。1983 年该小组发表了第一份报告。这个报告中项目管理的基本内容划分为 6 个领域,即:范围管理、成本管理、时间管理、质量管理、人力资源管理和沟通管理。这些成了 PMI 的项目管理专业化基础内容。

1984 年 PMI 组委会批准了第二个关于进一步开发项目管理标准的项目,组成了 R. Max Wideman 为主席的 20 人小组进行再开发。在标准的内容方面,提出要增加 3 个部分:项目管理的框架、风险管理、合同/采购管理。1987 年该小组发表了研究报告,题目是"项目管理知识体系"。此后的几年,广泛地讨论和征求了,关于 PMI 的主要标准文件的形式、内容、和结构的意见,有 10000 多个 PMI 的成员和 20 多个其他的专业组织作出了贡献,1991

年提出了修订版。1996年进行了修订,成为现在的项目管理知识体系,简称为PMBOK。PMBOK将项目管理科学地划分为需求确定、项目选择、项目计划、项目执行、项目控制、项目评价和项目收尾共七个阶段,根据各个阶段的特点和所面临的主要问题,系统归纳了项目管理的九大知识领域:即范围管理、时间管理、成本管理、人力资源管理、风险管理、质量管理、采购管理、沟通管理和综合管理。并分别对各领域的知识、技能、工具和技术作了全面总结。实践证明PMBOK已经真正成为项目管理专业人士的指南。目前PMBOK已经被世界项目管理界公认为一个全球性标准,国际标准组织(ISO)以该指南为框架,制订了ISO 10006标准。

PMI的资格认证制度从1984年开始,目前已经有1万多人通过认证,成为"项目管理专业人员"(PMP)。PMI的项目管理专业人员认证同IPMA的资格认证侧重点有所不同。它虽然有项目管理能力的审查,但更注重于知识的考核,必须参加并通过包括200个问题的考试。

除了专业认证制度以外,在西方发达国家高等学校中陆续开设了项目管理硕士、博士学位教育,其毕业生常常比MBA毕业生更受到各大公司的欢迎。

2.1.4 中国项目管理的发展

我国项目管理的发展最早应起源于20世纪60年代华罗庚推广"统筹法"的结果,现代项目管理学科的形成就是由于统筹法的应用而逐渐形成的,20世纪80年代随着现代化管理方法在我国的推广应用,进一步促进了统筹法在项目管理过程中的应用。1982年,在我国利用世界银行贷款建设的鲁布革水电站饮水导流工程中,日本建筑企业运用项目管理方法对这一工程的施工进行了有效的管理,取得了很好的效果。这给当时我国的整个投资建设领域带来了很大的冲击,人们确实看到了项目管理技术的作用。基于鲁布革工程的经验,1987年国家计委、建设部等有关部门联合发出通知在一批试点企业和建设单位要求采用项目管理施工法。1991年建设部进一步提出把试点工作转变为全行业推进的综合改革,全面推广项目管理。20世纪90年代初在西北工业大学等单位的倡导下成立了我国第一个跨学科的项目管理专业学术组织——中国项目管理研究委员会。

中国"双法"研究会项目管理研究委员会(Project Management Research Committee, China,简称PMRC)正式成立于1991年6月,现挂靠在西北工业大学,是我国跨行业的、全国性的、非营利的项目管理专业组织,其上级组织是由我国著名数学家华罗庚教授组建的中国优选法统筹法与经济数学研究会(挂靠单位为中国科学院科技政策与管理科学研究所)。

PMRC是一个行业面宽,人员层次高的组织,其会员分布在全国30个省、市、自治区,行业覆盖航空、航天、信息技术、冶金、煤炭、水利、建工、交通、造船、石化、矿产、机电、兵器、教育及政府部门等。

PMRC自成立至今,做了大量开创性工作,为推进我国项目管理事业的发展,为促进我国项目管理与国际项目管理专业领域的沟通与交流起了积极的作用,特别是在推进我国项目管理专业化与国际化发展方面,起着越来越重要的作用。

2.1.5 关于国际项目管理专业资质认证

项目管理证书体系的发展是伴随着项目管理科学体系的发展和应用的需要而产生的。首先是人们对项目管理理论与应用知识的研究,伴随着研究的发展学科体系逐渐形成,也就是通常所说的项目管理知识体系 PMBOK,最早是由美国提出的项目管理知识体系纲要(PMBOK Guide),目前在国际上几十个国家都已经建立了自身的项目管理知识体系。知识体系的发展与演化也就逐渐地变成了项目管理应用的标准,基于标准项目管理的教育进而也得到了发展,为了证明项目管理从业人员的能力及资质,项目管理专业证书随之便产生了。在国际上,最早是在 1984 年由美国项目管理学会提出的项目管理专业人员 PMP 认证,随后英、法、德等国也纷纷提出了相应的证书体系,国际项目管理协会于 1996 年在各个国家证书发展的基础上提出了国际项目管理专业资质能力基准(IPMA Competence Baseline),世界各国开展的国际项目管理专业资质认证 IPMP 就是基于这一能力基准进行的。

在国际上,一般人们都认为 PMI 的"PMBOK Guide"是针对项目而言的,它强调的是进行项目管理所必须掌握的知识领域,是人们按项目管理的方法基础;IPMA 的"IPMA Competence Baseline(ICB)"是针对人而建立的,它强调的是对从事项目管理人所应具备的能力要素,是一个对人的能力进行综合考核的评判体系。

1. PMI 的 PMP

PMI 在 1984 年设立了项目管理资质认证制度(PMP),1991 年正式推广,现在每年有上万人申请参加认证。PMP 认证的基准是美国的 PMBOK,其将项目管理的知识领域分为九大模块,即范围管理、时间管理、费用管理、质量管理、人力资源管理、风险管理、沟通管理、采购与合同管理及综合管理。

PMP 申请者必须通过两种形式的考核:

(1) 项目管理经历的审查。要求参加 PMP 认证考试者必须具有一定的教育背景和专业经历,报考者需具有学士学位或同等的大学学历,并且必须有 3 年以上、4500 小时以上的项目管理经历;报考者如不具备学士学位或同等大学学历,但持有中学文凭或同等中学学历证书,并且至少具有 7500 小时的项目管理经历。

(2) 要求申请者必须经过笔试考核。主要是针对 PMI 的 PMBOK 中的九大知识模块进行考核,要求申请者参加并通过包括 200 道选择题的考试,申请者必须答对其中的 136 道选择题。

2. IPMA 的 IPMP

IPMP 是 IPMA 在全球推广的四级证书体系的总称,它是 IPMA 于 1996 年开始提出的一套综合性资质认证体系,1999 年正式推出其认证标准 ICB,目前已经有 30 多个国家开展了 IPMP 的认证与推广工作。

IPMP 的运作是由加入 IPMA 会员国的项目管理组织进行推广,在会员国推行的两个前提条件是:

(1) 建立本国的 PMBOK。由于文化背景的不同,世界各国在项目管理知识的应用上具有一定的差异性,因此 IPMA 要求推广 IPMP 的成员国必须建立适应本国项目管理背景的项目管理知识体系。

(2) 将 ICB 转化为 NCB。由于 ICB 是各国进行国际项目管理专业资质认证的评判基准,因此 IPMA 要求推广 IPMP 的各个国家应该按照 ICB 的转换规则建立本国的国际项目管理专业资质认证国家标准 NCB。

以上两个方面,即所建立的 PMBOK 及 NCB 均通过 IPMA 认可的前提下,方可由本国的项目管理学术组织开展 IPMP 的认证工作。

ICB 包括项目管理中知识和经验的 42 个要素(28 个核心要素和 14 个附加要素),个人素质的 8 个方面和总体印象的 10 个方面。IPMA 要求在一个 NCB 中应接受全部 28 个核心要素和至少 6 个由该国挑选的附加要素,以及个人素质及总体印象的各方面。但是,对于知识和经验的 14 个附加要素中的任意 8 个要素,在考虑进各国特征及项目管理的新发展时,可被删除或由新的要素替代。

各国通过 IPMP 认证的人员每年年底由各国统一向 IPMA 进行注册,并且公布在每年 IPMA 的认证年报(IPMA Certification Yearbook),该认证年报可以在 IPMA 网站上免费下载,也可以向 IPMA 进行订阅。

3. IPMP 四级证书体系简介

IPMP 是 IPMA 在全球推行的四级项目管理专业资质认证体系的总称,它是 IPMA 对项目管理人员知识、经验和能力水平的综合评估证明,根据 IPMP 认证等级划分获得 IPMP 各级项目管理认证的人员,将分别具有负责大型国际项目、大型复杂项目、一般复杂项目或具有从事项目管理专业工作的能力。

IPMA 依据国际项目管理专业资质标准(IPMA Competence Baseline,简称 ICB),针对项目管理人员专业水平的不同将项目管理专业人员资质认证划分为四个等级,即 A 级、B 级、C 级、D 级,每个等级分别授予不同级别的证书,如表 2-1 所示:

IPMA 四级证书体系　　　　　　　表 2-1

头衔	能力	认证程序			有效期
		阶段 1	阶段 2	阶段 3	
认证的高级项目经理 Certificated Projects Director (Level A)	能力 =知识 +经验 +素质	A B C 申请 履历 自我评估 证明材料 项目清单	可选择: 项目报告 案例研讨 或 研讨会	面试	5 年
认证的项目经理 Certificated Project Manager (Level B)					
认证的项目管理专家 Certificated Project Management Professional (Level C)			案例研讨或报告	考试	

续表

头衔	能力	认证程序			有效期
		阶段1	阶段2	阶段3	
认证的项目管理专业人员 Certificated Project Management Practitioner (Level D)	知识	D	申请 履历 自我评估	考试	无时间限制

(1) A级(Level A)证书是认证的高级项目经理。获得这一级认证的项目管理专业人员有能力指导一个公司(或一个分支机构)的包括有诸多项目的复杂规划,有能力管理该组织的所有项目,或者管理一项国际合作的复杂项目。这类等级称为 CPD(Certificated Projects Director——认证的高级项目经理)。

(2) B级(Level B)证书是认证的项目经理。获得这一级认证的项目管理专业人员可以管理大型复杂项目。这类等级称为 CPM(Certificated Project Manager——认证的项目经理)。

(3) C级(Level C)证书是认证的项目管理专家。获得这一级认证的项目管理专业人员能够管理一般复杂项目,也可以在所有项目中辅助项目经理进行管理。这类等级称为 PMP(Certificated Project Management Professional——认证的项目管理专家)。

(4) D级(Level D)证书是认证的项目管理专业人员。获得这一级认证的项目管理人员具有项目管理从业的基本知识,并可以将他们应用于某些领域。这类等级称为 PMF(Certificated Project Management Practitioner——认证的项目管理专业人员)。

由于各国项目管理发展情况不同,各有各的特点,因此 IPMA 允许各成员国的项目管理专业组织结合本国特点,参照 ICB 制定在本国认证国际项目管理专业资质的国家标准(National Competence Baseline,简称 NCB),这一工作授权于代表本国加入 IPMA 的项目管理专业组织完成。

中国项目管理研究委员会(PMRC)是 IPMA 的成员国组织,是我国惟一的跨行业的项目管理专业组织,PMRC 代表中国加入 IPMA 成为 IPMA 的会员国组织,IPMA 已授权 PMRC 在中国进行 IPMP 的认证工作。PMRC 已经根据 IPMA 的要求建立了"中国项目管理知识体系(C—PMBOK)"及"国际项目管理专业资质认证中国标准(C—NCB)",这些均已得到 IPMA 的支持和认可。PMRC 作为 IPMA 在中国的授权机构于 2001 年 7 月开始全面在中国推行国际项目管理专业资质认证工作。

4. IPMP 认证的特点

由于 IPMP 是一种能力考核,因此其考核方式除了知识考核外,对申请者的资质能力要进行全面考核,即 IPMP 注重能力考核,能力=知识+经验+个人素质是 IPMP 对能力的基本定义。

IPMP C 级以上考核,级别越高对于经验的要求越严格,比如 IPMP A 级就要求申请者具有负责多文化、跨国域的大型项目的经历或者是具有负责一个大型组织中的项目群的经历。

IPMP C 级以上考核需要经过三个方面的考核,即笔试、案例讨论及面试:

IPMP 笔试考核注重于解决实际问题的能力,并且试题考核以案例为导向,笔试考核强调对项目管理方法的应用。

案例讨论与案例报告是 IPMP 特有的考核形式,对于应试者个人素质及解决问题的能力考核非常重要,通过这一过程可以对申请者具有的综合素质进行考评。

IPMP 面试着重于对应试者综合素质的考核,全面了解应试者从事项目管理的理念。

5. IPMP 笔试

对于 IPMP C 级和 IPMP D 级,ICB 上要求必须参加关于项目管理知识的考核,ICB 对于 IPMP A 级及 IPMP B 级在知识考核上没有规定要求,但是许多国家对于 IPMP B 级也要求参加笔试考核。在我国,对于 IPMP B 级申请者,如果没有 IPMP C 级证书者则要求参加笔试考核。

(1) IPMP C 级笔试考核
① 以实际案例为导向;
② 注重项目管理核心方法的考核;
③ 强调方法的应用;
④ 题型为问答题。

(2) IPMP D 级笔试考核
① 注重理论与案例相结合的考核;
② 相对全面的综合考核;
③ 题型以选择题和问答题相结合。

6. IPMP 的能力考核因素

IPMP 的能力考核主要从以下六个方面进行综合考核:

(1) 基本能力:管理,项目和项目管理,项目背景和利益相关者,系统方法和项目管理,项目管理实施,项目目标,项目成功与失败的准则,项目阶段,项目生命期,标准与指南;

(2) 社会能力:洞察力,激励,社会化结构,小组和团队,学习型组织,自我管理,领导艺术,冲突管理,特殊交流状况;

(3) 方法能力:项目结构,过程和时间管理,资源管理,成本管理,财务管理,实施测量和项目进展,项目控制,多项目管理,创新技术,解决问题;

(4) 组织能力:公司和项目组织,质量管理,合同管理,构型和更改文档管理,项目开始,风险管理,项目信息系统/报告,项目结束和评估,人员管理;

(5) 个人素质:沟通能力;首创精神,务实,热情,激励能力;联系的能力,开放性;灵敏,自我控制,价值鉴赏能力,乐意负责任,人格诚实;解决冲突,辩论文化,公正;解决问题能力,全面思考,公正;忠诚,坚强,乐于助人;领导艺术;

(6) 总体印象:常理(常识),逻辑和系统,语言/文字表达能力,综合能力,明晰,技能,知识水平,经历(阅历)。

2.2 项目管理的概念

2.2.1 项目管理的定义

"项目管理"给人的一个直观概念就是"对项目进行的管理",这也是其最原始的概念,它说明了两个方面的内涵,即:

(1) 项目管理属于管理的大范畴;

(2) 项目管理的对象是项目。

然而,随着项目及其管理实践的发展,项目管理的内涵得到了较大的充实和发展,当今的"项目管理"已是一种新的管理方式、一门新的管理学科的代名词。

可见,"项目管理"一词有两种不同的含义,其一是指一种管理活动,即一种有意识地按照项目的特点和规律,对项目进行组织管理的活动;其二是指一种管理学科,即以项目管理活动为研究对象的一门学科,它是探求项目活动科学组织管理的理论与方法。前者是一种客观实践活动,后者是前者的理论总结;前者以后者为指导,后者以前者为基础。就其本质而言,二者是统一的。

基于以上观点,我们给项目管理定义如下:

项目管理就是以项目为对象的系统管理方法,通过一个临时性的专门的柔性组织,对项目进行高效率的计划、组织、指导和控制,以实现项目全过程的动态管理和项目目标的综合协调与优化。

所谓实现项目全过程的动态管理是指在项目的生命周期内,不断进行资源的配置和协调,不断作出科学决策,从而使项目执行的全过程处于最佳的运行状态,产生最佳的效果。所谓项目目标的综合协调与优化是指项目管理应综合协调好时间、费用及功能等约束性目标,在相对较短的时期内成功地达到一个特定的成果性目标。项目管理的日常活动通常是围绕项目计划、项目组织、质量管理、费用控制、进度控制等五项基本任务来展开的。

项目管理贯穿于项目的整个寿命周期,它是一种运用既有规律又经济的方法对项目进行高效率的计划、组织、指导和控制的手段,并在时间、费用和技术效果上达到预定目标。

项目的特点也表明它所需要的管理及其管理办法与一般作业管理不同,一般的作业管理只须对效率和质量进行考核,并注重将当前的执行情况与前期进行比较。在典型的项目环境中,尽管一般的管理办法也适用,但管理结构须以任务(活动)定义为基础来建立,以便进行时间、费用和人力的预算控制,并对技术、风险进行管理。在项目管理过程中,项目管理者并不对资源的调配负责,而是通过各个职能部门调配并使用资源,但最后决定什么样的资源可以调拨,取决于业务领导。

一般来说,列作项目管理的一般是指技术上比较复杂、工作量比较繁重、不确定性因素很多的任务或项目。第二次世界大战期间美国对原子弹,以及后来的阿波罗计划等重大科学实验项目就是最早采用项目管理的典型例子。项目管理的组织形式在20世纪50~60年代开始被广泛应用,尤其在电子、核工业、国防和航空航天等工业领域中应用更多,目前项目管理已经应用在几乎所有的工业领域中。

项目管理是以项目经理(Project Manager)负责制为基础的目标管理。一般来讲,项目管理是按任务(垂直结构)而不是按职能(平行结构)组织起来的。项目管理的主要任务一般包括项目计划、项目组织、质量管理、费用控制、进度控制等五项。日常的项目管理活动通常是围绕这五项基本任务展开的。项目管理自诞生以来发展很快,当前已发展为三维管理:

(1) 时间维:即把整个项目的生命周期划分为若干个阶段,从而进行阶段管理。

(2) 知识维:即针对项目生命周期的各不同阶段,采用和研究不同的管理技术方法。

(3) 保障维:即对项目人、财、物、技术、信息等的后勤保障管理。

2.2.2 项目管理的要素

要理解项目管理的定义就必须理解项目管理所涉及的各种要素,资源是项目实施的最根本保证,需求和目标是项目实施结果的基本要求,项目组织是项目实施运作的核心实体,环境是项目取得成功的可靠基础。

1. 资源

资源的概念内容十分丰富,可以理解为一切具有现实和潜在价值的东西,包括自然资源和人造资源、内部资源和外部资源、有形资源和无形资源。诸如人力和人才(Man)、材料(Material)、机械(Machine)、资金(Money)、信息(Message)、科学技术方法(Method of S&T)、市场(Market)等,有人把它们归纳为若干个 M,以便叙述和记忆。其实其他还有一些东西,譬如专利、商标、信誉以及某种社会联系等,也是有用的资源。特别要看到,知识经济的时代正向我们迎面扑来,知识作为无形资源的价值表现得更加突出。资源轻型化、软化的现象值得我们重视。我们不仅要管好用好硬资源,也要学会管好用好软资源。

项目管理本身作为管理方法和手段,也是一种资源。

由于项目固有的一次性,项目资源不同于其他组织机构的资源,它多是临时拥有和使用的。资金需要筹集,服务和咨询力量可采购(如招标发包)或招聘,有些资源还可以租赁。项目过程中资源需求变化甚大,有些资源用毕要及时偿还或遣散,任何资源积压、滞留或短缺都会给项目带来损失。资源的合理、高效使用对项目管理尤为重要。

2. 需求和目标

项目干系人的需求是多种多样的。通常可把需求分为两类,必须满足的基本需求和附加获取的期望要求。

基本需求包括项目实施的范围、质量要求、利润或成本目标、时间目标以及必须满足的法规要求等。在一定范围内,质量、成本、进度三者是互相制约的,当进度要求不变时,质量要求越高,则成本越高;当成本不变时,质量要求越高,则进度越慢;当质量标准不变时,进度过快或过慢都会导致成本的增加。管理的目的是谋求快、好、省的有机统一,好中求快,好中求省。如果把"多"或"大",即项目实施的范围或规模,一起考虑在内的话,可以以利润替代成本作为目标。利润 = 收益 - 成本。管理是要寻求使利润最大的项目实施范围或规模,从而确定其相应的成本。

期望要求常常对开辟市场、争取支持、减少阻力产生重要影响。譬如一种新产品,除了基本性能之外,外形、色彩、使用舒适,建设和生产过程有利于环境保护和改善等,也应当列入项目的目标之内。

一个项目的各种不同干系人有各种不同的需求,有的相去甚远,甚至互相抵触的。这就更要求项目管理者对这些不同的需求加以协调,统筹兼顾,以取得某种平衡,最大限度地调动项目干系人的积极性,减少他们的阻力和消极的影响。

3. 项目组织

组织就是把多个人联系起来,做一个人无法做的事,是管理的一项功能,组织包括与它要做的事相关的人和资源,及其相互关系。项目组织与其他组织一样,要有好的领导、章程、沟通、人员配备、激励机制,以及好的组织文化等。同时,项目组织也有其与其他组织不同的特点。

为实现项目的目标,项目组织和项目一样有其生命周期,经历建立、发展和解散的过程。项目组织不是百年老店,长盛不衰。例如,项目创意组织可能是某个咨询公司或机构中的一个研究小组,甚至个人;项目发起也许要另外一个组织出面,譬如某政府部门、事业单位、企业或企业与银行组成的集团;而项目的计划、实施可能还要组建新的机构,作为业主法人。总之,项目组织是在不断地更替和变化。组织的一个基本原则是因事设人。根据项目的任务设置机构,设岗用人,事毕境迁,及时调整,甚至撤销。项目要有机动灵活的组织形式和用人机制,可称之为柔性。千万不可来了走不得,定了变不得,不用去不得,用的进不得,变成一个迟钝、僵化、无生命的机体。

项目组织的柔性还反映在各个项目干系人之间的联系都是有条件的,松散的;它们是通过合同、协议、法规以及其他各种社会关系结合起来的;项目组织不像其他组织那样有明晰的组织边界,项目干系人及其个别成员在某些事务中属于某项目组织,在另外的事务中可能又属于其他组织。此外,项目中各干系人的组织形式也是多种多样的。

因此,项目管理在上述意义上也不同于政府、军队、企业、学校的管理,需要适应项目组织的特点。

项目的组织结构对于项目的管理产生一定影响,主要的项目组织结构有职能式结构、项目单列式结构和矩阵式结构。一般来讲,职能式结构有利于提高效率,项目单列式结构有利于取得效果。矩阵式结构兼具两者优点,但也带来某些不利因素。例如,各个项目可能在同一个职能部门中争夺资源;一个成员有两个顶头上司,既难处,也难管。

4. 项目环境

要使项目取得成功,除了需要对项目本身、项目组织及其内部环境有充分的了解外,还需要对项目所处的外部环境有正确的认识。这个问题涉及十分广泛的领域;这些领域的现状和发展趋势都可能对项目产生不同程度的影响,有的时候甚至是决定性的影响。这里仅就项目外部环境的若干重要方面作一扼要说明。

(1) 政治和经济

国际、国内的政治、经济形势对项目产生重大的影响事例非常之多。举世瞩目的英吉利海峡隧道,投资达100亿英镑,是20世纪的一项巨型工程。从拿破仑时代起近200年来,这个项目的起伏至少26次。主要原因是英国方面担心来自欧洲大陆国家的入侵。直到20世纪80年代,欧洲共同体(后来更名为欧洲联盟)有了重大进展,在当时英国首相撒切尔夫人和法国总统密特朗的推动下,才促成这个项目的实施。一些评论家认为,是否建造英吉利海峡隧道的决策始终不是取决于科学技术方面,而是取决于围绕这个计划的政治和经济环境。这是一个典型的例子。大项目如此,小项目也不例外。当众多的项目投资者受东亚经济奇迹的鼓舞,预期亚洲世纪、太平洋世纪即将到来时,来势凶猛的东南亚金融危机给了他们沉重的打击,使许多项目陷入困境。他们不得不重新审视自己的投资方向,并对未来的政治、经济形势作出新的估计。

经济全球化的加强,知识经济时代的临近,大大促进了跨国项目、高技术项目、以及利用高技术项目的发展,这个领域的机会和竞争都在增长。这也是当今项目管理者不容忽视的一个趋势。

市场和价格对项目更加有直接的影响。例如,我国的智力资源价格普遍低,国外的软件开发商乐于雇佣中国技术人员,使我国的软件开发项目常常有人才流失的风险,使他们不得不采取措施,改善自己的人力资源管理。

(2) 文化和意识

文化是人类在社会历史发展进程中所创造的物质财富和精神财富的总和,特指精神财富,如文学、艺术、教育、科学,也包括行为方式、信仰、制度、惯例等。项目管理要了解当地的文化,尊重当地的习俗。例如,制订项目进度计划时必须考虑当地的节假日习惯;在项目沟通中,善于在适当的时候使用当地的文字、语言和交往方式,也往往能取得理想的效果。文化也可以逐渐融合。在项目过程中,通过不同文化的交流,可以减少摩擦、增进理解、取长补短、互相促进。

意识也属于文化,会对项目产生影响。譬如,美国公众对修建核电站持抵制态度,而法国人却能够普遍接受。以往,在我国人们缺乏环境意识、节水意识,尽管国家制订了环保法规,但不少项目在规划中没有考虑相应的环保措施,导致了严重后果;有些项目投入运行后,竟然用廉价的净水稀释污水,以"达到"污水排放标准。随着近年来水源的减少和水价的调高,人们环保意识和节水意识的逐步提高,污水处理回收和其他节水项目陆续启动。但在另一方面,一些在建的引水项目却将面临用户需求缩减的局面。这些引水项目必须处理好今后的市场营销问题。

(3) 规章和标准

规章和标准都是对产品、工艺或服务的特征作出规定的文件。它们的区别在于,前者是必须执行的,而后者多带有提倡、推广和普及的性质,并不具有强制性。

规章包括国家法律、法规和行业规章,以及项目所属企业的章程等。它们对项目的规划、设计、合同管理、质量管理等都有重要影响。由国际咨询工程师联合会 FIDIC 颁发的合同条件属于标准,而不是规章。由于它比较全面、成熟,已被世界各国广泛承认,许多国际性的土建工程、咨询采购项目都愿意采用 FIDIC 合同条件。很多国家也制订了自己的合同条件,规定在国内或某个行业领域执行,往往带有强制性。

目前世界上有许许多多的标准在使用中,几乎涉及了所有的技术领域。从计算机磁盘的尺寸到电网、电器使用的频率、电压等。国际标准化组织(ISO)还发布了各种管理标准,如质量管理和质量保证国际标准 ISO 9000 系列。标准有的是国际通行的,有的只在某个地区、某一国家适用。这些技术和管理标准虽然不具强制性,但大都已被公认。项目要想满足市场需求,就必须采用这些标准,否则将寸步难行。

2.2.3 项目管理的特点

项目管理与传统的部门管理相比最大特点是项目管理注重于综合性管理,并且项目管理工作有严格的时间期限。项目管理必须通过不完全确定的过程,在确定的期限内生产出不完全确定的产品,日程安排和进度控制常对项目管理产生很大的压力。具体来讲表现在以下几个方面：

(1) 项目管理的对象是项目或被当作项目来处理的作业

项目管理是针对项目的特点而形成的一种管理方式，因而其适用对象是项目，特别是大型的、比较复杂的项目；鉴于项目管理的科学性和高效性，有时人们会将重复性的"作业"中某些过程分离出来，加上起点和终点当作项目来处理，以便于在其中应用项目管理的方法。

(2) 项目管理的全过程都贯穿着系统工程的思想

项目管理把项目看成一个完整的系统，依据系统论"整体-分解-综合"的原理，可将系统分解为许多责任单元，由责任者分别按要求完成目标，然后汇总、综合成最终的成果；同时，项目管理把项目看成一个有完整生命周期的过程，强调部分对整体的重要性，促使管理者不要忽视其中的任何阶段以免造成总体的效果不佳甚至失败。

(3) 项目管理的组织具有特殊性

项目管理的一个最为明显的特征即是其组织的特殊性。其特殊性表现在以下几个方面：

① 有了"项目组织"的概念。项目管理的突出特点是项目本身作为一个组织单元，围绕项目来组织资源。

② 项目管理的组织是临时性的。由于项目是一次性的，而项目的组织是为项目的建设服务的，项目终结了，其组织的使命也就完成了。

③ 项目管理的组织是柔性的。所谓柔性即是可变的。项目的组织打破了传统的固定建制的组织形式，而是根据项目生命周期各个阶段的具体需要适时地调整组织的配置，以保障组织的高效、经济运行。

④ 项目管理的组织强调其协调控制职能。项目管理是一个综合管理过程，其组织结构的设计必须充分考虑到利于组织各部分的协调与控制，以保证项目总体目标的实现。因此，目前项目管理的组织结构多为矩阵结构，而非直线职能结构。

(4) 项目管理的体制是一种基于团队管理的个人负责制

由于项目系统管理的要求，需要集中权力以控制工作正常进行，因而项目经理是一个关键角色。

(5) 项目管理的方式是目标管理

项目管理是一种多层次的目标管理方式。由于项目往往涉及的专业领域十分宽广，而项目管理者谁也无法成为每一个专业领域的专家，对某些专业虽然有所了解但不可能像专门研究者那样深刻。因此像泰罗那个时代，管理者们讲的具体的指导，对工人的操作，甚至教到了手指怎样动作这样的细枝末节，对大多数项目而言已经没有可能。现代的项目管理者只能以综合协调者的身份，向被授权的专家，讲明应承担工作责任的意义，协商确定目标以及时间、经费、工作标准的限定条件。此外的具体工作则由被授权者独立处理。同时，经常反馈信息、检查督促并在遇到困难需要协调时及时给予各方面有关的支持。可见，项目管理只要求在约束条件下实现项目的目标，其实现的方法具有灵活性。

(6) 项目管理的要点是创造和保持一种使项目顺利进行的环境

有人认为，"管理就是创造和保持一种环境，使置身于其中的人们能在集体中一道工作以完成预定的使命和目标"。这一特点说明了项目管理是一个管理过程，而不是技术过程，处理各种冲突和意外事件是项目管理的主要工作。

(7) 项目管理的方法、工具和手段具有先进性、开放性

项目管理采用科学先进的管理理论和方法。如采用网络图编制项目进度计划,采用目标管理、全面质量管理、价值工程、技术经济分析等理论和方法控制项目总目标;采用先进高效的管理手段和工具,主要是使用电子计算机进行项目信息处理等等。

2.2.4 项目管理的基本职能

项目管理最基本的职能有:计划、组织及评价与控制。

1. 项目计划

项目计划就是根据项目目标的要求,对项目范围内的各项活动作出合理安排。它系统地确定项目的任务、进度和完成任务所需的资源等,使项目在合理的工期内,用尽可能低的成本和以尽可能高的质量完成。任何项目的管理都要从制定项目计划开始,项目计划是确定项目协调、控制方法和程序的基础及依据,项目的成败首先取决于项目计划工作的质量。项目计划作为项目执行的法律,是项目中各项工作开展的基础,是项目经理和项目工作人员的工作依据和行动指南。项目计划作为规定和评价各级执行人的责权利的依据,对于任何范围的变化都是一个参照点,从而成为对项目进行评价和控制的标准。项目计划按其作用和服务对象可以分为四个层次:即决策型计划、管理型计划、执行型计划、作业型计划。项目计划按其活动内容分类主要有:项目主体计划、进度计划、费用计划、资源计划等。最常用于进行项目计划的工具主要有:工作分解结构(Work Breakdown Structure-WBS)、线性责任图(Linear Responsibility Chart-LRC)、横道图(Gannt Chart)、网络计划技术(CPM、DCPM、PERT、PERT/COST、GERT、VERT 等)以及 SSD 图(SSD Graph)等。

2. 项目组织

组织有两重含义,一是指组织机构,二是指组织行为(活动)。项目管理的组织,是指为进行项目管理、完成项目计划、实现组织职能而进行的项目组织机构的建立,组织运行与组织调整等组织活动。项目管理的组织职能包括五个方面:组织设计、组织联系、组织运行、组织行为与组织调整。项目组织是实现项目计划、完成项目目标的基础条件,组织的好坏对于能否取得项目成功具有直接的影响,只有在组织合理化的基础上才谈得上其他方面的管理。项目的组织方式根据其规模、类型、范围、合同等因素的不同而有所不同,典型的项目组织形式有三种:

(1) 树型组织

它是指从最高管理层到最低管理层按层级系统以树型展开的方式建立的组织形式,包括直线制、职能制、直线职能制、纯项目型组织等多个变种。树型组织比较适合于单个的、涉及部门不多的小型项目采用。当前的趋势是树型组织日益向扁平化的方向发展。

(2) 矩阵型组织

矩阵型组织是现代大型项目管理应用最广泛的组织形式,要按职能原则和对象(项目或产品)原则结合起来使用形成一个矩阵结构,使同一名项目工作人员,既参加原职能部门的工作,又参加项目组的工作,受双重领导。矩阵型组织是目前最为典型的项目组织形式。

(3) 网络型组织

网络型组织是未来企业和项目的一种组织形式,它立足于以一个或多或少固定连接的

业务关系网络为基础的小单位的联合。它以组织成员间纵横交错的联系代替了传统的一维或二维联系，采用平面性和柔性组织体制的新概念，形成了充分分权与加强横向联系的网络结构。典型的网络型组织如虚拟企业（Virtual Enterprise），新兴的项目型公司也日益向网络型组织的方向发展。

3. 项目评价与控制

项目计划只是根据预测而对未来作出的安排，由于在编制计划时难以预见的问题很多，因此在项目组织实施过程中往往会产生偏差，如何识别偏差，消除偏差或调整计划，保证项目目标的实现，这就是项目管理的评价与控制职能所要解决的。这里的项目评价不同于传统意义上的"项目评价"，这一点将在后面的章节中详细说明。项目评价是项目控制的基础和依据，项目控制则是项目评价的目的和归宿。要有效地实现项目评价和控制的职能，必须满足以下条件：首先，项目计划必须以适于评价的方式来表达；其次，评价的要素必须与项目计划的要素相一致；第三，计划的进行（组织）及相应的评价必须按足够接近的时间间隔进行，一旦发现偏差，可以保证有足够的时间和资源来纠偏。项目评价和控制的目的，就是通过伺服机制，根据计划进行中的实际情况做出及时合理的调整，使得项目组织能按计划完成。从内容上看，项目评价与控制可以分为工作控制、费用控制与进度控制等。

2.2.5 刘易斯项目管理模型

詹姆斯·刘易斯（James Lewis）作为美国著名的项目管理专家提出了一套项目管理模型方法，这种方法强调用规范的思考方式去完成一项任务。这种规范的思考过程适合于任何类型的项目，无论它的规模或种类如何。刘易斯方法包括了5个步骤：定义、战略计划、实施计划、执行与控制、总结教训（或结尾阶段），如图2-3及图2-4所示。

这个模型已经被许多项目经理实践过，并已成为很多组织机构项目管理系统的基础，这是一个实用的、有价值的方法，能帮助项目经理避免很多导致项目失败的、意想不到的陷阱，甚至还可以用来对付一些琐碎平常的、困扰项目的细节问题。

(1) 定义

项目总是从某种构想开始，我们需要什么或者我们有一个难题的时候，就需要一个项目来解决问题。然而，问题在于我们常常不懂得，解决难题的方法取决于我们如何定义这个难题。所以，项目管理的第一步，就是要保证能正确地定义你所要解决的问题，从而使你知道你想要的结果是什么、任务是什么。

(2) 战略计划

"战略"一词是指你开展一个项目的总的方法，这一步常常被一带而过。虽然任何项目都有一个战略计划，但这个战略常常缺乏认真的比较研究和选择，然而选择的战略是否正确，关系到项目的成败。图2-3计划战略阶段P为性能要求（技术与功能方面）、C为工作的劳动力成本、T为项目要求的时间、S为工作的规模与大小。SWOT为战略分析中的优劣势分析方法，其中S为优势、W为劣势、O为机会、T为威胁。

(3) 实施计划

这是任何项目实施前应当考虑的事情，你应当确定项目实施的全部细节——做什么、谁来做、如何做、做多长时间等等。项目实施的成功与否，很大程度上受到实施计划的影响。

(4) 执行与控制

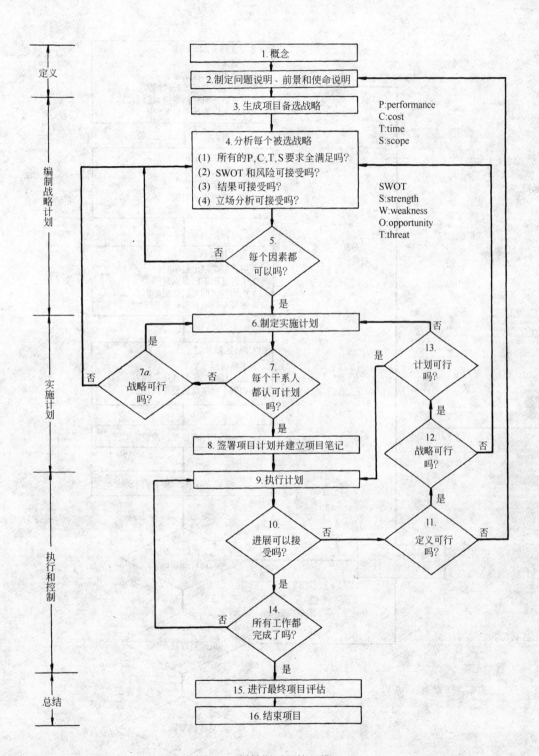

图 2-3 刘易斯项目管理模型

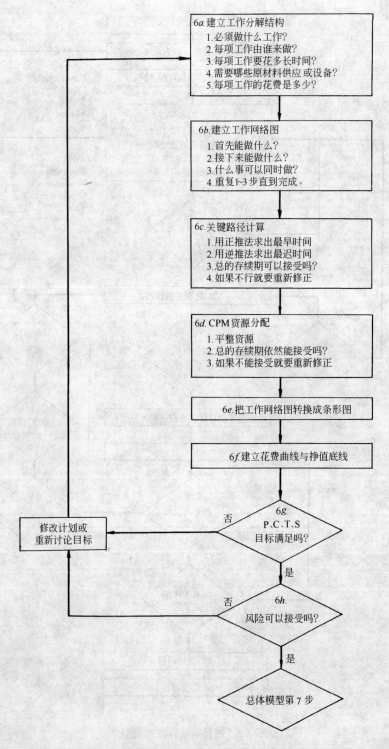

图 2-4　刘易斯项目管理模型(第 6 步细化)

很多时候人们从概念直接跳到执行,这样他们就无法实现控制,因为没有一个计划来告诉他们应该去的地方。执行与控制必须依赖良好的实施计划。

(5) 总结与结束

这个步骤在多数项目的实施过程中常常被忽略,项目结束后进行必要的总结与分析是项目完满结束的标志,对于后续项目的执行也有借鉴作用。

2.3 项目管理知识体系及其主要内容

2.3.1 项目管理知识体系

项目管理是从第二次世界大战以后发展起来的,项目管理工作者们在几十年的实践中感觉到,虽然从事的项目类型不同,但是仍有一些共同之处,因此他们就自发组织起来共同探讨这些共性主题,即项目管理知识体系的建立。

项目管理知识体系首先是由美国项目管理学会(PMI)提出,1987 年 PMI 公布了第一个项目管理知识体系(Project Management Body of Knowledge,简称 PMBOK),1996 年及 2000 年又分别进行了修订。在这个知识体系中,他们把项目管理的知识划分为 9 个领域,分别是范围管理、时间管理、费用管理、质量管理、人力资源管理、沟通管理、风险管理、采购管理及综合管理。

国际项目管理协会(IPMA)在项目管理知识体系方面也作出了卓有成效的工作,IPMA 从 1987 年就着手进行"项目管理人员能力基准"的开发,在 1997 年推出了 ICB,即 IPMA Competency Baseline,在这个能力基准中 IPMA 把个人能力划分为 42 个要素,其中 28 个核心要素,14 个附加要素,当然还有关于个人素质的 8 大特征及总体印象的 10 个方面。

基于以上两个方面的发展,建立适合我国国情的"中国项目管理知识体系"(Chinese Project Management Body of Knowledge,简称为 C-PMBOK),形成我国项目管理学科和专业的基础;引进"国际项目管理专业资质认证标准",推动我国项目管理向专业化、职业化方向发展,使我国项目管理专业人员的资质水平能够得到国际上的认可,已成为我国项目管理学科和专业发展的当务之急。

中国项目管理知识体系(C-PMBOK)的研究工作开始于 1993 年,是由中国优选法统筹法与经济数学研究会项目管理研究委员会(PMRC)发起并组织实施的,并于 2001 年 5 月正式推出了中国的项目管理知识体系文件——《中国项目管理知识体系》(C-PMBOK)。

中国项目管理知识体系(C-PMBOK)的编写主要是以项目生命周期为基本线索进行展开的,从项目及项目管理的概念入手,按照项目开发的四个阶段:概念阶段、规划阶段、实施阶段及收尾阶段,分别阐述了每一阶段的主要工作及其相应的知识内容,同时考虑到项目管理过程中所需要的共性知识及其所涉及的方法工具。基于这一编写思路,C-PMBOK 将项目管理的知识领域共分为 88 个模块,基于此为中国项目管理知识体系的框架,如表 2-2 所示。

由于 C-PMBOK 模块化的特点,在项目管理知识体系的构架上,C-PMBOK 完全适应了按其他线索组织项目管理知识体系的可能性,特别是对于结合行业领域的和特殊项目管理领域知识体系的构架非常实用。各应用领域只需根据自身项目管理的特点加入相应的特色模块,就可形成行业领域的项目管理知识体系。

中国项目管理知识体系框架　　　　　　表 2-2

<table>
<tr><td colspan="4">2　项目与项目管理</td></tr>
<tr><td colspan="4">2.1　项目　　2.2　项目管理</td></tr>
<tr><td>3　概念阶段</td><td>4　规划阶段</td><td>5　实施阶段</td><td>6　收尾阶段</td></tr>
<tr><td>3.1　一般机会研究</td><td>4.1　项目背景描述</td><td>5.1　采购规划</td><td>6.1　范围确认</td></tr>
<tr><td>3.2　特定项目机会研究</td><td>4.2　目标确定</td><td>5.2　招标采购的实施</td><td>6.2　质量验收</td></tr>
<tr><td>3.3　方案策划</td><td>4.3　范围规划</td><td>5.3　合同管理基础</td><td>6.3　费用决算与审计</td></tr>
<tr><td>3.4　初步可行性研究</td><td>4.4　范围定义</td><td>5.4　合同履行和收尾</td><td>6.4　项目资料与验收</td></tr>
<tr><td>3.5　详细可行性研究</td><td>4.5　工作分解</td><td>5.5　实施计划</td><td>6.5　项目交接与清算</td></tr>
<tr><td>3.6　项目评估</td><td>4.6　工作排序</td><td>5.6　安全计划</td><td>6.6　项目审计</td></tr>
<tr><td>3.7　商业计划书的编写</td><td>4.7　工作延续时间估计</td><td>5.7　项目进展报告</td><td>6.7　项目后评价</td></tr>
<tr><td></td><td>4.8　进度安排</td><td>5.8　进度控制</td><td></td></tr>
<tr><td></td><td>4.9　资源计划</td><td>5.9　费用控制</td><td></td></tr>
<tr><td></td><td>4.10　费用估计</td><td>5.10　质量控制</td><td></td></tr>
<tr><td></td><td>4.11　费用预算</td><td>5.11　安全控制</td><td></td></tr>
<tr><td></td><td>4.12　质量计划</td><td>5.12　范围变更控制</td><td></td></tr>
<tr><td></td><td>4.13　质量保证</td><td>5.13　生产要素管理</td><td></td></tr>
<tr><td></td><td></td><td>5.14　现场管理与环境保护</td><td></td></tr>
<tr><td colspan="4">7　共性知识</td></tr>
<tr><td>7.1　项目管理组织形式</td><td>7.7　企业项目管理</td><td>7.13　讯息分发</td><td>7.19　风险监控</td></tr>
<tr><td>7.2　项目办公室</td><td>7.8　企业项目管理组织设计</td><td>7.14　风险管理规划</td><td>7.20　信息管理</td></tr>
<tr><td>7.3　项目经理</td><td>7.9　组织规划</td><td>7.15　风险识别</td><td>7.21　项目监理</td></tr>
<tr><td>7.4　多项目管理</td><td>7.10　团队建设</td><td>7.16　风险评估</td><td>7.22　行政监督</td></tr>
<tr><td>7.5　目标管理与业务过程</td><td>7.11　冲突管理</td><td>7.17　风险量化</td><td>7.23　新经济项目管理</td></tr>
<tr><td>7.6　绩效评价与人员激励</td><td>7.12　沟通规划</td><td>7.18　风险应对计划</td><td>7.24　法律法规</td></tr>
<tr><td colspan="4">8　方法和工具</td></tr>
<tr><td>8.1　要素分层法</td><td>8.7　不确定性分析</td><td>8.12　工作分解结构</td><td>8.17　质量技术文件</td></tr>
<tr><td>8.2　方案比较法</td><td>8.8　环境影响评价</td><td>8.13　责任矩阵</td><td>8.18　并行工程</td></tr>
<tr><td>8.3　资金的时间价值</td><td>8.9　项目融资</td><td>8.14　网络计划技术</td><td>8.19　质量控制的数理统计方法</td></tr>
<tr><td>8.4　评价指标体系</td><td>8.10　模拟技术</td><td>8.15　甘特图</td><td></td></tr>
<tr><td>8.5　项目财务评价</td><td>8.11　里程碑计划</td><td>8.16　资源费用曲线</td><td>8.20　挣值法</td></tr>
<tr><td>8.6　国民经济评价方法</td><td></td><td></td><td>8.21　有无比较法</td></tr>
</table>

2.3.2　项目管理的主要内容

项目管理涉及到多方面的内容,这些内容可以按照不同的线索进行组织,常见的组织形式主要有两个层次、4 个阶段、5 个过程、9 个领域、42 个要素及多个主体:

1. 两个层次主要表现在

(1) 企业层次的

(2) 项目层次的

2. 从项目的生命周期角度看,项目管理经历了

(1) 概念阶段

(2) 规划阶段

(3) 实施阶段

(4) 收尾阶段

3. 从项目管理的基本过程看

(1) 启动过程

(2) 计划过程

(3) 执行过程

(4) 控制过程

(5) 结束过程

4. 从项目管理的职能领域看

(1) 范围管理

(2) 时间管理

(3) 费用管理

(4) 质量管理

(5) 人力资源管理

(6) 风险管理

(7) 沟通管理

(8) 采购管理

(9) 综合管理

5. 从项目管理的知识要素看

(1) 项目与项目管理

(2) 项目管理的运行

(3) 通过项目进行管理

(4) 系统方法与综合

(5) 项目背景

(6) 项目阶段与生命周期

(7) 项目开发与评估

(8) 项目目标与策略

(9) 项目成功与失败的标准

(10) 项目启动

(11) 项目收尾

(12) 项目的结构

(13) 内容、范围

(14) 时间进度

(15) 资源

(16) 项目费用和财务

(17) 状态与变化
(18) 项目风险
(19) 效果衡量
(20) 项目控制
(21) 信息、文档与报告
(22) 项目组织
(23) 协作(团队工作)
(24) 领导
(25) 沟通
(26) 冲突与危机
(27) 采购、合同
(28) 项目质量
(29) 项目信息学
(30) 标准与规则
(31) 问题解决
(32) 会谈与磋商
(33) 固定的组织
(34) 业务过程
(35) 人力开发
(36) 组织学习
(37) 变化管理
(38) 行销、产品管理
(39) 系统管理
(40) 安全、健康与环境
(41) 法律方面
(42) 财务与会计

2.4 项目管理的变革

目前广泛应用的项目管理方法产生于二战后期,是当时要完成的众多工程项目的产物。但是随着全球经济的兴起,项目管理面临的环境发生了巨大的变化,新的项目管理模式逐渐产生。

2.4.1 新商业环境

新的商业环境迫使公司重新考虑应该如何开展他们的业务,竞争成为新的时髦。为了具有竞争力,各种公司不得不降低成本,加速开发新产品,注重让顾客满意。让顾客满意的关键是提高产品质量以及改善对顾客的服务。

基于此,公司的经营观念发生了巨大变化。为了具有竞争力,他们对经营模式进行彻底的改造。这些改造仍在进行之中,称之为"再造工程"。这些改造行动包括压缩公司规模、组织结构扁平化、给员工授权及利用外部资源等。

1. 压缩规模

为了使公司更具有竞争力,公司必须精简。庞大的员工队伍曾一度是公司成功与权力的标志,如今已成为一种负担。因此,在20世纪80年代一些大型公司经历了压缩员工总数的时期。不再雇用新员工,鼓励提前退休,关闭一些工厂,有选择地解雇人员。中层管理人员尤其首当其冲,因为他们被认为是对经营毫无价值的,只不过是增加了官僚机构的膨胀而已。

2. 组织结构扁平化

为了加快公司的反应速度,公司对其劳动力进行了重组,以减少众多的官僚层次,这些层次将一线人员同公司总裁(CEO)分隔开来。在这种扁平化的结构中,命令链不常见了。员工们发现自己打交道的老板和直接上级越来越少,更多的是同那些相互之间不能直接控制的人员共事。决策多通过商议投票作出,而不是直接的上级指示。

3. 给职员授权

加快决策速度和让顾客满意的双重需要导致需要给职员授权,传统上这方面很少受到重视。授权有多种多样的方式。一种行之有效的重要途径是赋予职员同顾客打交道的决策权。例如,若一顾客想更改某一设备的配置,如果合理,职员将有权表示同意。以前,职员必须得到上级的批准才行。给职员授权改变了"经理"所扮演的角色,从一个活动的指挥员(director)变成了一个支持者,也就是说,经理的作用是尽自己的能力使职员尽可能有效地完成工作。这种现象称为"倒金字塔",是传统的职员/经理关系的180°转弯,那时是职员为经理服务。

4. 利用外部资源

节约成本的需要导致公司更多依赖于外部人员来帮助它们完成工作。即使公司精简了,但其业务可能会增多。这种明显的矛盾使得利用外部产品或服务成为可能。利用外部资源的好处是降低了新设施的投资成本,减轻了养老金及健康保险的负担,减少了根据业务周期解聘或雇佣人员的麻烦。因此,利用外部资源使公司把许多负担转移到合同商手中。

需要强调的是,项目管理非常适合新的商业环境。项目经理们善于"在混乱中成长"(Peters,1987)、"在动荡时代中生存"(Drucker,1980)、"在巨浪中撑篙"(Vaill,1989)、"逆向思维"(Handy,1989)、"不借助权力而施加影响"(Cohen和Bradford,1990)。他们习惯于工作在扁平化的组织环境中,在这里老板并不能直接控制人力和物质资源,而是作为一个影响者。利用外部资源对他们来说并不是一件新鲜事,他们把它作为一种为项目获得产品和服务的机制已达数十年之久。

尽管项目管理仍然很好地适用于帮助组织在这动荡的时代开展业务,但它也必须进行重大变革。如果我们在项目的着眼点和项目执行方法方面不进行重大的改变,项目管理的应用效果将受到一定的限制。

2.4.2 传统项目管理方法的症结

传统的项目管理已使人类能够完成许多不可思议的事情。例如,它为美国航空宇航局(NASA)提供了把人送上月球的管理能力;它使在北冰洋建造钻井平台成为可能;它为飞机制造商提供设计和制造复杂的商用飞机的管理规程。但是,随着商业环境的变更,传统的项目管理已经出现了缺陷,主要表现在如下几个方面:

1. 忽视了顾客的重要性

主要表现是顾客的满意常被当作是一种事后考虑的问题,项目管理人员的大部分精力都集中在满足时间、预算和性能指标这三个限制条件上。评价项目是成功还是失败主要是看它是否满足工期、预算与性能指标的要求,而不是看是否达到让顾客完全满意。

当然注重三个限制条件与让顾客满意在某种程度上是一致的,因为其中的限制条件之一——性能指标——应该包含了顾客的需要和要求。理论上,这是正确的。然而,在实践中这些性能指标并不能充分反映顾客的需求,因为它们是由缺乏与顾客打交道的训练和技巧的"专家"们制定的,他们并不懂顾客的业务,只凭自己的个人兴趣来设计和制造产品。他们常倾向于制造一些令同行的专家们羡慕的东西。这种情况下,让顾客满意成为次要考虑的问题。

2. 过分注重方法和工具的应用

传统项目管理方法单一地注重常规的处理工期、预算以及资源分配的固定工具,这些工具是众所周知的。处理工期方面,主要有甘特(Gantt)图和 PERT/CPM 网络图;预算方面,有 S 形预算曲线;资源分配方面,则有责任矩阵、资源负荷图以及各种资源甘特图。项目管理者的工具箱中还有许多辅助的概念和工具。项目管理同这些工具的关系如此密切,以至于当有人问"你懂得项目管理吗?"时,实际上他们在问你是否懂得这些东西,如绘制 PERT/CPM 网络图和 S 形曲线。

精通这些工具本身并不错,所有的人都可在运用这些工具中受益。然而,出现的问题是,当过分注重这些工具,就容易无暇顾及其他重要的事情,如管理和满足顾客的需求、激励员工以及提高政治技巧。项目管理的一个事实是很少有因为 CPM/PERT 系统的崩溃造成项目失败的。相反,它们常常因为诸如部分员工不负责任、政治风波以及不能有效地沟通意见等一些非技术性原因而失败。

3. 项目范围的定义太狭窄

传统项目管理对项目应考虑的问题的范围定义太狭窄。这一点可以从两方面来看。

首先,传统的项目管理常常把项目的生命周期限定为四个阶段:概念、计划、执行以及结束。从表面上看,这似乎很合理。然而在新的充满竞争的全球环境中,让顾客满意显得极为重要,这种项目生命周期的严格定义就显得不足了。如此定义项目的生命周期,项目组成员把项目移交给顾客后就算万事大吉了。他们在移交的一刻就退出了项目,如果项目以后出现问题,他们就可持这种态度:"这可不是我的问题——去找维护人员"。

为了让顾客满意,项目的生命周期必须加以延伸以增加一个阶段:"运行与维护"阶段。必须让项目组成员意识到他们的工作并非简单地把项目建成,还必须保证项目移交后能正常运行,令人满意。

其次,传统的项目管理对其管理领域的定义太狭窄:对项目经理的工作职责持一种狭义的观点,把项目经理看作项目的执行者。另外的一些人对应支持哪些项目作出决策,在项目成果的特性被确定之后,再移交给项目经理,项目经理的职责是在限定的范围内完成工作。有一项对 113 位项目经理进行的调查表明,只有 29% 的项目经理对他们所从事的项目的选择工作发挥了直接的作用。该调查还反映出在项目经理的权力方面存在着一些不足:少于 1/3 的项目经理反映他们对项目的盈亏负有责任。实际上,大多数的项目经理反映他们甚至没有足够的预算资料,以负起有意义的成本责任。大多数的项目经理也指出,他们只参与项目生命周期的一部分工作,根本不可能对项目负全部的责任。

实际上,项目经理的活动领域被限制在如此狭窄的空间里,在这种环境中,项目经理很难有效地为顾客服务。如果让顾客满意是项目管理的一个重要的最终目标,必须重新定义项目经理的作用,以使他们能够实现这个目标。

在过去的日子里,传统的项目管理为我们服务得很好。然而,为了使之适应强大的全球竞争压力,已是传统的项目管理必须改变一些做法的时候了。尤其是,它必须适应今天组织所面临的新环境:对让顾客满意、压缩规模、组织结构扁平化、给员工授权以及利用外部资源的认可。

2.4.3 新项目管理

探讨项目管理如何在新的商业环境中更有效地发挥其作用,并不是要否定传统的项目管理,这里强调的只是传统项目管理必须进行变革,以适应于新的商业环境。

下列的三个论点是新项目管理的核心:

1. 以顾客为中心的需要

项目经理们传统上用是否满足项目的"三大约束"来衡量项目的成败。如果项目延期、成本超支或产生的可交付成果不满足性能指标的要求,则项目就算失败了。这种传统的观念正在飞速地发生变化,越来越多的项目管理专业人员意识到,最惨重的失败是所完成的项目不能让顾客满意。

为什么我们必须考虑以顾客为中心的问题?对这一问题有许多不容质疑的答案。

首先,近期顾客已开始追求好的产品和优质服务。日本人在了解顾客的这类期望方面取得了重大进展。通过注重让顾客满意,他们得以在市场上击败那些自以为是的竞争对手。让我们来看一个发生在汽车工业的生动事例,他们注重质量,注重推出"全副装备"的汽车(包括美国公司通常作为备选部件出售的那些部件),注重提供周到的售后服务,从而赢得了绝大部分的市场份额。

其次,强调以顾客为中心增加了再次合作的可能性。若项目成员尽力让顾客满意,他们的努力将会受到顾客的赞赏,顾客则会考虑通过再次同项目组开展业务以示回报。

其三,让顾客满意意味着我们能更快地结束项目。每一个有项目经历的人都会碰到类似的情况:顾客拒绝签字接收项目的成果,因为他们认为还存在某些问题。例如,他们也许会觉得项目成果没有完全具备所承诺的特点或在质量上有缺陷。这种僵局的结果便是项目的拖延,最终导致项目末期付款的延期支付或增加额外的开支。更多地关注顾客的感受会减少类似事件发生的概率。

2. 掌握非传统的项目管理技术的需要

传统的项目管理强调掌握进度安排、预算以及人力和物质资源的分配等方面的基本技术。这些是作为项目执行者的项目经理的主要工具,也是工程技术人员的重要工具。

为使项目经理更有效地扮演新的角色,他们需要精通诸如基本的合同管理技术、商业财务、成本/进度综合控制、工作进展测量、质量监控以及进行风险分析等"硬"技术。同时,他们还必须熟练掌握诸如谈判、变化管理、政治敏锐以及了解他们所交往的人员(包括顾客、同级人员、职员以及上级主管)的需求等"软"技术。

3. 重新定义项目经理的作用

在稳定的环境中传统的项目管理方法很有效,这种环境下,目标是明确的,几乎没有竞争压力。然而,当今的商业环境既不稳定又不乏竞争压力。过去的假设已不再成立,必须出现一种为新项目经理的责任与作用提供指导的新的范例。

(1) 项目经理必须注重以顾客为中心

传统的项目管理中项目经理常常被界定为项目计划的执行者,而无须关心让顾客满意的问题。然而,在当今动荡和竞争的商业环境中,这种方法已经不适应。例如,就通过与顾客签订合同筹集到资金的项目而言,就很难搞清楚销售人员、授权的管理人员以及设计人员是否在很好地各尽其职。常常会听到项目成员这样抱怨:项目销售人员想扩大销售额,常向顾客作不切实际的承诺,项目人员无法为顾客完成这样的系统,至少不能在常规的期限和预算范围内完成。管理者由于想扩大业务,也向下下达这些任务。不幸的是,他们并不完全了解这种承诺对项目意味着什么。在大多数组织中远离顾客好几个层次的设计人员,认为他们自己正在努力设计符合向顾客所作的承诺的系统。在设计过程中,他们则常常根据自己的设计思路来理解顾客的需求,而他们的设计思路不一定反映了真正的顾客需求。很清楚,在这种常见的状况下,很难做到让顾客满意。当今复杂多变的商业环境要求项目经理特别注重以顾客为中心。

(2) 项目经理必须被授权以有效地运作项目

授权意味着项目经理能独立作出多数的决策,而不必经过长长的命令链的传递。让顾客满意的一项关键内容就是提高响应速度。当顾客提出疑问或建议作某些变动时,他们想尽快看到结果。他们不愿坐在一旁等待一项微不足道的变动要求不得不经过层层的审批。加快反应时间的方法之一就是授权给项目工作人员,使他们能够直接而有效地对顾客的疑问和要求作出反应。

授权使项目经理能真正对项目的盈亏负责,使得项目经理很大程度上把自己看成是独立的经营者,独立运作自己的业务,授权也使项目经理具备在新的商业环境中有效经营的知识和技能。授权的重要基础是能力。缺乏基本经营和技术技能的经理并不能通过授权而真正地变得有效。传统的项目管理强调对培养技术技能的需要,因为作为单纯的方案的执行者,项目人员并不需要具备经营知识。当今,他们的作用已超出了执行者的范畴,顾客同时要求经理们帮助他们开发经营方案,这就要求他们具备满足这种要求的经营技能。

2.5 项目的生命周期及其核心工作

2.5.1 项目管理过程和整体化

1. 项目的整体性质

项目本身的整体性质要求对项目进行整体化的管理。项目是由共同发挥作用的各个部分组成,包括各硬件成分和软件成分的组合。任何一个成分的或缺和削弱都会影响项目的整体效果。项目的整体性质包括:

(1) 项目范围的整体性。项目范围就是为达到项目目标所要求完成的全部工作,而且也仅仅是要求完成的工作。项目范围内的工作就像人体的各个器官,每个都在整体中有一定的地位和作用,少则残疾,多则累赘,甚至成了怪胎。项目范围定义的主要工具是工作分解结构(Work Breakdown Structure),一个完整的(既不短缺,又不多余)、反映项目内在功能特征的,又界面清晰、层次分明、便于管理的工作分解结构,是确保项目整体性的重要条件。

(2) 项目目标的整体性。项目各干系人的需求总是不同的,而且常常有冲突;项目的各个目标,如质量、进度、费用等也都互相制约,往往会有矛盾。项目目标的整体化就是要对这些互相冲突、矛盾的需求和目标加以权衡,寻求各方面都可能接受、感到满意的结果。因此,项目班子各职能岗位或部门的管理要紧密配合。进度管理要顾及成本和质量,费用管理也不能离开项目进展和质量要求,合同管理、人力资源管理等都要为项目的整体目标服务,切忌顾此失彼、拣了芝麻丢了西瓜。

(3) 项目过程的整体性。项目有自己的生命周期,分为若干个阶段。每个阶段又可分为若干个子阶段或称作过程。这些过程既有区分又紧密联系,互为前提和后果。在下面我们还将对各管理过程作进一步的讨论。

2. 项目管理过程

过程指产生某种结果的行动序列。对于项目,有五个基本的管理过程——启动、计划、执行、控制和结束。一般企、事业单位的经营管理也要有计划、执行与控制三个过程。项目的一次性特点,要求在首尾添加了启动和结束两个过程。

(1) 过程之间的联系。管理过程不是独立的一次性事件,它们是贯穿于项目的每个阶段,按一定顺序发生,工作强度有所变化,并互有重叠的活动。

项目生命周期的诸阶段也可以看作是大的管理过程,阶段之间和过程之间相互联系。启动过程接受上一个阶段交付的成果,经研究,确认下一阶段可以开始,并提出对下一阶段要求的说明;计划过程根据启动提出的要求,制订计划文件作为执行过程的依据;执行过程要定期编制执行进展报告,并指出执行结果与计划的偏差;控制过程根据执行报告制订控制措施,为重新计划过程提供依据。因此计划——执行——控制,这三个过程往往要周而复始循环多次,直到实现该阶段发起过程提出的要求,才能使结束过程顺利完成,为下一阶段准备好可交付的成果。这样一环扣一环的机制将各子过程和项目各阶段结合为整体,所以又叫做整体化过程。

(2) 过程的可交付成果。两个过程的交接都应有可交付的成果,切不可草草收兵,匆匆过场。可交付成果可以是书面文件、图片资料和样品、实物等。例如,项目启动阶段以项目创意过程开始,写出项目创意报告;当该创意报告得到有关方面的首肯后,就可以进入下一个过程,编制项目建议书;若该建议取得多方支持,就又可开始一个新的过程,执行建议书的建议进行可行性研究。

可交付成果的重要性在于以下两方面。其一,项目是一次性的、渐进的动态过程,是一个整体。后面的管理过程都是前面过程的延续。对前面过程的不正确记载、说明和评价,都会在后面过程造成差错。其二,由于项目组织和人员的临时性,人员往往有变动。后面介入的人员只能依靠前面过程的可交付成果开展工作。因此,要求每个过程的可交付成果都应完整,包括一切必要的信息。

(3) 子过程。每个基本过程均会涉及项目管理若干方面的事务。对这些不同方面事务的处理就是基本过程的子过程。前面子过程的成果是后面子过程的依据;后面子过程又根据前面子过程的成果,通过某种操作(使用各种技术、工具、手段和相关的资源),创造出新的成果。各个基本过程的子过程通常不同。例如,启动过程可以有发起子过程、审批子过程;规划过程可以有范围规划、项目分解、进度计划、资源规划、费用估算、费用计划、质量规划、组织规划、沟通规划、采购规划等各种子过程;执行过程可以有计划执行、信息分发、采购等多个子过程;控制过程可以有进度控制、费用控制、质量控制、变更控制、进展报告、合同管理等子过程;结束过程往往包括范围核实、行政扫尾、合同结尾等子过程。

多数项目的子过程有许多共同的内容,但一些特殊的项目往往要求增加或减少某些子过程。譬如,不确定程度高的项目要求增加风险规划、风险控制子过程;较小的项目可能不需要进行招标,可以免去采购子过程,而增加一个比较简单的询价子过程。

子过程和过程一样,需遵循一定的顺序,有时会互相搭接、反复循环;它们互相关联,密切配合,成为项目整体中一个一个的环节。

2.5.2 项目的生命周期及其核心工作

项目的生命周期可以分为四个大的阶段,即概念阶段、规划阶段、实施阶段及结束阶段,项目的不同阶段其项目管理的内容是不相同的。项目管理的内容多是以其生命周期过程为重点进行展开,它使得人们能够从开始到结束对整个项目的实施有个全面系统而又完整的了解。图 2-5 就是从项目生命周期的角度,对项目的 C、D、E、F 四个阶段工作内容的概括描述。

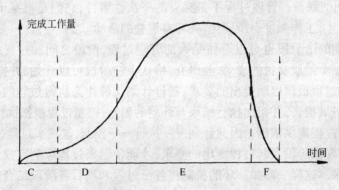

C—概念阶段	D—规划阶段	E—实施阶段	F—结束阶段
• 明确需求	• 确定项目组主要成员	• 建立项目组织	• 最终产品的完成
• 项目识别	• 项目最终产品的范围界定	• 建立与完善项目联络渠道	• 评估与验收
• 项目构思	• 实施方案研究	• 实施项目激励机制	• 清算最后账务
• 调查研究	• 项目质量标准的确定	• 建立项目工作包,细化各项技术需求	• 项目评估
• 收集数据	• 项目的资源保证	• 建立项目信息控制系统	• 文档总结
• 确立目标	• 项目的环境保证	• 执行 WBS 的各项工作	• 资源清理
• 进行可行性研究	• 主计划的制订	• 获得订购物品及服务	• 转换产品责任者
• 明确合作关系	• 项目经费及现金流量的预算	• 指导/监督/预测/控制:范围、质量、进度、成本	• 解散项目组
• 确定风险等级	• 项目的工作结构分解(WBS)	• 解决实施中的问题	
• 拟订战略方案	• 项目政策与程序的制订		
• 进行资源测算	• 风险评估		
• 提出组建项目组方案	• 确认项目有效性		
• 提出项目建议书	• 提出项目概要报告,获准进入下一阶段		
• 获准进入下一阶段			

图 2-5 项目的生命周期及其主要工作

2.5.3 不同层次、不同类型项目的管理特点

因为"项目"既可以是指一个具体的项目,也可以是指一组或一群项目;而"活动"既可以是泛指的项目活动,也可以是指某个项目的生命周期阶段的活动。正因为如此,人们可以从不同的类别、不同的角度来阐述或理解项目管理。我们将其归纳为以下几种:

1. 宏观项目管理

主要是研究项目与社会及环境的关系,也是指国家或区域性组织或综合部门对项目群的管理。宏观项目管理涉及到各类项目的投资战略、投资政策和投资计划的制订,各类项目的协调与规划、安排、审批等等。

2. 中观项目管理

这是指部门性或行业性机构对同类项目的管理,如建筑业、冶金业、航空工业等等。包括制订部门的投资战略和投资规划,项目的优先顺序,以及支持这些战略、顺序的政策,项目的安排、审批和验收等。

3. 微观项目管理

微观项目管理是指对具体的某个项目的管理。有以下几种不同角度的说明。

(1) 不同主体的项目管理

项目管理不仅仅是项目业主对项目的管理,项目设计、施工单位、项目监理单位等也要对项目进行管理,甚至与项目有关的设备材料供应单位,及政府或业主委托的工程咨询机构也有项目管理的业务要求。这些都是不同主体的项目管理,它们的内容、方法、规章制度等等也是不同的。

(2) 不同层次的项目管理

任何一个项目的管理都可以分为三个不同的层次,即高层管理、中层管理和基层管理。高层管理者要与政府、供应商、业主、竞争对手、施工单位等方方面面的单位、人物打交道,要对项目进行重大决策,为项目负责;中层管理是协调项目内、外部事务和矛盾的技术与管理核心,项目质量、进度、成本的主要监督控制者;基层管理则是项目具体工作任务的分配监督和执行者。

(3) 不同生命周期阶段的项目管理

项目的不同生命周期阶段有不同的工作内容,从这个角度看,各阶段项目管理的主要任务就是如何保证本阶段任务的顺利完成。尽管不同类型的项目有不同的生命周期阶段,但概括起来可以用一种便于记忆的 C、D、E、F 四个阶段表述,即:

C—概念阶段。主要任务是提出并确定项目是否可行;

D—规划阶段。对可行项目做好开工前的人、财、物及一切软硬件准备;

E—实施阶段。按计划启动实施项目工作;

F—结束阶段。项目结束的有关工作。

按不同生命周期阶段来分析项目管理的具体内容,可以对项目管理有一个全面系统的认识,也是一般介绍项目管理的主要侧重点。

归纳以上各点,我们可以用表 2-3 来全面描述项目管理的内容。

各类项目管理及其主要内容　　　　　　表2-3

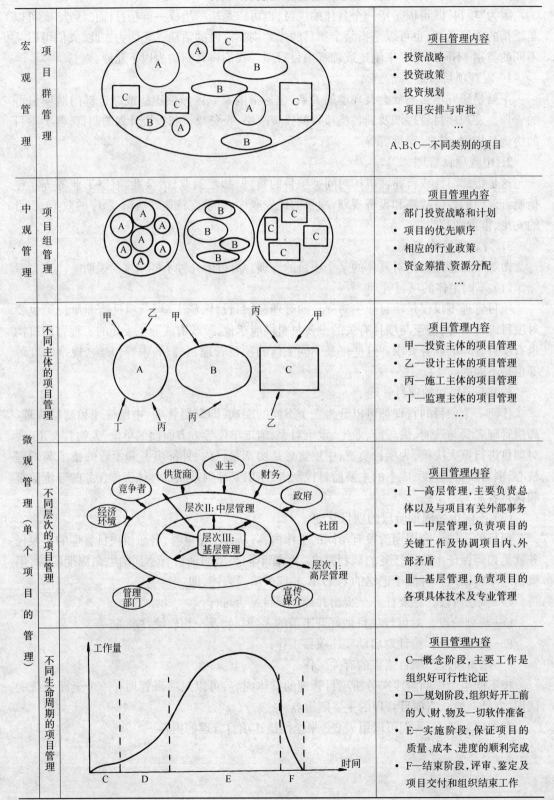

分类		图示	项目管理内容
宏观管理	项目群管理		项目管理内容 • 投资战略 • 投资政策 • 投资规划 • 项目安排与审批 …… A、B、C—不同类别的项目
中观管理	项目组管理		项目管理内容 • 部门投资战略和计划 • 项目的优先顺序 • 相应的行业政策 • 资金筹措、资源分配 ……
微观管理（单个项目的管理）	不同主体的项目管理		项目管理内容 • 甲—投资主体的项目管理 • 乙—设计主体的项目管理 • 丙—施工主体的项目管理 • 丁—监理主体的项目管理 ……
	不同层次的项目管理		项目管理内容 • Ⅰ—高层管理，主要负责总体以及与项目有关外部事务 • Ⅱ—中层管理，负责项目的关键工作及协调项目内、外部矛盾 • Ⅲ—基层管理，负责项目的各项具体技术及专业管理
	不同生命周期的项目管理		项目管理内容 • C—概念阶段，主要工作是组织好可行性论证 • D—规划阶段，组织好开工前的人、财、物及一切软件准备 • E—实施阶段，保证项目的质量、成本、进度的顺利完成 • F—结束阶段，评审、鉴定及项目交付和组织结束工作

本章主要参考文献

1. 中国项目管理研究委员会.《中国项目管理知识体系与国际项目管理专业资质认证标准》.北京:机械工业出版社,2001
2. 白思俊主编.《现代项目管理》.北京:机械工业出版社,2002
3. 吴之明、卢有杰编著.《项目管理引论》.北京:清华大学出版社,2000
4. 袁义才主编.《项目管理手册》.北京:中信出版社,2001
5. 成虎.《工程项目管理》.北京:中国建筑工业出版社,1997

思考题

1. 现代项目管理与传统项目管理主要不同点?
2. 项目管理的概念及其发展(管理活动/管理学科、综合管理、在约束范围内完成目标)。
3. 项目管理的原理(按项目进行管理、系统工程方法、项目经理负责制)。
4. 项目管理的特点(对象、思想、组织、体制、方式、要点、方法和工具等)。
5. 项目管理的主要内容(两个层次、四个阶段、五个过程、九大领域、42个知识要素等)。
6. 项目管理的主要方法有哪些。
7. 项目生命周期及其主要管理内容。
8. 结合实际项目分析刘易斯项目管理模型的作用。
9. 结合实际项目分析项目管理的要素。
10. IPMP认证的能力考核要素。

第3章 工程项目

【内容提要】
　　工程项目是项目的一个大类。本章包括：工程项目的概念、特点和各种分类；工程项目的生命周期和建设程序；工程项目的工程系统分析和目标系统分析；工程项目是过程，故按建设程序的6个阶段列举了启动、计划、实施与控制、总结4大类过程的具体内容；工程项目的利益相关者；成功工程项目应满足的条件。

3.1 工程项目的概念

3.1.1 工程项目的含义

　　工程项目，又称土木工程项目或建筑工程项目，属项目的一个大类，是以建筑物或构筑物为目标产出物的、有开工时间和竣工时间的相互关联的活动所组成的特定过程。该过程要达到的最终目标应符合预定的使用要求，并满足标准(或业主)要求的质量、工期、造价和资源等约束条件。

　　这里所说的建筑物，是指房屋建筑物，它占有建筑面积，满足人们的生产、居住、文化、体育、娱乐、办公和各种社会活动的要求。这里所说的构筑物，是指通过人们的劳动而得到的公路、铁路、桥梁、隧道、水坝、电站及线路、水塔、烟囱、构架等土木产出物，以其不具有建筑面积为主要特征而区别于建筑物。

　　相互关联的活动，包括施工活动、生产活动、经济活动、经营活动、社交活动和管理活动等，是社会化大生产所需要的广义的人类集体活动。

　　有开工时间和竣工时间，表明了工程项目的一次性；特定的过程，表明了工程项目的特殊性。

3.1.2 工程项目的特点

　　工程项目是特定的过程，有以下特点：

　　(1) 工程项目是一次性的过程。这个过程除了有确定的开工时间和竣工时间外，还有过程的不可逆性、设计的单一性、生产的单件性、项目产品位置的固定性等。

　　(2) 每一个工程项目的最终产品均有特定的功能和用途，它是在概念阶段策划并决策的，在设计阶段具体确定的，在实施阶段形成的，在结束阶段交付的。

　　(3) 工程项目的实施阶段主要是在露天进行的。因此，它受自然条件的影响大，活动条件艰难，变更很多，组织管理工作任务繁重且非常复杂，目标控制和协调活动困难重重。

　　(4) 工程项目生命周期的长期性。从概念阶段到结束阶段，少则数月，多则数年乃至几十年。工程产品的使用周期也很长，其自然寿命主要是由设计寿命决定的。

　　(5) 投入资源和风险的大量性。由于工程项目体形庞大，故需要投入的资源多、生命周期很长，投资额巨大，风险量也很大。一个工程项目大量投入资源往往与国民经济运行具有密切关系且相互影响;如果从国家的工程项目总量上看,在国民经济中所占的比重就更大了,能达到25%以上。投资风险、技术风险、自然风险和资源风险与各种项目相比,都是发生频率高、损失量大的,在项目管理中必须突出风险管理过程。

(6) 在一定的约束条件下,以形成固定资产为特定目标。约束条件:一是时间约束,即一个建设项目有合理的建设工期目标;二是资源约束,即一个建设项目有一定的投资总量目标;三是质量约束,即一个工程项目都有其预期的生产能力、技术水平或使用效益目标。

3.2 工程项目的分类

3.2.1 按性质分类

工程项目按性质分类,可分为基本建设项目和更新改造项目。

(1) 基本建设项目包括新建和扩建项目。新建项目指从无到有、"平地起家"建设的项目;

扩建项目指原有企业为扩大原有产品的生产能力或效益和为增加新品种的生产能力而增建主要生产车间或其他产出物的活动过程。

(2) 更新改造项目包括改建、恢复、迁建项目。改建项目指对现有厂房、设备和工艺流程进行技术改造或固定资产更新的过程;恢复项目指原有固定资产已经全部或部分报废,又投资重新建设的项目;迁建项目是由于改变生产布局、环境保护、安全生产以及其他需要,搬迁到另外地方进行建设的项目。按更新改造的对象分类,有挖潜工程项目、节能工程项目、安全工程项目和环境工程项目。

3.2.2 按专业分类

工程项目按专业分类,可分为建筑工程项目、土木工程项目、线路管道安装工程项目、装修工程项目。

(1) 建筑工程项目亦称房屋建筑工程项目,是产出物为房屋工程兴工构建及相关活动构成的过程。

(2) 土木工程项目指产出物为公路、铁路、桥梁、隧道、水工、矿山、高耸构筑物等兴工构建及相关活动构成的过程。

(3) 线路管道安装工程指产出物为安装完成的送变电、通讯等线路,给排水、污水、化工等管道,机械、电气、交通等设备,动工安装及相关活动构成的过程。

(4) 装修工程项目指构成装修产品的抹灰、油漆、木作等及其相关活动构成的过程。

3.2.3 按等级分类

工程项目按等级分类,可分为一等项目、二等项目和三等项目。例如:

(1) 一般房屋建筑工程的一等项目包括:28层以上,36m跨度以上(轻钢结构除外),单项工程建筑面积30000m² 以上;二等项目包括:14~28层,24~36m跨度(轻钢龙骨除外),单项工程建筑面积10000~30000m²;三等工项目包括:14层以下,24m跨度以下(轻钢结构除外),单项工程建筑面积10000m² 以下。

(2) 公路工程的一等项目包括高速公路和一级公路;二等项目包括高速公路路基和一级公路路基;三等项目指二级公路以下的各级公路。

3.2.4 按用途分类

工程项目按用途分类,可分为生产性工程项目和非生产性工程项目。

(1) 生产性工程项目包括工业工程项目和非工业工程项目。工业工程项目包括重工业工程项目、轻工业工程项目等;非工业工程项目包括农业工程项目、IT工程项目、交通运输工程项目、能源工程项目等。

(2) 非生产性工程项目包括居住工程项目、公共工程项目、文化工程项目、服务工程项目、基础设施工程项目等。

3.2.5 按投资主体分类

按投资主体分类,有国家政府投资工程项目、地方政府投资工程项目、企业投资工程项目、三资(国外独资、合资、合作)企业投资工程项目、私人投资工程项目、各类投资主体联合投资工程项目等。

3.2.6 按行政隶属关系分类

按隶属关系分类,有部(委)属工程项目、地方(省、地、县级)工程项目、乡镇工程项目。

3.2.7 按工作阶段分类

按工作阶段分类,工程项目可分为预备项目,筹建项目,实施工程项目,建成投产工程项目,收尾工程项目。

(1) 预备工程项目,指按照中长期计划拟建而又未立项、只做初步可行性研究或提出设想方案供决策参考、不进行建设的实际准备工作。

(2) 筹建工程项目,指经批准立项,正在进行建设前期准备工作而尚未正式开始施工的项目。这些工作包括:设立筹建机构,研究和论证建设方案,进行设计和审查设计文件,办理征地拆迁手续,平整场地,选择施工机械、材料、设备的供应单位等。

(3) 实施工程项目包括:设计项目,施工项目(新开工项目、续建项目)。

(4) 建成投产工程项目包括:建成投产项目,部分投产项目和建成投产单项工程项目。

(5) 收尾工程项目,指基本全部投产只剩少量不影响正常生产或使用的辅助工程项目。

3.2.8 按管理者分类

按管理者分类,工程项目可分为建设项目,工程设计项目,工程监理项目,工程施工项目,开发工程项目等,它们的管理者分别是建设单位、设计单位、监理单位、施工单位、开发单位。

(1) 建设项目,又称固定资产投资项目,指需要一定量投资、按照一定程序,在一定时间内完成,应符合质量要求的,以形成固定资产为明确目标的特定性任务。

(2) 工程施工项目,指建筑业企业自施工承包开始,到保修期满为止全过程中完成的项目,是一个建设项目或一个单项工程或单位工程的施工任务。施工项目的实施者和管理者是建筑业企业;其生命周期自投标开始,到保修期满为止;最小施工项目是单位工程的施工。工程施工项目的范围是由工程施工合同界定的。

3.2.9 按规模分类

工程项目按规模分类,工业工程项目可分为大型项目中型项目和小型项目;非工业工程项目分为大中型项目和小型项目。根据前国家计委、国家建委、财政部1978年的规定,工业工程项目的规模一般按年产量分类;非工业工程项目一般按总投资分类。以水泥厂为例,举例如下:

(1) 大型项目:年产量 100 万 t 以上;
(2) 中型项目:年产量 20～100 万 t;
(3) 小型项目:年产量 20 万 t 以下。

3.3 工程项目的生命周期和建设程序

3.3.1 工程项目生命周期的界定

工程项目的生命周期可以用建设项目的生命周期为代表,是指从概念的提出到竣工验收为止所经历的全部时间。与所有项目一样,都有 4 个阶段:概念阶段、规划设计阶段、实施阶段和结束阶段。如果针对工程项目的特点将以上 4 个阶段具体化,则可用建设程序对其生命周期划分阶段。建设程序是工程项目技术规律、经济规律、社会规律和建设规律的体现,我国政府做了严格规定,包括项目建议书、可行性研究、设计工作、建设准备、建设实施、竣工验收交付使用 6 个阶段。前两个阶段合称为决策阶段,是一般项目的概念阶段;建设准备阶段和建设实施阶段合起来是实施阶段;竣工验收交付使用是结束阶段。世界银行贷款工程项目的周期从项目的选定开始,经过准备、评估、谈判、实施和总结评价等共 6 个阶段,与一般项目的 4 个阶段也基本吻合。

3.3.2 建设程序

建设程序可用图 3-1 表示。

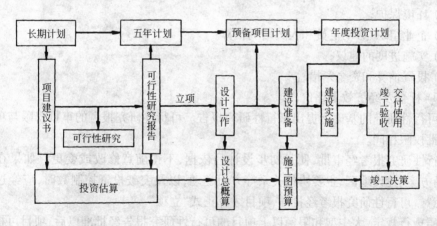

图 3-1 建设程序图

1. 项目建议书阶段

项目建议书是项目发起人向权力部门提出的要求建设某一工程项目的建议文件,是对建设项目的轮廓设想,是从拟建项目的必要性及大方向的可能性加以考虑的。在客观上,工程项目要符合国民经济长远规划,符合部门、行业、地区规划的要求。它实际上是一份机会研究和初步可行性研究。项目建议书的内容如下:

(1) 工程项目提出的必要性和依据;
(2) 产品方案、拟建规模和建设地点的初步设想;
(3) 资源情况、建设条件、协作关系和引进国别、厂商的初步分析;
(4) 投资估算和资金筹措设想;

(5) 项目的进度安排；

(6) 经济效果和社会效益的初步估计，包括初步的财务评价和国民经济评价。

国有投资的一般工程项目的项目建议书由各部、各省市、自治区和全国性专业公司以及现有企事业单位提出；跨地区、跨行业的工程项目以及对国计民生有重大影响的工程项目，由有关部门和地区联合提出。

国家规定的项目建议书审批程序如下：大中型项目由国家计划管理部门审批；投资在2亿元以上的重大项目由国家计划管理部门审核以后报国务院审批；中小型项目按隶属关系由各主管部门或地方计划管理部门审批。项目建议书经批准后，方可以进行可行性研究。

2．可行性研究阶段

可行性研究是对工程项目在技术上、经济上（包括宏观经济和微观经济）是否可行进行科学分析和论证工作，是技术经济的深入论证阶段，为项目决策提供依据。可行性研究的主要任务是通过多方案比较，提出评价意见，推荐最佳方案。可行性研究的内容可概括为市场（供需）研究、技术研究和经济研究三项。工业项目可行性研究的具体内容如下：

(1) 总论：项目的投资背景、投资的必要性和经济意义；研究工作的依据和范围；

(2) 需求预测和拟建规模；

(3) 资源、原材料、燃料和公用设施情况；

(4) 建厂条件和厂址方案；

(5) 设计方案；

(6) 环境保护；

(7) 企业组织、劳动定员和人员培训估算；

(8) 实施进度的建议；

(9) 投资估算和资金筹措；

(10) 社会及经济效果评价。

在可行性研究的基础上提出可行性研究报告。可行性研究报考的审批权限与项目建议书的审批权限相同。

可行性研究报考经审批，便是初步设计的依据，不得随意修改或变更。如果在建设规模、产品方案、建设地区、主要协作关系等方面变动，以及突破投资控制数时，应经过原批准机构同意。可行性研究报考经批准，项目才算正式"立项"。

按照现行规定，大中型和限额以上项目的可行性研究报告经批准以后，项目可根据实际需要组建筹建机构，即成立项目法人，但一般改建、扩建项目不单独设立筹建机构，仍由原企业负责筹建。

3．设计工作阶段

(1) 一般项目进行两阶段设计，即扩大初步设计和施工图设计。技术上比较复杂而缺乏设计经验的项目，进行三阶段设计，即初步设计、技术设计、施工图设计。但是按照国际惯例，施工图设计应属于建设准备阶段的内容。

(2) 扩大初步设计或初步设计。是根据可行性研究报告的要求所做的具体实施方案，目的是阐明在指定的时间、地点和投资限额内拟建项目在技术上的可能性和经济上的合理性，并通过对工程项目所作出的基本技术经济规定，编制项目总概算。大中型工业工程项目的初步设计内容包括以下文字说明和图纸：设计依据；设计指导思想；建设规模；产品方案；

原料、材料、动力的用量和来源;工艺流程;主要设备选型及配置;总图运输;主要建筑物、构筑物;公用辅助设施;新技术采用情况;主要材料用量;外部协作条件;占地面积和土地利用情况;综合利用和"三废"治理;生活区建设;抗震和人防措施;生产组织和劳动定员;各项技术经济指标;建设顺序和期限;总概算。

(3) 技术设计。技术设计是对重大工程项目和特殊项目为进一步解决具体技术问题,或确定某些技术方案而进行的设计。它是在初步设计阶段中无法解决而又需要研究进一步解决的问题所进行的一个设计阶段。它的主要任务是解决以下方面的问题:特殊工艺流程方面的试验、研究及确定;新型设备的试验、制作及确定;大型建筑物、构筑物(如水坝、桥梁等)某些关键部位的试验、研究及确定;某些技术复杂,需慎重对待的问题的研究及确定。

4. 建设准备阶段

(1) 预备项目。初步设计已经批准的项目,可列为预备项目。国家投资的预备项目计划,是对列入部门、地方编报的年度建设预备项目计划中的大中型和限额以上项目,经过从建设总规模、生产力总布局、资源优化配置以及外部协作条件等方面进行综合平衡后安排和下达的。预备项目在进行建设准备过程中的投资活动,不计算建设工期,统计上单独反映。

建设准备内容。建设准备的主要工作内容包括:①征地、拆迁和场地平整;②完成施工用水、电路等工程;③组织设备、材料订货;④准备必要的施工图纸;⑤组织施工招标,择优选择施工单位。

(2) 报批开工报告。按规定进行了建设准备和具备了开工条件以后,便应组织开工。建设单位申请大中型工程项目开工,要经过国家计划管理部门统一审核并编制大中型和限额以上工程项目的开工报告,经国务院批准,国家计划管理部门下达项目计划。

5. 建设实施阶段

工程项目经批准新开工建设,便进入了建设实施阶段。这是一个实现决策意图、建成投产、发挥投资效益的关键环节。新开工建设的时间,是指工程项目设计文件中规定的任何一项永久性工程第一次破土开槽开始施工的日期。不需要开槽的,正式开始打桩日期就是开工日期。铁道、公路、水库等需要进行大量土、石方工程的,以开始进行土、石方工程日期作为正式开工日期。分期建设的项目,分别按各期工程开工的日期计算。施工活动应按设计要求、合同条款、预算投资、施工程序和顺序、施工组织设计,在保证质量、工期、成本计划等目标实现的前提下进行,达到竣工标准要求,经过验收后,移交给建设单位。

在施工阶段,还要进行生产准备。生产准备是项目投产前由建设单位进行的一项重要工作。它是衔接建设和生产的桥梁,是建设阶段转入生产经营的必要条件。建设单位应适时组成专门班子或机构做好生产准备工作。生产准备工作的内容根据工程项目的不同而异,一般包括下列内容:

(1) 组建管理机构,制定管理制度和有关规定。
(2) 招收并培训生产人员,组织生产人员参加设备的安装、调试和工程验收。
(3) 签订原料、材料、协作产品、燃料、水、电、等供应及运输的协议。
(4) 进行工具、器具、备品、备件等的制造或订货。
(5) 其他必须的生产准备。

6. 竣工验收交付使用阶段

当工程项目按设计文件的规定内容全部施工完成以后,便可组织验收。它是建设全过程的最后一个阶段,是投资成果转入生产或使用的阶段,是建设单位、设计人、承包人向项目发起人或投资人交付生产能力或投资效益、质量、成本等全面成果的过程。通过竣工验收,移交工程项目产品,总结经验,进行竣工结算,交出档案资料,终止合同,结束工程项目活动及过程,完成工程项目管理的全部任务。

3.4 工程项目的系统分析

3.4.1 工程项目系统概述

任何工程项目都是一个系统,具有鲜明的系统特征。项目管理者必须树立起系统观念,并首先用系统的观念分析工程项目。系统观念强调全局,即考虑工程项目的整体,需要进行整体管理。系统观点强调目标,把目标作为系统,在整体目标优化的前提下进行系统地目标管理。系统观念强调相关性,把各个组成部分的相互联系和相互制约关系作为工程项目运行与管理。工程项目系统包括:工程系统、结构系统、目标系统、关联系统等。

3.4.2 工程系统

工程项目中,建设项目的工程系统由单项工程、单位工程、分部工程、分项工程组成。具体分析如下:

1. 单项工程

单项工程一般指具有独立设计文件的、建成后可以独立发挥生产能力或效益的一组配套齐全的工程项目。单项工程从施工的角度也就是一个独立的交工系统,在建设项目总体施工部署和管理目标的指导下,形成自身的项目管理方案和目标,按其投资和质量的要求,如期建成交付生产和使用。

一个建设项目有时包括多个单项工程,但也有可能仅有一个单项工程,该单项工程也就是建设项目的全部内容。

单项工程的施工条件往往具有相对的独立性。因此,一般单独组织施工和竣工验收。构成单项工程的是若干单位工程。单项工程是建设项目的主要建设内容和新增生产能力或工程效益的基础。

2. 单位工程

单位工程是单项工程的组成部分。一般情况下,单位工程是指一个单体的建筑物或构筑物;民用建筑工程也可能包括一栋以上同类设计、位置相邻、同时施工的房屋建筑或一栋主体建筑及其辅助建筑物共同构成一个单位工程。建筑物单位工程由建筑工程和建筑设备工程组成;住宅小区或工业厂区的室外工程,按照工程施工质量统一验收标准的划分,一般分为包括道路、围墙、零星建筑在内的室外建筑单位工程,电缆、线路、路灯等的室外电气单位工程,以及给水、排水、供热、煤气等的建筑采暖卫生与煤气单位工程。

一个单位工程往往不能单独形成生产能力或发挥工程效益。只有在几个有机联系、互为配套的的单位工程全部建成竣工后才能提供生产和使用。例如,民用建筑物单位工程必须与室外各单位工程构成一个单项工程系统;工业车间厂房必须与工业设备安装单位工程以及室外各单位工程配套完成,形成一个单项工程交工系统,才能投入生产使用。

3. 分部工程

分部工程是工程按单位工程部位划分的组成部分,亦即单位工程的进一步分解。一般工业与民用建筑工程划分为以下分部工程:地基与基础,主体结构,建筑装饰装修,建筑屋面,建筑给水排水及采暖,建筑电气,智能建筑,通风与空调,电梯。

4. 分项工程

分项工程一般是按工种划分的,也是形成项目产品的基本部件或构件的施工过程,例如,模板,钢筋,混凝土,砖砌体。分项工程是施工活动的基础,也是工程用工用料和机械台班消耗计量的基本单元,是工程质量形成的直接过程。分项工程既有其作业活动的独立性,又有相互联系、相互制约的整体性。

以上工程系统可用图 3-2 表示。

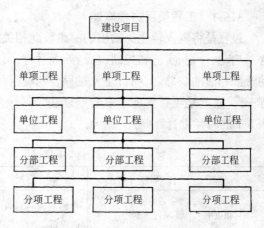

图 3-2 工程系统示意图

3.4.3 目标系统

工程项目目标系统是工程项目所要达到的状态的描述系统,包括功能目标、管理目标与影响目标等。

(1) 功能目标。功能目标是指工程完成应达到的目标,包括:使用目标、经济目标、技术目标、安全目标、环境目标等等,其中以使用目标为主。

(2) 管理目标。管理目标是指在工程项目管理中,通过管理活动达到的目标。这些目标的高低好坏对工程项目的功能目标产生影响。管理目标包括质量目标、进度目标、费用目标、安全目标、资源目标、现场目标等。管理的效果决定了这些目标的水平。

(3) 影响目标。影响目标是指工程项目对环境、社会、经济、文化、政治、国际等方面所造成的影响。这些影响既是管理过程中得到的,又是工程项目完成后所产生的。进行工程项目管理,既要对项目本身的影响负责,又要对项目建成后的影响负责;既要看近期影响,又要看远期影响。

目标系统见图 3-3。

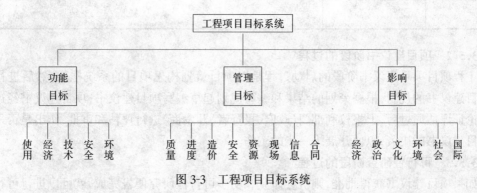

图 3-3 工程项目目标系统

就每种目标本身而言,也是一个系统,既有总目标,又有分目标;从实施的观点分析,还有阶段目标。

对工程项目目标系统进行分析的目的是为管理服务,以便用目标管理方法进行系统的管理,以小目标的完成保大目标的完成,以分目标的实现保总目标的实现。

3.5 工程项目的过程

3.5.1 工程项目过程概述

过程是将输入转化为输出的一组彼此相关的资源和活动。工程项目的每一个阶段都包含了启动、计划、实施和控制、总结四大过程,每一个过程都有从输入转化为输出的彼此相关的资源和活动。总之,项目是大过程、该大过程划分为多个阶段、每个阶段又包含了四大过程……,这就是项目管理学中的辩证法。每个阶段中各个过程的典型活动见表3-1。现对表3-1的内容进行解释:

工程项目各阶段的过程　　　　　表3-1

	启　动	计　划	实施与控制	总　结
项目建议书	项目策划	编写项目建议书的规划	编写项目建议书并论证	项目建议书上报审批
可行性研究	可行性研究立项	可行性研究计划(大纲)	可行性研究并形成可行性研究报告	可行性研究报告上报审批
设计工作	项目立项,设计投标	签订设计合同	设计实施和目标控制	移交设计文件、结算、总结报告
建设准备	项目立项,取得规划许可证	编制建设准备工作计划	进行技术、物资、人力资源、现场、规划等准备工作	上报开工报告或申领施工许可证
建设实施	接到开工报告或施工许可证	编制项目管理实施规划	进行四项目标控制、四项管理和组织协调	验收报告
验收、交用	竣工验收策划	竣工收尾与验收计划	收尾、验收、整理资料、结算	工程移交、资料移交、决算、项目管理总结

3.5.2 项目建议书阶段的过程

工程项目项目建议书阶段的启动过程是以项目策划构思项目的系统框架,然后进行编写项目建议书的规划,根据策划的结果和编写规划起草编写项目建议书,项目建议书经过编制者论证评估通过后,上报权利部门(政府、投资者、开发商)进行评估和审批,作出是否采纳该项目建议书的决策,以便开展下一步的工作。

3.5.3 可行性研究阶段的过程

如果项目建议书获得批准,则机会研究和初步可行性研究便告完成,就可以进行可行性研究的立项,由于可行性研究是一项时间较长、协作较多、需要认真具体操作的工作,故应当事先编制计划(大纲),以便按步骤进行研究。

进行可行性研究时,先进行调查研究以掌握可靠的依据,然后按照步骤进行研究和论证,最后根据可行性研究的结果和可行性研究报告大纲编写可行性研究报告,送决策单位

(批准项目建议书的单位)进行分析和评估,得出是否可行的结论。如果可行,便可作出立项建设的决策并批复,项目正式立项。

3.5.4 设计工作阶段的过程

设计工作阶段的工作是在项目立项的基础上进行的。项目立项既是可行性研究阶段的总结,又是设计阶段的启动。设计工作阶段包括工程勘察工作和设计工作。两项工作都要首先进行招标,优选勘察单位和设计单位,并与中标单位签订合同。签订合同是一个计划过程。

勘察工作包括收集已有资料,现场踏勘,编制勘察纲要,出工前准备,现场调查,测绘,勘探,测试,室内试验,分析资料;在勘察的过程中,还要进行管理,以保证进度、质量、安全、费用目标的实现。

设计工作分为两个或三个阶段:二阶段设计包括扩大初步设计和施工图设计;三阶段设计包括初步设计、技术设计和施工图设计。因此,二阶段设计中没有技术设计。在国际上,又把施工图设计归入施工准备阶段。设计工作包括参加工程项目决策,编制各阶段设计文件,移交设计文件、进行设计交底、变更洽商、配合施工、参加验收,进行结算和总结。

3.5.5 建设准备阶段的过程

设计文件提出后,建设单位便进行施工招标,优选施工单位。施工单位见到招标广告以后,为了投出具有竞争力的投标文件,且满足招标文件的要求,必须编制施工项目管理规划大纲进行认真规划。在这个基础上进行投标,如果中标,便与招标单位签订施工合同。建设准备工作比较复杂,难度较大,时间较长,交叉环节也多,因此建设单位应编写建设准备工作计划、施工单位应当编制施工准备工作计划进行合理安排。然后建设单位与施工单位配合,按计划进行调查研究,编制施工图设计,编制施工项目管理实施规划,进行场地、物资、人力资源、技术、实验、生活、作业条件、内业等准备工作。当准备工作就绪、具备开工条件以后,便可提出开工报告或申领施工许可证,报请政府主管部门批准开工。

3.5.6 建设实施阶段的过程

接到批准的开工报告或领到施工许可证以后,施工单位便可合法地进行开工。为了施工顺利,施工单位必须编制施工项目管理实施规划进行详细安排。委派项目经理,成立项目经理部,签订项目管理目标责任书等。正式实施时,既要按施工工艺要求搞好施工作业,又要搞好项目管理,使进度、质量、安全、成本目标得到控制,现场管理、合同管理、信息管理、生产要素管理、组织协调能有效支持目标控制。合同任务完成后,编写工程验收报告,申请进行竣工验收。

3.5.7 竣工验收交付使用阶段的过程

施工单位提出验收报告的同时,应进行竣工验收策划,启动竣工验收工作。为了使竣工验收顺利进行,应编制竣工收尾与验收计划。应按计划进行收尾、验收、整理资料、结算。最后,进行工程移交、档案移交,竣工决算,项目管理总结。

3.6 工程项目的利益相关者

工程项目利益相关者是在工程项目管理过程中,直接和间接参与管理的组织。不同的利益相关者,对工程项目有不同的期望,享有不同的利益,在工程项目管理中扮演不同的角色,有不同的管理目的和利益追求。为了确保项目管理成功,必须分析各相关者在项目管理中的地位、作用、沟通方式和管理特点,以便充分调动其管理积极性,保证项目成功。

工程项目管理的利益相关者包括:投资人、建设单位、中介组织、工程项目产品使用者、研究单位、设计单位、施工单位、分包单位、生产厂商、政府建设行政主管部门、质量监督机构、质量检测机构、地区社会等。

3.6.1 投资人

投资人是为工程项目提供资金的人,可能是项目的发起人,也可能是项目发起人的融资对象。如果是项目发起人,则会对工程项目给予多方面的支持,决定着工程项目的发展方向和产出效果。投资人的目的是通过投资,使工程项目完成,使产品满足其获得收益的期望。作为发起人,其职责是发起项目,提供资金,保证项目的正确方向,为工程项目提供与发起人身份相称的支持,对工程项目范围的界定予以审核、批准,批准工程项目的策划、规划、计划、变更报告,监督项目的进程、资金运用和质量,对需要其决策的问题作出反应。

3.6.2 建设单位(或项目法人)

(1) 建设单位的地位

建设单位是受投资人或权利人(如政府)的委托,进行工程项目建设的组织,是建设项目的管理者。国家计委于1996年发布《关于实行建立项目法人责任制的暂行规定》,要求国有单位经营性基本建设大中型项目在建设阶段必须组建项目法人,按公司法的规定建立有限责任公司或股份有限公司。所以,建设单位可能是项目法人。建设单位也有可能是投资者。他也可以称为项目业主。从承发包方面看,他也可以称为发包人。他从投资者的利益出发,根据建设意图和建设条件,对项目投资和建设方案作出决策,并在项目的实施过程中履行建设单位应尽的义务,为项目的实施者创造必要的条件。建设单位的决策、管理水平、行为的规范性等,对一个项目的建设成功,起着关键作用。

(2) 项目法人的组织形式

国有独资公司设立董事会。董事会由投资方组建。国有控股或参股的有限责任公司、股份有限公司设立股东会、董事会和监事会。董事会在建设期间应至少有一名董事常驻现场。董事会建立例会制度,讨论建设中的重大事宜,对资金支出严格管理,并以决议形式予以确认。

3.6.3 中介组织

建设单位对建设项目进行管理需要一定的资质。当建设单位不具备工程项目要求的相应资质时,或虽然具有资质但自身认为有必要时,或制度要求必须时,可聘请具有相应资质的社会服务性的工程中介组织进行管理或咨询,如进行项目策划,编制项目建议书,进行可行性研究,编制可行性研究报告,进行设计和施工过程的监理、造价咨询、招标代理、项目管理,等等。中介组织应作为单独一方,而不是代甲方。咨询公司、招标代理公司、造价咨询公司、工程监理公司、工程项目管理公司等,均可为建设单位提供所需要的服务。中介组织进行的项目管理,称为工程中介项目管理。监理公司进行的工程项目监理,也是工程项目管理。

3.6.4 工程项目产品使用者(用户)

生产性项目或基础性设施的使用者,是工程项目产品移交后的接收者。工程项目使用者可能是建设单位或投资者,也可能是国家。对工程项目的功能要求起主导作用,也有费用要求、工期要求和质量要求。

非生产性项目包括公共项目、办公楼宇、商业用房、民用住宅等等,既是广义的社会财富,又是人们生活的消费资料,使用者就是用户或物业公司。使用者对项目产品既有功能要求,又有质量要求。随着社会生产力的发展和生活水平的提高,消费观念和要求也会发生新的变化。这对工程项目的策划、决策、设计、施工乃至保修,都提出了越来越高的要求。工程项目管理者必须坚持质量第一、用户至上、综合效益满意的指导思想,把使用者的评价作为评价工程项目管理效果的依据。

3.6.5 研究单位

工程项目的实施过程,往往也是新技术、新工艺、新材料、新设备、新管理思想和方法等自然科学和社会科学的新成果转化为社会生产力的过程。因此,研究单位是工程项目的后盾,为工程项目的策划、决策、设计、施工、管理等提供社会化的、直接的或间接的科学技术支持。工程项目管理者都必须充分重视研究单位的作用,注意社会科学技术和生产力发展的新动向,运用新成果,这既对项目管理产生积极影响,又对工程项目产品的运营、使用和效益的提高具有极为重要的意义。

3.6.6 设计单位

设计单位将建设单位的意图、建设法律法规规定和建设条件作为投入,经过设计人员在技术和经济方面综合的智力创造,最终产出可指导施工和安装活动的设计文件。设计单位的工作联系着工程项目的决策和施工两个阶段,既是决策方案的体现,又是编制施工方案的依据。他具体确定了工程项目的功能、总造价、建设规模、技术标准、质量水平等目标。设计单位还要把工作延伸到施工过程,直至竣工验收交付使用的工程项目管理最后阶段,以便处理设计变更和其他技术变更,通过参与验收确认施工中间产品和最终产品与设计文件要求的一致性。因此,设计单位不但责任重大,而且工作复杂而且时间长,必须独立地进行设计项目管理。

3.6.7 施工单位(建筑业企业)

施工单位承建工程项目的施工任务,是工程项目产品的生产者和经营者。施工单位是建设市场的主要主体之一,一般的都要参加竞争取得施工任务,通过签订工程施工合同与建设单位建立协作关系,然后编制施工项目管理规划,组织投入人力、物力、财力进行工程施工,实现合同和设计文件确定的功能、质量、工期、费用、资源消耗等目标,产出工程项目产品,通过竣工验收交付给建设单位,继而在保修期限内进行保修,完成全部工程项目的生产经营和管理任务。建设单位对施工单位的主要要求是搞好施工,产品符合要求。施工单位为了满足建设单位的要求,除了搞好施工过程的各种活动以外,还必须进行长期、艰苦、复杂的项目管理。由于施工单位的工作在工程项目中的重要作用和他的生产经营活动在国民经济中的巨大作用,我国进行了施工项目管理的长期实践和创造,在2002年颁发了《建设工程项目管理规范》,实现了施工项目管理的科学化、规范化和法制化。

3.6.8 分包人

分包人包括设计分包人和施工分包人,从总包人或总承包人已经接到的任务中获得任务。双方成交后建立分包合同关系。分包人不直接与建设单位发生关系,而直接与总包人发生关系,在工程质量、工程进度、工程造价、安全等方面对总包人负责,服从总包人的监督和管理。

3.6.9 生产厂商

生产厂商包括建筑材料、构配件、设备、其他工程用品的生产厂家和供应商。他们为工程项目提供生产要素,是工程项目的重要利益相关者。生产厂商的交易行为、产品质量、价格、供货期和服务体系,关系到项目的投资、进度和质量目标的实现。工程项目管理者必须注意供应厂商的这些影响,在进行目标制定、设计、施工、监督中认真选择供应厂商,充分利用市场优化配置资源的基础作用,搞好供应,加强资源计划、采购、供应、使用、核算等各方面的管理,为工程项目取得良好技术经济效果打下基础。

3.6.10 贷款方

贷款方指银行(或银团),他既可以为投资人管理资金,又可以为工程项目提供资金支持,还可以为工程项目管理提供金融服务。工程项目管理组织贷款要与银行签订贷款合同,故应按合同处理两者之间的关系,按金融运行法则和财会制度办事。

3.6.11 政府主管部门

政府主管部门虽然与项目管理组织没有合同关系,但是由于其特殊地位和手中掌握部门管理权力,故它是项目管理的相关组织,具有以下作用:

(1) 贯彻工程项目管理的法律、法规,制定发布有关部门规章、标准、规范、规定、办法,保护社会公众利益,满足工程项目管理上层建筑方面的需要。

(2) 按照《中华人民共和国建筑法》中关于建筑许可方面的规定,负责发放施工许可证、对项目管理组织资质的认定与审批、对技术与管理人员执业资格的认定与审批。

(3) 通过调控建设市场,使市场引导企业,企业管理工程项目,间接对工程项目管理发挥作用。

(4) 对企业在市场与项目管理中的行为进行行政监督、执法监督、程序监督、价格监督等。

(5) 对国有投资工程项目和国有资金控股项目直接确定或进行招标确定项目法人,通过项目法人进行工程项目管理,并作为投资人、监督人和使用人,对工程项目进行相应的监督、检查和管理。

(6) 在总体上对工程项目进行计划平衡管理,审批有关重点项目的规划、项目建议书、可行性研究报告、立项、概算、设计,组织对工程项目进行国家验收等。

3.6.12 质量监督机构和质量检测机构

质量监督机构代表政府对工程项目的质量进行监督,对设计、材料、施工、竣工验收进行质量监督,对有关组织的资质与工程项目需要的匹配进行检查与监督,以充分保证工程项目的质量。

我国实行质量检测制度,由国家技术监督部门认证批准建立工程质量检测中心。它分为国家级、省(自治区、直辖市)级和地区级三级,按其资质依法接受委托承担有关工程质量的检测试验工作,出具检测试验报告,为工程质量的认证和评价、为质量事故的分析和处理、为质量争端的调解与仲裁等提供科学的检测数据和有权威性的证据。

质量监督机构和质量检测机构也都是中介服务组织。

3.6.13 地区社会

工程项目所在地区有许多系统的接口与配套设施,都对工程项目提供条件和要求,包括供电、供气、给水、排水、消防、安全、通讯、环卫、环保、道路、交通、运输、治安、街道居民、商店、其他建筑设施及其使用者等,密切的沟通与协调、相互的支持和理解是非常必要的。项目管理者不可忽视其中的任何一个方面。

3.6.14　工程项目管理团队

工程项目团队是在工程项目中有共同目标、有规范的工作方法、紧密协作配合、相互约束,有一定团体文化的群体。工程项目管理团队也称项目管理小组或项目经理部,在项目经理领导下进行工程项目管理。项目经理的素质、项目管理组织的组建质量和工作质量,决定着工程项目管理的水平与效果、成功与失败。

3.7　成功的工程项目

3.7.1　成功的项目应满足的条件

依据现代项目管理的理念,成功的项目必须满足利益相关者的需要,这是项目成功的基本前提条件,具体的来讲应满足以下多个方面:

(1) 满足预定的使用功能要求。功能要求是在决策阶段就确定了的,在设计阶段形成了具体的实施文件,施工阶段按设计要求进行构建,因此它是最主要的目标,是项目是否成功的最主要标志。

(2) 满足规定的(标准的)质量要求,经验收,符合《工程施工质量验收统一标准》和《工程施工质量验收规范》的规定,由验收委员会验收合格。

(3) 在预定的时间目标内完成,不拖延。这里的预定时间包括各阶段的时间要求和总工期要求。

(4) 费用不超过限额。各阶段都有费用要求,工程有总造价要求,反映项目节约资源和资金的状况,应当严格控制在预算之内。尤其是业主,对造价的高低特别重视,并用最大的精力进行控制,用费用衡量各相关单位的管理业绩。

(5) 合理利用和节约使用资源。工程项目需要投入大量资源,合理利用和节约使用资源有重大的经济意义。项目投产(交付使用)后,也必须有节约使用资源的能力和效果,这是工程项目有利于持续发展的典型体现。

(6) 与环境协调,有利于环境保护。这里所指的环境包括自然环境、生态环境、社会环境、政治环境、文化环境、法律环境、人文环境、艺术环境等,均应保持协调,经评审、检验、调查符合要求,经得住时间和历史的考验。

(7) 在工程项目实施时,能按规律、按计划、按规定、有序、安全地进行,较少变更,风险损失少,没有质量和安全事故,各种协调工作有效,少有纠纷,平和完成。

(8) 使用者认可,愿意接受,表示满意,社会相关方面(相关利益者)也都满意,项目实施者和管理者得到了良好的信誉,树立了良好的形象。

(9) 后评估结论良好,结论是:投资效果好,使用效果好,环境效果好,长远效果好。

3.7.2　工程项目取得成功的前提

工程项目取得成功的主要前提有两个:

(1) 良好的项目运行。按项目的寿命周期、阶段划分、相关过程,科学、合理、符合规律要求地运行,每个阶段都是成功的,每个过程都是成功的,全寿命周期是成功的。这是对项目本身的要求。

(2) 成功的项目管理。项目管理的各项职能均发挥了很好的作用,即项目启动的战略好,项目的策划、规划和计划好,项目的目标控制好,项目的各项保证性管理好,项目的组织协调好,总之,是项目的各项管理过程好。

以上两个条件是相辅相成的。项目管理也是项目的过程,只有项目管理好,项目的各过程才能成功。也只有项目运行成功,项目管理才能顺利进行且取得成果。

本章主要参考文献

1　丛培经.工程项目管理(修订版).北京:中国建筑工业出版社,2003
2　陈光健等.中国建设项目管理使用大全.北京:经济管理出版社,1993
3　林知炎等.工程项目管理.北京:中国建筑工业出版社,1998

思考题

1. 什么是工程项目?它有什么特点?
2. 工程项目怎样按性质进行分类?
3. 工程项目怎样按投资者分类?
4. 工程项目的生命周期分哪几个阶段?
5. 建设程序分哪几个阶段?各阶段的主要内容是什么?
6. 工程项目的决策阶段是什么?工程项目何时立项?
7. 试述工程项目工程系统的构成。
8. 试述工程项目目标系统的构成?
9. 什么是过程?工程项目分哪几大类过程?
10. 建设程序各阶段都包括哪些具体过程?

第4章 工程项目管理

【内容提要】
　　从工程项目管理全过程的高度对工程项目管理进行了综述,包括:工程项目管理的概念和特点;工程项目管理的职能;工程项目管理在我国的发展历史;工程项目的交易方式、管理模式;建造师执业资格制度;工程项目管理的八大过程;工程项目管理的类型;工程项目法律法规体系;《建筑法》主要条文;《合同法》中建设工程合同的主要条文。

4.1　工程项目管理的概念

4.1.1　工程项目管理的概念和特点

1. 工程项目管理的概念

　　工程项目管理是项目管理的一大类,是指项目管理者为了使项目取得成功(实现所要求的功能和质量、所规定的时限、所批准的费用预算),对工程项目用系统的观念、理论和方法,进行有序、全面、科学、目标明确地管理,发挥计划职能、组织职能、控制职能、协调职能、监督职能的作用。其管理对象是各类工程项目,既可以是建设项目管理,又可以是设计项目管理和施工项目管理等。

　　应注意的是,工程项目管理是特定的一次性任务的管理,它之所以必要,是因为工程项目的一系列特点决定的,既是工程项目复杂性和艰难性的要求,也是工程项目取得成功的要求。很难设想,没有成功的项目管理而工程项目能取得成功的。工程项目管理之所以能够使工程项目取得成功,是由于它的职能和特点决定的。

2. 工程项目管理的特点

(1) 工程项目管理目标明确

　　工程项目管理的第一个特点是它紧紧抓住目标(结果)进行管理。项目整体、项目的某一个组成部分、项目的某一个阶段、项目的某一部分管理者、在项目的某一段时间内,均有一定的目标。有了目标,也就有了方向,有了动力,就有了一半的成功把握。因为,目标吸引管理者,目标指导行动,目标凝聚管理者的力量。除了功能目标外,过程目标归结起来主要有三个,即工程进度、工程质量、工程费用(造价)。这四个目标的关系是独立的,且有对立、统一的辩证关系,是共存的关系。它们有着相互的结合部(见图4-1),有着相互影响的规律(见图4-2)。

(2) 工程项目管理是系统的管理

　　工程项目管理把其管理对象作为一个系统进行管理。在这个前提下首先进行的是工程项目的整体管理,把项目作为一个有机整体,全面实施管理,使管理效果影响到整个项目范围;其次,对项目进行系统分解,把大系统分解为若干个子系统、孙子系统……,然后又把每个分解的系统作为一个整体进行管理,用小系统的成功保大系统的成功;第三,对各子系统之间、各目标之间关系的处理遵循系统法则,它们既是独立的,又是相互依存的,同处于一个大系统之中,因此管理中把它们联系在一起,保证综合效果最好。就以建设项目管理为例,既把它作为一个整体管理,又分成单项工程、单位工程、分部工程、分项工程进行分别管理,然后以小的管理保大的管理,以局部成功保整体成功。

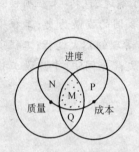

图 4-1 进度、质量、成本的结合部

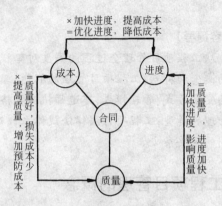

图 4-2 目标之间的对应统一关系

(注:×为对应关系;=为统一关系)

(3) 工程项目管理按照项目的运行规律进行规范化的管理

工程项目是一个大的过程,其各阶段也都由过程组成,每个过程的运行都是有规律的。比如,绑扎钢筋作为一道工序,其完成就有其工艺规律;垫层混凝土作为分项工程,其完成既有程序上的规律,又有技术上的规律;建设程序就是建设项目的规律。遵循规律进行管理,管理有效;反之,管理不但无效,而且往往有害于项目的运行。工程项目管理作为一门科学,有其理论、原理、方法、内容、规则和规律,已经被人们所公认、熟悉、应用,形成了规范和标准,被广泛应用于项目管理实践,使工程项目管理成为专业性的、规律性的、标准化的管理,以此产生项目管理的高效率和高成功率。

(4) 工程项目管理有丰富的专业内容

工程项目管理的专业内容包括:工程项目的战略管理,工程项目的组织管理,工程项目的规划管理,工程项目的目标控制,工程项目的合同管理、信息管理、生产要素管理、现场管理,工程项目的各种监督,工程项目的风险管理和组织协调,等等。这些内容构成了工程项目管理的知识宝库。

(5) 工程项目管理有一套适用的方法体系

工程项目管理最主要的方法是"目标管理"。目标管理方法简称为 MBO,其核心内容是以目标指导行动。具体操作有:确定总目标,自上而下地分解目标,落实目标,责任者制定措施,实施责任制,完成个人承担的任务,从而自下而上地实现项目的总目标。

项目管理的专业管理方法是很多的。各种方法有很强的专业适宜性。质量管理的适用方法是全面质量管理;进度管理的适用方法是网络计划方法;费用管理的适用方法是预算法和挣值法;范围管理的主要方法是计划方法和 WBS 方法;人力资源管理的主要方法是组织结构图和责任分派图;风险管理的主要方法是 SWOT 分析法和风险评估矩阵;采购管理的主要方法是计划方法和库存计算法;合同管理的主要方法是合同选型与谈判;沟通管理的主要方法是信息技术;综合管理的主要方法是计划方法和协调方法。在工程项目管理中,所有方法的应用,都体现了鲜明的专业特点。

(6) 工程项目管理有专用的知识体系

工程项目管理知识体系在构成上与通用的项目管理知识体系相同,然而却有着鲜明的专业特点,体现在本书中的每一个章节中的专业内容,都是项目管理知识体系的工程专业化。

4.1.2 工程项目管理的职能

1. 策划职能

工程项目策划是把建设意图转换成定义明确、系统清晰、目标具体、活动科学、过程有效的,富有战略性和策略性思路的、高智能的系统活动,是工程项目概念阶段的主要工作。策划的结果是其他各阶段活动的总纲。

2. 决策职能

决策是工程项目管理者在工程项目策划的基础上,通过进行调查研究、比较分析、论证评估等活动,得出的结论性意见,付诸实施的过程。一个工程项目,其中的一个阶段,每个过程,均需要启动,只有在作出正确决策以后的启动才有可能是成功的,否则就是盲目的、指导思想不明确的,就可能失败。

3. 计划职能

决策只解决启动的决心问题,根据决策作出实施安排、设计出控制目标和实现目标的措施的活动就是计划。计划职能决定项目的实施步骤、搭接关系、起止时间、持续时间、中间目标、最终目标及措施。它是目标控制的依据和方向。

4. 组织职能

组织职能是组织者和管理者个人把资源合理利用起来,把各种作业(管理)活动协调起来,使作业(管理)需要和资源应用结合起来的机能和行为,是管理者按计划进行目标控制的一种依托和手段。工程项目管理需要组织机构的成功建立和有效运行,从而起到组织职能的作用。

5. 控制职能

控制职能的作用在于按计划运行,随时收集信息并与计划进行比较,找出偏差并及时纠正,从而保证计划和其确定的目标的实现。控制职能是管理活动最活跃的职能,所以工程项目管理学中把目标控制作为最主要的内容,并对控制的理论、方法、措施、信息等作出了大量的研究,在理论和实践上均有丰富的建树,成为项目管理学中的精髓。

6. 协调职能

协调职能就是在控制的过程中疏通关系,解决矛盾,排除障碍,使控制职能充分发挥作用。所以它是控制的动力和保证。控制是动态的,协调可以使动态控制平衡、有力、有效。

7. 指挥职能

指挥是管理的重要职能。计划、组织、控制、协调等都需要强有力的指挥。工程项目管理依靠团队,团队要有负责人(项目经理),负责人就是指挥。他把分散的信息集中起来,变成指挥意图;他用集中的意图统一管理者的步调,指导管理者的行动,集合管理力量,形成合力。所以,指挥职能是管理的动力和灵魂,是其他职能无法代替的。

8. 监督职能

监督是督促、帮助,也是管理职能。工程项目与管理需要监督职能,以保证法规、制度、标准和宏观调控措施的实施。监督的方式有:自我监督、相互监督、领导监督、权利部门监督、业主监督、司法监督、公众监督等。

总之,工程项目管理有众多职能。这些职能既是独立的,又是相互密切相关的,不能孤立地去对待它们。各种职能的协调起作用,才是管理力的体现。

4.2 工程项目管理在我国的发展历史

4.2.1 概述

我国进行工程项目管理的实践活动源远流长,至今已有 2000 多年的历史。我国许多伟大的工程,如都江堰水利工程、宋朝丁渭修复皇宫工程、北京故宫工程等都是名垂史册的工程项目管理实践活动,其中许多工程运用了科学的思想和组织方法,反映了我国古代建设工程项目管理的水平和成就。

新中国成立以来,随着我国经济发展和人民需求的日益增长,建设事业得到了迅猛的发展,因此进行了数量更多、规模更大、成就更辉煌的建设工程项目管理实践活动。如第一个五年计划的 156 项重点工程项目管理实践;第二个五年计划十大国庆工程项目管理的实践;大庆油田建设的实践;还有南京长江大桥工程、长江葛洲坝水电站工程、宝钢工程等都进行了成功的项目管理实践活动。这说明,我国的建设工程项目管理有能力、有水平、有速度、有效率。

然而我国长期以来大规模的建设工程项目管理实践活动并没有系统地上升为建设工程项目管理理论和科学。相反,在计划经济管理体制的影响下,许多做法违背了经济规律和科学道理,如违背建设程序、盲目抢工而忽视质量和节约、不按合同进行管理、施工协调的主观随意性等。所以,长时间以来,我国在建设工程项目管理科学理论上是一片盲区,更谈不上按建设工程项目管理模式组织建设了。

随着我国改革、开放形式的发展和社会主义市场经济的逐步建立,工程建设管理体制中的许多弊端逐渐显露出来,并影响着投资效益的发挥和建筑业的发展。我国传统的建筑管理体制存在三大特征和三个落后:

第一,在产品经济的思想和建设业没有独立产品的思想指导下,否认建筑产品是商品,把建筑业看做基本建设的附属消费部门,因而建筑产品不是独立的产品而是基本建设的构成部分。

第二,建筑业企业缺乏独立的主体地位,具有双重依附性:一是依附于国家行政管理部门,二是依附于业主和建设单位。

第三,建筑业企业缺乏自主活动的客观环境。由于建筑业企业的双重依附性,无法形成建筑市场,建筑业企业的工程任务和生产要素都要由行政管理部门和建设单位分派,不按商业原则进行交易活动,故建筑业企业的效益不取决于自身努力,而更多地取决于环境条件,企业既无自主经营的动力,也无自负盈亏的压力。

以上三项特征派生出的三个落后:

第一是对生产要素的占有方式的落后;

第二是对生产资料的支配方式的落后;

第三是企业的生产要素流动方式的落后。

因此,摆在建筑业面前的任务,一是进行管理体制改革,二是按科学的理论和方法组织项目建设,且应当将两者结合起来,互为条件,走出误区。

4.2.2 引进和试验

众所周知,我国建筑业自改革开放以来,率先被推向市场,先后进行了放权让利,第一轮和第二轮承包、转换经营机制和工程招投标制的改革,特别是1986年国务院领导提出要把建筑业管理体制改革和学习推广鲁布革工程管理经验放在一起思考的要求后,引进和借鉴国外项目管理的先进做法,以"项目法施工"为突破口的企业项目管理体制改革先后又经历了探索研究、试点推广、深化完善和提升规范的四个阶段。使我国建筑业企业管理体制发生明显的变化:一是建筑业企业的任务揽取方式发生了变化,由过去按企业固有规模、专业类别和企业组织结构状况分配任务,转变为企业通过工程招投标和市场竞争揽取任务,并按建设工程项目的大小、类别调整组织结构和管理方式,以适应工程项目管理的需要;二是建筑业企业的责任关系发生了明显变化,由过去企业注重与上级行政主管部门竖向领导关系,转变为更加注重对业主和投资者负责的责任关系;三是建筑业企业经营环境发生了变化,由过去的部门分割、行业垄断、地区保护,转变为跨部门、跨行业、远离基地揽取并完成施工任务。这三个深刻变化标志着中国建筑市场已初步形成,建设工程项目管理方法将被全面采用,并开始取得了成果。

4.2.3 学习借鉴鲁布革工程的项目管理经验

鲁布革水电站系统工程是我国第一个利用世界银行贷款,并按世界银行规定进行国际竞争性招标和项目管理的工程。1982年国际招标,1984年11月正式开工,1986年10月隧通全线开通,比合同工期提前5个月,1988年7月工程全部竣工。在4年多的时间里,创造了著名的"鲁布革工程项目管理经验",受到中央领导的重视,号召建筑业企业进行学习。国家计委等五家单位于1987年7月28日以"计施(1987)2002号"发布《关于批准第一批鲁布革工程管理经验试点企业有关问题的通知》之后,于1988年8月17日发布"(88)建施综字第7号"通知,确定了18个试点企业共66个项目。1990年10月23日,建设部和国家计委等五家单位以"(90)建施字第511号"发出通知,将试点企业调整为50家。在试点过程中,建设部先后五次召开座谈会并进行了指导、检查和推动。1991年9月,又提出了《关于加强分类指导、专题突破、分步实施、全面深化施工管理体制综合改革试点工作的指导意见》,把试点工作转变为全行业推行的综合改革。

鲁布革工程的经验主要有以下几点:

(1) 最核心的是把竞争机制引入工程建设领域,实行铁面无私的工程招标投标制。
(2) 工程建设项目实行全过程总承包方式和项目管理。
(3) 施工现场的管理机构和作业队伍精干高效,真正能战斗。
(4) 科学组织施工,采取先进的施工技术和施工方法,讲求综合经济效益。

4.2.4 项目法施工与工程项目管理

1987年,在推广鲁布革工程经验的活动中,建设部提出了在全国推行"项目施工法",并展开了广泛的实践活动。"项目法施工"的内涵包括两个方面:一是加快建筑业企业经营机制的转换,以过程项目管理为突破口,进行企业生产方式的变革和内部配套改革;二是加强工程项目管理,在项目上按照建筑产品的特性及其内在规律组织施工。为了加强这一工作的推动力度,建设部于1992年8月成立了中国项目法施工研究工作委员会(后改为工程项目管理专业委员会)。1994年9月中旬,在召开的"工程项目管理工作会议"上进一步明确要把"项目施工法"包含的两方面内容的工作向前推进一步,强化以项目管理为核心,继续推进和不断深化工程项目管理体制的改革,并提出了推进工程项目管理要实现"四个一"的管理目标。要求围绕建立现代企业制度,重点抓好"二制"建设:一是完善"项目经理责任制",解决好项目经理与企业法人之间、项目层次与企业层次之间的职责和责权关系;二是完善"项目成本核算制",切实把企业的成本核算工作的重心落到工程项目上。

4.2.5 进行规范有序的项目经理培训和资质认证管理

建设部1992年委托中国建筑业协会工程项目管理委员会开始进行项目经理培训,并颁发了《建筑业企业项目经理资质管理规定》,全面实行项目经理持证上岗制度。截止到2002年底,全国已培训项目经理80多万人,其中有75万人获得了"全国建筑业企业项目经理培训合格证";在此基础上,通过注册已有50万人取得了"全国建筑业企业项目经理资质证书"。十多年来项目经理培训和资质认证工作自始至终实行"两个坚持"、"三个结合"、"四个统一"、"五个严格"的管理制度,即坚持教师授课满学时,坚持学员听课出满勤;与国际惯例结合,与实践结合,与市场及企业的需要结合;统一培训教材,统一授课师资,统一教学大纲,统一考试题库;严格组织管理,严格培训质量,严格教学时间,严格收费标准,严格考核发证。从而使我国建筑业企业项目经理培训和资质认证工作纳入了科学化、制度化和规范化管理。

为了适应中国加入WTO后建设工程项目管理人才与国际接轨的需要,自2000年开始,建设部又统一部署了项目经理继续教育工作,明确提出取得"全国建筑施工企业项目经理资质证书"的项目经理,必须接受按统一的培训提纲进行的继续教育培训,特别是国际工程项目管理方面的内容,并把接受继续教育列入对项目经理资质进行检查的内容。

4.2.6 大力推进工程项目管理规范化

为了不断丰富和完善工程项目管理的理论,以指导工程项目管理实践的进一步深化和发展,建设部以"建建工(1996)27号"文发布的《关于进一步推行建筑业企业工程建设项目管理的指导意见》,总结8年实践的经验和教训,提出了19条指导意见,对统一认识,端正方向,提高建设工程项目管理水平产生了重大的促进作用。

1999年初,建设部又委托中国建筑业协会工程项目管理委员会召开了"工程项目管理专题研讨会"并形成了会议纪要。在贯彻19条指导意见的基础上,对项目经理部的组建,企业管理层、项目经理层和劳务作业层的关系,项目经理责任制,项目成本核算制,项目经理的地位与合法权利以及项目经理资质认证管理等问题,提出了比较完整的规范性意见。

从2000年3月开始,根据建设部建筑管理司和标准定额司的指示,由中国建筑业协会工程项目管理委员会组织编写了《建设工程项目管理规范》并于2002年5月1日颁发执行。该规范在吸收和借鉴国际上以美国项目管理协会(PMI)和欧洲主要国家为主的国际项目管理协会(IPMA)两大体系所涵盖的九大知识领域和标准的同时,重点突出了我国建筑业企业十多年来推行工程项目管理体制改革的经验。它既是实践经验的总结,又是理论研究的提升,也是国际惯例以规范的形式在中国工程项目管理的应用、发展、创新的具体体现。从而使我国的建设工程项目管理提高到一个崭新的阶段,成为工程项目管理在中国实践运用和理论发展创新的里程碑。

4.2.7 具有中国特色的建设工程项目管理基本框架

实践证明,从"项目法施工"到"工程项目管理"具有坚实的理论基础,符合马克思、列宁、毛泽东关于解放发展生产力的理论和"三个代表"的重要思想,具有把企业导向适应社会主义市场经济的实践意义,既能借鉴吸取国际先进的管理方法,又能启动我国建筑行业企业组织机构的调整,并在实践上逐步形成了一套具有中国特色并与国际惯例接轨比较完整规范的工程项目管理基本框架。

(1) 工程项目管理的主要特征:"动态管理,优化配置,目标控制,节点考核"。

(2) 工程项目管理的运行机制:"总部宏观调控,项目委托管理,专业施工保障,社会力量协调"。

(3) 工程项目管理的组织机构:"两层分离,三层关系",即"管理层与作业层分离",项目层次与企业层次的关系,项目经理与企业法人代表的关系,项目经理部与劳务作业层的关系。

(4) 工程项目管理的推行主体:"二制建设"。即项目经理责任制和项目成本核算制。

(5) 工程项目管理的基本内容:"四控制,三管理,一协调"。即进度、质量、成本、安全控制,现场(要素)、信息、合同管理和组织协调。

(6) 工程项目管理的管理目标:"四个一"。即一套新方法,一支新队伍,一代新技术,一批好工程。

这里有必要指出的是,项目管理是一门科学,有其规律性。在国际上,它被广泛用来进行一次性任务(即特殊过程)的管理,已经形成为国际惯例。但国际上的项目管理体系属于广义上的项目管理,对中国建筑业企业来说,缺乏行业和专业适用性。而我国通过实践经验总结和理论提升创新形成的工程项目管理规范化框架体系不但吸收了国际项目管理的通用标准,具有国际通用性,而且最重要的是结合了中国建筑业企业近20年来推行项目管理体制改革的实际,比较注重企业管理层次的作用和业务系统化管理,它包含企业项目管理行为和项目管理过程两个方面。与国际上有关项目管理体系或标准(包括ISO)比较,更加具体化、专业化、系统化,具有较强的实用性和操作性。

4.3 工程项目中的交易方式和管理模式

4.3.1 工程项目中的交易方式的概念和分类

1. 工程项目交易方式的概念

工程项目中的交易方式指工程项目的主要利益相关者为了各自的利益在项目的生命周期中围绕工程项目的运行而建立关系的方式;或指企业为建设单位提供服务的方式。这里的主要利益相关者指建设单位、设计单位、监理单位、施工单位、供应单位等。

2. 工程项目中交易方式的分类

(1) 按获得承包任务的途径分类:

① 直接委托方式。指项目发起人把任务直接委托给建设单位、设计单位、监理单位、施工单位的交易方式。直接委托的前提是信任;委托的方式是直接谈判,签订合同。现在,该方式很少采用。

② 招标方式。招标方式是一种竞争方式,用得最多。是由发包人发布招标公告或招标

邀请书,投标人进行投标,中标者与发包人签订合同成交的方式。招标方式可分为公开招标和邀请招标两类。也可按招标对象分为项目法人招标、总承包招标、咨询招标、设计招标、监理招标、施工招标和采购招标等。

③ 指令方式。政府运用行政手段指定承包单位的方式。适用于特殊工程或保密工程。

(2) 按承包内容分类:

① 总承包方式。指总承包企业对工程项目进行全过程或若干阶段的承包。它又分为以下几类:交钥匙总承包(EPC);设计—施工总承包(D—B);设计—采购总承包(E—P);采购—施工总承包(P—C);施工总承包。总承包方式对加强管理、明确责任有利,故成为一个推广方向。

② 专业工程承包。指专业承包公司进行专业工程施工任务的承包。这种方式可有力地配合总承包方式。

③ 工程项目管理。指工程项目管理企业对工程项目的组织实施进行全过程或若干阶段的管理和服务。它又分为两种方式:项目管理服务(PM);项目管理承包(PMC)。项目管理服务指工程项目管理企业为业主编制可行性报告、进行可行性分析和项目策划,在工程项目实施阶段进行招标代理、设计管理、采购管理、施工管理和试运行等服务。项目管理承包指项目管理企业除了完成项目管理服务(PM)外,还完成合同约定的工程初步设计等工作。该方式有利于项目管理。

(3) 按承包者的地位分类:

① 总承包。即一个工程项目的全过程或其中的一个阶段的全部工作由一个承包单位全面负责组织实施。适用于大型工程项目。

② 分承包。承包单位不直接与建设单位发生关系,而是从总承包单位任务中分包一个单位工程或专业工程,并对总承包单位负责。

③ 独立承包。承包人依靠自身的力量完成承包任务,而不实行分包的承包方式。适用于小型工程项目。

④ 联合承包。由两个以上承包单位联合承包一项工程任务。统一与建设单位签订合同共同对建设单位负责,并协调他们之间的关系。由于这种方式可以形成更大的资金优势、技术优势和管理优势,故可用在特大工程项目上。

(4) 按合同的计价方式分类:

① 固定价合同。合同中确定的合同价格在实施期间不因价格的变化而调整。该方式又可分为固定总价合同和固定单价合同。承包人要承担很大风险。

② 可调价合同。合同中确定的合同价在实施期间可随价格变化而调整。适合于工期较长的项目。建设单位承担通货膨胀的风险,承包人承担其他风险。

(5) 成本加酬金合同。合同价由成本加酬金组成,其中的成本按现行计价依据计算,酬金则在成本的基础上,按一定方式确定。分为:成本加固定百分比酬金;成本加固定酬金;成本加奖罚;最高限额成本加固定最大酬金等。不同方式对承包人降低成本产生不同的激励作用。

4.3.2 工程项目管理模式

工程项目通用管理模式有以下几类:

1. 建设单位自行组织建设

这种模式的特点是在工程项目的全寿命周期内一切管理工作都由建设单位临时组建的管理班子自行完成。这是一种小生产方式,只有一次教训,没有二次经验。

2. 工程指挥部

这种模式将军事指挥方式引进到生产管理中。它代表行政领导,用行政手段管理生产,故难以全面符合生产规律和经济规律的要求。

3. 设计—招标—建造模式

这是国际上最为通用的模式,世行、FIDIC施工合同条件,我国的工程项目法人责任制等都采用这种模式。这种模式的特点是:建设单位进行工程项目的全过程管理,将设计和施工过程通过招标发包给设计单位和施工单位完成,通过竣工验收交付给建设单位工程项目产品。这种模式具有长期积累的丰富管理经验,有利于合同管理、风险管理和节约投资。

4. CM(Construction Management)模式

CM模式是一种新型管理模式,不同于设计完成后进行施工发包的模式,而是进行边设计边发包的阶段性发包方式,故可加速建设速度。它有两种类型:第一种是代理型,在这种模式下,业主、业主委托的CM经理、建筑师组成联合小组,共同负责组织和管理工程的规划、设计和施工,CM经理对规划设计起协调作用,完成部分设计后即进行施工发包,由业主与承包人签订合同,CM经理在实施中负责监督和管理,CM经理与业主是合同关系,与承包人是监督、管理与协调关系;第二种是非代理型,CM单位以承包人的身份参与工程项目实施,并根据自己承包的范围进行分包的发包,直接与分包人签订合同。

5. 管理承包(MC)模式

MC(Management Contracting)模式是业主直接找一家公司进行管理承包,并签订合同。设计承包人负责设计;施工承包人负责施工、采购与对分包人进行管理。设计承包人和施工承包人与管理承包人签订合同,而不与业主签订合同。这种方式加强了业主的管理,并使施工与设计做到良好结合,可缩短建设期限。

6. BOT模式

BOT模式是Build-Operate-Transfer模式的缩写,是建造—运营—移交模式。它适用于大型基础设施、需要大量资金进行建设的工程项目。为了进行工程项目获得足够的资金,东道国政府开放市场,吸收国外资金,授给工程项目公司以特许权,由该公司负责融资和组织建设,建成后负责运营和偿还贷款,在特许期满时将工程无条件移交给东道国政府。这种形式的优点是,既可解决资金不足,又可强化全过程的项目管理,可以大大提高工程项目的整体效益。

4.3.3 建造师执业资格制度

中华人民共和国人事部与建设部于2002年12月5日发布"人发[2002]111号"通知,颁布《建造师执业资格制度暂行规定》。该制度规定,国家对工程项目总承包和施工管理关键岗位的专业技术人员实行执业资格制度,纳入全国专业技术人员执业资格制度统一规划。

建造师分一级和二级。建设部负责一级建造师执业资格的考试大纲、命题工作、培训统一规划,考、教分开、资源参加。二级建造师执业资格实行全国统一大纲,各省、自治区、直辖市命题并组织考试的制度。考试合格者发给建造师执业资格证书。取得建造师执业资格证书的人员必须经过注册登记,方可以建造师名义执业。建造师经注册后,有权以建造师的名义担任建设工程项目的项目经理及从事其他施工活动的管理。建造师的执业范围是:第一,担任建设工程项目施工的项目经理;第二,从事其他施工活动的管理;第三,法律法规或国务院建设行政主管部门规定的其他业务。

一级建造师的执业技术能力是:第一,具有一定的工程技术、工程管理和相关经济理论水平,并具有丰富的施工管理专业知识;第二,能够熟练掌握和运用与施工管理业务相关的法律、法规、工程建设强制性标准和行政管理的各项规定;第三,具有丰富的施工管理实践经验和资历,有较强的施工组织能力,能够保证工程质量和安全生产;第四,有一定外语水平。一级建造师可以担任特级、一级建筑业企业资质的建设工程项目施工的项目经理。

二级建造师的执业技术能力是:第一了解工程建设的法律、法规、工程建设强制性标准及有关行业管理的规定;第二,具有一定的施工管理专业知识;第三,具有一定的施工管理实践经验和资历,有一定的施工组织能力,能够保证工程质量和安全生产。二级建造师可以担任二级及以下建筑业企业资质的建设工程项目施工的项目经理。

4.4 工程项目管理过程

4.4.1 工程项目管理过程综述

在 GB/T 19016—2000《质量管理 项目管理质量指南》中,将项目管理过程分为10组:第一组规定和建立项目方向的战略策划过程;第二组是管理其他过程之间相互关系的过程;其他8组是与范围、时间、成本、资源、人员、沟通、风险和采购有关的过程。全部过程及概要说明见表4-1。

项目管理过程说明　　　　　　　　　　表 4-1

过　程	说　明
战略策划过程	
战略策划过程	确定项目方向并管理其他项目过程的实现
配合管理过程	
立项和项目计划制定	评估顾客和其他受益者的要求,编制项目计划并开始其他过程
协调管理	管理项目中相互影响的活动
更改管理	预测更改并在所有过程中管理更改
关闭	关闭过程并得到信息反馈
与范围有关的过程	
概念(方案)确定	规定项目产品的大致轮廓
范围确定和控制	用可测量的、文件的形式表述项目产品特性并对其进行控制
活动确定	识别实现项目目标所要求的各种活动和步骤并形成文件
活动控制	控制项目中实际进行的工作
与时间有关的过程	
活动相关性策划	识别项目各活动之间的内部关系、逻辑上的相互影响和相关性
周期估算	每个活动的周期估算要与规定条件和所需资源相联系
进度确定	将项目的进度目标、活动相关性及其周期联系起来,作为确定项目总进度和详细进度的框架

续表

过程	说明
进度控制	控制项目活动的实现,以确保进度或采取适当的措施使已延期的项目恢复正常
与成本有关的过程	
成本估算	确定项目估算成本
预算	使用成本估算的结果作出项目预算
成本控制	控制成本及与项目预算的偏离
与资源有关的过程	
资源策划	识别、估算、分配所有相关资源并安排资源使用
资源控制	将资源实际使用情况与计划进行比较,需要时采取措施
与人员有关的过程	
项目组织结构的确定	规定一个经过剪裁、适应项目需求的项目组织结构,包括确定在项目中的岗位并规定其职责和权限
人员分配	选择并安排足够的、有胜任能力的人员以适应项目的需求
团队发展	开发个人与团队的技艺和能力,以改善项目业绩
与沟通有关的过程	
沟通策划	按策划好的沟通体系控制沟通
信息管理	确保组织成员和其他受益者能够得到所需信息
沟通控制	控制沟通以符合已获计划的沟通体系
与风险有关的过程	
风险识别	确定项目中的风险
风险评估	评估发生风险事件的可能性和风险事件对项目的影响
风险响应的确定	编制风险响应计划
风险控制	实施并修订风险计划
与采购有关的过程	
采购策划和控制	识别并控制采购什么、何时采购
采购文件	商务条件和技术要求的汇编
分承包方评价	评价并确定邀请哪些分承包方参加投标
签订分包合同	发布招标书、评定投标书、谈判、编制和发出分包合同
合同控制	确保分承包方的业绩满足合同要求

4.4.2 战略策划过程

1. 概念

项目的战略策划过程是确定项目方向的过程,它对项目其他过程的实现进行组织和管理。确定项目方向的过程中应考虑以下对实现项目管理质量有关的概念:

(1) 首要的是满足顾客和其他受益者的明确的和隐含的要求。

(2) 项目是通过一组经过策划和相互配合的过程来实现的,因此要重视过程质量,又要重视产品质量,以满足项目目标。

(3) 管理者既要对营造质量负责,又要对持续改进负责。

2．满足需求的策划要求

(1) 清楚地理解顾客和其他受益者的需求,确保所有过程均注重并能满足这些要求。

(2) 在整个进展期间应明确实施者与受益者的接口,解决受益者需求之间的矛盾。

(3) 为满足已定的要求而规定项目目标,必要时在过程中修订项目目标,包括时间、成本(费用)和产品特性。

3．通过一组经过策划和相互配合的过程实现项目

(1) 对项目过程、所有者及其职责和权限作出规定,形成文件。

(2) 为项目过程制定政策。

(3) 考虑最终产品及其组成部分的结构。

(4) 规定协调和综合过程的相互配合关系。

(5) 考虑外来产品或服务的获取及其对项目组织的影响。

(6) 规定项目启动组织和项目组织及其他受益者之间的关系,明确划分职责和权限。

(7) 对项目的进展的评价进行策划。

4．"管理者对营造质量环境负责"的途径和方法

(1) 提供有助于满足项目目标的组织结构和支持。

(2) 根据数据和实际信息作出决策。

(3) 为进展评价做好准备并对质量进行进展评价。

(4) 全体人员共同参与实现项目过程和产品的质量。

(5) 与分包方和其他组织建立相互受益的关系。

(6) 安排人员,配备适用的工具、技术、方法,监测和控制各过程,实施纠正措施和预防措施对这些过程进行改进。

(7) 尽量指定项目经理,授以与职责相当的权限。

5．管理者对持续改进负责

(1) 项目启动组织的管理者通过总结经验,不断地寻求改进其过程质量的机会并将总结经验作为项目管理的一个过程;建立、收集和分析项目进行中获取信息的体系,以便持续改进过程。

(2) 项目组织不断寻求其自身过程和活动质量的改进。

4.4.3 配合管理过程

1．配合管理过程的总体管理由项目经理负责

2．配合管理的内容

(1) 立项和项目计划制定,即评估顾客和其他收益者的要求,编制项目计划,开始其他过程。

(2) 协调管理,即管理项目中相互影响的活动。

(3) 更改和技术状态管理,即预测更改,并在所有过程中管理更改。

(4) 关闭过程并得到信息反馈。

3. 立项和项目计划的制定

（1）项目计划应根据顾客和其他相关受益者形成的文件的要求及项目目标来制定。每项要求的原始输入都应形成文件，以便追溯。

（2）项目计划应确定项目过程及其目的，并形成文件。

（3）质量是一个良好的项目管理组成部分，故质量管理体系应是项目管理体系的一个组成部分。将质量管理体系形成文件并纳入质量计划。

（4）项目计划应对评审加以明确，作出计划和进度安排，对记录的保存作出规定。

（5）评审包括质量管理体系评审、项目计划评审、满足项目目标的适宜性评审。

（6）在项目计划中安排进展评价，以便规定进展测量和控制的基线，并策划后续工作。

（7）在项目计划中明确接口：与顾客和其他受益者的联络；项目组织和项目启动组织各职能之间联系和报告的渠道；项目组织内各职能之间的联系。

4. 协调管理

（1）需要对项目中相互影响的活动进行管理以理顺过程之间已经策划的关系。

（2）使用盈得值法分析项目业绩、评价项目状态并策划后续工作。

（3）注意用进展评价识别潜在的接口问题，注意接口处的风险，对其进行识别协调。

（4）项目沟通是协调中的关键因素。

5. 更改管理

（1）更改管理包括：识别更改需求及其影响，并形成文件。对过程和产品的更改要进行评审和批准。

（2）在批准更改之前应分析更改的目的、范围和影响。

（3）既可对项目范围进行更改，又可以对项目计划进行更改。影响到项目目标的更改应得到顾客和相关受益者的同意。

6. 关闭

（1）按计划关闭项目过程，确保所有记录已经汇编并按规定时间保存。

（2）关闭时应对项目业绩进行评审。

（3）根据从各方面得到的信息，特别是相关受益者反馈的信息编写报告，并总结可供其他项目借鉴的经验。

（4）将关闭的信息通知相关受益者。

4.4.4 与范围有关的过程

1. 与范围有关的宗旨

范围包括产品的说明、特性及如何对范围进行测量和评价。与范围有关的过程的宗旨是：

（1）将要求转化为实现目标的活动，并组织这些活动。

（2）确保人们在范围内工作。

（3）确保满足范围中所表述的要求。

2. 与范围有关的过程的内容

（1）概念（方案）确定：规定项目产品的大体轮廓。

（2）范围确定和控制：以可测量的、文件的形式表述项目产品特征并对其进行控制。

（3）活动确定：识别实现项目目标所要求的各项活动和步骤并形成文件。

(4) 活动控制:控制项目中实际进行的工作。

4.4.5 与时间有关的过程和与成本有关的过程

1．与时间有关的过程

(1) 与时间有关的过程包括旨在确定活动的相关性和周期并确保及时完成项目,包括:活动相关性策划:识别项目各活动间的内部关系、逻辑上的相互影响和相关性。

(2) 周期估算:每项活动的周期估算要与规定条件和所需资源相联系。

(3) 进度确定:将项目的进度目标、活动相关性及其周期联系起来,作为确定项目总进度和详细进度的框架。

(4) 进度控制:控制项目活动的实现,以确保进度或采取适当的措施使已延期项目恢复正常。

2．与成本有关的过程

这些过程的目的是预测和管理项目成本,并确保在预算内完成项目。所包括的过程如下:

(1) 成本估算:确定项目成本估算数。

(2) 预算:使用成本估算的结果作出项目预算。

(3) 成本控制:控制成本及与项目预算的偏离。

4.4.6 与资源有关的过程和与人员有关的过程

1．与资源有关的过程

与资源有关的过程旨在策划和控制资源,帮助识别资源可能产生的问题。资源包括:软件、设备、设施、资金、信息系统、材料、人员、服务和场地。与资源有关的过程包括:

(1) 资源策划:识别、估算、分配所有相关资源并安排资源使用进度。

(2) 资源控制:将资源实际使用情况与计划进行对比,需要时采取措施。

2．与人员有关的过程

由于人决定项目的质量与成功,故与人员有关的过程要营造一种环境,使人们有效地为项目作出贡献。与人员有关的过程如下:

(1) 项目组织结构的确定:规定一个经过设计的、适应项目需求的项目组织结构,包括确定岗位、职责和权限。

(2) 人员分配:选择并安排足够的、有胜任能力的人员,以适应项目的需求。

(3) 团队发展:开发个人与团队的技艺和能力,以改善项目业绩。

4.4.7 与沟通有关的过程和与风险有关的过程

1．与沟通有关的过程旨在促进项目所需信息的交换,确保及时和适当地生成、收集、传递、储存和最终处理项目信息。与沟通有关的过程如下:

(1) 沟通策划:项目信息和沟通体系的策划。

(2) 信息管理:使项目组织成员和其他相关受益者能够得到所需要的信息。

(3) 沟通控制:按策划好的沟通体系控制沟通。

2．与风险有关的过程

与风险有关的过程旨在将可能的不利事件的影响减到最小并最大限度地利用各种机会进行改进。这里的风险指与过程有关的和与项目产品有关的两方面的风险。风险管理涉及项目的全过程。与风险有关的过程如下:

(1) 风险识别:确定项目中的风险。
(2) 风险评估:评估发生风险的可能性和风险事件对项目的影响。
(3) 风险响应的确定:编制响应风险的计划。
(4) 风险控制:实施并修订风险计划。
应将上述过程及其输出形成文件。

4.4.8 与采购有关的过程

与采购有关的过程涉及采购、询价或为项目采购产品,包括:
(1) 采购策划与控制:识别和控制采购什么?何时采购?
(2) 采购文件:采购文件应包括明确范围,产品特征,适宜的质量管理要求及相关文件,产品交货日期和到分承包现场的权利要求。采购文件必须考虑顾客的要求。
(3) 分承包方评价:评价并确定邀请哪些分承包方参加投标。
(4) 签订分包合同:发布招标书,评定投标书,谈判,编制和发出分包合同。
(5) 合同控制:合同控制从合同生效开始。为满足合同要求,应实施合同控制体系。建立适当的合同关系并将它的输出归纳到整个项目管理中。为满足每个分承包方的业绩都能满足合同要求,应定期进行验证,并将验证的结果反馈给分承包方。任何措施都应当得到分承包方的同意。合同结束前应验证所有合同的条款和要求均已得到满足。有关分承包方的业绩的反馈信息可用于更新分承包方目录。

4.5 工程项目管理的类型

每个项目的建设都有其特定的建设意图和使用功能要求。在中型建设项目往往包括诸多形体独特、功能关联、共同作用的单体工程,形成建筑群体。就单体工程而言,一般也由基础、主体结构、装修和设备系统共同构成一个有机的整体。

每个建设项目都需要投入巨大的人力、物力和财力等社会资源进行建设,并经历着项目的策划、决策立项、场址选择、勘察设计、建设准备和施工安装活动等环节,最后才能提供生产或使用,也就是说它有自身的产生、形成和发展过程。这个构成的各个环节相互联系、相互制约、并受到建设条件的影响。

每个建设项目都处在社会经济系统中,它和外部环境发生着各种各样的联系,项目的建设过程渗透着社会经济、政治、技术、文化、道德和伦理观念的影响和作用,是在一定的经济体制下运行的,国家对项目建设的活动有一系列的法规、政策、方针。

因此,从不同角度可将项目管理分为不同的类型,如图4-3。

4.5.1 按管理层次划分

按项目管理层次可分为宏观项目管理和微观项目管理。宏观项目管理是指政府(中央政府和地方政府)作为主体对项目活动进行的管理。这种一般不是以某一具体的项目为对象,而是以某一类或某一地区的项目为对象;其目标也不是项目的微观效益,而是国家或地区的整体综合效益。项目宏观管理的手段是行政、法律、经济手段并存,主要包括:项目相关产业法规政策的制定、项目相关的财、税、金融法规政策、项目资源要素市场的调控、项目程序及规范的制定与实施、项目过程的监督检查等。

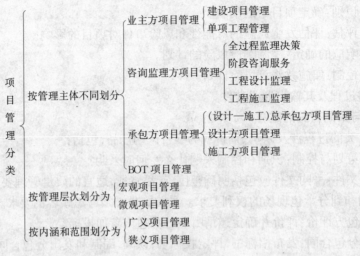

图 4-3 项目管理分类图

微观项目管理是指项目业主或其他参与主体对项目活动的管理。项目的参与主体，一般主要包括：业主，作为项目的发起人、投资人和风险责任人；项目任务的承接主体，指通过承包或其他责任形式承接项目全部或部分任务的主体；项目物资供应主体，指为项目提供各种资源（如资金、材料设备、劳务等）的主体。

微观项目管理，是项目参与者为了各自的利益而以某一具体项目为对象进行的管理，其手段主要是各种微观的经济法律机制和项目管理技术。一般意义上的项目管理，即指微观项目管理。

4.5.2 按管理范围和内涵不同划分

按工程项目管理范围和内涵不同分为广义项目管理和狭义项目管理。

广义项目管理包括从项目投资意向、项目建议书、可行性研究、建设准备、设计、施工、竣工验收、项目后评估全过程的管理。

狭义项目管理指从项目正式立项开始，即从项目可行性天空报告批准后到项目竣工验收、项目后评估全过程的管理。

4.5.3 按管理主体不同划分

一项工程的建设，涉及到不同一管理主体，如项目业主、项目使用者、科研单位、设计单位、施工单位、生产厂商、监理单位等。从管理立体看，各实施单位在各阶段的任务、目的、内容不同，也就构成了项目管理的不同类型，概括起来大致有以下几种项目管理。

1. 业主方项目管理

业主方项目管理是指由项目业主或委托人对项目建设全过程的监督与管理。按项目法人责任制的规定，新上项目的项目建议书被批准后，由投资方派代表，组建项目法人筹备组，具体负责项目法人的筹建工作，待项目可行性研究报告批准后，正式成立项目法人，由项目法人对项目的策划、资金筹措、建设实施、生产经营、债务偿还、资产的增值保值，实行全过程负责，依照国家有关规定对建设项目的建设资金、建设工期、工程质量、生产安全等进行严格管理。

项目法人可聘任项目总经理或其他高级管理人员，由项目总经理组织编制项目初步设计文件、组织设计、施工、材料设备采购的招标工作，组织工程建设实施，负责控制工程投资、工期和质量,对项目建设各参与单位的业务进行监督和管理。项目总经理可由项目董事会成员兼任或由董事会聘任。

项目总经理及其管理班子具有丰富的项目管理经验,具备承担所任职工作的备件。从性质上讲是代替项目法人,先例行项目管理职权的。因此,项目法人和项目经理对项目建设活动组织管理构成了建设单位的项目管理。这是一种习惯称谓。其实项目投资方、项目业主、项目法人、建设单位在含义上是既有联系又有区别的几个概念。

项目投资方可能是中央政府、地方政府、企业单位、城乡个体或外商;可以是独资也可能是合资。

项目业主是由投资方派代表组成的,从项目筹建到生产经营并承担投资风险的项目管理班子。

项目法人的提出是国家经过几年改革实践总结,1996年国家计划委员会从国有企业转换经营机制,建立现代企业制度的需要,根据《公司法》精神,将原来的项目业主责任制改为法人责任制。法人责任制是依据《公司法》制定的,在投资责任约束机制方面较项目业主责任制得到了进一步加强,项目法人的责、权、利也更加明确。更重要的是项目管理制度全面纳入法治化、规范化的轨道。

值得一提的是,目前习惯将建设单位的项目管理简称建设项目管理。这里的建设项目既包括统计意义上的建设项目(即在一个主体设计范围内,经济上独立核算、行政上具有独立组织形式的建设单位),也包括原有建设单位新建的单项工程。

2. 监理方的项目管理

较长时间以来,我国的工程建设项目组织方式一直采用工程指挥部制或建设单位自营自管制。由于工程项目的一次性特征,这种管理组织方式往往有很大的局限性,首先在技术和管理方面缺乏配套的力量和项目管理经验,即使配套了项目管理班子,在无连续建设任务时,也是不经济的。因此,结合我国国情并参照国外工程项目管理方式,在全国范围,提出工程项目建设监理制,从1988年7月开始进行建设监理试点,现已全面推行并纳入法治化轨道。社会监理单位是依法成立的、独立的、智力密集型经济实体,接受业主的委托,采取经济、技术、组织、合同等措施,对项目建设过程及参与各方的行为进行监督、直辖市和控制,以保证项目按规定的工期、投资、质量目标顺利建成。社会监理是对工程项目建设过程实施的监督管理,类似于国外CM项目管理模式,属咨询监理方的项目管理。

3. 承包方项目管理

作为承包方,采用的承包方式不同,项目管理的含义不同。

(1) 工程总承包方的项目管理

如前所述,在设计施工连贯式总承包的情况下,业主在项目决策之后,通过招标择优选定总承包单位全面负责工程项目的实施过程,直到最终交付使用功能和质量标准符合合同文件规定的工程目的物。因此,总承包方的项目管理是贯穿于项目实施全过程的全面管理,既包括设计阶段也包括施工安装阶段。其性质和目的是全面履行工程总承包合同,以实现其企业承建工程的经营方针和目标,取得预期经营效益为动力而进行的工程项目自主管理。显然他必须在合同条件的约束下,依靠自身的技术和管理优势或实力,通过优化设计及施工方案,在规定的时间内,按质按量地全面完成工程项目的承建任务。从交易的角度,项目业主是买方,总承包单位是卖方,因此两者的地位和利益追求是不同的。

(2) 设计方项目管理

设计单位受业主委托承担工程项目的设计任务,以设计合同所界定的工作目标及其责任义务作为该项工程设计管理的对象、内容和条件,通常简称设计项目管理。设计项目管理也就是设计单位对履行工程设计合同和实现设计单位经营方针目标而进行的设计管理,尽管其地位、作用和利益追求与项目业主不同,但他也是建设工程设计阶段项目管理的重要方面。只有通过设计合同,依靠设计方的自主项目管理才能贯彻业主的建设意图和实施设计阶段的投资、质量和进度控制。

(3) 施工方项目管理

施工单位通过工程施工投票取得工程施工承包合同,并以施工合同所界定的工程范围,组织项目管理,简称施工项目管理。从完整的意义上说,这种施工项目应该指施工总承包的完整工程项目,包括其中的土建工程施工和建筑设备工程施工安装,最终成果能形成独立使用功能的建筑产品。然而从工程项目系统分析的角度,分项工程、分部工程也是构成工程项目的子系统,按子系统定义项目,既有其特定的约束条件和目标要求,而且也是一次性的任务。因此,工程项目按专业、按部位分解发包的情况,承包方仍然可以按承包合同界定的局部施工任务作为项目管理的对象,这就是广义的施工企业的项目管理。

目前我国建筑施工企业实行施工项目管理的基本概念是指:施工企业为履行工程承包合同和落实企业生产经营方针目标,在项目经理负责制的条件下,依靠企业技术和管理的综合实力,对工程施工全过程进行计划、组织、指挥、直辖市和监督控制的系统管理活动。项目经理的责任目标体系包括工程施工质量(Quality)、成本(Cost)、工期(Delivery)、安全和现场标准化(Safety),简称 QCDS 目标体系。显然这一目标体系,既和工程项目的总目标相联系,又带有很强的施工企业项目管理的自主性特征。

(4) 供应方的项目管理

从建设项目管理的系统分析角度看,建设物资供应工作也是工程项目实施的一个子系统,它有明确任务和目标,明确的制约条件以及与项目实施子系统的内在联系。因此制造厂、供应 商同样可以将加工生产制造和供应合同所界定的任务,作为项目进行目标管理和控制,以适应建设项目总目标控制的要求。

4.5.4 各类型项目管理的联系与区别

每一类型的项目管理都是在特定的条件下,为实现项目总目标,从不同角度、不同利益出发,对项目实施过程进行管理的一个子系统。各种项目管理之间的联系与区别如下:

1. 建设项目管理、设计项目管理、施工项目管理之间的联系

(1) 建设项目管理、施工项目管理和设计项目管理三者都是以工程项目为对象进行的一次性系统活动。都具备项目的一切特征和一般规律,都可以应用工程项目管理原理的理论和方法进行管理。

(2) 建设项目管理与设计、施工项目管理的客观活动共同构成工程建设活动的整体;三者必须相互配合才能有效地实现工程建设的目标。

(3) 建设项目的管理主体(建设单位)是建筑市场的买方,设计项目的管理主体(设计单位)和施工项目的管理主体(施工单位)是主要卖方;三者共同形成建筑市场的主要交易活动。

2. 建设项目管理、设计项目管理、施工项目管理之间的区别

(1) 管理主体不同。建设项目的管理主体是建设单位,而设计项目的管理主体是设计单位,施工项目的管理主体是施工单位。

(2) 管理的目标性质不同。建设单位是以工程活动的投资者和建筑产品的购买者身份出现的,所以建设项目管理的目标,是如何以最少的投资取得最有效的、满足功能要求的使用价值。建设项目管理的这一种目标是一种成果性目标,至于实现成果的具体工作活动的效率与其无关。施工单位和设计单位是以工程活动的执行者和建筑产品的出卖者身份出现的,他追求的目标是如何在保证买方使用功能要求的条件下取得建筑产品的最大价值,即利润。设计与施工的项目管理的这种目标是一种效率性目标,它所生产的产品的使用价值与它无关,它对使用价值的关心只是作为手段而不是目的。

(3) 管理的方式与手段不同。建设项目的管理客体是投资活动,一般不需要掌握具体的设计与施工方法,他对设计和施工活动的管理方式是间接的,采用的主要手段是合同管理。施工项目的管理客体是施工活动,设计项目的管理客体是设计活动,所以它的管理方式是直接而具体的,采用的主要手段是指挥和控制。

(4) 管理的范围和内容的不同。建设项目管理所涉及的范围包括工程从投资机会研究到工程正式投产使用,甚至一直到投资回收的全过程,内容应包括全过程各个方面的工作。而施工项目管理范围只是从施工招标直到工程竣工移交的过程,内容是由施工合同所界定的施工活动。设计项目管理的范围主要是工程设计阶段,其内容包括委托设计合同中所界定的设计任务以及在施工阶段的设计变更等。

建设项目管理与设计项目管理、施工项目管理的主要区别,如表 4-2 所示。

建设项目管理与设计项目管理、施工项目管理的主要区别　　　表 4-2

管理主体	建设单位	设计单位	施工单位
管理目标	最少的投资、最短的工期取得有效的使用价值	在满足业主要求的条件下,实现设计产品的最大价值	在满足合同条件下,实现最大利润
管理执行机构	建设项目管理组织机构	设计项目管理组织机构	施工项目管理组织机构
管理手段	间接管理方式合同管理手段	直接具体管理方式,主要手段是经济措施、组织措施和技术措施等	直接具体管理方式,主要手段是经济措施、组织措施和技术措施等
管理范围内容	从项目建议书到投产使用全过程	从设计招标到交付施工图纸直至施工配合	从施工招标到竣工验收

3. 建设项目管理与建设监理的联系与区别

(1) 建设监理是对于工程项目建设参与者的行为所进行的监督和管理。是监理单位受建设单位(或投资者)的委托,对工程建设过程实施的专业化管理,是工程项目管理的一种类型,是在工程建设领域推行的一项科学管理制度。旨在保证建设行为的合法性、科学性和经济合理性,以提高建设水平和投资效益。

(2) 建设监理是保证现代工程项目建设的科学性、合理性、经济性和合法性的必要条件。

随着我国的改革开放和社会主义市场经济的建立,工程建设任务日益庞大,工程建设对建筑技术和建筑生产力的要求越来越高,它促进了建筑生产力的迅猛发展,并在建设生产领域内造成旧的生产关系不适应甚至阻碍建筑生产力的发展。因此,迫切需要在建设领域内建立一种新的适应生产力发展的生产关系,这就是建设监理制度的起因。也就是从作为建筑生产力的设计和施工专业中分离出一个建设项目管理的专业,为业主提供项目管理咨询服务。

(3) 建设监理与建设单位项目管理的目标是相同的,虽然监理单位以获取咨询监理服务费为其生存发展条件,但从业务内容看,他是受业主委托,对项目实施过程和承包商进行监督管理,以保证项目按业主的预算投资、合适的工期、预期的质量和功能建成。

(4) 在管理职能、管理手段、管理方法、管理内容方面两者基本上是相同的。

(5) 两者管理权限及所处地位不同,业主属于委托方,具有最终决策权,监理单位属于受委托方,权利大小取决于业主的授权,那只具有委托合同范围内的权力。

(6) 管理范围不同,业主方项目管理是项目建设全过程的管理,监理方项目管理取决于合同委托的范围。

(7) 与承包方关系不同,业主与承包商是合同关系,监理与承包商是业务工作关系。

4.6 工程项目管理法律法规体系

4.6.1 工程项目管理法律法规体系的构成

我国工程项目管理法律法规体系采用梯形结构方式,即以若干并列的专项法律共同组成体系框架的顶层,依序再配置相应的行政法规和部门规章,形成若干相互联系又相互独立的小体系。

1. 工程项目管理法律法规体系

工程项目管理法律法规体系按其立法权限分为 5 个层次:

(1) 法律。指由全国人大及其常委会审议发布的属于建设部主管业务范围的各项法律,是工程项目管理法律体系的核心。包括《中华人民共和国建筑法》、《中华人民共和国城市规划法》。

(2) 建设行政法规。指由国务院依法制定并颁布的属于建设部主管业务范围内的各项法规。包括《建设工程质量管理条例》、《建设工程勘察设计管理条例》。

(3) 建设部部门规章。指建设部根据国务院规定的职责范围,依法制定并颁布的各项规章或由建设部与国务院有关部门联合制定并发布的规章。如《房屋建设和市政基础设施工程施工招标投标管理办法》(建设部令第 89 号)、《工程建设项目施工招标投标办法》(5 部 1 委 1 局令第 30 号)等。

(4) 地方性建设法规。指省、自治区、直辖市人大及其常委会制定并发布的建设方面的法规。

(5) 地方建设规章。指省、自治区、直辖市以及省会城市和经国务院批准的较大城市的人民政府制定并颁布的建设方面的规章。

此外,与建设活动关系密切的相关法律、行政法规和部门规章,也起着调整建设活动的作用。其中的有关规定,也构成工程项目管理法律法规体系的内容。如《中华人民共和国合同法》、《中华人民共和国招标投标法》、《中华人民共和国安全生产法》、《中华人民共和国劳动法》等。

2. 工程项目管理技术标准体系

工程项目管理技术标准是由国家制定或认可的,由国家强制力保证其实施的有关工程项目的规划、勘察、设计、施工、安装、检测、验收等的技术标准、规范、规程、条例、办法、定额等规范性文件。如《建筑工程施工质量验收统一标准》、《建筑施工安全检查标准》、《网络计划技术标准》、《砌体工程施工质量验收规范》、《建设工程项目管理规范》、《建设工程监理规范》、《建设工程工程量清单计价规范》、《工程网络计划技术规程》等。

建设技术法规体系以工程技术、科学和实践经验相结合为基础,由有关专家、学者、工程技术人员进行综合评价、论证后进行编制,由国务院及有关部、委、局批准发布。它分为强制性和推荐性两类。强制性工程项目管理技术标准涉及工程结构质量和生命安全,具有法规性、强制性和权威性,有关组织和人员必须执行。推荐性工程项目管理技术标准具有法规性、权威性和推荐性,由于不直接涉及工程结构质量和生命安全,故推荐有关组织和人员执行。

工程项目管理技术标准按适用范围分为四级:国家级、部(委)级、省(直辖市、自治区)级和企业级。

贯彻执行工程项目管理技术标准的意义在于:统一对工程项目及其管理的技术经济要求,组织现代化工程建设,提高工程建设的科学技术水平,保证工程质量和安全,加快建设速度,合理利用资金,提高技术经济效益。

4.6.2 《中华人民共和国建筑法》

《中华人民共和国建筑法》是适用于工程项目管理的一部重要的专业法律。该法共8章85条。8章为:总则,建筑许可,从业资格,建筑工程发包与承包,建筑工程监理,建筑安全生产管理,建筑工程质量管理,法律责任,附则。现摘录如下:

第二条 在中华人民共和国境内从事建筑活动,实施对建筑活动的监督管理,应当遵守本法。建筑活动,是指各类房屋建筑及其附属设施的建造和与其配套的线路、管道、设备的安装活动。

第七条 建筑工程开工前,建设单位应当按照国家有关规定向工程所在地县级以上人民政府建设行政主管部门申请领取施工许可证。

第八条 申请领取施工许可证,应当具备下列条件:

(一) 已经办理该建筑工程用地批准手续;
(二) 在城市规划区的建筑工程,已经取得规划许可证;
(三) 需要拆迁的,其拆迁进度符合施工要求;
(四) 已经确定建筑施工企业;
(五) 有满足施工需要的施工图纸及技术资料;
(六) 有保证工程质量和安全的具体措施;
(七) 建设资金已经落实;
(八) 法律、行政法规规定的其他条件。

第十二条 从事建筑活动的建筑施工企业、勘察单位、设计单位和工程监理单位,应当具备下列条件:

(一) 有符合国家规定的注册资本;
(二) 有与其从事的建筑活动相适应的具有法定执业资格的专业技术人员;

(三) 有从事相关建筑活动所应有的技术装备；

(四) 法律、行政法规规定的其他条件。

第十三条 从事建筑活动的建筑施工企业、勘察单位、设计单位和工程监理单位，按照其拥有的注册资本、专业技术人员、技术装备和已完成的建筑工程业绩等资质条件，划分为不同的资质等级，经资质审查合格，取得相应等级的资质证书后，方可在其资质等级许可的范围内从事建筑活动。

第十四条 从事建筑活动的专业技术人员，应当依法取得相应的执业资格证书，并在执业资格证书许可的范围内从事建筑活动。

第十六条 建筑工程发包与承包的招标投标活动，应当遵循公开、公正、平等竞争的原则，择优选择承包单位。

第二十条 建筑工程实行公开招标的，发包单位应当依照法定程序和方式，发布招标公告，提供载有招标工程的主要技术要求、主要的合同条款、评标的标准和方法以及开标、评标、定标的程序等内容的招标文件。

第二十三条 政府及其所属部门不得滥用行政权力，限定发包单位将招标发包的建筑工程发包给指定的承包单位。

第二十四条 提倡对建筑工程实行总承包，禁止将建筑工程肢解发包。

第二十五条 按照合同约定，建筑材料、建筑构配件和设备由工程承包单位采购的，发包单位不得指定承包单位购入用于工程的建筑材料、建筑构配件和设备或者指定生产厂、供应商。

第二十八条 禁止承包单位将其承包的全部建筑工程转包给他人，禁止承包单位将其承包的全部建筑工程肢解以后以分包的名义分别转包给他人。

第二十九条 建筑工程总承包单位可以将承包工程中的部分工程发包给具有相应资质条件的分包单位；但是，除总承包合同中约定的分包外，必须经建设单位认可。施工总承包的，建筑工程主体结构的施工必须由总承包单位自行完成。

建筑工程总承包单位按照总承包合同的约定对建设单位负责；分包单位按照分包合同的约定对总承包单位负责。总承包单位和分包单位就分包工程对建设单位承担连带责任。

第三十二条 建筑工程监理应当依照法律、行政法规及有关的技术标准、设计文件和建筑工程承包合同，对承包单位在施工质量、建设工期和建设资金使用等方面，代表建设单位实施监督。

第三十三条 实施建筑工程监理前，建设单位应当将委托的工程监理单位、监理的内容及监理权限，书面通知被监理的建筑施工企业。

第三十四条 工程监理单位应当在其资质等级许可的监理范围内，承担工程监理业务。

工程监理单位应当根据建设单位的委托，客观、公正地执行监理任务。

工程监理单位与被监理工程的承包单位以及建筑材料、建筑构配件和设备供应单位不得有隶属关系或者其他利害关系。

第三十六条 建筑工程安全生产管理必须坚持安全第一、预防为主的方针，建立健全安全生产的责任制度和群防群治制度。

第三十八条 建筑施工企业在编制施工组织设计时，应当根据建筑工程的特点制定相应的安全技术措施；对专业性较强的工程项目，应当编制专项安全施工组织设计，并采取安全技术措施。

第四十一条 建筑施工企业应当遵守有关环境保护和安全生产的法律、法规的规定,采取控制和处理施工现场的各种粉尘、废气、废水、固体废物以及噪声、振动对环境的污染和危害的措施。

第四十五条 施工现场安全由建筑施工企业负责。实行施工总承包的,由总承包单位负责。分包单位向总承包单位负责,服从总承包单位对施工现场的安全生产管理。

第四十六条 建筑施工企业应当建立健全劳动安全生产教育培训制度,加强对职工安全生产的教育培训;未经安全生产教育培训的人员,不得上岗作业。

第四十七条 作业人员对危及生命安全和人身健康的行为有权提出批评、检举和控告。

第四十八条 建筑施工企业必须为从事危险作业的职工办理意外伤害保险,支付保险费。

第四十九条 涉及建筑主体和承重结构变动的装修工程,建设单位应当在施工前委托原设计单位或者具有相应资质条件的设计单位提出设计方案;没有设计方案的,不得施工。

第五十三条 国家对从事建筑活动的单位推行质量体系认证制度。

第五十五条 建筑工程实行总承包的,工程质量由工程总承包单位负责,总承包单位将建筑工程分包给其他单位的,应当对分包工程的质量与分包单位承担连带责任。分包单位应当接受总承包单位的质量管理。

第五十六条 建筑工程的勘察、设计单位必须对其勘察、设计的质量负责。勘察、设计文件应当符合有关法律、行政法规的规定和建筑工程质量、安全标准、建筑工程勘察、设计技术规范以及合同的约定。设计文件选用的建筑材料、建筑构配件和设备,应当注明其规格、型号、性能等技术指标,其质量要求必须符合国家规定的标准。

第五十七条 建筑设计单位对设计文件选用的建筑材料、建筑构配件和设备,不得指定生产厂、供应商。

第五十八条 建筑施工企业对工程的施工质量负责。

建筑施工企业必须按照工程设计图纸和施工技术标准施工,不得偷工减料。工程设计的修改由原设计单位负责,建筑施工企业不得擅自修改工程设计。

第六十条 建筑物在合理使用寿命内,必须确保地基基础工程和主体结构的质量。

第六十一条 交付竣工验收的建筑工程,必须符合规定的建筑工程质量标准,有完整的工程技术经济资料和经签署的工程保修书,并具备国家规定的其他竣工条件。

建筑工程竣工经验收合格后,方可交付使用;未经验收或者验收不合格的,不得交付使用。

4.6.3 《中华人民共和国合同法》

颁发《中华人民共和国合同法》的目的是保护合同当事人的合法权益,维护社会经济秩序,促进社会主义现代化建设。该法含总则8章、分则15章、附则1条,共428条。其中分则中的第16章是"建设工程合同",适用于规范工程项目管理,摘录如下:

第二百六十九条 建设工程合同是承包人进行工程建设,发包人支付价款的合同。建设工程合同包括工程勘察、设计、施工合同。

第二百七十条 建设工程合同应当采用书面形式。

第二百七十一条 建设工程的招标投标活动,应当依照有关法律的规定公开、公平、公正进行。

第二百七十二条 发包人可以与总承包人订立建设工程合同,也可以分别与勘察人、设计人、施工人订立勘察、设计、施工承包合同。发包人不得将应当由一个承包人完成的建设工程肢解成若干部分发包给几个承包人。

总承包人或者勘察、设计、施工承包人经发包人同意,可以将自己承包的部分工作交由第三人完成。第三人就其完成的工作成果与总承包人或者勘察、设计、施工承包人向发包人承担连带责任。承包人不得将其承包的全部建设工程转包给第三人或者将其承包的全部建设工程肢解以后以分包的名义分别转包给第三人。

禁止承包人将工程分包给不具备相应资质条件的单位。禁止分包单位将其承包的工程再分包。建设工程主体结构的施工必须由承包人自行完成。

第二百七十三条 国家重大建设工程合同,应当按照国家规定的程序和国家批准的投资计划、可行性研究报告等文件订立。

第二百七十四条 勘察、设计合同的内容包括提交有关基础资料和文件(包括概预算)的期限、质量要求、费用以及其他协作条件等条款。

第二百七十五条 施工合同的内容包括工程范围、建设工期、中间交工工程的开工和竣工时间、工程质量、工程造价、技术资料交付时间、材料和设备供应责任、拨款和结算、竣工验收、质量保修范围和质量保证期、双方相互协作等条款。

第二百七十六条 建设工程实行监理的,发包人应当与监理人采用书面形式订立委托监理合同。发包人与监理人的权利和义务以及法律责任,应当依照本法委托合同以及其他有关法律、行政法规的规定。

第二百七十七条 发包人在不妨碍承包人正常作业的情况下,可以随时对作业进度、质量进行检查。

第二百七十八条 隐蔽工程在隐蔽以前,承包人应当通知发包人检查。发包人没有及时检查的,承包人可以顺延工程日期,并有权要求赔偿停工、窝工等损失。

第二百七十九条 建设工程竣工后,发包人应当根据施工图纸及说明书、国家颁发的施工验收规范和质量检验标准及时进行验收。验收合格的,发包人应当按照约定支付价款,并接收该建设工程。建设工程竣工经验收合格后,方可交付使用;未经验收或者验收不合格的,不得交付使用。

第二百八十条 勘察、设计的质量不符合要求或者未按照期限提交勘察、设计文件拖延工期,造成发包人损失的,勘察人、设计人应当继续完善勘察、设计,减收或者免收勘察、设计费并赔偿损失。

第二百八十一条 因施工人的原因致使建设工程质量不符合约定的,发包人有权要求施工人在合理期限内无偿修理或者返工、改建。经过修理或者返工、改建后,造成逾期交付的,施工人应当承担违约责任。

第二百八十二条 因承包人的原因致使建设工程在合理使用期限内造成人身和财产损害的,承包人应当承担损害赔偿责任。

第二百八十三条 发包人未按照约定的时间和要求提供原材料、设备、场地、资金、技术资料的,承包人可以顺延工程日期,并有权要求赔偿停工、窝工等损失。

第二百八十四条 因发包人的原因致使工程中途停建、缓建的,发包人应当采取措施弥补或者减少损失,赔偿承包人因此造成的停工、窝工、倒运、机械设备调迁、材料和构件积压等损失和实际费用。

第二百八十五条 因发包人变更计划,提供的资料不准确,或者未按照期限提供必需的勘察、设计工作条件而造成勘察、设计的返工、停工或者修改设计,发包人应当按照勘察人、设计人实际消耗的工作量增付费用。

第二百八十六条 发包人未按照约定支付价款的,承包人可以催告发包人在合理期限内支付价款。发包人逾期不支付的,除按照建设工程的性质不宜折价、拍卖的以外,承包人可以与发包人协议将该工程折价,也可以申请人民法院将该工程依法拍卖。建设工程的价款就该工程折价或者拍卖的价款优先受偿。

本章主要参考文献

1 纪燕萍等.21世纪项目管理教程.北京:人民邮电出版社,2002
2 成虎.工程项目管理(第二版).北京:中国建筑工业出版社,2001
3 丛培经.工程项目管理(修订版).北京:中国建筑工业出版社,2003
4 钱福培等.中国项目管理知识体系与国际项目管理专业资质认证标准.北京:机械工业出版社,2001
5 吴涛等.建设工程项目管理规范实施手册.北京:中国建筑工业出版社,2002
6 何伯洲.建设法律概论.北京:中国建筑工业出版社,2000
7 建设部政策法规司.建设法律法规(2002版).北京:中国建筑工业出版社,2002
8 何红锋.工程建设法律实务.北京:人民交通出版社,2000
9 建设部人事教育司.政策法律司.建设法规教程.北京:中国建筑工业出版社,2002
10 阎文周等.工程项目管理实务手册.北京:中国建筑工业出版社,2001

思考题

1. 什么是工程项目管理?它有哪些特点?
2. 工程项目管理的职能是什么?
3. 我国工程项目管理发展分哪几个阶段?
4. 工程项目管理组织的职能有哪些?
5. 工程项目管理组织机构的设置原则是什么?
6. 有哪些工程项目管理组织形式?各有什么优缺点?其适用范围有哪些?
7. 工程项目管理相关组织有哪些?它们在工程项目管理中的地位是什么?
8. 工程项目管理团队的类型有哪些?
9. 怎样选择工程项目经理?工程项目经理应当做哪些工作?
10. 怎样进行工程项目团队建设?
11. 工程项目交易方式都有哪些类型?
12. 工程项目管理模式有哪些类型?各有什么特点?
13. 试述建造师执业资格制度。
14. 工程项目管理有哪些过程?
15. 战略策划过程的主要工作有哪些?
16. 配合管理过程的主要工作有哪些
17. 与范围有关的过程的主要工作有哪些?

18. 与时间有关的过程的主要工作有哪些?
19. 与资源和人力资源有关的过程的主要工作有哪些?
20. 与沟通有关的过程的主要工作有哪些?
21. 与风险有关的过程的主要工作有哪些?
22. 与采购有关的过程的主要工作有哪些?
23. 试述工程项目管理知识体系。
24. 试述工程项目管理的主要方法。
25. 工程项目管理的法律法规体系是怎样构成的?
26. 建筑法和建设工程合同的主要条文有哪些?

第 5 章　工程项目策划

【内容提要】
　　本章介绍工程项目策划的意义、类型、内容和方法,包括工程项目发展策划、实施策划和运营策划等。

5.1　工程项目策划概述

5.1.1　工程项目策划的概念

　　工程项目的建设都有特定政治、经济和社会生活背景。从简单而抽象的建设意图产生,到具体复杂的工程建成,期间的各个环节各个过程的活动内容、方式及其所要求达到的预期目标,都离不开计划的指导。而计划的前提就是行动方案的策划。建设项目策划是把建设意图转换成定义明确、系统清晰、目标具体且富有策略性运作思路的高智力的系统活动。通过项目策划可以明确项目的发展纲要,构建项目的系统框架,并为项目的决策提供依据,为项目的实施提供指导,为项目的运营奠定基础。

5.1.2　工程项目策划的类型

　　工程项目策划按照策划的阶段不同,可以分成项目发展阶段的策划、项目实施阶段的策划和项目运营阶段的策划;按照策划的对象不同,可以分成新建项目的策划、改建项目的策划、迁建项目的策划、扩建项目的策划和恢复项目的策划等;按照项目策划的范围不同,可以分成项目总体方案策划和项目局部方案策划。按照策划的内容不同,还可以分为项目的构思策划、项目的融资策划、项目的组织策划、项目的目标控制策划和项目的采购策划等。

　　工程项目策划的具体内容既包括项目建设前期的发展策划,又包括项目实施阶段的组织策划、目标控制策划和采购策划,同时还涉及项目建成后的运营策划,如图 5-1 所示。

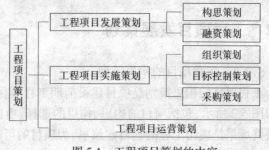

图 5-1　工程项目策划的内容

5.1.3　工程项目策划的作用

1. 明确项目发展纲要,构思项目系统框架

　　项目策划可以明确项目发展的指导思想以及项目的建设宗旨和建设方向。并在该建设指导思想的指引下构思项目的系统框架。通过项目的定位、目标系统的建立和项目的定义确定项目的系统构成和拟实现的基本功能。例如新建设一所学校,首先要明确学校未来的发展目标,学校的总体发展战略,明确学校的定位和基本的建设方针,然后在此基础上确定

项目的系统目标、系统构成和系统功能。假如项目的定位是建设一流的有国际影响的大学，则项目的系统构成应包括国际一流的图书馆、教学楼和实验室等。并在此基础上定义其应该具备的各种功能，最后形成项目建设的系统框架。

2．奠定项目决策基础，指导项目建设工作

任何项目的成功建设，都不是根据项目投资方的主观臆断而随意完成的。项目的建设离不开科学而严密的项目策划。通过项目策划可以合理地确定项目的定位、项目的目标系统、项目的基本功能，为项目的决策提供依据，为项目的建设和实施提供指导。项目的策划既包括项目发展阶段的构思策划、融资策划，也包括项目实施阶段的组织策划、目标控制策划和采购策划。在项目策划的过程中，需要将各种不同的策划相互联系起来系统的加以考虑，才能真正有效的提供项目的决策依据和指导项目的建设工作。例如项目融资方案应该与项目工期目标、项目进度控制方案紧密结合，在某个理想的工期下，项目的融资方案是经济评价可能是经济效果比较好的方案，但是如果项目的进度控制方案不能得以有效实施，或项目本身工期的确定不合理，使项目工期造成延误，则最初项目融资方案的经济评价就不能成立。并且有可能实际的评价结果与最初的预想完全背离。

3．确立项目运营模式，拟定项目经营策略

项目策划不仅通过项目的构思策划，融资方式的策划，以及项目的实施策划为项目的决策和建设服务，还有一个非常重要作用就是通过确立项目运营模式，拟定项目经营策略，为项目的顺利运营提供依据和指导。工程项目的运营期是项目生命周期内经历时间最长的时期，项目运营质量的好坏决定了项目投资方的投资收益是否能够得到回报，并能否取得预期的收益。因此项目运营策划是项目策划的重要内容。项目的运营策划并不是在项目的运营阶段才进行的，为了保证项目建成后能尽早投入运营并产生效益，项目运营的策划工作应该在项目的建设阶段就开始逐步展开，包括运营组织模式的确立，运营组织班子的组建和工程项目的移交都要在项目的建设阶段完成，这样才能为项目的顺利运营奠定良好的基础和条件。

5.2 工程项目发展策划

5.2.1 工程项目的构思策划

工程项目的构思策划是项目建设前期工程项目发展策划的主要环节。其主要内容和程序如图 5-2 所示，包括项目的构思、构思的选择、项目的定位、目标系统设计、项目的定义等，其最终成果是提出工程的项目建议书，为项目的可行性研究提供依据。

1．项目构思的提出

（1）构思的产生

工程项目的构思是工程项目建设的基本构想，是项目策划的初始步骤。项目构思产生的原因很多。不同性质的工程项目，构思产生的原因也不尽相同。例如，工业型项目的构思是可能发现了新的投资机会，而城市交通基础设施建设项目构思的产生一般是为了满足城市交通的需要。概括而言，项目构思的产生一般出于以下情况：

① 企业发展的需要　对于企业而言，任何工程项目构思基本上都是出于企业自身生存和发展的需要，为了获得更好的投资收益而形成的。例如，某酒店集团看好某个地区旅游业

的发展前景而投资建设的酒店项目,其构思的产生是出于在该地区扩大企业影响并获得投资收益;某跨国企业集团在某一地区投资建设工厂,其构思的产生可能是出于企业扩大再生产的需要;某开发公司发现某个地区有潜在的住宅消费市场而投资住宅开发项目,其构思的产生则是为了通过投资该项目获得丰厚的投资回报。企业要生存和发展,就必须通过不断地扩大再生产来减低生产成本,扩大市场占有率,从而取得更多的投资收益,这是企业投资建设项目的主要原因。

② 城市、区域和国家发展的需要 任何城市、区域和国家在发展过程中都离不开建设,建设是发展的前提。某些工程项目构思的产生是与城市的建设和发展密切相关的。例如,某城市轨道交通基础设施建设项目构思的产生是为了满足城市人们出行的需要;某些工程项目是以区域的发展为目标而兴建的,例如,某区域建设城际高速公路是为了该区域城市间交通发展的需要,该项目构思的产生则是为了促进区域的经济发展;还有一些工程项目的建设是与国民经济的发展直接相关的。这些项目构思的产生都需要与国民

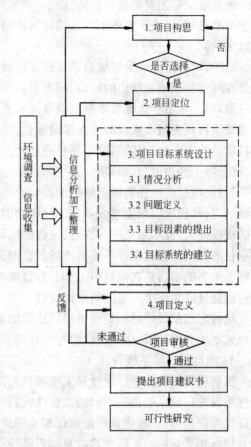

图 5-2 项目构思策划过程

经济发展计划、区域和流域发展规划,城市发展战略规划相一致。

③ 其他情况 除了上述两种情况下产生的项目构思以外,还有一些构思是处于某些特殊情况而形成的。例如出于军事的需要产生的项目构思等。

(2) 构思的选择

项目的构思过程是开放性的,自由度很大的。可以采用头脑风暴法来启发各种投资构想。在这些投资构想中,有些可能是不切实际的,有些则是不能实施的。因此,必须通过构思的选择过程来筛选已经形成的各种投资构想。

构思的选择首先要考察项目的构思是否具有现实性,即是否可以实现的,如果是建空中楼阁,尽管设想很好,也必须严格筛除;其次还要考虑项目是否符合法律法规的要求,如果项目的构思违背了法律法规的要求,则必须严格剔除;另外,项目构思的选择需要考虑项目的背景和环境条件,并结合自身的能力,来选择最佳的项目构思。项目构思选择的结果可以是某个构思,也可以是几个不同构思的组合。当项目的构思经过研究认为是可行的,合理的,在有关权力部门的认可下,便可以在此基础上进行进一步的工程项目的定义和目标设计。

2. 项目的定位

项目定位是指在项目构思的基础上,确定项目的性质、地位和影响力。

项目定位首先要明确项目的性质。例如同是建一座机场,该机场是用于民航运输还是用于军事目的,其性质显然不同。其性质不同将决定今后项目的建设目标和建设内容也会有所区别。

其次,项目定位要确定项目的地位。项目的地位可以是项目在企业发展中的地位,也可以是在城市和区域发展中的地位,或者是在国家发展中的地位。项目地位的确定应该与企业发展规划、城市和区域发展规划以及国家发展的规划紧密结合。例如某城市交通基础设施建设项目列为城市发展的重点建设项目,是城市发展战略实施的重要内容。据此明确了项目建设的重要性,也就明确了项目的地位。在确定项目的地位时,应注意分别从政治、经济、社会等不同角度加以分析。某些项目虽然经济地位不高,但可能有着深远的政治意义。

另外,项目定位还要确定项目的影响力。例如某酒店项目要建设成为亚洲最豪华的五星级酒店,某机场项目要建成具有国际影响的世界一流的国际机场,某影城要建设成为亚太地区规模最大、技术最先进,设施最完备的国际影城等。对于某些房地产开发项目而言,确定项目的影响力也就明确了项目市场的影响范围,即明确了市场定位。如某住宅开发项目明确了未来的市场是在该城市工作的外籍成功人士,从而明确了项目未来建设的目标和内容应围绕着满足此类人群的需求而设计。

项目定位的最终目的是明确项目建设的基本方针,确定项目建设的宗旨和方向。项目构思策划的关键环节,也是项目目标设计的前提条件。

3. 项目的目标系统设计

工程项目的目标系统设计是工程项目前期策划的重要内容,也是工程项目实施的依据。工程项目的目标系统由一系列的工程建设目标构成。按照性质不同,这些目标可以分为工程建设投资目标、工程建设质量目标和工程建设进度目标;按照层次不同,这些目标可以分为总目标和子目标。工程项目的目标系统设计需按照不同的性质和不同的层次定义系统的各级控制目标。因此,工程项目的目标系统设计是一项复杂的系统工程。具体步骤包括情况分析、问题定义、目标要素的提出和目标系统的建立等。

(1) 情况分析

工程项目的情况分析是工程项目目标系统设计的基础。工程项目的情况分析是指以项目构思为依据对工程项目系统内部条件和外部环境进行调查并作出综合分析与评价。它是对工程项目构思的进一步确认,并可以为项目目标因素的提出奠定基础。工程项目的情况分析需要进行大量的调查工作。在工程背景资料充分的前提下,需要做好以下两方面的工作:

① 工程项目的内部条件分析 工程项目的内部条件分析涉及项目的业主情况分析,如果是合资和合作兴建的项目,还要对项目的合资者、合作者进行情况分析。业主情况分析包括业主本身已经具备的条件分析以及未来发展的预测。项目业主的性质不同,则业主情况分析的内容也有所不同。例如为了企业发展而投资兴建的项目需要对企业的经营现状和发展战略进行分析;而为了城市发展而兴建的城市公用事业项目则要对城市的现状和未来的发展进行分析。

② 工程项目的外部环境分析 工程项目的外部环境分析包括工程项目的自然环境分析、市场环境分析、社会环境分析、经济环境分析、技术环境分析、文化环境分析、法律法规和政策环境等方面的分析。自然环境分析包括工程项目所在地的地质情况、资源储备、气候条

件等方面的分析;市场环境分析包括市场现状的分析和未来发展的预测;社会环境分析包括工程项目所在地社会稳定程度和社会治安的良好程度的分析等;经济环境分析包括工程所在地的经济发展水平、利率和汇率的情况分析等;技术环境分析主要包括工程所在地科研环境、技术人员的素质和数量等的分析;文化环境包括项目所在地的文化氛围、文化背景情况等;法律法规和政策环境分析则包括工程所在地与项目建设相关的法律、法规和政策等的调查和分析。

外部环境分析应力求全面。同时,不同性质的项目也要有不同的侧重点。例如,工业发展项目对工程当地的资源储备情况、气候条件等自然环境要进行重点分析,而房地产开发项目要求对当地的市场需求情况进行重点而深入的调查和分析。情况分析应当尽量以数据为依据,并且将定性和定量分析方法相结合,具体可以采用调查表法、价值分析法、回归分析法和专家咨询法等加以实现。

(2) 问题定义

经过详细而缜密的情况分析,就可以进入问题定义阶段。问题定义是目标设计的依据,是目标设计的诊断阶段,其结果是提供项目拟解决问题的原因、背景和界限。问题定义的过程同时也是问题识别和分析的过程,工程项目拟解决的问题可能是几个问题组成,而每个问题可能又是由几个子问题组成。针对不同层次的问题,可以采用因果关系分析来发现问题的原因。另外,有些问题会随着时间的推移而减弱,而有些问题则会随着时间的发展而日趋严重,问题定义的关键就是要发现问题的本质并能准确预测出问题的动态变化趋势,从而制定有效的策略和目标来达到解决问题的目的。

(3) 目标因素的提出

问题定义完成后,在建立目标系统前还需要确定目标因素。目标因素应该以工程项目的定位为指导、以问题定义为基础加以确定。工程项目的目标因素有三类:第一类是根据反映工程项目解决问题程度的目标因素,例如工程项目的建成能解决多少人的居住问题,或工程项目的建成能解决多大的交通流量等;第二类是工程项目本身的目标因素,如工程项目的建设规模、投资收益率和项目的时间目标等;第三类是与工程项目相关的其他目标因素,如工程项目对自然和生态环境的影响、工程项目增加的就业人数等。

在目标因素的确定过程中,要注意以下问题:
① 要建立在情况分析和问题定义的基础上;
② 要反映客观实际,不能过于保守,也不能过于夸大;
③ 目标因素需要一定的弹性;
④ 目标因素是动态变化的,具备一定的时效性。

目标因素的确立可以根据实际情况,有针对性地采用头脑风暴法、相似情况比较法、指标计算法、费用/效益分析和价值工程法等加以实现。

(4) 目标系统的建立

在目标因素确立后,经过进一步的结构化,即可形成目标系统。工程项目的建设目标不是惟一的,工程项目的建设过程是工程项目系统多目标优化的过程。工程项目的各种目标构成了项目的目标系统,具体地说,目标系统是由工程项目的各级目标按照一定的从属关系和关联关系而构成的目标体系。工程项目目标系统的建立是工程项目实施的前提,也是项目管理的依据。如图5-3所示,目标系统是由不同层次的目标构成的体系,可以根据项目的

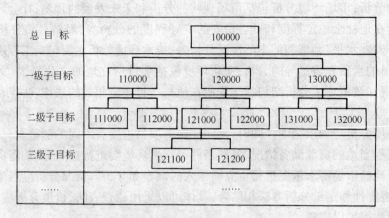

图 5-3 工程项目目标系统分解结构

实际情况将目标分成若干级,目标体系结构是工程项目的工作任务分解结构的基础。

工程项目的目标可以分成不同的种类,按照控制内容的不同,可以分为投资目标、工期目标和质量目标等。投资、进度和质量目标被认为是工程项目实施阶段三大目标;按照重要性不同可以分为强制性目标和期望性目标等,强制性目标一般是指法律、法规和规范标准规定的工程项目必须满足的目标。例如,工程项目的质量目标必须符合工程相关的质量验收标准的要求等。期望性目标则是指应尽可能满足的可以进行优化的目标;按照目标的影响范围分,可以分成项目系统内部目标和项目系统外部目标;系统内部目标是直接与项目本身相关的目标,如工程的建设规模等,系统外部目标则是控制项目对外部环境影响而制定的目标,如工程项目的污染物排放控制目标等。按照目标实现的时间分可以分成长期目标和短期目标,按照层次的不同,可以分为总目标、子目标和操作性目标等。

在工程项目目标系统建立过程中,应注意以下问题:

① 理清目标层次结构 目标系统的设计应首先理清目标系统的层次结构。工程项目的目标可以分为三个层次。即系统总目标、子目标和操作性目标。项目的总目标是项目概念性的目标,也是项目总控的依据。项目的总目标可以分解成若干个子目标,它是根据项目某一方面子系统的特点来制定相应的目标要求。将子目标进一步分解可以得到操作性目标,操作性目标是贯穿项目总目标和其上一级子目标的意图而制定的指导具体操作的目标。工程项目目标系统的各级目标是逐层扩展并逐级细化的。

② 分清目标主次关系 在目标系统中各目标的制定过程中,要将主要目标和次要目标区分开来,其目的是在今后的目标控制过程中有所侧重,便于抓住关键问题。同时,还要注意将强制性目标与期望性目标区分开来。尤其在目标之间存在冲突时,应首先满足强制性目标,必要时候可以放弃并重新制定期望性目标。

③ 重视目标系统优化 目标系统的设计过程中,各目标之间往往既有对立关系,又有统一关系。例如要保证较高的质量目标,可能会引起投资的增加,在制定投资目标时就不一定和期望值相一致。质量目标和投资目标之间存在着一定的对立性,另一方面,如果质量出现问题,也会影响投资。质量目标和投资目标之间又有统一性。因此,在项目目标系统的设计过程中,应根据项目具体的实际情况和约束条件,正确认识项目各目标之间的关系,使项目各个目标组成的目标系统达到最优。

④ 协调内外目标关系 项目的目标既有项目内部目标,又有与项目相关的外部目标。一般情况下,项目的内部目标与项目的外部目标是相辅相成的,有时实现项目内部目标的同时也相应促进了项目外部目标的实现。例如,某个住宅开发项目本身的绿地建设是项目的内部目标,而通过该项目改善周围环境和美化城市景观是项目的外部目标,很显然这种情况下,项目的内部目标和项目的外部目标是一致的。但是有些时候项目的内部目标和外部目标之间会存在一定的冲突。例如,控制项目的施工噪声对周围居民的影响是项目的外部目标,而项目工期、成本是项目的内部目标。这种情况下为了满足外部目标的要求而采取一些噪声控制和处理措施,可能会影响项目的工期和成本目标。在外部目标与内部目标有冲突时,要正确处理和协调好项目的内部目标和外部目标间的关系,争取使项目的内外各方都能满意。

4. 工程项目的定义

(1) 工程项目范围的界定

项目建设的目的是为了解决存在的问题,实现既定的目标。而无论对某企业而言,或是对某城市、地区和国家而言,只建设一个项目是不能解决所有问题的。每个项目都只能针对性地解决某一方面的问题。因此,工程项目应根据拟解决的问题来确定项目的范围。项目范围界定包括项目范围的上界和下界的确定。上界为项目的最大需求范围,即包括所有问题定义的所有目标因素的集合,下界则为项目的最低需求范围,即由目标因素构成的必须强制性解决问题的集合。上界和下界之间即为工程寻求最优范围的区域。在确定项目的最优范围时,应从拟解决的问题出发,根据项目的实际情况,采用多目标优化的方法加以实现。

(2) 工程项目定义的描述

工程项目定义是指以工程项目的目标体系为依据,在项目的界定范围内以书面的形式对项目的性质、用途和建设内容进行的描述。项目定义应包括以下内容:

① 项目的名称、范围和构成定界;
② 拟解决的问题以及解决问题的意义;
③ 项目的目标系统说明;
④ 项目的边界条件分析;
⑤ 关于项目环境和对项目有重大影响的因素的描述;
⑥ 关于解决问题的方案和实施过程的建议;
⑦ 关于项目总投资、运营费用的说明等。

可以看出,项目定义是对项目构思和目标系统设计工作的总结和深化,也是项目建议书的前导。它是项目前期策划的重要环节,为了保证项目定义的科学性和客观性,必须要对其进行审核和确认。

(3) 工程项目定义的审核

经过定义的项目必须经过审核才能被最终确定。一般项目定义的审查应包括以下内容:第一,项目范围与拟解决问题的一致性;第二,项目目标系统的合理性;第三,项目环境和各种影响因素分析的客观性;第四解决问题方案和实施过程建议的可操作性等。项目定义审核可以作为提出项目建议书的依据,当项目审核过程中发现不符合要求的项目定义时,要重新进行项目的定义,项目定义完成后再进行审核,经过反复确认后,才能据此提出项目建议书。然后通过可行性研究对项目进行决策。

5.2.2 工程项目的融资策划

1．概述

(1) 项目融资的概念

按照 FASG《美国财会标准手册》的定义,项目融资是指需要大规模资金的项目而采取的金融活动。借款人原则上将项目本身拥有的资金及其收益作为还款资金来源,而且将其项目资产作为抵押条件来处理。该项目事业主体的一般性信用能力通常不被作为重要因素来考虑。这是因为其项目主体是不具备其他资产的企业,或者对项目主体的所有者不能直接追究责任。按照 P.K.Nevit 所著的《Project Financing》第五版中的定义,项目融资是指在向一个具体的经济实体提供贷款时,贷款方首先查看该经济实体的现金流和收益,将其视为偿还债务的资金来源,并将该经济实体的资产视为这笔贷款的担保物,若贷款方对这两点感到满意,则同意予以贷款。

(2) 项目融资的特点

① 建立在相关主体责任和利益关系的基础上。项目融资至少要有项目的发起方、项目公司和贷款方的共同参与。具体地说,就是由项目的发起方组建项目公司,该项目公司为独立法人,项目发起方为项目公司的股东。项目公司以本身的资产和未来的现金流作为贷款偿还保证来获得贷款方的贷款。

② 建立在融资风险合理分担的基础上。由于工程项目生命周期长,影响因素多。因此,项目融资的风险是比较大的。对于贷款而言,除非完全看好该项目的前景,否则是不会轻易发放贷款的。并且出于本身安全的需要,贷款方往往会对项目的谈判、建设和运营进行全过程的监控。同时,为了合理的分担项目的风险,项目融资将以贷款和担保的合同文件作为各方行为的依据。

③ 建立在融资成本和效益综合评价的基础上。由于项目融资风险较大,贷款利率一般比较高,对于项目公司而言,会增加项目的成本,所以项目融资多适用于项目建设需要的资金量较大,资金面相对短缺的项目。如基础设施建设项目、资源开发项目等。

(3) 项目融资的意义

无论企业的发展,还是城市、区域和国家的发展,都离不开项目的建设,而工程项目建设最需要的是资金。如果完全凭借自有资金来完成项目的建设,则能够建设的项目是十分有限的。这肯定会制约企业、城市、区域乃至国家的发展。设想一个地区有丰富的矿产资源,相对低廉的劳动力成本,如果建设某个工业项目肯定会获得较好的投资收益,并且可以解决当地的就业问题。但是如果该地区没有资金来完成项目的建设,则劳动力和矿产资源的优势就得不到发挥。项目融资将直接解决项目建设过程中资金紧缺的问题,因此是非常有必要的。而项目融资策划可以使项目获得最佳的项目融资方案。

2．项目的融资方案策划

项目融资策划是包括明确项目融资渠道、选择项目还款方式、分析项目融资风险和确定项目融资方案四部分内容。

(1) 明确项目融资渠道

在进行项目融资策划时候,首先要考虑根据自身的情况和项目的环境,对项目资金可能的筹措渠道加以分析。通常情况下项目资金的筹措渠道有以下几种:

① 权益成本　项目的权益成本是指投资主体投入项目的资本,在我国称为项目的资本

金,即项目实体在管理部门登记注册的资金。项目的资本金的主要来源于几个方面。一是国家财政拨款。资本金来源于国家拨款的项目一般是与国防、教育、文化、科学和卫生等相关的项目;二是企业利润留存,一般企业发起投资的项目都是从企业自身的生存和发展考虑,在所拥有的税后利润中提取公积金和未分配利润投资于有前景的项目,作为项目的资本金;三是通过发行股票,在社会上筹集资金,作为项目的资本金;四是利用外国资本的直接投资。

② 国内银行贷款 国内银行贷款一般分为短、中和长期贷款。通常情况下,一年以内偿还的为短期贷款,1~5年为中期贷款而偿还期在5年以上的为长期贷款。短期贷款一般是用于解决流动资金短缺的问题,作为临时周转资金而使用的,而适用于工程建设项目的,尤其是大中型建设项目的贷款一般是中长期贷款。

③ 国外贷款 国外贷款有几种,一是外国政府贷款,或称政府信贷,是指外国政府向我国政府提供的长期优惠贷款。这种贷款一般偿还期较长,而且利率较低,其性质是政府间的开发援助;二是国际金融组织的贷款,有国际货币基金组织贷款、世界银行贷款和亚洲开发银行的贷款等,这些贷款一般都有较长的还款期和较为优惠的利率,但是其针对的项目一般以农业、林业、水利、环境保护、能源和基础设施建设项目为主;三是国际商业贷款,是指我国在国际金融市场上以借款方式筹集的资金。这种贷款程序简单,操作灵活,但是与前两种贷款相比,贷款利率相对较高。

④ 发行债券 债券是债务人为筹集资金而发行的,承诺按期向债权人支付利息和偿还本金的一种有价证券。通过发行债券进行融资是项目获得中长期建设资金的有效渠道之一。债券可以分为有担保债券和无担保债券两种。有担保债券是指有指定财产作为担保的债券,而无担保债券则是无财产担保,而以信用为基础来发行的债券,因此又称为信用债券,一般情况下,只有信誉好的企业才能发行此类债券。

⑤ 其他渠道 不属于前四种方式的其他资金筹资渠道。如以租赁方式筹集资金,即当项目需要设备时不是通过自行购买而是以付租金的方式向租赁公司租借设备,租金可根据设备价格、租赁公司购买设备的借款利息和预期的投资收益而确定。这种方式可以有效解决项目资金紧缺的问题。还有一些情况,如一些实力雄厚的项目材料、设备供应单位、施工总包单位在参与项目建设的过程中,将其自有资金或者项目的酬金投入项目从而成为项目的股东,这也是项目资金筹措的一种方式。

上述的各种融资渠道由于性质不同,各自具有不同的特点,因此其适用范围也不尽相同,在制定项目融资方案时,可根据项目的具体情况有针对性的选用其中的一种融资渠道或者选用几种融资渠道的组合,以获得最有利于项目建设和运营的融资方案。

(2) 选择项目还款方式

在融资渠道既定的情况下,可以根据自身的情况,灵活地拟定融资的偿还方式。项目融资的偿还方式主要有两种:

① 以项目产品的销售收入产生的净现金流来偿还贷款。这是大多数工业性项目所采取的偿还融资款的方法。即以工业品的销售收入所得来偿还债务。也是大部分情况下所采取的偿债方式。

② 直接以项目的产品来偿还贷款,即通过产品支付或远期购买的方式将项目产出品的部分所有权转让给贷款人。产品支付一般在矿产资源开发项目中较为常见。这种方式下,

项目借款方在项目投产后不以项目产品的销售收入偿还债务,而是直接以项目产品来还本付息。这种方式一般具有三个特点:一是项目产品是用于支付各种经营成本支出和偿债的惟一来源;二是贷款的偿还期小于项目的经济寿命周期;三是项目经营开支的资金不由贷款人提供。远期购买是在产品支付的基础上发展起来的一种更为灵活的项目融资偿还方式。贷款方可以成立一个专门公司,该公司不仅可以购买事先商定好的一定数量的远期产品,也可以直接购买这些产品未来的销售收入。

除了上述两种还款方式外,还可以根据融资渠道的不同采取相应的还款方式。当然,某些情况下在融资渠道确定的同时还款方式也基本确定了。例如融资租赁方式下的项目融资基本上是以租金的方式偿还租赁公司的。

(3) 分析项目融资风险

项目融资会面临各种各样的风险,项目的融资风险分析是项目融资策划的关键环节,也是制定项目融资方案的依据。项目融资的风险有系统风险和非系统风险两类。

项目融资的系统风险是指与项目所处的环境相关,超出了项目自身范围的风险。它包括三种风险:一是政治风险,是指由于战争、政权更迭和政策变化而导致的项目资产和利益受到损害的风险;二是法律风险,是指项目所在国法律的变化给项目带来的风险。项目的建设和运营必须遵循项目所在国的法律和法规,如果项目所在国的法律和法规发生了变动,可能会打乱项目原定的建设和运营计划,从而给项目带来损失;三是经济风险,经济风险包括项目投产后产品的销售所面临的市场风险、项目所在地货币汇率的变化而使项目面临的汇率风险和利率变化而使项目面临的利率风险等。

项目融资的非系统风险是指由项目实体自行控制和管理的风险。非系统风险可以分为三类:一是项目的完工风险。由于工程项目建设周期长,影响因素多,在工程项目建设过程中,由于种种原因往往会造成项目无法完工、延期完工或者完工后无法达到预期效果,这类风险被称为完工风险。很明显,项目越复杂其完工风险越大;二是经营和维护风险,项目的经营和维护风险是指项目在经营和维护过程中面临的风险。如运营过程中原材料因短缺而涨价,由于使用或维护不当使设备运转出现问题;三是项目的环保风险。项目的建设和运营不可避免地会给周围的环境带来影响。对于项目来说,为了尽量避免给环境带来较大的影响,而必须采取措施加以防护,往往会带来项目成本的增加。同时,如果由于建设和运营的失误而给环境带来了影响,则项目必须承担罚款以及额外地增加处理损失的费用。这些都是项目面临的环保风险。

项目融资过程中,必须正确认识项目所面临的风险,并对各种风险进行量化分析,然后根据项目所面临风险的性质和大小来制定具体的项目融资方案。

(4) 拟定项目融资方案

明确了项目的融资渠道,选择了项目的还款方式,在风险分析的基础上,就可以制定项目的融资方案。融资方案的制定是项目融资谈判的前提,也是项目融资合同签定的依据。在制定项目的融资方案时,应注意几个问题:

① 努力拓宽融资渠道。项目的融资渠道很多,项目在融资过程中,不要过分拘泥于某种融资方式,而忽略了另外一些融资渠道,只有努力拓宽融资渠道,才能在众多的渠道中发觉出最适合项目本身的融资方式。

② 选取合适的还款方式。不同的项目可以选择的还款方式是不一样的。是选择以产

品的销售收入来还款,还是直接通过产品支付来还款,或者采用其他的方式来还款,都应该根据项目本身的特点和融资参与各方的要求加以确定。

③ 合理分担融资风险。在项目的建设和运营过程中,不可避免地面临着各种各样的风险。项目融资的参与各方都希望自己能更少地承担风险,而将风险转移给对方。因此,在拟定项目融资方案过程中一方面要尽量降低本方所承担的风险,另一方面也要根据项目的情况使参与各方能够合理地分担风险,并且最终根据风险的分担程度而获得相应的利益和回报。这样情况下制定的融资方案才比较能为各方接受。

④ 进行多方案比较。融资方案制定过程中必须进行多方案比较。也就是说,在制定融资方案时,要首先拟定几个不同的融资方案,然后通过对融资方案进行评价和对比,从中选择出最适合项目本身的融资方案。

5.3 工程项目实施策划

工程项目的实施过程是工程项目的价值和使用价值形成的过程。工程项目的顺利实施是项目建设的目标得以实现,项目能够投入正常运营的保证。项目实施策划主要包括项目的组织策划、项目的目标控制策划和项目的采购策划三部分内容。

5.3.1 工程项目的组织策划

1. 概述

(1) 项目组织的概念

所谓项目组织,有两层含义。一层意思是指为了使项目达到既定的目标,确立全体参加者分工、协作、相互地位、责任和权利,从而形成组织架构、规章制度及其运行机制;另一层意思则是指对项目的实施方式以及实施过程工作任务和流程的组织。

(2) 项目组织的特点

① 项目的目标是项目组织的前提。项目的组织是为实现项目的目标而服务的,因此项目组织的设立必须以项目的目标为依据。根据既定的目标进行项目的组织设计。

② 项目组织含有分工和协作。项目的组织必须建立在构成要素间分工和协作的基础上。通过合理的分工和协作,使组织的效用发挥到最大程度。否则,组织就失去了存在的意义。

③ 项目组织应含有不同层次的权力。为了保证组织工作的顺利开展,组织内部必须要设置不同层次的权力。组织内部从决策层到执行层,所具有的权力是不一样的,对应于不同的权力,组织内部所承担的责任也有所不同。

④ 项目组织具有动态性。工程项目在建设过程中在不同的阶段有着不同的工作重点,对应于不同的工作重点,项目的组织也要做出相应的调整。其目的是通过组织的动态调整来保证项目不同阶段任务的顺利完成。

(3) 项目组织策划的内容

项目组织策划包括项目管理机构的组织策划和工程项目实施方式和策划。项目管理机构组织形式策划的目的是确定项目管理机构的组织形式,而工程项目实施方式策划的目的则是确定工程项目实施的组织管理模式。项目管理机构组织形式是指工程项目的业主根据工程项目的特点,为了完成既定的工程项目建设目标而采用的管理组织机构。工程项目实施的组织管理模式是指工程项目在实施过程中工程项目参与各方间的组织关系。

2．项目管理机构组织形式策划

(1) 项目管理机构的组织形式及其特点

工程项目管理组织形式主要有以下几种：

① 直线制项目管理组织形式　直线制是项目组织机构常用的一种组织形式，直线制项目管理组织形式如图5-4所示：

直线制项目管理组织形式中各级部门主管人员对所属部门的问题负责，项目管理机构中不设职能部门，下级只接受上级的直接领导，其优点是命令源惟一，避免了多头领导，但是由于没有设置职能部门，对工程项目总负责人/总指挥的要求比较高。这种组织形式一般适用于可以划分为若干相对独立的大、中型建设工程项目。

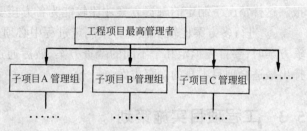

图5-4　直线制项目管理组织形式

② 职能式项目管理组织形式　职能制项目管理组织形式是在项目管理机构内设立职能部门，各职能部门负责一定的工程项目管理任务并且具有相应的权力，在其本职能范围内有权直接向下级发出指令。职能制项目管理组织形式如图5-5所示：

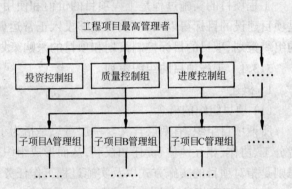

图5-5　职能制项目管理组织形式

这种组织形式由于实行了项目管理的职能分工，可以减轻项目总负责人的负担，有利于提高工作效率。但是对于下级来说，由于命令源不惟一，因此较容易形成多头领导。这种组织模式一般适用于大、中型建设工程。

③ 直线职能制项目管理组织形式　直线职能制的项目管理组织形式是将直线制项目管理组织形式与职能制项目管理组织形式结合起来的一种组织形式。如图5-6所示：

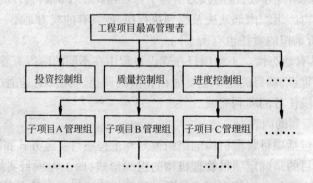

图5-6　直线职能制的项目管理组织形式

直线职能制的项目管理组织形式一方面具有直线制组织统一指挥,避免重复领导情况出现的优点,又具有职能制组织利用职能部门提高工作效率的优点。但是直线职能制组织模式却存在着信息传递路线长和信息传递速度慢的缺点。

④ 矩阵制项目管理组织形式 矩阵制的项目管理组织形式是采用矩阵的形式来设置项目管理的组织机构。如图5-7所示:

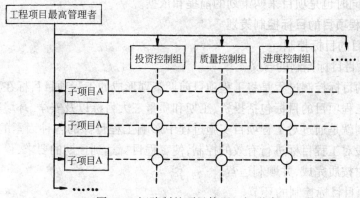

图5-7 矩阵制的项目管理组织形式

矩阵制项目管理组织形式的优点是加强了各职能部门之间的横向联系,组织方式灵活,具有较大的机动性和适应性,有利于内部资源的优化配置。其缺点是协调工作量比较大,容易出现矛盾和扯皮现象。

(2) 项目管理机构的组织策划

项目管理机构的组织策划的内容和程序如下:

① 确定工作任务。项目管理机构的组织策划首先要确定组织的工作任务。而组织工作任务的确定要以项目的目标为依据。即根据项目目标策划所建立的目标体系来制定工程项目需要完成的任务。

② 选择合适的项目管理组织形式。直线制、职能制、直线职能制和矩阵制的组织形式各具特点,在项目管理机构组织策划过程中,要注意不能机械地照搬某种形式,而应根据项目的特点来选择相适合的组织形式。

③ 确立组织结构、划分工作部门。在组织形式确定的情况下,应根据项目的特点和需要完成的任务,首先确定组织的层次结构,一般组织结构可以分成三层,即决策层,中间控制层和作业层。在层次结构的基础上,对每一层次设定相应的工作部门,来负责不同层次上工作任务的完成。

④ 确定岗位职责、落实工作人员。确定了工作部门的工作任务,下一步就是要确定每个部门的工作岗位,岗位的设置应该以完成部门的任务为目标,遵循责权一致的原则来进行。对每一个岗位都要制定相应的职责和工作内容。在岗位确定好之后,就可以根据岗位的要求落实工作人员。

⑤ 制定工作制度和工作流程。组织策划的最后一步就是在已经建立好的组织机构中确立工作的基本制度,并规范各部门工作流程的组织。工程项目的工作流程的组织是在工程项目管理班子组织确立的情况下制定的,目的是通过一整套完整而标准的工作流程来使项目管理工作有条不紊地进行,从而确保工程项目目标的最终实现。

3. 工程项目实施方式的策划

项目实施方式策划的主要工作是选择项目的实施方式。根据工程项目承发包形式的不同选择工程项目的实施方式,即第 4 章中所述的工程项目管理模式。

项目的实施方式一方面要根据项目的特点加以选择。另一方面根据业主的实际情况加以选用。在项目组织策划过程中,必须重视项目实施方式的策划,因为它不仅是项目组织策划的重要内容,同时也是项目采购策划的前提和依据。

5.3.2 工程项目的目标控制策划

1. 工程项目的目标控制

（1）工程项目目标控制的含义

工程项目的目标控制过程是将工程项目前期策划形成的工程项目目标在实施阶段加以实现的过程。工程项目的目标包括投资、工期和质量三大目标以及安全、环境等目标。工程项目的目标控制就是通过对工程项目实施过程中影响工程目标的各种因素的分析,采取科学的方法和手段对工程目标进行有效的控制,使工程目标达到预期的要求,保证项目在预定的投资下的按时按质完成,并顺利运营。

（2）工程项目目标控制的环节

工程项目实施阶段的目标控制过程如图 5-8 所示,主要的环节包括投入、转换、反馈对比和纠偏等四个环节。具体内容如下：

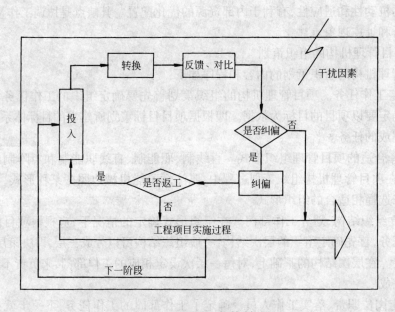

图 5-8 工程项目目标控制过程

① 投入的控制　投入是工程项目目标控制的第一个环节。它是指工程项目的实施过程的基本要素。包括人员、建筑材料设备、施工机械和资金等。作为目标控制系统的输入部分,投入将直接决定项目目标的最终结果。因此,必须对投入重点控制,使项目的目标控制系统获得保质保量的投入,才能使项目的目标达到预定要求。

② 转换过程的控制　转换过程是指输入转变为输出的过程,即在项目生产过程中,通过劳动将生产原料转换为建筑产品的过程。如混凝土拌制过程,是通过劳动将砂、石、水泥

和水等原材料转换成所需强度的混凝土。转换过程的控制是目标控制的关键环节。转换过程控制包括转换方法和转换环境的控制。

③ 反馈与对比 完成了转换过程,需要将转换的结果及时地反馈到目标控制部门,并通过实际结果与目标计划的对比,来确定今后目标控制需采取的措施。对比的过程是衡量目标的计划值与实际值偏离程度的过程。在衡量目标偏离的过程中,必须首先制定衡量偏离的标准,当目标偏离的程度符合允许偏离的标准时,则生产处于正常状态,而当目标偏离的程度超过偏离的标准时,则需要进入下一环节,即采取纠偏措施。

④ 分析偏差产生的原因,采取有效的纠偏措施。在对比阶段发现目标产生偏离时,首先要分析产生偏离的原因,然后再采取相应的纠偏措施。在采取纠偏措施时,应根据偏离程度的不同而采取不同的纠偏方案。在轻度偏离的情况下,可以采取直接纠偏的方式适时地控制项目的投入和改进生产过程,而不用调整项目原定的计划;而在偏离程度比较大时,则必须调整项目的目标计划。另外,对于目标偏离度很大的情况,必须采取返工措施。

2. 工程项目目标控制策划

(1) 工程项目目标控制策划的分类

工程项目目标控制的策划按照目标控制的内容不同,可以分为投资目标控制策划、质量目标控制策划、进度目标控制策划和其他目标控制策划;按照目标控制阶段的不同可以分为设计目标控制策划、施工目标控制策划等;按照目标控制主体的不同,可以分为业主方的目标控制策划,设计方的目标控制策划,施工方的目标控制策划等。按照目标控制的层次不同,又可以分为总体目标控制策划和子目标控制策划等。

(2) 工程项目目标控制策划的内容

工程项目目标控制的策划是项目实施策划的重要组成部分,其目的是通过制定科学的目标控制计划和实施有效的目标控制策略使项目的预定目标得以实现。工程项目目标控制的策划包括以下内容:

① 分析目标控制的过程。目标的控制过程是和所控制的目标息息相关的。工程项目建设前期建立的工程项目的目标体系是工程项目目标控制的前提,也是拟定和分析目标控制过程的依据。从目标控制环节来看,目标的控制过程包括投入的控制,转换过程的控制、输出结果的分析对比和纠偏控制。在目标控制策划阶段,首先要对目标控制的过程进行分析和确认。不同的工程目标,其目标控制的过程是不一样的。例如主体结构施工目标的控制过程与基础工程施工目标的控制过程是有很大差别的。不同的目标,其控制过程中的侧重点也是不同的,总体目标的控制,其侧重点在于系统过程输出的控制,而细化的子目标,其控制的重点则在于系统过程的输入的控制和转换过程的控制。在项目目标控制策划中,首先要针对不同的目标,对实现该目标的输入、转换和输出过程进行深入的分析,充分了解情况后,才能制定目标控制的方案。

② 调查目标控制的环境。目标控制策划的另一项重要工作就是对目标控制的环境进行深入地调查和分析。工程项目目标控制环境的调查是对工程项目建设前期环境调查和分析工作的深化和拓展。在目标控制阶段的环境调查与工程项目建设前期项目构思和目标体系设计阶段的环境调查工作的内容和侧重点是不同的,工程项目建设前期的环境调查侧重于工程项目总体环境的调查,即工程项目所处政治、经济、社会和自然条件等大环境的调查。例如,当地政治局势的稳定性,社会治安的良好程度,货币汇率的稳定性等。而工程项目实

施阶段目标控制的环境调查则侧重于工程项目目标控制过程中影响工程项目目标实现的具体的小环境的调查。其调查内容更加全面和具体。例如为了保证主体工程混凝土浇注质量目标的实现,要对影响混凝土浇注质量的该项目所处地区的温度条件、降水情况等都进行详细的调查和了解,从而制定必要的质量保证措施。

③ 确立目标控制的方案。在工程项目目标控制的过程分析和环境调查完成后,就可以确定工程项目的目标控制方案。工程项目目标控制的方案,要根据目标性质不同分别制定。例如工程项目的目标控制方案应包括投资目标控制方案、进度目标控制方案、质量目标控制方案和安全、环境等其他目标控制方案等。另外,工程项目目标控制的方案还要根据工程项目目标的不同层次分别加以确定。工程项目的投资控制方案,可以分别从投资估算、设计概算、施工图预算和竣工决算等方面逐级确立控制方案;进度控制则可以根据总进度计划,阶段性控制计划和详细的进度计划三个层次分别制定控制方案,而质量控制则可以从检验批质量目标控制、分部工程质量目标控制和单位工程质量目标控制等方面来制定控制方案。

④ 制定目标控制的措施。工程项目目标控制的措施包括组织措施、经济措施、技术措施和合同措施等。组织措施是指实施项目的目标控制而在组织管理方面所采取的措施。包括组建目标控制管理机构、设置目标控制职能部门、明确目标控制任务分工、落实目标控制工作人员和制定目标控制管理制度和工作流程等。经济措施是解决项目目标控制过程中的经济问题所采取的措施,包括进行目标控制方案经济评价、保证目标控制资金供应等。技术措施是为解决项目目标控制过程中的技术问题而采取的措施,包括技术方案的制定和论证等。合同措施则是通过合同管理来实现目标控制的措施。包括合同条款的拟定、合同谈判、合同签定、合同履行等各阶段所采取的措施。

(3) 工程项目目标控制策划应遵循的原则

在工程项目的目标控制过程中,应遵循以下主要原则:

① 主动控制与被动控制相结合的原则。工程项目目标策划要遵循主动控制与被动控制相结合的原则。主动控制是在预先分析可能导致工程项目目标偏离因素的基础上采取有针对性的预防措施。主动控制虽然是一种有效的防患于未然的事前控制方法,但是对于一些目标偏离可能性很小的情况,采取主动控制并不是一种经济的选择。被动控制则是在目标偏离发生过程中或发生以后再采取纠偏处理的措施。在工程项目目标控制策划方案制定过程中,对不同性质的目标,应该有针对性地采取目标控制方案,并应该将主动控制与被动控制结合起来。

② 项目总体目标达到最优的原则。工程项目的目标体系主要包括工程项目的投资、进度和质量三大目标。要这些目标同时达到最优是不现实的。仅仅追求某一局部目标实现最优,结果可能会以牺牲其他目标为代价。例如工程进度的加快往往会造成投资的增加,并可能带来质量的隐患;投资的减少可能会导致项目质量的降低等。因此,工程项目目标策划过程中,必须根据系统科学的基本原理,采取多目标优化的方法,使工程项目的总体目标达到最优。

③ 全方位控制的原则。工程项目目标控制的策划应遵循全方位控制的原则。即对工程项目目标体系分解的所有内容进行全面的控制。既不能忽视某一方面的目标,又要注意分清目标的主次关系。在目标控制过程中有所侧重,当次要目标与主要目标出现冲突时,首先要满足主要目标的要求。局部目标和整体目标有冲突时,应尽量满足整体目标的要求。

④ 全过程控制的原则。工程项目目标控制的策划还要遵循全过程控制的原则。工程项目的目标控制过程贯穿工程项目从设计、招标到施工和竣工验收等工程项目实施的全过程。因此,工程项目目标控制方案的策划也应该以工程项目实施的全过程为对象,在制定工程项目实施全过程目标控制总体方案的同时,针对每个阶段都应制定相应的工程项目目标控制方案,并且使各阶段的目标控制方案与总体控制方案保持一致,彼此间也要具有紧密的联系。

5.3.3 工程项目的采购策划

1. 概述

(1) 工程项目采购策划的概念

工程项目的采购是指从工程项目系统外部获得货物、土建工程和服务的整个采办过程。而工程项目的采购策划是指根据项目的自身情况,通过详细的调查分析,合理制定采购策略的过程和活动。可以看出,工程项目采购策划是工程项目建设的保证,它直接关系到项目的成功与否,是工程项目实施的重要环节。因此必须在采购前进行采购方案策划,并在采购策划的基础上制定详细而周密的采购计划,从而确保工程项目的顺利建设和实施。工程项目采购的第一层面是在业主和所有承包商、供应商之间进行,业主是采购的主体;第二层面是承包商和分包商及材料设备供应商之间进行,这时所不同的仅是承包商成为采购主体。

(2) 工程项目采购策划的分类

① 按工程项目采购过程分类:工程项目的采购过程包括工程项目招标和签定合同两个基本过程。因此,按照工程项目采购过程的不同,工程项目采购策划包括工程项目的招标策划和工程项目的合同策划。工程项目招标策划是工程项目发布招标文件、开标和评标而进行的策划。合同策划是项目签定合同和履行合同过程的策划。

② 按工程项目采购内容分类:

A. 货物采购策划

货物采购策划是针对货物采购而构思和拟订采购策略的活动。货物采购是指购买项目建设所需的投入物及其与之相关的服务。这里的投入物是指建筑材料、机械和设备等。而与之相关的服务是指与建筑材料、机械和设备相关的运输、保险和维护服务等。

B. 土建工程采购策划

土建采购策划是针对工程土建工程采购而构思和拟订采购策略的活动。土建工程采购是指通过招标或其他商定的方式来选择工程承包单位,由其来完成工程项目的施工任务并承担工程竣工后保修期内的服务。

C. 咨询服务采购策划

咨询服务采购策划是针对咨询服务采购而构思和拟订采购策略的活动。咨询服务的采购是指购买为工程项目提供的咨询服务。工程项目的咨询服务包括工程投资前期准备阶段的服务,如工程可行性研究,项目前期策划等;工程设计咨询服务;工程项目管理咨询服务和工程技术援助和培训咨询服务等。根据工程项目的特点,咨询服务采购既可以采购咨询公司的服务,也可以采购某个咨询专家的服务。

在上述三种不同内容的采购中,货物和土建工程的采购属于有形采购,而咨询服务的采购则属于无形采购。项目的有形采购一般是在项目施工准备阶段和施工过程中发生的,而项目的无形采购则一般在项目的建设前期准备阶段和项目实施过程中的设计阶段进行。但是无论是有形采购还是无形采购，都需要事先进行科学的采购策划。

(3) 工程项目采购策划的指导思想

① 降低采购成本。工程项目的采购成本是工程项目建设成本的最重要组成部分。采购成本的控制是工程项目成本控制的重要环节。在制定采购策略时，必须将降低采购成本作为工程项目采购的基本指导思想出发，从降低采购成本的角度去考虑如何制定工程项目的采购策略。

工程项目的采购成本主要由货物采购成本、土建工程采购成本和咨询服务采购成本三部分组成。在工程采购过程中，应当注意尽量降低这三部分的采购成本。这里必须注意的是咨询服务成本的降低不一定会带来采购总成本的降低。例如有些工程项目业主本身缺乏管理经验，却片面追求降低咨询服务成本而采购水平低的咨询公司或不采购咨询服务，其结果往往会带来有形采购成本的增加，反而得不偿失。因此，必须以降低工程项目采购的总成本为指导原则，合理分配工程项目有形采购和无形采购的比例，才能获得更有效的采购策略。

② 保证公开、公平和公正的竞争过程。采购过程应该遵循公开、公平和公正的基本原则，给每个竞争者提供平等的竞争机会。这样不仅竞争者可以在良好的竞争环境下，充分展示其能力，而且最终的获益者是项目的业主。通过公开、公平和公正的竞争，业主通常可以以较为低廉的价格而获得较为良好的服务。另外，公开、公平和公正原则可以增加工程项目采购过程的透明度，从而有效防止腐败现象的发生。

③ 提高采购过程效率。某些大型工程项目的采购过程错综复杂，涉及到的采购项目可能大约有上千种。为了保证项目的顺利实施，必须提高采购过程效率。采购的延期是影响工程工期的重要原因之一。因此，在采购过程中一定要根据项目本身的具体情况来选取合适的采购方式从而提高效率。以国际竞争性招标采购为例，国际竞争性招标采购虽然是公认的好的采购方式，但是并不意味着项目所有的采购都采取这一方式。例如我国的土建施工单位不仅劳动力便宜而且施工能力也很强。如果在土建工程招标时也采用国际竞争性招标方式，往往除了会造成招标工作更加烦琐以外，不会得到更好的采购结果。另外，对于一些特殊的情况，还可以采用一些非招标采购方式，如国际询价采购、国内询价采购和直接采购等。这些都可以有效地提高项目的采购效率。

2. 工程项目招标策划

(1) 工程项目招标的方式

工程项目的招标可以采取多种多样的方式。常见的招标方式有国际竞争性招标、有限国际招标、国内竞争性招标等方式。

① 国际竞争性招标　国际竞争性招标的重要特点在于招标信息必须通过国际公开广告的途径予以发布，使所有合格国家的投标者享有同等的机会了解投标要求和参与投标竞争。世界银行贷款的项目绝大部分都采用了这种招标方式。它不仅可以通过公开、公平和公正的方式来避免贪污贿赂行为，而且可以使采购者获得价格优惠并符合要求的工程或货物。

② 有限国际招标　有限国际招标是一种不公开刊登广告，而直接邀请有关厂商投标的国际竞争性招标。有限国际竞争性招标一般是在采购金额较小、有能力提供所需货物、工程

和服务的供货商、承包商和咨询公司数量有限的情况下才选用。另外,对于一些由于其他特殊原因而不能完全采取国际竞争性招标采购方式的,一般也通过有限国际招标的形式完成项目采购。

③ 国内竞争性招标　国内竞争性招标是根据国内有关法律法规的规定,在国内刊登广告,并按照国内招标程序进行的采购。国内竞争性招标采购一般适用于合同金额小的货物采购和劳动密集型的土建工程采购。国内竞争性招标与国际竞争性招标相比,从招标、评标到合同谈判,在时间上可以大大缩短。

④ 其他方式　除了上述三种应用较为广泛的招标方式以外,还有一些其他的方式,例如议标等。

(2) 工程项目招标策划的内容及程序

① 组织招标小组。招标策划的第一步就是要组建一个好的招标班子,选取有经验的人员参与工程项目的招标工作。在此基础上制定工作章程,并将工程的招标任务落实到每个人,做到分清责任,各司其职。强有力的招标班子是工程项目招标采购成功的关键,但强有力的招标班子并不一定是臃肿的机构。某些工程建设指挥部配备了大量的招标人员,但是由于责任不清,分工不明,反而影响了工作效率。有些时候,也可以先做好咨询服务的采购,然后由该咨询公司负责货物和土建工程的采购,这样项目招标的工作效率可能会更高。

② 划分招标子项。工程项目的招标首先要划分招标子项,即把工程项目的组成部分分别打包进行招标。如土建工程招标可以分成土方工程、基础工程和主体工程等分别打包进行招标。在工程项目招标子项的划分过程中要注意既要避免子项间存在重复又要避免子项间有空缺现象的出现。

③ 调查市场情况。组织好招标小组,下一步就要进行市场的调查。项目采购招标前的调查主要是对供方市场的调查。如货物采购需要了解市场上供应商的情况,货物的供应量的情况和大致的供应价格。市场调查的范围可以是区域内的市场,也可以是区域外的市场;既可以是国内市场,也可以是国际市场。市场调查可以作为招标方式选择的依据。

④ 选择招标方式。工程招标的方式有国际竞争性招标、有限国际竞争性招标和国内竞争性招标和其他一些招标方式等。在确定招标方式时应根据项目的具体情况和采购内容的不同加以采用。例如,土建工程采取国内竞争性招标方式进行采购。重要的设备可以采取国际竞争性招标方式。而咨询服务的采购可以采用有限国际竞争性招标方式等。

⑤ 制定招标程序。确定了招标的方式,就可以制定相应的招标程序。不同的招标方式,不同的采购内容,其招标的程序也存在一定的差异。一般情况下工程项目的招标程序应包括发布招标文件、组织招标答疑、开标、评标和授予合同等步骤。

⑥ 拟定评标方法。评标方法和规则直接关系到评标的结果和合同的授予。因此评标方法的制定是非常重要的。一般情况下,评标首先是对商务标和技术标进行打分,然后综合考虑商务标和技术标的得分情况来评价最终授予合同的投标者。不同的工程项目,商务标和技术标在评标时所占的比重是有区别的。例如对于土建采购而言,大型的施工工艺复杂、施工难度大的工程项目技术标所占的比重要大一些,而普通的小型工程项目则更重视商务标的得分。

⑦ 核定准备工作。在招标方式、招标程序和评标办法都确定的情况下,就可以进行招标了。但是在招标前,还要落实招标的准备工作是否完备。如招标图纸已经到位,评标专家

是否落实等。

⑧ 落实招标时间。招标策划的最后一步就是落实招标时间。一个大型的工程项目可能涉及很多招标子项,每个招标子项具体的招标时间必须提早落实。将各招标子项的具体时间落实后就形成了招标工作的进度计划。招标工作的进度计划一定要同工程项目的进度计划相匹配。即根据工程项目进度计划的安排来确定相应子项的招标采购计划。另外,工程项目招标计划的制定要考虑采购的时间,如货物的运输时间等因素。

3. 工程项目合同策划

(1) 合同策划的依据

合同策划的主要依据应从以下几个方面加以考虑:

① 项目本身的性质　合同策划首先要考虑工程的建设规模、类型、特点和建设的难易程度等。同时还要考虑项目建设的目标要求,如工期、进度和质量要求等。

② 项目的环境因素　合同策划还要考虑项目的环境因素。如项目周围的政治、经济、社会和文化背景,项目所处的市场环境、自然环境和项目所面临的各种风险等。

③ 业主的情况　业主的情况是指业主本身的构成,对该项目总的发展规划以及业主管理该工程项目的能力等。

④ 供应方的情况　是指与该工程项目采购相关的工程项目货物供应商、土建承包商和咨询服务提供方的情况。包括该项目潜在供应方的实力,该行业的平均利润等。

(2) 合同策划的内容

① 合同类型选取　在工程项目采购过程中,可以根据项目的性质和规模等情况,选择合适的合同类型。工程项目合同主要有总价合同、成本加酬金合同和单价合同等类型。总价合同是指工程采购过程中由承建方以一个固定的总价来承建工程。这种合同类型下业主虽然可以将风险转移给承建商,但是承建商在承担全部风险的情况下往往会加大工程报价中的不可预见费。项目实施过程中由于材料的涨价、环境的变化而带来的成本增加的风险由承建方来承担。成本加酬金合同是指承包商用建设成本加一部分酬金作为工程项目的合同价。这种合同类型下业主要承担工程的风险。单价合同是介于总价合同和成本加酬金合同之间的合同类型,这种合同下项目业主和承包商各承担一部分风险。

合同类型应根据项目本身的特点来选取。总价合同一般适用于工程量少,工程实施过程中风险小、工程建设条件较为明确的工程;成本加酬金合同适用于工程复杂、工程建设过程不确定因素较多的工程,或者时间特别紧急,招标阶段依据不详,无法准确估计工程量的工程;相对而言,单价合同由于能使业主和承建商共同承担风险,所以采用的情况比较多。

② 合同条款的拟定　在合同策划过程中应基本确定好合同条款,特别是一些重要的合同条款。具体包括合同适用法律和法规的情况;付款方式;合同风险的分担情况;奖惩条款等。合同条款的拟定应力求符合工程项目的客观实际,既要有效保证业主的利益,又不能对承包商过于苛刻。

③ 合同界面设计　工程项目合同应该是一个完整的体系,对于大型的工程项目而言,往往会签定很多合同,这些合同不是完全孤立的,合同之间都存在一定的联系。合同界面设计就是确定每个合同的边界,并且协调好合同与合同之间的界面。从而保证合同的内容既不重复也不空缺。

(3) 合同策划应注意的问题

① 合同策划的关键是合同体系的总体策划。工程项目的所有合同组成了工程项目的合同体系。合同策划应包括对合同体系的总体策划和合同体系中每个合同的策划。合同策划应该必须做好合同体系中的每个合同之间协调工作。

② 合同策划应该与工程项目的目标策划相结合。工程项目的目标策划确定工程项目的目标,而工程项目的合同策划则是建立实现这些目标的保证。因此,合同策划按照目标策划的要求来实现。

③ 合同策划必须与工程项目的组织策划相结合。合同实施过程中可能由不同的部门负责不同的合同项目,由于合同之间的关联关系要求这些部门之间必须做好协调工作。因此,在合同策划时就应该根据合同之间的关联关系来进行相应的组织策划,以保证合同管理的顺利实施。

④ 合同策划还必须与工程项目的融资策划相结合。融资策划的结果将为工程项目的合同策划提供依据。例如根据融资策划的情况,在合同策划中就可以制定相应的合同条款里的付款方式。

5.4 工程项目运营策划

5.4.1 概述

1. 工程项目运营策划的含义

项目的运营策划是指项目建设完成后运营期内项目运营方式、运营管理组织和项目经营机制的策划。项目的运营阶段是项目生命周期内时间经历最长的阶段,也是产生投资效益的阶段。项目运营质量决定了项目投资方的根本利益,也是实现投资收益的直接保证。良好的项目运营管理不仅可以给投资方带来丰厚的回报,而且可以使项目的物业获得保值和增值。因此,项目的运营策划是项目策划的重要环节,必须予以重视。

2. 工程项目运营策划的分类

项目运营策划可以分成不同的种类,按照项目性质的不同,可以分为民用建设项目的运营策划和工业建设项目的运营策划。而民用建设项目的运营策划又可以进一步划分为办公楼项目的运营策划、商业项目的运营策划和酒店项目的运营策划等;按照时间的不同,可以分为运营前的准备策划和运营过程的策划;按照内容的不同,又可以分为运营管理的组织策划和项目的经营机制策划等。

3. 工程项目运营策划应注意的问题

(1) 项目的运营策划必须与项目的发展策划相结合

项目的运营策划必须与发展策划的指导思想相一致,从某种意义上讲,项目的运营策划是项目发展策划工作的延续,是对项目发展策划意图的贯彻和深化。

(2) 针对不同性质的项目,项目的运营策划也有所不同

工程项目的类型很多,有工业建设项目,也有民用建设项目;有基础设施建设项目,也有住宅开发项目。不同类型的项目,由于业主性质、建设目的和融资方式等方面的不同,造成项目的运营方式也有所不同。例如,住宅开发项目,项目的业主通过营销策划完成项目的销售任务,获得最初的投资回报后,项目建设的目标就已经基本实现,后期的管理可以直接委

托物业管理公司进行,而不会将物业管理作为盈利的主要渠道。但是对于工业型项目,投资方则需要通过长期对项目的维护和管理使其不断地发挥生产效益,使业主不断地获得投资回报,这种情况下项目后期的运营管理就显得非常重要。

(3) 项目的运营策划不是在项目的运营阶段才进行

项目的运营策划必须在项目的发展阶段就要开始,并且在项目的建设阶段随项目建设的进展而逐步进行深化,这样才能在工程运营时做好充分的准备,使项目得以正常运营。

(4) 项目的运营策划方案要根据实际情况灵活加以调整

工程项目运营策划方案制定以后,并不是一成不变的。由于工程项目的运营期很长,在工程项目的运营期内,项目本身的情况和周围的环境都可能发生各种变化,因此在运营过程中应该时刻根据具体情况对项目运营管理的组织,项目的经营策略进行动态的调整。

5.4.2 工程项目的运营策划

工程项目的运营策划包括建立项目运营管理组织方案、拟定人员招聘和培训计划并做好项目移交工作计划。

1. 确定工程项目运营管理的组织方案

项目的运营策划首先要建立项目运营管理的组织,即确定项目运营管理者。项目的运营管理可以直接由业主承担,也可以由业主委托其他企业承担。项目运营管理通常可以分为三种:一是自行运营管理模式,一种是委托运营管理模式,还有一种是业主加运营管理顾问的运营管理模式。

(1) 自行运营管理模式

一般情况下,对于业主比较有实力,对工程项目的运营比较熟悉并有成功经验的业主来说,可以采取自行运营管理模式。具体方式如图 5-9(a) 所示,在这种运营管理模式下,项目的运营过程中设备、设施的维护和日常的保安、绿化和清洁等工作都有业主来承担。虽然业主的工作量增加了,但是这种运营管理方式可以更好的贯彻项目业主的意图。大部分工业项目都是采取自行运营管理模式。

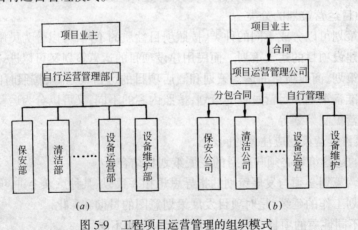

图 5-9 工程项目运营管理的组织模式

(2) 委托运营管理模式

在业主对项目的运营管理缺乏经验时,可以采取委托运营管理模式如图 5-9(b) 所示,这种情况下,项目业主可以通过招标和合同谈判,将项目运营管理完全委托给一家信誉良好的具有丰富管理经验的项目运营管理公司来承担,然后由该公司负责将运营管理任务分包给其他公司或自行承担运营管理工作。业主通过合同来约束运营管理公司的行为,保护自身的利益,而运营管理公司依据合同中的委托和授权来为业主提供服务。大部分民用建设项目例如办公楼、酒店等可以采用这种运营管理模式。

除了这两种方式外,还有一些介于它们之间的运营管理模式。例如,业主将一部分的运营管理任务由自己承担,而另一部分则委托给专业化的服务公司来承担。例如某些工业项目将设备维护等专业要求较强的部分留给自己承担,而将其他的如清洁、绿化等任务委托给专门的服务公司承担;还有一种情况,当业主自己具备一定的运营管理能力,但是却缺乏足够的经验时,可以采取业主加运营管理顾问的组织管理模式。即由业主一方面将各运营管理的任务留给自己或发包给不同的提供专业化服务的公司,同时聘请运营管理顾问协助业主做好项目的运营管理。在运营管理方案策划中,可以针对项目的特点,合理选取相应的项目运营管理模式。

2. 拟定工程项目人员招聘和培训方案

为了使项目建成后尽快地投入生产并产生预定的效益,必须在项目运营策划时拟定好项目运营管理人员的招聘和培训计划。尤其对于由业主自行运营管理的工业型项目,这一工作尤为重要。拟定的人员招聘和培训计划必须以工程项目的建设计划为依据,并与工程项目移交工作计划相结合。

3. 做好工程项目的移交工作

建立了项目运营管理组织,为了实现项目的正常运营,还必须做好项目运营前的移交计划。项目的移交包括工程项目实体的移交和工程项目档案资料的移交。

(1) 工程项目实体的移交

工程项目实体的移交包括工程项目建(构)筑物和其中所包含设备、设施的移交。工程项目实体移交过程中,必须由项目建设方向运营管理方做充分的交底工作,包括项目建设过程中遇到的一些情况,项目各种设备、设施的性能情况,今后管理中应注意的一些问题等。工程建设方做好工程项目实体的移交是实现工程项目顺利运营的关键。

(2) 工程项目档案资料的移交

在工程项目的移交工作中,除了工程项目实体的移交,还包括工程项目档案和技术资料的移交。工程档案资料的移交要建立移交清单,以防止疏漏并在今后备查。这些档案和技术资料中,即包括工程项目建设过程中一些相关资料,同时还包括各种设备的使用说明书,用户操作规程等。

5.5 建设项目策划示例——上海洋山深水港建设项目定位

建设项目策划是一项复杂的系统工程,涉及经济、社会、环境及工程技术等诸多方面的因素,必须经过大量的调查研究、分析比较、总结借鉴、构思整合和创造性的谋划过程,才能产生一种符合客观实际,最佳满足主观建设意图的策划方案。本例介绍上海从国际化大都市的发展目的出发,提出深水港建设项目的方案策划,凝聚了工程界、经济界、社会学界诸多专家的智慧。节录其中有关项目定位的部分内容,供学习理解前述的项目策划原理。

国际经济、金融、贸易中心必须有国际航运中心相匹配,国际航运中心发展的历史表明,上述几个中心是一体的、互为依存、共同发展的。国际航运中心是国际经济、金融、贸易中心的重要支撑和基础条件。而上海港没有 15m 水深的港区,已经成为制约其竞争国际航运中心的主要瓶颈,建设上海国际航运中心,核心问题是要建设一个国际集装箱深水枢纽港,科学论证的结果选择了在洋山建设深水港。洋山深水港的建设,将提高上海国际航运中心在东北亚地区港口中的竞争能力,扩大国际集装箱中转规模,促进上海国际航运中心的形成。

一、规模定位

20 世纪 90 年代以来,上海港的吞吐量以年平均 27% 的速度增长,2002 年已达到了 861 万 TEU,2003 年有望突破 1100 万 TEU,实现了连续 4 年集装箱吞吐量递增百万箱的历史性记录。预计 2010 年,我国沿海港口的集装箱吞吐量将达到 1 亿标准箱,其中长江三角洲集装箱吞吐量将达到 3600 万标准箱,占全国的 36%,在区域经济中名列第一。

洋山深水港区的总体规划:洋山深水港区主要由北港区(小洋山)和南港区(大洋山)组成。其中北港区在 2020 年前分四期实施,规划建成 30 个深水泊位,码头岸线长约 11.6km。南港区将在 2020 年以后逐步规划建设,最终形成码头岸线约 21km,泊位 50 余个,集装箱年吞吐量 2000 万 TEU 以上的港区规模。能满足上海港今后大规模发展集装箱远洋运输的需要,成为国际集装箱枢纽港区。

一期工程由港区工程、芦洋跨海大桥工程和后方配套工程三部分组成。港区工程将建设 5 个能停靠第五、六代集装箱船舶,码头总长度 1600m,年设计吞吐能力 220 万 TEU 的泊位以及相应的配套设施,港区水域面积 316.7 万 m^2,港区陆域面积 159.6 万 m^2,进港航道全长 67km,按单向航道设计,航道宽度 300m,设计水深 15.9m,自然水深大于 16m。芦洋跨海大桥工程是指芦潮港至小乌龟山全长 32.2km 的大桥(其中跨海长 28.136km),桥梁设计为双向 6 车道。三是公路、变电站、输水管线等芦潮港地区后方配套工程。一期工程预算总投资 143 亿元,计划在 2005 年底完成。

二、功能定位

现代国际航运中心是指具有航线稠密的集装箱枢纽港、深水航道、集疏运网络硬件设施和为航运业服务的金融、贸易、信息等软件功能的港口城市。依照现代国际航运中心发展标准规划的洋山深水港,将形成五方面的功能:国际集装箱深水港的功能;国际集装箱枢纽港的功能;货物集散、加工增值以及综合资源配置的功能;多式联运的功能;国际化管理运作模式的示范功能。

1. 国际集装箱深水港的功能

随着国际集装箱运输向船舶大型化、经营联盟化、运输干线化方向发展,与此相适应的港口必须具备水深 15m 以上的码头。长江口航道目前水深 8.5m,设计吃水 12.5m 的第四代船可装至 60% 的运力,而设计吃水 14.5m 的第六代船在上海只能装至 25% 的运力。洋山深水港一期建成后,上海将会有足以接纳最大型集装箱船的深水港,能够满足远洋干线船舶大型化的需求。

从自然地理特征来看,洋山港具备建设 15m 深水港区的有利条件。大、小洋山岛位于嵊泗列岛西南,距上海芦潮港约 30km,距国际航线仅 45 浬;由于它面对杭州湾,中间形成了一条被潮流冲刷达 −40m 以上的深槽,长年不淤不冻,进出港条件也十分优越,总长为 68.2km 的洋山进港航道绝大部分达到 15.8m 以上的水深,受岛屿峡道效应影响,这里潮流强劲,泥砂不易落淤,能保持 15m 以上水深,自然水深条件好,具有良好的建港条件。

2. 国际集装箱枢纽港的功能

当前国际贸易和全球航运市场份额主要集中在亚洲/北美、亚洲/欧洲、北美/欧洲三大东西向航线上,这三大航线构成了全球集装箱班轮运输网络的主骨架,也是世界各大船公司激烈竞争的主战场。上海属于三大国际骨干航线的要塞之一,是国际航线在东北亚的"咽喉之地"。在东南亚,已形成了香港和新加坡两大国际集装箱枢纽港,它们都已进入年吞吐量超过 1000 万 TEU 的世界集装箱港口的最高级别,在东北亚,港口"群雄割据",都在为争夺国际集装箱枢纽港的地位而努力。鉴于东北亚经济和集装箱运输快速增长的事实,在今后的若干年后必将角逐出一个集装箱枢纽港,而其周边的其他港口只能充当喂给港的角色。上海国际航运中心的发展目标为东北亚地区的国际集装箱枢纽港。

上海港业已初步形成了内外两个扇面辐射的集装箱运输网络的枢纽港,宁波、南京、张家港、南通等港形成近洋航线和通往上海的内支线并举的支线港,其余港口形成以内支线为主的喂给港。随着上海国际航运中心地位的确立,沿海港口原来经由境外中转的进出口货物,也会被吸引到上海国际航运中心来中转。另外上海国际航运中心的腹地范围呈 T 形状,即长江流域的全部与沿海港口中包括山东与福建的部分远洋进出口货物,经上海国际航运中心中转是合理的。

3. 货物集散、加工增值以及综合资源配置的功能

国际航运中心是一个发展的概念,随着时代的变迁,国际航运中心的功能也在从第一代向第二代,再向第三代演变。第一代航运中心的功能主要是航运中转和货物集散。第二代国际航运中心的功能是货物集散、加工增值。第三代国际航运中心除了货物集散功能外,还具有综合资源配置功能。洋山港应能满足第三代国际航运中心的功能。

在洋山港区建设的同时,一座生态型、现代型的临港新城也将于 2007 年底建成,新城作为洋山港区的后方,将改变港口以货物装配为主的传统模式,形成运输加工、商贸居住、市政服务、旅游、地方工业发展等功能的区域性集装箱分配中心,大大增加港口相关产业以及依赖港口产业的附加值,通过发达的海陆空内河疏运条件、邮电通讯、卫星通讯、全球网络实现港口的信息化管理。随着信息经济与全球经济一体化的推进,实现生产要素在全球范围内的最优组合,并把技术作为一项商品有效转移、配置。如在国际航运中心中,将海上运输及相关的理论成果转化为实用技术,将高技术含量生产工艺分拆改造成适用技术,将创新的管理技巧一般化并转移扩散等等。

4. 多式联运的功能

多式联运主要有空海联运及海铁联运等方式。洋山港距离浦东国际机场 60km,洋山港的建设将会与浦东国际机场之间形成空海联运效益,构成上海国际航运中心多式联运的重要环节。另外,浦东铁路将到达芦潮港,洋山港海上铁路的规划工作也正在进行,洋山港 50 个泊位全部建成后,将考虑海上铁路上马,届时,铁路将通过芦潮港与洋山港相连,实现海铁联运。

5. 国际化管理运作模式的示范功能

港口的国际化管理运作模式主要体现在国际化、自由化和稳定性三个方面。国际化是指在形成完整的市场体系的基础上,市场的组织、运作规范应当同国际接轨,能在体现本地本国特色的基础上从容处理国际性事物。自由化是国际航运中心共同和重要的条件,是保证航运中心追求集散效率的关键因素。它要求便利与秩序相结合,航运中心的各环节有序

并符合国际惯例本身就是提供了自由,而各环节程序的便利简易更强化了"自由"的信号。稳定性也是国际航运中心的必要标志和号召力所在,国际航运中心的稳定性包括政治经济体制的稳定、法律规范的稳定、政策的稳定以及经济运行状况的稳定。

三、坚持可持续发展的建设策略定位

大小洋山属于国家重点风景区,在工程规划设计及施工过程中将始终以"可持续发展"作为指导思想,目的是把洋山工程建设对环境的影响减小到最低程度,保持生态环境与资源的可持续发展。如洋山港起步工程原先倾向于在镌盖塘起步,后经现场勘查、多次评审,选定了先上小洋山的方案,因为这一方案还能为后续工程创造条件,建设导流堤进行促淤,能有充分时间使土地固结,增加承载力。深水港在施工方案设计时也非常注重环境保护,比如在开山放炮时是从小炮到中炮再到大炮,目的是让鱼群逐渐远离这一地区。再如原来要把小洋山山脊炸断,为了保护小洋山的环境,把原来的开山改为挖隧道。据有关机构对洋山建港工程所做的环境评价报告中指出,洋山港区和跨海大桥建成后,不会破坏周围海域的生态平衡,对附近舟山渔场的渔业资源也不会产生大的影响。

思考题

1. 工程项目策划有哪几种类型?
2. 工程项目发展策划的主要内容是什么?
3. 工程项目实施策划的主要内容是什么?
4. 工程项目策划的主要作用是什么?
5. 什么叫"项目定义"和"项目定位"?
6. 怎样进行工程项目目标系统的设计?
7. 工程项目目标系统分解结构的意义是什么?
8. 工程项目融资策划应考虑哪些问题?
9. 工程项目组织策划的特点和内容是什么?
10. 怎样进行工程项目目标控制策划?
11. 工程项目招标策划的内容和程序怎样?
12. 怎样进行工程项目合同管理策划?

第6章 工程项目评价

【内容提要】

本章首先介绍了工程项目造价的构成和资金来源,为工程项目评价提供了基础;继而对工程项目的财务评价进行了可操作性的阐述;对工程项目的国民经济评价作了理论上的阐述;还对工程项目实施技术评价和社会综合评价(尤其是其中的环境影响评价)进行了全面阐述。通过本章的学习,可以具备工程项目财务评价的能力,熟悉各种评价的理论,为从事工程项目前期管理提供全面的评价知识和关键方法。

6.1 工程项目融资效力评价

6.1.1 工程项目投资的构成

1. 工程项目投资构成

(1) 工程项目总投资的含义及其构成

项目总投资是指工程项目从筹建期间开始至项目全部建成投产为止所发生的全部投资费用。新建项目的总投资由建设期和筹建期投入的建设投资和项目建成投产后所需的流动资金两大部分组成。一般情况,项目的资金来源中包括外部借款,按照我国现行的资金管理体制和项目的概预算编制办法,应将建设期借款利息计入总投资中,此时,建设投资中包括建设期贷款利息。

(2) 项目总投资构成与资产的形成

如上所述,项目的总投资包括建设投资和流动资金。根据资本保全原则和企业资产划分的有关规定,工程项目在建成交付使用时,项目投入的全部资金分别形成固定资产、无形资产、递延资产和流动资产。项目总投资构成见图6-1。

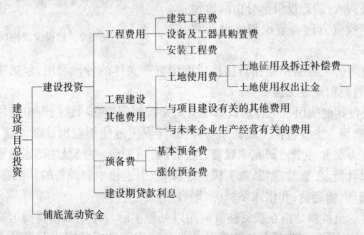

图 6-1　建设工程项目总投资构成与资产形成图

固定资产是指使用期限在一年以上,单位价值在国家规定的限额标准以上,并在使用过程中保持原有实物形态的资产,包括房屋及建筑物、机器设备、运输设备、以及其他与生产经营活动有关的工具、器具等。在工程项目可行性研究中可将工程费用、预备费和工程建设其他费用中除应计入无形资产和递延资产以外的全部待摊投资费用计入固定资产原值,并将固定资产投资方调节税和建设期借款利息全部计入固定资产原值。

无形资产是指企业能长期使用而没有实物形态的有偿使用的资产,包括专利权、商标权、土地使用权、非专利技术、商誉和版权等。它们通常代表企业所拥有的一种法定权或优先权,或者是企业所具有的高于平均水平的获利能力。无形资产是有偿取得的资产,对于购入或者按法律取得的无形资产的支出,一般都予以资本金化,并在其受益期内分期摊销。在工程项目可行性研究中可将工程建设其他费用中的土地使用费(即土地使用权)及技术转让费等作为企业形成无形资产的初始投资计入无形资产价值中。

递延资产是指不能计入工程成本,应当在生产经营期内一次摊销的各种递延费用。包括开办费和以经营租赁方式租入的固定资产改良工程支出等。在工程项目可行性研究中可将工程建设其他费用中的生产职工培训费、样品样机购置费等计入递延资产价值。

流动资产是指可以在一年内或超过一年的一个营业周期内变现或运用的资产。包括现金及各种存款、存货、应收及预付款项等。

2. 建设投资构成分析

(1) 建设投资构成

建设投资是指建设单位在项目建设期与筹建期间所花费的全部费用,根据我国现行项目投资管理规定,建设投资由建筑工程费、设备及工器具购置费、安装工程费、工程建设其他费用、基本预备费、涨价预备费、固定资产投资方向调节税及建设期利息构成。其中,建筑工程费、设备及工器具购置费、安装工程费形成固定资产;工程建设其他费用可分别形成固定资产、无形资产、递延资产。基本预备费、涨价预备费、固定资产投资方向调节税及建设期利息,在可行性研究阶段为简化计算方法,可一并计入固定资产。

建设投资可分为静态投资和动态投资两部分。静态投资部分由建筑工程费、设备及工器具购置费、安装工程费、工程建设其他费用、基本预备费构成;动态投资部分由涨价预备费、固定资产投资方向调节税和建设期利息构成,见图6-2。

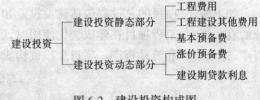

图6-2 建设投资构成图

① 工程费用 工程费用是指直接构成固定资产实体的各种费用,包括建筑工程费、设备及工器具购置费和安装工程费等。

② 工程建设其他费用 工程建设其他费用是按规定应在项目投资中支付,并列入工程项目总造价的费用。主要包括土地征用与补偿费(或土地使用权出让金)、建设单位管理费(含建设单位开办费和经费)、研究试验费、生产人员培训费、办公及生活家具购置费、联合试运转费、勘察设计费、工程监理费、施工机构迁移费、引进技术和设备的其他费用、专利权、商标权、供电贴费(电增容费)和供水贴费(水增容费)等。

③ 预备费 预备费是指在投资估算时用以处理实际与计划不相符而追加的费用,包括基本预备费和涨价预备费两部分。前者是由于自然灾害造成的损失及设计、施工阶段必须

增加的工程和费用;后者是因在建设期间物价上涨而引起的投资费用的增加。

④ 固定资产投资方向调节税　在 1991 年 4 月 16 日,国务院颁布了《中华人民共和国固定资产投资方向调节税暂行条例》。制定该条例的目的在于,贯彻国家的产业政策,控制投资规模,引导投资方向,调整投资结构,加强重点建设,促进国民经济持续、稳定、协调发展。在中华人民共和国境内进行固定资产投资的单位和个人是固定资产投资方向调节税的纳税义务人。中外合资企业、中外合作企业和外商独资企业不适用该条例。国家禁止发展的投资项目也不适用该条例。目前,根据经济发展的需要,国家对固定资产投资方向调节税暂缓征收。

⑤ 建设期利息　建设期利息是指项目在建设期内因使用外部资金而支付的利息。建设投资借款的奖金来源不同,其建设期利息的计算方法也不同。国内借款利息的计算比较简单,国外借款利息中还包括承诺费、管理费等。西方学者一般将建设期利息称为资本化利息。为简化计算承诺费等一般不单独计算,而是采用适当提高利息率的方法处理。

(2) 流动资金构成

流动资金是指项目建成后企业在生产过程中处于生产和流通领域、供周转使用的资金,它是流动资产与流动负债的差额。项目建成后,为保证企业正常生产经营的需要,必须有一定量的流动资金维持其周转,如用以购置企业生产经营过程中所需的原材料、燃料、动力等劳动对象和支付职工工资,以及生产中以周转资金形式被占用于在制品、半成品、产成品上的,在项目投产前预先垫支的流动资金。在周转过程中流动资金不断地改变其自身的实物形态,其价值也有随着实物形态的变化而转移到新产品中,并随着产品销售的实现而回收。流动资金属于企业在生产经营中长期占用和用于周转的永久性流动资金。

在工程项目经济分析和评价中所考虑的流动资金,是伴随固定资产投资而发生的永久性流动资产投资,它等于项目投产后所需全部流动资产扣除流动负债后的余额。

按照新的财务制度的规定,对流动资金构成及用途的划分突出了流动资产核算的重要性,强化了对流通领域中流动资金的核算,因此流动资金结构按变现速度快慢顺序划分为货币资金、应收及预付款项和存货三大块,并与流动负债(即应付、预收账款)相加形成企业的流动资产。

6.1.2　工程项目融资效力评价

融资方案是在投资估算的基础上,分析拟建项目资金渠道、融资形式、融资结构、融资成本和融资风险,比选推荐项目的融资方案,并以此分析资金筹措方案和进行财务分析。

1. 融资组织形式选择

分析融资方案,首先应明确融资主体,由融资主体进行融资活动,并承担融资责任和风险。项目融资主体的组织形式主要有既有项目法人融资和新设项目法人融资两种形式。

(1) 即有项目法人融资形式

这是指依托现有法人进行的融资活动,其特点:一是拟建项目不组建新的项目法人,由既有法人统一组织融资活动并承担融资责任和风险;二是拟建项目一般是在既有法人资产和信用的基础上进行的,并形成增量资产;三是从既有法人的财务整体状况考察融资后的偿债能力。

(2) 新设项目法人融资形式

这是指新组建项目法人进行的融资活动,其特点是:项目投资由新设项目法人筹集的资本金和债务资金构成;由新设项目法人承担融资责任和风险;从项目投产后的经济效益情况考察偿债能力。

2. 资金来源选择

在估算出项目所需要的资金后,应根据资金的可得性、供应的充足性和融资成本的高低,选择资金渠道。资金渠道主要有:

① 项目法人自有资金。

② 政府财政性资金。

③ 国内外银行等金融机构的信贷资金。

④ 国内外证券市场资金。

⑤ 国内外非银行金融机构的资金,如信托投资公司、投资基金公司、风险投资公司、保险公司和租赁公司等机构的资金。

⑥ 国外政府、企业、团体和个人等的资金。

⑦ 国内企业、团体和个人的资金。

资金来源一般分为直接融资和间接融资两种方式。直接融资方式是指投资方对拟建项目的最近融资,以及项目法人通过发行(增发)股票、债券等直接筹集的资金。间接融资是指从银行及非银行金融机构借入的资金。

3. 资本金筹措

资本金是指项目投资中由投资者提供的资金,对项目来说是非债务资金,也是获得债务资金的基础。国家对经营性项目试行资本金制度,规定了经营性项目的建设都要有一定数额的资本金,并提出了各行业项目资本金的最低比例要求。在可行性研究阶段,应根据新设项目法人融资或是既有项目法人融资组织形式的特点,分析资本金筹措方案。

(1) 新设项目法人项目资本金筹措

新设项目法人的资本金,是项目法人和投资者为拟建项目所投入的资金,项目资本金来源主要有:

① 政府财政性资金;

② 国家授权投资机构入股的资金;

③ 国内外企业入股的资金;

④ 社会团体和个人入股的资金;

⑤ 受赠予资金。

资本金出资形态可以是现金,也可以是实物、工业产权、非专利技术、土地使用权和资源开采权作价出资。用作资本金的实物、工业产权、非专利技术、土地使用权和资源开采权作价的资金,必须经过有资格的资产评估机构评估作价,并只能在资本金中占有一定比例。可行性研究中应说明资本金的出资人、出资方式、资本金来源及数额、资本金认缴进度等。

(2) 既有项目法人项目资本金筹措

资本金来源主要有:

① 项目法人可用于项目的现金,即库存现金和银行存款等可用于项目投资的资金;

② 资产变现的资金,即变卖现有资产获得的资金;

③ 发行股票筹集的资金,原有股东增资扩股资金,吸收新股东的资金;
④ 政府财政性资金;
⑤ 国内外企业法人入股资金;
⑥ 受赠予资金。

在可行性研究报告中,已说明资本金的各种来源和数量,应考察主要投资方的出资能力。

4. 债务资金筹措

债务资金是项目投资中除资本金外,需要从金融市场借入的资金。债务资金来源主要有:

(1) 信贷融资

国内信贷资金主要有政策性银行和商业银行等提供的贷款;国外信贷资金主要有商业银行的贷款,以及世界银行、亚洲开发银行等国际金融机构贷款;外国政府贷款;出口信贷以及信托投资公司等非银行金融机构提供的贷款。信贷融资方案应说明拟提供贷款的机构及其贷款条件,包括支付方式、贷款期限、贷款利率、还本付息方式及其他附加条件等。

(2) 债券融资

债券融资是指项目法人以自身的财务状况和信用条件为基础,通过发行企业债券筹集资金,用于项目建设的融资方式。除了一般债券融资外,还有可转换债券融资,这种债券在有效期限内,只需支付利息,债券持有人有权按照约定将债券转换成公司的普通股,如果债券持有人放弃这一选择,融资企业需要在债券到期日兑付本金。可转换债券的发行无需以项目资产或其他公司的资产作为担保。

(3) 融资租赁

融资租赁是资产拥有者将资产租给承租人,在一定时期内使用,由承租人支付租赁费的融资方式。采用这种方式,一般是由承租人选定设备,由出租人购置后租给承租人使用,承租人按期交付租金。租赁期满后,出租人可以将设备作价售让给承租人。

5. 融资方案分析

在初步确定项目的资金筹措方式和资金来源后,应进一步对融资方案进行分析,比选并推荐资金来源可靠、资金结构合理、融资成本低、融资风险小的方案。

(1) 资金来源可靠性分析

主要是分析项目建设所需总投资和分年所需投资能否得到足够的、持续的资金供应,即资本金和债务资金供应是否落实可靠。应力求使筹措的资金、币种及投入时序与项目建设进度和投资使用计划相匹配,确保项目建设顺利进行。

(2) 融资结构分析

主要分析项目融资方案中的资本金与债务资金的比例、股本结构比例和债务结构比例是否合理,并分析其实现条件。

① 资本金与债务资金的比例,在一般情况下,项目资本金比例过低,债务资金比例过高,将给项目建设和生产运营带来潜在的财务风险。进行融资结构分析,应根据项目特点,合理确定项目资本金与债务资金的比例。

② 股本结构分析,股本结构反映项目股东各方出资额和相应的权益,在融资结构分析

中,应根据项目特点和主要股东方参股意愿,合理确定参股各方的出资比例。

③ 债务结构分析,债务结构反映项目债权各方为项目提供的债务资金的比例,在融资结构分析中,应根据债权人提供债务资金的方式,附加条件,以及利率、汇率、还款方式的不同,合理确定内债与外债比例,政策性银行与商业性银行的贷款比例,以及信贷款资金与债券资金的比例。

(3) 融资成本分析

融资成本是指项目为筹集和使用资金而支付的费用。融资成本的高低是判断项目融资方案是否合理的重要因素之一。

① 债务资金融资成本分析 债务资金融资成本由资金筹集费和资金占用费组成。资金筹集费是指资金筹集过程中支付的一次性费用,如承诺费、手续费、担保费、代理费等;资金占用费是指使用资金过程中发生的经常性费用,如利息。在比选融资方案时,应分析各种债务资金融资方式的利率水平、利率计算方式(固定利率或者浮动利率)、计息(单利、复利)和付息方式,以及偿还期和宽限期,计算债务资金的综合利率,并进行不同方案的比选。

为了便于分析比较,债务资金融资成本通常不用绝对金额表示,而是用资金成本率这种相对数表示。

资金成本率是资金占用费与实际筹资额的比率,其计算公式为:

$$K = \frac{D}{P-f} \quad 或 \quad K = \frac{D}{P(1-F)} \tag{6-1}$$

式中 K——资金成本率;
　　　D——资金占用费;
　　　P——筹资额;
　　　f——资金筹资费;
　　　F——筹资费率,即资金筹集费占筹资金额的比率。

在实际工作中,由于运用的场合不同,资金融资成本可有多种不同的形式。

② 资本金融资成本分析 资本金融资成本由资本金筹集费和资本金占用费组成。资本金占用费一般应按机会成本的原则计算,当机会成本难以计算时,可参照银行存款利率计算。

(4) 融资风险分析

融资方案的实施经常受到各种风险的影响。为了使融资方案稳妥可靠,需要对下列可能发生的风险因素进行识别和预测。

① 资金供应风险 资金供应风险是指融资方案在实施过程中,可能出现资金不落实,导致建设工期延长,工程造价升高,原定投资效益目标难以实现的风险。主要风险有:

A. 原定筹资额全部或部分落空。例如已承诺出资的投资者中途变故,不能兑现承诺;
B. 原定发行股票、债券计划不能实现;
C. 既有项目法人融资项目由于企业经营状况恶化,无力按原定计划出资;
D. 其他资金不能按建设进度足额及时到位。

② 利率风险 利率水平随着金融市场情况而变动,如果融资方案中采用浮动利率计

息,则应分析贷款利率变动的可能性及其对项目造成的风险和损失。

③ 汇率风险　汇率风险是指国际金融市场外汇交易结算产生的风险,包括人民币对各种外币币值的变动风险。利用外资数额较大的投资项目应对外汇汇率的走势进行分析,估测汇率发生较大变动时,对项目造成的风险和损失。

6.2　工程项目财务评价

6.2.1　工程项目财务评价的原理与方法

1. 资金的时间价值理论

(1) 资金时间价值概念

资金时间价值,是指资金在生产和流通过程中随着时间推移而产生的增值。

资金具有时间价值的原因主要有两方面:

其一是:当前拥有的资金能够立即用于投资并在将来获取利润;

其二是:消费的推迟是一种福利损失,资金的时间价值体现了对牺牲现期消费的损失所应作出的必要补偿。

资金的利息和资金的利润具体体现了资金时间价值的两方面,是衡量资金时间价值的绝对尺度,利息通常根据利率计算;资金的利率和利润率是衡量资金时间价值的相对尺度,但往往两者不加区分,统称为利率。利率是在一个计息期内所得的利息额与借贷金额(本金)的比值。

(2) 现金流量

现金流量,是指在整个项目计算期内各个时点上实际发生的现金流入、现金流出,以及流入与流出的差额。现金流入与现金流出的差额称之为净现金流量,即

$$净现金流量 = 现金流入 - 现金流出$$

现金流量一般是可以计息期为时间量的单位,用现金流量图或现金流量表表示。

现金流量图:是描述现金流量作为时间函数的图形,表示现金在不同时间点流入与流出的情况。现金流量图包括三大要素:

大小:资金数额;

流向:项目的现金流入或流出,流入为正,流出为负;

时间点:现金流入或流出所发生的时间。

现金流量图的基本形式如图6-3所示。

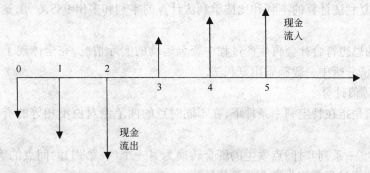

图6-3　现金流量图的基本格式

图 6-3 中的数码表示时间点，"0"所在的时间点表示第 1 年的年初，"1"所在的时间点表示第 1 年的年末，以此类推。对于在同一个年度所发生的现金流入和流出的标示点有两种处理方法：

① 规定现金流入（收益）标示在年（期）末，而现金流出（投资）标示在年（期）初，这是在工程经济分析中常用的方法；

② 以计息期末为现金流量的特点，无论现金的流入还是流出均标示在年（期）末。

(3) 资金时间价值的计算

由于资金存在时间价值，在不同时间点上发生的现金流量其数值不能直接相加或相减，为了达到对投资项目的现金流量进行计算和分析的目的，采用一种称为资金等值计算的方法将不同时间点上发生的现金流量换算为同一时间点上的等价的现金流量，然后进行计算和分析。

① 利息的计算

利息的计算方法有单利法和复利法。

单利法：只对本金计算利息，而对每期的利息不再计息，所以每期的利息是固定不变的。设本金为 P，利率为 i，计息期为 n，则利息 I_n 为：

$$I_n = P \cdot i \cdot n \tag{6-2}$$

本利和 F 为：

$$F = P(1 + i \cdot n) \tag{6-3}$$

单利法未能完全反映资金的时间价值，在应用上具有局限性，通常适用于短期投资及期限不超过一年的借款项目。

复利法：是在单利法基础上发展起来的，其基本思想是：将前一期的本金与利息之和（本利和）作为下一期的本金来计算下一期的利息，即利上加利的方法。利息计算公式为：

$$I_n = i \cdot F_{n-1} \tag{6-4}$$

式中　F_{n-1}——第 $n-1$ 期末的本利和。

采用复利法计算，则本利和为：

$$F = P(1 + i)^n \tag{6-5}$$

计算示例：有一笔 50000 元的借款，借期 3 年，按每年 8% 的利率计息，试按单利法和复利法两种方法计算到期时应归还的本利和。

单利：$F = P(1 + i \cdot n) = 50000 \times (1 + 8\% \times 3) = 62000$（元）

复利：$F = P(1 + i)^n = 50000 \times (1 + 8\%)^3 = 62985.6$（元）

可见，按复利法计算的本利和比按单利法计算的本利和多出 985.6 元，这就是利息所产生的利息。

复利法的思想符合社会再生产过程中资金运动的实际情况，完全体现了资金的时间价值，在项目经济分析中一般都采用复利法。

② 资金等值计算

资金等值是指在特定利率条件下，在不同时点的两笔绝对值不相等的资金具有相同的价值。

将在一个（一系列）时间点发生的资金转换为另一个（一系列）时间点的等值的资金额，这样的一个计算过程就称为资金的等值计算。

根据支付方式和等值换算点的不同,资金等值计算公式可分为两类:一次支付类型和等额支付类型。

A. 一次支付类型

一次支付又称为整付,是指所分析的系统的现金流量,无论是流入还是流出均在某一时点上一次发生。

一次支付类型包括两个计算公式:

一次支付终值公式:有一项资金 P,按年利率 i 进行投资,求 n 年后本利和。即已知:P、i、n,求终值 F:

$$F = P(1+i)^n$$

式中 $(1+i)^n$——终值系数,记为 $\left(\dfrac{F}{P}, i, n\right)$,终值系数可通过查表的方式获得。

所以

$$F = P\left(\dfrac{F}{P}, i, n\right)$$

一次支付终值计算可用现金流量图表示,如图6-4所示。

图6-4 一次支付终值计算现金流量图

一次支付现值公式:如果希望在 n 年后得到一笔资金 F,在年利率为 i 的情况下,现在应投资多少。即已知终值 F,利率 i,计息期 n,求现值 P。

$$P = F(1+i)^{-n} \tag{6-6}$$

式中 $(1+i)^{-n}$——现值系数,记为 $\left(\dfrac{P}{F}, i, n\right)$,现值系数可通过查表的方式获得。

所以

$$P = F\left(\dfrac{P}{F}, i, n\right) \tag{6-7}$$

一次支付现值计算可用现金流量图表示,如图6-5所示。

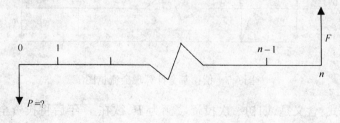

图6-5 一次支付现值计算现金流量图

B. 等额支付类型

等额支付:是指所分析的系统中现金流入与现金流出可在多个时间点上发生,而不是集中在某一个时间点,即形成一个序列现金流量,并且该序列现金流量数额是相等的。

等额支付类型的计算包括四个公式：

等额支付序列年金终值公式：在一个时间序列中，在利率为 i 的情况下连续在每个计息期的期末支付一笔等额的资金 A，求 n 年后由各年的本利和累计而成的终值 F。即已知 A, i, n，求 F。

计算公式为：
$$F = A \frac{(1+i)^n - 1}{i} \tag{6-8}$$

式中 $\dfrac{(1+i)^n - 1}{i}$ ——年金终值系数，可查表得到，记为 $\left(\dfrac{F}{A}, i, n\right)$。

所以
$$F = A\left(\frac{F}{A}, i, n\right) \tag{6-9}$$

等额支付序列年金终值计算可用现金流量图表示，如图 6-6 所示。

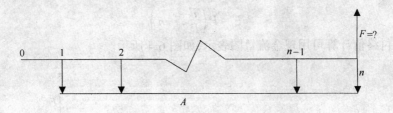

图 6-6　等额序列年金终值计算现金流量图

偿债基金公式：含义是，为了筹集未来 n 年后需要的一笔偿债资金，在利率为 i 的情况下，求每个计息期末应等额存储的金额。即已知 F, i, n，求 A。

计算公式为：
$$A = F \frac{i}{(1+i)^n - 1} \tag{6-10}$$

式中 $\dfrac{i}{(1+i)^n - 1}$ ——偿债基金系数，可查表获得，记为 $\left(\dfrac{A}{F}, i, n\right)$。

所以
$$A = F\left(\frac{A}{F}, i, n\right) \tag{6-11}$$

偿债基金计算的现金流量状况如图 6-7 所示。

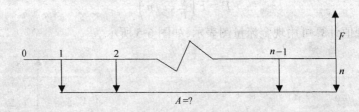

图 6-7　偿债基金计算现金流量图

资金回收公式：含义是，期初一次投资数额为 P，欲在 n 年后将投资全部收回，则在利率为 i 的情况下，求每年应等额回收的资金。即已知 P, i, n，求 A。

计算公式为：
$$A = F \frac{i}{(1+i)^n - 1} = P \frac{i(1+i)^n}{(1+i)^n - 1} \tag{6-12}$$

式中 $\dfrac{i(1+i)^n}{(1+i)^n - 1}$ ——资金回收系数，可查表得到，记为 $\left(\dfrac{A}{P}, i, n\right)$。

所以
$$A = P\left(\frac{A}{P}, i, n\right) \tag{6-13}$$

图 6-8 为资金回收计算的现金流量图。

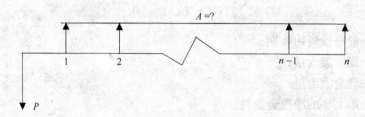

图 6-8 资金回收计算现金流量图

年金现值公式:含义是,在 n 年内每年等额收支一笔资金 A,则在利率为 i 的情况下,求等额年金的现值总额,即已知 A,i,n,求 P。

计算公式为:
$$P = A\frac{(1+i)^n - 1}{i(1+i)^n} \tag{6-14}$$

式中 $\frac{(1+i)^n - 1}{i(1+i)^n}$——年金现值系数,记为 $\left(\frac{P}{A}, i, n\right)$。

所以
$$P = A\left(\frac{P}{A}, i, n\right) \tag{6-15}$$

图 6-9 表达了年金现值计算现金流量状况。

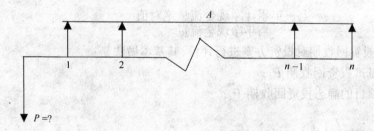

图 6-9 年金现值计算现金流量图

2. 项目评价方法

对项目进行经济评价,首先需要建立一套评价指标,并确定一套科学的评判可行与否的标准。

评价指标是投资项目经济效益或投资效果的定量化及其直观的表现形式,通常是通过对投资项目所涉及的费用和效益的量化和比较来确定的。

按照是否考虑所量化的费用和效益的时间因素,即是否考虑资金的时间价值,将评价指标分为静态评价指标和动态评价指标两大类型。

(1) 静态评价指标

不考虑资金时间价值的经济效益评价指标定义为静态评价指标,主要包括静态投资回收期和投资收益率。

① 静态投资回收期(P_t)

静态投资回收期是指以项目每年的净收益回收项目全部投资所需要的时间,是考察项

目财务上投资回收能力的重要指标。全部投资既包括固定资产投资,又包括流动资金投资。其表达式为:

$$\sum_{t=0}^{P_t}(CI-CO)_t = 0 \tag{6-16}$$

式中　　P_t——静态投资回收期;
　　　　CI——现金流入量;
　　　　CO——现金流出量;
$(CI-CO)_t$——第 t 年的净现金流量。

静态投资回收期一般以"年"为单位,自项目建设开始年算起。当然也可以自项目建成投产年算起,但对于这种情况,需要加以说明。

根据静态投资回收期的概念可得出以下计算公式:

若项目建成投产后各年的净收益(即净现金流量)均相同,则静态投资回收期的计算公式为:

$$P_t = \frac{K}{R} \tag{6-17}$$

式中　　K——全部投资;
　　　　R——每年的净收益。

若项目建成投产后各年的净收益不同,则静态投资回收期可根据累计净现金流量求得:

$$P_t = [累计净现金流量开始出现正值的年份] - 1 + \frac{上一年累计净现金流量绝对值}{当年净现金流量} \tag{6-18}$$

采用静态投资回收期对投资方案进行评价,其基本做法是:

A. 确定基准投资回收期 P_c;

B. 计算项目的静态投资回收期 P_t;

C. 比较

若 $P_t \leq P_c$,则可以考虑接受该项目;

若 $P_t > P_c$,则该项目是不可行的。

【例 6-1】　某投资方案的净现金流量如图 6-10 所示,计算其静态投资回收期。

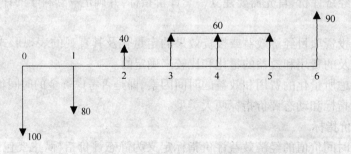

图 6-10　某投资方案净现金流量图

【解】　根据现金流量图编制该投资方案的现金流量表,如表 6-1 所示。

某投资方案现金流量表(万元)　　　　　　　　　　　　　　表 6-1

年　序	0	1	2	3	4	5	6
净现金流量	-100	-80	40	60	60	60	90
累计净现金流量	-100	-180	-140	-80	-20	40	130

根据静态投资回收期计算公式可得：

$$P_t = 5 - 1 + \frac{|-20|}{60} = 4.33(年)$$

② 静态投资收益率

投资收益率 E，又称投资利润率或投资效果系数。是指在项目达到设计能力后的某一正常生产年份的年利润总额与项目投资总额的比率，它是考察项目单位投资获利能力的静态指标。设项目投资后所获得的年净收益(或利润)为 R，项目全部投资额为 K，则：

$$E = R/K$$

可见，投资收益率是投资回收期(自投产年算起)的倒数。

对生产期内各年利润变动幅度较大的项目，则应计算生产期内年平均利润总额 $\bar{R}$ 与项目总投资的比率，以求得年均投资利润率。即

$$E = \frac{\bar{R}}{K} \tag{6-19}$$

显然，投资收益率越大，或者说投资回收期越短，经济效益就越好。

在项目评价过程中，不同的行业一般都有一个规定的标准收益率 E_b，若 $E \geqslant E_b$，则项目可行；否则项目不可行。

(2) 动态评价指标

一般将考虑了资金时间价值的经济效益评价指标称为动态评价指标。与静态评价指标相比，动态评价指标更加注重考察项目在其计算期内各年现金流量的具体情况。常用的动态评价指标一般有：净现值、内部收益率、动态投资回收期等。

① 净现值

净现值(NPV)，是将项目计算期内各年的净现金流量，按照一个给定的标准折现率(基准收益率)折算到建设期初(项目计算期第一年年初)的现值之和。净现值是考察项目在其计算期内赢利能力的主要动态指标。其计算表达式为：

$$NPV = \sum_{t=0}^{n}(CI - CO)_t(1 + i_c)^{-t} \tag{6-20}$$

式中　　CI——现金流入；

　　　　CO——现金流出；

　　$(CI-CO)_t$——第 t 年的净现金流量；

　　　　n——项目计算期；

　　　　i_c——标准折现率。

净现值的评价准则是：

$NPV > 0$，说明投资方案实施后的投资收益水平不仅能达到标准折现率的水平，而且会有赢余，所以方案是可行的；

$NPV=0$,说明投资方案实施后的投资收益水平恰好等于标准折现率;

$NPV<0$,说明投资方案实施后的投资收益水平不能达到标准折现率的水平,所以方案不可行。

【例 6-2】 某项目各年的现金流量如表 6-2 所示,试用净现值指标判断项目的经济性(标准折现率为 15%)。

某项目现金流量表(万元)　　　　　　　　表 6-2

年　序	0	1	2	3	4~19	20
投　资	40	10				
经营成本			17	17	17	17
收　入			25	25	30	50
净现金流量	−40	−10	8	8	13	33
现　值						

【解】 计算现值系数或查表:

第 1 年的现值系数为:

$$\frac{1}{(1+15\%)^1}=0.8696$$

第 2 年的现值系数:$\frac{1}{(1+15\%)^2}=0.7561$

……

$NPV=-40+(-10\times0.8696)+8\times0.7561+\cdots=15.52(万元)>0$

计算结果表明该项目是可行的。

② 内部收益率

内部收益率(IRR),是指项目在整个建设期内各年净现金流入量现值等于净现金流出量现值的折现率,即使项目净现值等于 0 的折现率。其经济含义可以理解为项目在 $FIRR$ 的利率下,到项目结束时,项目的所有投资都刚好收回。内部收益率是应用最为广泛的项目评价指标之一。

内部收益率的表达式为:

$$\sum_{t=0}^{n}(CI-CO)_t(1+IRR)^{-t}=0 \tag{6-21}$$

式中　　CI——现金流入;

CO——现金流出;

$(CI-CO)_t$——第 t 年的净现金流量;

n——项目计算期。

内部收益率一般采用试差法计算:先假设一个初始的收益率,一般可采用相当于机会成本的贴现率来计算,如果净现值恰好为 0,则该初始值即为所求的内部收益率;如果净现值大于 0,则加大收益率的数值,直到净现值接近或等于 0,此时的贴现率即为所求的内部收益率;反之,如果净现值小于 0,则减少收益率的值,直到净现值接近或等于 0。如果需要比较精确的计算,则可用两个接近于 0 的试算正负净现值对应的贴现率进行计算,其公式为:

$$IRR = R_1 + (R_2 - R_1)\frac{NPV_1}{NPV_1 + |NPV_2|} \tag{6-22}$$

式中 R_1——较低的贴现率;

R_2——较高的贴现率;

NPV_1——与 R_1 对应的正净现值;

$|NPV_2|$——R_2 对应的负净现值的绝对值。

内部收益率的评价准则:

当标准折现率为 i_c 时,若 $IRR \geqslant i_c$ 则项目可以接受;

若 $IRR < i_c$,项目就是不经济的。

对两个投资相等的方案进行比较时,IRR 大的方案较 IRR 小的方案可取。

③ 动态投资回收期

动态投资回收期(T_d):是指在考虑了资金的时间价值的情况下,以项目每年的净收益回收项目全部投资所需要的时间。该指标克服了静态投资回收期未考虑资金的时间价值的弊端。其表达式为:

$$\sum_{t=0}^{T_d}(CI - CO)_t(1 + i_c)^{-t} = 0 \tag{6-23}$$

在实际应用中往往是根据项目的现金流量表,用下述公式作近似计算。

$$T_d = 累计净现金流量现值开始出现正值的年份数 - 1$$
$$+ \frac{上一年累计净现金流量现值的绝对值}{当年净现金流量现值} \tag{6-24}$$

动态投资回收期评价准则:

设行业基准动态投资回收期为 T_b,当 $T_d \leqslant T_b$ 时,项目投资是可行的;

若 $T_d > T_b$,则项目投资是不可行的。

【例 6-3】 某项目数据如表 6-3 所示,计算该项目的动态投资回收期。设标准折现率为 10%。

某项目数据表(万元)　　　表 6-3

年　序	0	1	2	3	4	5	6	7
投　资	20	500	100					
经营成本				300	450	450	450	450
销售收入				450	700	700	700	700
净现金流量	-20	-500	-100	150	250	250	250	250
净现金流量现值	-20	-454.6	-82.6	112.7	170.8	155.2	141.1	128.3
累计净现金流量现值	-20	-474.6	-557.2	-444.5	-273.7	-118.5	22.6	150.9

【解】 根据动态投资回收期的计算公式可得:

$$T_d = 6 - 1 + \frac{|-118.5|}{141.1} = 5.84(年)$$

(3) 不确定性分析

对投资项目风险的不确定性分析,常用的方法有:盈亏平衡分析、敏感性分析、风险决策分析、计算机模拟、经验方法等。

① 盈亏平衡分析

盈亏平衡分析又称量本利分析法,它是通过盈亏平衡点分析项目成本与收益的平衡关系的一种方法。

盈亏平衡点又称盈亏分界点或保本点,它是指当项目的年收入与年支出平衡时所必需的生产水平,在盈亏平衡图上就表现为总销售收入曲线与总销售成本曲线的交点。

盈亏平衡点通常根据正常生产年份的产品产量或销售量、可变成本、固定成本、产品价格和销售税金及附加等数据计算,用生产能力利用率或产量表示,也可以用价格表示。盈亏平衡点越低,表明项目适应市场变化的能力越大,抗风险能力越强。

依据盈亏平衡点的定义,在盈亏平衡点处,项目处于不亏不赢的状态,即收益与成本相等:

$$TR = TC$$

式中 TR——项目的总收益;
TC——项目的总成本。

$$TR = (P - t)Q$$

式中 P——单位产品价格;
t——单位产品销售税金及附加;
Q——产品产量。

$$TC = F + VQ$$

式中 F——固定成本;
V——单位产品可变成本。

设盈亏平衡产量为 Q^*,则当 $Q = Q^*$ 时,有 $TR = TC$,即

$$(P - t)Q^* = F + VQ^*$$

可得:

$$Q^* = \frac{F}{P - t - V} \tag{6-25}$$

盈亏平衡点除经常用产量表示外,还可以用生产能力利用率、单位产品价格等指标表示。

根据上述原理可以推得:

$$BEP(生产能力利用率) = \frac{Q^*}{Q_0} \times 100\% \tag{6-26}$$

以单位产品价格表示的盈亏平衡点为:

$$BEP(单位产品价格) = \frac{F + VQ_0}{Q_0} + t \tag{6-27}$$

【例 6-4】 假设某企业新建生产线投产后,正常年份固定成本总额为 20000 元,产品售价为每件 10 元,单位产品变动成本为 6 元,请计算该生产线的盈亏平衡点或保本销售量。

【解】 总成本 TC = 固定成本(F) + 单位产品可变成本(V) × 产品产量(Q)

产品收入 TR = 销售价格(P) × 产品产量(Q)

盈亏平衡式为:$F + VQ = PQ$

则,盈亏平衡点为:

$$Q = F/(P - V) = 20000/(10 - 6) = 5000(件)$$

相应的保本销售额为：$B = 5000 \times 10 = 50000$(元)

② 敏感性分析

敏感性分析是通过分析、预测项目主要因素发生关系变化时对经济评价指标的影响，从中找出敏感因素，并确定其影响程度。

在项目计算期内可能发生变化的因素有产品产量、产品价格、产品成本或主要原材料与动力价格、固定资产投资、建设工期及汇率等。

敏感性分析通常是分析这些因素单独变化或多因素变化对内部收益率、净现值、投资回收期等指标的影响。

项目对某因素的敏感程度可以表示为该因素按一定比例变化时引起评价指标变动的幅度，也可以表示为评价指标达到临界点(如内部收益率等于基准收益率)时允许某个因素变化的最大幅度，即极限变化，同时可绘制敏感分析图。

敏感性分析的基本步骤是：

A．确定分析指标(敏感性分析对象)

一般选择项目经济评价指标，如净现值、内部收益率等作为分析指标。

B．选择敏感性分析方法

敏感性分析方法有单因素敏感分析、双因素敏感分析和多因素敏感分析，可根据项目的具体情况加以选择。

C．选定需要分析的不确定因素

根据所确定的分析指标和选择的敏感性分析方法选定需要分析的不确定因素。

D．计算因素变动对经济指标变动的数量影响

E．确定敏感因素

【例6-5】 某项目基本方案：财务内部收益率为17.72%，投资回收期从建设期算7.8年，均满足财务基准值的要求，考虑项目实施过程中一些不确定因素的变化，分别对固定资产投资、经营成本、销售收入作出提高10%和降低10%的单因素变化对内部收益率、投资回收期影响的敏感性分析。

【解】 分析的结果如表6-4所示。

敏 感 性 分 析 表　　表6-4

序号	项目	基本方案	投资		经营成本		销售收入	
			10%	-10%	10%	-10%	10%	-10%
1	内部收益率(%)	17.72	16.19	19.47	14.47	20.73	22.35	12.47
2	较基本方案增减(%)		-1.53	1.75	3.25	3.01	4.63	-5.25
3	投资回收期(年)	7.8	8.19	7.44	8.75	7.16	6.87	9.48

可以看出，各因素不同程度上影响内部收益率和投资回收期，其中销售收入的提高和降低最为敏感。

③ 概率分析

概率分析是使用概率研究预测各种不确定性因素和风险因素的发生对项目评价指标影响的一种定量分析方法。

一般是通过计算项目净现值的期望值及净现值大于或等于零时的累计概率进行概率分析，累计概率值越大，说明项目承担的风险越小。也可通过模拟法测算项目评价指标（如内部收益率）进行概率分析。

在进行风险分析时，先对各参数作出概率估计，并以此为基础计算项目的经济效益，最后通过经济效益期望值、标准差、实现概率及离差系数等参数来反映方案的风险和不确定程度。

【案例】

某电器公司是一家以洗衣机产品生产为主的国有企业，多年来一直生产普通洗衣机产品，由于产品品种未能及时更新，企业经济效益急剧下滑。为了改变这一现状，企业领导决定进行新产品开发，经过市场的调查和分析，发现市场对"全自动滚筒洗衣机"需求旺盛，市场前景广阔，为此该企业领导决定在2003年年初开始投入一笔资金开发"全自动滚筒洗衣机"产品，以改变企业目前的经营现状。经过初步分析，全自动滚筒洗衣机的研制与生产准备需要投资共计1000万元，其中研制时间为半年，需要研制费600万元；生产准备与生产线改造工作也需要半年时间，对原有洗衣机生产线进行改造需要投入400万元；新型全自动滚筒洗衣机计划第二年年初投产并投入市场，预计投产当年企业的生产销售成本为900万元，企业可以实现销售收入1000万元；此后，企业每年的生产销售成本为1500万元，可以实现年销售收入2000万元。

1. 假设该企业确定的贴现率为12%，根据上述数据，分析长征电器公司从2003年到2007年的现金流量情况，并将有关数据填入表6-5。

表6-5

年　　度	2003	2004	2005	2006	2007
投　　资					
成　　本					
收　　入					
净现金流量					
12%的贴现系数	0.8929	0.7972	0.7118	0.6355	0.5674
净　现　值					
累计净现值					

2. 根据现金流量表中的数据，计算"全自动滚筒洗衣机研制与生产项目"自投产当年起计算的动态投资回收期。如果该行业的标准投资收益率为20%，请问该项目的投资是否可行。

3. 假设需要对"全自动滚筒洗衣机研制与生产项目"的可行性进行敏感性分析，请说明需要从那几个因素对该项目进行敏感性分析？

4. 假设新款滚筒洗衣机生产线投产后，正常年份生产的固定成本总额为300万元，滚筒洗衣机产品的售价为3000元/台，单位产品变动成本为2000元，请计算滚筒洗衣机生产销售的盈亏平衡点。

【案例分析】

1. 长征电器公司从2003年到2007年的现金流量情况如表6-6所示。

表 6-6

年　　度	2003	2004	2005	2006	2007
投　　资	1000				
成　　本		900	1500		
收　　入		1000	2000		
净现金流量	−1000	100	500		
12%的贴现系数	0.8929	0.7972	0.7118	0.6355	0.5674
现　　值	−892.9	79.72	355.9	317.75	283.7
净 现 值		−813.18	−457.28	−139.53	144.17

2．根据现金流量表中的数据，计算"全自动滚筒洗衣机研制与生产项目"自投产当年起计算的动态投资回收期和投资收益率：

$$T_d = 3 + 139.53/283.7 = 3.49(年)$$

投资收益率 = $1/T$ = $1/3.49$ = 28.65% > 标准投资收益率 20%，项目是可行的。

3．对"全自动滚筒洗衣机研制与生产项目"的可行性进行敏感性分析，选择因素为：
① 投资
② 生产成本
③ 销售收入
④ 项目实施周期

4．滚筒洗衣机生产销售的盈亏平衡点 = 3000000/(3000 − 2000)
= 3000(台)

6.2.2　工程项目财务评价的内容与步骤

财务评价是在确定的建设方案、投资估算和融资方案的基础上进行财务可行性研究。财务评价的主要内容与步骤如下：

(1) 选取财务评价基础数据与参数，包括主要投入品和产出品财务价格、税率、利率、汇率、计算期、固定资产折旧率、无形资产和递延资产摊销年限，生产负荷及基准收益率等基础数据和参数。

(2) 计算销售(营业)收入，估算成本费用。

(3) 编制财务评价报表，主要有：财务现金流量表、损益和利润分配表、资金来源与运用表、借款偿还计划表。

(4) 计算财务评价指标，进行盈利能力分析和偿债能力分析。

(5) 进行不确定性分析，包括敏感性分析和盈亏平衡分析。

(6) 编写财务评价报告。

6.2.3　工程项目财务评价基础数据与参数选取

财务评价的基础数据与参数选取是否合理，直接影响财务评价的结论，在进行财务分析计算之前，应做好这项基础工作。

1．财务价格

财务评价是对拟建项目未来的效益与费用进行分析，应采用预测价格。预测价格应考虑价格变动因素，即各种产品相对价格变动和价格总水平变动(通货膨胀或者通货紧缩)。

由于建设期和生产经营期的投入产出情况不同,应区别对待。基于在投资估算中已经预留了建设期涨价预备费,因此建筑材料和设备等投入品,可采用一个固定的价格计算投资费用,其价格不必年年变动。生产运营期的投入品和产出品,应根据具体情况选用固定价格或者变动价格进行财务评价。

(1) 固定价格。这是指在项目生产运营期内不考虑价格相对变动和通货膨胀影响的不变价格,即在整个生产运营期内都用预测的固定价格,计算产品销售收入和原材料、燃料动力费用。

(2) 变动价格。这是指在项目生产运营期内考虑价格变动的预测价格。变动价格又分为两种情况,一是只考虑价格相对变动引起的变动价格;二是既考虑价格相对变动,又考虑通货膨胀因素引起的变动价格。采用变动价格是预测在生产运营期内每年的价格都是变动的。为简化起见,有些年份也可采用同一价格。

进行盈利能力分析,一般采用只考虑相对价格变动因素的预测价格,计算不含通货膨胀因素的财务内部收益率等盈利性指标,不反映通货膨胀因素对盈利能力的影响。

进行偿债能力分析,预测计算期内可能存在较为严重的通货膨胀时,应采用包括通货膨胀影响的变动价格计算偿债能力指标,反映通货膨胀因素对偿债能力的影响。

在财务评价中计算销售(营业)收入及生产成本所采用的价格,可以是含增值税的价格,也可以是不含增值税的价格,应在评价时说明采用何种计价方法。本《指南》财务评价报表均是按含增值税的价格设计的。

2. 税费

财务评价中合理计算各种税费,是正确计算项目效益与费用的重要基础。财务评价涉及的税费主要有增值税、营业税、资源税、消费税、所得税、城市维护建设税和教育费附加等。进行评价时应说明税种、税基、税率、计税额等。如有减免税费优惠,应说明政策依据以及减免方式和减免金额。

(1) 增值税是对生产、销售商品或者提供劳务的纳税人实行抵扣原则,就其生产、经营过程中实际发生的增值额征税的税种。财务评价的销售收入和成本估算均含增值税,项目应缴纳的增值税等于销项税减进项税。

(2) 营业税是对交通运输、商业、服务等行业的纳税人,就其经营活动营业额(销售额)为课税对象的税种。在财务评价中,营业税按营业收入额乘以营业税税率计算。

(3) 消费税是以消费品(或者消费行为)的流转额为课税对象的税种。在财务评价中,一般按销售额乘以消费税税率计算。

(4) 城市维护建设税和教育费附加是以增值税、营业税和消费税为税基乘以相应的税率计算。

(5) 资源税是对开采自然资源的纳税人征税的税种。通常按应课税矿产的产量乘以单位税额计算。

(6) 所得税是按应税所得额乘以所得税税率计算。

3. 利率

借款利率是项目财务评价的重要基础数据,用以计算借款利息。采用固定利率的借款项目,财务评价直接采用约定的利率计算利息。采用浮动利率的借款项目,财务评价时应对借款期内的平均利率进行预测,采用预测的平均利率计算利息。

4. 汇率

财务评价汇率的取值,一般采用国家外汇管理部门公布的当期外汇牌价的卖出、买入的中间价。

5. 项目计算期选取

财务评价计算期包括建设期和生产运营期。生产运营期,应根据产品寿命期(矿产资源项目的设计开采年限)、主要设施和设备的使用寿命期、主要技术的寿命期等因素确定。财务评价的计算期一般不超过20年。

有些项目的运营寿命很长,如水利枢纽,其主体工程是永久性工程,其计算期应根据评价要求确定。对设定计算期短于运营寿命期较多的项目,计算内部收益率、净现值等指标时,为避免计算误差,可采用年金折现、未来值折现等方法,将计算期结束以后年份的现金流入和现金流出折现至计算期末。

6. 生产负荷

生产负荷是指项目生产运营期内生产能力发挥程度,也称生产能力利用率,以百分比表示。生产负荷是计算销售收入和经营成本的依据之一,一般应按项目投产期和投产后正常生产年份分别设定生产负荷。

7. 财务基准收益率(i_c)设定

财务基准收益率是项目财务内部收益率指标的基准和判据,也是项目在财务上是否可行的最低要求,也用作计算财务净现值的折现率。如果有行业发布的本行业基准收益率,即以其作为项目的基准收益率;如果没有行业规定,则由项目评价人员设定。设定方法:一是参考本行业一定时期的平均收益水平并考虑项目的风险因素确定;二是按项目占用的资金成本加一定的风险系数确定。设定财务基准收益率时,应与财务评价采用的价格相一致,如果财务评价采用变动价格,设定基准收益率则应考虑通货膨胀因素。

资本金收益率,可采用投资者的最低期望收益率作为判据。

6.2.4 建设工程项目销售收入与成本费用估算

1. 销售收入估算

销售(营业)收入是指销售产品或者提供服务取得的收入。生产多种产品和提供多项服务的,应分别估算各种产品及服务的销售收入。对不便于按详细的品种分类计算销售收入的,可采取折算为标准产品的方法计算销售收入。编制销售收入、销售税金及附加估算表。

2. 成本费用估算

成本费用是指项目生产运营支出的各种费用。按成本计算范围,分为单位产品成本和总成本费用;按成本与产量的关系,分为固定成本和可变成本;按财务评价的特定要求,分为总成本费用和经营成本。成本估算应与销售收入的计算口径对应一致,各项费用应划分清楚,防止重复计算或者低估费用支出。

(1)总成本费用估算。总成本费用是指在一定时期(如一年)内因生产和销售产品发生的全部费用。总成本费用的构成及估算通常采用以下两种方法:

① 产品制造成本加企业期间费用估算法,计算公式为:

$$总成本费用 = 制造成本 + 销售费用 + 管理费用 + 财务费用 \qquad (6-28)$$

其中: 制造成本 = 直接材料费 + 直接燃料和动力费 + 直接工资 +

其他直接支出 + 制造费用 (6-29)

② 生产要素估算法，是从估算各种生产要素的费用入手，汇总得到总成本费用。将生产和销售过程中消耗的外购原材料、辅助材料、燃料、动力，人员工资福利，外部提供的劳务或者服务，当期应计提的折旧和摊销，以及应付的财务费用相加，得出总成本费用。采用这种估算方法，不必计算内部各生产环节成本的转移，也较容易计算可变成本和固定成本，计算公式为：

总成本费用 = 外购原材料、燃然及动力费 + 人员工资及福利费 + 外部提供的劳
务及服务费 + 修理费 + 折旧费 + 矿山维检费（采掘、采伐项目计算
此项费用）+ 摊销费 + 财务费用 + 其他费用 (6-30)

(2) 经营成本估算。经营成本是项目评价特有的概念，用于项目财务评价的现金流量分析。经营成本是指总成本费用扣除固定资产折旧费、矿山维检费、无形资产及递延资产摊销费和财务费用后的成本费用。计算公式为：

经营成本 = 总成本费用 − 折旧费 − 矿山维检费 −
无形资产及递延资产摊销费 − 财务费用 (6-31)

(3) 固定成本与可变成本估算。财务评价进行盈亏平衡分析时，需要将总成本费用分解为固定成本和可变成本。固定成本是指不随产品产量及销售量的增减发生变化的各项成本费用，主要包括非生产人员工资、折旧费、无形资产及递延资产摊销费、修理费、办公费、管理费等。可变成本是指随产品产量及销售量增减而成正比例变化的各项费用，主要包括原材料、燃料、动力消耗、包装费和生产人员工资等。

长期借款利息应视为固定成本，短期借款如果用于购置流动资产，可能部分与产品产量、销售量相关，其利息可视为半可变半固定成本，为简化计算，也可视为固定成本。

(4) 编制成本费用估算表。分项估算上述各种成本费用后，编制相应的成本费用估算表，包括总成本费用估算表和各分项成本估算表。

6.2.5 建设工程项目基本财务报表的编制

根据所得到的基本财务数据可编制现金流量表、财务外汇流量表、预期收益表、资产负债表、损益表等基本报表。

1. 现金流量估算表

现金流量表是指将项目寿命周期内每年的现金流入量和现金流出量及两者之间差额列成的表格。项目现金流量估算表反映了项目寿命周期内现金的流入和流出，表明该项目获得现金和现金等价物的能力。由于一般的会计处理方法把如折旧、应收及应付账款等并不引起现金支付的项也列入报表中，不能客观反映项目实际获取或支付现金的能力。所以，用现金流量估计表可以更好的反映项目在寿命周期内的盈利或偿债能力。

现金流量表一般由以下三部分组成：现金流入、现金流出、净现金流量。

(1) 现金流入：现金流入是指项目建成投产后所取得的一切现金收入，它主要包括：

① 销售收入：此项是投资项目现金流入的主要来源。

② 回收固定资产余值：是指固定资产报废后的残值减去清理费用后的净残值。为了简化测算，一般项目的净残值率为 3% ~ 5%，中外合资企业项目的净残值率为 10% 以上，它在项目计算期最后一年回收，其计算公式表示为：

固定资产余值 = 固定资原始价值 × 固定资产净残值率 (6-32)

③ 回收流动资金：在建设期和生产期该项资金的流入为零，当项目寿命周期结束时，可以收回垫支的流动资金，从而形成现金流入的一项重要内容。

(2) 现金流出：现金流出是指一个项目从项目开始建设到寿命终了的全过程中，为该项目投入的资金，它的内容为：

现金流出＝固定资产投资＋流动资金＋经营成本＋销售税金及附加＋所得税 (6-33)

其中： 经营成本＝总成本费用－折旧－流动资金利息－摊销费 (6-34)

(3) 净现金流量：是指现金流入量与现金流出量之间的差额，它是项目寿命周期内的历史净效益。当它为负值时，表示项目在该年现金流入量小于现金流出量；反之，表示现金流入大于现金流出。

2．现金流量的编制

按照其资金范围的不同，现金流量表可分为全部投资现金流量表、国内资金现金流量表和自有资金现金流量表三类。

(1) 全部投资的财务现金流量表。假定项目全部投资（包括固定资产投资和流动资金）均为自有资金，不考虑资金借贷与偿还，不必计算财务费用。该表用来计算全部投资的财务净现值、内部收益率、投资回收期。

(2) 国内投资的财务现金流量表。该表以国内投资（包括国家预算内投资、自筹投资、国内贷款）为计算基础，并计算国外借款利息和本金偿还。该表用来计算国内投资的财务净现值、内部收益率，依次评价国内投资的盈利能力及国外借款对项目的影响。

(3) 自有资金财务现金流量表。该表以除借入资金以外的自有资金为基础，但包括计算借款利息和本金偿还的现金流量，该表用来计算自有资金的财务净现值、内部收益率，考虑自有资金的盈利能力。

三种现金流量表流入部分相同，流出部分有所不同，其差异部分见表6-7。

现金流出差异对比表 表6-7

全部投资现金流量表	国内投资现金流量表	自有资金现金流量表
1. 全部固定资产投资 2. 部分流动资金	1. 固定资产投资中国内投资 2. 流动资金中国内投资 3. 国外借款利息支付 4. 国外借款本金偿还	1. 固定资产投资自有资金 2. 流动资金中自有资金 3. 借款利息支付 4. 借款本金偿还

全部投资的现金流量表的基本格式如表6-8所示。

财务现金流量表（全部投资） （单位：万元） 表6-8

序号	年份 项目	建设期		投产期		达到设计能力生产期				合计
		1	2	3	4	5	6	⋯⋯	n	
	生产负荷(%)									
1	现金流入									
1.1	产品销售收入									
1.2	回收固定资产余值									

续表

序号	项目＼年份	建设期		投产期		达到设计能力生产期			合计
		1	2	3	4	5	6 …	n …	
1.3	回收流动资金								
	流入小计								
2	现金流出								
2.1	固定资产投资								
2.2	流动资金								
2.3	经营成本								
2.4	销售税金及附加								
2.5	所得税								
	流出小计								
3	净现金流量								
4	累计净现金流量								
5	所得税前净现金流量(3＋2.5)								
6	所得税前累计净现金流量								

计算指标：　　　　　　　　　　　　所得税前　　　　　　　　所得税后

财务内部收益率：($FIRR$)

财务净现值：($FNPV$)

投资回收期：(T)

注：1. 经营成本中不包括折旧、摊销费和流动资金利息。
　　2. 自有资金、国外资金现金流量表可根据它们与全部资金现金流量表之间的差异进行调整后得到。

3. 财务内部收益表的编制

财务内部收益率估算表反映项目计算期内的内部收益率的情况，其格式及实例见表 6-9。

财务内部收益估算表　　　　　（单位：万元）　　表 6-9

序号	内容	建设期			生产期					合计
		1	2	3	4	5	6	……	13	
1	净现金流量	−82.12	−146.64	−198.32	＋64.12	＋91.63	＋59.46		＋220.3	＋315.3
2	折现率12%	0.8929	0.6962	0.6118	0.6355	0.5664	0.5066		0.2292	
3	净现值(1×2)	−63.32	−116.90	−141.16	＋46.10	＋52.05	＋30.13		＋50.49	
4	累计净现值	＋63.32	−190.22	−331.38	−284.28	＋232.23	−202.10		＋68.22	−26.63
5	偏低折现率10%	0.9091	0.8264	0.6513	0.683	0.6209	0.5645		0.2896	
6	净现值(1×5)	−64.66	−121.18	−149.00	＋50.62	＋56.96	＋33.56		＋63.82	＋6.33
7	内部收益率%	内部收益＝10%＋(12%−10%)×6.33/(6.33＋1−26.631)＝10.36%								

计算出内部收益率的数值后,应与部门或行业的基准收益率相比较,若项目内部收益率大于行业或部门基准收益率,则表示项目在财务上是可行的。

4. 资金来源与运用表的编制

资金来源与运用表反映项目计算期内各年的资金盈余或短期情况,用于选择资金筹措方案,制定合适的借款及偿还计划,并为编制资产负责表提供依据。其报表的基本格式如表6-10所示。

资金来源与运用表　　　　　（单位:万元）　　表6-10

序号	项目 \ 日期	建设期		投产期		达到设计能力生产期			合计	上年余值
		1	2	3	4	5	6	…… n		
	生产负荷(%)									
1	资金来源									
1.1	利润总额									
1.2	折旧费									
1.3	摊销费									
1.4	长期借款									
1.5	流动资金借款									
1.6	其他短期借款									
1.7	自有资金									
1.8	其他									
1.9	回收固定资产余值									
1.10	回收流动资金									
2	资金运用									
2.1	固定资产投资									
2.2	建设期利息									
2.3	流动资金									
2.4	所得税									
2.5	应付利润									
2.6	长期借款本金偿还									
2.7	流动资金借款本金偿还									
2.8	其他短期借款本金偿还									
3	盈余资金									
4	累计盈余资金									

注:为了便于编制资产负债表,将第 n 年的固定资产余值,流动资金本金偿还填在上年余值栏内。

可将表分为资金来源、资金运用和盈余资金三部分,其中,盈余资金是资金来源和资金运用的差额,在编制该表时,先计算项目在计算期内各年的资金来源和资金运用,并求其差额情况,通过差额就可以反映在计算期内各年的资金盈余或短缺情况。一般来说,当它为正号时表示该项目在该年有资金盈余,如为负号则表示该年有资金短缺。为了使项目顺利进行,不会因为资金短缺而不能按计划进行,应该调整项目的资金筹措方案以及借款和偿还计划,使表中各年的累计盈余资金的数额始终可以保持大于或等于零。

5. 资产负债表的编制

(1) 项目资产负债表。项目资产负债表是反映项目在计算期内各年年末资产、负债及所有者权益增减变化及其对应关系,它表明项目在某一特定日期所拥有或控制的经济资源、所承担的义务和所有者对净资产的权益,以考察项目资产、负债、所有者权益的结构是否合理,并可据此计算资产负债率、流动比率、速动比率等财务指标,以进行清偿能力分析。

资产负债表的基本形式如表 6-11 所示。

资产负债表 （单位:万元） 表 6-11

序号	项目　　日期	建设期		投产期		达到设计能力生产期			合计
		1	2	3	4	5	6	…… n	
1	资产								
1.1	流动资产								
1.1.1	应收账款								
1.1.2	存货								
1.1.3	现金								
1.1.4	累计盈余资金								
1.1.5	其他流动资产								
1.2	在建工程								
1.3	固定资产								
1.3.1	原值								
1.3.2	累计折旧								
1.3.3	净值								
1.4	无形及递延资产								
2	负债及所有者权益								
2.1	流动负债总额								
2.1.1	应付账款								
2.1.2	其他短期借款								
2.1.3	其他流动负债								
2.2	中长期借款								
2.2.1	中期借款								
2.2.2	长期借款								
	负债小计								
2.3	所有者权益								
2.3.1	资本金								
2.3.2	资本金公积金								
2.3.3	累计盈余公积金								
2.3.4	累计未分配利润								

续表

序号	项目 \ 日期	建设期		投产期		达到设计能力生产期			合计
		1	2	3	4	5	6	…… n	
	清偿能力分析 资产负债率(%) 流动比率(%) 速动比率(%)								

(2) 项目清偿能力分析

项目清偿能力分析可考察项目计算期内各年的财务偿债能力。根据资金来源与运用表和资产负债表可计算项目的资产负债率、流动比率、速动比率等评价指标。

① 资产负债率。资产负债率是指负债总额与资产总额的比率,它是反映项目的财务风险和偿债能力的静态指标。其计算公式为:

$$资产负债率 = \frac{负债合计}{资产合计} \times 100\% \tag{6-35}$$

② 流动比率。流动比率是指流动资产总额和流动负债总额的比率,它可反映项目各年偿付流动负债能力的指标。项目能否偿还短期债务,要看项目的流动资产和流动负债的多少以及其关系,所以流动比率比资产负债率能更好反映项目的短期偿债能力。其计算公式为:

$$流动比率 = \frac{流动资产总额}{流动负债总额} \times 100\% \tag{6-36}$$

③ 速动比率。速动比率是指流动资产总额中减去存货后的余额和流动负债总额的比率,由于存货的变现能力较差,存在许多不确定因素,所以剔除存货后的速动比率能较流动比率更好的反映项目的偿付能力。其计算公式为:

$$速动比率 = \frac{流动资产总额 - 存货}{流动负债总额} \times 100\% \tag{6-37}$$

6. 损益表的编制

损益表反映项目计算期内各年的利润总额、所得税及税后利润的分配情况。其报表的基本形式可由表 6-12 所示。

损 益 表 (单位:万元) 表 6-12

序号	项目 \ 时期	投产期	达到能力生产期	合计
	生产负荷(%)			
1	产品销售收入			
2	销售税金及附加			
3	总成本费用			
4	利润总额(1-2-3)			
5	所得税			

序号	时期 项目	投产期	达到能力生产期	合计
6	税后利润(4-5)			
	可供分配利润			
6.1	盈余公积金			
6.2	应付利润			
6.3	未分配利润			
	累计未分配利润			

其中,产品销售收入、销售税金及附加和总成本费用的数据从项目基本数据预测中得到。

$$利润总额 = 销售收入 - 销售税金及附加 - 总成本费用 \tag{6-38}$$

$$所得税 = 应纳税所得额 \times 所得税税率 \tag{6-39}$$

$$税后利润 = 利润总额 - 所得税$$

$$= 可供分配利润$$

$$= 盈余公积金 + 应付利润 + 未分配利润 \tag{6-40}$$

可以根据损益表的预测数据计算项目的投资利润率、投资利税率和资本金利用率等指标。

7. 财务外汇平衡表

对于有外汇收支的项目,还要编制财务外汇平衡表,该表的基本形式可见表6-13。

财务外汇平衡表 （单位:万元） 表6-13

序号	时期 项目	建设期		投产期		达到设计能力生产期				合计
		1	2	3	4	5	6	……	n	
	生产负荷(%)									
1	外汇来源									
1.1	产品销售外汇收入									
1.2	外汇借款									
1.3	其他外汇收入									
2	外汇运用									
2.1	固定资产投资中外汇									
2.2	进口原材料									
2.3	进口零部件									
2.4	技术转让费									
2.5	偿付外汇借款本息									
2.6	其他外汇支出									
2.6	外汇余缺									

注: 技术转让费是指生产时期支付的技术转让费。

6.3 工程项目国民经济评价

6.3.1 工程项目国民经济评价的含义和意义

1. 项目国民经济评价的含义

项目财务评价只是从项目本身的财务状况来评价和判断项目的可行性,但它并不能评价项目建成后将对国民经济和社会发展的影响和作用,所以我们还必须对项目进行国民经济评价,从宏观的角度考察项目客观发生的经济效果,以评价和判断项目的可行性。

项目的国民经济评价又称项目的社会经济评价,它通常运用影子价格、影子汇率、社会贴现率、影子工资等工具或通用参数,计算和分析项目为国民经济带来的净效益,以使有限的社会资源可能得到合理的配置,实现国民经济的可持续发展。

2. 项目国民经济评价的意义

(1) 有助于协调好宏观规划和项目规划的关系,适应我国国情。我国目前仍然采用投资项目分级管理的办法。即要对国计民生影响大的经济活动实行宏观控制,又要给地方和企业足够的权限。因此,对项目投资,要求不仅要做财务评价,而且要做国民经济评价。通过控制这两种评价的结果,可以正确的协调宏观建设与企业利益的关系,达到宏观经济增长与微观企业发展协同共进的目的。

(2) 有助于克服宏观经济增长目标与资源有限性的矛盾,国家与地方宏观目标的增长通常要靠具体项目实施来实现,项目的实施必须消耗资源,资源的有限性又往往制约宏观目标的实现。只有规划好项目,使资源有效利用,才能实现宏观经济增长的目标。通过国民经济评价方法的运用,使资源有效利用,才能实现宏观经济增长的目标。通过国民经济评价方法的运用,能够优先选出客观效益好、经济合理的项目,使资源能够合理配置、有效利用。

(3) 可以促进产业结构优化。国民经济评价方法运用的影子价格是一种达到资源合理分配的价格体系,可以作为杠杆间接拨动投资流向。同时根据宏观政策调控,优选出符合产业结构调整方向的项目,即可实现产业结构的优化。

6.3.2 工程项目国民经济评价方法的特点和应用程序

1. 国民经济评价方法的特点

对大型投资项目进行国民经济评价,与财务评价有着明显的区别和特点。

(1) 使用独特的一套价格体系——影子价格。影子价格是实现资源最优分配的理想价格体系,国民经济评价方法中用变通的方法寻求影子价格的近似值,用来代替理想价格进行项目的经济效果评价。

(2) 采用若干个全国统一使用的通用参数。国民经济评价方法中运用的折现率、贸易费用率、影子汇率等在一定时期内是一个确定值,任何建设项目做国民经济评价都适用。

(3) 费用和效益是从宏观的国家角度识别的。不管项目是由企业承办还是由国家承办,做国民经济评价时,都需要从国家角度划分项目的费用和效益。

2. 国民经济评价方法的应用程序

进行国民经济评价,大致可按如下几个步骤进行:
(1) 根据国民经济评价指标所要求的基础数据,列出需进行调查和调整的内容。
(2) 针对需调查和调整的内容,逐项确定其影子价格。
(3) 将影子价格引入后测算出项目的费用和效益。
(4) 计算国民经济评价的费用、效益、各项评价指标及现金流量表,包括静态指标和运用资金时间价值的动态指标。
(5) 先定评价基准,例如选定社会折现率或标准投资回收期等。
(6) 评价、决策。

6.3.3 工程项目国民经济效益分析的基本原理

1. 费用—效益分析

费用—效益分析是工程项目国民经济效益分析的基本理论。它是从国家和整个社会的角度出发,全面地、综合地分析和评价工程项目的一种科学的方法。费用—效益分析是20世纪四五十年代在西方资本主义国家发展起来的,主要用于公共工程项目的评价和决策,只是在近十多年来,才在发展中国家得到应用和推广。我国在进行项目的国民经济效益分析时也采用了费用—效益分析的基本理论和方法。

费用—效益分析的基本问题是计算影子价格、影子汇率及项目未来的经济效益和费用,估算对未来效益和费用折现的社会折现率,并对净效益,即每年的经济效益与费用之差进行折现,最后对计算出的一系列技术经济指标进行分析和判断。基本要求是要以最小的费用取得最大的效益。基本指标是经济净现值和经济内部收益率。用社会折现率对各年净效益进行折现,得出经济净现值。经济净现值为正值或为零,表示该项目值得实施;经济内部收益率大于或等于社会折现率,才能接受该项目。在费用—效益分析中占有重要地位的是影子价格和社会折现率。价格是否合理,直接影响费用和效益计算的准确性和分析评价的客观性。社会折现率既是折现率,又是评选项目的标准。

2. 费用和效益

国民经济效益分析是把国民经济作为一个整体来考察项目给其带来的效益和使其付出的代价的,所以,费用和效益的范围比财务效益分析中的成本和效益要宽得多。

对项目来讲,费用是指因项目建设而使国民经济所付出的代价,包括项目自身和国民经济其他部门所付出的代价。费用包括内部费用和外部费用。内部费用是指用影子价格计算的项目投入物的经济价值;外部费用是指社会为项目付出了代价,项目本身并不需要支付的那部分费用。项目的费用用机会成本度量。项目投入物作为一种稀缺的资源,它有许多种用途,投到项目上去,就失去了用于别的用途获得效益的机会,那么,这种投入物投到项目上去使国民经济所付出的代价就是放弃其他使用机会而获得的最大效益。比如,一个项目用1000吨原油作为投入物,这些原油除此种用途外,还可以生产消费品A和生产资料B,也可以用于出口,换取外汇。其他几种用途获得的最大效益就是这1000吨原油用于此项目的机会成本,亦即项目的费用。但要注意的是,投入物作为其他用途的机会一定是切实可行的,不但要在技术上可行,而且还要保证经济和政治等方面可行。有时往往会出现这样的情况,一种商品,从技术方面来讲完全可以出口,但因为从政治上考虑国家不允许出口,那么,出口就不能算作他用的一个切实可行的机会。

机会成本实质上是被放弃的一种效益。用机会成本度量费用,就可以把项目的效益和费用放在一个共同可比的标准上进行度量和评价,即取得的效益与放弃的效益进行比较,前者大于后者,项目是可以接受的,说明项目所投入的资源得到最佳使用;前者小于后者,项目是不能被接受,说明项目所投入的资源未得到最佳使用。

项目的效益是指项目对国民经济所做的贡献。项目效益分为内部效益和外部效益。内部效益是指项目产出物用影子价格计算的经济价值;外部效益是指项目为社会做出贡献,而项目本身并未得益的那部分效益。

3. 外部效果

外部效果也叫外部效应,就是项目带来的外部费用和效益。这部分效果在项目本身反映不出来,而反映在国民经济的其他部门。在国民经济效益分析中,要充分考虑项目所产生的外部效果。项目的外部效果可以是有形的,也可以是无形的。有的可计量,有的则不易计量。项目的外部费用是由于项目存在而使项目以外的主体所造成的全部损失,工业项目的"三废"对空气或水的污染就是一个比较典型的例子。工业生产过程中排泄的废物会给社会生产和社会生活带来损失,特别是给周围的农业生产和居民造成净损失。项目的外部效益是由于项目存在而使项目以外的主体所享有的利益,例如,在建设一个钢铁厂时修建了一条厂外铁路运输线,这条线路除为钢铁厂服务外,还可以为当地的生产和生活服务,降低了该地区的运输费用,使当地工业、农业和居民得益。又如,有一部分企业由于原材料供不应求而不能充分发挥生产能力,而有一个拟建项目所生产的产品正好属于这种原材料,这样,项目投产以后可以缓解市场的紧张局面,使供需基本平衡,从而可以充分发挥这部分企业的生产能力,那么,这些企业所增加的效益,其中一部分应算作是此项目所带来的外部效益。

从目前情况来看,对项目所带来的外部效果还没有一种令人满意的统一的处理方法。但有一点已形成共识,即不能笼统地予以忽略。在进行国民经济效益分析时,首先要设法鉴别它们,如果确实重要,就要尽力衡量其大小。即使确实不能被量化,也要阐述其内容并做定性分析。

4. 国家参数

国家参数是指在项目经济评价中为计算费用和效益,衡量技术经济指标而使用的一些参数。

从社会观点看,国家参数应反映最佳的资源分配,国家的价值判断、国家目标和国家政策。它是数量度量标准,也是价值判别标准,在国民经济效益分析中有着重要的作用,它直接影响着项目评价和选定的结果。原则上国家参数应该对所有部门、地区和项目都是一致的,只是在非常特殊的条件下才有可能不一致。比如,一些由于历史和自然条件原因而比较落后的地区和那些国家急需发展的,或从战略考虑比较重要的部门的项目。对这样的项目,也可能不用统一的国家参数。

国家参数随着时间的进程而应该不断变化。在不同时期,国家有不同的价值判断、经济发展目标和经济政策,所以应该有不同的国家参数。随着经济的发展,项目国民经济效益分析方法和理论体系的日臻完善,国家参数也要不断地进行测算和修订,力求达到投资资金的最佳配置,反映国家的价值判断、经济目标和经济政策。

国家参数主要包括货物影子价格、影子工资、影子汇率和社会折现率等。

(1) 影子价格

价格是国民经济效益分析中的一个关键因素,是度量项目费用和效益的统一尺度,价格合理与否关系到费用和效益计算的正确性,从而关系到计价结果的客观性。合理的价格应该反映市场的供求关系、资源的稀缺程度和国际市场价格因素。我国相当一部分产品现行价格不反映或不完全反映这几种因素,原因是:①由于历史的原因,为了鼓励工业的优先发展,工业产品、特别是加工工业产品的价格定得偏高。随着劳动生产率的提高,工业产品的社会劳动消耗不断下降。与此同时,有些资源(如能源、木材和矿物等初级产品)相对紧缺,而且开采条件逐渐恶化,社会劳动消耗不断增加,但价格调整不及时,导致加工工业产品的价格过高,而原材料、能源等初级产品的价格偏低。②我国政府为了保证人民的基本生活有一定保障,对生活必需品如粮食、食油、棉布和住房等实行低价供应,政府为此每年需提供大量补贴。这些物品的价格低估了它们的边际社会效益。③政府为了扶持某些工业的发展,对这些工业产品征收比较高的进口关税,以维持相对较高的国内市场价格。如果用这样的"失真"价格来评价项目,往往会得出不正确的评价结论。因为在一个价格被"扭曲"了的市场上,由于价格体系的失真,采用现行市场价格进行宏观经济评价的结果,不足以反映项目对国民经济的贡献。所以,在国民经济效益分析中,要用合理的价格对投入物和产出物的现行价格进行调整,这种合理的价格,我们借助经济数学的定义,称为影子价格。

原来意义上的影子价格是指当社会经济处于某种最优状态下时,能够反映社会劳动的消耗、资源稀缺程度和对最终产品需求情况的价格。这里所说的"合理"标志,从定价原则来讲,应该能更好地反映产品的价值,反映市场供求关系,反映资源的稀缺程度;从价格产出的效果来讲,应该能使资源配置向优化的方向发展。

这种原来意义上的影子价格是通过线性规划计算出来的,规划从优化资源配置出发,本身并不含资源的价格,但由于对偶规划的存在,一旦实现了资源的最佳配置、各种资源的最优计划价格也就如影附形地产生了。这就是影子价格这一用语的由来,也就是我们通常所说的"影子价格是线性规划对偶解"的涵义。这种求影子价格的方法在理论上比较严密,但因为受各方面条件的限制,很难用这种方法计算。根据国外的一些做法和我国的实际情况,一般以口岸价格(国际市场价格,下同)为基础确定投入物和产出物的影子价格。

(2) 影子工资

在国民经济效益分析中,用影子工资度量劳动力费用。影子工资是指拟建项目使用劳动力,国家和社会为此而付出的代价,也就是劳动力作为特殊投入物的影子价格。它由两部分组成:一是劳动力的机会成本,即由于所评估项目的建设而使其他部门流失的劳动力;二是因劳动力就业或转移所增加的社会资源消耗,如交通运输费用、城市管理费用等。这些资源是因项目存在而消耗,但并没有因此提高劳动力的生活水平。

在国民经济效益分析中,以影子工资作为劳动力费用,并计入经营成本。从理论上讲,影子工资包括劳动力的机会成本和社会为劳动力的就业或转移所消耗的资源价值。但实际上,劳动力的机会成本是很难计算的,即难以准确地计算出已有的边际劳动力产品。至于后部分的估算就更加困难了,因为在项目评估阶段,难以预测到时会增加多少社会资源的消耗。所以,一般以财务效益分析中的现行工资及福利费为基础,乘以一个换算系数,即变换为影子工资。选用工资换算系数应坚持以下原则:即一般的项目,可选用 1.0,对于某些特殊项目,在有充分依据的前提下,可根据项目所在地的劳动力的充裕程度,以及项目技术等的特点,适当提高或降低工资换算系数,即或者大于 1.0,或者小于 1.0。如果项目所在地的就业压力大,或者所用的劳动力大部分是非熟练劳动力的项目,可以取小于1.0的工资换算系数。因为在这种情况下,劳动力的机会成本是相对比较小的。若是占用大量短缺的专业技术人员的项目,可取大于1.0的工资换算系数。因为在这种情况下,劳动力的机会成本相对比较大,为培训、转移所消耗的社会资源也比较多。上述只是给一个范围,在确定一个具体数值时,还要由评估人员根据项目及项目环境的特点,按照上述原则进行分析和判断。

(3) 影子汇率

影子汇率是指两国货币实际购买力的比价关系,即外汇的影子价格。影子汇率在项目的国民经济效益分析中用以将外汇折算为人民币,对于非美元的其他国家货币,可先按当时国家外汇管理局公布的汇价折算为美元,再用影子汇率折算为人民币。影子汇率影响投资项目决策中的进出口抉择,间接影响项目的经济合理性。一般认为,在国家实行外汇管理制和没有形成外汇市场的条件下,官方汇率(国家公布的正式汇率)往往低估了外汇的价值。所以,国民经济效益分析中必须对官方汇率进行调整,选用较能反映外汇真实经济价值的影子汇率,即外汇的机会成本。外汇的机会成本是在一定的经济政策和经济状况下,由于项目投入或产出而减少或增加的外汇收入给国民经济带来净损失或净效益。对于投入物来讲,是指因为投入一个美元的外汇,国家实际要支付或国家要消耗多少人民币;对产出物来讲,是指因为增加一个美元的外汇,国家实际所得到的人民币收入。

(4) 社会折现率

社会折现率是资金的影子价格,也即投入资金的机会成本。社会折现率是投资决策的重要工具。适当的社会折现率可以促进资源的合理分配,引导资金投向对国民经济净贡献大的项目。原则上,选取的社会折现率应能使投资资金的供需基本平衡。如果社会折现率定得过高,投资资金供过于求,将导致资金积压,也会过高估计货币的时间价值,使投资者偏爱短期项目;如果定得过低,在经济评价中有过多的项目通过检验,将导致投资资金不足,同时也会过低地估计货币的时间价值,偏爱长期项目。

社会折现率的确定体现国家的政策、目标和宏观调控意图,并且既要符合基本理论,又要符合我国的实际情况,应该考虑我国近期的投资收益水平、社会资金的机会成本、国际金融市场上的长期贷款利率以及资金供求状况等因素。

6.4 工程项目实施技术评价

6.4.1 工程项目实施技术方案的选择

技术方案主要指生产方法、工艺流程等

1. 技术方案选择时应考虑的因素

(1) 先进性

技术方案的先进性是指工艺、设备、设计方案及产品方案具有国际水平或领先于我国现有技术水平。项目的先进性是通过各种技术指标体现出来的。一般包括劳动生产率、单位产品原材料消耗、能源消耗、质量指标、占地面积和运输量等通用指标,另外,还有适用于各部门、各行业特点的具体指标。所用的技术指标应与国内外同类型企业的先进水平相比较,在比较过程中确定先进程度。

(2) 适用性

技术方案上的适用性是指拟采用的工艺技术必须适应其特定的技术条件,可以迅速消化、投产、提高并能取得良好的经济效益。具有先进性的工艺技术不一定就能适用,而不适用的工艺技术是不可能取得良好的经济效益的。任何一项工艺技术在实际应用中都要消耗一定的人力、物力、财力,都要借助于当时当地的具体条件,包括自然条件、技术条件、社会条件和经济条件等。因此选择工艺技术要结合这些条件充分考虑它的适用性。分析评估时,要分析项目工艺技术方案和设备选型是否估计到企业的技术管理水平和生产工人的素质,是否考虑了企业对先进技术的吸收消化能力。

结合我国国情,工艺技术的适用性应符合以下基本条件:

① 有利于合理利用有限资源,降低原材料、特别是能源的消耗;
② 有利于维护生态平衡,减少和避免环境污染;
③ 有利于改善产品结构提高产品质量;
④ 有利于充分发挥原有的技术装备和技术力量;
⑤ 符合国家、地区、部门的科技发展政策。

总之,讲求适用性就是要因地制宜,量力而行,注重实效。

(3) 经济性

经济性原则可以表述为以最小的代价获取最大的收益。

在不同的情况下,经济性原则可以体现为各种不同的具体原则,最主要的有最大收益原则和最小成本原则。

① 最大收益原则。对于一个特定的经济系统来说,必须在一定的资源条件和环境条件制约下谋求自身的发展。在这种情况下,经济性原则体现为"最大收益原则",即经济系统应该选择在一定资源条件下能够带来最大收益的工艺技术。对于一个盈利为主要目标的企业来说,可以表述为"利润最大化"。

② 最小成本原则。为了达到某一特定的目的,经济系统往往需要对各种工艺技术方案进行比较选择。在这种情况下,经济性原则体现为"最小成本原则",即应该选择总成本最小的工艺技术。

(4) 可靠性

项目所选择的工艺必须是成熟的和可靠的,并且在实践中能发挥预期效益。可靠性是选择工艺的前提。新技术、新工艺要进入生产领域,必须经过实验室研究和中间试验,只有实验阶段基本解决了各种应用工艺技术问题,并经过权威机关综合评价和鉴定后,才能进入生产阶段。

(5) 安全性

对项目采用的工艺技术及设备的安全性,有足够把握,从社会角度、劳动保护角度加以分析评价。主要考察所采用的工艺技术是否会对操作人员造成人身伤害,有无保护措施,是否会破坏自然环境和生态平衡,能否预防等等。

总之,应根据上述原则,对项目进行工艺技术方案分析与评估,以达到工艺技术上先进、生产上适用、经济上合理、质量上可靠和安全上有保障的有机统一。

2. 技术方案选择的内容

(1) 生产方法选择

① 研究与项目产品相关的国内外各种生产方法,分析其优缺点及发展趋势,采用先进适用的生产方法。

② 研究拟采用的生产方法是否与采用的原材料相适应。

③ 研究拟采用生产方法的技术来源的可得性,若采用引进技术或者专利,应比较购买技术或者专利所需的费用。

④ 研究拟采用生产方法是否符合节能和清洁生产要求,力求能耗低、物耗低,废弃物少。

(2) 工艺流程方案选择

① 研究工艺流程方案对产品质量的保证程度。

② 研究工艺流程各工序之间的合理衔接,工艺流程应通畅、简捷。

③ 研究选择先进合理的物料消耗定额,提高效率。

④ 研究选择主要工艺参数,如压力、温度、真空度、收率、速度、纯度等。

⑤ 研究工艺流程的柔性安排,既能保证主要工序生产的稳定性,又能根据市场需要的变化,使生产的产品在品种规格上保持一定的灵活性。

3. 技术方案的比选论证

技术方案的比选内容主要有:技术的先进程序,技术可靠程度,技术对产品质量性能的保证程度,技术对原材料的适应性,工艺流程的合理性,自动化控制水平,技术获得的难易程度,对环境的影响程度,以及购买技术或者专利费用等技术经济指标。

技术改造项目技术方案的比选论证,还要与企业原有技术方案进行比较。

比选论证后提出推荐方案。应绘制主要工艺流程图,编制主要物料平衡表,车间(或者装置)组成表,主要原材料、辅助材料及水、电、汽等消耗定额表。

6.4.2 主要设备方案选择评价

设备方案选择是在研究和初步确定技术方案的基础上,对所需主要设备的规格、型号、数量、来源、价格等进行研究比选。

1. 主要设备方案选择的基本要求

(1) 主要设备方案应与选定的建设规模、产品方案和技术方案相适应,满足项目投产后生产或者使用的要求。

(2) 主要设备之间、主要设备与辅助设备之间的能力相互配套。

(3) 设备质量可靠、性能成熟,保证生产和产品质量稳定。

(4) 在保证设备性能的前提下,力求经济合理。

(5) 拟选的设备,应符合政府部门或者专门机构发布的技术标准要求。

2. 主要设备选择内容

(1) 根据建设规模、产品方案和技术方案,研究提出所需主要设备的规格、型号和数量。

(2) 通过对国内外有关制造企业的调查和初步询价,研究提出项目所需主要设备的来源与投资方案。

(3) 拟引进国外设备的项目,应提出设备供应方式,如合作设计合作制造、合作设计国内制造,以及引进单机或者成套引进等。

(4) 选用超大、超重、超高设备,应提出相应的运输和安装的技术措施方案。

技术改造项目利用或者改造原有设备的,应提出利用或者改造原有设备方案。

3. 主要设备方案比选

在调查研究国内外设备制造、供应以及运行状况的基础上,对拟选的主要设备作多方案比选,提出推荐方案。

(1) 比选内容

主要比选各设备方案对建设规模的满足程度,对产品质量和生产工艺要求的保证程度,设备使用寿命,物料消耗指标,备品备件保证程度,安装试车技术服务,以及所需设备投资等。

(2) 比选方法

主要采用定性分析,辅之以定量分析方法。定性分析是将各设备方案的内容进行分析对比。定量分析一般包括计算运营成本、寿命周期费用和差额投资回收期等指标。几种主要的定量分析方法如下:

运营成本比较。这种比较方法是对设备方案的原材料、能源消耗和运转维修费等运营成本进行比较。在功能相同的条件下,设备运营成本低的方案为优。

寿命周期费用比较。这种比较方法包括年费用比较和现值比较。年费用比较是将一次投入的设备费用,按使用寿命换算成每年的费用支出,加上年运营费用,进行比较,年费用少者为优。现值比较是将每年运营费用通过折现系数换算成一次投资费用,加上设备投资,进行比较,现值少者为优。

差额投资回收期比较。这种比较方法是将两个设备方案的运营成本的差额与设备投资的差额相比,计算差额投资回收年限,少于预期投资回收时,投资大的方案为优。

设备方案经比选后,提出推荐方案并编制主要设备表,如表6-14所示。

主要设备表　　　　　　　表6-14

序号	设备名称	型号	主要参数	计量单位	数量	设备来源			
						利用原有	国内制造	进口	合作制造

非主要设备在可行性研究阶段可不列出设备清单。为了估算设备总投资,可参考已建成的同类、同规模项目非主要设备所占比例或者采用行业通用比例,按单项工程估算非主要设备的吨数和投资。

6.4.3　工程方案选择评价

工程方案构成项目的实体。工程方案选择是在已选定项目建设规模、技术方案和设备方案的基础上,研究论证主要建筑物、构筑物的建造方案。

1. 工程方案选择的基本要求

(1) 满足生产使用功能要求。确定项目的工程内容、建筑面积和建筑结构时,应满足生产和使用的要求。分期建设的项目,应留有适应的发展余地。

(2) 适应已选定的场址(线路走向)。在已选定的场址(线路走向)的范围内,合理布置建筑物、构筑物以及地上、地下管网的位置。

(3) 符合工程标准规范要求。建筑物、构筑物的基础、结构和所采用的建筑材料,应符合政府部门或者专门机构发布的技术标准规范要求,确保工程质量。

(4) 经济合理。工程方案在满足使用功能、确保质量的前提下,力求降低造价,节约建设资金。

技术改造项目的工程方案,应合理利用现有场地、设施,并力求新增的设施与原有设施相协调。

2. 工程方案研究内容

(1) 一般工业项目的厂房、工业窑炉、生产装置等建筑物、构筑物的工程方案,主要研究其建筑物特征(面积、层数、高度、跨度),建筑物构筑物的结构形式,以及特殊建筑要求(防火、防爆、防腐蚀、隔声、隔热等),基础工程方案,抗震设防等。

(2) 矿产开采项目的工程方案主要研究开拓方式。根据矿体分布、形态、产状、埋藏深度、地质构造等条件,结合矿产品位、可采资源量,确定井下开采或者露天开采的工程方案。这类项目的工程方案将直接转化为生产方案。

井下开采。应根据矿床地质条件、储量、地形地貌、生产规模、作业场地和采矿工艺等,研究确定开采方式,如采用竖井、斜井、平洞或者混合开采等。根据矿体的产状厚度和顶底板岩层的稳固性、矿床水文地质条件、矿石品位高低等,研究确定开采方法,如采用综合采掘、机械化或者半机械化开采。根据开采方式和开采方法,研究提出相应的工程方案。

露天开采,应根据露天矿开采边坡角参数和采剥比,研究提出开采矿段、扩帮开采的工程方案。

油气田开采,应根据探明储量、地质条件、油气层结构,研究提出钻井和油气集输等工程方案。

(3) 铁路项目工程方案,主要包括线路、路基、轨道、桥涵、隧道、站场以及通信信号等方案。

根据线路各路段的地形地貌、沿线地质条件,研究提出路基填挖高度、加固防护路基,以及不良地质处理的方案。

根据水文地质和工程地质情况,研究提出全线桥梁、隧道的开挖或者建造方案。对地质条件复杂、工程结构复杂、施工难度大、工程量大的桥梁、隧道分别研究提出相应的工程方案。

根据项目设定的运输能力,研究提出线路各车站、货场的工程方案。

(4) 水利水电项目工程方案,主要包括防洪、防涝、灌溉、供水、发电等工程方案。水利水电枢纽和水库工程主要研究坝址、坝型、坝体建筑结构、坝基处理以及各种建筑物、构筑物的工程方案。同时,还应研究提出库区移民安置的工程方案。

6.5 工程项目社会综合评价

社会评价是分析拟建项目对当地社会的影响和当地社会对项目的适应性和可接受程度,评价项目的社会可行性。

6.5.1 社会评价作用与范围

社会性评价旨在系统调查和预测拟建项目的建设运营产生的社会影响与社会效益,分析项目所在地区的社会环境对项目的适应性和可接受程度。通过分析项目涉及的各种社会因素,评价项目的社会可行性,提出项目与当地社会协调关系,规避社会风险,促进项目顺利实施,保持社会稳定的方案。

进行社会评价有利于国民经济发展目标与社会发展目标协调一致,防止单纯追求项目的财务效益;有利于项目与所在地区利益协调一致,减少社会矛盾和纠纷,防止可能产生不利的社会影响和后果,促进社会稳定;有利于避免或减少项目建设和运营的社会风险,提高投资效益。

社会评价适用于那些社会因素较为复杂,社会影响较为久远,社会效益较为显著,社会矛盾较为突出,社会风险较大的投资项目。其中主要包括需要大量移民搬迁或者占用农田较多的水利枢纽项目、交通运输项目、矿产和油气田开发项目、扶贫项目、农村区域开发项目,以及文化教育、卫生等公益性项目。

6.5.2 社会评价主要内容

社会评价从以人为本的原则出发,研究内容包括项目的社会影响分析、项目与所在地区的互适性分析和社会风险分析。

1. 社会影响分析

项目的社会影响分析旨在分析预测项目可能产生的正面影响(通常称为社会效益)和负面影响。

(1) 项目对所在地区居民收入的影响,主要分析预测由于项目实施可能造成当地居民收入增加或者减少的范围、程度及其原因;收入分配是否扩大贫富收入差距,并提出促进收入公平分配的措施和建议。扶贫项目,应着重发现项目实施后,能在多大程度上减轻当地居民的贫困和帮助多少贫困人口脱贫。

(2) 项目对所在地区居民生活水平和生活质量的影响,分析预测项目实施后居民居住水平、消费水平、消费结构、人均寿命的变化及其原因。

(3) 项目对所在地区居民就业的影响,分析预测项目的建设、运营对当地居民就业结构和就业机会的正面影响与负面影响。其中正面影响是指可能增加就业机会和就业人数,负面影响是指可能减少原有就业机会及就业人数,以及由此引发的社会矛盾。

(4) 项目对所在地区不同利益群体的影响,分析预测项目的建设和运营使哪些人受益或受损,以及对受损群体的补偿措施和途径。兴建露天矿区、水利枢纽工程、交通运输工程、城市基础设施等一般都会引起非自愿移民,应特别加强这项内容的分析。

(5) 项目对所在地区弱势群体利益的影响,分析预测项目建设和运营对当地妇女、儿童、残疾人员利益的正面影响或负面影响。

(6) 项目对所在地区文化、教育、卫生的影响,分析预测项目建设和运营期间是否可能引起当地文化教育水平、卫生健康程度的变化以及对当地人文环境的影响,提出减小不利影响的措施建议。公益性项目应特别加强这项内容的分析。

(7) 项目对当地基础设施、社会服务容量和城市化进程等的影响,分析预测项目建设和运营期间,是否可能增加或占用当地的基础设施,包括道路、桥梁、供电、给排水、供气、服务网点,以及产生的影响。

(8) 项目对所在地区少数民族风俗习惯和宗教影响,分析预测项目建设和运营是否符合国家的民族和宗教政策,是否充分考虑了当地风俗习惯、生活方式或者当地居民的宗教信仰,是否会引进引发民族矛盾、宗教纠纷,影响当地社会安定。

2. 互适性分析

互适性分析主要是分析预测项目能否为当地的社会环境、人文条件所接纳,以及当地政府、居民支持项目存在与发展的程度,考察项目与当地社会环境的相互适应关系。

(1) 分析预测与项目直接相关的不同利益群体对项目建设和运营的态度及参与程度,选择可以促使项目成功的各利益群体的参与方式,对可能阻碍项目存在与发展的因素提出防范措施。

(2) 分析预测项目所在地区的各类组织对项目建设和运营的态度,可能在哪些方面、在多大程度上对项目予以支持和配合。对需要由当地提供交通、电力、通信、供水等基础设施条件,粮食、蔬菜、肉类等生活供应条件,医疗、教育等社会福利条件的,当地是否能够提供,是否能够保障。国家重大建设项目要特别注重内容的分析。

(3) 分析预测项目所在地区现有的技术、文化状况能否适应项目建设和发展。主要为发展地方经济、改善当地居民生产生活条件兴建的水利项目、公路交通项目、扶贫项目,应分析当地居民的教育水平能否适应项目要求的技术条件,能否保证实现项目既定目标。

通过项目与所在地区的互适性分析,就当地对项目适应性和可接受程度作出评价。

3. 社会风险分析

项目的社会风险分析是对可能影响目的各种社会因素进行识别和排序,选择影响面大、持续时间长,并容易导致较大矛盾的社会因素进行预测,分析可能出现这种风险的社会环境的条件。那些可能诱发民族矛盾、宗教矛盾的项目要注重这方面的分析,并提出防范措施。

6.5.3 社会评价步骤与方法

1. 社会评价步骤

社会评价一般分为调查社会资料、识别社会因素、论证比选方案三个步骤。

(1) 调查社会资料

调查了解项目所在地区的社会环境等方面的资料。调查的内容包括项目所在地区的人口统计资料,基础设施与服务设施状况;当地的风俗习惯、人际关系;各利益群体对项目的反应、要求与接受程度;各利益群体参与项目活动的可能性,如项目所在地区干部、群众对参与项目活动的态度和积极性,可能参与的形式、时间,妇女在参与项目活动方面有无特殊情况等。社会调查可采用多种调查方法,如查阅历史文献、统计资料,问卷调查,现场访问、观察、开座谈会等。

(2) 识别社会因素

分析社会调查获得的资料,对项目涉及的各种社会因素进行分类。一般可分成三类:即影响人类生活和行为的因素;影响社会环境变迁的因素;影响社会稳定与发展的因素。从中识别与选择影响项目实施和项目成功的主要社会因素,作为社会评价的重点和论证比选方案的内容之一。

(3) 论证比选方案

对项目可行性研究拟定的建设地点、技术方案和工程方案中涉及的主要社会因素进行定性、定量分析,比选推荐社会正面影响大、社会负面影响小的方案。

2．社会评价方法

项目涉及的社会因素、社会影响和社会风险不可能用统一的指标、量纲和判据进行评价,因此社会评价应根据项目的具体情况采用灵活的评价方法。在项目前期准备阶段,采用的社会评价方法主要有快速社会评价法和详细社会评价法。

(1) 快速社会评价法

快速社会评价是在项目前期阶段进行社会评价常用的一种简捷方法,通过这一方法可大致了解拟建项目所在地区社会环境的基本状况,着眼于负面社会因素的分析判断,一般以定性描述为主。快速社会评价的方法步骤因素。

① 识别主要社会因素,对影响项目的社会因素分组,可按其与项目之间关系和预期影响程度划分为影响一般、影响较大和影响严重三级。应侧重分析评价那些影响严重的社会因素。

② 确定利益群体,对项目所在地区的受益、受损利益群体进行划分,着重对受损利益群体的情况进行分析。按受损程度,划分为受损一般、受损较大、受损严重三级,重点分析受损严重群体的人数、结构,以及他们对项目的态度和可能产生的矛盾。

③ 估计接受程度,大体分析当地现有经济条件、社会条件对项目存在与发展的接受程度,一般分为高、中、低三级。应侧重对接受程度低的因素进行分析,并提出项目与当地社会环境相互适应的措施建议。

(2) 详细社会评价法

详细社会评价法是在可行性研究阶段广泛应有的一种评价方法。其功能是在快速社会评价的基础上,进一步研究与项目相关的社会因素和社会影响,进行详细论证预测风险。结合项目备选的技术方案、工程方案等,从社会分析角度进行优化。详细社会评价采用定量与定性分析相结合的方法,进行过程分析。主要步骤如下:

① 识别社会因素并排序列,对社会因素按其正面影响与负面影响,持续时间长短,风险度大小,风险变化趋势(减弱或者强化)分组。应着重对那些持续时间长、风险度大、可能激化的负面影响进行论证。

② 识别利益群体并排序,对利益群体按其直接受益或者受损,间接受益或者受损,减轻或者补偿措施的代价分组。在此基础上详细论证各受益群体之间,利益群体与项目之间的利害关系,以及可能出现的社会矛盾。

③ 论证当地社会环境对项目的适应程度,详细分析项目建设与运营过程式中可以从地方获得支持与配合的程度,按好、中、差分组。应着重研究地方利益群体、当地政府和非政府机构的参与方式及参与意愿,并提出协调矛盾的措施。

④ 比选优化方案,将上述各项分析的结果进行归纳,比选、推荐合理方案。

在进行项目详细社会评价基础上进一步采用参与式评价,即吸收公众参与评价项目的技术方案、工程方案等。这种方式有利于提高项目方案的透明度;有助于取得项目所在地各有关利益群体的理解、支持与合作;有利于提高项目的成功率,预防不良社会后果。一般来说,公众参与程度越高,项目的社会风险越小。参与式评价可采用下列形式:

咨询式参与,由社会评价人员将项目方案中涉及当地居民生产、生活的有关内容,直接交给居民讨论,征询意见。通常采用问卷调查法。

邀请式参与,由社会评价人员邀请不同利益群体中有代表性的人员座谈,注意听取反对意见,并进行分析。

委托式参与,由社会评价人员将项目方案中特别需要当地居民支持、配合的问题,委托给当地政府或机构,组织有关利益群体讨论,并收集反馈意见。

《建设项目环境影响评价证书管理办法》规定,对从事环境影响评价的单位进行资格审查。

《环境影响评价技术导则》(1993年)中对环境影响报告书的内容做了详细规定。

《建设项目环境保护办法》规定,环境影响报告书由建设单位在项目的可行性研究报告阶段完成,建设项目的行业主管部门负责报告书的预审。大中型建设项目和限额以上的技术改造项目的报告书,经省级环保部门审批,报国家环保局备案。

3. 项目环境影响评价与管理的主要依据——环境标准

我国现行环境标准体系分为两级、6种类型。两级环境标准体系为国家级与地方级(包括行业管理)。6种类型有:

(1) 环境质量标准。在一定时间和空间内,各种环境介质(如大气、水、土壤等)中有害物质和因素所规定的容许含量与要求,是衡量环境受到污染的尺度,是有关部门进行环境管理、制定污染排放标准的依据。

(2) 污染物排放标准。

(3) 环境基础标准。对制定环境标准的有关名词、术语、符号、指南、导则所作出的统一规定,是制定环境标准的基础。

(4) 环境方法标准。对环境保护工作中的实验、分析、抽样、统计、计算方法的规定。

(5) 环境标准样品标准。

(6) 环境保护仪器设备标准。

我国基本建设项目与环保管理程序如图6-11所示。

6.5.4 环境条件调查及影响因素分析

1. 环境条件主要调查

(1) 自然环境。调查项目所在地的大气、水体、地貌、土壤等自然环境状况。

(2) 生态环境。调查项目所在地的森林、草地、湿地、动物栖息、水土保持等生态环境状况。

(3) 社会环境。调查项目所在地居民生活、文化教育卫生、风俗习惯等社会环境状况。

(4) 特殊环境。调查项目周围地区名胜古迹、风景区、自然保护区等环境状况。

影响环境因素分析,主要是分析项目建设过程中破坏环境,生产运营过程中污染环境,导致环境质量恶化的主要因素。

2. 污染环境因素分析

分析生产过程中产生的各种污染源,计算排放污染物数量及其对环境的污染程度。

(1) 废气。分析气体排放点,计算污染物产生量和排放量、有害成分和浓度,研究排放特征及其对环境危害程度。应编制废气排放一览表。

(2) 废水。分析工业废水(废液)和生活污水的排放点,计算污染物产生量与排放数量、有害成分和浓度,研究排放特征、排放去向及其对环境危害程度。应编制废水排放一览表。

(3) 固体废弃物。分析计算固体废弃物产生量与排放量、有害成分,及其对环境造成的污染程度。应编制固体废弃物排放一览表。

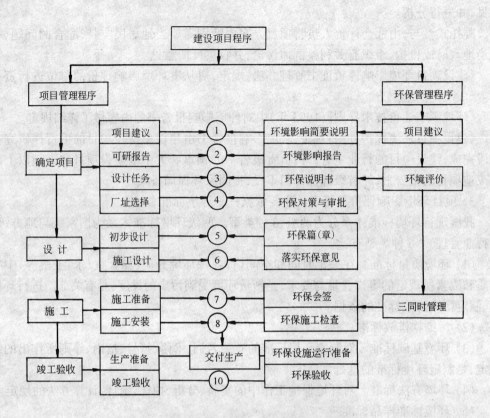

图 6-11 我国基本建设项目与环境保护管理程序

(4) 噪声。分析噪声源位置，计算声压等级，研究噪声特征及其对环境造成的危害程度。应编制噪声源一览表。

(5) 粉尘。分析粉尘排放点，计算产生量与排放量，研究组分与特征、排放方式，及其对环境造成的危害程度。应编制粉尘排放一览表。

(6) 其他污染物。分析生产过程产生的电磁波、放射性物质等污染物发生的位置、特征，计算强度值，及其对周围环境的危害程度。

3．破坏环境因素分析

分析项目建设施工和生产运营对环境可能造成的破坏因素，预测其破坏程度，主要包括以下方面：

(1) 对地形、地貌等自然环境的破坏。

(2) 对森林草地植被的破坏，如引起的土壤退化、水土流失等。

(3) 对社会环境、文物古迹、风景名胜区、水源保护区的破坏。

4．项目环境影响评价的工作程序

项目环境评价的主要目的是运用环境影响技术，识别和预测项目对环境所产生的影响，解释和传播影响信息，制定出减轻不利影响的对策措施，做出项目建设后对环境的影响评价，为项目决策和实施服务，从而达到人类行为与环境之间的协调发展。项目环境影响评价的工作如图 6-12 所示。

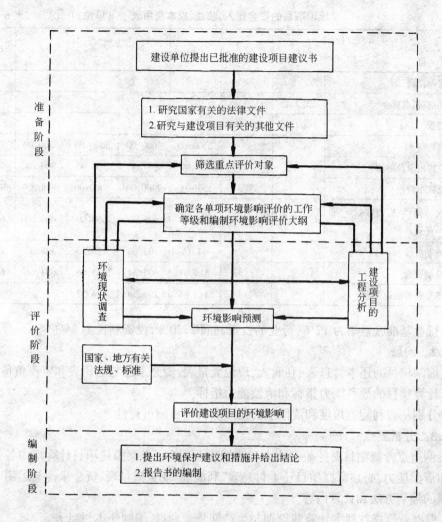

图 6-12 项目环境影响评价工作程序图

6.6 工程项目财务评价案例

6.6.1 背景

拟建某工业生产项目，基础数据如下：

(1) 建设投资 5058.9 万元（其中，含无形资产 600 万元）。建设期 2 年，运营期 8 年。

(2) 项目建设投资资金来源为贷款和自有资金。贷款总额为 2000 万元，在建设期内每年贷入 1000 万元。贷款年利率 10%（按年计息）。按照实际偿还能力偿还贷款。无形资产在运营期 8 年中，均匀摊入成本。固定资产残值 300 万元，按照直线法折旧，折旧年限 12 年。自有资金在建设期内均衡投入。

(3) 本项目第 3 年投产，当年生产负荷达到设计生产能力 50%，第 4 年达到设计生产能力 80%，以后各年均达到设计生产能力 100%。流动资金全部为自有资金。

(4) 建设项目的资金投入、收益、成本费用表见表 6-15。

建设项目的资金投入、收益、成本费用表 （单位：万元）　表 6-15

序号	年份\项目	1	2	3	4	5	6	6～10
1	建设投资							
1.1	其中：自有资金	1529.45	1529.45					
1.2	贷款	1000.00	1000.00					
2	销售额			2500.00	4000.00	5000.00	5000.00	5000.00
3	销售税金及附加			150.00	240.00	300.00	300.00	300.00
4	总成本费用			1500.00	2400.00	3000.00	3000.00	3000.00
5	流动资产（应收账款＋现金＋存货）			380.00	608.00	660.00	660.00	660.00
6	流动负债			64.16	102.66	128.33	128.33	128.33
7	流动资金			315.84	505.34	631.66	631.66	631.66
8	本年新增流动资金			315.84	189.50	126.33		

(5) 行业基准收益率为 12%，行业的投资利润率 20%，投资利税率 25%。

6.6.2 问题

(1) 编制项目的还本付息表、利润表、现金流量表、资金来源与运用表和资产负债表。

(2) 计算项目的盈利能力指标和清偿能力指标。

(3) 分别从盈利能力角度和清偿能力角度分析项目的可行性。

6.6.3 分析要点

本案例重点考核项目财务盈利能力和清偿能力。为了考察拟建项目计算期内各年的财务状况和清偿能力，必须掌握项目还本付息表、利润表、现金流量表、资金来源与运用表和资产负债表的编制方法和计算内容。

(1) 根据所给贷款利率计算建设期与生产期贷款利息，编制还本付息表。

$$生产期各年利息 = 该年年初累计借款额 \times 贷款利率$$

(2) 根据背景材料所给数据，按以下公式计算利润表的各项费用：

$$销售税金及附加 = 销售收入 \times 销售税金及附加税率$$

$$利润总额 = 销售收入 - 总成本费用 - 销售税金及附加$$

$$所得税 = 利润总额 \times 所得税率$$

$$盈余公积金 = 税后利润 \times 15\%（必须在盈余年份才可计取）$$

在估算应付利润（投资者分配利润）时分三种情况：

① 非盈余年份应付利润 = 0

② 还清贷款前各年应付利润 = 税后利润 + 折旧费 + 摊销费 - 借款本金偿还
　　　　　　　　　　　　 - 盈余公积金　　　　　　　　　　　　　　　　　(6-41)

③ 还清贷款后各年应付利润 = 税后利润 - 盈余公积金　　　　　　　　　　(6-42)

（说明：项目实际运营期间各年应付利润按年度董事会或股东会决议执行。）

$$未分配利润（即可供分配利润）= 税后利润 - 盈余公积金 - 应付利润$$

(3) 现金流量见表 6-18，计算各项盈利能力指标。

(4) 编制资金来源与运用表应掌握以下各项费用的计算方法:

资金来源包括利润总额、固定资产折旧、无形资产摊销、自有资金、借款以及回收固定余值和流动资金等费用的计算。

资金运作包括固定资产投资、流动资产投入、所得税、应付利润、长期借款还本等费用的计算。

(5) 盈余资金＝资金来源－资金运用

(6) 编制资产负债表应掌握以下各项费用的计算方法；

流动资产、累计盈余资金、在建工程、固定资产净值、无形资产和递延资产净值、流动负债、流动资金借款和长期借款等。

(7) 清偿能力分析:计算借款偿还期和资产负债率。

6.6.4 答案

(1) 问题1 解:根据所给贷款利率计算建设期与生产期贷款利息,编制项目还本付息表 6-16。

项目还本付息表　　　　　　　　（单位:万元）　　表 6-16

序号	项目	1	2	3	4
1	长期借款及还本付息				
1.1	年初借款累计		1050	2205	1196.84
1.2	本年新增借款	1000	1000		
1.3	本年应计利息	50	155	220.5	119.68
1.4	本年应还本金			1008.16	1196.84
1.5	本年应付利息			220.50	119.68
2	还本资金来源			1008.16	1196.84
2.1	折旧			363.66	363.66
2.2	摊销			65	65
2.3	未分配利润			569.50	658.18

第1年贷款利息＝(0＋1000÷2)×10%＝50(万元)

第2年贷款利息＝[(1000＋50)＋1000÷2]×10%＝155(万元)

建设期贷款利息总额＝50＋155＝205(万元)

(2) 问题2 解:根据表 6-17、表 6-18 中数据,列表计算各项费用,编制项目利润表,见表 6-17。

(3) 问题3 解:根据以上表格的计算,编制现金流量表(全部投资),编制现金流量表(自有资金),见表 6-18、表 6-19。

动态指标

全部投资(税后)　　财务内部收益率＝20.92%

　　　　　　　　　财务净现值＝2006.19 万元

全部投资(税前)　　财务内部收益率＝28.46%

　　　　　　　　　财务净现值＝3956.89 万元

第6章 工程项目评价

项目利润表　　（单位：万元）　　表6-17

序号	项目	3	4	5	6	7	8	9	10
1	销售收入	2500.00	4000.00	5000.00	5000.00	5000.00	5000.00	5000.00	5000.00
2	总成本	1500.00	2400.00	3000.00	3000.00	3000.00	3000.00	3000.00	3000.00
3	销售税金及附加	150.00	240.00	300.00	300.00	300.00	300.00	300.00	300.00
4	利润总额	850.00	1360.00	1600.00	1600.00	1600.00	1600.00	1600.00	1600.00
5	所得税	280.50	448.80	561.00	561.00	561.00	561.00	561.00	561.00
6	税后利润	569.50	911.20	1139.00	1139.00	1139.00	1139.00	1139.00	1139.00
6.1	盈余公积金		136.68	160.85	160.85	160.85	160.85	160.85	160.85
6.2	应付利润		16.34	968.15	968.15	968.15	968.15	968.15	968.15
6.3	未分配利润	569.50	658.18						
	累计未分配利润	569.50	1326.6	1326.6	1326.6	1326.6	1326.6	1326.6	1326.6

6.6 工程项目财务评价案例

现金流量表(全部投资) 表 6-18

(单位:万元)

序号	项 目	建设期	投产期		达 产 期						
		1	2	3	4	5	6	7	8	9	10
1	现 金 流 入			2500.00	4000.00	5000.00	5000.00	5000.00	5000.00	5000.00	6386.31
1.1	销 售 收 入			2500.00	4000.00	5000.00	5000.00	5000.00	5000.00	5000.00	5000.00
1.2	回收固定资产余值										1654.64
1.3	回收流动资金										631.66
2	现 金 流 出	2529.45	2529.45	1586.18	2619.96	3548.66	3422.34	3422.34	3422.34	3422.34	3422.34
2.1	建 设 投 资	2529.45	2529.45								
2.2	流 动 资 金			315.84	189.50	126.33					
2.3	经 营 成 本			840.84	1841.66	2561.34	2561.34	2561.34	2561.34	2561.34	2561.34
2.4	销售税金及附加			150.00	240.00	300.00	300.00	300.00	300.00	300.00	300.00
2.5	所 得 税			280.50	448.80	561.00	561.00	561.00	561.00	561.00	561.00
3	净 现 金 流 量	-2529.45	-2529.45	912.82	1280.04	1451.33	1566.66	1566.66	1566.66	1566.66	3963.96
4	累计净现金流量	-2529.45	-5058.90	-4146.08	-2866.04	-1414.61	162.95	1640.61	3318.26	4895.93	8859.90
5	所得税前净现金流量	-2529.45	-2529.45	1193.32	1628.84	2012.33	2138.66	2138.66	2138.66	2138.66	4524.96
6	所得税前累计净现金流量	-2529.45	-5058.90	-3865.58	-2136.64	-124.41	2014.25	4152.91	6291.56	8430.23	12955.20

表 6-19 现金流量表（自有资金） (单位：万元)

序号	项 目	建设期	投产期		达 产 期					
		1	2	3	4	5	6	7	8	9	10
1	现金流入			2500.00	4000.00	5000.00	5000.00	5000.00	5000.00	5000.00	6386.31
1.1	销售收入			2500.00	4000.00	5000.00	5000.00	5000.00	5000.00	5000.00	5000.00
1.2	回收固定资产余值										1654.64
1.3	回收流动资金										631.66
2	现金流出	1529.45	1529.45	2500.00	3846.98	3422.34	3422.34	3422.34	3422.34	3422.34	3422.34
2.1	自有资金	1529.45	1529.45								
2.2	借款本金偿还			1008.16	1196.84						
2.3	借款利息支付			220.50	119.68						
2.4	经营成本			840.84	1841.66	2561.34	2561.34	2561.34	2561.34	2561.34	2561.34
2.5	销售税金及附加			150.00	240.00	300.00	300.00	300.00	300.00	300.00	300.00
2.6	所得税			280.50	448.80	561.00	561.00	561.00	561.00	561.00	561.00
3	净现金流量	-1529.45	-1529.45		153.02	1566.66	1566.66	1566.66	1566.66	1566.66	3963.96

自有资金　　　　财务内部收益率＝25.24%
　　　　　　　　财务净现值＝2402.95万元
静态指标
全部投资(税后)　　投资回收期＝5年11个月
全部投资(税前)　　投资回收期＝5年1个月
投资利润率＝28.84%
投资利润率＝33.92%

(4) 问题4　解：根据以下计算结果，编制项目资金来源与运用表，见表6-20。

① 每年借款额

$$第1年借款总额 = 1000 + 50 = 1050(万元)$$
$$第2年借款总额 = 1000 + 155 = 1155(万元)$$

② 资产折旧费

$$资产折旧费 = (固定资产总额 - 残值) \div 折旧年限$$
$$= [(5058.90 + 205 - 600) - 300] \div 12 = 363.66(万元)$$

由于项目的运营期只有8年，而固定资产的折旧年限却为12年，因此运营期末固定资产的余值应按以下公式计算：

$$运营期末固定资产余值 = 363.64 + 300 = 1654.64(万元)$$

③ 无形资产摊销费＝无形资产÷摊销年限＝600÷8＝65(万元)

④ 流动资产总额为631.66万元，按达产比例分3年投入

⑤ 每年借款偿还额见项目还本付息表6-16。

⑥ 每年应付利润，见项目利润表6-17。

⑦ 盈余资金＝资金来源－资金运用

(5) 问题5　解：根据以上表格和计算，编制项目资产负债表，见表6-21。

计算借款偿还期：

$$借款偿还期 = \left[\begin{array}{c}借款偿还后\\出现盈余年份\end{array} - \begin{array}{c}开始借\\款年份\end{array}\right] + \frac{盈余年份应偿还借款额}{盈余年份可用于还款额}$$

式中：

$$该年可用于还款额 = 该年税后利润 + 年折旧费 + 年摊销费$$

所以，

$$借款偿还期 = (4-1) + \frac{1196.84}{1139.00 + 363.66 + 65}$$
$$= 3 + \frac{1196.84}{1566.66}$$
$$= 3.66(年)$$

$$借款偿还期 = 3年9个月$$

评价：该项目的盈利能力和清偿能力指标都是比较高的，高于其各自的基准判别标准，投资回收期和借款偿还期较短。反映了该项目既有较强的盈利能力，又有较强的清偿能力，从财务角度分析，该项目是可行的。

项目资金来源与运用表

(单位:万元) 表6-20

序号	项目 \ 年份	1	2	3	4	5	6	7	8	9	10
	生产负荷(%)			50	80	100	100	100	100	100	100
1	资金来源	2569.45	2684.45	1604.50	1988.16	2264.99	2138.66	2138.66	2138.66	2138.66	4524.96
1.1	利润总额			850.00	1360.00	1600.00	1600.00	1600.00	1600.00	1600.00	1600.00
1.2	折旧费			363.66	363.66	363.66	363.66	363.66	363.66	363.66	363.66
1.3	摊销费			65	65	65	65	65	65	65	65
1.4	长期借款	1050.00	1155.00								
1.5	自有资金	1529.45	1529.45	315.84	189.50	126.33					
1.6	回收固定资产余值										1654.64
1.7	回收流动资金										631.66
2	资金运用	2569.45	2684.45	1604.50	1851.48	1655.48	1529.15	1529.15	1529.15	1529.15	1529.15
2.1	固定资产投资	2569.45	2684.45	315.84	189.50	126.33					
2.2	流动资金			280.50	448.80	561.00	561.00	561.00	561.00	561.00	561.00
2.3	所得税			0.00	16.34	968.15	968.15	968.15	968.15	968.15	968.15
2.4	应付利润										
2.5	借款还本			1008.16	1196.84						
3	盈余资金(1)-(2)				136.68	609.51	609.51	609.51	609.51	609.51	2995.82
4	累计盈余资金				136.68	646.19	1355.60	1965.21	2564.62	3184.23	6180.05

项目资产负债表

表 6-21 (单位：万元)

序号	项目 年份	1	2	3	4	5	6	7	8	9	10
1	资 产	2569.45	5263.9	5133.24	5131.26	5454.11	5624.96	5695.81	5966.66	6136.51	6308.36
1.1	流动资产总额			308	644.48	1506.19	2115.6	2625.21	3334.62	3944.23	4553.64
1.1.1	流 动 资 产			308	608	660	660	660	660	660	660
1.1.2	累 计 盈 余			0	136.68	646.19	1355.6	1965.21	2564.62	3184.23	3693.64
1.2	在 建 工 程	2569.45	5263.9								
1.3	固定资产净值			4300.24	3936.58	3562.92	3209.26	2845.60	2481.94	2118.28	1654.62
1.4	无形资产净值			525	450	365	300	225.00	150.00	65.00	0.00
2	负债及所有者权益	2569.45	5263.9	5205.24	5131.26	5454.11	5624.96	5695.81	5966.66	6136.51	6308.36
2.1	流 动 负 债			64.16	102.66	128.33	128.33	128.33	128.33	128.33	128.33
2.2	长 期 借 款	1050	2205	1196.84							
2.3	负 债 小 计	1050	2205	1261	102.66	128.33	128.33	128.33	128.33	128.33	128.33
2.3	所有者权益	1529.45	3058.9	3944.24	5028.6	5325.68	5496.63	5666.48	5838.33	6009.18	6180.03
2.3.1	资 本 金	1529.45	3058.9	3364.64	3564.24	3690.56	3690.56	3690.56	3690.56	3690.56	3690.56
2.3.2	累计盈余公积金			0.00	136.68	306.53	468.38	649.23	820.08	990.93	1161.68
2.3.3	累计未分配利润			569.50	1326.68	1326.68	1326.68	1326.68	1326.68	1326.68	1326.68
	资产负债率（%）	40.61	41.89	24.56	2.00	2.35	2.28	2.21	2.15	2.09	2.03
	流动比率（%）			480.05	625.38	1163.69	1648.64	2123.60	2598.55	3063.51	3548.46

本章主要参考文献

1. 《建设工程项目管理规范》编写委员会编写.建设工程项目管理规范实施手册.北京:中国建筑工业出版社,2002
2. [美]丹尼斯·洛克著.姚翼等译.项目管理.南宁:广西师范大学出版社,2002
3. 中国项目管理研究委员会编.中国项目管理知识体系与国际项目管理专业资质认证标准.北京:机械工业出版社,2002

思考题

1. 什么是项目总投资,它由哪几部分构成?
2. 建设投资由哪几部分构成?
3. 建设投资估算有哪几种方法?
4. 流动资金估算有哪几种方法?
5. 项目融资组织形式有哪几种?分别简述它们各自的含义及特点。
6. 分别简述新设项目法人项目资本金筹措和既有项目法人项目资本金筹措的来源。
7. 债务资金来源主要有哪些?
8. 简述建设工程项目财务评价的内容与步骤。
9. 成本费用估算包括哪几方面内容。并写出各自的计算公式。
10. 项目的财务评价指标有哪些?写出各自的计算公式。
11. 工程项目国民经济效益分析的基本原理?
12. 试述在工程项目国民经济评价中费用和效益的含义?
13. 工程项目技术方案选择时应考虑的因素?
14. 工程项目技术方案比选方法?
15. 工程项目实施技术评价的内容?
16. 工程项目社会评价的主要内容?
17. 试述项目环境评价在国民经济评价中的意义?
18. 简述资金的时间价值原理,写出资金等值计算公式。

第7章 工程项目管理规划

【内容提要】

(1) 项目管理规划的定义、作用和要求。过去的项目计划是狭义的微观的计划。而项目管理规划是全面的综合的计划,它对项目管理实施具有重要作用。

(2) 介绍业主、监理工程师、承包商的项目管理规划工作。

(3) 项目管理规划的一般内容。

7.1 工程项目管理规划概述

7.1.1 工程项目管理规划的定义

按照管理学的定义,规划是一个综合性的、完整的、全面的总体计划。它包含目标、政策、程序、任务的分配、要采取的步骤、要使用的资源以及为完成既定行动所需要的其他因素。

沿用管理学对规划的上述定义,则项目管理规划是对项目管理的各项工作进行的综合性的、完整的、全面的总体计划。它从总体上应包括如下主要内容:

项目管理的目标的研究与目标的细化;

项目的范围管理和项目的结构分解;

项目管理实施组织策略的制定;

项目管理工作程序;

项目管理组织和任务的分配;

项目管理所采用的步骤、方法;

项目管理所需要的资源的安排和其他问题的确定等。

7.1.2 过去项目计划的问题

在过去的项目管理的教学、研究与应用中,人们一般不讲项目规划或项目管理的规划,而仅讲项目的计划。而以往的项目计划的内容和意义较为狭窄,以项目的实施阶段为主,是目标分解后的实施阶段的执行计划,重点是项目的时间(进度)计划、成本(投资)计划、资源计划、质量计划等。它们有如下特点:

(1) 这种"计划"是狭义的,往往围绕项目管理的职能展开,它们属于项目的职能型的计划,即应该由项目的职能部门完成的。

(2) 是微观的,主要定位在实施层面上的计划,即是项目的实施计划,其目的是保障项目实施的顺利进行。

(3) 整个项目缺少系统性,各项职能计划工作之间内部联系较少。在项目计划体系内部的各方面,以及在项目计划与它前导工作(如项目目标、项目的实施战略、项目的环境调查),以及与它的后续的管理工作(计划的分解、交底、责任的落实、项目的实施控制工作)之间的联系较弱。

(4) 内容不全面，不符合管理学中对计划的工作范围的定义。

很久以来，在项目上缺少一个系统的、全面的计划过程与环节，即项目管理的规划。

7.1.3 工程项目管理规划的作用

按照管理学对规划的定义，规划实质上就是计划，所以规划的作用就是计划的作用。对此人们已经有许多论述。但与传统的计划不同，项目管理规划的范围更大，综合性更强，所以它有更为特殊的作用。

(1) 规划又是对项目的构思、项目的目标更为详细的论证。在项目的总目标确定后，通过项目管理规划可以分析研究总目标能否实现，总目标确定的费用、工期、功能要求是否能得到保证，是否平衡。

(2) 项目管理既是对项目目标实现方法、措施和过程的安排，又是项目目标的分解过程。规划结果是许多更细、更具体的目标的组合，它们将被作为各级组织在各个阶段的责任。

规划常常又是中间决策的依据，因为对项目管理规划的批准是一项重要的决策工作。

(3) 规划是项目管理实际工作的指南和项目实施控制的依据。以规划作为对项目管理实施过程进行监督、跟踪和诊断的依据；最后它又作为评价和检验项目管理实施成果的尺度，作为对各层次项目管理人员业绩评价和奖励的依据。

(4) 业主和项目的其他方面(如投资者)需要了解和利用项目管理规划的信息。

在现代工程项目中，没有周密的项目管理规划，或项目管理规划得不到贯彻和保证是不可能取得项目的成功的。

7.1.4 工程项目管理规划的要求

项目管理规划作为项目管理的一个重要的工作，在项目立项后(如对建设项目在可行性研究批准)编制。由于项目的特殊性和项目管理规划的独特的作用，它应符合如下要求：

(1) 管理规划是为保证实现项目管理总目标而作的各种安排，所以目标是规划的灵魂，首先必须详细地分析项目总目标，弄清总任务。如果对目标和任务理解有误，或不完全，必然会导致项目管理规划的失误。

所以，项目管理规划应包括对目标的研究与分解，并与相关者各方就总目标达成共识，这是工程项目管理的最基本要求。

(2) 符合实际。管理规划要有可行性，不能纸上谈兵。符合实际主要体现在如下方面：

① 符合环境条件。在项目管理规划的制定和执行过程中应进行充分地调查研究，大量地占有资料，并充分利用调查结果，以保证规划的科学性和实用性。

② 反映项目本身的客观规律性。按工程规模，复杂程度，质量水平，工程项目自身的逻辑性和规律性作计划。不能过于强调压缩工期和降低费用。

③ 反映项目管理相关的各方的实际情况。包括：业主的支付能力、设备供应能力、管理和协调能力、资金供应能力；承包商的施工能力、劳动力供应能力、设备装备水平，生产效率和管理水平，过去同类工程的经验等；承包商现有在手工程的数量，对本工程能够投入的资源数量；所属的设计单位、供应商、分包商等的完成相关的项目任务的能力和组织能力等。

所以在编制项目管理规划时必须经常与业主商讨，必须向生产者(承包商、工程小组、供应商、分包商等)作调查，征求意见，一齐安排工作过程，确定工作持续时间，切不可闭门造车。

(3) 全面性要求。规划内容更具有完备性和系统性。由于项目管理对项目实施和运营的重要作用,项目管理规划的内容十分广泛,应包括在项目管理中涉及的各方面的问题。

① 通常应包括项目管理的目标分解、环境的调查、项目的范围管理和结构分解、项目的实施策略、项目组织和项目管理组织设计,以及对项目相关工作的总体安排(如功能策划、技术设计、实施方案和组织、建设、融资、交付、运行的全部)。

② 项目管理规划必须包括项目管理的各个方面(如质量、进度、合同、成本等)和各种要素(如资金、劳动力、材料设备、场地、信息等),形成了一个非常周密的多维的系统。

③ 应着眼于项目的全过程,特别要考虑项目的设计和运行维护,考虑项目的组织,以及项目管理的各个方面。与过去的工程项目计划和项目的规划不同,项目管理规划更多地考虑项目管理的组织、项目管理系统、项目的技术的定位、功能的策划、运行的准备和运行的维护,以使项目目标能够顺利实现。

(4) 项目管理规划应是集成化,规划所涉及的各项工作之间应有很好的接口。项目管理规划的体系应反映规划编制的基础工作、规划包括的各项工作,以及规划编制完成后的相关工作之间的系统联系,主要包括:

① 各个相关计划的先后次序和工作过程关系;
② 各相关计划之间的信息流程关系;
③ 计划相关的各个职能部门之间的协调关系;
④ 项目各参加者(如业主、承包商、供应商、设计单位等)之间协调关系。
⑤ 由于规划过程又是资源分配的过程,为了保证规划的可行性,人们还必须注意项目管理规划与项目规划和企业计划的协调。

所以应构造项目管理规划的工作流程。

(5) 管理规划要有弹性,必须留有余地。项目管理规划在执行中由于受到许多方面的干扰需要改变:

① 由于市场变化,环境变化,气候的影响,原目标和规划内容可能不符合实际,必须作调整;
② 投资者的情况的变化、新的主意、新的要求;
③ 其他方面的干扰,如政府部门的干预、新的法律的颁布;
④ 可能存在计划、设计考虑不周、错误或矛盾,造成工程量的增加、减少和方案的变更,以及由于工程质量不合格而引起返工。

(6) 规划中必须包括相应的风险分析的内容。对可能发生的困难、问题和干扰作出预计,并提出预防措施。

7.2 工程项目管理规划的编制

7.2.1 工程项目管理规划的编制对象

在一个工程项目中,不同的对象有不同层次、内容、角度的项目管理,但在一个项目的实施中,对工程项目的实施和管理最重要和影响最大的是业主、承包商、监理工程师三个方面,他们都需要做相应的项目管理规划。但他们编制的项目管理规划的内容、角度和要求是不同的。

1. 业主的项目管理规划

业主的任务是对整个工程项目进行总体的控制,在工程项目被批准立项后业主应根据工程项目的任务书对项目的管理工作进行规划,以保证全面完成工程项目任务书规定的各项任务。

业主的项目管理规划的内容、详细程度、范围,与业主所采用的项目管理模式有关:

如果业主采用"设计—施工—供应"总承包模式,则业主的项目管理规划就是比较宏观的、粗略的;

如果业主采用分专业分阶段平行发包模式,业主必须做比较详细、具体、全面的项目管理规划。

但通常业主的项目管理规划是大纲性质的,对整个项目管理有规定性。

而监理单位(项目管理公司)和工程承包商的项目管理规划就可以看作为业主的项目管理规划的细化。

业主的项目管理规划可以由咨询公司协助编制。

2. 监理单位(或项目管理公司)的项目管理规划

监理单位(项目管理公司)为业主提供项目的咨询和管理工作。它们经过投标,与业主签订合同,承接业主的监理(项目管理)任务。按照我国的《建设工程监理规范》,监理单位在投标文件中必须提出本工程的监理大纲,在中标后必须按照监理规划大纲和监理合同的要求编制监理实施规划。由于监理单位是为业主进行工程项目管理,则它所编制的监理大纲就是相关工程项目的管理规划大纲;监理实施规划就是工程项目管理实施规划。

3. 工程承包商的项目管理规划

承包商与业主签订工程承包合同,承接业主的工程施工任务,则承包商就必须承担该合同范围内的工程施工项目的管理工作。按照我国的《建设工程项目管理规范》,施工项目管理规划应包括两类文件:

(1) 施工项目管理规划大纲。施工项目管理规划大纲必须在施工项目投标前由投标人进行编制,用以指导投标人进行施工项目投标和签定施工合同。编制施工项目管理规划大纲的依据有:

① 招标文件及发包人对招标文件的解释。
② 工程现场情况。
③ 发包人提供的工程信息和预测资料。
④ 有关本工程投标的竞争信息。
⑤ 承包人对本工程投标的决策意见。

(2) 施工项目管理实施规划。施工项目管理实施规划必须由施工项目经理组织施工项目经理部在工程开工之前编制完成,用以策划施工项目目标、管理措施和实施方案,以保证施工项目合同目标的实现。施工项目管理实施规划的编制依据有:

① 施工项目管理规划大纲。
② 工程施工合同。
③ 施工项目经理部的自身条件及管理水平。
④ 施工项目管理责任书。

⑤ 施工项目经理部掌握的其他信息。

7.3 工程项目管理规划的内容

由于在一个工程项目中,不同的人(单位)进行不同内容、范围、层次和对象的项目管理工作,所以他们的项目管理规划的内容会有一定的差别。但它们都是针对项目管理工作过程的,所以主要内容应该有许多共同点,在性质上应该有一致性。都应包括相应的项目管理的目标、项目的实施策略、管理组织策略,项目管理的模式、项目管理的组织规划和实施项目范围内的工作涉及的各方面问题等。具体地说,项目管理规划通常包括如下内容:

7.3.1 工程项目管理目标的分析

项目管理目标分析的目的是为了确定适合建设期项目特点和要求的项目目标体系。项目管理规划是为了保证项目管理目标的实现,所以目标是项目管理规划的灵魂。

项目立项后,项目的总目标已经确定。通过对总目标的研究和分解即可确定阶段性的项目管理的目标。

在这个阶段还应确定编制项目管理规划的指导思想或策略,使各方面的人员在计划的编制和执行过程中有总的指导方针。

7.3.2 工程项目实施环境分析

项目环境分析是项目管理规划的基础性工作。在规划工作中,掌握相应的项目环境信息,将是开展各个工作步骤的前提和重要依据。通过环境调查,确定项目管理规划的环境因素和制约条件,收集对影响项目实施和项目管理规划执行的宏观和微观的环境因素的资料。

特别要注意尽可能利用以前同类工程项目的总结和反馈信息。

7.3.3 工程项目范围的划定和项目结构分解(PBS)

(1) 根据项目管理的目标分析和划定项目的范围。

(2) 对项目范围内的工作进行研究和分解,即项目的系统的结构分解。项目结构分解是对项目前期确定的项目对象系统的细化过程。通过分解,有助于项目管理人员更为精确地把握工程项目的系统组成,并为建立项目组织、进行项目管理目标的分解、安排各种职能管理工作提供依据。

7.3.4 工程项目实施方针和组织策略的制定

即确定项目实施和管理模式总的指导思想和总体安排,包括:

(1) 如何实施该项目?业主如何管理项目?控制到什么程度?

(2) 采用什么样的发包方式?采取什么样的材料和设备供应方式?

(3) 哪些管理工作由自己组织内部完成?哪些管理工作由承包商或委托管理公司完成?准备投入多少管理力量?

7.3.5 工程项目实施总计划

(1) 项目总体的时间安排,重要的里程碑事件安排;

(2) 项目总体的实施顺序;

(3) 项目总体的实施方案,如施工工艺、设备、模板方案,给(排)水方案等;各种安全和质量的保证措施;采购方案;现场运输和平面布置方案;各种组织措施等。

7.3.6 工程项目组织设计

项目组织策略分析的主要内容是确定项目的管理模式和项目实施的组织模式,通过项目组织策略的分析,基本上建立了建设期项目组织的基本架构和责权利关系的基本思路。

(1) 项目实施组织策略,包括:采用的分标方式、采用的工程承包方式、项目可采用的管理模式。

(2) 项目分标策划。即对项目结构分解得到的项目活动进行分类、打包和发包,考虑哪些工作由项目管理组织内部完成,哪些工作需要委托出去。

(3) 招标和合同策划工作。这里包括两方面的工作,包括招标策划和合同策划两部分。

(4) 项目管理模式的确定。即业主所采用的项目管理模式,如设计管理模式、施工管理模式,是否采用监理制度等。

(5) 项目管理组织设置。

① 按照项目管理的组织策略、分标方式、管理模式等构建项目管理组织体系。

② 部门设置。管理组织中的部门,是指承担一定管理职能的组织单位,是某些具有紧密联系的管理工作和人员所组成的集合,它分布在项目管理组织的各个层次上。部门设计的过程,实质就是进行管理工作的组合的过程,即按照一定的方式,遵循一定的策略和原则,将项目管理组织的各种管理工作加以科学分类、合理组合,进而设置相应的部门来承担,同时授予该部门从事这些管理业务所必需的各种职权。

组织部门划分的方式较多,在项目组织设计中应用的主要有按职能划分。按照项目管理活动的职能属性与技能的相似性,将项目的全部的管理活动归类,并依此设置项目的管理部门,并通过职能分解图的形式明确各部门的工作划分。

③ 部门的职责分工。绘制项目管理责任矩阵,针对项目组织中某个管理部门,规定其基本职责、工作范围、拥有权限、协调关系等,并配备具有相应能力的人员以适应项目管理的需要。

④ 管理规范的设计。为了保证项目组织结构能够按照设计要求正常地运行,需要项目管理规范,这是项目组织设计中制度化和规范化的过程。管理规范包含的内容较多,在大型建设项目管理规划阶段,管理规范设计主要着眼于项目管理组织中各部门的责任分工以及项目主要管理工作的流程设计。

⑤ 主要管理工作的流程设计。项目中的管理工作流程,按照及涉及的范围大小,可以划分为不同的层次。在项目管理规划中,主要研究以部门之间在具体管理活动中的流程关系。

在项目管理规划中,流程设计的成果是各种主要管理工作的工作流程图。工作流程图的种类很多,有箭头图、矩阵框图(表格式)和程序图。

(6) 项目管理信息系统的规划。对新的大型的项目必须对项目管理的信息系统作出总体规划。

(7) 其他。根据需要,项目管理规划还会有许多内容,但它们会因不同的对象而异,这在下节中可以看出。

项目管理规划的各种基础资料和规划的结果应形成文件,以便沟通,且具有可追溯性。

7.4 工程项目管理规划案例

【案例1】 ××建设工程项目管理规划

××建设项目为一个大型的城市基础设施工程项目。业主在可行性研究批准后编制了项目管理规划。该项目管理规划的工作流程见图7-1,它显示了技术项目管理规划的工作内容以及各项计划工作之间存在的逻辑关系。工作内容如下:

(1) 目标系统的研究和环境分析。包括:

① 目标系统分析与优化;

② 环境的约束条件的调查与分析;

③ 收集了解过去已完工程的经验和教训。

这对于大型的、新颖的建设项目的综合计划和控制是极为重要的。

(2) 总体功能的策划。包括:

① 总体功能目标的研究;

② 功能的分解,得到总系统包含的子系统,及对各子系统提出总体要求。

(3) 项目的结构分解(PBS)。包括:

① 项目系统的结构分解;

② 各个工程技术系统的初步说明;

③ 编码规则;

④ 各个子系统界面的初步分析。

(4) 设计工作的安排。包括:

① 提出设计任务书,包括项目系统的描述;总功能要求;子系统功能总体要求;国家及上级部门的要求;城市规划及道路状况;设计工作安排和技术目标;设计工作质量要求;设计合同及招标方式等。

② 项目的运营要求分析,包括:运营的功能协调;运营的可靠性要求;运营的安全性;运营的经济性;运营的适宜性;运营中紧急情况的措施。

③ 初步设计计划,包括:初步设计总体安排;初步设计情况跟踪;初步设计图纸审核;各专业方案审核;设计工作协调;初步设计文件审批。

④ 施工图设计计划,包括:施工图设计总体安排;各专业协调;设计过程跟踪;各专业设计图纸审核;施工图总会审。

(5) 实施方针和策略的制定,即确定项目实施和管理模式总的指导思想和总体安排。该建设项目确定采用"小业主大社会"的项目实施总方针。实施策略必须回答如下问题:

① 如何实施该项目?业主如何管理项目?控制到什么程度?

② 哪些工作由企业组织内部完成?哪些工作由承包商或管理公司完成?

③ 业主准备面对多少承包商?

④ 业主准备投入多少管理力量?

⑤ 采用什么样的材料和设备的供应方式?

(6) 项目实施总计划。包括:

① 项目工作范围目录;

第7章 工程项目管理规划

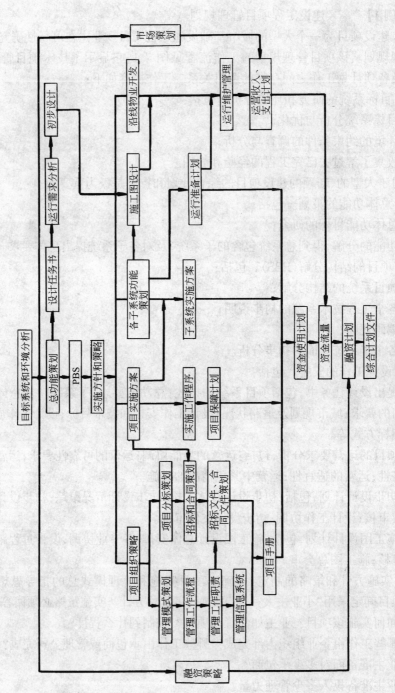

图 7-1 ××建设工程项目管理规划模型

② 项目总体的时间安排,重要的里程碑事件安排;
③ 各子系统实施时间安排;
④ 项目总体的实施顺序;
⑤ 各子系统界面分析。

(7) 项目配制保障计划。包括:
① 项目配置工作范围目录;
② 项目各配置工作子网络;
③ 配置工作的困难与问题;
④ 实施方案或解决措施;
⑤ 政府和其他单位的配合。

(8) 建设项目组织计划。包括:
① 项目实施组织策略,包括:
A. 采用的分标方式;
B. 采用的工程承包方式,如"设计—施工—供应"总承包,或"设计—施工"总承包,或分阶段、分专业工程平行承包;
C. 项目可采用的管理模式。
② 项目分标策划。即对项目结构分解得到的项目活动进行分类、打包和发包,考虑哪些工作由组织内部完成,哪些工作准备委托出去。
③ 招标和合同策划工作。这里包括两方面的工作:
A. 招标策划,包括项目招标项目目录,招标时间安排,招标方式,招标程序,招标责任人,招标文件的编制;
B. 合同策划,包括合同形式的选择、合同条件的选择、合同中的重要内容确定和合同文件的起草。
④ 项目管理模式的确定。即业主所采用的项目管理模式,如设计管理模式、施工管理模式,业主自己派人管理或采用监理制度。
⑤ 项目管理组织设置。业主委派项目管理(或业主代表)和(或)委托监理单位,并构建项目管理组织体系,绘制项目管理组织图,选配具有相应能力的人员以适应项目的需要。
⑥ 项目管理工作流程设计。
⑦ 项目组织职能分解。应将整个项目管理工作在业主自己委派的人员、委托的项目管理单位(如监理单位)和承包商之间进行分配,清楚划分各自的工作范围,分配职责,授予权力,确定协调规范。
⑧ 组织策划的结果通常由招标文件和合同文件、项目组织结构图、项目管理规范和组织责任矩阵图、项目手册等定义。

(9) 子系统功能详细策划。包括:
① 确定各子系统的功能目标;
② 各子系统功能和要素定义(内容、范围、技术标准等);
③ 各子系统功能协调。

(10) 各子系统实施方案
① 各子系统实施时间安排;

② 子系统实施方案的优选和确定；
③ 子系统预算；
④ 各子系统实施组织协调要求。
(11) 项目运营准备工作计划
① 运营工作范围目录；
② 运营工作时间及逻辑安排；
③ 人员招聘和培训计划；
④ 运营软件开发计划；
⑤ 运营资金计划；
⑥ 运营规章制度设计；
⑦ 运营用具、器具、办公用品购置。

(12) 沿线物业开发计划。这是属于地铁项目建设范围内但不属于地铁运营主业范围的项目，如周边的房地产开发、红线范围内商场和其他服务设施的建设和运营、广告业务等。所有涉及这方面的投资计划、建设计划、运营计划等。

(13) 市场营销计划
① 运营收入；
② 运营成本；
③ 运营税；
④ 运营净收入等。

(14) 项目总收入计划

(15) 融资策略
① 融资渠道分析；
② 资本结构优化；
③ 拟采用的资本结构；
④ 总融资方案。

(16) 资金计划
① 各阶段/年度费用、收入计划；
② 现金流量计划。

(17) 融资计划
① 融资总量计划；
② 各种资金来源的融资量计划；
③ 融资量—时间安排。

(18) 综合计划文件。作为进一步计划和计划分解的依据。

【案例2】 ××工程施工项目管理规划流程

工程名称：××大学教学主楼

主楼位于××大学校区内，地下两层、地上二十四层，建筑高度99m，局部高118m，主要设置教学、阅览、试验等功能，是校区内最重要的教学建筑。主楼功能组成复杂、建筑规模较大，并且拥有现代化的设备、监控教学系统，将成为该校区乃至当地的标志性建筑物。

该工程的土建施工由××施工企业总承包。在招标文件中，业主要求土建总承包商在

7.4 工程项目管理规划案例

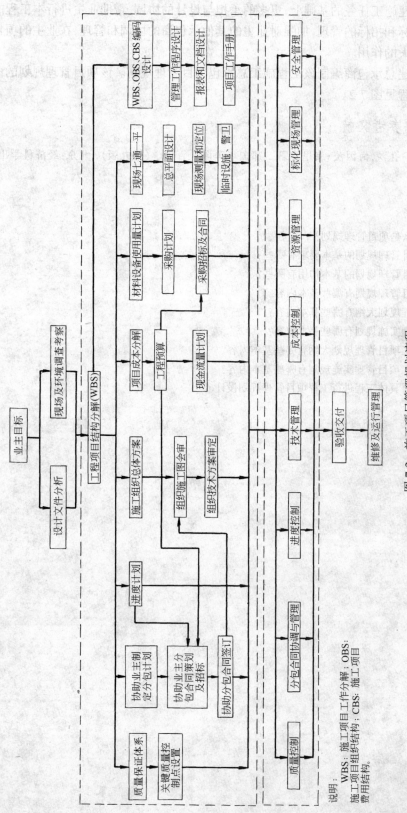

图7-2 施工项目管理规划流程

说明：
WBS：施工项目工作分解；OBS：施工项目组织结构；CBS：施工项目费用结构。

传统的土建施工任务的基础上,更多的承担与设计的协调、帮助业主进行本工程的相关专业工程的分标和招标的管理,加强对业主的其他承包商的协调和管理,在业主的项目管理工作中发挥更大的作用。

该土建总承包商编制该工程施工总承包项目管理规划。该项目管理规划的内容和编制的总体流程见图 7-2。

本章主要参考文献

哈罗德·孔茨,海因茨·韦里克著. 郝国华等译. 管理学(第九版). 北京:经济科学出版社,1996:65~94

思考题

1. 什么是项目管理规划?
2. 项目管理规划的基本要求有哪些?
3. 项目管理规划的基本作用有哪些?
4. 项目管理规划有哪些基本内容?
5. 监理规划大纲有哪些基本内容?
6. 监理实施规划有哪些基本内容?
7. 施工项目管理规划大纲有哪些基本内容?
8. 施工项目管理实施规划有哪些基本内容?
9. 结合具体工程进行工程项目管理规划设计。

第8章 工程项目组织与人力资源管理

【内容提要】

本章阐述了工程项目组织的概念、组织形式、项目经理及项目团队的有关内容;阐述了人力资源的含义及特点、基本理论、管理内容、劳动力配置与管理、人力资源激励、绩效评价、培训与开发等基本内容。

8.1 工程项目组织

8.1.1 组织概述

1. 组织的概念

组织是管理的一种重要职能,其一般概念是指各生产要素相结合的形式和制度。前者表现为组织结构,后者表现为组织的工作制度。组织结构一般又称为组织形式,反映了生产要素相结合的结构形式,即管理活动中各种职能的横向分工和层次划分。组织结构运行的规则和各种管理职能分工的规则即是工作规则。组织具有目标的一致性,原则的统一性,资源的有机结合性,活动的协作性,结构的系统性等特点。

2. 组织设计

管理者为实现组织的目标需要对组织活动和组织结构进行设计,这样的活动称之为组织设计。组织设计是在特定的环境中,把组织的任务与组织的职能、部门、职权和规范进行有效的结构性配置的过程。组织设计的基本过程如图8-1所示。

工作划分 → 工作分类 → 形成组织结构

图8-1 组织设计的基本过程

组织设计的基本要求和原则是:

(1) 有利于实现组织目标的原则;
(2) 整体协调的原则;
(3) 突出重点的原则;
(4) 因事设岗的原则;
(5) 权责结合的原则;
(6) 规范化、标准化、制度化原则。

组织设计过程的基本结果是形成组织结构图、职位说明书和组织手册。

合理的组织应该是:目标的一致性和管理的统一性相结合;管理幅度与管理层次相协调;责任和权利相对等;分工合理和密切协作;集权与分权相结合;有利于团队建设。

3. 项目组织

项目组织是指为实现项目目标而设计组织结构和组织运行规则。包括:确定所有的组织单元;定义角色和接口;定义责任和权利;颁布各组织单元的结构及其相关制度。

项目组织结构是为实现项目的目标分设的若干职权分明的管理层次和管理机构的有机组合体。

项目组织与项目是密切相关的。在项目组织设计过程中应根据项目要求建立组织结构,根据组织结构安排项目人员,选拔项目经理,锻造项目核心。项目组织应对项目参与人员进行思想文化整合,为完成项目奠定基础,并建立激励机制和约束机制,为项目的完成提供有效保障。

在项目的生命周期内,组织的形成是项目启动的重要环节。

一般组织的原理与项目及项目管理的特殊性相结合即形成项目组织。项目组织除了具有一般组织的基本特点外,还具有其特殊性。项目组织的显著特点是临时性和弹性,即项目组织随着项目的开始而形成,随着项目的完成而解体。

8.1.2 工程项目组织形式

1. 建立工程项目组织所考虑的原则

组织结构必须反映项目的目标和计划;

必须根据项目需要来设计组织结构;

必须保证决策指挥的统一;

必须创造人尽其才的环境;

必须有利于全过程及全局的控制;

应考虑项目在组织中的地位和作用;

要树立一切为顾客服务的观念;

要遵循协作的原则。

2. 组织形式

根据项目组织与项目所在企业组织之间的关系,常见的项目组织形式有:职能式组织形式、项目式组织形式、矩阵式组织形式,不同的组织形式具有其自身的特点和适用条件。

(1) 职能式

职能式组织结构是当今世界上最为普遍的组织形式。这是一个标准的金字塔形的结构,高层管理者位于金字塔的顶部,中层和低层管理者则沿着塔顶向下分布。企业的生产要素按诸如设计、生产、营销、财务等职能划分为部门。

所谓项目管理的职能式组织形式,通常是指项目任务是以企业中现有的职能部门作为承担任务的主体来完成的。一个项目可能是由某一个职能部门负责完成,也可能是由多个职能部门共同完成。在这种情况下,各职能部门之间与项目相关的协调工作需在职能部门主管这一层次上进行。其结构形式如图 8-2 所示。

职能式组织结构具有以下优点:

① 在人员的使用上具有较大的灵活性;

② 技术专家可以同时被不同的项目使用;

③ 同一职能部门的专业人员在一起易于交流知识和经验;

④ 当有人员离开项目组织时,职能部门可作为保持项目技术连续性的基础;

⑤ 职能部门可以为本部门的专业人员提供一条正常的晋升途径。

职能式组织结构的缺点是:

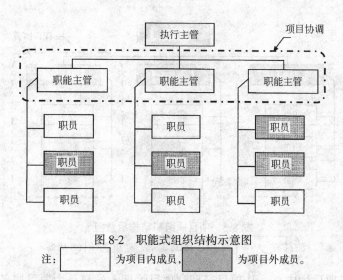

图 8-2 职能式组织结构示意图

注：□ 为项目内成员，▨ 为项目外成员。

① 这种组织结构使得客户不是活动和关心的焦点。职能部门有自己的日常工作，项目及客户的利益往往得不到优先考虑；

② 职能部门的工作方式常常是面向本部门活动的，而一个项目要取得成功，其采取的工作方式必须是面向问题的；

③ 没有一个人承担项目的全部责任；

④ 对客户要求的响应迟缓和艰难；

⑤ 往往不能做到以项目为中心；

⑥ 调配给项目的人员，其积极性往往不是很高；

⑦ 当项目需由多个部门共同完成时，各职能部门往往会更注重本部门的工作领域，而忽视整个项目的目标，跨部门之间的沟通比较困难；技术复杂的项目通常需要多个职能部门的共同合作，交流沟通比较困难；

⑧ 当项目需由多个部门共同完成，而一个职能部门内部又涉及到多个项目时，这些项目在资源使用的优先权上可能会产生冲突，职能部门主管通常难以把握项目间的平衡。

鉴于职能式组织结构所存在的优缺点，该组织形式适宜于规模较小，以技术为重点的项目，不适宜时间限制性强或要求对变化快速响应的项目。

(2) 项目式

项目式组织形式是按项目划归所有资源，即每个项目有完成项目任务所必须的所有资源，每个项目实施组织有明确的项目经理，对上直接接受企业主管或大项目经理领导，对下负责本项目资源的运用以完成项目任务。每个项目组之间是相对独立的。其组织结构形式如图 8-3 所示。

项目式组织结构的主要优点是：

① 目标明确及便于统一指挥。项目式组织是基于某项目而组建的，圆满完成项目任务是项目组织的首要目标，而每个项目成员的责任及目标也是通过对项目总目标的分解而获得的。项目成员只受项目经理的领导，便于统一指挥。

② 有利于项目管理。项目式组织按项目划分资源，项目经理在项目范围内具有控制权，命令协调，决策速度快，这就有利于项目时间、费用、质量和安全等目标的管理和控制，有利于项目目标的实现。

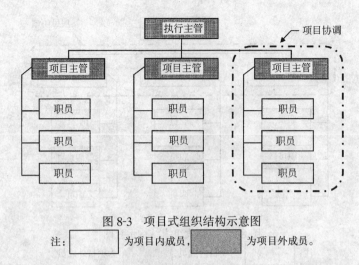

图 8-3 项目式组织结构示意图

注：☐ 为项目内成员，▩ 为项目外成员。

③ 能做到以项目为中心。从项目经理到项目管理人员都是为项目服务的，实现项目目标是他们的惟一追求，因此可以做到以项目为关注焦点。

项目式组织结构存在的主要缺点是：

① 由于资源独占，可能造成资源浪费；
② 临时项目结束时的工作保障问题；
③ 各部门之间的横向联系少。

项目式组织适用于包含多个相似项目的单位或组织以及长期的、大型的、重要的和复杂的项目。

(3) 矩阵式

矩阵式组织结构是各取项目的职能组织结构和项目的线性组织结构的特征，将各自的特点混合而成的一种项目的组织结构，是一种多元化结构，力求最大限度地发挥项目化和职能化结构的优点并尽量避其弱点。它在职能式组织的垂直层次结构上，叠加了项目式组织的水平结构。即将按照职能划分的纵向部门与按照项目划分的横向部门结合起来，以构成类似矩阵的管理系统。矩阵式中又分为弱矩阵式、平衡矩阵式、强矩阵式，本书只对强矩阵进行阐述。

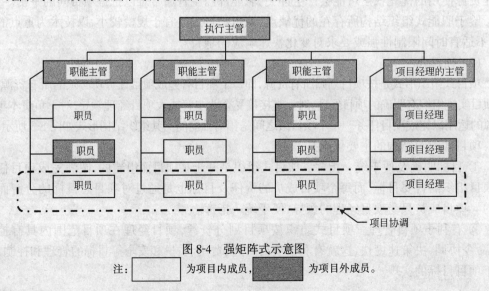

图 8-4 强矩阵式示意图

注：☐ 为项目内成员，▩ 为项目外成员。

强矩阵组织形式中资源均由职能部门所有和控制,项目经理根据项目需要向职能部门借用资源。项目组织是一个临时性的组织,一旦项目完成,该组织则解体。项目经理向项目管理部门经理或总经理负责。项目经理领导本项目内的所有人员,通过项目管理职能,协调各职能部门安排的人员以完成项目任务。其结构形式如图 8-4 所示。

矩阵式组织形式具有的主要的优点是:
① 能做到以项目为关注焦点;
② 能够避免资源的重置;
③ 对客户要求的响应快捷灵活;
④ 项目人员有其职能归宿,项目完成后可返回到原职能部门,忧虑减少;
⑤ 通过项目协调员或项目经理使各自项目目标平衡、各个功能部门条块之间工作协调、以及使项目目标具有可见性。

矩阵式也存在其缺点:
① 项目管理人员为两个以上的主管工作,当有冲突时,可能处于两难困境;处理不好会出现责任不明确、争抢功劳的现象;
② 职能组织与项目组织之间的平衡需要持续地进行监督,以防止双方互相削弱对方;
③ 每个项目都是独立进行的,易产生重复性劳动。

矩阵式组织的适应前提是面临外界压力,要实现多重目标;需要提高信息处理能力等。适用于需要利用多个职能部门的资源而且技术相对复杂的项目。

综上所述,任何一种项目组织形式都具有其优点、缺点和适用范围,没有一种形式是适合于所有场合的,甚至在同一个项目的生命周期内。所以,在项目生命周期内,为适应不同阶段的项目管理,需要对项目组织不断加以改进和完善。表 8-1 是项目组织结构形式对项目的影响分析表。

项目组织结构形式对项目的影响　　　　表 8-1

组织形式	职能式	项目式	强矩阵式
项目经理权限	很少或没有	很高或全权	从中等到大
全职人员(%)	几乎没有	85~100	50~95
项目经理投入项目时间	半时	全时	全时
职能人员投入项目时间	少量	全时	部分时间

8.1.3 项目经理

1. 项目经理概述

项目经理又称之为项目主管,在现代项目管理中起着关键的作用,是决定项目成败的关键角色。项目经理是中层管理者,但从项目经理和职能经理的区别来看,项目经理所行使的"中层管理"与职能主管所行使的"中层管理"在管理职能上有所不同。在长期固定组织背景下由于项目组织的临时性特点,项目经理通常是"责大权小"。为便于理解项目经理所扮演的角色及其在组织中的作用和地位,将其与职能部门主管这一角色做比较,结果如表 8-2 所示。

项目经理与职能主管比较　　　　　　　　　表 8-2

比较项目	项目主管	职能主管
扮演角色	"帅"/为工作找到适当的人去完成	"将"/直接指导他人完成工作
知识结构	通才/具有丰富经验和广博知识的通才	专才/是某一技术专业领域的专家
管理方式	目标管理	过程管理
工作方法	系统的方法	分析的方法
工作手段	个人实力/责大权小	职位实力/权责对等
主要任务	规定项目任务,何时开始、何时达到最终目标、整个过程的经费	规定谁负责任务,技术工作如何完成,完成任务的经费

2. 项目经理的责任和权力

(1) 项目经理的责任

项目经理作为项目的负责人,应有相应的责任。其责任就是通过一系列的领导及管理活动使项目的目标成功实现并使项目相关者都获得满意。

项目经理对于所属上级组织的责任是:保证项目的目标符合于上级组织目标;充分利用和保管上级分配给项目的资源;及时与上级就项目进展进行沟通。

项目经理对于所管项目的责任是:明确项目目标及约束;制定项目的各种活动计划;确定适合于项目的组织机构;招募项目组织成员,建设项目团队;获取项目所需资源;领导项目团队执行项目计划;跟踪项目进展及时对项目进行控制;处理与项目相关者的各种关系;进行项目考评并完成项目报告;在项目结束时考虑项目成员的未来。

工程项目经理的主要职责应该是:

① 计划。应熟悉所有相关的合同文件;应为实施和控制项目制定基本计划;应指导项目的准备;应对项目的计划和相关程序进行检查评价,并根据项目状态对计划和程序进行改进。

② 组织。应开发项目组织图;对项目中的各职位进行描述,明确项目主要人员的职责;参与项目主要人员的选择;开发项目所需的人力资源;对项目组织进行评价,对主要人员进行绩效考核,不断改进项目组织,并根据需要对项目团队成员进行调整。

③ 指导。指导项目合同中所规定的所有工作;在项目组织中建立决策系统;应设立项目经理目标,并为主要项目管理人员建立绩效标准;培养团队精神;辅助解决项目中的冲突。

④ 控制。监督项目的活动,使项目的进属与项目的目标相一致,与合同、计划、标准及顾客需求相一致;对项目管理人员进行控制,保证项目活动的规范并符合合同条款;对项目的变更进行控制;对项目的费用、时间、质量和安全进行监控;与顾客及有关组织保持有效沟通。

(2) 项目经理的权力

权责对等是管理的一条重要原则,责小权大则会导致决策失误,并无人承担相应的后果;而责大权小则会使管理者趋于保守,缺乏创新精神。项目经理的上级应给项目经理授权,而项目经理则应放权于项目团队。

对项目经理授权应考虑以下主要原则:

① 根据项目的目标要求授权。一般来说,项目目标要求越高,则应授予项目经理较大

的权力。

② 根据项目风险程度授权。项目经理承担责任的大小与项目风险程度的高低密切相关,管理学的基本原理要求权力和责任应具有对称性。所以,项目的风险越大,对项目经理赋予的权力应越大;反之,则可适当减小。

③ 根据合同的性质授权。合同要求越严格,对项目经理的授权应越大。

④ 根据项目性质授权。项目越复杂,项目经理所需要的权力就越大,则应赋予其较大的权力;反之,项目较简单,可适当减小权力。

⑤ 根据项目经理素质授权。项目经理素质高,则应赋予其足够的权限,以便充分发挥其自身的创造性;反之,则应适当保留部分权力。

⑥ 根据项目团队状况授权。项目团队人数多、素质高,则应赋予项目经理较大的权力;否则,可适当减小。

授予项目经理最基本的权力应包括:项目团队的组建权、项目财务的决策权和项目实施的控制权。

3. 项目经理的素质要求

项目经理是项目成败的关键人物之一,应具备相应的素质。当然,不同的项目对项目经理的素质要求不可能完全相同,但基本的素质要求是趋于一致的。这就是应具备良好的道德素养、必备的知识、较强的能力、丰富的经验和健康的身体素质。

(1) 良好的道德素养

道德素养决定着人行为处事的准则。良好的道德素养是对项目经理最基本的要求,这种道德素养体现在两方面:一是对社会的道德素养;二是个人行为的道德素养。

(2) 必备的知识

项目经理要对项目进行有效管理,必须具备项目管理的理论知识。需要掌握项目管理的理念、观点、思想、方法、工具和技术。

项目经理应掌握必要的专业技术。对于大型复杂的工程项目,其工艺、技术、设备的专业性要求较强,项目经理应加以掌握,否则,项目经理就无法决策。不熟悉专业技术往往是导致项目经理失败的主要原因之一。

(3) 较强的能力

不同的项目,对项目经理能力要求的程度不同。复杂、重要的项目,要求项目经理的能力强;反之,则可降低对项目经理能力的要求。所以,项目经理应具备与所承担项目管理责任相适应的能力,其中包括:领导能力、管理能力、组织能力、决策能力、协调能力、沟通能力、创新能力、系统的思维能力等。

(4) 丰富的经验

项目管理是实践性很强的科学。项目管理的理论方法是科学,但是如何将理论方法应用于实际则是一门艺术。通过项目管理的实践,项目经理就可能积累丰富的经验,增加对项目及项目管理的"悟性",这种"悟性"有助于项目经理对项目的有效管理。

(5) 健康的身体素质。

工程项目复杂、条件艰苦、要求高,项目经理应具有健康的身体素质才能与之相适应。

8.1.4 项目团队

项目团队是在项目实施中紧密协作并互相负责的一群人,他们拥有共同的目标,有分工和合作并由不同层次的权力和责任所构成。

1. 项目团队的特点

有效的项目团队应具有以下特点:

(1) 共同的目标

为使项目团队工作有效就必须明确项目目标,并在这一目标的感召下,使项目团队成员凝聚在一起,并为之共同努力。

(2) 合理分工与协作

团队中的每个成员都应明确自己的责任、任务和权力,并为之努力工作;但同时应注意团队成员之间的协作,以形成真正意义上的团队。

(3) 高度的凝聚力

凝聚力是指团队成员之间的团结与团队的吸引力和向心力。团队对成员的吸引力越强,成员的积极性和创造性就越能得到有效发挥。一个有效的项目团队,一定是具有高度凝聚力的团队。团队的凝聚力来源于团队成员共同的愿望、共同的利益和共同的目标;来源于团队成员之间的相互交往、相互合作和有效沟通;来源于团队成员自身愿望的实现。

(4) 团队成员的相互信任

在一个有效的项目团队,成员之间应相互信任、相互关心,并承认彼此存在的差异,信任其他人所做和所要做的事情。团队成员应通过公开交流、自由交换意见等方式推进彼此之间的信任。

(5) 有效的沟通

有效的团队需要有效的沟通。项目团队应具备全方位、多种多样、正式的和非正式的沟通渠道;具有开放、坦诚的沟通气氛。

2. 项目团队的发展与建设

(1) 项目团队的发展过程

一个项目团队从开始到终止经历了不断成长和变化的过程,这一过程可以描述为五个阶段:组建阶段、磨合阶段、稳定阶段、成效阶段和解散阶段,如图 8-5 所示。

组建 → 磨合 → 稳定 → 成效 → 解散

图 8-5 项目团队的成长发展阶段

在团队组建阶段,团队成员往往来源不同,需要相互认识和熟悉,并明确自己在项目团队中的角色。

项目团队形成后,团队成员明确了自己在项目中的工作及应承担的责任,开始执行分配的任务。这时矛盾开始显露,预示着磨合阶段的到来。这一阶段的一个显著特点是团队的冲突和不和谐。

经过磨合,团队成员之间、成员与项目经理之间的关系已基本理顺,团队成员的不满情绪得以减少,凝聚力开始形成,团队进入稳定阶段。

相互的理解、高效的沟通、密切的协作和配合、充分的授权,项目团队进入成效阶段。团队精神在该阶段得到了充分的体现,促进了项目的有效实施和目标的实现。

随着项目的完成,团队面临解散,团队成员开始考虑自身今后的发展,并开始做离开团队的准备。

在团队的成长发展过程中,团队精神和工作绩效将会发生相应的变化,如图8-6所示。

(2) 项目团队的建设

项目团队建设的目的就是要使项目团队所有成员"心往一处想,劲往一处使",形成"合力",使项目团队形成一个整体。项目团队建设是伴随着项目的进展而要持续不断进行的过程,是项目经理和项目团队的共同职责。团队建设应

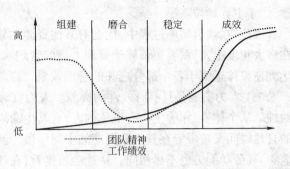

图8-6 团队发展、团队精神与工作绩效

创造一种开放和自信的氛围,使团队成员有统一感,强烈希望为实现项目目标而作出贡献。

项目团队建设的要点是:配备一个合格的项目经理和一批合格的团队成员,并不断提高素质;设计合理的团队组织结构形式和运行规则;进行有效的人力资源管理;建立与项目管理相适应的团队文化;创造和谐、协调的工作氛围。

8.2 人力资源管理

8.2.1 人力资源管理概述

1. 人力资源的含义

一个项目的实施需要多种资源,从资源属性角度来看,可包括人力资源、自然资源、资本资源和信息资源,其中人力资源是最基本、最重要、最具创造性的资源,是影响项目成效的决定因素。

而关于人力资源的定义,学术界存在不同的说法。伊凡伯格认为,人力资源是人类可用于生产产品或提供各种服务的活动、技能和知识。雷西斯列科认为,人力资源是企业人力结构的生产力和顾客商誉的价值。内贝尔埃利斯认为,人力资源是企业内部成员及外部的人,即总经理、雇员及顾客等可提供潜在服务及有利于企业预期经营活动的总和。也有人认为,人力资源是指具有脑力劳动或体力劳动的人们的总称。

2. 人力资源的特点

(1) 人力资源是一种可再生的生物性资源。人力资源以人身为天然载体,是一种"活"的资源,并与人的自身生理特征相联系。这一特点决定了在人力资源使用过程中需要考虑工作的环境、工作风险、时间弹性等非经济和非货币因素。

人力资源具有再生性。人口的再生产和劳动力再生产,通过人口总体和劳动力总体内各个个体的不断替换、更新和恢复的过程得以实现。当然,人力资源的再生性除了遵守一般的生物学规律之外,还受人类意识的支配。

(2) 人类资源在经济活动中是居于主导地位的能动性资源。人类不同于自然界其他生物之处在于人具有目的性、主观能动性和社会意识。人类的这种自我调控功能使其在从事经济活动时,总是处在发起、操纵、控制其他资源的位置上。亦即它能够根据外部可能性和自身条件、愿望,有目的地确定经济活动的方向。并根据这一方向具体选择、运用外部资源或主动地适应外部资源。人力资源与其他被动性生产要素相比,是最积极、最活跃的生产要

素,居于主导地位。

因此,在项目实施过程中,比起对其他资源的管理,项目人力资源的潜能能否发挥和能在多大程度上发挥,要更依赖于管理人员的管理水平,即能否实现对员工的有效激励,能否达到使整体远大于各个部分之和的管理效果。

(3) 人力资源是具有时效性的资源。人力资源的形成、开发、使用都具有时间方面的制约性。从个体看,作为生物有机体的人,有其生命周期,而作为人力资源的人,能够从事劳动的自然时间又被限定在其生命周期的中间一段,能够从事劳动的不同年龄阶段(青年、壮年、老年)其劳动能力也不尽相同。从社会角度看,在各个年龄组人口的数量以及数差之间的联系,特别是"劳动人口与被抚养人口"的比例,存在着时效性问题。由此就需要考虑动态条件下人力资源的形成、开发、分配、使用的相对平稳性。

3. 项目人力资源管理的内容

在项目运转过程中,项目经理手下汇集了一批各方面的精英,有技术的、财务的、工程的……,项目经理的协调就显得非常重要,他必须将项目中的成员组建成一个个有效的团队,解决冲突,弱化矛盾,高屋建瓴地策划全局。欲使项目取得成功,必须支持三"C"原则:

(1) 预定的目标"明确"。

(2) 团队人员对完成任务的"承诺"。

(3) 与成员的工作表现而对应的"结果"。

其中对人的管理是管理的重点。项目人力资源管理就是要求项目管理人员做正确地事和正确地做事。做正确的事意味着人力资源部门做使组织成功所必须的事。评估者主要问人力资源部门在竞争力、赢利性、灵活性、战略实施等领域是否使组织更为成功。在他发挥最大潜能努力做贡献的过程中,是否促进了项目经理和雇员的工作。正确地做事意味着人力资源部门尽可能有效地做正确的事。项目管理组织当然想雇用最好的人才,但也应达到最低的平均费用。人力资源部门当然要促进项目经理的工作,但还应使其成本最小而收益最大。

人力资源的管理可以分为宏观、微观两个方面,宏观人力资源管理指的是对于全社会人力资源的管理,微观人力资源的管理指对于企业、事业单位的人力资源管理。项目人力资源管理属于微观人力资源管理范畴,也可以定义为通过不断地获得人力资源,把得到的人力整合到项目中并融为一体,保持和激励他们对项目的忠诚与积极性,控制他们的工作绩效并作相应的调整,尽量开发他们的潜能,以支持项目目标的实现,这样的一些活动、职能、责任和过程就是项目人力资源管理。

项目人力资源管理也可以理解为人力资源的取得、培训、保持和利用等方面所进行的计划、组织、指挥和控制的活动。具体而言,包括以下内容:

(1) 人力资源规划是指项目为了实现其目标而对所需人力资源进行预测,并为满足这些需要而预先进行系统安排的过程。

(2) 工作分析是指收集、分析和整理关于某种特定工作信息的一个系统性程序,工作分析要具体说明为成功完成该项工作,每一个人的工作内容、必须的工作条件和员工资格是什么。工作分析信息被用来规划和协调所有人力资源的管理活动。

(3) 员工招聘是根据项目任务的需要,为实际或潜在的职位空缺找到合适的候选人。

(4) 员工培训和开发是指为了使员工获得或改进与工作有关的知识、技能、动机、态度和行为,以利于提高员工的绩效以及员工对项目目标的贡献,组织所作的有计划、有系统的各种努力,培训聚焦于目前的工作,而开发则为员工准备可能的未来工作。

(5) 报酬是通过建立公平合理的薪水系统和福利制度以起到吸引、保持和激励员工很好地完成其工作的作用。

(6) 绩效评估是对工作行为的测量过程,即用过去制定的标准来比较工作绩效的记录以及将绩效评估的结果反馈给员工的过程。

以上是项目人力资源管理的核心内容,它们从管理程序上来讲,已经在很大程度上规范化了,从管理部门上来讲,也有专门的人力资源管理部门,因此属于制度化的人力资源管理。除了有章可循,程序比较固定这一部分外,还有一些无固定组织而言的内容,这一部分一般理解为非组织化的人力资源或更高层次的人力资源管理,主要包括领导艺术、群体激励、管理沟通、企业文化建设等内容。

4. 项目人力资源管理基本理论

(1) 人性理论

人性理论主要有麦格雷戈的 X 理论和 Y 理论、沙因总结和提出的四种人性假设。

① X 理论与 Y 理论

麦格雷戈认为,X 理论主要体现了集权型领导者对人性的基本判断,这种假设认为:

一般人天性好逸恶劳,只要有可能就会逃避工作;

人生来就以自我为中心,漠视组织的要求;

人缺乏进取心,逃避责任,甘愿听从指挥,安于现状,没有创造性;

人们通常容易受骗,易受人煽动;

人们天生反对改革。

基于 X 理论对人的知识,持这种观点的领导者认为,在领导工作中必须对员工采用强制、惩罚、解雇等手段来迫使他们来工作,对员工应当严格监督和控制,在领导行为上应当实行高度控制和集中管理,在领导模式上采取集权的领导方式。

② Y 理论

Y 理论对人性的假设与 X 理论的假设完全相反,认为:

一般人天生并不是好逸恶劳的,他们热爱工作,从工作中获得满足感和成就感;

外来的控制和处罚不是促使人们为组织实现目标的有效方法,下属能够自我确定目标、自我指挥和自我控制;

在适当的条件下,人们愿意主动承担责任;

大多数人具有一定的想象力和创造力;

在现代社会中,人们的智慧和潜能只是部分地得到发挥。

基于 Y 理论对人的知识,领导者应该采取民主型和放任自由型的领导方式,在领导行为上必须遵循以人为中心,宽容、放权的领导原则,使下属目标和组织目标很好地结合起来,为人的智慧和能力的发挥创造有利的条件。

③ 有关人类特性的四种假设

美国心理学家和行为科学家沙因对前人和自己的各种假设加以归纳分类,认为共有四类:理性经济人、社会人、自我实现人、复杂人。

理性经济人假设认为:

人是由经济诱因来引发工作动机的,其目的在于获得最大的经济利益;

经济诱因在组织的控制之下,因此,人们在组织的操纵、激励和控制之下被动地从事工作;

人以一种合乎理性的精打细算的方式行事;

人的情感是非理性的,会影响人对经济利益的合理追求,组织必须设法控制个人的感情。

社会人假设认为:

人的主要工作动机是社会需要,人们通过与同事之间的工作关系可以获得基本的认同感;

分工原则和工作合理化原则使得工作变得单调而毫无意义。因此,必须从工作的社会关系中去寻求工作的意义;

非正式组织的社会影响比正式组织的经济诱因对人有更大的影响力;

人们最期望获得领导者对他们成绩的承认并满足他们的社会需要。

自我实现人假设认为:

人的需要有低级与高级的区别,人的最终目的是满足自我实现的需要;

人们能够自我激励和自我控制,外来激励和控制会对人产生一种威胁,造成不良后果;

人们力求在工作上有所成就,实现自治和独立,发展自己的能力和技术,以便富有弹性,能够更好地适应环境;

个人的自我实现与组织目标的实现并不冲突,而是一致的。在适当的条件下,人们会自动地调整自己的目标,使之与组织目标相配合。

复杂人假设认为,人有着复杂的动机,不能简单地归结为某一种。而且,也不可能把所有的人都归结为同一类人。人的动机,则由生理的、心理的、社会的、经济的等方面因素,加上不同的环境因素和时间因素而形成的,主要观点包括:

每个人都有许多不同的需求和不同的能力,人的工作动机不但是复杂的,而且对同一个人也因时、因地而异,各种动机之间交互作用而形成复杂的动机模式;

一个人在组织中可以学得新的需求和动机,因此,每个人在组织中表现的动机模式是他原来的动机与组织经验交互作用的结果;

一个人是否感到心满意足、愿意为组织尽力,取决于他本身的动机构造、他与组织之间的相互关系、工作的性质、本人的工作能力和技术水平、动机的强弱以及同事间的关系情况;

人们依据自己的动机、能力及工作性质等方面情况,对不同的管理方式有不同的反应。

(2) 激励理论

激励理论研究的主要问题是,作为项目管理人员,应该如何正确地开展激励工作,如何根据人们的需要、人类自身的规律,选择正确的激励方法。

① 激励的含义

激励本来是心理学的概念,表示某种动机所产生的原因。将激励这个概念引进到管理中,是说明一种精神力量或状态,它起加强、激发和推动作用,并且指导和引导行业指向目标。

需要论理论旨在了解人的各种需要,解释的是"什么会使职工努力工作"的问题;激励理论则着重分析人们怎样满足需要,以及如何选择正确激励方法的理论,解释的是"为什么职工会努力工作"和"怎样才会使职工努力工作"的问题。但由于需要本身就是激发动机的原始驱动力,所以需要理论和激励理论又是不可分割地联系在一起的,它们统称为激励理论。

管理中的具体激励方式很多,如信仰激励、目标激励、参与激励、竞争激励、考评激励、业绩激励、奖惩激励、信任激励、关怀激励、反馈激励、情感激励等。

② 需要理论

解释人的需要的主要理论有:马斯洛的需要层次理论、赫茨伯格的双因素理论、麦克利兰的成就需要理论、弗鲁姆的期望理论和亚当斯的公平理论。

马斯洛的需要层次理论:人本主义心理学家亚伯拉罕·马斯洛提出了需要层次理论。他假设每个人都存在着五种需要层次:生理的需要、安全的需要、社交的需要、尊重的需要和自我实现的需要,如图 8-7 所示。

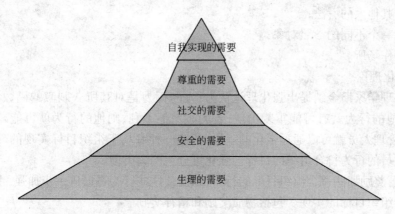

图 8-7 马斯洛的需要层次图

赫茨伯格的双因素理论:双因素理论又称激励——保健理论,由美国心理学家弗雷德里克·赫茨伯格提出。该理论认为:个人与工作的关系是一种基本的关系,而个人对工作的态度在很大程度上决定着任务的成功与失败。

赫茨伯格认为,影响人们行为的因素主要有两类:保健因素和激励因素。保健因素是指那些与人们的不满情绪有关的因素,如公司政策、工资水平、工作环境、人际关系等。这类因素处理不好会引发对工作不满情绪的产生,处理好了,可预防或消除这种不满,但它不能起到激励作用,只能起到保持人的积极性、维持工作现状的作用。能够促使人们产生工作满意感的一类因素叫做激励因素。这类因素主要包括:工作表现机会和工作带来的愉快;工作上的成就感;由于良好的工作成就而得到的奖励;对未来发展的期望;职务上的责任感。

麦克利兰的成就需要理论:美国管理学家大卫·麦克利兰认为人们在工作中主要有三种基本的动机,提出了三种需要理论:

成就需要:达到目标,追求卓越,争取成功的需要;

权力需要:影响或控制他人,但不希望受他人控制的欲望;

社交的需要:建立友好和亲密的人际关系的愿望。

弗鲁姆的期望理论:美国心理学家维克多·弗鲁姆认为,人们在预期他们的行动会给个人带来既定的成果且该成果对个人具有吸引力时,才会被激励起来去做某些事情以达到组织设置的目标。人们在工作中的积极性或努力程度(激发)力量 M 是效价 V 与期望值 E 的乘积即

$$M = V \times E$$

亚当斯的公平理论:美国管理心理学家亚当斯认为,员工首先思考自己收入与付出的比率,然后将自己的收入——付出比与相关他人的收入——付出比进行比较,如果感觉到自己的比率与他人相同,则以公平状态,否则就会产生不公平感。这种不公平感出现以后,员工会通过一些手段和方法进行纠正。因此,要使组织成员保持较高的工作热情,必须使工作报

酬公平合理,使组织的成员感到组织的分配是公正的。基于公平理论,当员工感到不公平时往往可能采取以下对策:

改变自己的投入;

改变自己的产出;

改变自我认知;

改变对其他人的看法;

选择另一个不同的参照对象;

离开工作场所。

(3) 强化理论

美国心理学家斯金纳提出强化理论认为:人的行为是对其所获刺激的函数。如果刺激对他有利,他的行为就有可能重复出现;若刺激对他不利,则他的行为就可能减弱,甚至消失。因此,管理人员就可以通过强化的手段,营造一种有利于组织目标实现的环境和氛围,以使组织成员的行为符合组织的目标。强化可分为两大类型。

正强化:奖励那些符合组织目标的行为,以便使这些行为得以进一步加强,重复地出现,从而有利于组织目标的实现。包括物质奖励和精神奖励。

负强化:惩罚那些不符合组织目标的行为,以便使这些行为削弱,甚至消失,从而保证组织目标的实现。包括物质惩罚和精神处分,减少薪金和奖金、罚款、批评、降级等方法。

8.2.2 工程施工项目的劳动力

1. 工程施工项目劳动力现状

随着国家和建筑业用工制度的改革,建筑业企业逐步形成了多种形式的用工制度,包括固定工、合同工和临时工,而且已经形成了弹性结构。在施工任务增大时,可以多用合同工或农村建筑队。任务减少时,可以少用合同工或农村建筑队,以免窝工。由于可以从农村招用年轻力壮的劳动力,劳动力招工难和不稳定的问题基本得到了解决,也改变了队伍结构,提高了施工项目的用工质量,促进了劳动生产率的提高。我国建筑劳动生产率长期徘徊的状况也得到了改善。农民工到企业中来,但不增加企业的负担,适应了建筑施工和施工项目用工弹性和流动性的要求。建筑业用工的变化,也为农村富余劳动力转移和贫困地区脱贫致富提供了机会。现在国家规定在建筑业企业中设置劳务分包企业序列,分专业设立13类劳务分包企业,并进行分级,确定了等级和作业分包范围,要求大部分技术工人持证上岗率100%,这就给施工总承包企业和专业承包企业的作业人员有了可靠的来源保证。按合同由劳务分包公司提供作业人员,主要由劳务分包公司进行劳动力管理,项目经理部协助管理,这必将大大提高劳动力管理水平和管理效果。

施工项目中劳动力的关键在使用,使用的关键在提高效率,提高效率的关键是如何调动职工的积极性,调动积极性的最好办法是加强思想政治工作和利用行为科学,从劳动力个人的需要和行为的关键观点出发,进行恰当的激励。以上也是施工项目劳动管理的正确思路。

2. 综合劳动力和主要工种劳动力计划

劳动力综合需要计划是确定暂设工程规模和组织劳动力进场的依据。编制时首先根据工种工程量汇总表中分别列出的各个建筑物专业工种的工程量,查相应定额,便可得到各个建筑物几个主要工种的劳动量,在根据总进度计划表中各单位工程工种的持续时间,即可得到某单位工程在某段时间里的平均劳动力数。同样方法可计算出各个建筑物的各主要工种在各个时期的平均工人数。将总进度计划表纵坐标方向上各单位工程同工种的人数叠加在一起并连成一条曲线,即为某工种的劳动力动态曲线图和计划表。劳动力需要量计划表见表8-3所示。

劳动力需要量计划 表8-3

序号	工程名称	施工高峰需用人数	年			年			现有人数	多余(+)或不足(-)

注:1. 工种名称除生产人员外,应包括附属辅助用工(如机修、运输、构件加工、材料保管等)以及服务和管理用工。
　　2. 表下应附以分季度的劳动力动态曲线(纵轴表示人数,横轴表示时间)。

3. 劳动力的优化配置

一个项目所需劳动力和种类、数量、时间、来源等问题,应就项目的具体状况作出安排,安排得合理与否将直接影响项目的实现。劳动力的合理安排需要通过对劳动力的优化配置得以实现。

(1) 优化配置的依据

劳动力优化配置的依据首先是项目。不同的项目所需劳动力的种类、数量是不同的,例如,工程项目与产品开发项目所需要的劳动力情况可能完全不同。所以,需要根据项目的具体情况以及项目的 WBS 分解结构加以确定。

项目的进度计划也是劳动力优化配置的重要依据。劳动力资源的时间安排主要取决于项目进度计划。例如,在某个时间段,需要什么样的劳动力,需要多少,应根据在该时间段所进行的工作活动情况确定。当然,劳动力的优化配置和进度计划之间存在着综合平衡的优化问题。

项目的劳动力资源供应环境是确定劳动力来源的主要依据。项目不同,其劳动力资源供应环境也不相同,项目所需劳动力取自何处,应在分析项目劳动力资源供应环境的基础上加以正确选择。

(2) 优化配置方法

劳动力的优化配置首先应根据项目分解结构,按照充分利用、提高效率、降低成本的原则确定每项工作或活动所需劳动力的种类和数量;然后根据项目的初步进度计划进行劳动力配置的时间安排,在此基础上进行劳动力资源的平衡和优化,同时考虑劳动力资源的来源,最终形成劳动力优化配置计划。

① 应在劳动力需用量计划的基础上进一步具体化,以防漏配。必要时根据实际情况对劳动力计划进行调整。

② 配置劳动力应积极可靠,使其有超额完成的可能、以获得奖励,进而激发其劳动积极性。

③ 尽量保持劳动力和劳动组织的稳定,防止频繁变动。但是,当劳动力或劳动组织不能适应任务需要时,则应进行调整,并敢于改变原建制进行优化组合。

④ 工种组合、技术工种和一般工种比例等应适当、配套。

⑤ 力求使劳动力配置均匀,使劳动资源强度适当,以达到节约的目的。

4. 劳务分包企业和劳务分包合同

(1) 劳务分包企业

根据建设部 2001 年 4 月 28 日发布的第 87 号令,建筑业企业的资质分为施工总承包、专业承包和劳务分包三个序列,其劳务分包企业就是施工项目的劳动力来源。87号令的第5条最后一款规定,获得劳务分包资质的企业,可以承接施工总承包企业或者专业承包企业分包的劳务作业。

劳务分包企业共有13类,包括:木工、砌筑、抹灰、石制作、油漆、钢筋、混凝土、脚手架、模板、焊接、水暖电安装、钣金、架线等作业分包企业。

每类作业分包企业按规定分级或不分级。例如,木工作业分包企业为一、二级。一级企业的资质标准是:注册资本金30万元以上;具有相关专业技术员或本专业高级工以上的技术负责人;具有初级以上木工不少于20人,其中,中、高级不少于50%,企业作业人员持证上岗率100%,企业近三年最高年完成分包合同额100万元以上;企业具有与作业分包范围相适应的机具。一级企业可以承担各类工程的木工作业分包业务,但单项业务合同额不超过企业注册资本金的5倍。

二级企业的资质标准是:注册资本金10万元以上;具有本专业高级工以上的技术负责人;具有初级以上木工不少于10人,其中,中、高级工不少于50%,企业作业人员持证上岗率100%,企业近三年承担过2项以上木工作业分包,工程质量合格,企业具有与作业分包范围相适应的机具。二级企业可承担各类工程的木工作业分包业务,但单项业务合同额不超过企业注册资本的5倍。

(2) 劳务分包合同

劳务分包合同一般分为两种形式:一是按施工预算或投标报价承包;二是按施工预算中的清工承包。劳务分包合同的内容包括:工程名称,劳务分包工作内容及范围,提供劳务人员的数量,合同工期,合同价款及确定原则,合同价款的结算和支付,安全施工、重大伤亡及其他安全事故处理,工程质量、验收与保修,工期延误,文明施工,材料机具供应,文物保护,发包人、承包人的权利和义务,违约责任等。

5. 劳动力的动态管理

劳动力的动态管理指的是根据生产任务和施工条件的变化对劳动力进行跟踪平衡、协调,以解决劳务失衡、劳务与生产要求脱节的动态过程。其目的是实现劳动力动态的优化组合。

(1) 企业劳动管理部门对劳动力的动态管理起主导作用

由于企业劳动管理部门对劳动力进行集中管理,故它在动态管理中起着主导作用。它应做好以下几方面的工作:

① 根据施工任务的需要和变化,从社会劳务市场中按合同招募和遣返(辞退)劳动力。

② 根据项目经理部所提出的劳动力需要量计划与《项目管理目标责任书》向招募的劳务人员下达任务,派遣队伍。

③ 对劳动力进行企业范围内的平衡、调度和统一管理。施工项目中的任务完成后收回作业人员,重新进行平衡、派遣。

(2) 项目经理部是项目施工范围内劳动力动态管理的直接责任者

项目经理部劳动力动态管理的责任是:

① 按计划要求向企业劳务管理部门申请派遣劳务人员。

② 按计划在项目中分配劳务人员,并下达施工任务书。

③ 在施工中不断进行劳动力平衡、调整,解决施工要求与劳动力数量、工种、技术能力、相互配合中存在的矛盾。在此过程中与企业劳务部门保持信息沟通、人员使用和管理的协

调。

④ 按合同支付劳务报酬,任务完成后,劳务人员遣归企业。

(3) 劳动力动态管理的原则

① 动态管理以进度计划与劳务合同为依据。

② 动态管理应始终以劳动力市场为依托,允许劳动力在市场内作充分的合同流动。

③ 动态管理应以动态平衡和日常调度为手段。

④ 动态管理应以达到劳动力优化组合和作业人员的积极性充分调动为目的。

8.2.3 工程项目人力资源的激励

要充分利用人力资源,调动每个项目成员的积极性,项目管理人员必须了解每一个下属的行为动机,学会如何激发人力资源的潜能。

所谓动机,是激励人去行为的主观原因,经常以愿望、兴趣、理想等形式表现出来。它是个人发动和维持其行为,使其导向某一目标的一种心理状态。产生动机原因有二:其一是需要,包括生理需要和社会需要;其二是刺激,包括内部刺激和外部刺激。在同一时刻,人的动机有若干,但真正影响行为的动机只有一个,有时还产生复杂多样的甚至互相矛盾的动机,这时就需通过思想斗争,使其中一种动机占优势,即为优势动机。动机具有始发功能、选择功能、强化功能和为了达到目标而形成一定模式的调整功能。

了解了人的动机以后,就应有效的将人的动机和项目所提供的工作机会、工作条件和工作报酬紧密地结合起来,这就是项目人力资源激励的主要内容。

在项目人力资源管理中,可以采取以下几种激励方法和技巧:

(1) 对于不同员工应采用不同的激励手段。对于低工资人群,奖金的作用就十分重要;对收入水平较高的人群,特别是对知识分子和管理干部,则晋升其职务、授予其职称,以及尊重其人格,鼓励其创新,放手让其工作会收到更好的激励效果;对于从事笨重、危险、环境恶劣的体力劳动的员工,搞好劳动保护,改善其劳动条件,增加岗位津贴,都是有效的激励手段。

(2) 适当拉开实际效价的档次,控制奖励的效价差。效价差过小,搞成平均主义,会失去激励作用;但效价差过大,超过了贡献的差距,会走向反面,使员工感到不公平。应该尽量使效价差与贡献差相匹配,使员工感到公平、公正,才会真正使先进者有动力,后进者有压力。

(3) 注意期望心理的疏导。每次评奖阶段是员工期望心理高涨的时刻,希望评上一等奖的员工,一般总是大大多于实际评上一等的人数,一旦获奖名单公布,其中一些人就会出现挫折感和失落感。解决这个问题的办法是及时对员工的期望心理进行疏导。疏导的主要方法是目标转移到"下一次"或"下一个年度",树立新的目标,淡化过去,着眼未来。特别要及时消除"末班车"心理,以预防争名次、争荣誉、争奖金的行为发生。

(4) 注意公平心理的疏导。根据亚当斯的公平理论,每位员工都是用主观的判断来看待是否公平的,他们不仅关注奖励的绝对值,还关注奖励的相对值。尽管客观上奖励很公平,但通过和别人比较也仍有人主观上觉得不公平。因此,必须注意对员工公平心理的疏导,引导大家树立正确的公平观。正确的公平观包括三个内容:①要认识到"绝对的公平是不存在的。"②不要盲目地攀比。③不应"按酬付劳",造成恶性循环。

(5) 恰当地树立奖励目标。在树立奖励目标时,要坚持"跳起来摘桃子"的原则,既不可过高,又不可过低,过高则使期望概率过低,过低则使目标效价下降。对于一个长期的奋斗目标,可用目标分解的办法,将其分解为一系列阶段目标,一旦达到阶段目标,就及时给予奖励,即把大目标与小步子相结合。这样可以使员工的期望概率较高,从而维持较高的士气,收到满意的激励效果。

(6) 注意掌握奖励时机和奖励频率,注意综合效价。奖励时机直接影响激励效果,犹如烧菜,在不同时机加入佐料,菜的味道就很不一样。奖励时机又与奖励频率密切相关。对于目标任务不明确,需长期方可见效的工作,奖励频率宜低;对于目标任务明确,短期可见成果的工作,奖励频率宜高;对于只注意眼前利益、目光短浅的人,奖励频率宜高;对于需要层次较高、事业心很强的人,奖励频率宜低;在劳动条件和人事环境较差、工作满意度不高的单位,奖励频率宜高;在劳动条件和人事环境较好,工作满意度较高的单位,奖励频率宜低。当然,奖励频率与奖励强度应恰当配合,一般而言,两者呈反向相关关系。

8.2.4 工程项目人力资源绩效评估

1. 绩效评估体系

(1) 绩效评估的含义

对于绩效(performance)有多种理解。有人认为绩效应当着眼于工作结果,是个体或群体劳动的最终成绩或贡献;也有人认为,绩效既应当考虑员工的工作业绩,又应当考虑员工的工作过程和行为方式,认为绩效是员工与客观环境之间有效互动的结果。较为普遍的观点是,绩效是个体或群体工作表现、直接成绩、最终效益的统一体。

绩效评估(performance evaluation 或 performance appraisal)就是工作行为的测量过程,即用过去制定的标准来比较工作绩效的记录及将绩效评估结果反馈给职工的过程。它是以工作目标为导向,以工作标准为依据,对员工行为及其结果的综合管理,目的是确认员工的工作成就,改进员工的工作方式,奖优罚劣,提高工作效率和经营效益。

绩效评估一般分为三个层次进行:组织整体的、项目团队或项目小组的、员工个体的绩效评估。其中,员工个体的绩效评估是项目人力资源管理的基本内容,也是本节讨论的对象。

(2) 绩效评估的作用

现代人力资源管理系统有以下几个方面,即人力资源的获得、挑选与招聘、培训与提高、激励与报酬等。绩效评估则特别重要,因为绩效评估给人力资源管理的各个方面提供反馈信息,它是整个系统必不可少的部分,并与各个部分紧密联系在一起,它一直被人们称为组织内人力资源管理最强有力的方法之一。①没有绩效评估就无法作出最佳管理决策。绩效评估可以使管理者及其下属制定计划以纠正任何可识别的工作失误。②绩效评估提供的资料可以作为提升职务、工资晋级以及进一步培训提高的依据,这是绩效评估最常见的作用。③绩效评估使管理者及其下属有机会坐下来,考察一下该下属的工作行为。实际上,大多数人都需要并且希望了解其他人对自己工作情况的评价,特别是当这种评价对自己有益处时更是如此,而绩效评估正提供了这种反馈。

具体地说,绩效评估的作用主要表现在以下几个方面。

① 确定员工的薪资报酬。现代组织管理要求薪酬分配遵守公平与效率两大原则。因而,必然要对每一个员工的劳动成果进行评定和计量,按劳付酬。合理的薪酬不仅是对员工劳动成果的公正认可,而且可以产生激励作用,在组织内部形成进取与公平的氛围。

② 决定员工的升降调配。通过绩效评估,可以提供有关员工的工作信息,如工作成就、工作态度、知识和技能的运用程度等。根据这些信息,可以进行人员的晋升、降职、轮换、调

动等人力资源管理工作。

③ 进行员工的培训开发。在组织竞争与发展中，努力使人力资源增值，从长远来说是一项战略任务。培训开发是人力资源投资的重要方式。培训开发必须有的放矢，才能收到事半功倍的效果。在这方面，绩效评估的作是可以检查出员工的知识、技能、素质等方面的不足，使培训开发工作有针对性地进行。

④ 加强组织与员工共同愿望的建立。绩效评估要求上下级之间对评估标准、评估方式以及评估结果进行充分沟通，因此，绩效评估有助于项目成员之间信息的传递和感情的融合。

(3) 绩效评估的程序

绩效评估的程序见图8-8。

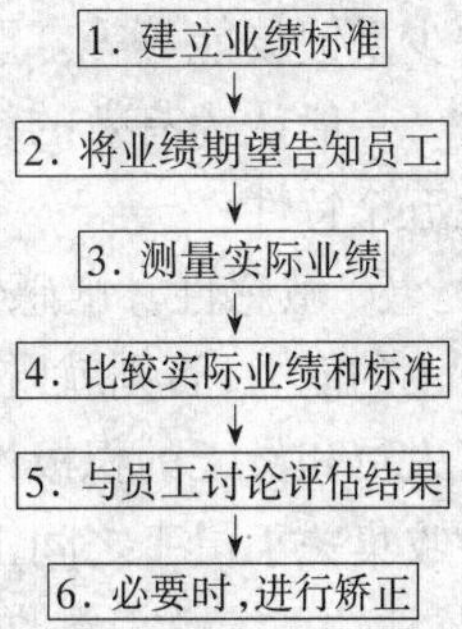

这个程序从绩效评估的标准开始，标准的内容必须准确化、具体化、定量化。一方面，标准的建立要以工作分析信息为依据，而不是任意制定；另外一方面，这些标准应足够清楚和客观，以便被理解和测量。模糊的词句什么也说明不了。项目经理脑中对项目成员的期望也要明晰，以便能够与成员进行准确无误的交谈。

图8-8 绩效评估程序图

一旦标准建立后，就有必要告知这些标准。要注意，这些标准的交流是双向的。光是将标准告知员工还不够，还要进行反馈信息的收集和分析。

绩效评估的第三步是业绩测量，为决定真正业绩如何，必须取得有关信息：如何测量、测量什么。通常有四种信息来源：个人观察、统计报表、口头报告、书面报告。每种来源都有长处也有短处。综合使用可提高信息来源数目和获得可靠信息的可能性。测量什么可能比如何测量更关键，因为选错了标准很可能导致严重的功能紊乱后果。而且，所要测量的事物，在很大程度上决定了组织成员的努力方向。

绩效评估的第四步是将实际表现和评价标准作比较。这一步主要是要注意到标准和实际水平之间的差异，以便能进入第五步——与雇员就业绩评估进行讨论。项目经理们面临的最具挑战性的任务之一便是向属下说明评定结果，并使属下以建设性姿态接受评定。绩效评估触及感情上最复杂的活动——对另外一个人的贡献和能力进行评价。员工从上司那里得到的评价及印象，对员工的自尊和以后的工作表现有着极其重要的影响。当然，好消息的传递对于双方皆是轻而易举之事，但坏消息总让双方都不自在。这样，对绩效评估的讨论，可以有正或负的刺激后果。

绩效评估的最后一个步骤是，必要时采取矫正措施。矫正行动有两种类型，一种是迅速及时的，并且主要处理症兆问题。另一种是基础的，主要探讨原因。迅速的矫正行动通常被称为"灭火"，基础行动追究偏差的起因，并试图永久性地消除病灶。迅速行动及时矫正某些失误并使之返回正轨。基础矫正要查明偏差如何表现以及为什么出现。有些时候，管理者可能借口没有时间进行基础矫正行动，从而满足于迅速的"灭火"行为。优秀的管理者清楚，他们必须抽出时间去分析偏差，并在经济上合算的前提下，永久性地消灭导致偏差的原因。

(4) 有效绩效评估系统的标准

员工的绩效受技能、激励、环境和机会等多种因素的影响，是员工个人素质和工作环境共同作用的结果，因此，绩效评估是一项较为复杂且具有一定难度的工作，在现实操作中存在不少问题。如项目经理不愿在评定上投入足够的时间，有时他们奖励资历和忠诚而不是绩效，而且对成功的定义理解彼此不相同或不能辨别雇员在成功方面的作用。还有一些研究表明评估过程中，不能把评估工作建立在工作分析的基础上，没有关于如何填写评定表格的书面指令，也缺少对评估系统的管理承诺，上下级间沟通不良，评估人既缺少观察技能又缺少反馈技能等等。要解决这些问题，首先要建立绩效评估系统的标准。

一般认为有效的绩效考核体系应该同时具备敏感性、可靠性、准确性、实用性和可接受性五个特性：

① 敏感性。敏感性指的是绩效评估系统具有区分工作效率高的员工和工作效率低的员工的能力，否则就既不利于项目进行管理决策，也不利于员工自身的发展，而只能挫伤主管人员和员工的积极性。如果绩效评估的目的是升迁推荐等人事管理决策，评估系统就需要收集关于员工之间工作情况差别的信息；如果绩效评估的目的是促进员工个人的成长发展，评估系统就需要收集员工在不同的阶段自身工作情况差别的信息。

② 可靠性。绩效评估体系的可靠性指的是评估者判定评价的一致性，不同的评估者对同一个员工所做的评价应该基本相同。当然，评估者应该有足够的机会观察工作者的工作情况和工作条件。

③ 准确性。绩效评价的准确性指的是应该把工作标准和项目目标联系起来，把工作要素和评价内容联系起来，以明确一项工作成败的界限。绩效评估标准是就一项工作的数量和质量要求具体规定员工行为是否可接受的界限。

④ 可接受性。绩效评估体系只有得到管理人员和员工的支持才能进行。因此，绩效评估体系经常需要员工的参与。绩效评估中技术方法的正确性和员工对评价系统的态度都很重要。

⑤ 实用性。绩效评估体系的实用性指的是评估系统的设计、实施和信息利用都需要花费时间、努力和金钱，项目使用绩效评估系统的收益必须要大于其成本。

2. 绩效评估的方法

绩效评估的方法很多，但没有适合一切目的的通用方法。管理方面的问题就是确定某种绩效评估方法以达到所追求的目的。此外，也没有一种普遍的评估方法能用于一切项目的一切目的。因此，绩效评估方面的问题就是要设计一种方法，既适合评估目的又适合每一组织的独特的特点。下面介绍一些绩效评估的主要方法及其优缺点。

(1) 描述法

这是传统的评估方法，分鉴定法和关键事件法两类：

① 鉴定法。评估者以叙述性的文字描述评估对象的能力、态度、成绩、优缺点、发展的可能性、需要加以指导的事项和关键性事件等，由此得到对评估对象的综合评价。优点是结果比较可靠，资料相对完整。但是往往费时较多、篇幅长，而且写作水平直接影响评价印象，难以对多个对象进行相互比较。

② 关键事件法。在应用这种评价方法时，负责评估的主管人员把员工在完成工作任务时所表现出来的特别有效的行为和特别无效的行为记录下来，形成一份书面报告。评估者在对员工的优点、缺点和潜在能力进行评论的基础上提出改进工作绩效的意见。如果评估者能够长期观察员工的工作行为，对员工的工作情况十分了解，同时也很公正和坦率，那么这种评价报告是很有效的。缺点是记录事件本身是一项很繁琐的工作，还会造成上级对下级的过分监视。

(2) 比较法

对评估考评对象作出相互比较,是用排序而不是用评分,从而决定其工作业绩的相对水平。

排序形式有多种,如:简单排序、配对比较或强制分布。简单排序要求评定者依据工作绩效将员工从最好到最差排序。配对比较法则是评定者将第一个雇员相互进行比较。如将雇员1与雇员2、雇员3相比,雇员2与雇员3相比。赢得最多"竞赛"的雇员接受最高等级。强制分布法要求评定者的每一个优胜档次上(如:"最好"、"中"、"最差")都分派一定比例的雇员。强制分布法类似于在曲线上划分等级,一定比例的学生得A,一定比例的学生得B,等等。

比较法的优点是成本低、实用,评估所花费的时间和精力非常少。而且,这种绩效评估方法有效地消除某些评估误差,如避免了评估者可能给每位员工都作出一个优秀评价的宽厚性错误。实际上,依照定义,只有50%的雇员能在平均水平之上。通过强制使评估者具体指出绩效最好的人和最差的人,从而使雇佣决策(如提薪和晋升)也更容易做了。

比较法有几个缺点。因为判定绩效的评分标准是模糊或不实在的,评分的准确性和公平性就可能受到严重质疑。而且比较系统没有具体说明一个员工必须做什么才能得到好的评分,因而它们不能充分地指导或监控雇员行为。最后,组织用这样的系统不能公平地对来自不同项目的员工的绩效进行比较。例如,A项目的第6名雇员可能比B项目的第1名做得更好。

(3) 量表法

量表法是利用一系列标准化的量表进行考核评价,将一定的分数分配给各项考绩因素或指标,使每项考绩因素都有一个评价尺度,然后由评估者用量表对评估对象在各个考核因素或指标上的表现情况作出评判、打分,最后汇总计算出总分,作为评估对象的考绩效果。现在,量表法已经在各类项目得到广泛的采用,常用有图解式评定量表(GRS)、行为锚定式评定量表(BARS)和行为观察量表(BOS),下面介绍后两者。

① 行为锚定式评定量表。要求评估者根据个人特征评估员工,典型的行为锚定式评定量表包括7个或8个个人特征,被称作"维度",每一个都被一个7分或9分的量表加以锚定。它是用反映不同绩效水平的具体工作行为的例子来锚定每个特征。

优点:人力资源管理专家认为,行为锚能够更准确的评分,因为它们能使评估者更好地诠释评定量表上不同评分的含义。行为锚定式评定量表最大的优点是它指导和监控行为的能力。行为锚使员工知道他们被期望表现哪些类型的行为,给评估人提供以行为为基础的反馈的机会。

缺点:制定行为锚定式评定量表要花费大量的时间和精力,而且评估者在尝试从量表中选择一种员工绩效水平的行为有时可能会遇到困难。有时一个雇员会表现出处在量表两端的行为,因此,评估者不知应为其分配哪种评分。

② 行为观察量表(BOS)。行为观察量表包含特定工作的成功绩效所要求的一系列合乎希望的行为,行为观察量表的开发像行为锚定式评定量表一样——收集关键事件并按维度分类。两种方法之间的关键区别在于:行为观察量表中的每种行为都是由评估者加以评定的。

在使用行为观察量表时,评估者通过指出雇员表现各种行为的频率来评定工作绩效。

一个 5 分的量表被分为"极少或从不(1)到总是(5)"。通过将员工在每一行为项上的得分相加得到总评分,高分意味着一个人经常表现出合乎希望的行为。图 8-9 是一个药物方案顾问的行为观察量表的一部分。

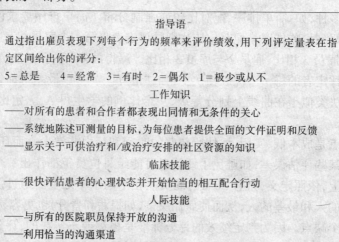

图 8-9 药物方案顾问的行为观察量表

优点:一项研究发现,与行为锚定式评定量表和图解式评定量表相比,经理和下属都更喜欢以行为观察量表为基础的评估。因为评定者不用选择最能描述一个员工的绩效水平和行为,所以前面提到的与行为锚定式评定量表有关的问题就不会出现。而且,像行为锚定式评定量表一样,行为观察量表在指导雇员行为方面也有效,因为它具体指出了雇员需要做什么才能得到高绩效评分。经理也可以有效地使用行为观察量表去监控雇员行为,并用具体行为的条件给出反馈,这样,雇员们便知道他们正在做什么正确的事,哪些行为需要加以矫正。

缺点:像行为锚定式评定量表一样,行为观察量表要花费很多时间来开发,而且每一工作都需要一种单独的工具(因为不同的工作要求有不同的行为),因此,这一方法有时不实际。除非一项工作有许多任职者,否则为该工作开发一个行为观察量表将不会有成本效率。

(4) AFP 法

此法是三种方法的综合,其中 A 表示 AHP,即层次分析法,它主要解决考核的项目指标体系结构的设计问题;F 表示 Fuzzy,即模糊测评法,它主要解决对考核项目的打分、评定问题;P 表示 Pattern Recognition,即模式识别,它主要解决对评分结果的统计分析和结果认定问题。其运用的步骤可参见本章案例:软件企业项目经理绩效评估指标体系设计。

(5) 目标管理

目标管理(MBO)在项目管理中已得到广泛应用,而作为一种绩效评估工具许多研究证明它更具有有效性。这些研究认为,目标管理通过指导和监控行为而提高工作绩效,也就是说,作为一种有效的反馈工具,目标管理使雇员知道期望于他们的是什么,从而把时间和精力投入到能最大程度实现重要的组织目标的行为中去。研究进一步指出,当目标具体而具有挑战性时,当雇员得到目标完成情况的反馈以及当雇员因完成目标而得到奖励时,他们表现得最好。

从公平的角度来看,目标管理较为公平,因为绩效标准是按相对客观的条件来设定的,因而评分相对地没有偏见。

目标管理相当实用且费用不高。目标的开发不需要像开发行为锚定式评定量表或行为观察量表那么花力气。必要的信息通常由雇员填写,由主管批准、修订。

目标管理的另一个优点是,因为它使员工在完成目标中有更多的切身利益,对其工作环境有更多被知觉到的控制,目标管理也使雇员及主管之间的沟通变得更好。

目标管理也有若干潜在的问题,在这里讨论其中的四个:

① 尽管目标管理使雇员的注意力集中在目标上,但它没有具体指出达到目标所要求的行为。这时一些雇员尤其是需要更多指导的新雇员来说,是一个问题,应给这些员工提供"行为步骤",具体指出他们需要做什么才能成功地达到目标。

② 目标的成功实现可能部分地归因于员工可控范围之外的因素,如果这些因素影响了结果,很难决定员工是否要负责任或在多大程度上负责任。

③ 绩效标准因雇员不同而不同,因此,目标管理没有为比较提供共同的基础。例如,为一位"中等"的雇员所设置的目标可能比那些"高等"雇员所设置的目标挑战性较少,两者如何比较呢?因为有这个问题,所以目标管理作为一种决策工具的有用性就受到了限制。

④ 目标管理经常不能被使用者接纳。经理不喜欢他们所要求的大量书面工作,也许会担心雇员参加目标设定而夺取了他们的职权,这样想的经理,就不会恰当地遵循目标管理程序。而且,雇员也经常不喜欢目标带来的绩效压力和由此产生的紧张感。

8.2.5 工程项目人力资源的培训与开发

1. 培训与开发的重要性

人力资源的培训与开发是指为提高员工技能和知识,增进员工工作能力,从而促进员工现在和未来工作业绩所做的努力。其中,培训集中于现在的工作,而开发则是雇员们对未来工作的准备。一个组织的培训和开发实践能够通过提高员工的能力和减少不希望的人员流动的可能性来对竞争优势作贡献,在整个人力资源管理过程中起重要作用。

在提高员工能力方面,培训与开发实践针对新员工和在职员工有不同的侧重。为满足新员工的需要,人力资源管理部门一般提供三种类型的培训:技术培训、取向培训和文化培训。一般来说,在招聘过程中,主管人员总是尽力挑选有必需的技术知识和技能的候选人,但是,即使雇用到了最合格的人,也不能保证所有的工作都将被分配给完全胜任的人,对新员工的技术培训或多或少总是必要的。新员工还需要通过培训来熟悉他们的工作、公司及其政策和程序。新雇员可能也需要识字培训,现在许多被雇用来从事入门水平工作的人缺乏基本的技能,这些技能包括:写作、基础算术、听懂/遵循口头指令、说话以及理解手册、图表和日程表,这对他们提高工作绩效有很大好处。

提高在职员工的能力的培训可分为纠正性培训、与变革有关的培训和开发性培训几类。组织必须面对这样一个事实,即使一贯绩效优良的员工,在从事新工作时,在某些技能上也是欠缺的,从而需要纠正性培训。员工可能还需要进行与变革有关的培训来跟上各种形式的涉及到技术进步、新的法律或程序的最新变化,或是一个组织战略计划的变革。组织为达到开发的目的也需要培训方案。开发方案向员工们提供了他们可能最终被提拔到更高层次的职位所需要的恰当的技能。

培训开发的另外一个目的是减少流动的可能性。有一些员工,常常是其中最好的那些人,由于对组织或公司管理员工的方式不满而离开。一个组织的培训和开发实践能帮助缓解这个问题。它通过指导方案来改变不良的管理实践,从而试图改变那些实行无效管理方式者的行为。低劣的工作绩效也会引起流动,员工可能因为缺乏必要的工作技能而被解雇。虽然在一些情况下这样的人应该解雇,但培训能够通过提高主管人员管理"低效"员工的能力或对技能已过时的人进行再教育,分配给他们新的工作职责来防止那些不必要的解雇。

总而言之,组织建立一个良好员工培训开发系统,有以下好处:

(1) 确保获得组织所需要的人才。在人力资源的规划过程中,提出组织未来需要哪些人力资源,并尽量使员工的需求和抱负能跟组织的需求结合起来,进行有计划的培训开发工作,才能保证组织在任何发展阶段都有合适的员工。

(2) 增加组织的吸引力以留住人才。一个组织真正优秀的人才并不是很多,因此,优秀人才成为各组织争相招聘的对象。这样的人才比较喜欢能关心他们并考虑他们未来的组织,如果组织对他们的职业发展有所考虑的话,他们对组织的忠诚和信赖度就高。

(3) 减少员工的挫折感。员工受的教育越多,他们对工作的抱负也就越高。但任何组织都不可以满足所有员工的需求,在理想和现实不一致时会导致挫折感。因此,通过思想疏导工作、心理咨询和培训,可以使员工增强信心。

2. 培训和发展需求的确定

人力资源培训和发展项目的第一阶段是需求估计,由组织需求分析、工作需求分析和个人需求分析组成。

(1) 组织需求分析

组织需求分析始于对组织短期和长期目标的考查,以及对影响这些目标的趋势的分析。在这一分析中,应予以关心的是组织面临的,能够通过培训加以解决的问题。组织需求分析要把组织目标变成人力资源需求、技能要求以及技能和人力资源供给项目。

进行组织需求分析可以采取以下几种方式。一种方式是进行人力资源的调查,收集组织各类人员的情况和资料,以此确定组织及企业人力资源的需求情况,提出解决各类人员后备力量的办法和培训需要。组织分析的另一种途径是考察组织效率指标,从而决定培训的需要。这些指标包括:事故率、生产成本、产量、质量等。组织分析正是着眼于整个组织,并通过人员培训对所存在的问题采取补救措施。

(2) 工作需求分析

工作需求分析如同组织需求分析一样重要,它是确定培训内容的重要依据,但经常被忽略。由于组织需求分析太广泛,无法确定具体工作特定的培训和发展需求,因此必须进行工作需求分析。基本而言,这种分析提供每一工作的任务信息,完成任务必需的技能和最低限度的可接受水平。这三种信息可来源于一般员工、人事管理者和上司,也可通过组织不同部门代表组成的个体小组收集。

(3) 个人需求分析

个人需求分析可通过两种不同的方式完成。通过实际工作表现和最低可接受表现标准的比较,或者通过雇员的效率估计和每种技能应有效率水平的比较,就可区分雇员工作表现的差异。第一种方法以雇员实际的现行工作业绩为基础;因此,它可以用以确定培训和发展需求。另一方面,第二种方法可用以识别未来工作的培训和发展需求。一种广泛使用的用以收集个人需求分析信息的方法是自我评价。员工的自我评价作为一种信息源,可以使培训和发展需求的识别简化许多。

3. 培训和发展项目的实施

(1) 确定培训目标

一旦组织识别出培训需要,培训方案的设计者必须具体说明培训目标。目标要描述受训者应该能做些什么作为培训结果。换句话说,经过培训后员工应该掌握什么特殊的知识?作为培训结果他们应有什么变化?员工应该掌握什么新技能——即经过培训后员工应该能够做什么?培训结果越具体,就越有可能设计出正确的培训方案实现它们。另一方面,目标也可以被用来判断培训方案的有效性,即作为评估培训效果的依据。

(2) 选择培训对象

虽然人人都可以被培训,所有职工都需要培训,而且大部分人都可以从培训中获得收益,但由于组织的资源有限,不可能提供足够的资金、人力、时间作漫无边际的培训,因此,所有员工不一定都得培训到同一个层次或同等程度,或安排在同一时间培训,必须有指导性地确定组织急需人才培训计划,根据组织目标的需求挑选被培训人员。

一般而言,组织内有三种人员需要培训:

第一种是可以改进目前工作的人,目的是使他们能更加熟悉自己的工作和技术。

第二种是那些有能力而且组织需要他们掌握另一门技术的人,并考虑在培训后安排他们到更重要、更复杂的岗位上。

第三种是有潜力的人,组织期望他们掌握各种不同的管理知识和技能或更复杂的技术,目的是让他们进入更高层次的岗位。

总之,培训对象是根据个人情况、当时的技术及组织需要而确定的。

(3) 选择培训方法

一旦详细地了解了需要教给员工的是什么技能与技术,适当的培训方法也就可以确定下来了。通常,培训方法随工作水平的不同而有所不同;而每种培训方法都有自己独特的优点。下面介绍常见的几种:

① 在职培训。在职培训是历史最长、采用最普遍的培训方式。这里指在实际工作职务和工作场地所进行的训练和学习。

② 工作指导培训(JIT)。工作指导培训方案的开发始于工作分解,就是分步骤地列出应如何进行工作。伴随工作分解的是对每一步骤的关键点进行描述。关键点就是提供建议帮助员工有效而安全地执行任务。使用JIT方法时,培训者首先讲解并演示任务,然后让受训者一步步地执行任务,必要时给予纠正性反馈。当受训者能够连续两次执行任务而无须提出反馈时,培训结束。

JIT对教导受训者如何执行相对简单并可以一步步完成的任务非常有效。它的有效性归功于受训者有大量机会实践任务并接收有益的反馈。

③ 讲授法。讲授法就是课程学习,它最适合于以简单地获取知识为目标的情形(比如在新员工培训中描述公司历史)。

④ 工作模拟培训。工作模拟是能够提供几近真实的工作条件,同时又不失去对培训过程的有效控制,从而为受训者创造了一种较好的学习条件。这种方法适合于对管理人员培训,以提高管理人员的认识技能、决策能力和处理人际关系的能力。工作模拟可以运用适当的技术设备;也可以采取十几个人的群体模拟活动;还可以采用对策方式,让学员在对策规划的范围内,设法达到练习任务的目标。工作模拟与实际工作情景及任务越是相似,训练

的效果就越好。

(4) 评估培训效果

培训效果是指在培训过程中受训者所获得的知识、技能、才干和其他特性应用于工作的程度。培训效果可能是积极的,这时工作绩效得到提高;也可能是消极的,这时工作绩效恶化;还可能是中性的,即培训对工作绩效没有产生明显的影响,这种情况下的损失是培训经费和时间的浪费。在对培训项目的结果进行评价时,需要研究以下问题:

① 员工的工作行为是否发生了变化?
② 这些变化是不是培训引起的?
③ 这些变化是否有利于组织目标的实现?
④ 下一批受训者在完成相同的培训后是否会发生相似的变化?

组织在评估培训项目的效果时所采用的标准很重要,培训方案的评价标准可分为四种类型:反映标准、学习标准、工作标准和结果标准。反映标准是通过学员对培训的印象和感觉来评价培训效果。学习标准主要用于评价学员在培训中学到了多少知识和技能。工作标准是以学员回到工作岗位以后工作实绩的变化作为评价标准,即培训在多大程度上使学员的实际工作行为发生了应有的变化。结果标准是指培训对于组织的最终价值,主要是对培训代价(成本)和效益进行评估。结果标准是最重要的,但又是最难制定的。在评价结果标准时,应先计算所有培训成本(时间、材料和设施等)和培训后学员的生产率,然后决定培训的得失。对于旨在改进工作态度的培训,这方面的评估就比较困难。较好的办法是把工作成绩与工作态度测量结合起来,从而取得较可靠的评定结果。近年来,人力资源管理对于培训标准的研究,更倾向于采用多重复合的标准来衡量培训效果。

思考题

1. 何谓组织?
2. 何谓项目组织?
3. 项目组织形式的类型、各自的优缺点、适用条件是什么?
4. 简述项目经理的概念、主要责任、权力、基本素质。
5. 简述项目团队的概念、特点及发展与建设过程。
6. 简述人性理论、激励理论及强化理论的要点。
7. 简述人力资源的含义、特点。
8. 项目人力资源的含义和具体内容是什么?
9. 我国施工项目劳动力现状如何?
10. 如何编制综合劳动力和主要劳动力计划?
11. 劳动力优化配置的依据是什么?
12. 如何进行劳动力的优化配置?
13. 劳务分包企业有哪几类?分级情况怎样?
14. 什么是劳动力的动态管理?
15. 项目经理在劳动力动态管理中的责任有哪些?
16. 在项目人力资源管理中,可以采取哪些激励和技巧?
17. 绩效评估的作用有哪些?如何进行绩效评估?
18. 有效绩效评估系统的标准是什么?

第9章 工程项目设计与施工管理

【内容提要】
(1) 工程项目设计和施工过程的主要管理工作。
(2) 设计的管理,包括设计的工作内容、工程咨询、设计阶段的项目管理。
(3) 施工的管理,包括施工的专业分工、施工的采购和供应、施工合同、施工过程中的管理等。

9.1 概述

在我国,可行性研究经过批准,工程项目立项,工程项目就进入实施阶段。这个阶段又可以分为设计过程和施工过程。在这个阶段工程项目需要完成大量的专业性工作(如地质勘探、设计、专业工程的施工、供应)和管理工作(咨询、监理、项目管理),需要大量的资源(资金、材料、设备、人力、技术力量、信息等)投入。工程项目由概念逐渐形成工程的实体,最终得到一个具有运营和服务功能的工程。本阶段是工程项目和项目管理最为活跃,也是最复杂的阶段。

本阶段主要包括如下过程:

1. 工程项目的勘察设计

从工程项目的批准立项到现场开工是工程项目的设计过程。根据工程承包方式和管理模式的不同,设计过程的工作会有不同,通常主要有如下三大类:

(1) 工程地质勘探。即有地质勘探单位勘探工程的地质情况,提交工程地质勘探报告。

(2) 工程技术设计。设计是对工程的技术系统的定义和说明。通过设计文件,如图纸、规范、模型,对拟建的工程技术系统进行详细的描述。

经批准的可行性研究报告就作为工程项目的设计任务书,作为项目初步设计的依据。按照工程规模和复杂程度的不同,工程项目的设计阶段划分会有所不同。对一般的工程项目,设计分为两个阶段设计:扩大初步设计和施工图设计。对技术上比较复杂,如工业工程项目,分为三个阶段设计:初步设计、技术设计、施工图设计。

根据工程实施组织的情况不同,有些设计工作常常要延伸到施工阶段,如在采用CM管理模式的情况下。另外,设计单位必须参与施工过程,提供监督、协助工程验收等。

(3) 其他咨询工作

① 计划。计划是对工程建设和运营的实施方法、过程、费用(投资预算、资金)、时间(进度)、采购和供应、组织作详细的安排,以保证项目目标的实现。

在项目立项后应作项目综合计划(实施规划),随着设计的不断深入,计划也在同步地细化,即每一步设计,有相应的计划。如初步设计后应作工程项目总概算,技术设计后应作修正总概算,施工图设计后应作施工图预算。同样,实施方案、进度计划、组织结构也在不断细化。

② 工程招标,即通过招标委托工程项目范围内的设计、施工、供应、项目管理(咨询、监理)等任务,选择这些项目任务的承担者。对这些项目任务的承担者来说,就是通过投标承接项目的任务。

根据招标对象的不同有些招标工作会延伸到工程的施工过程中,如有些装饰工程、部分材料和设备的采购等。

③ 各种审批手续的完成。在工程项目设计和计划阶段有许多审批手续,它们是项目行政性管理工作的一部分。有些必须经过政府部门的审批,如用地许可的审批、工程建设规划的批准、施工许可的批准等;有些必须由投资者、工程项目的上层组织审批,如每步设计成果的审批,实施计划的审批,设计和实施计划重大修改的审批等。

④ 其他咨询性工作,如设计监理、技术服务。

2. 工程项目的施工阶段

这个阶段从现场开工到工程的竣工,验收交付。这个阶段是项目管理最为活跃的阶段,资金、资源的投入量最大,管理的难度也最大,最复杂。

(1) 现场准备。包括征地、拆迁、场地的平整、现场施工用的水电气、通讯等的条件准备等。

(2) 在这个阶段工程施工单位、供应商、项目管理(咨询、监理)公司、设计单位按照合同规定完成各自的工程任务,并通力合作,按照实施计划将项目的设计经过施工过程一步步形成符合要求的工程。这个阶段的主要工作是施工管理。

(3) 当工程按照项目任务书,或设计文件,或合同完成规定的全部内容,即可以组织竣工检验和移交。如果工程项目由多个承包商承包,则每个承包商在自己的承包范围内都有竣工检验和移交的过程。在整个工程都经过竣工检验,则标志着整个施工任务(阶段)的结束。

在施工结束和试运营前应有工程项目的运营准备工作。

有些属于工程施工阶段的工作任务或竣工工作会持续到项目的结束阶段。

9.2 工程项目设计管理

9.2.1 工程咨询的概念

在国外,工程咨询的范围非常广泛。不仅包括各种工程设计,如建筑设计,结构、机械、电气、系统工程等专业设计,还有其他多种专业人员为顾客提供同建造有关的各种各样的服务。例如,水文地质和地形的勘察、工程费用的估算和控制、合同管理、项目管理,以及合同纠纷的解决等。在英国,为委托人提供工程材料消耗、费用估算和控制服务的专业人员叫"工料估算师"。

1. 工程各阶段的咨询工作

英国皇家建筑师学会从建筑师为委托人提供设计服务的角度将工程划分为 12 个阶段。但是,从顾客(项目发起人、业主)的角度,可大致将其分为 4 个阶段,即前期阶段、准备阶段、实施阶段和总结阶段。咨询者在每一个阶段可为顾客提供的咨询服务列在表 9-1 中。

9.2 工程项目设计管理

工程阶段划分与咨询服务内容 表 9-1

		前期阶段	准备阶段		实施阶段	总结阶段
顾客	工程阶段	规划→ ↓ 项目选定 ↓ 立项	提交审批→	工程采购→ ↓ 招标	合同管理 ↓ 验收、投产	总结
咨询者	咨询内容	规划→ ↓ 投资机会研究 ↓ 预可行性研究、评估 ↓ 可行性研究、评估	基本设计→ ↓ 详细设计	编制招标文件 ↓ 评标 ↓ 合同谈判	供货合同监理 ↓ 合同管理或施工管理 ↓ 生产准备 ↓ 竣工验收准备	后评价
承包商 供货商 (顾客)	任务			投标→	施工、供货 ↓ 安装调试、竣工、运行保证	

(1) 前期阶段

咨询人在这一阶段可承担的咨询任务,有规划、选择项目和做出决定等。

就项目重大问题做出决定是本阶段工作应交付的成果,以可行性研究为重点。咨询内容有了解市场需求、发展规划和制订运营策略等;资源评价(物质、资金、技术和人才等资源);建设条件分析(包括基础设施、厂址等);经济效益分析(财务和经济评价等);以及社会和环境影响评价等等。

(2) 准备阶段

在就项目重大问题做出决定,项目得到批准后,咨询服务主要有工程设计、设计审查、工程和设备采购服务等。

设计审查是对已有的工程设计从项目目标、采用的设计标准与规范、工艺流程以及基础数据的选取等方面进行审核。

工程和设备采购服务是帮助顾客采购,准备好所需的一切设备、材料和施工力量。主要是编制招标文件及准备工作、评标,以及合同谈判等。

(3) 实施阶段

总的任务是保证工程按照合同文件中规定的进度、质量和预算顺利完成,为顾客形成固定资产。主要工作有项目管理、合同管理或施工管理等。

(4) 总结阶段

帮助客户对已建成和运营的工程进行总结,以获得有益于改进今后工作的经验,一般称作后评价。

项目后评价是指对已完成的项目的目的、执行过程、效益、作用和影响进行系统地、客观地分析，通过总结，考察项目的目标是否达到，项目是否合理有效，项目能否持续发展，并通过可靠的信息反馈，为未来项目决策提供经验教训。后评价的基本内容一般包括过程评价、效益评价、持续性评价、影响评价和综合评价等五个方面。

2．咨询的性质

(1) 独立、公正

这是对咨询者最重要的要求。咨询者不能隶属或依附于委托人或者其他与咨询事项有利害关系者。在接受顾客委托后，应独立调查、分析和判断，不能受他人干扰或干预，向委托人提供独立、公正的看法和建议。在充分理解委托人意图的条件下，从实际出发，持客观的态度，使用合理的方法。最终得出的结论和提出的建议，不但要符合委托人的利益，还要符合公众和子孙后代的长远利益。

(2) 综合

多数工程遇到的困难和问题不是单一学科、技术和方法所能解决的，经常需要运用多种专业知识、技术和信息。提供咨询服务者要满足委托人的要求，必须具备并善于综合多种专业知识、技术和信息。

(3) 系统

咨询者应根据委托人的要求提出有效地完成工程的策略、设计方案和实施方法等。现在的工程日益庞大和复杂，影响工程成败的因素日益增多。因此，咨询者对问题的分析，要有系统和整体的高度，重视事物和问题之间的联系和制约关系。特别要注意工程的动态，要预测未来的趋势。对工程的各个方面不仅要做定性分析，还常常需要做定量分析。

3．设计与咨询职业及其资格认证制度

我国参照国际惯例已经于1995年颁布了《中华人民共和国注册建筑师条例》，开始了从事建造活动的专业技术人员的注册制定。该制度的基本宗旨是将保障人民生命和财产安全、维护社会公共利益的责任落实到建筑师和其他专业技术人员个人身上。这一制度还将激发专业技术人员努力提高自己的服务水平。结构工程师、规划师、造价工程师、监理工程师都已经或将要实行注册制度，在执业之前都要取得相应的职业资格。

取得职业资格，不但是勘察设计人员的荣誉，而且也表明他们身上社会责任重大。

9.2.2 工程设计行业的组织

1．我国的设计力量

我国从事工程设计的单位遍布全国各地、各部门、各企业、各机关、各事业单位。大的叫做设计院，小的叫设计所、设计室、设计处等。

根据2001年统计年报，全国各类设计企业共有11338家，其中国有和国有控股企业9599家；全国建筑设计院有4327家，其中国有独资3488家。

我国的这支设计力量承担了国民经济各部门绝大部分的工程设计任务，仅有极少数请国外的设计人员参加。请国外设计人员主要是为了开阔我们设计人员的眼界，学习国际上先进的设计思想、方法和技术，激发竞争，鼓励上进，提高我们自己的设计水平和质量。为此，政府有关部门已做出了若干有关规定。允许外国设计咨询公司在我国境内单独承揽建筑智能化系统集成、建筑装饰和环境保护专项设计。

现在的工程设计，须有多种专业或工种参加。一般建筑物，至少要有建筑师、结构工程师、采暖与通风工程师、建筑设备工程师和电气工程师。大型、复杂的建筑物,例如剧院、工业厂房等,还要有机械工程师、工艺师参加。如果建筑物的基础和所在地地质条件复杂,还要请岩土工程师参与。其他土木工程,如铁道、公路、水利枢纽、桥梁、机场、市政设施、港口等基本也是如此。但是,参加不同工程的设计人员知识面侧重点不同。例如,设计建筑物的结构工程师和设计桥梁的土木工程师都需要掌握结构力学、钢结构、钢筋混凝土结构的理论。但是前者不熟悉桥梁承受的荷载和桥梁的结构体系,而后者不见得知道哪些结构体系适合于建筑物。

目前在我国,虽然许多设计单位主要承担具体行业或部门的工程设计任务,例如某轻工业设计院主要承担造纸、食品、玻璃等轻工业建设项目的设计;铁道部某勘测设计院主要承担铁道建设项目的设计等等。但是,他们大多数都是综合性的,设计任务需要的各种专业设计人员都配备齐全。这种体制优点很明显,但也有不利之处。

接受设计任务后,同一设计单位不同专业的设计人员组成设计班子。一般说来,房屋建筑设计由建筑师主持,而土木工程建筑设计由土木工程师(桥梁工程师、道路工程师、港口工程师、水利构筑物工程师、给排水工程师,……)主持。例如,城市污水排放系统的设计要由给排水工程师担任。

2. 国外的设计体制

在国外,除了少数大型设计公司外,大多数设计者都是单一专业的合伙制公司。按其专业,分别叫做建筑师事务所、室内设计事务所、咨询公司和工料估算事务所等。咨询公司一般分为结构工程师、机械工程师、电气工程师、土木工程师和设备工程师等。

发达国家的建筑师或土木工程师将聘请自己为其提供设计或其他服务的顾客叫做"委托人",而建造承包商将聘请自己为其按照建筑师或工程师的设计图纸和其他设计文件实际建造建筑物和构筑物的顾客叫做"业主(雇主)"。在绝大多数情况下,"委托人"和"业主(雇主)"是同一自然人或法人,但是这两种不同的称谓反映了不同的关系,发达国家已经习惯使用之。

当委托人需要新建筑物时先找到建筑师,建筑师再根据情况去找结构工程师、机械工程师、电气工程师、土木工程师和设备工程师等,将各专业的设计任务分包给他们。对于建筑师而言,各专业工程师的参与起了某种"咨询"作用,帮助建筑师将房屋建筑物设计成安全、可靠、满足必要和委托人提出的特殊功能的建筑物。

国外分别设立单一专业设计公司的做法,符合社会生产不断地分工,分工不断深入细化的潮流,人力资源组合起来灵活,使用效率高,有利于建筑师、工程师和其他专业人员提高业务水平,优点是明显的。但是,其缺点也很明显。那就是,各专业之间配合得不如我们综合性的设计院。

目前我们的设计工作与国际惯例另外一个不同的方面是,发达国家设计公司的设计图纸,一般只达到初步设计的详细程度。而详细的施工图设计则由建造(营造、施工)承包公司去完成(这正是为什么联合国和世界贸易组织将建筑业为国民经济各部门提供的服务叫做"建造及其有关的设计服务")。他们之所以能够这样做,是因为他们的建造承包公司,特别是大公司都有设计能力。这种做法优劣并存。

我们国家已经开始向这一做法靠拢,由于种种原因,我们的大多数建筑施工单位目前还做不到这一点。

9.2.3 设计阶段的划分

1. 我国的设计阶段

设计在我国有两阶段和三阶段之分。一般工程,按扩大初步设计、施工图设计两个阶段进行设计。小型民用建筑物可用方案设计代替扩大初步设计。大型民用建筑物应先做方案设计,然后做初步设计。技术和功能比较复杂的工程的设计,可按初步设计、技术设计和施工图设计三个阶段进行。

某些新建工业区、技术开发区、水利枢纽、矿区和大型石油、化工、冶金等建设项目,必要时还要有总体设计阶段。

两阶段设计中的初步设计又叫扩大初步设计,简称扩初设计。

总体设计,又叫总体规划设计。其任务是根据已批准的可行性报告确定建设项目各部分在使用中的内在联系,对各部分相互之间的衔接与配合等方面做出统一规划和安排。总体规划设计一般包括:实施建设项目的指导思想、产品或服务的生产或提供方法、原料来源、总体布局、主要建筑物、构筑物、工艺流程、主要设备选型、辅助工程、公用设施、废弃物治理、人员编制、生活区规划、占地面积、项目总进度和总概算等方面的文字说明和必要的图纸。

总体规划设计是工程各部分初步设计的依据。所以其详细程度应满足初步设计开展、主要大型设备和材料订货以及土地征用方面的要求。

(1) 初步设计

这是一般建筑设计工作的第一阶段。其依据是可行性研究报告、建设地点的勘察资料和其他基础资料。其用途是阐明在规定的建设地点、时间和可用资金限定之内,拟建项目技术和财务可行性。

不同的工程,初步设计文件内容不尽相同。一般民用和工业建筑初步设计文件由设计说明书、设计图纸、主要设备材料表和设计概算书。

初步设计文件的详细程度应满足如下要求:经过比较确定设计方案;确定土地使用范围;据以订购主要设备和材料;据以确定所需资金数额并进行筹集;据以进行施工图设计;据以进行施工准备。

设计概算书由设计单位编制,是确定工程所需资金数额并对其使用进行控制的文件,一经批准,就成为筹集资金、编制施工图预算与控制施工图设计的依据。

设计概算书必须完整地反映初步设计的内容,反映建设项目所在地影响费用的各种自然、经济、社会和技术条件。设计概算书包括概算编制说明、总概算书、单项工程综合概算书、单位工程概算书、其他工程和费用概算和主要材料,例如钢材、木材和水泥用量表。

(2) 技术设计

只有当工程功能复杂或有特殊要求时,才有必要在初步设计和施工图设计之间插入这一个阶段。其依据是经过批准的初步设计文件。它的任务是确定初步设计中采用的工艺流程和建筑物结构上的主要技术问题,校正设备选择的结果,核实工程规模及一些技术经济指标。技术设计阶段要对设计概算书进行必要的修正。

(3) 施工图设计

是设计的最后阶段。施工图设计应根据已批准的初步(或技术)设计文件进行,将初步设计中确定的原则、布局根据施工阶段建筑安装工程或非标准设备制作的需要进一步具体化。这一阶段要具体地确定工程和设备各个组成部分的尺寸、布置和主要施工方法。

施工图设计内容主要是绘制图纸。图纸的详细程度应当满足如下要求:据以编制施工图预算;据以订购材料和设备与制作非标准设备;据以施工和安装。

应当绘制的图纸包括总平面图、建筑物和构筑物详图、公用设施详图、工艺流程和设备安装图等。

施工图设计文件中还应当包括施工图预算,或称设计预算,目前由施工单位根据施工图纸编制。

2. 英国的设计阶段

其他国家的设计者为委托人提供的工程设计服务也分阶段进行。这里主要介绍对世界各国工程设计行业影响广泛而又久远的英国的工程设计阶段。

英国皇家建筑师学会(RIBA)拟订了一个程序,建议建筑师在工程设计和实际建造过程中遵循。该程序准确地反映了设计业务的客观规律,已经在英国、新西兰、澳大利亚、香港、新加坡、中东、南非,以及其他英联邦国家得到了广泛应用。该程序由 12 个部分组成。

(1) 提出项目(inception)

这一阶段,需要将委托人的要求写成书面的"要求说明书",并拟订将来的工作计划。这份"要求说明书"常常叫做"设计任务书"。委托人需要成立编写设计任务书的项目班子,认真考虑建筑物应具备的功能和各种各样的要求,并聘请建筑师参与。这一阶段常常叫做"制定设计任务书"(briefing)。

(2) 可行性研究(feasibility study)

建筑师对拟建的工程进行技术、财务、环境和其他方面的评价,并向委托人提出建议,以便委托人能够确定该工程应以何种方式进行下一步。建筑师的评价和建议要保证该工程在功能、技术和财务上可行。这一阶段,应仔细研究委托人的要求和现场条件,对设计工作和工程费用等使得委托人能够做出决定的必要方面进行规划。在这一阶段,根据工程的具体性质,会有委托人的代表、建筑师、工程师和工料估算师参加。如果建筑师无法承担可行性研究工作,可委托给其他咨询公司或个人。

(3) 初步建议(outline proposal)

提出工程的布局、设计和施工的总体方案。目的是让委托人能够根据这份初步建议和附带的报告到有关政府机构和公用事业部门办理各种许可证。建筑师协助委托人进一步细化设计任务书,对委托人的要求和技术问题再次进行研究,对设计工作和工程费用等使得委托人能够做出决定的必要方面进行规划。委托人方面同该工程有关系的所有人员、建筑师、工程师和工料估算师参加这一阶段。必要时还会有专业承包商参与。这一阶段结束时应提交的成果又叫"草图"(sketch plans)。

(4) 方案设计(scheme design)

由建筑师最后完成设计任务书,完成所有方面的设计,并提出具体建议,包括总图规划、外观、构造作法、初步的设计说明书(又叫"技术要求说明书")、费用估算(设计概算)等等。工程师则应完成本专业的初步设计。此外,还要编制费用计划和详细的文字说明文件。所有的工作都要取得委托人最后的认可。委托人方面同该工程有关系的所有人员、建筑师、工程师、工料估算师、专业承包商和所有的水、电、气等公用事业公司和其他有审批权的机构参与这一阶段。

方案设计阶段结束之后,设计任务书不能再更改。

(5) 详细设计(detail design)

由建筑师组织各专业工程师对工程的每一部分、配件和构件进行充分设计,对于同设计、技术要求说明书、构造作法和费用有关的所有事项都要做出最后决定。根据工程的设计完成对工程费用的核对。在这一阶段,建筑师、工程师、工料估算师和专业承包商都要参与。如果已经确定了建造承包商,建造承包商也会参加。这一阶段应当交付的成果叫做"施工图"(working drawings)。

在详细设计阶段结束之后,如果要改变建设地点、规模、平面形状或费用,就会使前面完成的工作"前功尽弃"。

(6) 施工文件(production information)

由建筑师组织各专业工程师编制施工图纸、技术要求说明书和各种各样的表,如材料表、构配件表、作法表等。这时候要为工作在现场实际展开做出最后具体详细的决定。在这一阶段,建筑师、工程师和专业承包商都要参与。如果已经确定了建造承包商,承包商也参加。

(7) 工程量清单(bill of quantities)

编制并完成所有的施工文件,并为工程招标做好安排。编写各种工程量清单和招标文件。这一阶段,有建筑师和工料估算师参加。如果已经确定了建造承包商,承包商也参加。

(8) 招标(tender action)

在这一阶段,有建筑师、工程师、工料估算师和委托人参加。

(9) 项目规划(project planning)

各方继续各自的工作,包括项目管理。承包商和各分包商制订施工计划。施工计划制订完毕,开始现场作业。

(10) 现场作业(operations on site)

各方继续各自的工作,包括项目管理。现场作业开始后,建筑师、工程师、承包商、分包商、工料估算师和委托人都参加。

(11) 完竣工程(completion)

各方继续各自的工作,包括项目管理。建筑师、工程师、承包商、工料估算师和委托人都参加。

(12) 验收并总结(feedback)

对项目管理、工程的建造和实施结果进行分析。分析工作记录,检查已经完竣的工程,并研究投入使用后的建筑物。建筑师、工程师、承包商、工料估算师和委托人都参加。

9.2.4 工程设计项目管理

1. 概述

设计事务所、设计院或设计公司,是以接受客户的委托,为其提供服务而获得收入的。为客户提供设计服务是项目,而对提供服务的过程进行管理是项目管理。设计单位的业务主要是项目,管理工作大部分是项目管理。这一点与制造业的企业大不相同。项目管理的成败决定了勘察设计单位的成败。

(1) 设计项目

设计项目就是按照与客户签订包括设计任务书在内的合同文件的要求,创造出令客户满意的设计成果的一次性努力。

设计项目的成果,有图纸、模型、费用估算、设计说明书,以及工程量清单等招标文件。

(2) 设计项目管理

设计项目管理就是将知识、技能、手段和技术应用于设计项目之中。管理设计项目需要的知识、技能、手段和技术分为两大类:技术的和管理的。

参加设计项目的全体人员,可称为"设计组"、"设计班子"、"项目组"、"项目班子",而他们的领导,可叫"设计组长"、"项目负责人"、"工程主持人"等等。

为了叙述的简便,下文有时简称设计项目为项目,设计项目管理为项目管理。

设计项目的管理同其他行业、领域或专业的项目管理一样都有范围、时间、费用、质量、采购、人力资源、沟通、风险和整体管理九个方面。这九个方面涉及的过程都可归纳成启动、规划、执行、控制和结尾五组。每一组过程又可包括若干管理子过程。

所有的项目,除了上述五组管理子过程之外,还有同项目成果的技术或行业有关的特有过程。设计项目不同于施工项目、软件开发项目等等就在于其成果,即设计文件和/或招标文件与施工项目的成果,即建成的建筑物或构筑物不同,与软件开发项目的成果,即软件不同。而正是设计项目的成果的特点决定了设计项目具有自己的技术过程。

2. 项目选择和范围管理

(1) 选择项目

认真选择项目非常要紧。如果选择不当,就会为以后的项目管理,以及整个事务所或公司带来麻烦,甚至损失。挑选合适的项目并非易事。选择时,应当权衡客户委托的各个方面。

① 评价客户 必须弄清客户的业务,然后才能接受其委托。为此,设计人员应该了解如下事项:

A. 客户的预算和进度计划是否切合实际?

B. 资金是否充足?资金来自何方?

C. 客户是否是项目完成后的所有者和使用者?开发项目是为了赚钱投机吗?最终用户的需求了解清楚了吗?

D. 承包商是根据资质还是仅仅根据价格选择?

E. 客户是否懂建筑业?

F. 客户是否有能力管理该项目?

G. 配合设计人员一起工作的客户方面的人员是否有权做出必要的决定?

H. 客户正直和诚实方面的声誉如何?

I. 客户能否善意地解决争议?

J. 同客户的沟通能否顺畅?

K. 客户是否有拖欠酬金的名声?

L. 能否同客户建立良好的合作关系?

M. 能否实现客户设计任务书的要求?能否在双方同意的预算内实现?

等等。

如果同客户就应如何完成任务分歧很大,则双方之间就难以建立良好的关系。在接受委托或项目开始之前明确以上各个事项可以免除大量的麻烦。如果客户在重要问题上不能令人满意,就不要接受委托。

② 资金问题 必须弄清楚客户是否足够的资金可供使用。这个问题同设计人员关系很大,不仅仅是客户和承包商的事。当遇到无法避免,未曾预料的费用时,绝望的客户或承包商常常纠缠设计单位。客户如果将其全部资金都投入到一个大项目中,若在施工中途发现工程对现金的需求上升很快,超过了其资金供应能力,他们就会减缓或停止向承包商和设计人员付款,甚至指责设计人员。

因此,在接受客户委托之前,务必对客户的财力进行例行检查。对于政府客户,务必要落实此项目是不是已得到正式批准,是否已为完成项目拨付或预留有足够的资金。

此外,还应该向客户解释,在项目执行过程中将会出现无法预料的需要,为满足这些需要,客户必须在整个项目过程中保留充足的应急资金。

③ 审查业主财务状况 评价客户财务状况可利用如下资料:财务报表、过去的信用、客户的银行资料、公开记录,以及与客户合作过的其他设计人员提供的情况。当然,使用这些资料前应征得客户的同意。

④ 服务酬金(设计费) 当客户企图减少支付给设计人员的报酬时,最好考虑拒绝之。但是在拒绝之前,要弄清楚,客户是否是因为不了解情况而少给钱。应当告诉客户,减少设计费实际上会提高项目的施工或运行费用,或者客户要承担较大的风险。

许多成功的设计公司坚决拒绝在设计费上同他们讨价还价。相反,当客户要求他们降低服务费用时,这些公司就拿出自己的服务范围请客户选择,哪些服务可以不要。他们这样做不但没有吓跑客户,有时候反而能够减少或取消某项服务或项目的一部分。如果客户企图减少服务范围并把有关的服务费用降低到不合理的程度,这些公司就搬出职业规定拒绝接受委托。

⑤ 设计单位的选择 设计单位常常会遇到两种类型的招标。

A. 在选择设计单位时,客户把设计费作为惟一的选择标准。

根据报价最低而选择设计公司的项目,常常发生高额的索赔。这类项目的设计服务范围可以降低到正常专业服务标准以下,施工阶段的服务很少,或者根本没有。

在参加这样的招标时,应向客户指出,少付设计费用不对,帮助客户改变考虑问题的方式。另外,还应向他解释,如果能为得到高质量,接受全面的服务而多花些钱,就能够降低项目的全寿命成本,从长远来看可为客户节约大量的资金。

B. 客户按照设计单位专业技术水平、第三者的评价、资质评价、设计费报价等指标综合评价选择。在这种情况下,设计公司应利用自己最好的估算经验和从以前各项目获得的费用数据,决定在满足各方面要求的条件下完成项目所需的最低金额,并留出足够的应急资金,用于支付可能增加的服务和施工费用。然后,把计算结果连同本公司设计方面的经验和技能一块儿呈递给业主。

⑥ 根据资格选择 选定之后,客户与设计人员讨论,并确定一份设计任务书。设计人员的酬金就在设计任务书中确定。这种方式鼓励设计人员追求完美和创新。还可增进设计人员和客户之间的交流,符合双方的最大利益。其他选择方法通常的结果是客户或设计人员单方面确定服务范围,这样做会因为双方各按自己的假设和期望行动而引发各种问题。

⑦ 设计单位的能力 对于某些项目,有些设计单位不具备必要的知识或经验,也参加投标。一旦中了标,单位就到处乱抓能干此项目的人。

接受新任务之前,务必花些时间研究本单位的实在能力。对于一般的工作量,本单位是否拥有足够的具备适当专业知识的人员?对于减员情况,是否有现成的备用人员?如果骨干人物不在,请考虑替代人员的质量和数量。千万不要承担自己干不了的事。

有些设计单位在广告、公司名录、产品手册和投标文件里夸大自己的能力,常用最好、水平最高或专家等极端词语介绍自己。不谨慎的措辞会使客户产生不切实际的奢望。

(2) 启动

设计事务所是以接受客户的委托,为其提供服务而获得收入的。设计人员只能接受那些符合自己长远利益的委托。在接受委托之后才能动员力量完成之,这个过程叫做"启动"、"核准"或"立项"。一旦接受客户的委托,就要与之签订合同。这个合同,叫做设计班子的"项目章程"。

(3) 服务协议

现在,几乎所有的设计项目都有争议。遇到争议时,设计人员或单位必须根据合同规定的权利和责任解决。

签订书面协议不仅仅是为了在发生争议时明确各方的权利。双方谈判形成书面合同,实际上是设计人员和客户认真考虑分担风险,明确双方责任和详细服务范围的过程。在谈判过程中,可以澄清对协议范围的理解差异。

专业服务协议有各种各样的形式。许多设计人员喜欢由自己的专业组织制定的标准合同格式。许多单位都制定了自己的标准合同。这样做可以将自己精心措辞、足以保护自己、随时可拿出来的协议拿给客户要比等待客户拿出他们自己喜欢的格式要好得多。

通常,客户要求设计单位使用他们的协议。这些协议也许全都是些含糊其词预先打印好的服务协议,或是让设计人员担很多责任的标准采购单,或是修改过的一般施工合同。审核这些文件时,必须特别小心客户转嫁风险的企图。

另外,许多国家的行业协会和国际组织都编制了标准合同格式。例如美国的建筑师协会、英国的土木工程师协会、FIDIC等等。这里仅介绍FIDIC1998年编制出版的《委托人/咨询人服务协议书范本》第3版。

该标准合同由四大部分组成,即协议书、一般条件、专用条件和三个附录。由于封皮是白色的,所以,《委托人/咨询人服务协议书范本》俗称"白皮书"。该白皮书适用于在国际范围内邀请诸如投资前咨询服务、可行性研究、设计及施工管理,以及项目管理等服务的提供者提交其建议书时使用,经修改后也可用于国内。

FIDIC"白皮书指南"中有对服务协议书范本条文所作的解释和关于如何编写附件A、B及C("服务范围"、"人员、设备、设施以及应由委托人提供的他人的服务"和"报酬和支付")的说明。

白皮书一般条件共有44条,涉及术语的定义及解释;咨询人和委托人各自的义务;咨询人使用的人员;双方之间的责任、责任期限、责任保险与保障;协议书的开始、完成、修改与终止;报酬的支付;对语言和法律、转让和分包、版权等一般事项的规定;争议的解决;仲裁等。

为了更加明确双方的合同约定,双方还要签订一份正式的协议书。

(4) 确定服务范围

为了避免对服务范围产生误解,最好的做法是设计人员和客户充分交换彼此的期望和假设。客户若预先认可了设计人员要提供和不提供的服务,以后遇到问题时就会减少许多麻烦。

设计单位一定要同客户一起确定详细而又具体的服务范围:哪些服务是基本服务的一部分要由设计单位提供;哪些服务是额外的服务,设计单位能够提供;哪些服务设计单位不提供;以及哪些服务客户明白必须要由其他人提供。

如果本应该通知客户某项服务需由他们提供,而实际上没有通知,以后也有可能因为没有提供这些服务而承担责任。务必要同客户一起讨论客户已决定不需要本单位提供的服务,并就由谁提供这些服务达成明确的协议。这种讨论除了能更好地预防损失之外,通常还可以向客户介绍本单位还能提供,但客户却不知道的其他服务。

(5) 范围核实

设计单位提高自己服务质量最有效的方式是不断地评价自己的工作。当设计完成时,可以按照事先制订程序进行审核和评价。审核会可以评价客户的满意程度、时间安装和预算是否充足、项目管理、咨询公司和项目班子的表现。同时,也必须对客户进行评价,确定以后是否继续与之合作。

设计人员应详细地审核提供服务过程中遇到了何种问题,是否已经解决,有效程度如何,类似的问题将来如何避免。许多单位都为此制定了标准的评估表。

客户是设计人员工作的最终评价者。客户会评价这些工作是否实现了他的期望。项目一旦完成,马上就安排客户同本单位的负责人召开会议,请其做出评价。任何时候,设计人员都要了解客户是否认为设计人员已经理解了客户的要求,是否同客户进行了有效的沟通,以及是否满足了客户在时间安排和预算方面的期望。

若想客户对服务质量、优势和弱势方面做出坦率的评价,必须认真地听取客户的评价,要敞开心扉,毫无介蒂地回答问题,把需要改正的问题记录下来,并答应给予妥善的回复。

3. 时间管理

除了费用,客户关心的第二个问题是,设计人员何时能提交设计文件。当签订合同,同意在某具体日期提交设计文件时,设计人员就承担了按时完成设计的责任。如果客户认定设计人员要对由于变更或不可避免的一些麻烦事而可能发生的延误负责,这种延误代价极大。客户常常说设计人员没有按照合同规定的时间完成图纸和设计说明书,因而提出索赔。

实际上,承诺某个具体时间完成可能是设计人员承担的最大风险。

项目开始时,就应当告诉客户,准确说明需要花多长时间完成服务是很困难的。设计人员的工作,创造性很强,不适合刚开始就做出准确的时间安排,或固定完成日期。

由于客户或参与合作其他方面的缘故,经常会遇到不可预料之事,其中许多情况都是设计人员无法控制的。若有可能,最好不要同意具体的时间安排。

如果真要在合同中规定完成日期,就务必做出合理的时间安排,并留出足够的周旋余地。此外,规定了具体提交日期之后,还要规定可原谅的延期,以及延长最后期限的责任。合同中应该列入一个条款,免除在履行义务过程中出现设计人员无法合理控制的事件时设计人员对延误承担的赔偿责任。

设计人员往往低估时间要求。还有些因素诱使设计人员缩短时间,以满足客户的要求。例如设计人员希望自己能够有所突破。如果没有把握,即使失去项目不做,也要拒绝承诺非常紧张的时间安排,务必不要因为不能及时交图而陷入法律诉讼。

如果客户利用匆忙之中做出的设计文件进行施工招标,则投标人就常常提高标价。更有可能的情况是,中标的承包商为更正由于设计人员未给他们留出足够的时间认真校对图纸和设计说明书而造成的疏漏和含混不清而提出代价昂贵的索赔。这两种情况都会增加客户最终支付的费用,超出他原来的预算。客户就会反过来要求设计人员赔偿时间延误或成本超支造成的损失。

让单位内设计人员以外的人估计提交设计文件的时间,可以控制设计人员轻易许诺的冲动。

切合实际的进度计划执行起来要过分乐观的容易得多。偶尔的延误是正常的,但是经常不按时完成工作,就值得设计人员反省,问一问自己考虑问题是否不切实际。因此,在接受客户提出的非常紧张的进度计划之前,请务必认真地研究研究其中的风险。只能接受留有足够时间让自己能够很好完成任务的项目,只有这样才可以减少自己承担责任的风险。

值得反复强调的是,一定让客户懂得,好的设计图纸和说明书不会一天之内就能完成。

高质量的工作要花时间,必须留有余地,以防备在项目执行过程中出现阻碍项目进展并打乱进度的不可预测事件。

4. 费用管理

(1) 设计概算

设计概算实际上是设计人员对工程可能费用的一种估计或看法,而非工程的实际费用。承包商的报价是他们在对工程可能费用估计的基础上提出的一种竞争策略,也不是工程的实际费用。

许多客户不晓得设计概算并不保证项目的最终费用就是这个数。此外,他们还不懂影响施工成本的许多因素是设计人员无法控制的,设计人员除了提出自己的看法之外,再无其他可为之处。

以上这些误解常引起争议。如果设计概算小数点后面还有数,客户就会误以为如此"精确"的估算不能改变,以后就会声言他们的资金筹集、时间安排或可行性研究的重大决定均是根据设计人员的费用估算确定的。

客户在编制预算时,必然有一些想法。如果客户要求设计单位提供准确而又可靠的费用估算,设计单位最好建议客户另请专业工料估算师,并解释有关的责任问题。如果客户不想聘请,设计单位可以自己聘请。请来的工料估算师就成了本单位的分包商,本单位要为其承担责任。聘请工料估算师的费用应该同客户协商解决。

如果一定要本单位提供设计概算,则应考虑周到,留有充分的余地,总数应该保守些。编制设计概算时,应当付出搞设计和编写设计说明书时同样的细心和技能。负责计算的人必须向单位负责人解释数字是如何计算出来的。这样一来就给编制者施加了压力,也提高了这项工作的重要性。此外,这项工作还要求单位负责人直接参与编制过程。

设计人员估算工程费用时常常过分盲目乐观。事实上,费用估算出问题的频率历来很高,对职业责任索赔的影响也很大。若向客户提供费用估算,就要在到保险公司投保时将这方面的责任考虑进去。有些保险公司不愿意为这方面的责任承保。

每次编制费用估算时,都要同客户一起认真地讨论有关费用估算的各个方面。应当不厌其烦地向客户解释设计概算的实际意义,告诉他们这只是费用的一种非常一般和粗略的看法。这样做,客户就可以把该估算和其他信息综合起来考虑,然后做出项目的初步预算。一定要客户说明不能将设计概算当成项目费用的最高数额。在解释和说明过程中要慎用术语,在合同、信函、备忘录,以及写有费用估算数额的表格中都要如此。为避免误解,可以使用"对于工程大致费用的看法"这一说法,这样就可以较准确地说明这些数字的本意。另外,还应为"工程大致费用"加上一个不可预见系数,以便处理将来难以避免的意外要求。如果客户拒绝在预算中列入应急资金,是否同其合作,就应三思而后行。

(2) 收取服务酬金

设计人员普遍难以及时收到提供服务的酬金。这样一来,单位的现金流动就很紧张。催收酬金是权衡决心与智慧的巧妙过程。如果逼得太紧,就可能失掉客户;若催得不勤,客户就会继续赖账。

客户向设计单位提出职业责任索赔很大一部分都是设计人员催收酬金的结果。许多客户在建筑师和工程师催促付款时,经常威胁后者,声称他们的设计服务有错误或疏漏。

在这个问题上,最好的办法也是预防。前面在讨论如何选择客户时,已经将客户能否及时付款作为重要的准则。认真地检查客户的信用和过去在付款方面的表现,就会避免以后的很多问题。在同客户签合同时,一定要非常明确地规定本单位如何以及何时收到酬金,规定客户不付款时本单位的权利。

如果合同规定诉讼的胜诉方有权要求败诉方赔偿诉讼费用,则客户就不会把威胁诉讼当做拖延付款的手段。所以,合同还应该规定在本公司收不到酬金时,有权暂停或终止服务。

最后,如果怀疑客户财务情况有问题,则应考虑预先留出律师费。

单位应该控制应收账款的时限。长期拖延未收到的款项应做出标志,以免遗忘。善后工作应快速处理,查明客户为什么没有支付,并在项目完成之前,最好在发出图纸之前解决问题。如果还未收付款项,就行使合同规定的暂停或终止服务的权利。

项目竣工时,如果客户感到很满意,认为很成功,就尽快将结算账单交给他们,并设法让其尽快付款。对于及时付款的客户是否给予折扣,则悉听尊便。

5. 质量管理

设计项目的质量有两个含义,一是项目成果的质量,例如图低、设计说明书等;二是项目管理的质量。本段主要介绍设计成果的质量管理,项目管理的质量请见本书其他部分或ISO 9000。

(1) 质量义务

单位和项目负责人应主张和宣传质量思想,必须让员工真正懂得"干就要干好,不能返工"的重要性,带领大家不断地努力提高质量。

在成果的技术质量方面的投入直接决定了项目的风险大小。在严格的设计说明书检查程序中,以及在处理投标期和施工阶段的服务中,项目负责人和设计人员是否注意细节,会有两种截然不同的结果,成功和不断地受他人索赔。

(2) 设计阶段的质量管理

① 图纸　图纸是设计人员与承包商沟通的基本手段,是向承包商传达设计人员指示的直观方式,必须尽可能地完整、一致、易懂、没有错误。现场施工人员一般会得到图纸,但很

少接触设计说明书。即使有设计说明书,他们一般还是喜欢直观形象的图纸。因此,图纸应绘制得整齐利落、字迹清楚、排列有序,比例和尺寸标注恰当准确。这样做,就可以减少事后的变更,以及图纸之间的矛盾。

应当尽量使用标准符号。单位若制定有自己的符号或使用多种标准符号,就应在图纸的符号说明之处和通用条件的"标准定义"中解释其含义。应尽量减少图纸中的文字,说清意图即可。把有关质量和工艺方面的说明放大到设计说明书中。

图纸与设计说明书之间的关系应安排得当,使其互相补充,互相完善,使用的术语要保持一致。凡是相互矛盾之处都要检查,并消除之。

让单位水平最高、最合适的人员归纳总结用于设计某一系统做法或方法的程序,之后就可编制出设计手册。设计手册应该包括标准计算表格和在项目上的计算实例,以及在使用该具体设计的各项目中重复遇到的事项或程序。设计手册编制完毕之后和在使用过程中,都应将其视为"活"文件。每个项目负责人都应该随时注意改进设计、处理现场问题、变更或从经验中获得的其他有益信息,并将这些信息及时地补充到手册之中。

有些单位编绘了标准大样详图,以便节省时间,减少绘制错误的可能性。但是,使用标准详图时必须小心。标准详图若使用不当,则当与其他图纸组合时,就会出现错误或遗漏。

设计软件能够减少矛盾、错误和遗漏,可保证尺寸和字体标准划一。但是,软件并非十分可靠。软件安装之后,务必请经验丰富的员工审查由软件产生的全部文件。软件并不是任何时候都能代替手工绘图。

② 设计说明书 设计说明书以文字说明对材料、施工方法、设备、标准和工艺的要求。承包商可以根据设计说明书、图纸和其他合同文件,包括投标人须知、合同格式,以及一般和专用合同条件等编制投标文件。

在合同文件的所有组成部分之中,设计人员和承包商最不重视的常常是设计说明书。许多设计人员编写设计说明书时未投入足够的时间和精力。原因也许是设计人员喜欢做又计算、又画图,更有创造性的工作,不喜欢编写准确的设计说明书。设计人员必须明白,设计说明书和图纸同样重要。当项目陷入诉讼之中时,法庭为了了解设计人员的意图,查阅设计说明书的可能性要比查阅图纸的大,原因是律师觉得文字要比图容易懂。

设计说明书中务必要使用准确的语言,要保证整个文件使用同一词语说明同一事项。只使用可辨认的符号和数字。

利用核对表,核对设计说明书和图纸,可避免设计说明书出现遗漏。设计人员常使用"技术规定总表",并根据项目的具体情况加以修改。许多设计人员依靠公开出版的"技术规定总表"。大部分"技术规定总表"的编排形式都可以在文字处理软件上使用。

设计说明书经常拖到很晚才开始编写。最好在推敲和扩充设计方案的过程中就开始着手编写。这样,设计说明书就能在图纸完成时跟着编写完毕。

③ 规定材料和制品 建筑设计和工程设计不是精确科学。当材料或制品存在缺陷而有人提出索赔时,受害方常将设计人员连同承包商和制造商一块儿起诉。外行人常常以为设计人员完全了解他们指定的产品,还可能认为,设计人员在规定材料或制品的用途之前,已经对每种构件、配件、部件或系统都进行了研究与试验。遇到这种情况,设计人员很难为自己在指定不适当或有缺陷的产品时的疏忽之处辩解。

许多设计都会有某些新意,甚至带有试验性的成分。因此,设计人员不应规定使用尚未经过证明的新产品或在未经考验过的应用中使用熟悉的产品。应当尽可能规定在具体应用中已被彻底检验过、试验过，并在具体应用中证明有效的制品、构件、配件或部件。

如果决心规定尚未试用过的新材料或部件，就必须做些准备工作。如果客户坚持要设计人员在设计说明书中规定没有把握的材料，就必须十分小心。

任何时候都不应同意使用对公共健康或安全有潜在威胁的产品。如果客户坚持使用设计人员认为不安全的材料或制品，设计人员就应将自己的反对以尽可能强烈的语气写成书面文件。如果他们仍要坚持，就应当放弃该项目而避之。

要做出安全的设计，就要权衡保守与实验两者的利弊。安全要认真对待，因为它关系到人的前途。

④ 记载设计决定 将有关项目的所有会议或讨论过的详细内容记载下来十分重要。将设计决定记载下来也同样如此。为了便于今后出现问题的检查，应该将设计所依据的假设、使用的准则和做过的计算形成书面文件。

还应当将各种设计方案，以及最后选中某一方案的原因写成书面文件。另外，还要记录他人的决定、指示或其他要求。政府官员对法规的解释也应记录在案。

最后，要认真跟踪和记录客户在决策中的作用，尤其是同设计人员相左的决定。客户提出的要求若违反建筑法规，设计人员不能跟着明知故犯。设计人员捍卫公众利益的责任高于对业主的义务，必须将有关情况书面通知客户，如果客户未采取措施，还要提醒有关当局。

⑤ 协调设计文件 协调所有分包咨询公司和所有其他设计专业的文件是很重要的工作，应该委派给技术娴熟和经验丰富的员工。

两种或多种专业交接之处容易出错和遗漏。为了保证整套施工文件充分协调，应当建立一套细致而又系统的办法和制度，利用这套办法和制度审查之，确保表示在图纸上的所有事项都有详细说明，各工程系统都能够安装在为它们设计的空间之内。详图、表格、立面和剖面必须一致。

不要拖到最后才同其他专业对图，否则，难以查出各专业图纸之间的问题。

⑥ 查错的有效方法 图纸和设计说明书都难免缺陷或矛盾，因此，需要收集反馈信息，或提出改正或发出变更。

开始时就应告诉客户，施工文件需要进一步完善，可能要签发变更单，进而就会增加费用。这一点应向客户解释清楚，并取得他的认可。

应当让客户明白，正规的做法是在从设计完成后到实际施工前的过程中留有一定余地。客户还要明白，只有在竣工后，设计才算结束。设计是随着时间的推移而渐成和逐步完善的。

单位负责人和设计人员应努力查找和处理矛盾、遗漏、不符合规范、错误和材料使用不当之处。合同中应规定所有施工过程参与者，如供应商、分包商和承包商都应将其了解到的问题通知客户和设计单位，以便减少因此而造成的后果。单位应为承包商、分包商和供应商规定一个日期，要求他们在开始工作前将其发现的不一致和他们提出的解决方法书面通知本公司。

施工阶段，为审查施工计划，需要审阅和澄清的各种提交材料，单位应每周召开一次项目例会。会上重申尽早发现矛盾、遗漏，以及不合规范、错误和材料使用不当之处，营造容易让人接受的气氛，鼓励各参与方尽早提出花费不大的解决办法。这种做法有助于培养乐于帮助解决问题的气氛。让承包商和客户认识到,不是光别人有错,而自己没错。

单位应当向客户解释设计变更不可避免,请其预留一笔应急资金,以便支付变更之用。期望切合实际,错误尽早发现、沟通顺畅、态度心平气和,以及对设计问题有适当的应急准备,麻烦事就很少会升级为冲突、争议或索赔。

(3) 施工招标期间设计人员的质量管理

在投标截止期之前,为投标人澄清问题的方式尤其重要。当有充足的时间发放书面补充并将其送达每一投标人手中时,基本不会发生问题。但是,如果背离了这个既定程序,就会引起代价高昂的麻烦。

即使承包商在投标过程中指出图纸或设计说明书中有明显的错误,项目负责人也应尽量少给予口头解释。如果在投标截止日期之前仍有时间,则应向所有参加投标的承包商发放书面补充。应当告诉咨询分包人不要直接回答投标人的问题。所有信息必须由分包单位交给总承包设计人员,由后者转给投标人。总承包人必须控制所有提供给投标人的信息,并将其形成文件。

(4) 施工阶段中设计人员的质量管理

可由设计人员控制的预防损失的一种最有效的措施是在施工文件中规定,设计人员有权审查施工放样图和承包商提交的其他材料,有权向承包商解释图纸,必要时提出减少合同文件中出现任何问题的方法。

不同的项目和不同的设计专业施工阶段的责任不同。总承包设计单位应当提供全面的施工合同管理服务,处理承包商的付款要求,为客户管理竣工事宜。如果合同规定现场随时有人,就应派出全时项目代表。另一方面,咨询分包公司在施工阶段提供同其设计部分有关的服务也同样重要。

无论和客户就施工阶段的责任达成了什么样的协议,都要明确服务范围,并取得相应的报酬。此外,也可以在合同中规定不提供的服务。还要确保客户与承包商之间的合同通用条件反映设计人员以及承包商或他人的责任。

① 现场巡视　要保证项目按照合同文件和设计概念建造,最好的办法是巡视现场。设计人员巡视现场就是到现场去,一般地了解工程的进展和质量,并大致判断工作的进行是否符合合同要求。设计问题或图纸和设计说明书中的不明确之处可以在现场解释,问题可在刚露头时就发现,并以最少的费用解决之。

现场巡视应当列入为客户提供的服务范围之中。合同应该规定以适当的间隔巡视现场,观察使用的材料和已完成的工作,查明是否符合合同文件的要求和设计思想。

人们经常误解设计人员在现场的作用。许多客户不明白现场巡视与检查有何不同。其实两者的范围和目的区别很大。

许多人将合同管理误解为"检查"承包商的工作,挑出违反规范之处或缺陷。如果这样理解,则意味着设计人员应仔细地监督承包商的所有工作,应对自己未能查出,且可能在以后造成施工事故的那些遗漏之处和错误负责。

除非设计单位真的打算进行全面详细的检查并承担与此有关的责任,否则不要轻易使用"检查"这样的术语。在合同、信件和其他文件中应避免使用"检查"和"监督"这两个词。应当与客户商定工作范围,并用精确的语言规定现场巡视包括什么和不包括什么。

必须将现场巡视时看到的情况全面、完整地记录下来。单位应该编制包括适当程序的现场手册,之后,务必让本单位现场工作人员在管理施工合同时遵守之。每次都要以日记、报告和照片的形式记载观察到的东西。必要时将现场情况制成录像带,还可以让现场工作人员在巡视现场的同时口述录音或是从工地返回后马上口述录音,以便备案。

初级人员一般不能胜任现场巡视工作,最好派有经验的人员到现场。

必须牢记,设计人员的现场巡视并不能解除施工合同中为承包商规定的责任,尤其是施工方法和手段,以及工地现场安全的责任。这个区别应该明确地写在本单位与客户签订的咨询服务合同中,并反映在施工合同一般条件中。

要坚决顶住接受较低的酬金而取消现场巡视服务的诱惑。如果客户拒绝现场巡视服务,就必须在合同中采取严格的保护措施,以便由于缺乏协调或缺少对施工文件的正确解释而引起索赔时保护自己。如果客户拒绝给予保护,就应当考虑拒绝客户的这项委托。

② 审查施工大样图和递交材料　由于施工日渐复杂,设计人员对施工大样图纸和承包商提交的各种材料的审查常常造成对设计人员提出索赔。

产生这种问题的部分原因是参与施工的各有关方面常常不知道审查的目的是什么,是为了检查是否符合设计意图呢,还是检查详图、数量或程序是否准确或完整。

另外一个原因,也许是设计人员没有现成的有效办法跟踪承包商提供的施工大样图和各种材料。因此,承包商提交的各种材料可能会丢失。如果设计人员没有制订并坚持要求承包商遵守严格的提交时间表,那么,有些承包商就会拖到最后才将不计其数的施工大样图堆在设计人员面前让其审查。

以上任何一种情形都会给承包商,进而给设计人员带来很大的问题。因为承包商一般要等到施工大样图纸审查完毕,才能定购材料。如果双方尚未达成和坚持提交和审查的时间计划,则处理施工大样图纸的任何拖延都可能影响到承包商的时间安排,并造成额外费用的索赔。

有时,设计人员会忍不住地去审查那些他们不需要看的详图,或是审查本应由承包商或他人负责的图纸。这种情况也会使设计单位不必要地陷入因延误或疏忽导致的索赔。

当审查任务委派给不适合该项工作的人员时,也会出现问题。施工大样图纸和递交材料的审查工作应该派给有经验的人员。许多单位认为应该由原设计人员或项目负责人审查。有些单位还安排单位另外一人,在把承包商递交的材料退回之前进行复查。对施工大样图进行认真、完整的审查是十分重要的。

③ 与承包商配合工作　设计人员同承包商的关系至关重要。无论是派专人巡视所有的现场,还是要求项目负责人负责自己项目的现场巡视,进入现场的人员都必须遵守事先制定的程序。由于这些程序是由有丰富现场经验的人员制定的,所以能够大大减少索赔风险。

程序中应该提到说话的方式方法、不允许承包商为省事而干合同未规定的工作、不允许现场人员向承包商提供多余的信息、现场人员不能以任何方式超越职责范围对承包商或工人的行为给予忠告或指导、现场巡视人员无权更改合同文件,等等。

有些设计单位要求总承包商书面承认现场设计代表无权批准任何变更。双方签字后抄送客户,有些单位认为这种程序能够避免误解。

(5) 竣工之后设计人员的质量管理

竣工之后,各系统运行和维护方面经常存在缺陷,如机电、垂直运输或传动系统。出现这些问题的部位，常常是由于承包商未进行充分的试运行的结果，偶尔也会因为客户过早地占用，给试运行带来不便，严重时会造成试运行草率了事。无论如何都要禁止这种局面发生。

除了合同责任之外，设计人员在项目完成之后应当同客户继续保持联系，这样可保证工程始终按设计意图发挥作用，满足客户的希望。这件事不一定特别花时间，但很值得，可以在小问题变成大问题之前就解决掉，还能让设计人员将经验教训应用到以后的工作中。

6. 设计阶段的人力资源管理

人力资源决定项目的成败。选入项目班子者的类型、技能、工作态度都会对项目产生极大影响。一旦决定项目需要哪些人，人员招聘和选择就容易了。本段介绍的内容适用于单位和项目的人力资源管理。

(1) 人员的招聘和选择

在确定了项目的角色和工作岗位之后，就可以开始物色合格的人选了。首先应当在单位内部物色。如果本单位无法满足项目的需要，可在单位外部招聘。招聘技巧各有不同。利用广告、朋友的介绍、招聘公司和大学就业服务找到好的人选。多数单位认为，最有效的方法是由本单位现有职工介绍。

一旦决定招聘，并划定了候选人范围，则可与应聘者面谈，面谈可以发现和回答简历与推荐信不能反映的问题，便于了解技术能力以外的方面，发现应聘者的兴趣和动机。面谈时，要注意如下几点：

① 应聘者能否同项目班子其他人融洽相处？
② 应聘者是否待人宽宏、愿听他人对自己的评价？
③ 应聘者能否应付项目工作的多变和头绪纷繁？
④ 应聘者仅仅是为了换换工作，还是想找对本单位做出大贡献的机会？
⑤ 应聘者具备处理同客户、项目班子和单位其他成员共同工作时人际关系的技巧吗？

在考虑了项目角色和工作岗位所必需的所有因素之后，可利用矩阵或评分表对应聘者进行整体评价。

双方都满意的雇用决定是双向的：单位内部和外部的应聘者也可以选择招聘者。一定要向应聘者解释清楚打算让他们填补的位置有哪些要求。要告诉本项目和本单位可给予什么，是否有发展潜力，本项目是否有挑战性、个性和创造性，指出哪些方面使该项目和本单位与众不同。给候选人留出时间考虑，然后告诉项目经理，他们到底想要什么，本项目能否满足他们的需要？

(2) 帮助雇员认识本项目和本单位

新来的成员，不管多么有经验，都需要了解本项目和本单位。告诉新来者应如何融入项目班子和本单位。可以为所有的成员准备一份简单的单位手册，介绍单位的历史、组织程序、员工福利、沟通线路和其他重要的详细情况。

此外，还应该让新成员认识客户，和客户关心的问题。把所有有助于新人提高工作效率的信息都告诉他们。

这样做也是让新成员审查预防损失策略的时机。特别要让他们知道本职业的特性、如何同客户有效地沟通，以及在发生冲突或事故时应承担哪些责任。务必让所有的雇员理解和牢记安全程序和他们在现场的职责。

新雇员开始工作的初期,应检查他们的工作,特别是技术工作的质量和能力,确保他们实际上的确具备必需的技能和知识。

(3) 职业培养

复杂程度相同的设计问题交给两个设计人员,他们解决的办法不会一样。尽管两种办法在技术上都能行得通,但却有可能带来不同的职业责任。第一种引起索赔的可能性可能比第二种大。能否做出正确的设计判断,在很大程度上决定了项目会否蒙受索赔的风险大小。

良好的设计判断由哪些因素构成呢?有人将"设计判断"时定义为"评价各种方案,对设计问题提出最好解决办法的能力,不但考虑艺术或技术,还应当考虑能否付诸施工、项目费用、运行费用、持久性和是否便于维护等实际问题"。

在培养良好的设计判断力方面,坚实的学校教育和同单位继续教育相结合的广泛的在职经验,都很重要。缺乏经验的项目班子成员同一个较有经验的设计人员结成一教一的关系,后者辅导前者,是一种很好的培养办法。有些单位召开会议,让有经验的老设计人员把其解决设计问题或处理职业责任索赔的经验讲述给较年青的专业人员。也有些单位喜欢定期进行项目评估或案例研究,介绍在完成任务时什么地方做得对,和什么地方不对。还有许多单位制订有内部培训计划,包括由单位负责人、分包咨询公司、律师事务所、保险公司、管理咨询公司或产品代表组织的研讨会。

单位之外也有许多继续教育的机会。没有受过良好技术教育的人员常常犯技术错误,因此需要更多的正式帮助。有些设计人员攻读高一级或第二、第三学位。专业协会也开办了大量研讨会和课程,帮助会员赶上新技术和管理做法。这些协会和专业刊物提供的信息都很有用。单位应设法建立将这些信息送到本单位员工身边的机制。设计单位常常支付全部或部分费用鼓励员工进修、参加研讨会努力提高技能。

单位应鼓励设计人员及时了解本行业的技术进展。不断的教育和鼓励有助于设计人员培养高质量的设计判断力,这一点也许关系到能否在本专业站住脚的生死存亡问题。

(4) 激励员工

优秀的单位重视在本单位员工中培养良好的感情。要想让每个员工的工作效率都达到最大,最可靠的办法是创造让每个人都有施展自己才华机会的环境。为此,应允许员工确立自己的目标,并以各自的方式实现之。只要有可能,就为员工提供保证能够发挥最大工作能力的自主权。

即使在最有利的环境中,各人的努力也会不同。激发员工付出最大努力的因素因人而异。对于许多人,仅仅物质奖励是不够的。多数人需要的是表彰,如提升、表扬、同级人认可以及委以重任等。有些人需要的是为集体做贡献或提高在本行业威望的机会。有些人则希望独立完成工作,而更多的人希望在美好的集体当中工作。

许多单位都鼓励员工提出新想法、付给合理的薪水、根据工作成绩发给奖金和给予表彰,奖励个人的贡献、鼓励员工看到"远大宏图"并保证在业务上得到成长。

单位让员工"公平竞争",而不让他们任凭反复无常的管理层激动时突然的念头所摆布。单位尽力发现职员们的天分和个人需要,与此同时帮助他们从自己的事业中得到所有能够得到的东西。

真正关心员工的单位绝不滥用他们的才智。这也是一种预防损失的重要措施。偶尔加班是免不了的,也能变成有益的班子建设经验。但是,若过多的赶工和加班成为家常便饭,员工就会疲倦。疲倦就会出错,就要发火闹脾气,也就开始放松对工作质量的注意。结果就是遗漏、疏忽、索赔,甚至闹到骨干雇员因为受不了工作压力而离职。

为了有效地利用单位或项目的人力资源。务必有效地安排项目的进度计划,并在工作负荷偶尔过重,但却又不值得增加雇员时,就不如招合同工或临时来处理临时增加的工作,千万不要压垮公司的最好资本。

应当鼓励员工直言,坦率地发表他们对项目负责人让他们付出的努力水平、疲劳程度、健康状况的看法和对任务的态度。

7. 设计阶段的沟通管理

现今的项目有时很复杂,往往需要有几十个专家参与,所有的参与者之间都需要沟通。单位和设计人员为了招揽客户,提出建议,听取咨询工程师的意见,应付政府官员,答复承包商,解决不可避免的矛盾,都必须同各种性格的人接触。

他人追究设计人员的责任往往不是由于技术或能力有缺陷,而是由于各方之间缺乏沟通,合同文件用词不当,或者是施工过程中各方面之间的日常沟通不畅。进行恰当的沟通管理可以避免许多问题。关于项目沟通管理的具体内容,请见本书第18章。

8. 设计阶段的采购管理

由于种种原因,例如现在的设计项目技术日渐复杂,规模日渐庞大、多数设计单位业务仅限于某一专业、单位人力有限、经验不足,等等;一个单位难以靠自己的力量完成客户的委托。因此,直接与客户签订咨询服务的总承包单位常将客户委托的服务的某些部分分包出去。这种做法实际上是总承包单位利用外部资源,是一种采购。

今天,需要10个或更多分包单位的大项目并不罕见。总承包单位必须慎重地选择和妥善地管理这些分包者提供的服务。这些工作属于项目的采购管理。而本单位若充当分包人,也一定要慎重考虑客户和总承包人的情况。充当分包人实际上也是利用外部资源的一种形式。

(1) 本单位为总包

本单位直接与客户签订设计或咨询服务合同,担任总承包人,而本单位需要选择分包人时,要像选择客户一样认真,应当根据他们的能力和信誉进行选择。

选择时,应当同他们见面,了解他们同本单位之间的相似与不同之处,例如关于正直和诚实的看法和标准是否一样、工作风格能否协调一致、设计判断是否类似、分包单位的人员配备、分包的工作将交给何人,是资深设计人员还是缺乏经验者,等等。

一旦选定分包单位,就应尽早让其参加项目的讨论。分包单位理解了客户的期望、预算和进度安排的情况,就能在投标和设计阶段提供至关重要的帮助,并创造出完全不同的局面。

应当与所有的分包单位签订书面分包合同。不管是总包还是分包,都应该特别认真地选择与自己共同工作的单位。

选择分包者时应当要考虑如下几点:

① 分包单位过去是否确实干过这类项目?是否有足够的人员和设施可供利用?如何证明?

② 分包单位是否熟悉同本项目有关的最新技术?

③ 分包单位是否投保，保险额是否足够？本单位是否已经收到所有必要的保险证书？

④ 本单位是否认真地审核了分包商的旁证材料？是否已从过去与分包商合作过的人了解过情况？

⑤ 是否认真地审核了与分包商的合同？分包商是否愿意保障本公司不承担由于其疏忽而引起的责任？应该同分包商协商其成果（图纸和设计说明书）的所有权，并在协议中做出规定。分包商的工作范围应该同本单位与客户签订的协议相一致。

⑥ 分包商是否要把服务分包出去？若是，本单位若想审批那些分包商，务必要求分包公司保障本单位不承担这些服务的有关责任。

(2) 本单位为分包

本单位若接受邀请，或在参加分包合同投标之前，应当慎重考虑客户和总承包人的情况，至少应当考虑如下几个问题：

① 总承包的资历能够胜任该项目吗？应当核查总承包以前是否提供过与本项目类似的服务。

② 谁为客户？客户资金是否充足，其财务状况如何？

③ 本单位最早是何时进入该项目的？本单位是否参与了确定本单位的服务范围和预算？

④ 酬金的支付是否取决于客户向总承包单位支付酬金的时间？若是，在总承包单位收到酬金后多久本单位能够得到付款？若否，本单位何时能够收到付款？

⑤ 设计的进度计划现实吗？是否有充足的时间完成本单位的工作？

⑥ 时间是否允许本单位进行认真的互校？

⑦ 本单位能否和客户取得联系获得必要的信息？

⑧ 总承包商准备与客户签订的合同是否公平合理？合同是否有争议解决条款？合同是否含有限制责任条款？包含本单位吗？如果客户要求给予责任保障，这种要求涉及本单位吗？还有别的要求加在本单位身上吗？

⑨ 如何处理施工大样图纸和其他提交的资料？

⑩ 对于本单位为本项目提供的那部分服务，是否允许本单位提供现场巡视服务？如果不，由谁担任，其资格如何？

⑪ 谁保留本单位提供的图纸和设计说明书的所有权？如何保护本单位的设计？

⑫ 该项目是"合伙"项目吗？争议审查委员会是否已经成立？

⑬ 总承包是否有职业责任保险？有多少？限额是多少？客户和总承包是否考虑了项目保险？

在同各分包单位合作过程中有大量难以准确把握的不确定因素。同他们建立，并培养长期关系就可以消除这些不确定性因素。这样一来，双方就会熟悉对方的工作方式，理解对方的期望，就可以依赖彼此之间服务的质量。对于每一个新项目，只要将服务要求告诉对方，签订一个工作范围的合同就行，不必耗费很多时间商签详细的合同。当总承包和分包双方都了解对方，信任对方的诚实和职业道德时，就容易解决合作遇到的问题。

9. 设计阶段的风险管理

(1) 概述

风险管理就是识别和分析风险、计算风险的后果、制订应对措施，以及对风险应对措施加以控制。

多数设计人员可加以选择的项目通常包括两个或多个风险因素。这些因素若分别考虑,也许可以接受,但放在一起,就会风险很大。

设计人员应当在提出设计建议或商签协议前,识别出项目的所有潜在风险。这样可以避免实际上不应接受的项目,因而避免浪费时间和金钱。

识别之后,就应该进行分析和评价,进而确定如何应对已经识别到的风险。应对的办法无非几大类,回避、转移、分担、减轻和自留。

回避,对于不能预防、无法控制的风险,应与客户认真仔细地考虑。双方必须明白,对于高风险项目,风险须由最有能力控制的一方承担。没有人能够控制的风险应该由客户承担,如果客户拒绝承担,就应拒绝接受委托。前面提到的改造地震断层带上的住宅项目就应当回避,即不接受。

转移,就将风险转移给其他更能处理该风险的方面,例如可以将某些风险转移给保险公司、分包商等。

分担,以合同条款方式与客户分担风险。

减轻,教育客户、提供更加全面的服务以及坚持根据资质选择有竞争力的承包商并与之谈判,把风险降低到最低程度。还可以通过制定公平而又准确的合同,明确双方的意图,并列入"责任限制"条款大大地降低风险。

自留,不能通过其他方式处理的风险,就需要做出冷静的决策。酬金或名声是否诱人,是否值得试一试?做出这种决定可能是一种最大的赌博。

(2) 寻求帮助

为客户提供设计和咨询服务有许多风险。但是设计单位或项目不一定自己处理之。社会上有见多识广、经验丰富的专业人员会帮助回答和解决这些问题。

① 法律顾问

每个设计单位,都相信法律顾问熟悉建筑业以及设计人员在各自活动领域中的作用。设计人员通常聘用陪审和商业两种律师。

在寻找能够帮助避免索赔和法律问题的"一般律师"时,应当慎重。这类律师能够帮助审核和谈判合同,检查单位内部和损失预防措施并就如何防止问题发展成争议提出建议。

当遇到诉讼时,要选择懂行的律师。

② 保险公司

经常做设计人员生意的保险公司愿意协助设计公司改进业务,减少风险。他们愿意提供业务信息和其他材料帮助公司扩大业务,积极参与专业协会组织的活动,对设计咨询业的法律知道的也很多。此外,他们的保险代理人、理赔员和法律顾问也可以为公司服务,解答疑问,提供解决办法。当需要保险公司的帮助时,可以随时与他们联系。

③ 管理咨询公司

很多公认的管理咨询公司和个人,专门解决设计人员的经营问题。他们致力于解决组织、人员配备和营销方面的问题。他们也很擅长评价职业责任和损失预防做法。他们能够帮助提高公司的服务质量,改进与客户的关系,克服设计单位动辄被他人控告承担职业责任的弱点。

④ 专业协会

专业组织和协会可在多方面提供协助,能够提供很多设计人员未想到的服务。全国性专业协会开展很多为提高专业业务水平和服务费用的活动。此外，他们还是专业监督人，与那些将设计人员置于不利地位的法律进行抗争。

这些组织可以提供很多有用的工具，如文献、标准表格、协议以及有关规范和法律变动的最新信息。他们组织同行审查行动，帮助设计单位发现自己的经营管理中的问题。他们通过会议和研讨会，为设计单位提供与遇到同样问题的其他公司交谈的机会。

10. 冲突和争议管理

冲突不可能完全避免。不存在没有误解、分歧、问题、不可预见事件、设计失误和施工缺陷的项目。但是，并非所有这些都会演化为争议，也并非所有的争议都会变成索赔或诉讼。

发生冲突的原因很多。首先，建筑业的规模已经很大，技术非常复杂，项目的许多参与者互不相识。他们常常觉得没有必要建立或保持良好关系。此外，客户的资金有很大一部分是借来的。结果就会造成时间进度和预算极为紧迫，恶化了已经存在的戒心和敌视情绪。更有甚者，项目各方彼此之间根本不能有效地沟通。

另外一个原因是，现今很多参与工程的人对于诉讼的警惕已达到了每当接手新项目时都事先做好防备的程度。律师为设计人员、客户和承包商提出的建议是，从项目头一天开始时就建立法律档案。预期和准备诉讼的行为会刺激其他各方也采取同样的行动。项目各方之间笼罩着一种在休战之中担心战事又起的气氛，总是把对方想得很坏。持这种态度，他们能够得到的自然是最坏的。

在工程诉讼案中，除了律师没有真正赢家。其他人都要付出高昂的代价。

(1) 解决问题的计划

很多争议是积累的结果。未解决的小问题造成各方之间的对抗，并在新冲突出现后更加难以解决。各方经常等到工程结束时再处理已经出现但尚未解决的所有争议。问题拖延的时间越长，为解决而付出的代价也就越大。随着时间的流逝，本应以很少代价迅速解决的问题逐渐变成了难以愈合且耗费巨大的缺陷。

最好和最省钱的办法也许是动员项目的所有各方：当问题刚刚露出苗头时，就应同心协力解决之，不能让其升级演变成需要第三方出面来解决的争端。将争端提交律师解决要花的钱就不知要多出多少倍。因此，参与项目的各方需要事先制订解决问题的程序、办法和计划。

(2) 关系的作用

良好的关系是解决问题的关键。长期建立起来的忠诚与合作关系不会在危机中瓦解。实际上，成功地摆脱困境往往会巩固这种结合，并建立信任。

信任要求有人愿意承担风险，进行公开和无成见的沟通，设身处地地考虑问题。如果冲突各方已经建立或希望建立长期关系，就愿意合作。

建立长期战略伙伴关系有很重要的意义。一方面，这些联盟使合作各方提高了产量和质量。他们逐步理解了彼此之间的要求和程序，进而增强了沟通。争端就更容易解决。最后，因为这样做有利于所有各方，他们往往就能够达成合理分担各自承担的风险的公平协议。

(3) 项目伙伴关系

为了避免诉讼，设计人员应该始终坚持公平地对待、尊重项目其他各方，敞开心扉。很多客户、承包商和设计人员将这种关系称为"项目特定伙伴"或干脆叫"伙伴"。

伙伴关系的宗旨是,摈弃工程项目中现在常见的充满隔阂情绪的"我们同他们",而提倡"让我们一起来"。这样做是为了统一对项目的认识。实际步骤可能不同,但过程一般都需要在着手项目工作之前开展班子建设活动,以便在设计和施工班子的主要代表之间确定共同目标,改善沟通,以及培养解决问题的能力。

欲使伙伴关系行得通,必须要由客户推动,需要有所有参与方的最高管理层的全力支持。客户必须认识到这一点,并采取必要的步骤确保在设计阶段开始时就要启动这一过程。

伙伴关系可以收到显著效果,工程质量可以改善,工作场所会更加安全;设计人员在解决问题中的作用亦会加强,他们在施工阶段提供服务的机会也将大大增加。建立伙伴关系的项目,一般按时,甚至提前交工,并且对于减少成本超支有明显的帮助作用。最重要的是,减少了项目各有关方面受人诉讼的可能性。

伙伴关系不保证不会出现争端,现代的工程项目太复杂,涉及的面太多,完全消除争端是不可能的。但是,伙伴关系是一种管理和解决出现了的争端的方式。伙伴关系的一个关键部分是决定解决这些争端的程序。

(4) 解决冲突的办法

目前已经积累了很多的办法可以用于解决项目遇到的冲突。例如:

① 在单位内部确定一套危机管理程序,让单位所有人员懂得在问题发生时应该做什么和不应该做什么。

② 为避免索赔和对簿公堂,应该设法在工作现场尽快解决争议。这种建设性的行为不仅节省金钱,而且有可能在各方之间建立信任。

③ 争议审查委员会同其他争议解决方法相比,有其优点:争议审查委员会在项目开始时就成立,并在项目整个期间不间断其职责。其他争议解决方法通常是在项目接近完成或完成之后才开始。

④ 对于谈判,为了满足各方利益而解决问题,设计人员可能需要放弃一些东西。

⑤ 只要有可能,就应当尽量避免走法律程序,而应当依靠一个或多个其他可行的争议解决方法。

这些办法许多都已经写入标准合同格式之中,例如 FIDIC 编写的各种标准合同条件。由于篇幅所限,此处不赘。

9.3 工程施工管理

9.3.1 工程施工的专业分工

建筑业内部的进一步划分是施工专业分工的基础。

1. 各国对建筑业的内部划分

(1) 中国

根据国家技术监督局,1994 年 8 月 13 日发布,1995 年 4 月 1 日实施的国民经济行业分类国家标准《国民经济行业分类与代码》(GB/T 4754—94),建筑业划分成土木工程建筑业,线路、管道和设备安装业以及装饰装修业。

① 土木工程建筑业 包括从事矿山、铁路、公路、隧道、桥梁、堤坝、电站、码头、机场、运动场、房屋(如厂房、剧院、旅馆、商店、学校和住宅)等建筑活动。也包括专门从事土木工程

和建筑物修缮和爆破等活动。不包括房屋管理部门兼营的零星房屋维修,应列入房地产业。

② 线路、管道和设备安装业　包括专门从事电力、通讯线路、石油、燃气、给水、排水、供热等管道系统和各类机械设备、装置的安装活动。一个施工单位从事土木工程时,在工程内部敷设电路、管道和安装一些设备的,应列入土木工程建筑业,不列入本类。

③ 装饰装修业　包括从事对建筑物内、外装饰和装修的施工和安装活动、车、船和飞机等的装饰、装潢活动也包括在内。

(2) 英国

英国标准行业分类1992年修订后,将建筑业分为五大组:

① 场地整备

② 完整或部分建筑物和土木工程施工

③ 建筑设备安装

④ 建筑装修工程

⑤ 施工和拆除机具以及操作人员租赁

每大组又继续划分成小组,"完整或部分建筑物和土木工程施工"细分为:

A．一般建筑物和土木工程构筑物建造

B．屋架屋面工程

C．公路、道路、机场和体育设施建造

D．供水工程建造

E．需要特殊工种的其他建造工程

(3) 美国的划分

美国一般将建筑业划分为居住建筑建造、非居住建筑建造、重型工程建造、民用建筑工程和基础设施构筑物。

居住建筑工程包括家庭房屋、多单元市镇居房屋、花园公寓、高层公寓和合作公寓。

民用建筑工程包括小型零售商店、大型城市综合改造、学校、医院、教堂、出租办公楼、剧院、政府办公建筑、娱乐场所、轻工业厂房和货栈等。

重型工程施工,大坝、隧道、桥梁、公路、铁路、机场、港口、码头、城市轨道交通设施、管线、污水处理厂、垃圾处置设施、输配电和通讯系统等。

非居住建筑建造主要指工业厂房,提炼厂、石油化工厂、合成燃料厂、火电站、核电站、冶炼厂、轧钢厂、炼铝厂、大型机械制造厂以及其他许许多多非民用建筑工程。

(4) WTO的划分

世界贸易组织MTN.GNS/W/120"服务部门分类表"中有"建造及其有关的设计服务"。该类服务采纳了联合国1991年"主要产品暂定分类法"为"建造及其有关的设计服务"明确的如下内容:

① 一般房屋建造工作:所有类型的房屋,居住和非居住的,个人的和公共的房屋的建造(包括新建、扩建、改建和翻新工作)。

② 一般土木工程建造工作:房屋以外的构筑物的建造工作,例如公路和街道、铁路和机场跑道、桥梁和隧道、航道和港口、坝、管线、通信和电力线路、采掘和制造厂房、体育场和运动场地。

③ 安装和组装工作:预制部件的组装和架设,以及采暖和空调、供水管路、燃气器具、电气线路、火警装置、隔热保温、围栏和提升设备的安装等活动。

④ 房屋装修工作:由专业工种为装修房屋而进行的建造工作,例如安装玻璃、抹灰、油漆、铺贴地面和墙面砖、铺设地毯、安装室内部件和装饰,以及安装饰件等。

⑤ 其他:建造现场的架设准备工作,以及专业建造工作,例如基础、钻水井、防水、混凝土浇筑、钢筋加工和架设,以及砌筑工作。此类工作还包括房屋和土木工程的施工和拆除设备,连同操作人员的租赁服务。

2. 建筑业结构的其他方面

还可以从其他角度观察建筑业中建筑企业的组成结构。

目前,根据建筑企业在工程承包合同中地位,有施工总承包企业、专业承包企业、劳务分包企业、材料供应企业、施工机具租赁企业。

9.3.2 施工服务的采购与提供

1. 概述

在技术进步和市场日益激烈的竞争的推动下,市场对建筑服务的需求,因而市场满足这些需求的方式都发生了重大变化。二十几年来,建筑市场上除了使用了百余年的设计—招标—施工方式之外,新的采购和供应方式层出不穷。例如,施工管理(CM)、管理合同(MC)、设计—建造(DB)、设计—采购—建造(EPC)、建造—经营—转让(BOT)、项目管理(PM)等等。雇主的工程采购方式决定了施工与设计的关系,也决定了雇主采购施工服务的方式。

2. 施工和设计的关系

设计和施工之间存在技术、组织和个人关系。这些关系取决于工程采购方式。

(1) 设计和施工的技术关系

先设计后施工,是建造活动的规律,也是整个建设事业的规律。但是,先设计后施工并不意味着设计全部完成之后才能施工。实际上,设计也只有在施工开始之后和进行过程中才能发现问题,才能完善。无论设计和施工都必须满足委托人(业主)的需要。许多国家,特别是发达国家,设计的项目的发起人迫于竞争的压力,往往在初步设计,甚至方案设计完成之后就让选定的施工承包商开始施工。在施工的过程完成详细设计和其余部分、纠正以前设计中的错误。而且详细设计的一部分交由施工承包商完成。

(2) 设计者与施工承包商的关系

设计者与施工承包商的关系,因业主的工程采购方式和合同安排而异。

① 设计—招标—施工 在设计—招标—施工安排下,设计和施工由不同的企业完成,设计者和施工者的联系往往经过业主,特别是在设计的错误、疏漏和更改影响工程费用、进度和质量时。施工承包商必须按照合同中提供的由设计人完成的设计文件和技术条款施工。如果施工承包商发现设计文件中有错误,应当及时、如实地通知设计人。这种通知一般要通过业主。

设计人设计时要满足业主的预算和功能要求,希望施工承包商严格按图纸和技术条款施工。但是,施工承包商不必对有疏漏或错误的图纸负责。施工承包商经常为了按照合同要求,尽快完工,催促设计人及时提供图纸和其他文件。

图纸或其他设计文件若有问题,而施工承包人又因未能发现而造成了损失,施工承包商不必负责。因此,多数承包商没有很大的积极性帮助改进设计。

大多数国家一般请设计人监督施工承包商的施工过程。国际咨询工程师联合会(FIDIC)将设计人担任的这种角色称为"合同管理"。设计人担任合同管理者,对于确保承建商按图纸和技术条款施工,发现设计文件中的问题,更好地满足业主和施工承包商的要求和希望有很大的好处,也有利于设计人提高设计水平。

我们的"建设监理"制,让在设计人之外单独成立的"监理公司"对施工承包商进行监督。这种做法的局限性已经暴露了出来。不必要的重复建设、低劣的施工质量、屡屡发生的人身伤亡和财产损失事故等等并没有因为有这个制度而得到扼制。我们应当参照国际惯例,将监督施工过程的责任交给设计单位。这样做有多种好处。一、可以减轻业主单位的负担;二、提高设计质量;三、有利于加强对建设项目的全过程管理;四、便于采用边设计边施工等新的建设方式;五、有利于我们的建筑企业开拓国际市场,提高我们在国际建筑市场上的份额。

② 施工管理　在这种安排下,由施工管理公司协调各承包商和设计者的工作。施工管理公司积极地参与设计审查,确保设计技术上可行,造价合理。施工管理公司常常利用价值工程对设计进行评价,为业主大幅度节省时间和投资。施工管理公司还在施工阶段审核设计变更。

在这种安排下,设计和施工的职责仍由分别的单位完成,两者之间的关系并没有改变。

大的设计、施工和专门的施工管理公司都可能被业主选做施工管理者。国外有许多设计—建造公司既承担设计任务,又提供具体的施工管理服务,而实际上的施工任务找几家独立的承包商来完成。

③ 管理合同　这种安排中设计和施工也由分别的单位完成,两者之间的关系与设计—招标—施工的情况相同。

④ 设计—建造合同　设计—建造合同可避免设计与施工由不同的公司承担时常发生的多种矛盾。由于设计和施工均由一个单位负责,故可边设计边施工,有利于项目早日投入使用。

由于设计—建造合同承包商在设计的早期阶段就介入了项目,因此他能够把自己在施工方法、降低成本、缩短工期、设计是否能在施工中实现等方面的知识、专业技能和经验体现在设计文件之中。显然,这样的设计在施工阶段出现问题的可能性会大大减少。另一方面,承包商在设计阶段就对施工阶段可能遇到的问题早早有了准备,许多在开工之前就可以得到解决。再者,设计和施工人员在设计阶段就有了许多接触和交流意见的机会。当项目进入施工阶段遇到问题时,问题解决起来自然也就快得多。

有关施工阶段可能出现的问题在设计阶段就提出来,可以减少工期延误、成本超支的可能性。

设计—建造合同对于承包者最有吸引力的是设计和施工人员组成一个班子可避免无谓的扯皮,提高工作效率。但是组成一个班子也是设计—建造承包单位的最大风险。这时,他扮演的是设计—招标—施工方式中业主的角色。如果设计图纸或技术要求说明中出现错误,则须由承包方,而不是业主支付这笔费用。

9.3.3　工程施工合同

业主在选定施工承包公司之后要与之签订施工承包合同。合同是双方当事人之间有约束力的协议,要求承包商提供业主指定的服务,而业主支付这些服务的价款。合同是一种法律关系,可以在法院进行调整。此种协议有多种名称,可以叫做合同、合约、协议、分包合同。

承包商不但与业主签有施工合同,还与分包商、供应商、银行、保险公司、租赁公司等签有施工、安装、供货、担保、保险、租赁等各种合同。

合同是双方行为的准则,合同制约双方。合同规定了双方各自应分担的风险。惩罚作用。是判定争议性质、责任方和责任以及加以解决的依据,规定了解决的方法和程序。

合同价就是业主在中标通知书中写入他准备支付给承包商(中标的投标人),作为承包商(中标的投标人)按照合同要求施工、竣工并弥补工程中缺陷的报酬的那一数额。合同价应理解成因承包商履行合同而应支付给他的款项,而不应理解成承包商因履行合同而付出的代价。

1. 合同类型

现在国际建筑市场上有多种同采购施工服务有关的合同,这些合同有多种划分方式。

(1) 业主采购方式

① 施工合同;
② 设计—管理合同;
③ 开发—施工合同;
④ 管理合同;
⑤ 施工管理合同;
⑥ 统包(一揽子、次钥匙)合同,例如设计—建造合同。

(2) 支付方式

按照雇主向承包商支付工程款的方式区分合同类型又叫合同安排。合同安排指的是合同财务上的安排。合同安排一般分为以下三大类:

① 固定价或总价合同 这种类型的合同就是把各方面非常明确的产品的总价固定下来。如果该产品不是各方面都很明确,则买主和卖主将会有风险。买主可能收不到希望的产品,或者卖主可能要支付额外的费用才能提交该产品。固定价合同还可以增加激励措施,以便达到或超过预定的项目目标,例如工程进度目标。

A. 根据工程量清单的总价合同 这种合同的工程量清单由建筑师/工程师/工料估算师编制,由承包商报价。报了价的工程量清单作为总价的说明;设计无变更时,工程量不变;统一编制的工程量清单节省了投标人的大量时间;投标人不必为工程量的可能变化或差错而再提高单价——签约后工程量可调整;报了价钱的工程量清单为以后类似项目的预算编制和费用控制提供了数据;适合用于大型项目。

B. 根据图纸和技术说明书的总价合同 在许多情况下,准确的工程量难以预先估算。这时候,合同总价可直接根据图纸和技术说明书确定,招标文件中无工程量清单。这种总价合同一般是设计在招标前已完成;适合于小型或简单的项目;可用于复杂项目中由指定分包商完成的专项工作;适合用于设计—施工项目。

② 成本加酬金合同 这种类型的合同就是向承包商支付(报销)项目的实际成本。成本一般分为直接费(项目直接开支的费用,例如项目人员的薪水)和间接费(由实施组织分摊到该项目上做为经营费用的费用,例如公司行政人员的工资)。间接费在计算时一般都取做直接费的某个百分比。成本加酬金合同经常包括某些激励措施,以便达到或超过预定的项目目标,例如进度或总成本目标。又细分为成本加百分比酬金、成本加固定酬金、成本加变

动酬金和目标成本合同。

③ 单价合同　付给承包商的合同报酬按单位服务计算(例如,每小时专业服务 70 美元或每立方米挖方 0.83 美元),因此该合同的总价值是完成该工程所需工程量的函数。又细分为工程量清单合同和单价表合同。此类合同适合于签约时设计尚未完成的项目;按承包商实际完成的工作量和承包商投标时所报的单价计算支付给承包商的款项;合同总价只有在项目完成结算时才能知道。

2．选用合同的准则

如何从诸多类型中的合同选择适合于具体的工程,已经有人提出若干准则,或者说需要考虑的因素。这些诸多因素中主要的有:

(1) 业主要求

在选定使用何种类型合同之前,业主都希望知道要花多少钱,在多长时间。都想以最少的代价使用满意的材料、满意的施工工艺和适当的时间完成工程。这些目标能否实现,在很大程度上取决于他在招标时能向承包商提供多少资料和资料的质量。资料越多,资料质量越好,对工程的报价和对工程最后费用的预测越准确。

(2) 业主对时间的要求

时间对业主的价值有时非常大,在详细设计还未完时就急于让承包商开工,甚至让施工和设计同时平行展开。竣工日期有多大的重要性?早日竣工对项目的成功有多大影响?

(3) 项目资金筹集方法

(4) 通货膨胀情况

如果工程较简单或者设计文件较完整且合同期短,可选用固定价合同。

(5) 对费用控制的要求

业主对费用变动范围的要求,业主希望把项目的费用在签合同之前以及竣工时控制在什么范围内。对于价格变动的把握,在下决心开始施工之前,是否需要把项目施工的价格确定下来?是否直接了解和掌握设计和费用估算过程?

(6) 业主的控制

业主希望以何种形式参与项目的管理?参与设计的投入,业主是否打算参与设计,参与的程度?

(7) 不可预见事件和风险

业主是愿意通过直接管理接受风险呢,还是希望将风险转嫁给第三者?是否愿意花些钱让别人承担费用和时间延误的风险?

(8) 灵活余地

在项目实施期间,业主的设计任务书可能变化的范围有多大?是否预见到开工后有必要对工程做出变更?

(9) 市场状况

在项目实施期间,市场可能发生何种变化,对设计和施工可能产生何种影响?

(10) 复杂程度

建筑物在技术上是否需要很复杂,是否需要安装很多设备?

(11) 竞争性

是否需要通过价格竞争选定施工单位?

(12) 管理能力,是否具备分别管理咨询机构和承包商的能力,或者在设计任务书完成之后是否想让一个公司对以后的工作负责?

3. 标准合同文件

国际经验表明,使用标准招标文件和合同文件可以有效地简化和缩短招标过程,提高建筑市场交易效率,确保社会公正。使用标准招标文件和合同文件具体有如下优点:

(1) 通过多次使用同样的标准格式的(招标)合同文件,投标人能够熟悉之,掌握之,合同双方知晓自己和对方的义务、权利和责任。因而不仅有利于顺利地签订合同,而且很有可能降低投标人的报价。投标人不必因为自己不熟悉合同条件而担心签订合同后可能会发生的风险,进而在报价时为防备他们担心的风险而列入很多的不可预见费。标准化的招标文件非常有利于编制招标文件的专业人员和投标单位的管理和技术人员积累经验,不但可加快招投标过程,还有利于投标单位加深对招标工程的理解,使他们编制的施工组织设计、提出的报价,更为现实,更为具体,因而有利于降低报价,可使招标单位降低费用,有利于将来使用这些工程的用户。

(2) 使用标准格式的(招标)合同文件可以节省使用者许多时间。例如,工程量由招标人委托专业人士算,算一次就行了,从而节约了大量人力、物力。工程量若是由绘制图纸的设计单位计算,节省就会更多。工程量统一由招标人提出,就为各投标人在平等的基础上竞争创造了条件,也大大简化了招标人比较标书和评标的过程。国外专业人士编制工程量时,还使用标准的工程量清单。清单中的条目、用语也都标准化,编有词汇表。投标单位多次使用标准工程量清单之后,就积累了经验,可大大加快计算标价过程。再看技术要求说明书。这个文件是为了弥补招标图纸在表达方面的不足,有两种主要用途,一是说明招标工程的性质、范围和施工条件,让投标人在全面、正确地理解招标的工程的基础上报价,二是指导投标单位成为承包人后的施工。对于这样一个文件,国外有专门机构按不同的专业编了标准的条目和使用这些条目的指南和教科书。一旦招标需要,根据工程的具体情况从这些标准条目中选用就是了。由于标准化,大大加快了投标人对工程的全面和正确的理解,可以减少投标单位为了预防不可预见因素而提高报价的可能性。

(3) 使用标准格式的(招标)合同文件还有利于培养合同管理人员。如果不是这样,而是让承包商经常不断地使用各种不同类型的合同条件,则他们就花费很大精力去培养合同管理人才。

(4) 使用标准格式的(招标)合同文件一般都有解决争议的条款,包括仲裁条款,因此有利于解决争议。遇到争议时,不必提交法院;最多按合同规定提交仲裁。

(5) 使用标准格式的(招标)合同文件有利于业主评标。

(6) 保证合同文件质量。都是专家多年修订而成,措词严谨、规范、清楚、明确,易于阅读、检索;不易出错、遗漏、矛盾。通用合同条件是大家公认的。

总之,使用标准格式的(招标)合同文件能够合理地平衡合同双方之间的要求、利益、风险和责任。合同双方赞成遵守明确规定的义务,可在很大程度上避免不认真履行合同、增加成本,以及由于合同双方缺乏应有的信任而引起争议。使用标准化招标和合同文件可以降低选择勘察、设计、施工和监理单位过程的交易成本,提高效率,归根结底有利于全社会。

国外在编制标准招标文件时,首先区分政府工程和民间工程;其次区分房屋建筑、土木工程和机电安装工程;第三,将统包合同(设计—施工、交钥匙)和施工合同区别开来;第四,将总承包合同与分包合同区别开来;第五,将大工程和小工程区别开来;第六,根据招标时设计文件完成的程度分别编写有工程量、无工程量和提供近似工程量的合同条件;等等。这样一来,就为招投标双方提供了很大方便。

国外编制标准化招标和合同文件的主要是一些专业和行业协会。例如,在英国有土木工程师学会(ICE)、联合咨询委员会(NJCC)和标准合同制定委员会(JCT)等,在美国有建筑师学会(AIA)和美国总承包商联合会(AGC)等。大家熟知的国际咨询工程师联合会(FIDIC)在编写标准招标(合同)文件时,广泛征求业主、承包商、工程咨询、政府部门和其他有关方面的意见,根据技术进步、建筑业结构、建筑市场交易方式的发展变化定期进行修改。

以上组织已经利用计算机技术加快了标准招标和合同文件的编写和修改过程。例如FIDIC紧跟近几年因特网的发展,将标准招标(合同)文件上了网,允许用户免费阅读,浏览,若缴纳一定费用,则可以下载规定的份数,比购买出版社的产品要便宜得多,进一步降低了招标投标费用。不但如此,用户还能够及时了解标准招标(合同)文件的修改情况。

4. 多数标准合同文件有利于发达国家

FIDIC合同文件,以及发达国家专业协会或政府制定的标准招标和合同文件有利于发达国家在发展中国家的投资者。FIDIC虽然在接受批评之后对标准招标文件进行了多次有利于承包商的修改,但文件的制订者始终是站在业主的立场,考虑业主的长远利益而落笔的。

(1) 目前国际建筑市场上使用的大多数施工合同文件都是在由建筑师/工程师代表业主进行施工阶段的合同管理(项目管理)的。由于历史和其他原因,或者投资者或像世界银行这样的国际金融机构的要求,这些建筑师/工程师大多数都是由业主从发达国家或地区聘请而来的,他们在施工承包商面前有很大的权力。

(2) 这些合同文件使用我国对外承包企业很少人能够顺利看懂的英文写成。我们的企业在同来自使用英语的发达国家的承包商竞争时就处于劣势。

(3) 当承包商与业主出现争议时,要由建筑师/工程师或仲裁庭出面解决。而FIDIC和国际金融组织,例如世界银行规定,要请海牙的国际商会、其他国际组织或发达国家的仲裁庭进行仲裁。这种安排,不论是由建筑师/工程师,还是由仲裁庭出面解决,对承包商,特别是我国在海外承包工程的企业不利。

即使建筑师/工程师或仲裁员主持公道,承包商为解决争议,取得补偿而付出的钱财也已经落入大多数来自发达国家的建筑师/工程师或仲裁员口袋里。

(4) FIDIC于1999年出版的新标准合同文件将以前版本中准仲裁人的职责交给了争议裁决员或争议裁决小组。争议裁决员或争议裁决小组成员虽然都是独立的工程或工程管理专家,能够比建筑师/工程师更客观、更公平地处理双方的争议。但是合同文件规定了争议裁决员或争议裁决小组的聘请程序,结果,争议裁决员或争议裁决小组成员仍然大多数来自发达国家或地区。

(5) 上述标准招标文件多数都要求承包商为工程、施工机具、人身和第三方责任投保,出具各种保证书。更有甚者,业主都指定发达国家的保险公司和出具保证书的银行或其他担保机构。结果,这些可观的收入又落进了发达国家的口袋。

9.3.4 工程施工阶段的过程

1. 工程施工阶段的过程

工程施工阶段的管理过程已在第 4 章中阐述,本节仅介绍工程施工阶段的技术过程

(1) 建筑施工技术

施工技术过程是应用建筑施工技术的过程。技术,现代汉语词典的定义是,"①人类在利用自然和改造自然的过程中积累起来并在生产劳动中体现出来的经验和知识,也泛指其他操作方面的技巧。②指技术设备。"这个定义也适合于建筑施工技术。

建筑施工技术,或简称施工技术从有人类建造活动那时起就有了。我国古代流传下来很多施工技术。浙江省余姚县河姆渡村发现的建筑遗址距今约 6000~7000 年。那里就有我们先人采用榫卯技术构筑木结构房屋的实例。现存的山西应县木塔、北京的故宫表明我国木结构施工技术世界领先。历史上各朝各代修筑及留存至今的万里长城、数不清的砖塔表明我国砖石结构施工技术同样可并立世界之林。值得称道的工程实在不胜枚举,隋朝留下的河北省赵县安济桥是世界上出现最早的空腹拱桥,在施工技术上达到了很高的水平,是世界古代石建筑的瑰宝。世界上其他文明古国历史上的建筑施工技术同样有悠久的历史,同样光辉灿烂。

现代施工技术的发展,特别是二次世界大战结束以来更是突飞猛进,各种方法、工具、机械、设备和仪器层出不穷。20 世纪 90 年代冷战结束以来,世界各国尤其将注意力放到改善和扩大本国经济和社会发展的环境上。各国投入了很大力量建设基础设施,他们的这些努力以及电子、计算机和信息技术的出现与发展极大地推动了建筑施工技术的更新换代和发展。

每种施工技术,都同具体的施加对象、对象的空间位置、地质、地形与气候条件;工程或工程的部分的功能与性质;工程构造形式、尺寸与形状;工程使用的材料、工具、机械和设备等等相联系。

根据这些关系,可将数量众多的建筑施工技术大致分成几类。

例如,按工程的功能与性质,可以有房屋建筑施工技术、桥梁施工技术、铁路施工技术、公路施工技术、水利工程施工技术、电站施工技术等等。

若按施加的对象,就有土方工程技术、岩土工程技术、基础工程和混凝土工程技术等。

按照工程使用的材料,有钢结构、钢筋混凝土结构、砖石结构施工技术等。

除此之外,可以根据以上几个关系的某种组合划分施工技术。例如大跨度钢结构、高层钢结构建筑、预应力钢筋混凝土施工技术等等。

施工技术的改进、发展和出现不仅取决于建造活动的需要,也取决于科学技术、社会生产力和经济的整体发展水平。

冶金技术和工业的发展不断生产出性质优良的钢材。不但出现了新的结构形式,也大大改变了建造活动的内容、顺序与面貌。例如,20 世纪 60 年代以前,钢结构大多使用铆钉连接,而从那以后,由于高强度钢材大量生产,就出现了高强螺栓连接。铆钉连接与高强螺栓连接是两种不同的施工技术,后者使钢结构施工面貌一新。同样是高强建筑钢材的大量生产,使预应力钢筋混凝土构件与结构成为可能。预应力施工技术目前在我国仍然是许多施工单位未很好掌握的技术。

(2) 技术过程与管理过程

具体的施工过程,同所选用的施工技术有密切的关系。在对施工项目实施管理时必须考虑所选用的施工技术。

了解、掌握和选用施工技术是施工项目管理的重要方面。但是,管理效果如何,还同许多其他因素有关。有些时候,决定工程成败的不是施工技术,而是管理。

现在人们已经意识到,管理就是科学,属于经济和社会发展的决定因素。这种情况表明,施工项目管理是施工过程效率高低,效果好坏的决定因素之一。

从20世纪80年代初我国对外开放以来,我国建筑施工企业在国内外广泛地接触了国外同行,并同他们进行了频繁的较量。较量双方发现,我们在项目管理方面同外国的差距要远远大于掌握世界上常用施工技术的以及学习先进施工技术方面的差距。虽然近20年来有了很大进步,但这个差距至今尚未缩小多少。

(3) 工程施工技术管理

项目管理人员必须对技术过程进行管理,主要内容如下:

① 审查合同图纸和技术要求说明书

项目经理部在接到图纸后,组织有关人员进行审查,并记录其中的问题和不明之处,以便请业主或设计人员澄清。

审查之后,由项目技术负责人在与业主组织的设计会审中,提出自己的修改建议。若在施工过程中发现设计图纸中的问题,或因其他原因需要改变,可向设计人提出修改建议。

② 编制施工计划

根据合同文件的要求选择施工方法、施工机械和施工工艺;安排工序的顺序、确定流程,进而编制施工计划,并向施工作业人员说明解释之。

③ 建立技术责任制

选择适用于本项目的标准与规程、制订规则、建立试验室和技术资料管理系统等。

④ 培训

对施工作业人员进行技术培训,鼓励技术革新和合理化建议等。

⑤ 执行技术过程

分派人员,实施施工工艺,若遇到问题或冲突,按照施工计划进行协调。

⑥ 检查和验收

检查施工工艺、材料试验、验收已完工作、处理技术问题等。

2. 工程施工采购管理过程

(1) 资源日益丰富

世界银行20世纪80年代给建筑业下的定义是:"国民经济中将各种各样资源转变为经济和社会基础设施和其他设施的部门。"

建筑企业和项目管理的实际工作就是动员、组织和利用资源。谁利用得好,谁就受客户欢迎,谁就能获胜。利用者主动,占上风;被利用者被动,占下风。

现在,缺乏的不是实物和人力资源,而是动员、组织和利用实物和人力资源的能力。没有这种能力,资源再多,亦不能为我所用。

(2) 利用外部资源

除了充分利用本公司已有的资源之外,为了利用更便宜的劳动力、统一和提高服务质量、获得自己没有的技术和更好的创意、克服进入外国市场的壁垒、统一生产、获得更大的规模经济、利用卖方所在地理位置降低物流消耗、寻找尽可能低的税负、打破本国的季节性限制、得到更稳定的原料供应、提高服务交付能力等，各国大公司纷纷制订利用外部资源的战略，加强采购管理。

① 寻求全球资源的利弊

除了上述目的之外，大公司还有其他原因利用外部资源：

缺乏资金。利用外部资源可以减少本公司的资金投入。

缺乏专业技术。本公司不能建立竞争优势往往是由于缺乏专业技术。

灵活性。业主或顾客常常需要公司迅速满足其要求，其他许多公司能够迅速满足之。

资产利用率或储备能力。许多设备或设施利用率要达到一定程度才能保证投资有利可图。如果达不到，企业就应利用外部资源。

出现了效率更高的供应者。过去，许多公司自己有运输队将产品送到顾客手上，如今因为出现了效率更高的运输公司，就可以利用这些运输公司送货。

对资源的关注。这一点尤其表现在资源管理方面。

降低投资风险。公司有时非常谨慎，当新产品对市场的影响尚未确定时，在生产过程中利用外部资源。

利用外部资源虽然有以上原因，但这种做法也有缺点：

流失专业技能。在20世纪90年代，许多美国企业为了降低成本，与亚洲制造商进行大量合作，然而当亚洲制造商掌握了技术之后就成了他们最有力的竞争对手。

贸易的开支和费用。利用外部资源、清算合同以及确定共同目标时，需要耗费大量的资金和时间。

利用全球资源，好处明显大于不利之处。比如，许多外国设计公司在我国获得设计合同后，就雇用我国的设计人员进行详细设计，而不是雇用本国的设计人员。原因就是付给前者的报酬远远少于后者。在我国获得施工、监理和其他咨询合同的外国承包商都采用这样的策略。这样的例子不胜枚举。

相比之下，我国的建筑企业在海外承包工程，情况却是相反。不但不能将自己国内的人员带到工程所在国使用，反而必须使用当地工资远远高于本国人员的当地人或外国专家。

工程承包公司应认识到，分包商和供应商的成本最终会转化为自己的成本，因此应设法帮助他们降低成本。

② 同外部资源供应者建立关系时应考虑的因素

在与其他公司建立关系时应考虑四个基本因素：

A. 所购部件的战略地位。如果该部件对于竞争地位至关重要，或者牵涉到专业技能的所有权，那么最好自己生产。如果本公司没有生产这一部件的能力，就应该像波音公司那样，与合适的供应商建立亲密的联盟。

B. 能够提供该部件和服务的供应商数目。如果只能找到一个供应商，公司必须与之维持紧密的关系。

C. 所购部件与其他部件之间的连接，以及必要后勤工作的复杂程度。由于飞机各部件之间接合关系复杂，波音公司与其主要供应商维持了极为密切的联盟关系。

在新产品开发期间，波音公司的工程师在供应商所在地设有办公室，而供应商的工程师在波音公司也有办公室。因为在购进部件后，后勤工作也非常复杂。波音与合作者一直保持联系,交换意见和共享数据。只有这样才能保证把几百万个零部件及时地组合在一起,以确保飞机及时交货。

D. 不确定性。在利用外部资源时,跨国公司的业务如果不确定性很高,就应该与供应商建立更紧密的关系。例如,跨国经营的户外服装公司之间在很大程度上是质量的竞争,所以应该同一系列供应商建立"经常往来",而不是"买断市场"的关系。

石油成本及其能否获得的不确定性很高。因此,以石油作为许多产品主要原料的杜邦公司,应当与石油公司建立战略联盟关系。事实上,杜邦想得更远。它反向合并了大陆石油公司,主要原因就是为了降低这种不确定性。

在选择同供应商的关系时,成本、质量、运输以及灵活性4个方面会发生很大的冲突,因此要仔细权衡同各个方面有关的利益和风险。

(3) 利用外部资源的方式

在全球建筑市场上寻求资源时的不确定性更大,汇率的差异及较长的交货时间都会增加不确定性。另外,人员之间的频繁交流,会耗费大量精力;打入任何国家或地区的建筑市场,建立起信誉都需要时间,打入国外市场尤其如此。

虽然有这些困难,寻求全球资源仍然有很大的好处。但是,必须慎重地全面地考虑所有的因素,并与供应商建立正确的关系。

在寻求外部资源时,企业应根据自己的需要和具体情况同分包商和供应商建立关系。这些关系可分为表9-2列出的5种类型,即"买断市场"、经常往来、合作伙伴、战略联盟,以及反向合并关系。

与供应商的关系及其特征   表9-2

买断市场	经常往来关系	合作伙伴关系	战略联盟关系	反向合并关系
正常交易关系	中期合同	长期合同	长期关系	供应商的所有权
各部分关系明确	某些信息共享	大量信息共享	全面、有计划的信息共享	全面、有计划的信息共享
电脑交易	与竞争者有些交易	增加信任	与竞争者无交易	文化统一
与竞争者有重要的交易	良好的管理关系	与竞争者交易有限	很信任,文化普遍融合	

(4) 采购管理

采购管理是为了从项目经理部和公司之外获得货物和服务所需要的一系列过程。包括采购计划、采购与征购、卖方选择、合同管理以及合同的终结等。

① 采购和询价规划

A. 采购规划 采购规划考虑哪些资源,例如人工、材料、施工机械需要从外部采购以及使用何种方式;是否需要利用外部资源,将项目的某些工作分包出去。采购规划结束时应提出采购管理计划,说明如何管理具体的采购过程,例如,与分包商准备签订何种形式的分包合同;如何管理、何人以及何时编制拟分包出去的工作的标底;是否需要使用标准招标文件,以及从何处取得这些标准文件等。招标文件应详细地说明待采购之物各方面的情况和要求,以便分包或供应单位能够判断他们是否可以提供该种采购物。

B. 询价规划　询价规划,有时可称之为招标规划,就是提出对待采购之物的要求,查明有哪些可能的供应来源以及在编制询价清单时需要哪些文件。

询价规划是在采购规划和其他规划过程的基础上进行的。制订询价计划要充分利用已有标准格式。标准格式包括标准合同条件、对采购物的标准说明或标准招标文件。询价规划结束时要编制好招标文件,要求投标人提出报价。

招标文件的组织方式应当便于参与投标的分包或供应单位准确、完整地报价。招标文件应当包括有关的工作说明、对于报价书格式的要求和所有必要的合同条文(例如,一份合同范本、不准向第三者泄露的规定)。招标文件里还应有评标标准。价格是一个主要的评标标准。评标标准中还可列入总成本或生命期成本、技术能力和管理方法。

② 询价和招标

A. 询价　询价就是让可能参加投标的分包或供应商提出满足有关要求的报价。询价可采取多种方式,招标仅为其中一种。

B. 卖方选择　卖方选择就是根据评标准则,接受某分包或供应商的标书,请其提供本项目须采购的产品或服务。价格是基本的决定因素。但是及时提供产品或服务也很重要。对于重要的产品或服务,可能需要选择多个来源。一旦选定分包或供应商,就应同其签订合同。

③ 合同管理

合同管理是保证业主履行合同义务、各分包单位和供应单位的实际工作满足合同要求的过程。当本工程使用多个分包商时,合同控制的一个重要任务就是协调各种分包商和供应商之间的联系。

在处理同业主、各分包商与供应商的合同关系时,还应当顾及项目管理的其他有关过程。合同控制涉及施工计划实施、进展报告、质量控制、变更控制和项目的财务管理。

合同控制的依据主要有合同文件、业主履行合同的实际情况、分包商实际完成的工作结果、变更请求和分包商提交的各种单据。

项目管理班子必须及时了解业主已经履行了哪些合同义务、分包商已经完成了哪些应交付的工作成果,哪些尚未履行或完成;他们的工作质量是否达到了要求;已经支出了哪些费用等等。

如果遇到了签订合同时未曾预料的情况,造成了损失或延误了时间,或者业主未履行合同义务或违反合同,都可以要求业主给予补偿或赔偿。索赔或索补是公司和项目经理部合同管理的重要内容。

在合同控制过程中和结束时,应当按照事先计划好的方式,由专人及时、完整地收集、整理和妥善保管与业主、分包商、供应商以及其他参与者的往来函件、合同变更、业主付款证书和分包商付款申请等资料和文件。

④ 施工项目结尾

凡事都要善始善终,施工项目管理亦当如此。当整个工程或工程阶段的所有活动或工序均已完成,或者虽然未完成,但由于某种原因而必须停止并结束时,项目班子应当做好项目或项目阶段的结尾工作。

项目结尾是项目全过程的最后阶段。没有这个阶段,项目就不能正式投入使用,不能生产出原定的产品或服务。即使投入使用,项目的维修保养也无法进行。不做必要的收尾工作,项目各有关方面就不能终止他们为完成本工程所承担的义务和责任,也不能及时从本项目获取应得的权益。

项目或项目阶段结尾包括范围核实、行政收尾和合同收尾。

施工接近完成时,公司或项目经理部的注意力往往转移到新的任务上去。有些班子成员也要调离。而项目结尾工作常常是零碎、繁琐、费时、费力,容易被人忽略。因此,项目结尾的重要性应当特别强调,否则会给项目的运营带来后患。

本章主要参考文献

1 卢有杰,周强等译,卢有杰校.风险管理手册.北京:中国计划出版社,2001
2 中国土木工程学会编.21世纪学科发展丛书·土木工程——国计民生的基础设施.济南:山东科学技术出版社,2001
3 蒋兆祖,刘国冬主编.国际工程咨询.北京:中国建筑工业出版社,1996
4 李丹译,张俊萍,吴刚校.职业责任保险入门.北京:中国计划出版社,2001
5 中国土木工程学会编.21世纪学科发展丛书·土木工程——国计民生的基础设施.济南:山东科学技术出版社,2001
6 维杰·高芬达拿捷,安尼尔·古卜达等.全球商务使你成为全球化商务管理大师的惟一源泉.北京:中国社会科学出版社,2002
7 卢有杰编著.新建筑经济学.北京:中国水利水电出版社,2002
8 薛敬孝主编.金融全球化与国际金融危机.天津:天津人民出版社,2001
9 丛培经.《建设工程项目管理规范》(GB/T 50326—2001)实施要点.建筑技术,2002(9)

思考题

1."建造及其有关的设计服务"有哪些具体内容?
2.我国的设计行业同主要发达国家的设计行业的组织有哪些异同?各自的优缺点是什么?
3.请根据自己的经历和体会说明现在的设计人员只会"设计"是不能为客户提供满意的服务的。
4.何谓设计项目?设计项目在我国和英国如何划分阶段?
5.目前在全球建筑市场上有哪些主要的工程采购,以及施工服务的采购与提供方式?本公司能够提供哪几种?
6.目前世界上有哪些重要的标准合同文件?
7.学习和使用标准合同文件有哪些好处和坏处?
8.试述施工阶段的技术过程。
9.施工服务市场同建筑市场有何种关系?本企业在这两种市场上地位如何?
10.经济全球化以何种方式扩大了全球建筑市场?
11.在全球建筑市场上,除了设计之外,还有哪些同施工有关的服务?这些服务(业务)对本企业有何关系?
12.请说明建筑业的供应链和价值链,以及本公司在边条链上的位置。
13.何为创新?本公司在哪些方面有创新?
14.在目前建筑市场竞争日益激烈的形势下,本公司还欠缺哪些能力?
15.何为项目采购管理?请以实例说明加强项目采购管理的必要性。

第 10 章 工程项目后期管理

【内容提要】
　　工程项目后期管理的内容包括竣工验收，交付使用，工程技术与档案资料的移交，竣工结算和决算，总结分析，考核评价等。本章的重点是竣工验收和档案资料，对竣工结算、总结分析和考核评价也做了系统阐述，还举例介绍了竣工结算的基本知识。

10.1　工程项目竣工验收概述

10.1.1　工程项目竣工验收概念

　　竣工验收是建设工程项目建设周期的最后一道程序，也是我国建设工程的一项基本法律制度。有建设工程就有项目管理，竣工验收又是项目管理的重要内容和终结阶段的重要工作。实行竣工验收制度，是全面考核建设工程，检查工程是否符合设计文件要求和工程质量是否符合验收标准，能否交付使用、投产，发挥投资效益的重要环节。国家的有关法律、法规明确规定，所有建设工程按照批准的设计文件、图纸和建设工程合同约定的工程内容施工完毕，具备规定的竣工验收条件，都要组织竣工验收。

　　竣工验收具体又分为工程项目竣工验收和建设项目竣工验收两个不同的验收主体和验收阶段。《建设工程项目管理规范》(GB/T 50326—2001)(以下简称《规范》)对竣工验收阶段管理的交工主体和验收主体进行了界定，工程项目竣工验收是建设项目竣工验收的第一阶段。没有经过施工项目竣工验收，建设项目竣工验收就没有具备最基本的条件。

　　《规范》对工程项目竣工验收的术语，解释为："承包人按施工合同完成了项目全部任务，经检验合格，由发包人组织验收的过程"。

10.1.2　工程项目竣工验收的目的

　　(1) 全面考察工程的施工质量。竣工验收阶段通过对已竣工工程的检查和试验，考核承包商的施工成果是否达到了设计的要求而形成的生产或使用能力，通过竣工验收及时发现和解决影响生产和使用方面存在的问题，以保证工程项目按照设计要求的各项技术经济指标正常投入运行。

　　(2) 明确合同责任。能否顺利通过竣工验收，是判别承包商是否按施工承包合同约定的责任范围完成施工义务的标志。通过竣工验收后，承包商即可以与业主办理竣工结算手续，将工程移交给业主使用和照管。

　　(3) 是建设项目转入投产使用的必备程序。建设项目竣工验收也是国家全面考核项目建设成果，检验项目决策、设计、施工、设备制造和管理水平，以及总结建设项目建设经验的重要环节。因此，国家计委颁布的《建设项目(工程)竣工验收办法》中规定，"已具备竣工验收条件的项目，3个月内不办理验收投产和移交固定资产手续，取消企业和主管部门的基建试车分成,由银行监督全部上交财政。如3个月内办理竣工验收确有困难,经验收主管部门批准,可以适当延长期限。"

10.1.3 工程项目竣工验收的程序

《规范》第16.1.3条规定:"竣工验收阶段管理应按下列程序依次进行:

(1) 竣工验收准备。
(2) 编制竣工验收计划。
(3) 组织现场验收。
(4) 进行竣工结算。
(5) 移交竣工资料。
(6) 办理交工手续。"

下图则直观形象地描绘出整个竣工验收过程:

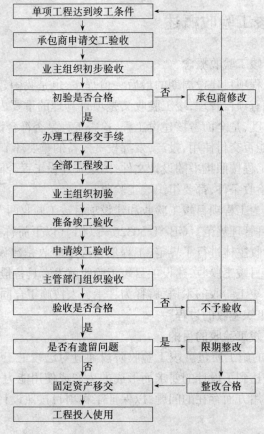

图 10-1 竣工验收程序流程图

10.2 工程项目竣工验收的前期工作

10.2.1 做好项目收尾工作

当项目接近尾声时,大量复杂的工作已经完成,但还有部分剩余工作需要认真处理。一般来说,这些遗留工作大多是分散的、零星的、工作量小的棘手工作,直接影响到项目的进行。同时,临近项目结束,项目团队成员通常有松懈的心理,这就要求项目负责人把握全局,正确处理好团队成员的工作情绪,保质保量地把收尾工作做好。主要应该从以下几个方面着手:

(1) 建立竣工收尾班子。

项目经理部要明确分工管理责任制,做到因事设岗、以岗定责、以责考核,限期完成。收尾班子要由项目经理亲自挂帅,包括技术、生产、质量、材料等班组负责人。收尾项目完工要有验证手续,形成目标管理保证体系。

(2) 制定落实收尾计划。

项目经理要根据施工项目的专业和技术特点,编制落实有针对性的竣工收尾计划,并纳入统一的施工生产计划汇总,实行目标管理方式,以正式计划下达并作为管理层和作业层岗位业绩考核的依据之一。竣工收尾计划的内容,应包括现场施工和资料整理两个部分,两者缺一不可,两部分都关系到竣工条件的形式。

此外,项目经理和技术负责人要定期和不定期地组织对竣工收尾计划进行反复的检查。有关施工、质量、安全、材料、内业等技术、管理人员要积极协作配合,对列入计划的收尾、修补、成品保护、资料整理、场地清扫等内容,要按分工原则逐项检查核对,做到完工一项、验证一项、消除一项,不给竣工收尾留下遗憾。

10.2.2 项目竣工自检步骤

(1) 属于承包人一家独立承包的施工项目,应由企业技术负责人组织经理部的项目经理、技术负责人、施工管理人员和企业的有关部门对工程质量进行检验评定,并做好质量检验记录。

(2) 依法实行总分包的项目,应按照法律、行政法规的规定,承担质量连带责任,按规定的程序进行自检、复检和报审,直到工程竣工交接报验结束为止。施工项目总分包竣工报检的一般程序如图所示。

图 10-2 施工项目总分包竣工报检程序

(3) 在一般情况下,当工程项目达到竣工报验条件后,承包人应向工程监理机构递交工程竣工报验单,提请监理机构组织竣工预验收,审查工程是否符合正式竣工验收条件。若工程项目是实行总分包管理模式的,则应分两步进行:首先,由分包人对工程进行自检,向总包人提交完整的工程施工技术档案资料,总包人据此对分包工程进行复检和验收;然后,由总包人向工程监理机构递交工程竣工报验单,监理机构据此按《建设工程监理规范》(GB 50319—2000)的规定对工程是否符合竣工验收条件进行审查,符合竣工验收条件的予以签认。

其中,承包人向监理机构提交审查的文件表式主要有10种,即:

① 工程开工/复工报审表。
② 施工组织设计(方案)报审表。

③ 分包单位资格报审表。
④ (工程名称)报验申请表。
⑤ 工程款支付申请表。
⑥ 监理工程师通知回复单。
⑦ 工程临时延期申请表。
⑧ 费用索赔申请表。
⑨ 工程材料/构配件/设备报审表。
⑩ 工程竣工报验单。

10.2.3 交付竣工验收的约定

国家标准《建设工程监理规范》(GB 50319—2000)规定:"建设单位与承包单位之间与建设工程合同有关的联系活动应通过监理单位进行。"

在建设工程监理中,监理机构受发包人的委托,对工程建设活动实行监理。承包人全面完成工程竣工验收前的各项准备工作,经监理机构审查签认合格后,发包人才能组织正式验收。承包人向发包人发出预约竣工验收的书面通知应表达两个含义:一是承包人按施工合同的约定已全面完成建设工程施工内容,预验收合格。二是请发包人按合同的约定和有关规定,组织施工项目的正式竣工验收。"交付竣工验收通知书"的内容格式如下:

交付竣工验收通知书

××××(发包单位名称):

根据施工合同的约定,由我单位承建的××××工程,已于××××年××月××日竣工,经自检合格,监理单位审查签认,可以正式组织竣工验收。请贵单位接到通知后,尽快洽商,组织有关单位和人员于××××年××月××日前进行竣工验收。

附件:1. 工程竣工报验单
   2. 工程竣工报告

××××(单位公章)
年 月 日

10.3 工程项目竣工验收资料

10.3.1 竣工资料的内容分类

工程竣工资料是记录和反映施工项目全过程工程技术与管理档案资料的总称。整理工程竣工资料,是建设工程承包人按工程档案管理的有关规定,在工程施工过程中按时收集、整理,竣工验收后移交发包人汇总归档备案的管理要求。

《规范》第16.3.3条规定:"竣工资料的内容应包括:工程施工技术资料、工程质量保证资料、工程检验评定资料、竣工图,规定的其他应交资料。"

1. 工程施工技术资料

这是建设工程施工全过程中的真实记录,是施工各阶段客观产生的工程施工技术文件。工程施工技术资料的主要内容:

(1) 建筑安装工程施工技术资料
① 土建工程施工技术资料

a. 施工技术准备文件
　　b. 施工现场准备文件
　　c. 地基处理记录
　　d. 工程图纸变更记录
　　e. 施工记录
　　f. 工程质量事故处理记录
　②安装工程施工技术资料
　　a. 一般施工记录
　　b. 图纸变更记录
　　c. 设备、产品检查安装记录
　　d. 预检记录
　　e. 质量事故处理记录
　③室外工程施工技术资料
　　a. 室外安装施工文件
　　b. 室外建筑环境施工文件
(2) 市政基础设施工程施工技术资料
(3) 工程竣工文件
　①工程竣工报告
　②工程竣工验收报告
　③工程质量保修书
　④工程预(结)算报告。
　⑤施工项目管理总结。
2. 工程质量保证资料

这是建设工程施工全过程中全面反映工程质量控制和保证的依据性证明资料，诸如原材料、构配件、器具及设备等质量证明、合格证明、进场材料、施工试验报告等。根据行业和专业的特点不同，依据的施工及验收规范和质量检验标准不同，具体又分为土建工程，建筑给水、排水及采暖工程，建筑电气安装工程，通风与空调工程，电梯安装工程，建筑智能化工程，以及其他行业的专业工程质量保证资料(具体分项同工程施工技术资料)。

3. 工程检验评定资料

这是建设工程施工全过程中按照国家现行工程质量检验标准，对施工项目进行单位工程、分部工程、分项工程的划分，再由分项工程、分部工程、单位工程逐级对工程质量做出综合评定的工程检验评定资料。但是，由于各行业、各部门的专业特点不同，各类工程的检验评定均有相应的技术标准，工程检验评定资料的建立均应按相关的技术标准办理。

工程检验评定资料的主要内容：
(1) 单位(子单位)工程质量竣工验收记录；
(2) 分部(子分部)工程质量验收记录；
(3) 分项工程质量验收记录；
(4) 检验批质量验收记录；
(5) 幕墙工程验收记录。

4. 竣工图

竣工图是建设工程施工完毕的实际成果和反映,是建设工程竣工验收的重要备案资料。竣工图的编制整理、审核盖章、交接验收应按国家对竣工图的要求办理。承包人应根据施工合同的约定,提交合格的竣工图。

5. 规定的其他应交资料

(1) 建设工程施工合同。

(2) 施工图预算、竣工结算。

(3) 工程项目施工管理机构(项目经理部)及负责人名单。

(4) 工程竣工验收记录。

(5) 工程质量保修书。

(6) 凡有引进技术或引进设备的项目,要做好引进技术和引进设备的图纸、文件的收集和整理。

(7) 地方行政法规、技术标准已有规定和施工合同约定的其他应交资料,均应作为竣工资料汇总移交。

10.3.2 施工竣工资料的编制

1. 竣工资料的要求

(1) 项目竣工资料必须完整、准确、系统,并做到图面整洁,装订整齐、签字手续完备,图片、照片等要附情况说明。

(2) 建设项目前期工作,如勘测、设计、科研等资料,应依据合同向建设单位提供成果和资料。

(3) 竣工图应反映实际情况,必须做到图物相符,做好施工记录、检测记录、交接验收记录和签证加盖竣工图章。如果项目按图施工没有变动的,用原施工图作为竣工图;如果施工中有一般性设计变更,能在施工图上修改的,由施工单位在原施工图上注明修改部分与修改依据和说明,可以作为竣工图;如果有结构改变、工艺改变、平面布置改变等项目的重大变更,必须重新绘制竣工图。

(4) 建设项目施工过程中的图片、照片、录音、录像等材料,以及建设项目施工过程中的重大事故等,应有完整文字说明,并要详细地填写档案资料情况登记表。

2. 案卷的组合与文件材料的排列

(1) 一般单位工程,文件材料不多时,可将文字材料与图纸材料组成若干盒,分六个案卷(即立项文件卷、设计文件卷、施工文件卷、竣工文件卷、声像材料卷、竣工图卷)。

(2) 综合性大型工程,可按下列要求组卷:

① 前期竣工文件部分可组成若干个卷,如工程项目报批卷、用地拆迁卷、地质勘探卷、工程竣工总结卷、工程照片卷、录音录像卷等。每一部分根据材料多少,还可组成一卷或多卷。

② 施工技术文件部分可组成一卷或多卷。

③ 竣工图部分按专业进行组卷。可分综合图卷、建筑、结构、给排水和燃气、电气、通风与空调、电梯、工艺等,每一专业根据图纸多少,可组成一卷或多卷。

④ 文字材料和图纸材料原则上不能混装在一个装具内,如文件材料较少需装在一个装具内时,文件材料必须用软卷皮装订,图纸不装订,然后装入硬档案盒内。

⑤ 卷内文件材料排列顺序要依据卷内的材料构成而定,一般顺序为:封面、目录、文件材料部分、备考表、封底。组成的案卷力求美观、整齐。

(3) 工程竣工文件归档内容

竣工资料的归档范围应符合《建设工程文件归档整理规范》(GB/T 50328—2001)的规定。保管期限分为永久、长期、短期三种。

(4) 卷内目录的编制

① 填写的目录应与卷内材料内容相符,并置于卷首,原工程图中的专业设计目录不能代替。

② 编写页号以独立卷为单位。文件材料排列顺序确定后,以有书写内容的页面编写页号。

③ 每个保管单位统一用阿拉伯数字从1开始用打号机依次逐页档注(用黑色、蓝色油墨)。

④ 页号编写位置:单面书写的文字材料编张号,编在右下角;双面书写的文字材料页号,正面编写在右下角,背面编写在左下角;图纸一律编写在右下角。

⑤ 顺序号:按卷内文件排列先后用阿拉伯数字从1开始依次标注。

⑥ 文件编号:文件制发机关的发文号或图纸原编图号。

⑦ 责任者:文件材料的形成单位或主要责任者。

⑧ 文件材料题名:亦称文件标题,即文字材料或图纸名称,无标题的文件,应根据内容拟写标题。

⑨ 日期:文件材料的形成时间(文字材料为原文件形成日期,汇总表为汇总日期,竣工图为编制日期)。

⑩ 备注:填写需要说明的问题。

(5) 卷内备考表的编制

① 备考表分为上下两栏,上栏由立卷单位填写,下栏由接收单位填写。

② 上栏部分要标明本案卷已编号的文件材料的总张数:指文字、图纸、照片等的页数;立卷人:由责任立卷人签名;年、月、日由立卷、审查时间填写。

③ 下栏部分:由资料中心根据案卷的完整及质量情况标明审核意见。

(6) 图纸折叠与案卷装订

① 案卷采用中华人民共和国国家标准。(GB)统一的规格尺寸和装具,文字、图纸材料一律用国际制定的硬壳卷夹或卷盒,外装尺寸为300(高)mm×220(宽)mm,卷盒厚度尺寸分别为60、50、40、30、20mm五种。

② 折叠方式采用图面朝里、图签外露(右下角)"手风琴式"(详见国标技术制图复制的折叠方法)。

10.3.3 竣工资料的移交验收

《规范》第16.3.5条规定:"交付竣工验收的施工项目必须有与竣工资料目录相符的分类组卷档案。承包人向发包人移交由分包人提供的竣工资料时,检查验证手续必须完备。"

竣工资料是建设工程档案资料的总和,应从承包人施工准备开始就建立起工程档案,收集、整理有关资料,把这项工作贯穿到施工全过程直到交付竣工验收为止。

凡是列入归档范围的竣工资料,都必须按规定的竣工验收程序、建设工程文件归档整理规范和工程档案验收办法进行正式审定。承包人在工程承包范围内的竣工资料应按分类组卷的要求移交发包人、发包人则按照竣工备案制的规定,汇总整理全部竣工资料,向档案主管部门移交备案。

竣工资料的交接程序:

(1) 总包人必须对竣工资料的质量负全面责任,对各分包人做到"开工前有交底,施工中有检查,竣工时有预验",确保竣工资料达到一次交验合格。

(2) 总包人根据总分包合同的约定,负责对分包人的竣工资料进行中检和预验,有整改的待整改完成后,进行整理汇总一并移交发包人。

(3) 承包人根据建设工程施工合同的约定,在建设工程竣工验收后,按规定和约定的时间,将全部应移交的竣工资料交给发包人,并符合城建档案管理的要求。

(4) 根据竣工资料移交验收办法,建设工程发包人应组织有关单位的项目负责人、技术负责人对资料的质量进行检查,验证手续应完备,应移交的资料不齐全,不得进行验收。

10.4 工程项目竣工验收管理

工程项目进入竣工验收阶段,是一项复杂而细致的工作,承发包双方和工程监理机构应加强配合协调,按竣工验收管理程序依次进行。鉴于竣工验收阶段是大量的基础性工作,从竣工验收准备开始,到办理交工手续终结,是一个渐进、有序的过程。竣工验收阶段的管理工作,每一步都非常重要,承包人应从交工的主观愿望出发,做好竣工验收管理程序中各项基础工作,为交付竣工验收创造条件;监理机构应组织对竣工资料及各专业工程质量的全面检查,进行工程竣工验收,对可否组织正式竣工验收提出明确的意见;发包人应根据施工合同的约定,组织进行工程竣工验收和竣工结算的审查。按照协调一致的程序开展各方面工作,对建设工程顺利进行竣工验收十分有利。

10.4.1 交付竣工的形式

竣工验收是一项法律制度,《合同法》、《建筑法》、《建设工程质量管理条例》对竣工验收已做了明确的规定。为了保证建设工程竣工验收顺利进行,必须遵循项目一次性基本特征,按施工的客观规律和竣工的先后顺序进行竣工验收。

在建设工程项目管理实践中,因承包的范围不同,交工的形式也会有所不同。

整个建设项目如果分成若干个合同交予不同承包商实施,承包商已完成了合同工程或按合同约定可分步移交工程的,均可申请交工验收。交工验收一般为单位工程,但在某些特殊情况下也可以是单项工程的施工内容,如特殊基础处理工程,电站单台机组完成后的移交等。承包商的施工达到竣工条件后,自己应首先进行预检验,修补有缺陷的工程部位。设备安装工程还应与业主和监理工程师共同进行无负荷的单机和联动试车。承包商在完成了上述工作和准备好竣工资料后,即可向业主提交竣工验收报告。具体说来:

1. 单位工程(或专业工程)竣工验收

以单位工程或某专业工程内容为对象,独立签订建设工程施工合同的,达到竣工条件后,承包人可单独进行交工,发包人根据竣工验收的依据和标准,按施工合同约定的工程内容组织竣工验收,比较灵活地适应了目前工程承包的普遍性。

按照现行建设工程项目划分标准,单位工程是单项工程的组成部分,有独立的施工图纸,承包人施工完毕,征得发包人同意,或原施工合同已有约定的,可进行分阶段验收。这种验收方式,在一些较大型的、群体式的、技术较复杂的建设工程中比较普遍地存在。

我国加入世贸组织后,建设工程领域利用外资或合作搞建设的会越来越多,采用国际惯例的做法也会日益增多。分段验收或中间验收的做法也符合国际惯例,它可以有效控制分项、分部和单位工程的质量,保证建设工程项目系统目标的实现。

我国近几年来也借鉴了国际上的一些经验和做法,修订了施工合同示范文本,增加了中间交工的条件。新的《建设工程施工合同(示范文本)》GB—1999—0201"通用条款"32.6款规定:"中间交工工程的范围和竣工时间,双方在专用条款内约定,其验收程序按本通用条款32.4款办理"。

在施工合同"专用条款"中,双方一旦约定了中间交工工程的范围和竣工时间,如群体工程中,哪个(些)单位工程先行交工,再如公路工程的哪个合同段先行交工等,则应按合同约定的程序进行分阶段的竣工验收。

2. 单项工程竣工验收

单项工程验收又称交工验收,属于初步验收范畴。即在一个总体建设项目中,一个单项工程或一个车间,已按设计图纸规定的工程内容完成,能满足生产要求或具备使用条件,承包人向监理人提交"工程竣工报告"和"工程竣工报验单"经签认后,应向发包人发出"交付竣工验收通知书",说明工程完工情况,竣工验收准备情况,设备无负荷单机试车情况,具体约定交付竣工验收的有关事宜。单项工程验收对大型工程项目的建设有重要意义,特别是某些能独立发挥作用、产生效益的单项工程,更应竣工一项验收一项,这样可以使工程项目及早发挥效益。

由业主组织的交工验收,主要是依据国家颁布的有关技术规范和施工承包合同,对以下几方面进行检查或检验。

(1) 检查、核实竣工项目准备移交给业主的所有技术资料的完整性、准确性。

(2) 按照设计文件和合同检查已完建工程是否有漏项。

(3) 检查工程质量、隐蔽工程验收资料,关键部位的施工记录等,考查施工质量是否达到合同要求。

(4) 检查试车记录及试车中所发现的问题是否已得到改正。

(5) 在交工验收中发现需要返工、修补的工程,明确规定完成期限。

(6) 其他涉及的有关问题。

验收合格后,业主和承包商共同签署《交工验收证书》。然后由业主将有关技术资料,连同试车记录、试车报告和交工验收证书一并上报主管部门,经批准后该部分工程即可投入使用。

验收合格的单项工程,在全部工程验收时,原则上不再办理验收手续。

3. 全部工程的竣工验收

指整个建设项目已按设计要求全部建设完成,并已符合竣工验收标准,应由发包人组织设计、施工、监理等单位和档案部门进行全部工程的竣工验收。全部工程的竣工验收,又称动用验收。对一个建设项目的全部工程竣工验收而言,大量的竣工验收基础工作已在单位工程和单项工程竣工验收中进行。对已经交付竣工验收的单位工程(中间交工)或单项工程并已办理了移交手续的,原则上不再重复办理验收手续,但应将单位工程或单项工程竣工验收报告作为全部竣工验收的附件加以说明。

实际上,全部竣工验收的组织工作,大多由发包人负责,承包人主要是为竣工验收创造必要的条件。该阶段的主要内容是:审查建设工程的各个环节验收情况;听取各有关单位(设计、施工、监理等)的工作报告;评审项目质量,对主要工程部位的施工质量进行复验、鉴定,对工程设计的先进性、合理性、经济性进行评审和鉴定;审查试车规程,检查投产试车情况;核定尾工项目,对遗留问题提出处理意见;审查竣工预验收鉴定报告,签署《国家验收鉴定书》,对整个项目做出总的验收鉴定,对项目动用的可靠性做出结论。承包人作为建设工程的承包主体,应全过程参加有关的工程竣工验收。

10.4.2 工程竣工验收的要求

按照国家规定,建设项目竣工验收,交付生产使用,应满足以下条件:

(1) 生产性项目和辅助性公用设施,已按合同设计要求完成,室内工程和室外工程全部完成,建筑物、构筑物周围2m以内的场地平整,给排水、动力、照明、通信通畅,障碍物已清除。

(2) 主要工艺设备配套设施经联动负荷试车合格,形成生产能力。

(3) 环境保护设施、劳动安全卫生设施、消防设施已按设计要求与主体工程同时建成使用。

(4) 有完整的并经核定的工程竣工资料,装订成册,满足归档要求。

(5) 有勘察、设计、施工、监理单位签署确认的工程质量合格文件。

(6) 有工程使用的主要建筑材料、构配件、设备进场的证明及试验报告。

10.4.3 工程竣工验收的依据

进行建设项目竣工验收的主要依据包括以下几方面:

(1) 上级主管部门对该项目批准的各种文件。包括可行性研究报告,初步设计,用地、征地、拆迁文件,初步设计等各种文件。

(2) 工程设计文件。包括施工图纸及说明,设备技术说明书,设计变更通知书等。

(3) 国家颁布的各种标准和规范。包括现行的《工程施工及验收规范》和《工程质量检验评定标准》等。

(4) 双方签定的施工合同。

(5) 外资工程应依据我国有关规定提交竣工验收文件。国家规定,凡有引进技术和引进设备的建设项目,要做好引进技术与设备的图纸、文件的收集整理工作,交档案部门统一管理。

10.4.4 工程竣工验收组织

1. 按竣工验收组织的构成

项目的竣工验收实行分级管理,即按投资计划的规定划分为国家、省市和市县三级项目。大中型和限额以上项目由国家计委或经委组织,或委托主管部门和地方组织,成立由投资、银行、物资、环保、统计、消防等部门单位组成的验收委员会。一般小型工程项目,组成验收小组即可。竣工验收工作由发包人组织,主要参加人员有发包方、勘察、设计、总承包及分包单位的负责人,监理单位的总监理工程师和专业监理工程师,以及建设主管部门、备案部门的代表。

2. 竣工验收组织的职责

(1) 审查项目实施的各个环节,听取各单位的情况报告。
(2) 审阅各种竣工资料。
(3) 实地考察工程及运营情况,全面评价项目的设计、施工、设备的质量进度和成本,考核投资效果。
(4) 对遗留问题做出处理决定。
(5) 核定移交工程清单,签订交工验收证书。
(6) 形成工程竣工验收会议纪要。
(7) 签署工程竣工验收报告。

10.4.5 竣工验收中遗留问题的处理

《建设项目(工程)竣工验收办法》规定:"不合格的工程不予验收,对遗留问题提出具体解决意见,限期落实完成。"对这些问题,应实事求是地妥善加以处理,常见的遗留问题主要有以下几方面。

1. 遗留的尾工又分三种情况:

(1) 属于承包合同范围内遗留的尾工,要求承包商在限定的时间内扫尾完成。

(2) 属于各承包合同之外的少量尾工,业主可以一次或分期划给生产单位包干实施。基本建设的投资(包括贷款)仍由银行监督结转使用,但从包干投资划归生产单位起,大中型项目即从计划中销号,不再列为大中型工程收尾项目。

(3) 分期建设分期投产的工程项目,前一期工程验收时遗留的少量尾工,可以在建设后一期工程时一并组织实施。

2. 协作配套问题应考虑两种情况:

(1) 投产后原材料、协作配套供应的物资等外部条件不落实或发生变化,验收交付使用后由业主和有关主管部门抓紧解决。

(2) 由于产品成本高、价格低,或产品销路不畅,验收投产后要发生亏损的工业项目,仍应按时组织验收。交付生产后,业主应抓好经营管理、提高生产技术水平、增收节支等措施解决亏损。

3. "三废"治理:"三废"治理工程必须严格按照规定与主体工程同时建成交付使用。对于不符合要求的情况,验收委员会会同地方环保部门,根据"三废"危害程序予以区别对待:

(1) 危害很严重的,"三废"治理未解决前不允许投料试车,否则要追究责任。

(2) 危害后果不很严重,为了迅速发挥投资效益,可以同意办理固定资产移交手续,但要安排足够的投资、材料,限期完成治理工程。在限期中,环保部门根据具体情况,如果同意,可酌情减免排污费。愈期没有完成时,环保部门有权勒令停产或征收排污费。

4. 劳保安全措施:劳动保护措施必须严格按照规定与主体工程同时建成,同时交付使用。对竣工时遗留的或试车中发现必须新增的安全、卫生保护设施,要安排投资和材料限期完成。

5. 工艺技术和设备缺陷:对于工艺技术有问题、设备有缺陷的项目,除应追究有关方的经济责任和索赔外,可根据不同情况区别对待:

(1) 经过投料试车考核,证明设备性能确实达不到设计能力的项目,在索赔之后征得原批准单位同意,可在验收中根据实际情况重新核定设计能力。

(2) 经主管部门审查同意,继续作为投资项目调整、攻关,以期达到预期生产能力,或另行调整用途。

10.4.6 工程移交手续

按常规,工程通过竣工验收后,实际的竣工日期是承包人递交"工程竣工报告"的日期,承包人在发包人对竣工验收报告签认后的规定期限内向发包人递交竣工结算报告和完整的结算资料。承包人在收到工程竣工结算价款后,应在规定的期限内将竣工项目移交给发包人,及时撤出施工现场。

1. 办理工程移交的工作内容

(1) 向发包人移交钥匙时,工程室内外应清扫干净,达到窗明、地净、灯亮、水通、排污畅通、动力系统可以使用。

(2) 向发包人移交工程竣工资料,在规定的时间内,按工程竣工资料清单目录,进行逐项交接,办清交验签章手续。

(3) 原施工合同中未包括工程质量保修书附件的,在移交竣工工程时,应按有关规定签署或补签工程质量保修书。

2. 撤出施工现场的计划安排

(1) 项目经理部应按照工程竣工验收、移交的要求,编制工地撤场计划,规定时间,明确责任人、执行人,保证工地及时清场转移。

(2) 撤场计划安排的具体工作要求:

① 暂设工程拆除,场内残土、垃圾要文明清运;
② 对机械、设备进行油漆保养,组织有序退场;
③ 周转材料要按清单数量转移、交接、验收、入库;
④ 退场物资运输要防止重压、撞击,不能野蛮拆卸;
⑤ 转移到新工地的各类物资要按指定位置堆放,符合平面管理要求;
⑥ 清场转移工作结束,恢复临时占用土地,解除施工现场管理责任。

10.5 工程项目竣工结算

10.5.1 施工项目竣工结算及作用

1. 工程竣工结算

在工程项目的生命周期中,施工图预算是在开工前编制的。但是,由于建筑产品的固定性、体积庞大和生产周期长等特点,或者由于工程地质条件的变化,施工图的设计变更,施工现场发生的各种签证等会引起原工程预算的变化。因此,建筑施工企业在建筑工程竣工后,应及时编制竣工结算。施工单位编制的竣工结算是向建设单位进行建筑工程最后一次工程价款的结算。

2. 工程竣工结算的作用

(1) 竣工结算是施工单位与建设单位结清工程费用的依据,通过竣工结算可以确定企业的货币收入,补充施工企业在生产过程中的资金消耗。

(2) 竣工结算是施工企业内部进行成本核算,确定工程实际成本的重要依据。

(3) 竣工结算是建设单位编制竣工决算的主要依据。

(4) 竣工结算是施工单位衡量企业管理水平的重要依据。通过竣工结算和施工图预算相比,就能及时发现竣工结算比施工图预算超支和节约的情况;通过竣工结算,总结经验和教训,找出不合理的设计和在施工过程中造成浪费的原因,使施工企业不断提高施工质量以及加强施工企业内部的管理,努力提高施工管理水平。

(5) 竣工结算工作完成以后,标志着施工企业和单位双方权利和义务的结束,即双方合同关系的解除。

10.5.2 编制竣工结算条件与依据

1. 条件

(1) 质量合格是工程的必要条件。结算以工程计量为基础,计量必须以质量合格为前提。所以,并不是对承包商已完的工程全部支付,而只支付其中质量合格的部分,对于工程质量不合格的部分一律不予支付。

(2) 符合合同条件。一切结算均需要符合合同的要求,例如:动员预付款的支付款额要符合标书附件中规定的数量,支付的条件应符合合同条件的规定,即承包商提供履约保函和动员预付款保函之后才予以支付动员预付款。

(3) 变更项目必须有监理工程师的变更通知。FIDIC合同条件规定,没有工程师的指示承包商不得做任何变更。如果承包商未收到指示就进行变更的话,他无理由就此类变更的费用要求补偿。

(4) 支付金额必须大于临时支付证书规定的最小限额。合同条件规定,如果在扣除保留金和其他金额之后的净额少于投标书附件中规定的临时支付证书的最小限额时,工程师没有义务开具任何支付证书。不予支付的金额将按月结算,直到达到或超过最低限额时才予以支付。

2. 依据

(1) 工程竣工报告和工程竣工验收单;
(2) 设计变更通知单及施工现场工程变更记录;
(3) 施工图预算及图纸会审纪要;
(4) 现行建筑安装工程预算定额、建筑安装工程管理费定额及其他取费标准;
(5) 施工单位和建设单位签订的工程施工合同或协议书及调整合同价款的规定;
(6) 工程签证及其他有关资料。

10.5.3 工程价款的结算

1. 工程价款结算的方式

工程价款的结算方式,根据施工合同的约定,主要有以下几种:

(1) 按月结算,即实行旬末或月中预支,月终结算,竣工后清算的办法。跨年度竣工的工程,在年终进行工程盘点,办理年度结算。我国现行建设工程价款结算中,相当一部分是实行这种按月结算。

(2) 竣工后一次结算,即建设项目或单位工程全部建筑安装工程建设期在12个月以内,或者工程承包合同价值在100万元以下的,可实行工程价款每月月中预支,竣工后一次结算。

(3) 分段结算,即当年开工,当年不能竣工的单项工程或单位工程按照工程形象进度,划分不同阶段进行结算。分段结算,可以按月预支工程款。

实行按工程形象进度划分不同阶段,分段结算工程款办法的工程合同,应按合同规定的形象进度分次确认已完阶段工程收益实现,即:应于完成合同规定的工程形象进度或工程阶段,与发包单位进行工程价款结算时,确认为工程收入的实现。

(4) 承发包双方约定的其他结算方式。

2. 工程竣工结算的有关规定

建设部和国家工商行政管理局制定的《建设工程施工合同(示范文本)》通用条款中对竣工结算做了详细规定:

(1) 工程竣工验收报告经发包人认可后的28天内,承发人向发包人递交竣工结算报告及完整的结算资料,双方按照协议书约定的合同价款及专用条款约定的合同价款的调整内容,进行工程竣工结算。

(2) 发包人收到承包人递交的竣工结算报告及结算资料后28天内进行核实,给予确认或者提出修改意见。发包人确认竣工结算报告后通知经办银行向承包人支付工程竣工结算价款。承包人收到竣工结算价款后14天内将竣工工程交付发包人。

(3) 发包人收到竣工结算报告及结算资料后28天内无正当理由不支付工程竣工结算价款,从29天起按承包人同期向银行贷款利率支付拖欠工程价款的利息,并承担违约责任。

(4) 发包人收到竣工结算报告及结算资料后28天内不支付工程竣工结算价款,承包人可以催告发包人支付结算款。发包人在收到竣工结算报告及结算资料后56天内仍不支付的,承包人可以与发包人协议将该工程折价,也可以由承包人申请人民法院将该工程依法拍卖,承包人就该工程折价或者拍卖的价款优先受偿。

(5) 工程竣工验收报告经发包人认可后28天内,承包人未能向发包人递交竣工结算报告及完整的结算资料,造成工程竣工结算不能正常进行或工程竣工结算价款不能及时支付,发包人要求交付工程的,承包人应当支付;发包人不要求交付工程的,承包人承担保管责任。

(6) 发包人承包人对工程竣工结算价款发生争议时,按关于争议的约定处理。

(7) 办完工程竣工结算手续后,承包人和发包人应按国家有关规定和当地建设行政主管部门的规定,将竣工结算报告及结算资料,按分类管理的要求,纳入工程竣工资料汇总。承包人作为工程施工技术资料归档;发包人则作为编制工程竣工决算的依据,并按规定及时向有关部门移交进行竣工备案。

3. 工程竣工结算举例(注:本例是2003年以前的案例,故费用构成未按新规定)

某营业房工程,合同工期4个月,双方约定竣工后一次结算。竣工验收合格后,根据施工中的设计变更和技术核定签证,在原工程预算计价定额基础上编制竣工结算。工程竣工验收前,发包人已支付工程进度款20万元(中间结算)。

(1) 工程变更后直接费调整:

调整后竣工结算直接费 = 原工程预算直接费 + 调整数额 = 249281.70元

其中:

① 基价人工费 42562.53元;

② 基价材料费 199706.69元;

③ 基价机械费 7012.48元。

(2) 工程变更后的价差调整:

调整后的人工费增加 = 基价人工费 × 规定费率 = 5631.02元

调整后的材料价差 = 单项材料价差 + 地区综合调差 = 41271.76元

其中:

① 竣工结算单项材料价差在原工程预算基础上调整为36199.21元；
② 地区综合系数调整材料价差为5072.55元。
(3) 营业房工程竣工结算造价计算：
① 竣工结算造价计算取费条件：四类工程；三级Ⅱ取费；不收取工程预算包干费。
② 各项费率如下：

其他直接费费率：　　　　　　　　　2.45%；
临时设施费费率：　　　　　　　　　2.05%；
现场管理费费率(规定费率)：　　　　2.26%；
企业管理费费率(规定费率)：　　　　5.03%；
财务费用费率(按取费证核定)：　　　0.85%；
劳动保险费费率(按取费证核定)：　　2.00%；
利润率(按取费证核定)：　　　　　　5.00%；
安全文明施工增加费率(按合同规定)：0.40%；
定额管理费费率：　　　　　　　　　0.17%；
营业税税率：　　　　　　　　　　　3.52%。

③ 营业房工程竣工结算造价计算见表10-1。

营业房工程竣工结算造价计算表　　　　表10-1

序号	费用名称	计算式	费用金额(元)
A	竣工结算直接费	(调整后)	249281.70
A.1	人工费		42562.53
A.2	材料费		199706.69
A.3	机械费		7012.48
B	其他直接费	A×6.76%(费率合计)	16851.44
B.1	其他直接费	A×2.45%	6107.40
B.2	临时设施费	A×2.05%	5110.27
B.3	现场管理费	A×2.26%	5633.77
C	价差调整	(合计)	46902.78
C.1	人工费调整	A.1×13.23%(地区规定)	5631.02
C.2	材料价差调整		41271.76
C.2.1	单项材料价差调整		36199.21
C.2.2	综合系数调整材料价差		5072.55
D	工程预算包干费	(不收取)	
E	企业管理费	A×5.03%(规定费率)	12538.87
F	财务费用	A×0.85%	2118.87
G	劳动保险费	A×2.00%	4985.63
H	利润	A×5.00%	12464.08
K	安全文明施工增加费	A×0.40%	997.13
L	定额管理费	(A+…+K)×0.17%	588.44
M	税金	(A+…+L)×3.52%	12204.86
N	工程造价	A+…+M	358933.78

④ 营业房工程竣工结算最终价款收取

工程竣工结算最终价款收取 = 竣工结算工程价款 – 已付工程价款
$$= 358933.78 - 200000.00$$
$$= 158933.78 元$$

本章主要参考文献

1　《建设工程项目管理规范》编写委员会编写．建设工程项目管理规范实施手册．北京：中国建筑工业出版社，2002

2　全国建筑企业项目经理培训教材编写委员会编．施工项目管理概论（修订版）．北京：中国建筑工业出版社，2001

3　中国项目管理研究委员会编．中国项目管理知识体系与国际项目管理业资质认证标准．北京：机械工业出版社，2002

思考题

1. 国家实行竣工验收制度的意义何在？
2. 建设项目竣工验收、交付生产使用必须满足什么条件？
3. 简述施工项目竣工验收的程序。
4. 在建设项目管理实践中，交付竣工主要有哪几种形式？
5. 工程竣工资料主要有哪些内容？
6. 工程竣工资料应满足什么要求？
7. 竣工验收组织的构成和职责分别是什么？
8. 工程项目竣工结算有什么作用？
9. 施工单位编制竣工结算的依据是什么？
10. 工程价款的结算方式有哪几种？
11. 工程项目管理考核评价的目的是什么？在项目管理中发挥着什么样的作用？
12. 工程项目管理考核评价的主体和对象是什么？施工项目考核评价的依据是什么？
13. 工程项目考核评价有哪些内容？施工项目考核评价有哪几种方式？
14. 工程项目管理的全面分析主要从哪几方面进行分析？试逐项说明并列出计算方法。
15. 项目管理考核评价工作程序如何？
16. 工程项目管理考核评价的资料中，由项目经理部提供的有哪些？
17. 施工项目考核评价的定量指标有哪几个？定性指标有哪几个？简要说明。
18. 质量保修书的主要内容包括什么？
19. 回访可采取哪些工作方式？
20. 保修期限应遵循何种原则？

第 11 章 工程项目范围管理

【内容提要】

本章主要内容包括：工程项目范围和范围管理的概念；工程项目启动的主要依据和结果；工程项目范围计划编制的种类依据、方法和结果；工程项目范围界定的依据和结果；WBS 的概念、作用和原则；工程项目工作结构分解方法和编码结果；工程项目界面的概念和界面管理；工程项目系统描述文件的内容和管理要点；工程项目范围核实工作特点、内容、依据、方法和结果；工程项目范围变更控制的内容、依据和结果；《建设工程施工合同（示范文本）》的工程变更规定。

11.1 工程项目范围管理概述

11.1.1 工程项目范围的概念和意义

1. 工程项目范围的概念

范围是边界之内的区域（含边界）。工程项目范围是指工程项目各过程的活动总和，或指组织为了成功完成工程项目并实现工程项目各项目标所必须完成的各项活动。所谓"必须"完成的各项活动，是指不完成这些活动工程项目就无法完成；所谓"全部"活动，是指工程项目的范围包括完成该工程项目要进行的所有活动，不可缺少或遗漏。工程项目的范围既包括其产品的范围，又包括项目范围。产品范围(product-scope)，是指确定工程产品或服务中应包含有哪些功能和特征，如完成的单位工程、单项工程、建设项目，或它们的特征、功能及其测量评价结果的具体化；项目范围(project-scope)是指为了交付满足工程项目产品范围要求的产品和服务所必须完成的活动总和。简单的来讲，就是工程项目要做些什么，如何才能实现项目目标。由此可见，工程项目范围的定义要以组成它的所有产品或服务的范围定义为基础。一般来讲，产品范围的定义就是对产品要求的度量，项目范围的定义在一定程度上就是产生项目计划的基础。因此两种范围的定义要紧密结合，以保证项目结果能够最终交付一个或一系列满足特别要求的产品。通常来说确定了项目范围的同时也就定义了项目的工作边界，明确了项目的目标和项目主要的可交付成果。对于无论是新技术或者是新产品的研发项目，或者服务性的项目，恰当的范围定义对于项目的成功来讲是十分关键的。因为，如果项目的范围定义不明确，或在实施的过程中不能有效控制，变更就会不可避免的出现，而变更的出现就会破坏项目的节奏、进程，造成返工、延长项目工期、降低项目生产人员的生产效率和士气等，从而造成项目最后的成本大大超出预算的要求。

2. 工程项目范围的意义

（1）提高费用、时间和资源估算的准确性。项目的工作边界如果被定义清楚，项目的实际工作内容就具体明确了，同时也为项目实施过程中所花费的费用、时间、资源的估计打下一定的基础。

(2) 确定了进度测量和控制的基准。项目范围是项目计划的基础,如果项目范围确定了,就为项目进度计划和控制确定了基准。

(3) 有助于清楚地分配责任。在项目范围确定的同时,也就确定了项目具体的工作任务,为进一步分派任务打下了基础。

在进行项目范围定义的过程中,通常需要把主要的项目可交付成果分解为较小的且便易于管理的单元。现在国际上通用的工作分解结构——WBS技术是现代项目范围管理计划中的一项关键内容。通过对项目目标和工作内容的分解,可以帮助你更加明确项目的具体工作内容,从而有效的计划和控制项目进度。

11.1.2 工程项目范围管理的概念

工程项目范围管理就是从项目建议书开始到竣工验收交付使用为止的全过程中所涉及的活动范围进行界定和管理的过程。它主要包括5个过程:

(1) 启动一个新的项目,或项目的一个新的阶段。

(2) 编制范围计划(或规划),即工程项目可行性研究报告推荐的方案、各种项目合同、设计、各种任务书、有关范围说明书等。

(3) 界定项目范围,即工程项目范围定义。该过程把范围计划中确定的可交付成果分解成便于管理的组成单元。

(4) 由投资人或建设单位等客户或利益相关者确定工程项目范围,也称为范围核实,即对工程项目范围给予正式认可或同意。

(5) 控制项目范围的变更,即在工程项目实施的过程中,控制工程变更,包括建设单位提出的变更、设计变更和计划变更等。

以上过程是相互联系和相互影响的,甚至发生一定程度的搭接。在工程项目启动后,以上工作会从大到小不断反复进行,形成大环套小环,小环、大环一起转的工程项目实施过程。在这个过程中,范围的控制是重要的,通过控制及时纠编或及时确定(或调整)各项活动范围,直至工程项目交付使用。总之,项目范围管理计划也就是根据前一阶段的需求分析,对项目应该包括什么和不应该包括什么进行相应的定义和管理计划,包括用以保证项目能按要求的范围完成所涉及的所有过程。

11.2 工程项目启动

11.2.1 项目动因

项目动因是项目启动的原因,它经常指客户遇到的一些问题(problem)、机遇(opportunities)、或者商业需求(business requirements),管理者对这些问题必须作出相应的决策,从而使项目得以开始。项目动因常常包括市场需求、商业需求、客户需要、技术领先需求、法律需求、社会需求等,表11-1描述了几种常见的项目动因。

项 目 动 因　　　　　　　　　　　　　　　　表11-1

项 目 动 因	举 例 说 明
市场需求(market demand)	为针对建材市场"实木复合地板"需求量的增长,一家建材公司批准一个项目,建立一个新的"实木复合地板"加工厂

续表

项目动因	举例说明
商业需求（business need）	一个欧洲足球俱乐部决定启动一个项目——开发亚洲足球市场，以增加其收入
客户需要（customer request）	为一个新的住宅区居民上网方便，某物业管理公司批准一个建立宽带网的项目
技术领先需要（technological advance）	在电子技术和网络技术不断进步的情况下，一家电子公司批准开发一个新型的网络可视手机
法律需要（legal requirement）	按照国家新出台的法律要求，一家建材企业授权一个项目来改善公司产品的环保性能
社会需要（social need）	市政府为了改善人民的生活环境和提高生活质量，决定在一些社区建立社区公园、提供健生器材和卫生教育

11.2.2 项目选择标准

项目的选择对于项目管理来说是非常关键的，因为一个执行组织选择了一个项目，就有可能放弃其他项目。项目选择的标准通常包括两个方面。首先要考虑项目产品的价值，这点很容易理解，比如在两种药物研发之间作一个选择的话，它们的价值就应当首先考虑。其次要注意企业整个管理层所关心的问题，如投资回报、市场份额、公众接受等。比如待选择的项目中，有一个严重污染环境，可能会引起当地环保主义者的强烈反对，公众可接受度低，选择这个项目就要慎重考虑。在进行项目选择时，除了考虑这些标准以外，还应当考虑到市场需求、执行组织的战略规划、历史信息等。

在项目的选择过程中，如果使用多个标准，应该把这些标准综合成一个单值函数（a single value function）。

11.2.3 项目选择的方法

项目的选择过程是一个决策过程。决策是人们确定未来的行动目标，并从两个或者两个以上实现目标的行动方案中选择一个合理方案的分析判断过程。决策是一个提出问题、分析问题、解决问题的系统分析过程。各种决策技术为经营决策和管理决策提供科学方法，使决策更加科学合理。

(1) 收益测量法：计算一些财务数据，如内部收益率（IRR）、动态投资回收期（PBP）、收益成本比率（BCR）、投资收益率（ROI）和净现值（NPV）等，并对这些财务数据进行比较。收益测量法包括：

- 对比法
- 计分模型
- 收益分布
- 经济模型

(2) 约束优化模型（constrained optimization methods）：是利用数学模型进行优化，选择最佳方案的一种方法。约束优化法常用的数学模型包括：

- 决策树
- 线性规划
- 非线性规划

- 动态规划
- 整数规划
- 多目标规划

任何项目的选择方法都必须根据其在多大程度上符合执行组织的"目标"进行评估。组织的目标一般由高级管理层确定,因此,高级管理层的目标必须首先得到确认,从而利用高级管理层所要求的方法与模式进行项目选择。

项目选择方法也可以用于项目进行中的各种被选方案的选择。

11.2.4　工程项目启动的含义

工程项目启动有两层含义:一是识别并启动一个新的工程项目;二是一个既存的工程项目的一个阶段完成后,确定是否进入下一个阶段,即阶段启动。虽然项目启动有正式启动(经过论证)和非正式启动(不需专门论证)之分,但是工程项目必须经过论证才能正式启动,决不允许采取非正式启动方式启动一个工程项目,或启动一个工程项目的一个阶段。至于一个阶段内一个过程的启动,则不一定采用正式启动方式,但不在现在讨论的范围内。工程项目之所以要正式启动,是因为它是一种大型的、复杂的、资源投入多的、耗用时间长的、经济影响和社会影响大的项目,任何草率都会招致不可挽回的重大损失。工程项目启动不是瞬间决策,而是有充分依据和可靠结论后才能启动。而确定能否启动的主要工作就是工程项目范围的确定。所以是工程项目启动是工程项目范围管理的大事。

11.2.5　工程项目启动的依据

1. 一般项目启动的依据

(1) 实施动机。指项目启动者根据何种需要而开始一个新的项目。

(2) 项目目的。指项目发起人期望项目结束时所能够达到的预期结果。

(3) 产品说明。指有关项目产品或服务功能和特性的说明。

(4) 战略目标。项目实施应该符合项目组织的战略计划。项目组织从事的一切活动都要以实现其战略目标为中心。

(5) 项目的选择标准。包括技术标准、经济标准、环境标准、政治标准和社会标准等。

(6) 相关的历史信息。一是记录以前项目选择和决策信息的资料;二是记录项目以前阶段执行情况的文件。

2. 工程项目启动的主要依据

建设项目启动的主要依据就是项目策划的结果;设计项目启动的主要依据是设计合同;施工项目启动的主要依据是施工合同。建设项目的各阶段也都有主要启动依据:项目建议书启动的主要依据是项目策划结果;可行研究阶段启动的主要依据是被批准的项目建议书;设计阶段项目启动的主要依据是被批准的可行性研究报告;建设准备阶段启动的主要依据是设计文件和可行性研究报告;施工阶段启动的主要依据是设计文件和施工合同;竣工验收交付使用阶段启动的主要启动依据是验收报告。在这些文件当中,应包含上述6项一般项目启动依据的内容。

以下简述工程项目策划的内容。

(1) 工程项目构思策划:

① 工程项目定义:描述工程项目性质、用途和基本任务。

② 工程项目定位:描述工程项目的建设规模,建设水准,在社会经济发展中的地位、作

用和影响力,工程项目定位依据,必要的可行性分析。

③ 工程项目的系统构成:系统的总体功能,系统内部各单项工程和单位工程的构成、作用和相互联系,内外系统的协调、协作、配套的策划思路、方案的可能性分析和依据。

④ 其他:与工程项目实施及运行有关的重要环节等。

(2) 工程项目实施策划:

① 工程项目组织策划:成立工程项目法人。

② 工程项目融资策划:确定最佳融资方案。

③ 工程项目目标策划:总投资、建设质量、总进度。

④ 工程项目管理策划:工程项目实施的任务分解;任务组织。重点是提出行动方案和管理界面。包括设计阶段项目管理策划和施工阶段项目管理策划等。

⑤ 工程项目控制策划:即目标控制,包括:建立项目控制子系统,建立项目控制子系统信息库,实施系统控制,调控控制状态。

3. 工程项目启动过程的工具与技术

由于工程项目启动过程主要是进行可行性研究和项目评价,故所使用的定量方法主要是财务评价、国民经济评价和不确定性分析法;所使用的定性方法主要是调查分析法和专家判断法。专家判断法是邀请工程领域的专家用其知识和经验对各种项目方案进行分析评价,具体可分为专家打分法、层次分析法和德尔菲法。

4. 工程项目启动的结果

就一般项目而言,项目启动的结果有项目许可证、项目说明书、确定项目经理、确定项目约束条件(工期、质量、成本)、确定项目的假设条件(将不确定条件假定为确定因素)。对于工程项目而言,项目启动的结果如下:

(1) 可行性研究评估报告。该报告的内容大纲包括:

① 工程项目概况:工程项目基本情况和综合评估意见。

② 评估意见:关于市场供需预测、拟建规模的评估意见;关于资源、原材料、燃料及公用基础设施的评估意见;关于建厂条件和厂址方案的评估意见;关于工艺、技术和主要设备选择方案的评估意见;关于环境保护的评估意见;关于企业组织、劳动定员和人员培训的评估意见;关于实施进度的评估意见;关于投资估算和资金筹措的评估意见;关于经济及社会效益的评估意见;综合结论意见。

③ 问题和建议:存在或遗留的重大问题;潜在的风险所在;建议解决问题的途径和方法;建议采取应急措施的方法;对下一步工作的建议。

(2) 可行性研究报告审批意见和立项通知书。

(3) 正式成立工程项目法人或业主委员会:由工程项目法人筹备组正式成立工程项目法人或业主委员会,确保资本金按时到位,及时办理公司设立登记,确定工程项目法定代表人(或工程项目经理),正式开展工作。

11.2.6 项目章程

项目章程是正式确认项目存在的文件,它是项目启动的输出,一般由项目发起人或高级管理者在项目启动阶段编写,通常由项目外的高层经理发布,发布的级别根据项目需要而定。项目章程对于项目和项目经理都很重要。

项目章程包括的内容:

(1) 项目所要解决的商业需求；
(2) 产品描述；
(3) 预算的范围和资源的情况；
(4) 项目经理的责任和权利；
(5) 被高级管理层或投资方批准。

下图表示了项目章程的内容。

项目章程的作用包括：
(1) 正式确立了项目；
(2) 正式授权项目经理为完成项目使用组织资源；
(3) 总体描述了项目的目标。（见表11-2）

表 11-2

项 目 章 程
项目名称：
项目经理：
项目经理的责任与权利：
产品描述：
项目的预算范围：
项目的估计工期：
项目的资源情况：
批准人：_____
高层管理者
（组织中职位足够高的一个人）

11.2.7 项目经理的确定

项目经理的确定是项目启动的一个关键结果/输出。在项目章程中应该明确项目经理的职责。对于项目经理确定的时间，PMI 认为应尽可能的早，甚至在可行性研究阶段就要确定项目经理。项目经理确定的时间可以根据实际情况而定，但是应在项目计划开始实施前，最好是在计划编制过程的大部分工作完成之前就确定项目经理。

11.3 工程项目范围计划的编制

11.3.1 一般项目范围计划的编制

1. 项目范围计划概述

项目范围计划的编制基础是项目实施动机。其编制程序是：识别和确定项目目标和主要产出物——明确项目的实施方案——确定项目的工作范围——拟订项目里程碑——编制项目范围说明书。

项目范围说明书对项目的准确范围作出定义，明确项目目标和主要的项目可交付成果。项目范围说明书是项目组织与项目业主(客户)之间对项目的工作内容达成共识的基础。

2. 项目范围计划的编制依据：

项目范围计划编制的依据包括:产品说明书;项目说明书;项目的约束条件;项目假设条件。

3. 项目范围计划编制的方法和工具

(1) 项目产品分析法。该法从项目产品需要具有的功能和特性着手分析,逆向推导出项目的工作范围。分析时可能用到系统分析法、价值分析法和功能分析法等价值工程方法。

(2) 收益分析法。该法用以计算并分析项目的实施方案的优劣,以便优选项目实施方案,进而编制项目计划。

(3) 头脑风暴法。即发动全体项目团队成员或专家,运用创造性的思维、无拘束地提出各种方案,以便进行筛选,找出最佳项目实施方案。

(4) 专家判断法。对项目计划编制过程中的各种方案向专业人士咨询,听取分析和评价意见,指导项目计划的编制。

4. 项目范围计划的编制结果

(1) 项目范围说明书

在进行范围确定前,一定要有范围说明书,因为范围说明书详细说明了为什么要进行这个项目,明确了项目的目标和主要的可交付成果,是项目班子和任务委托者之间签定协议的基础,也是未来项目实施的基础,并随着项目的不断实施进展,需要对范围说明进行修改和细化,以反映项目本身和外部环境的变化。在实际的项目实施中,不管对于项目还是子项目,项目管理人员都要编写其各自的项目范围说明书。项目范围说明书应该包括的内容见表11-3。

项目范围说明书格式　　　　　　　　表 11-3

项目范围说明书(scope statement)	
项目名称:	
项目编号:	日期:
项目经理:	项目发起人:
项目论证:	
项目产品:	
项目可交付成果:	
不包括的工作:	
项目目标:	
• 工期	
• 预算	
资源	
• 已有资源	
• 须采购的资源	
约束条件:	
假设前提:	
项目的主要风险:	
• 组织风险	
• 管理风险	
• 技术风险	
• 外部风险	

现对项目范围说明书说明如下：

① 项目论证：是对项目成立的理由的全面描述，也就是对项目能够满足商业需求的综合说明。项目论证是评估未来效益平衡的基础，也是评估项目活动合理性的根本依据。

② 项目产品：是产品描述的简要概括。

③ 项目可交付成果：各个层次产品的总和，从项目的角度看，它们各自得到完整或满意的结果后，就标志着项目的完成，任何未指明的要求都应排除在项目范围说明外。

④ 项目目标：应遵循"SMART 原则"。

⑤ 项目不包括工作的明确说明：项目不包括的工作，应该明确说明。

项目范围说明书的详细程度取决于项目的复杂程度和项目采取的方法。项目范围说明书的长度可以从一页到几十页。

项目经理应当与项目的主要利益相关者一起共同编制项目范围说明书，客户应该在范围说明书上签字，以表示对项目范围的同意和认可。

(2) 项目范围管理计划

项目范围管理计划描述如何管理项目的范围，以及如何对项目的范围变更进行集成管理。项目范围管理计划包括的内容如下：

① 如何管理项目的范围以及预期的稳定性：预期范围变更频率；预期范围变更幅度。

② 如何对项目的范围变更进行集成管理：如何（以及由谁）进行项目范围变更的识别与描述；如何对项目的范围变更进行分类；项目范围变更的程序和批准的级别；项目范围变更引起的项目过程调整。

11.3.2 工程项目范围计划的编制

1. 工程项目范围计划的种类

工程项目的范围计划表现在建设程序的每个阶段中，包括：编写工程项目的项目建议书的策划，可行性研究计划（大纲）；工程项目勘察设计合同；施工准备工作计划；项目管理实施规划等。以上工程项目范围计划编制时，应按照前述一般项目范围计划编制的依据、工具与方法、编制结果的模式执行，尤其是在每种计划中要体现范围计划编制的三种结果，即都要包含范围说明书、补充文件和范围管理计划。在工程项目范围计划的编制结果中，最重要的是"工程项目一览表"这个范围说明书。（见表 11-4）

工程项目一览表　　　　　　　表 11-4

单项工程单位工程名称	工程编号	工程内容		概算造价(万元)						备注
		单位	数量	合计	建筑工程费	安装工程费	设备购置费	工器具购置费	工程建设其他费用	
1	2	3	4	5	6	7	8	9	10	11

2. 工程项目计划编制应得到的启示

(1) 工程项目范围计划应当用多种计划体现。工程项目是一类巨型项目，体形庞大，结构复杂，实施期长，影响范围广，相关利益者多，其范围计划不可能用一个简单的计划表达，而应该有一个庞大的范围计划体系。

(2) 编制每一种计划时,都应该首先突出范围。过去编制计划往往只注意进度和费用,但是它们只是约束条件,是在确定了范围后安排的。从首先确定范围这个意义上说,工程概况在计划中是很重要的,不可马虎,因为它是范围计划的说明书。

(3) 计划编制完成以后,应当认真编制计划说明书。在计划说明书中,首先应当对范围管理作认真阐述,说明项目(或其中的某个阶段)实施的动机和理由,项目产品,项目目标;其次,说明如何控制项目范围,如何识别项目范围的变动,如何进行范围变动管理;再次,应当起到补充性文件的作用,列举编制计划的依据,已经识别的约束条件和假设条件等。

11.4 工程项目范围界定及 WBS 的应用

11.4.1 工程项目范围界定概述

1. 工程项目范围界定的含义

一般的项目范围界定指将项目说明书中项目的主要可交付成果进一步分解,以便于管理。项目范围界定的目的是通过细化项目产品,提高对项目成本、工期及所需要的资源的估算准确性,便于分工和明确责、权、利。

工程项目范围界定就是要将建设项目进行分解和将计划对象进行分解。将建设项目分解就是将它依次分解为单项工程、单位工程、分部工程和分项工程,这也是产品分解体系;将计划对象进行分解就是将总计划分解为阶段计划、月计划、旬计划,或将总计划分解为单项工程计划、单位工程计划和分部工程计划。计划对象的项目划分是以项目产品划分为基础的。

2. 工程项目范围界定的依据

(1) 一般项目范围界定的依据

① 项目范围说明书:这是最重要的范围界定依据。

② 项目的假设条件。

③ 项目的约束条件:在合同项目中,通常把合同条款视为约束条件。

④ 其他范围计划结果:主要是项目范围管理计划。

⑤ 历史资料:类似项目的有关资料和信息可以为项目范围界定提供经验与教训。

(2) 工程项目范围界定的依据

与上述一般项目范围界定的依据类似,工程项目范围界定的依据有:

① 工程项目策划文件。

② 可行性研究报告。

③ 设计文件。

④ 合同文件。

⑤ 类似工程的技术经济资料。

3. 工程项目范围界定的结果

工程项目范围界定的结果是工程项目分解结构(WBS)以及与此相匹配的组织分解结构(OBS)、资源分解结构(RBS)和费用分解结构(CBS)等。

11.4.2 "工作分解结构"方法在工程项目范围界定中的应用

1. 工程项目工作分解结构的概念与作用

(1) 工程项目工作分解结构的概念:

工作分解结构简称为 WBS,是 Work Breakdown Structure 的缩写,指把工作对象(工程项目、其管理过程和其他过程)作为一个系统,把它按一定的目的分解为相互独立、相互制约和相互联系的活动(或过程)。工作分解结构(work breakdown structure, WBS),是进行范围定义时所使用的重要工具和技术之一,是面向可交付成果的对项目元素的分组,它组织并定义了整个项目范围,未列入工作分解结构的工作将排除在项目范围之外。它是项目团队在项目期间要完成或生产出的最终细目的等级树,所有这些细目的完成或产出构成了整个项目的工作范围。进行工作分解是非常重要的工作,它在很大程度上决定项目能否成功。如果项目工作分解的不好,在实施的过程中难免要进行修改,可能会打乱项目的进程,造成返工、延误时间、增加费用等。如果用这种方法分解工程项目(或其构成部分、阶段),则称为工程项目工作分解结构。

(2) 工程项目工作分解结构的作用

① 保证项目结构的系统性。分解结果代表被管理的项目的范围和全部构成,不能有遗漏,故可以保证设计、计划、控制范围的完整性。

② 通过项目结构分解,使项目的形象透明,便于管理者了解整体,方便进行管理。

③ 用以建立项目目标保证体系,将目标分解到每个项目单元,以便进行施工图设计、编制施工方案、进行风险分析和各种评价。

④ 是进行项目分析、建立项目组织、落实责任制的依据。

⑤ 是编制网络计划的基础,用以进行进度控制。

⑥ 作为项目报告系统的对象。分解成的基本单元是信息沟通和组织协调的工具。

2．工程项目工作分解结构的原则

工程项目工作分解结构没有普遍适用的方法与规则,要按照实际工作经验和系统工作方法、工程的特点、项目自身的规律性、管理者的要求操作。其基本原则如下:

(1) 应在各层次上保证项目内容的完整性不能遗漏任何必要的组成部分。

(2) 一个项目单元 J_i 只能从属于某一上层单元 J,不能同时属于两个上层单元 J 和 I。

(3) 由一个上层单元 J 分解得到的几个下层单元 J_1、J_2、J_3……J_n 应有相同的性质。

(4) 项目单元应能区分不同的责任者和不同的工作内容,应有较高的整体性和独立性。单元的工作责任之间界面应尽可能小而明确,如此才能方便目标和责任的分解、落实,方便地进行成果评价和责任分析。如果无法确定责任者(如必须由两个人或部门共同负责),则必须清楚说明双方的责任界限。

(5) 工程项目工作分解结构与承包方式、合同结构之间相互影响,应予以充分注意。

(6) 系统分解的合理性还应注意以下方面:

① 能方便的应用工期、质量、成本、合同、信息等管理方法和手段,符合计划、项目目标跟踪控制的要求。

② 应注意物流、工作流、资金流、信息流等的效率和质量。

③ 注意功能之间的有机组合和实施工作任务的合理归属。

④ 最低层次的工作单元(工作包)上的单元成本不要太大、工期不要太长。

(7) 项目分解结构应有一定弹性,以方便于扩展项目范围和内容,变更项目结构。

(8) 在一个结构图内不要有过多层次,通常 4~6 层为宜。如果层次太少,则单元上的信息量太大,失去了分解的意义;如果层次太多,则分解过细,结构便失去了弹性,调整余地小,工作量大量增加,效果却很差。

3. 工程项目工作结构分解过程

基本思路是:以工程项目目标体系为主导,以工程技术系统范围和工程项目的总任务为依据,由上而下、由粗到细地进行。具体步骤如下:

(1) 将工程项目分解成单个定义且任务范围明确的子项目(单项工程);
(2) 将子项目的结果做进一步分解,直到最低层(单位工程、分部工程、分项工程);
(3) 列表分析并评价各层次(直到工作包,即分项工程)的分解结果;
(4) 用系统规则将项目单元分组,构成系统结构图;
(5) 分析并讨论分解的完整性;
(6) 由决策者决定结构图,形成相应文件;
(7) 建立工程项目的编码规则。

4. 工程项目工作结构分解方法

(1) 对技术系统的结构分解

① 按功能区域分解。工业工程可以分解为如下层次:以产品结构进行分解(如各车间);按平面或空间位置进行分解(如生产区、服务区);将车间或建筑物分解为功能面(如办公楼内的办公室、会议室等),对功能面上的要素进行分解(如通讯系统、空调系统等)。

② 按要素进行分解。如一个车间可以分解为厂房结构、吊车、设备等。

(2) 按实施过程进行分解

无论是项目、功能、要素,作为一个独立的部分,必然经过项目实施的全过程,故可以按照过程化的方法进行分解。如施工项目的分解可按如下过程:投标;实施准备,施工,试生产,竣工验收,保修。图 11-1 是某工程项目结构分解图。

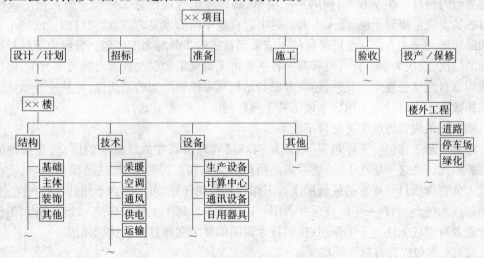

图 11-1 某工程项目结构分解图

5. WBS 结构设计

(1) 从根本上来说 WBS 是将项目工作分解为越来越小的、更容易于管理和控制的单元系统。下图是对 WBS 从上到下分解过程的一个更形象的认识,它是将项目按照其内在结构或实施过程的顺序进行逐层分解而形成的结构示意图,见图 11-2。

在上图中,第一层是项目本身,即完成项目包含的工作的总和。

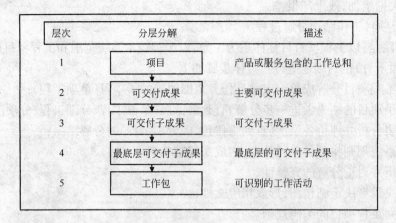

图 11-2　工作分解结构的分层分解

第二层是项目的主要可交付成果,但不是全部成果。主要成果应该包括里程碑,里程碑是划分项目阶段的标志,表示了项目进程中从一个阶段进入到另一个阶段,工作内容将发生变化。主要成果还可以有对项目进程具有较大影响的其他可交付成果。这一层的主要可交付成果的选择因项目工作范围的特点而不同,还可以从项目的功能构成和组成部分的相对独立性的角度选择。选择这一层面的可交付成果的原则是便于进行管理。

第三层是可交付子成果。选择的原则同上一层类似,根据完成成果的活动构成的特点,比如以时间为横坐标,以完成任务的活动展开数量为纵坐标,可以横坐标(时间)或纵坐标(活动)的角度进行选择。对每个可交付成果的分解单元的选择角度可以不同,以下分层也具有类似的情况。在 WBS 结构的每一层中,必须考虑各层信息如何像一条江河的流水一样由各条支流汇集到干流,流入大海。这个过程要不断的重复,直到可交付的子成果小到管理的最底层乃至个人。这个可交付的子成果又被进一步分解为工作包。分解中应尽量减少结构的层次,层次太多不宜有效管理。各主要可交付成果的层次数量可能有多有少,但层次衔接应以自然状态发生。此外,还应考虑到结构具有能够增加的灵活性,并从一开始就注意使结构被赋予代码时对于用户来说是易于理解的。

第四层最底管理层的可交付子成果。

第五层是工作包。工作包是 WBS 结构底层管理所需要的最低层的信息,是项目的最小可控单元。在这一层次上,应能够满足用户对交流和监控的需要,这是项目经理、工程和建设人员管理项目所要求的最低层次。工作包是短期任务,可能包含不同的工作种类,有明确的起点和终点,消耗一定的资源并占用一定的成本。每个工作包都是一个控制点,工作包的管理者有责任关注这个工作包,按照技术说明的要求在预算内被按期完成。

(2) 工作包应具有以下特点:

① 与上一层次相应单元关联,与同组其他工作包关系明确的独立单元。

② 责任能够落实到具体单位或个人,充分考虑项目的组织机构,要与组织的组织分解结构 OBS 结合起来,使两者紧密结合,以便于项目经理将各个工作单元分派给项目班子成员。图 11-3 表明了 WBS 与 OBS 的综合利用。

③ 可确定工期,时间跨度最短。时间跨度的长短反映组织对该工作包项目进度控制的要求,其时间跨度的上限应根据这个原则制定。

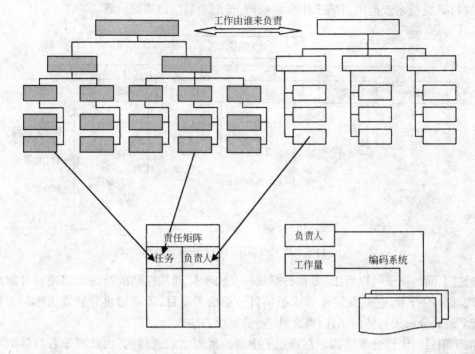

图 11-3 WBS 与 OBS 的综合利用

④ 能够确定实际预算、人员和资源需求。

下面是几个工作分解结构的实例。

例如,某大桥项目的工作分解结构示意图见图 11-4。

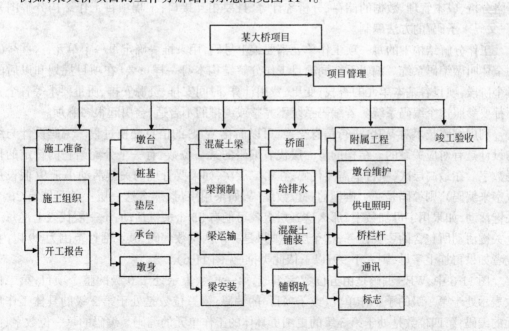

图 11-4 某大桥项目的工作分解结构

图 11-5 是技术改造项目的工作分解结构,按照项目生命周期分解。

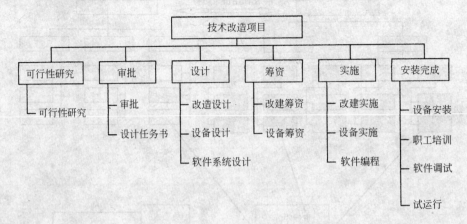

图 11-5　技术改造项目的工作分解结构

通过上面的例子可以看出,工作分解结构是出于管理和控制的目的而将项目分解成易于管理部分的技术,它是直接按等级把项目分解成子项目,子项目再分解成更小的工作单元,直至最后分解成具体的工作(或工作包)的系统方法。

由于项目的工作分解结构是在确定了项目的范围之后进行的,因此对于各具体的项目而言,项目的范围说明书是进行项目分解的直接前提依据。

6. WBS 编码设计

编码设计的原则如下：

适应现代化信息处理的要求；设计一个统一的编码体系,确定编码规则和方法；有利于网络分析、成本管理、数据的储存、分析统计等,且要相互接口；工程项目工作结构分解图采用"父码＋子码"的方法编制。

工作分解结构中的每一项工作单元都要编上号码,用来惟一确定每一个单元,这些号码的全体叫做编码系统。编码系统同项目工作分解结构本身一样重要,在项目规划和以后的各个阶段,项目各基本单元的查找、变更、费用计算、时间安排、资源安排、质量要求等各个方面都要参照这个编码系统。若编码系统不完整或编排的不合适,会引起很多麻烦。

利用编码技术对 WBS 进行信息交换,可以简化 WBS 的信息交换过程。编码设计与结构设计是有对应关系的。结构的每一层代表编码的某一位数,有一个分配给它的特定的代码数字。在最高层次,项目不需要代码；在第二层次,如果要管理的关键活动小于9(假设用数字来编码),则编码是一个典型的一位数编码,如果用字母,那么这一层上就可能有 26 个关键活动,如果用字母加数字,那么这一层上就可能有 35 个关键活动；下一层代表上述每一个关键活动所包含的主要任务,这个层次如果是一个两位数编码,其灵活性范围为 99 以内,或者如果再加上字母,则大于99；以下依此类推(见图 11-6)。

图 11-6 中,WBS 编码是由五位数字组成,第一位数表示处于 0 级的整个项目；第二位数表示处于第一级的子工作单元(或子项目)的编码；第三位数是处于第 2 级的具体工作单元的编码；第四位数是处于第 3 级的更细更具体的工作单元的编码。编码的每一位数字,由左到右表示不同的级别,即第 1 位代表 0 级,第 2 位表示 1 级,依次类推。

在 WBS 编码中,任何等级的工作单元,是其余全部次一级工作单元的总和。如第二个

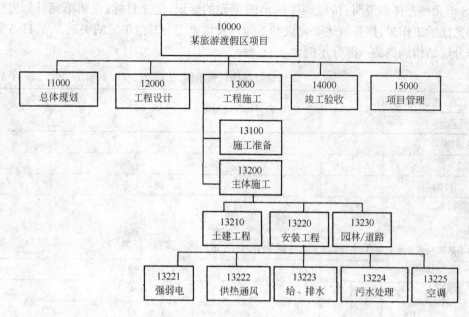

图 11-6　WBS 编码图

数字代表子工作单元(或子项目)——也就是把原项目分解为更小的部分。于是,整个项目就是子项目的总和。所有子项目的编码的第一位数字相同,而代表子项目的数字不同,紧接着后面两位数字是零。再下一级的工作单元的编码依次类推。

在制定 WBS 编码时,责任与预算也可以用同一编码数字制定出来。就责任来说,第一位数字代表责任最大者——项目经理,第二位数字代表各子项目的负责人,第三和第四位数字分别代表 2、3 级工作单元的相应负责人。对于预算也有着同样的关系。

编码设计对于作为项目控制系统应用手段的 WBS 来说是个关键。不管用户是高级人员还是其他职员,编码对于所有的人来说都应当有共同的意义。在进行编码设计时,必须仔细考虑收集到的信息和收集信息所用到的方法,使信息能够自然地通过 WBS 编码进入应用记录系统。

在编码设计时,如果在一个既定层次上,应该尽量将同一代码用于类似信息,这样可以使编码更容易被理解。此外,在设计编码时,还应当考虑到用户的方便,使编码以用户容易理解的方式出现。

工作分解结构图一旦确定下来以后,除非特殊情况,应当不能随便加以改动。如遇到必须加以改动的情况,就得召开各方会议,如部门主管、项目经理、执行人员、客户和承包商等参与的大会,就项目目标、就项目目标、工作分解结构等情况共同协商,并达成一致意见,且加以确认,省却日后可能遇到麻烦。

7. WBS 词典

由于项目,特别是对于那些较大的项目来说都有许多工作块,而对于这些最低层的工作块,要对他们有全面、详细和明确的文字说明。因此,常常把这些所有的工作块文字说明汇集到一起,编成一个项目的工作分解结构词典,以便需要时查阅。

简单讲,工作分解结构词典是一套工作分解结构的单元说明书和手册,通常包括:项目的 WBS 单元编号体系说明；按照顺序列出的单元的标识；定义目标；说明单元计划发生的费用和完成的工作量；摘要叙述要完成的工作以及该单元与其他单元的关系。表 11-5 是一个工作分解结构词典的一部分示例。

工作分解结构词典示例 表 11-5

项目名称:某旅游度假项目						工作分解结构词典	日 期 _____
合同号_____							第___页 共___页

WBS 级别						
1	2	3	4	5	6	
	1100					工 程 施 工

单元说明

工程

交付给某市的旅游度假项目，主要由工程的规划、设计和施工组成。

WBS 级别						相关的下一级单元
1	2	3	4	5	6	名　　称
		1100				工　程
		1101				施 工 准 备
		1102				招 投 标
		1103				确 定 施 工 单 位
		1104				签定施工发包合同

8. 责任图

工作分解结构图一旦完成以后，这时就有必要将它与有关组织机构图加以对照，用工作分解结构来在有关组织机构当中分配任务和落实责任，这就构成了责任图，或者称为责任矩阵，如表 11-6 所示。

责 任 矩 阵 表 11-6

工作分解结构		组 织 责 任 者		
		项目经理	项目工程师	程 序 员
确 定 需 求		6	1	4
设　计		6	1	3
开　发	修改外购软件包	2	6	1
	修改内部程序	3	6	1
	修改手工操作系统流程	4	6	1
测　试	测试外购软件包	2	2	1
	测试内部程序	2	2	1
	测试手工操作流程	2	2	1
安 装 完 成	完成安装新的软件包	5		4
	人员培训	2	1	5

说明：表中数字 1、2、3、4、5、6 的含义是：1——实际负责；2———般监督；3——参与商议；4——可以参与商议；5——必须通知；6——最后批准。

责任图将所分解的工作落实到有关部门和个人,并明确表示出有关部门或个人对组织工作的关系、责任、地位等,同时责任图还能够系统的阐述项目组织内部与组织之间,个人与个人之间的相互关系,以及组织或个人在整个系统中的地位和责任,由此组织或个人就能够充分认识到在与他人配合当中应承担的责任,从而能够充分、全面的认识到自己的全部责任。总之,责任图是以表格的形式表示完成工作分解结构中的单元的个人责任的方法。表11-6 是一张典型的软件开发项目的责任图(也可以当作一张工作分解结构图)。

用来表示工作任务参与性的符号有多种形式,如数字、字母或几何图形等。表11-6 中用数字来明确表示各个成员的责任,还可以用字母来表示,常用的八种角色和责任代码如下:

X——执行任务

D——单独或决定性决策

P——部分或参与决策

S——控制进度

T——需要培训工作

C——必须咨询的

I——必须通报的

A——可以建议的

如果用符号表示,示例如下:

▲——负责,○——审批,●——扶助,△——承包,□——通话等等。

在制定责任矩阵的过程中应结合实际需求来确定。责任矩阵有助于人们了解自己的职丙,并且使得自己在整个项目组织中的地位有一个全面的了解,所以说,责任矩阵是一个非常有用的工具。

9. WBS 的结果

(1) 树型结构,见图 11-7。

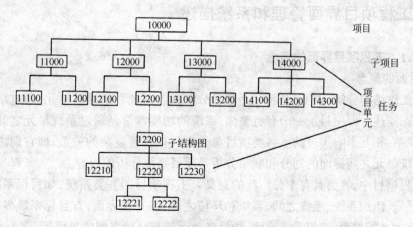

图 11-7 项目结构分解的树形图

(2) 项目结构分析表。图 11-7 的项目结构分析表见表 11-7。

××项目结构分析表 表 11-7

编码	名称	负责人	成本	××	××
10000					
11000					
11100					
11200					
12000					
12100					
12200					
12210					
12220					
12230					
12221					
12222					
13000					
13100					
13200					
14000					
14100					
14200					
14300					

（3）项目结构分解说明书：

WBS的结果就是项目的工作范围文件。如果项目任务的完成是一份合同，则 WBS 的结果就是合同工作范围文件。故要全面审查工作范围的完备性，分解的科学性，由决策人批准，然后才能作为项目实施的执行文件。

11.5 工程项目界面管理和系统描述

11.5.1 工程项目界面的概念

1. 界面的概念

项目工作结构分解（WBS）是将一个项目分解成各自独立的项目单元，通过结构图对项目进行静态描述。但项目是一个有机整体，系统的功能常常是通过系统单元之间的相互作用、相互联系、相互影响实现的。各类项目单元之间存在着复杂的关系，即它们之间存在着界面。系统单元之间界面的划分和联系分析是项目系统分析的内容。

在工程项目中，界面具有十分广泛的意义。工程项目的各类系统，如目标系统、技术系统、行为系统、组织系统、系统之间、系统和环境之间，都存在界面，有目标系统界面、技术系统界面、行为系统界面、组织系统界面，项目各类系统与环境之间的界面等。

2. 工程项目的界面

（1）目标系统界面：如质量、进度、成本目标之间的界面。

（2）技术系统界面：如专业上的依赖和制约关系；各功能之间的关系；平面和空间的关系。

(3) 行为系统界面:指工作活动之间的关系,特别是进度计划中各计划单元之间的关系。

(4) 组织系统界面:包括项目相关利益者之间的关系,组织内部部门之间的关系,上下层之间的关系、项目经理与职能经理之间的关系等。

(5) 系统与环境之间的界面:环境向系统输入资源、信息、资金、技术;系统向环境提供产品、服务、信息等。

11.5.2 工程项目界面管理

在工程项目管理中,界面管理是十分重要的,因为大量的予盾、争执、损失都发生在界面上。它同项目单元一样,都是项目管理的对象。界面管理是现代项目管理的研究热点之一。大型、复杂的工程项目,界面必须经过精心组织和设计,纳入整个项目管理的范围。

1. 工程项目界面管理的要点

(1) 保证系统界面之间的相容性,使项目系统单元之间有良好的接口。这是项目经济、安全、稳定、高效率运行的基本保证。

(2) 保证系统的完备性,不失掉任何工作、设备、数据等,防止发生工作内容、成本和质量责任归属的争执。在实际工作中,一定不要忘记界面上的工作,更不要推卸界面上的责任。

(3) 要对界面进行定义,形成文件,在项目的实施中保持界面清楚,当工程发生变更时,特别应注意变更对界面的影响。

(4) 界面通常位于专业接口处、项目生命期的阶段连接处。项目控制必须在界面处设置检查验收点和控制点。大量的管理工作存在于界面上,应采用系统的方法从组织、管理、技术、经济、合同等各个方面主动进行界面管理。

(5) 在项目的计划、设计、施工中,必须注意界面之间的联系和制约,解决界面之间的不协调、障碍和争执,主动地、积极地管理系统界面的关系,对相互影响的因素进行协调。

(6) 在项目管理集成化、综合化中要特别加强界面管理,对重要界面进行设计、计划、说明和控制。

2. 项目系统界面的定义文件

(1) 项目系统界面的定义文件应能综合地表达界面信息,包括:界面的位置,组织责任的划分,技术界限(界面上工作的界限和归宿),工期界限(活动关系、资源、信息、能量的交换、时间安排),成本界限等。"界面说明"见表 11-8。

界 面 说 明　　　　　　　　　　　　表 11-8

项目:			
子项目:			
界面号:			
部门:	部门:		
技术界限:		已 清 楚	尚 未 清 楚
工期界限:		已 清 楚	尚 未 清 楚
成本界限:		已 清 楚	尚 未 清 楚
签字			

(2) 在项目结构分析时,应着重注意界面,划清其界限。在项目施工过程中,通过图纸、规范、计划等进一步详细描述界面。目标、设计、实施方案、组织责任的任何变更,都可能影响上述界面的变更,故界面文件必须随工程变更而变更。

11.5.3 工程项目系统描述

1. 工程项目系统描述体系

分解后的各个项目单元是有具体内容的,包括目标分解、功能要求、质量标、时间安排、责任人、实施安排、成本、工期等,要通过文件说明和定义。项目的系统说明文件从各个方面描述和规定项目和项目单元。工程项目的系统描述文件包括以下内容:

(1) 项目系统目标文件:是项目的最高层次的文件,对项目和各方面都有规定性,如项目建议书、可行性研究报告就是项目系统目标文件。

(2) 项目工程技术设计文件。工程的设计文件是按照目标文件编制的、主要描述功能的技术设计文件。

(3) 实施方案和计划文件:这一类文件是按照目标文件和设计文件编制的,包括施工方案、施工计划、投标文件、技术措施、项目管理规划等。

(4) 工作包说明:最低层次的项目单元就是工作包,是计划和控制的最小单位(特别是成本方面),其相应的说明称工作包说明。为了进行有效的计划与控制,必须对工作包进行明确的定义,应清楚、详细、便于理解、为实际工作人员所接受。工作包表说明见表 11-9,现对其主要内容说明如下:

工作包说明表 表 11-9

项目名:		工作包号码		日期:	
子项目名:				版次:	
工作包名称:					
工作包内容					
前提条件					
工序描述					
工 期	计 划:	实 际:		负 责 人	
费 用	计 划:	实 际:		其他参加者	

① 子项目名称:即工作包所属的子项目名称。
② 工作包编号:按照 WBS 的编号规则决定。
③ 日期和修改编号:记载最近一次的变更日期和累计变更次数。
④ 工作包名称:包括工作包名称和任务范围的简要说明。
⑤ 工作包内容(结果):按项目任务书或合同要求确定的该工作包的总体内容,包括位置、工程量、质量标准、技术要求、实施要求。
⑥ 前提条件:工作条件和紧前工作等。
⑦ 工序描述:即工作包所含的工序。
⑧ 责任人:指承包人、分包人、小组或部门。
⑨ 其他参加者:有合作和协调责任的参加者。
⑩ 费用:指成本或投资,包括计划数和实际数。

⑪ 工期:开工日期、完工日期、工期。

2. 项目系统描述体系的管理

项目成功的最关键因素是目标和工作范围明确,因此要加强对项目系统描述体系的管理,要点如下:

(1) 对项目系统描述体系进行标识在项目前期策划、设计和计划中,要使用一系列文件、图纸、标准描述项目系统状态。

(2) 在项目系统文件确定后,对项目系统的任何变更都要进行严格控制,以确保不损害系统目标、性能、费用和进度,不造成混乱。

(3) 利用系统描述文件对设计、计划、施工过程经常进行检查和跟踪。

(4) 在工程竣工交付前,以项目系统描述体系对项目的实施过程和最终状况进行全面审核,验证项目的目标是否全面完成,是否符合标准和合同要求。

(5) 可以通过模型、CAD 技术、协同工作平台等透视项目的实施过程,使人们更好地把握系统结构和其动态过程。

11.6 工程项目范围核实

11.6.1 一般项目范围核实

1. 项目范围核实的含义

项目范围核实是指项目或项目阶段结束时,项目管理组织在将最终应交付的项目产品(或服务)交给业主(或客户)之前,由项目的相关利益者、项目管理组织等,对项目范围给予正式确认和接受,并对已完成的工作成果进行审查,核实项目范围内各项工作是否按计划完成,项目的应交付成果是否令人满意。

2. 项目范围核实的工作内容

项目范围核实工作的内容有两个方面:

(1) 审核项目启动和范围界定工作的结果,包括项目说明书和项目分解结构。

(2) 对项目或其各阶段所完成的可交付成果进行检查,看其是否按计划或超计划完成。

3. 项目范围核实工作的依据

项目范围核实的依据有:项目说明书;项目范围说明书;工作结果;项目产品文件;(包括:项目计划、项目规范、产品技术文件、产品图纸等。)

4. 项目范围核实的方法

项目范围核实使用项目范围核验表和项目工作结构核验表等。

(1) 核实项目或项目各阶段可交付成果时,可采用观察、检查、测量、试验等方法。

(2) 项目范围核验表的内容包括:

① 项目目标是否完整、准确;

② 项目目标的衡量标准是否科学;

③ 项目的约束条件是否真实;

④ 项目的假设条件是否合理;

⑤ 项目的风险是否可以接受;

⑥ 项目是否有成功把握;

⑦ 项目范围界定是否能保证上述目标实现；
⑧ 项目范围是否能产生净收益；
⑨ 项目范围界定是否需要进一步进行辅助性研究。
(3) 工作分解结构核验表的主要内容：
① 项目目标的描述是否清楚；
② 项目产出物的各项成果描述是否清楚；
③ 项目产出物的所有成果是否都是为实现项目目标服务的；
④ 项目的各项成果是否是工作分解的基础；
⑤ 工作包是否都是为形成成果服务的；
⑥ 项目目标层次的描述是否清楚；
⑦ 项目工作、成果、目标之间是否一致、合理；
⑧ 工作分解结构的层次与项目目标层次的关系是否一致；
⑨ 项目目标的衡量标准是否是定量指标；
⑩ 项目工作分解结构中的工作是否有合理的定量指标；
⑪ 项目目标的指标值与项目工作绩效的度量标准是否匹配；
⑫ 项目工作分解结构的层次结构、工作内容、工作包之间的相互关系、工作所需资源、考核指标、总体协调等是否合理。

5．项目范围核实的结果
(1) 对项目范围界定工作的结果正式认可；
(2) 对项目或项目阶段的可交付成果正式验收。
核实结果应以正式文件确认；如果未得到认可，则项目必须宣告终止。

11.6.2 工程项目的范围核实

1．工程项目范围核实的特点
(1) 工程项目范围核实是工程项目管理的重要制度。

制度规定，工程项目的所有产品、工作和过程都要经过认证、审批，否则不予验收，不予认可和不予接收。涉及到工程项目产品的(包括中间产品)，由使用人、建设单位、监理单位、设计单位、施工单位的相关法定代表人、技术负责人、部门负责人、项目经理等，按照分工和权限进行核实；涉及过程和工作的，由下一过程或过程结果的接受者核实。也就是说，在工程项目管理中，范围的核实不只是理论上的阐述，而是实际运行的需要，是制度乃至法规的规定，是"必须"而不是"应当"或"可以"的。

(2) 工程项目范围核实是有关组织领导的日常工作，是权力的体现。

每个组织的领导人员参与工程项目管理，其职责就是决策、领导、指导、监督、激励等工作，这些工作没有一项是可以离开项目范围核实的。比如，合同签订以后必须由法定代表人签字盖章，这是法定代表人对合同(范围计划)的核实和确认；一个分项工程完成后，要由监理总工程师检查、验收和签认；一项单位工程的竣工验收，要由设计单位、施工单位、建设单位的负责人，共同在竣工验收报告上签字，等等。

(3) 工程项目范围核实，需要各利益相关者共同核实或相互核实。

一个工程项目涉及众多的利益相关者，其范围核实往往不是一个组织内部的事，而是几个利益相关者之间的事。例如，设计文件完成后，既需要设计负责人核实，也需要设计单位的技术负责人核实,还需要消防、规划、环保、建设单位、政府领导等众多单位参加核实。一项工程项目完成后,要由验收委员会进行检查、验收、接收等。

(4) 工程项目的范围核实者要承担法律责任。

工程项目的范围核实往往要依据法律、法规的规定进行。例如:《中华人民共和国建筑法》第七条规定,"建设单位应按照国家有关规定向工程所在地县级以上人民政府建设行政主管部门申请领取施工许可证。"第三十一条规定,"建设单位与其委托的监理单位应当订立书面监理委托合同。"第32条规定,"工程监理人员认为工程不符合工程设计要求、施工技术标准和合同约定的,有权要求建筑施工企业改正。"

2. 工程项目范围核实的内容

工程项目范围核实的内容列举如下:

(1) 项目建议书须经权力部门批准。
(2) 可行性研究报告须经权力部门批准。
(3) 设计文件须经建设单位验收。
(4) 工程变更须经监理单位批准。
(5) 工程的阶段验收和竣工验收须经建设单位(监理单位)、设计单位、施工单位共同进行,并在工程竣工验收报告上签字。
(6) 工程项目交付使用须经验收委员会验收签字。
(7) 各种合同须经双方法定代表人审核签字。
(8) 各种计划须经组织的主管领导审批。
(9) 施工组织设计除由组织的主管领导审核、审批、签字外,还要由监理单位审批,由发包人认可。
(10) 工程的预算、结算、决算等,都要按要求由有关领导和部门审批。

11.7 工程项目范围变更及控制

11.7.1 工程项目范围变更的原因

1. 一般项目范围变更的管理

项目范围变更指对项目的最终产品或最终服务范围的增加、修改或删减,原因如下:

(1) 项目要求变化。项目发起人对项目的需求和期望发生了变化,或增加性能和特征,或降低要求和期望。

(2) 项目设计变化。这是在设计思维逐渐成熟过程中产生的,包括:设计条件的变化,设计改善,设计内容的增加。

(3) 工艺技术的变化。如在项目实施过程中,出现了新材料、新设备、新工艺,可能会对项目实施产生重大影响,采用到项目中会导致项目范围发生变化。

(4) 经营环境变化。如出现了新产品或替代产品、汇率或利率浮动,会使项目范围受到影响而改变。

(5) 人员变化。项目发起人的人员变动,项目经理变更,重要技术人员变更,均可能导致项目范围变化。

(6) 地质条件、水文条件、交通条件等客观条件发生变化。

项目范围变更会导致工期、质量、费用等各种目标变动,故对项目范围变动进行控制是必要的。

2．工程项目范围变动的原因

工程项目范围变动和一般项目范围变动的原因基本是一样的,主要原因有以下几项:

(1) 建设单位提出的变更,包括:增减投资的变更,使用要求的变更,预期项目产品的变更,市场环境的变更,供应条件的变更等。

(2) 设计单位提出的变更。包括:改变设计,改进设计,弥补设计不足,增加设计标准,增加设计内容等。

(3) 施工单位提出的变更,包括:增减合同中约定的工程量,改变施工时间和顺序,合理化建议,施工条件发生变化,材料、设备的换用等。

(4) 不可抗力引起的工程项目范围变更。

11.7.2　工程项目范围变更控制

1．工程项目范围变更控制的内容

(1) 首先要对引起项目范围变更因素和条件进行识别、分析和评价。

(2) 所有工程项目范围变更都要经过权力人核实、认可和接受。

(3) 需要进行设计的工程项目范围变更,要首先进行设计。

(4) 涉及施工阶段的变更,必须签订补充合同文件,然后才能实施。

(5) 工程项目目标控制必须控制变更,且把变更的内容纳入控制范畴,使工程项目尽量不与原核实的目标发生偏离或偏离最小。

2．工程项目范围变更控制的依据

(1) 可行性研究报告:可行性研究报告经批准后,便是工程项目范围控制的基本依据,无论是项目构成、质量标准、使用功能、项目产品、工程进度、估算造价等,都应是范围控制的依据,更应当是范围变更控制的约束。国家规定,如果初步设计概算造价高于可行性研究报告的10%,必须报原审批单位批准。用造价限额控制工程项目范围变更,是一项有力的措施。

(2) 工作分解结构的分解结果。它是控制工程项目具体范围变更的依据。

(3) 设计文件及其造价。设计文件是确定工程项目范围的文件,是控制工程项目范围变更的直接依据。任何涉及设计的范围变更和过程变更,都要依据原设计文件。

(4) 工程施工合同文件。工程施工合同文件(包括补充合同文件),是控制工程项目范围变更的直接依据。

(5) 工程项目实施进度报告。该报告既总结分析了项目的实际进展情况,又明确了实际与计划的偏差情况,还对项目的未来进展进行预测,可以提供信息的提示,以便进行项目范围变更的控制。

(6) 各有关方提出的工程变更要求,包括变更内容和变更理由。

3．工程项目范围变更控制的方法

(1) 投资限额控制法。即用投资限额约束可能增加项目范围的变更。

(2) 合同控制法。即用已经签订的合同限制可能增加的项目范围变更。

(3) 标准控制法。即用技术标准和管理标准限制可能增减项目范围的变更。

(4) 计划控制法。即用计划控制项目范围的变更。如需改变计划,则应对计划进行调整并经过权力人进行核实和审批。

(5) 价值工程法。利用价值工程提供的提高价值的 5 条途径对工程项目范围变更的效果进行分析,以便作出是否变更的决策。这 5 条途径是:①增加功能,降低成本;②功能不变,减低成本;③减低辅助功能,更多降低成本;④功能增加,成本不变;⑤增加少量成本,获得更多功能。

11.7.3 《建设工程施工合同(示范文本)》关于工程变更的通用条款

《建设工程施工合同(示范文本)》(GF—1999—0201)的通用条款第 8 章,用 3 条 10 款对工程变更做出了规定,现登录如下:

1. 工程设计变更

(1) 施工中发包人对原工程设计进行变更,应提前 14d 以书面形式向承包人发出变更通知。变更超过原设计标准或批准的建设规模时,发包人应报规划管理部门和其他有关部门重新审查批准,并由原设计单位提供变更的相应图纸和说明。承包人按照工程师发出的变更通知及有关要求,进行下列需要的变更:

① 更改工程有关部分的标高、基线、位置和尺寸;
② 增减合同中约定的工程量;
③ 改变有关工程的施工时间和顺序;
④ 其他有关工程变更需要的附加工作。

因变更导致合同价款的增减及造成的承包人损失,由发包人承担,延误的工期相应顺延。

(2) 施工中承包人不得对原工程设计进行变更。因承包人擅自变更设计发生的费用和由此导致发包人的直接损失,由承包人承担,延误的工期不予顺延。

(3) 承包人在施工中提出的合理化建议涉及到对设计图纸或施工组织设计的更改及对材料、设备的换用,须经工程师同意。未经同意擅自更改或换用时,承包人承担由此发生的费用,并赔偿发包人的有关损失,延误的工期不予顺延。

工程师同意采用承包人合理化建议,所发生的费用和获得的收益,发包人承包人另行约定分担或分享。

2. 其他变更

合同履行中发包人要求变更工程质量标准及发生其他实质性变更,由双方协商解决。

3. 确定变更价款

(1) 承包人在工程变更确定后 14d 内,提出变更工程价款的报告,经工程师确认后调整合同价款。变更合同价款按下列方法进行:

① 合同中已有适用于变更工程的价格,按合同已有的价格变更合同价款。
② 合同中只有类似于变更工程的价格,可以参照类似价格变更合同价款。
③ 合同中没有适用或类似于变更工程的价格,由承包人提出适当的变更价格,经工程师确认后执行。

(2) 承包人在双方确定变更后 14d 内不向工程师提出变更工程价款报告时,视为该项变更不涉及合同价款的变更。

(3) 工程师应在收到变更工程价款报告之日起 14d 内予以确认,工程师无正当理由不确认时,自变更工程价款报告送达之日起 14d 后视为变更工程价款报告已被确认。

(4) 工程师不同意承包人提出的变更价款,按关于争议的约定处理。

(5) 工程师确认增加的变更工程价款作为追加合同价款,与工程款同期支付。

(6) 因承包人自身的原因导致的工程变更,承包人无权要求追加合同价款。

11.7.4 工程项目范围变更结果

(1) 工程项目范围变更的结果之一是范围变更文件。该文件说明范围变更的理由、变更的内容及变更对目标(指标)的影响。该文件要经权力人签字确认。

(2) 工程项目范围变更的结果之二是签订合同。这主要是涉施工过程中发生的工程变更需要施工单位组织施工的,该合同是原合同的补充文件。

(3) 纠偏措施。这是一种控制措施,即当发现工程范围变更引起了原目标实施的偏差时,为了不改变原目标而采取的措施。当偏差被纠正,范围变更措施便得到了积极效果。

(4) 调整基准计划。由于工程项目范围变更已不能用纠正偏差的办法进行控制时,便应改变原计划,变更计划范围及由范围确定的进度、造价、质量、工程量等目标(或指标)。调整计划应利用科学方法,如网络计划法和挣值法等。

(5) 吸取经验教训。工程项目范围变更有的是积极变更,对工程项目和相关利益者都有利;有的范围变更是消极的,对工程项目和相关利益者均不利,但不得不变更,例如不可抗力造成的变更就是不利变更。因此,要从变更的原因中吸取经验和教训并形成文件,作为管理储备加以保存备用。

本章主要参考文献

1　成虎.工程项目管理.第 2 版.北京:中国建筑工业出版社,2001
2　纪燕平等.21 世纪项目管理教程.北京:人民邮电出版社,2002
3　丛培经.工程项目管理(修订版).北京:中国建筑工业出版社,2003
4　许成绩等.现代项目管理教程.北京:中国宇航出版社,2002
5　PMP:项目管理专家全息教程 (美) Kim Heldman 著.马树奇等译

思考题

1. 项目范围有和意义?
2. 工程项目范围管理的过程有哪些?
3. 工程项目启动的依据是什么?
4. 项目策划的内容有哪些?
5. 工程项目启动的结果是什么?
6. 范围计划的编制结果是什么?
7. 有哪些工程项目范围计划?
8. 试述工程项目范围界定的依据和结果。
9. 试述工程项目工作分解结构的作用和原则。
10. 编码设计及结果是什么?
11. 有哪些工程项目界面?
12. 试述工程项目界面管理的要点。
13. 工程项目系统描述文件的内容有哪些?
14. 工程项目范围核实的特点是什么?
15. 工程项目范围核实的内容有哪些?
16. 工程项目范围变更的原因是什么?

17. 合同示范文本工程变更有哪些规定。
18. 工程项目范围变更控制的依据和方法?
19. 工程项目范围变更的结果是什么?
20. 结合实例系统描述工程项目范围管理。
21. 项目动因有哪些?
22. 项目章程的内容与作用有哪些?
23. 项目范围说明书有哪些内容?
24. 试述工程项目工作结构分解过程与层次。
25. 试举一例进行工程项目工作结构分解。

第12章 工程项目时间管理

【内容提要】
　　进行项目时间管理,首先应界定项目工作,然后确定项目工作的排序,进而对工作持续时间进行估算。在此基础上即可编制项目进度计划,编制项目进度计划的方法包括:横道图、里程碑法和网络计划技术。如何保证已编制的项目进度计划能按时实施完成,这就必须对项目进度计划进行控制,另外,针对工程项目的特点,详细介绍了流水施工方法及工程网络计划技术。

12.1 工程项目工作界定

12.1.1 工程项目工作界定的概念
　　工程项目工作界定是指为实现工程项目目标所必须展开的项目工作(同义词:活动、工序。下同,不再说明),这些工作即是工作分解结构(WBS)中所规定的半成品或交付物,如一道工序、一个分项工程。

12.1.2 工程项目工作界定的依据
　1. 工作分解结构(见第11章)
　　工作分解结构是工程项目工作界定的最基本和最主要依据。在工作分解结构的基础上,将工程项目按照一定的层次结构,逐步分解为更小、更具体和更容易控制的、可交付的独立工作单元。如隧道工程可划分为以下几个分部工程:洞口工程、洞身工程、洞身衬砌、防排水系统、附属建筑物、运营通风设施。而洞口分部工程又可划分为:洞门、洞口边、仰坡。

　2. 工程项目范围界定
　　在工程项目范围界定时必须明确项目目标和项目范围,否则有可能漏掉一些必须开展的工作,或增加了一些不必要的工作,甚至超出了项目工作范围。例如,修建一个港口工程。必须搞清楚是全部港口工程,还是只有一个单位工程;全部港口工程包括:码头工程、防波堤工程,干船坞、船台和滑道工程,栈桥和独立护岸工程,港区道路和堆场工程,港区给水和排水工程等;而一个单位工程只是上述工程之一。

　3. 约束因素
　　任何一个工程项目都会有各种约束因素,这些约束因素是界定工程项目工作关键因素之一。如水利枢纽工程的设计和施工,必须按水利工程标准和洪水标准进行,还要受到造价、工期、质量的约束。

　4. 假设条件
　　假设条件对工程项目工作界是必须的,否则就无法开展工程项目工作界定。例如进行工程项目的进度安排时,就要假设人力、物力及财力能满足要求。

　5. 专家建议

专家一般都具备某些领域丰富的知识和经验,专家建议对工程项目工作界定有举足轻重的意义。

12.1.3 工程项目工作界定的结果

1. 工程项目工作清单

在工程项目工作清单中,开列出一个工程项目所需开展的全部工作,据此项目团队成员能够明确自己的工作与责任。

2. 详细依据

详细依据包括:已知的约束因素、项目假设条件以及对工程项目清单的解释性文件。

3. 更新的工作分解结构

如果发现工作分解结构遗漏了一些可交付物,或需要更改某些交付物时,可更新原有的工作分解结构。

12.2 工程项目工作排序

12.2.1 工程项目工作排序的概念

工程项目各工作之间存在相互联系与相互依赖关系,根据这些关系安排各项工作的先后顺序,就是工程项目工作排序。这种客观上存在的先后顺序关系又称逻辑关系,有了正确的逻辑关系才能编制进度计划。

12.2.2 工程项目工作排序的依据

(1) 工程项目工作清单。

(2) 产品描述。

(3) 硬逻辑关系。硬逻辑关系就是项目中各项工作中固有的依赖关系,是一种不可违背的逻辑关系,它是因为客观规律和物资条件的限制而造成的。在工程项目中的施工工艺即是这种逻辑关系,因此,这种逻辑关系又称工艺逻辑关系。例如建筑工程项目一定是先做基础,再做结构,最后才做装修。工艺关系虽是客观的,但也是有条件的,条件不同,工艺关系也会不一样。

(4) 软逻辑关系。软逻辑关系是由项目管理人员确定的项目工作之间的关系,这种关系可以由人根据主观意志去调整和确定。例如,在施工过程中,由于劳动力、机械、材料和构配件等资源的组织与安排需要而形成的各项工作之间的先后顺序关系。这种关系不是由工程项目本身决定的,而是人为安排的。组织方式不同,组织关系也就不同,所以它不是一成不变的。因此,软逻辑关系又称组织关系。

(5) 里程碑。里程碑是指项目中某些重要工作的开始或完成时间,这些规定的时间应作为项目工作排序的一部分。

12.2.3 工程项目工作排序的方法

1. 单代号网络图法

构成单代号网络图的基本符号节点,即以节点表示工作;以箭线表示工作之间的逻辑关系。

单代号网络图包括四种先后顺序关系(图12-1):

(1) 完成—开始(图12-1a)。

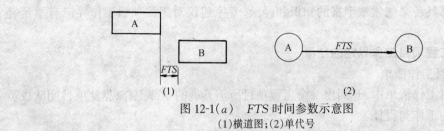

图 12-1(a)　FTS 时间参数示意图
(1)横道图；(2)单代号

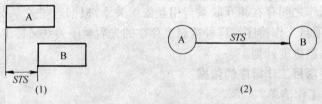

图 12-1(b)　FTF 时间参数示意图
(1)横道图；(2)单代号

紧后工作的开始依赖于紧前工作的完成。

(2) 完成—完成(图 12-1b)。

紧后工作的完成依赖于紧前工作的完成。

(3) 开始—开始(图 12-1c)。

紧后工作的开始依赖于紧前工作的开始。

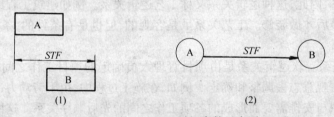

图 12-1(c)　STS 时间参数示意图
(1)横道图；(2)单代号

(4) 开始—完成(图 12-1d)。

图 12-1(d)　STF 时间参数示意图
(1)横道图；(2)单代号

紧后工作的完成依赖于紧前工作的开始。

2．双代号网络图法

在双代号网络图中，箭线表示工作，节点表示前一项工作的结束，同时也表示后一项工作的开始。因此，在双代号网络图中只使用完成—开始的逻辑关系。为了正确表示逻辑关系，有时需要使用虚箭线(图 12-2)。

3．条件箭线图法

图形评审技术和系统动态模型，允许工作顺序相互循环与反馈，从而在编制网络图的过程中会形成许多条件分支，而在单代号与双代号网络图中是绝对不允许的。

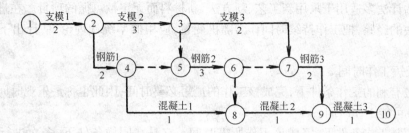

图 12-2 用双代号表示的网络图

12.3 工程项目工作持续时间估算

12.3.1 影响工作持续时间估算的因素

工作持续时间估算是编制项目进度计划的一项重要基础工作,对工作持续时间估算的基本要求是:客观、正确。估算时间过长,会影响项目工期目标的实现;估算时间过短,会造成项目运作的被动紧张。在进行工作持续时间估算时,应考虑的因素包括:

(1) 作业制度安排。一班作业与两班、三班作业的时间是不一样的;

(2) 工程量。工程量的多少直接影响工作持续时间的多少;

(3) 采用的技术、工艺方案。方案不同,所需时间不同,如施工中采用现浇方案与装配方案所需时间就不一样;

(4) 各种资源的供应情况。资源供应强度不同,所需时间是不同的,当机械设备减少一半时活动持续时间可能延长一半;

(5) 项目的约束和限制条件。如高考期间,要求对噪声进行控制,有可能影响工作时间的安排;

(6) 现场条件。恶劣的现场条件,可能影响相互的协作关系,甚至降低工作效率。

12.3.2 工作持续时间估算方法

1. 专家评估法

影响工作持续时间估算的因素很多,因此,有时较难估算。这时可利用专家的知识和经验对工作持续时间做出估计和评价。

2. 类比法

类比法是以已完成的类似项目工作的实际时间为基础,来估测当前项目工作的持续时间。

3. 定额计算法

在工程项目中,采用定额计算法是较为普遍的,其工作持续时间的计算公式是:

$$D = Q/(R \cdot S)$$

式中 D——工作持续时间;

Q——工作的工程量,以实物度量单位表示;

R——人力或机械设备的数量,以人或台数表示;

S——产量定额,以单位时间完成的工程量表示。

4. 三时估计法

三时估计法多适用于采用新工艺、新方法、新材料而无定额可循的项目。在进行估计时要根据过去的经验,把工作持续时间作为随机变量,应用概率统计理论,估计出下面三种时间。

(1) 最短工作时间 a。

即在最有利的工作条件下,完成该工作的最短必要时间,因此也称最乐观时间。

(2) 最可能工作时间 c。

即在正常工作条件下,完成该工作所需时间。它是在同样条件下,多次进行某一工作时,完成机会最多的估计时间。

(3) 最长工作时间 b。

即在最不利工作条件下,完成该工作所需时间。一般认为,这时间包括项目开始阶段,由于配合不好造成的进度拖延时间,以及其他原因所浪费的时间,但不包括非常事故造成的停工时间。最长工作时间也称悲观时间。

a、b、c 三种时间做了估计,但还无法进行计算,因此利用概率论中期望值的概念要由 a、b、c 三值和它们的分布求出工作的期望平均值,并据此进行工作持续时间的计算。

假定 c 发生的可能性两倍于 a 和 b,则用加权平均方法求出:

$$(a、c)之间的平均值 = (a+2c)/3$$
$$(b、c)之间的平均值 = (b+2c)/3$$

故期望平均值

$$m = 1/2\{[(1+2c)/3] + [(b+2c/3)]\} = (a+4c+b)/6$$

12.3.3 工作持续时间时估算结果

1. 估算出的工作持续时间及工期

项目工作持续时间估算是对完成一项工作所需时间及其可能性的定量计算,根据项目各项工作持续时间估算,即可进一步估算出整个项目所需工期。

2. 估算依据

在估算过程中所使用的各种约束和假设条件应予说明,其他参照使用的历史信息资料、项目工作清单、资源需求数量资料均应列出。

3. 更新的工作清单

在进行工作持续时间估算过程中,可能发现工作分解结构和项目工作清单存在一些问题,需要重新分解、排序,某些逻辑关系需要调整,这时就需要更新原有的工作分解结构和工作清单。

12.4 工程项目进度计划编制

12.4.1 进度计划编制依据

1. 工程项目网络图

工程项目网络图即根据项目工作顺序及相互间的逻辑关系绘制的网络图。

2. 工程项目工作持续时间的估算

3. 资源需求

资源需求即对资源数量和质量的要求,也就是说明什么资源在什么时间用在什么工作中。当有多个工作同时需要某种资源时,需要做出合理的安排。

4．作业制度安排

明确项目作业制度是十分必要的,它直接影响到进度计划的安排。

5．约束条件

在项目执行过程中总会存在一些关键事件或里程碑事件,这些都是项目执行过程中必须考虑的约束条件。最常用的约束条件是"开始不早于……"和"完成不迟于……"。

6．项目工作的提前和滞后要求

为了准确地确定工作关系,有些逻辑关系需要规定提前或滞后的时间。例如,规定在雨期到来之前必须完成土方工程;某些设备的采购或安装,允许有几周的滞后量。

12.4.2 编制进度计划的工具与方法

1．横道计划

横道计划(图 12-3)以横向线条结合时间坐标来表示项目各项工作的开始时间和先后顺序,整个计划由一系列横道组成。横道计划的优点是较易编制,且简单、明了、直观、易懂。因为有时间坐标,故各项工作的开始时间、持续时间、工作进度、总工期等一目了然。对人力资源的计算也便于据图叠加。它的缺点主要是不能全面地反映出各项工作相互之间的关系和影响,也不便于进行各种时间的计算,不能客观地突出工作的重点,也不能从图中看出计划中的潜力所在。

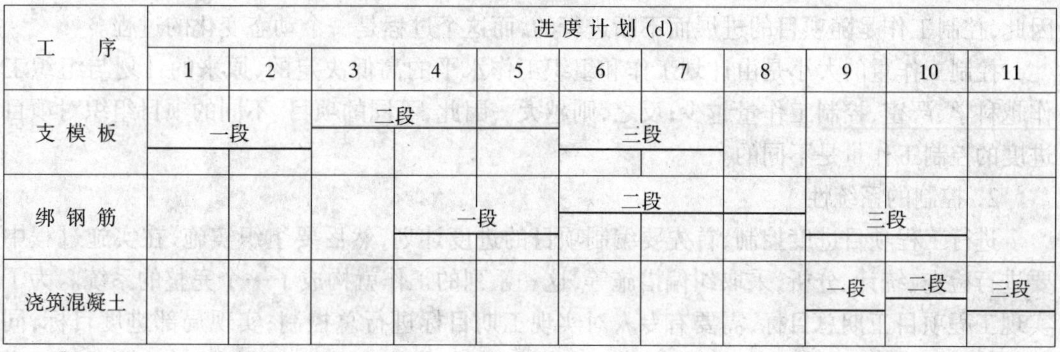

工 序	进度计划 (d)										
	1	2	3	4	5	6	7	8	9	10	11
支模板	一段		二段			三段					
绑钢筋				一段		二段			三段		
浇筑混凝土									一段	二段	三段

图 12-3 横道图

2．里程碑计划

里程碑计划(图 12-4)是以项目中某些重要事件的开始或完成时间点为基准的计划。

里程碑事件	1月	2月	3月	4月	5月	6月	7月	8月
A		▲						
B				▲				
C							▲	
D								▲

图 12-4 里程碑计划

3．网络计划

网络计划(图12-2)是以箭线和节点组成的网状图来表示项目进度的计划。网络计划的优点是把项目过程中的各有关工作组成了一个有机整体，因而能全面而明确地反映出各工作之间的相互制约和相互依赖的关系。它可以进行各种时间参数的计算，能在活动繁多、错综复杂的计划中找出影响工程项目进度的关键工作，便于管理人员集中精力抓住项目实施中的主要矛盾，保证进度目标的完成。还可以利用网络计划反映出来的时差，更好地配备各种资源，达到节省人力、物力和降低成本的目的。

12.5 工程项目进度控制

工程项目进度控制就是在项目进行中，确保每项工作按进度计划进行；同时不断掌握计划实施情况，并将实施情况与计划进行对比，纠正计划执行中的偏差，以确保工程项目进度计划目标的实现。

12.5.1 工程项目进度控制原理

1．控制的动态性

在工程项目进度计划管理过程中，只有开始实施进度计划，才能发现实际进度情况与原订进度计划的距离，才能进行控制工作。否则，进度计划尚未开始，控制工作也就无从谈起。因此，控制工作是随项目的进展而不断进行的，而这个过程是一个动态变化的过程。

控制工作量的大小是由计划工作和组织工作水平的高低决定的，原来的计划与组织工作越科学、严密，控制工作量越少；反之，则越大。因此，不同的项目、不同的项目组织对项目进度的控制工作量是不同的。

2．控制的系统性

进行工程项目进度控制，首先要编制项目的进度计划，然后要组织实施，在实施过程中要进行检查、统计、分析，采取纠偏措施等，这一系列的工作就构成了一个完整的系统。为了实现工程项目工期总目标，需要有专人对实现工期目标进行总控制；实现局部进度目标，同样需要由各级管理人员进行控制。因此，从组织机构看，为完成进度控制职能也形成了一个系统。

3．控制的封闭循环性

控制总是围绕着目标、标准、衡量、比较、纠正等程序来进行，并根据进度计划安排各种资源或改变资源安排的一种纠偏工作。这个过程不断反复地进行，形成了一个封闭的循环系统。在此过程中出现脱离或背离进度目标的情况，能及时得到反馈，并通过控制回归到既定目标上来。

4．控制的弹性

一般工程项目工期长且影响因素多，这就要求在编制进度计划时留有余地，即要求计划具有一定的弹性，以排除或减轻由于各种因素变化对实施进度控制造成的不利影响。

计划留有余地，一方面是指进度计划指标不能订得太高，要给进度计划的执行者留有完成计划的可能性；另一方面，在资源的安排和使用上，留有一定的余量。这样在进度计划的实施中，才能取得主动权。

12.5.2 工程项目进度计划的实施与控制

1. 工程项目进度计划的实施

在工程项目进度计划的实施过程中,由于资源供应和自然条件等因素的影响而打破原有进度计划的事时有发生,这就说明计划的平衡是相对的,不平衡是绝对的。因此,在进度计划实施过程中采取相应措施进行管理,是十分必要的。为保证进度计划总目标的实现,应抓好以下几项工作:

(1) 组织落实工作

为保证进度计划得以实施,必须有组织的保证,建立相应的组织机构。其主要作用包括编制实施计划、落实保证措施、监测执行情况、分析与控制计划执行情况。要将工期总目标层层分解,落实到各部门或个人,形成进度控制目标体系,作为实施进度控制的依据。

(2) 编制进度实施计划

进度实施计划的主要内容包括:

① 进度控制目标分解图;
② 进度控制的主要工作内容;
③ 进度控制人员的具体分工;
④ 与进度控制相关工作的时间安排;
⑤ 进度控制的具体方法;
⑥ 进度控制的组织措施、技术措施、经济措施;
⑦ 影响进度目标实现的风险识别与分析。

(3) 抓重点和关键

在进度计划实施中,要分清主次轻重,抓住重点和关键工作,着力解决好对总进度目标有举足轻重的问题,可以起到事半功倍的作用。

(4) 重视调度工作

调度工作是组织进度计划实现的重要环节,它要为进度计划的顺利执行创造各种必要的条件。调度工作的主要任务是:

① 落实材料加工订货,组织资源进场;
② 落实人力资源,组织人力资源平衡工作;
③ 检查计划执行情况,掌握项目进展动态;
④ 预测进度计划执行中可能出现的问题;
⑤ 及时采取措施,保证进度目标的实现;
⑥ 召开调度会议,做出调度决议。

2. 工程项目进度计划的控制

(1) 控制影响工程项目进度的因素

① 工程项目利益相关单位　与工程项目利益相关单位涉及业主、资金筹集单位、设计单位、施工单位、物资供应单位、政府有关部门、运输、通讯、供电等部门,必须协调好相互间的进度关系。

② 资金　工程项目用款能否及时拨付,是工程项目能否顺利进行的重要保证。

③ 设计　设计在技术上是否可行、工艺是否先进、方案是否合理、设备是否配套、结构是否安全可靠等,直接影响项目进度。在工程项目实施中应严格控制设计变更,如发生变

更,严格按变更程序办理。

④ 施工环境　项目实施过程中,内外部环境均可能发生变化,尤其是地质、水文、气象等自然环境的变化,必然会影响到施工进度。

⑤ 物资供应　项目实施过程中所需要的材料、构配件、机具、设备如果不能按时运抵现场,或虽能按时运抵现场但质量不符合要求,必然会影响进度。

⑥ 风险因素　影响工程项目进度的风险因素包括政治、经济、技术、自然和管理等诸方面。有些因素在项目实施前已被识别,有些风险因素可能未被识别。当风险事件产生时,进度会受其影响而拖延。

(2) 工程项目进度检查

为了对工程项目进度计划执行进行控制,必须建立健全相应的检查制度和执行数据采集报告制度。可定期或不定期地对进度计划的执行情况进行检查和收集相关数据。进度检查方法有以下几种:

① 横道图检查法　工程项目进度计划用横道图表示时,可在图中用不同的线条分别表示计划进度和实际进度。如图12-5所示。

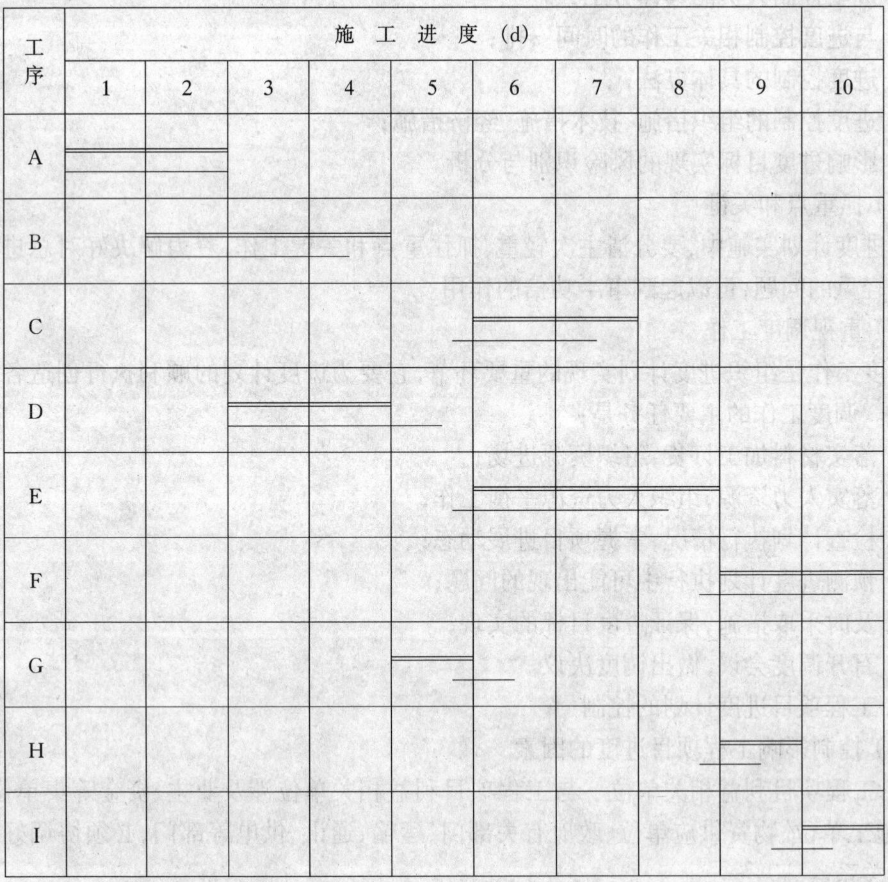

工序	施工进度 (d)									
	1	2	3	4	5	6	7	8	9	10
A										
B										
C										
D										
E										
F										
G										
H										
I										

注:——代表计划进度;——代表实际进度。

图12-5　利用横道计划记录施工进度

② 实际进度前锋线　当工程项目进度计划采用时标网络计划时,可以采用实际进度前

锋线进行检查。实际进度前锋线是在时标网络计划图上,将计划检查时刻各项工作的实际进度所达到的前锋点连接而成的折线。由于它自上而下依次连接各条线路的实际进度到达点,故形成一条折线,可形象地表示出该时刻整个工程的实际进度到达的"前锋"。线路与前锋线的交点正好在检查日期线上的表示进度正常,在检查日期线前(右)方的表示进度提前,在后(左)方的则表示拖后。处于波锋上的线路较相邻线路进度快处于波谷上的线路则较相邻线路的进度慢(图12-6)。画出前锋线,实际进度便一目了然了。

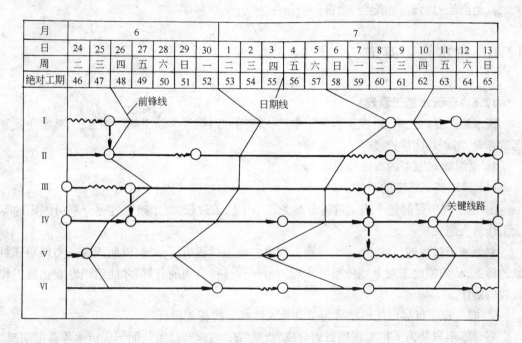

图12-6 时标网络计划及实际进度前锋线

③ 网络计划图上记录 在网络计划图上,将已完工作的节点内涂上不同颜色或用斜线表示,如图12-7所示。对单代号网络图,则表示工作7与工作8均已完成;对双代号网络图,则表示7-8这项工作已完成。

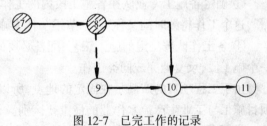

图12-7 已完工作的记录

这样就便于与未完成工作区别开来,随时可以掌握哪些工作已完成,哪些工作将要开始,做到心中有数。

(3) 工程项目进度计划调整

对工程项目实际进度进行检查、测量后,可与计划进度进行比较,从中发现是否出现进度偏差以及偏差的大小。通过分析,如果进度偏差较小,应在分析其产生原因的基础上采取有效措施,排除障碍,继续执行原进度计划;如果偏差较大,原进度计划不易实现时,应考虑对原进度计划进行必要的调整,以形成新的进度计划,作为进度控制的新依据。进度计划调整的方法:

① 组织平行作业或搭接作业。平行作业或搭接作业的特点是不改变工作的持续时间,

只须改变工作的开始时间和完成时间,同时在单位时间内的资源需求量会增加。这两种方法既可单独运用,也可同时运用。

② 压缩关键工作的持续时间。当进度计划是用网络计划技术编制时,可通过压缩关键线路上关键工作的持续时间来缩短工期。具体可通过采取以下措施解决:

组织措施:增加劳动力、增加作业班次、增加机械数量。

技术措施:采用先进的施工工艺、施工技术、施工机械、新材料。

其他措施:加强协作配合、改善劳动条件、实行奖励制度。

12.6 流水施工方法

12.6.1 流水施工原理

流水施工是行之有效,在工程施工中广泛使用的组织科学施工的计划方法,其实质就是连续作业,组织均衡生产。

1. 组织流水施工的条件和效果

(1) 组织流水施工的条件。

① 把工程项目的整个施工过程分解为若干个施工过程,每个施工过程分别由固定的专业工作队实施完成。

划分施工过程的目的,是为了对施工对象的建造过程进行分解,以便于逐一实现局部对象的施工,从而使施工对象整体得以实现。也只有这种合理的分解,才能组织专业化施工和有效的协作。

② 把工程项目尽可能地划分为劳动量大致相等的施工段(区)。

划分施工段是为了把工程项目划分成"批量"的"假定产品",从而形成流水作业的前提。没有"批量"就不可能也不必要组织任何流水作业。每一个段就是一个"假定产品"。

③ 确定各施工专业队在各施工段内的工作持续时间。

这个工作持续时间又称"流水节拍",代表施工的节奏性。

④ 各工作队按一定的施工工艺,配备必要的机具,依次、连续地由一个施工段转移到另一个施工段,反复地完成同类工作。

由于工程项目的产品是在固定的地点,所以"流水"的只能是专业工作队。这也是工程项目施工与工业生产流水作业的最重要区别。

⑤ 不同工作队完成各施工过程的时间适当地搭接起来。

不同的专业工作队之间在工作时间上有搭接、搭接的目的是为了节省时间,也往往是连续作业或工艺上所要求的。搭接要经过计算,并在工艺上是可行的。

(2) 组织流水施工的效果。

① 可以节省工作时间。这里所指的"节省"是相对于"依次作业"而言的。实现"节省"的手段是"搭接",而"搭接"的前提是分段。

例如,某工程项目有三个施工过程,采用"依次作业,其进度如图 12-8 所示。如果工作面允许,把它划分为三个施工段,则在不增加人力的情况下,便可绘制成图 12-9,两图相比较,可节省 4 天。

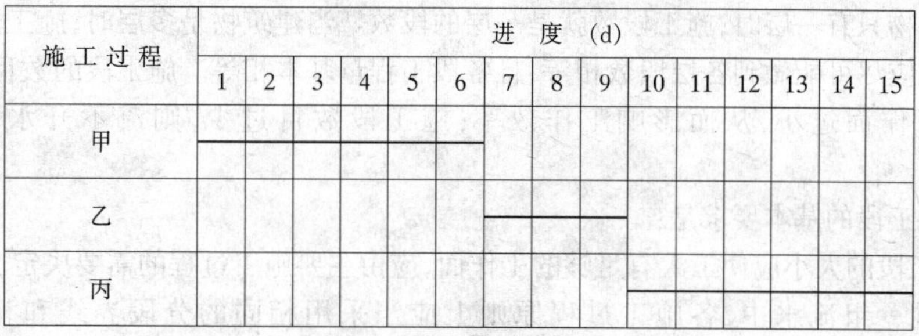

施工过程	进 度 (d)														
	1	2	3	4	5	6	7	8	9	10	11	12	13	14	15
甲	══	══	══	══	══	══									
乙							══	══	══						
丙										══	══	══	══	══	══

图 12-8 依次作业图

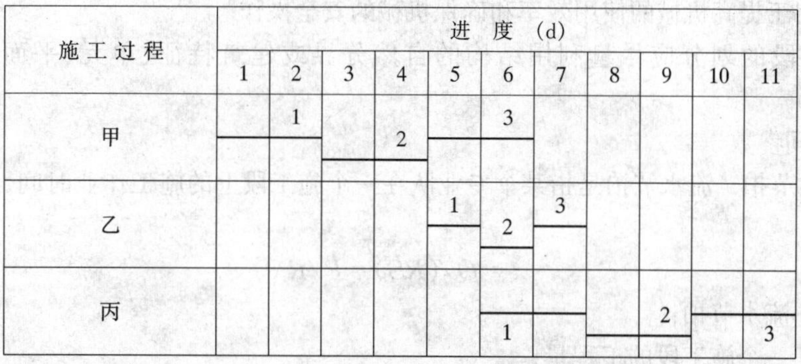

施工过程	进 度 (d)										
	1	2	3	4	5	6	7	8	9	10	11
甲	1		2		3						
乙				1		2		3			
丙							1		2		3

图 12-9 流水作业图

② 可以实现均衡、有节奏的施工。工人在每个施工段上的作业时间尽可能地安排得有规律,这样各个工作队的工作,便可形成均衡、有节奏的特点。"均衡"是指不同时间段的资源数量变化较小,它对组织施工十分有利,可以达到节约使用资源的目的;"有节奏"是指工人作业时间有一定的规律性。这种规律性可以带来良好的施工秩序,和谐的施工气氛,可观的经济效益。

③ 可以提高劳动生产率。组织流水施工后,使工人能连续作业,工作面被充分利用,资源利用均衡,管理效果好,因而能提高劳动生产率。

2. 流水参数

(1) 工艺参数

工艺参数是指一组流水中施工过程的个数。施工过程可以根据计划的需要确定其粗细程度,可以是一个工序,也可以是一项分项工程,还可以是它们的组合。组成流水的施工过程如果各由一个专业队施工,则施工过程数和专业队数相等;有时由几个专业队负责完成一个施工过程或一个专业队完成几个施工过程,则施工过程数与专业队数不相等。计算时用"N"表示施工过程数,用"N'"表示专业队数。

对工期影响最大的,或对整个流水施工起决定性作用的施工过程,称为主导施工过程。在划分施工过程后,首先应找出主导施工过程,以便抓住流水作业的关键环节。

(2) 空间参数

空间参数是指单体工程划分的施工段或群体工程划分的施工区的个数。施工区、段可称为流水段。

当建筑物只有一层时，施工段数就是一层的段数。当建筑物是多层时，施工段数是各层段数之和。应尽可能做到各层段数相等，且各段工程量基本相等。施工段的数目不宜太多，太多易使工作面过小，从而影响工作效率；施工段数目过少，则流不开水，容易造成窝工。

划分施工段的基本要求是：

① 施工段的大小应使工人有足够的工作面，应由主要施工过程的需要决定。

② 在同一组流水中，各施工过程原则上应当采用相同的分段界线和相同的施工段数。

③ 以施工机械为主导施工过程的工程，施工段的划分必须满足施工机械操作空间和操作能力，以利于提高机械的使用效率和确保机械的安全操作。

④ 施工段的划分应尽量利用结构的自然分界或建筑特征（单元、平面形状）作为依据。

(3) 时间参数

① 流水节拍　流水节拍是指某个专业队在一个施工段上的施工作业时间，其计算公式为：

$$t = Q/(RS) = P/R \tag{12-1}$$

式中　t——流水节拍；

　　　Q——一个施工段的工程量；

　　　R——专业队的人数或机械数；

　　　S——产量定额，即单位时间（工日或台班）完成的工程量；

　　　P——劳动量或台班量。

确定流水节拍应注意：

A. 流水节拍的取值，必须考虑专业队组织方面的限制和要求，尽可能不改变原劳动组织，以便于领导。专业队的人数应有起码的要求，以具备集体协作的能力。

B. 流水节拍的确定，必须保证有足够的施工操作空间，能充分发挥专业队的劳动效率，且保证施工安全。

C. 流水节拍的确定，应考虑机械设备的实际负荷能力和可能提供的机械设备数量，并考虑机械设备操作安全和质量要求。

D. 有特殊技术限制、安全质量限制的工程，在安排其流水节拍时，应满足相关的限制要求。

E. 必须考虑材料和构配件供应能力与水平对进度的影响和限制，合理确定相关施工过程的流水节拍。

F. 应首先确定主导施工过程的流水节拍，并依此确定其他施工过程的流水节拍。主导施工过程的流水节拍应是各施工过程流水节拍的最大值，并尽可能是有节奏的，以便组织节奏流水。

② 流水步距　流水步距是指两个相邻的工作队进入流水作业的时间间隔，以符号"K"表示。

流水步距的长度，要根据需要及流水方式的类型经过计算确定。计算时应考虑的因素有以下几点：

A．每个专业队连续施工的需要。流水步距的最小长度，必须使专业队进场后，不发生停工、窝工的现象。

B．技术间歇的需要。有些施工过程完成后，后续施工过程不能立即投入作业，必须有足够的时间间歇，这个间歇时间应尽量安排在专业队进场之前，不然就不能保证专业队工作的连续性。

C．流水步距的长度应保证每个施工段的施工作业程序不乱，不发生前一施工过程尚未全部完成，而后一施工过程便开始施工的现象。有时为了缩短时间，某些次要的专业队可以提前插入，但必须是技术上可行，而且不影响前一个专业队的正常工作。提前插入的现象越少越好。

③ 工期

工期是指从第一个专业队投入流水作业开始，到最后一个专业队完成最后一个施工过程的最后一段工作退出流水作业为止的整个延续时间。由于一项工程往往由许多流水组组成，所以这里所说的是流水组的工期，而不是整个工程的总工期。可用符号"T_p"表示。

在安排流水施工之前，应有一个基本的工期目标，以便在总体上约束具体的流水作业组织。在进行流水作业安排以后，可以通过计算确定工期，并与目标工期比较，二者应相等或使计算工期小于目标工期。如果绘制了流水图表，在图表上可以观察到工期长度。可以用计算工期检验图表绘制的正确性。

12.6.2 流水作业的组织方法

1. 等节奏流水的组织方法

等节奏流水是指流水速度相等，它是最理想的组织流水的方式。因为这种组织方能够保证专业队的工作连续、有节奏，可以实现均衡施工，从而最理想地达到组织流水作业的目的。在可能的情况下，应尽量采用这种流水方式组织流水。

组织这种流水，首要的前提是使各施工段的工程量基本相等；其次，要先确定主导施工过程的流水节拍；第三，使其他施工过程的流水节拍与主导施工过程的流水节拍相等，做到这一点的办法主要是调整各专业队的人数。

在多层建筑施工中，使施工段数与专业队数相等最为理想（即 $M = N'$），这样可以使专业队的工作连续，工作面也得到充分利用。如果 $M > N'$，虽可以使专业队的工作连续，但工作面有停歇，故效果稍差。如果 $M < N'$，则造成专业队窝工，这是组织流水作业不能允许的。

在没有技术间歇和插入时间的情况下，等节奏流水的流水步距与流水节拍在时间上相等。工期的计算公式是：

$$T_p = (M + N' - 1)t \tag{12-2}$$

或

$$T_p = (M + N' - 1)K \tag{12-3}$$

式中　T_p——工期，在有技术间歇和插入时间的情况下，工期的计算公式是：

$$T_p = (M + N' - 1)K - \Sigma C + \Sigma Z \tag{12-4}$$

式中　ΣZ——间歇时间之和；

　　　ΣC——插入时间之和。

图 12-10 是一个等节奏流水的作业图。其中，$M = 4$，$N = N' = 5$，$t = 4d$，$\Sigma Z = 4$，$\Sigma C = 4d$，故其工期计算如下：

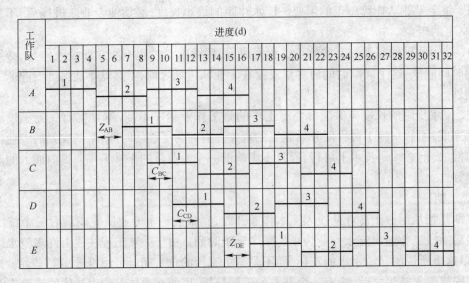

图 12-10 等节奏流水施工图

$$T_p = (M + N' - 1) \cdot K + \Sigma Z - \Sigma C = (4+5-1) \times 4 + 4 - 4 = 32$$

如果是线性工程也可以组织等节奏流水,称"流水线法施工",其组织方法类似于建筑物施工的组织方法,具体要求如下:

首先,将线性工程对象划分为若干个施工过程;

其次,通过分析,找出对工期起主导作用的施工过程;

第三,根据完成主导施工过程工作的队或机械的每班生产率确定专业队的移动速度;

第四,再根据这一速度设计其他施工过程的流水作业,使之与主导施工过程相配合。即工艺上密切联系的专业队,按一定的工艺顺序相继投入施工,各专业队以一定不变的速度沿着线性工程的长度方向不断向前移动,每天完成同样长度的工作内容。

例如,某管道铺设工程,由开挖槽沟、铺设管道、焊接钢管、回填土四个施工过程组成。经分析,开挖槽沟是主导施工过程,每班可挖 50m。故其他施工过程都应以每班 50m 的施工速度,与开挖槽的施工速度相适应。每隔一班(50m 的间距)投入一个专业队。这样,就可以对 500m 长度的管道工程按图 12-11 所示的进度计划组织流水作业法施工。

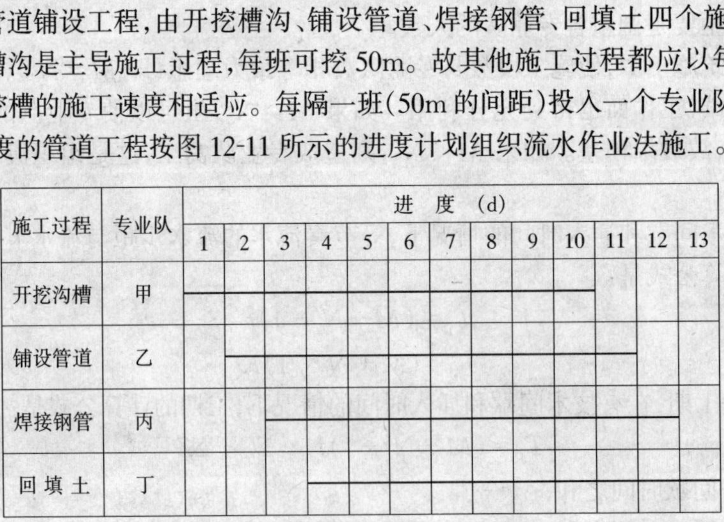

施工过程	专业队	进度 (d)												
		1	2	3	4	5	6	7	8	9	10	11	12	13
开挖沟槽	甲													
铺设管道	乙													
焊接钢管	丙													
回填土	丁													

图 12-11 流水线法图

流水线法施工的计算公式是:

$$T_p = (N-1) \cdot K + (L/V) \cdot K + \Sigma Z - \Sigma C \qquad (12\text{-}5)$$

令
$$L/V = M$$

则
$$T_p = (M + N - 1) \cdot K + \Sigma Z - \Sigma C$$

式中　T_p——线性工程施工工期；
　　　L——线性工程总长度；
　　　K——流水步距；
　　　N——工作队数。

本例中，$K=1\text{d}$，$N=4$，$M=500/50=10$，故：
$$T_p = (10 + 4 - 1) \times 1 = 13(\text{d})$$

此计算结果与图 12-11 相符。

2. 异节奏流水施工

等节奏流水的优点是各工作队的工作有相等的节奏，这无疑会给组织连续、均衡施工带来方便。

有一种情况是，各工作队的流水节拍都是某一个常数的倍数。于是，就可以按等节奏流水的方式组织施工，产生与等节奏流水施工同样的效果。这种组织方式可称为成倍流水。

例如，某工程分为 7 个段，划分为甲、乙、丙三个施工过程，经计算，确定其流水节拍为 2d、6d 和 4d，这三种节拍均是 2 的倍数。于是，可以通过增加工作队的办法，把它们组织成类似于等节奏流水的成倍节拍流水，组织方法如下：

(1) 以最大公约数去除各流水节拍，其商数就是各施工过程需要组建的工作队数。本例中，甲施工过程需要 1 个队，乙施工过程需要 3 个队，丙施工过程需要 2 个队。

(2) 分配每个工作队负责的施工段，以便按时到位作业。

(3) 以常数为流水步距，绘制流水作业图表。图 12-12 就是该工程的成倍节拍流水作业图。

施工过程	工作队	进度 (d)																							
		1	2	3	4	5	6	7	8	9	10	11	12	13	14	15	16	17	18	19	20	21	22	23	24
甲	A	1		2		3		4		5		6		7											
乙	B			1								4						7							
	C					2							5												
	D							3						6											
丙	E							1				3					5					7			
	F									2				4				6							

图 12-12　成倍节拍流水图

(4) 检查图表的正确性，防止发生错误。既不能有"超"作业，又不能有中间停歇。

(5) 计算工期。计算公式与等节奏流水相同，即：

$T_p = (M + N' - 1) \cdot K + \Sigma Z - \Sigma C$,本例的工期是:
$$T_p = (M + N' - 1) \cdot K$$
$$= (7 + 6 - 1) \times 2$$
$$= 24(d)$$

3. 无节奏流水

无节奏流水可用分别流水法施工。分别流水法的实质是,各工作队连续作业(流水),流水步距经计算确定。使工作队之间在一个施工段内不相互干扰(不超前,但可能滞后),或做到前后工作队之间工作紧紧衔接。因此,组织无节奏流水的关键在于正确计算流水步距。

计算流水步距可用取大差法,其步骤是:

第一步,累加各施工过程的流水节拍,形成累加数列;

第二步,相邻两施工过程的累加数列错位相减;

第三步,取差数之大者作为该两个施工过程的流水步距。

表 12-1 是某工程的流水节拍。

某工程施工流水节拍 表 12-1

施工过程	流水节拍(d)			
	一 段	二 段	三 段	四 段
甲	2	4	3	2
乙	3	3	2	3
丙	4	2	3	2

根据以上三个步骤对本例进行计算。首先求甲、乙两施工过程的流水步距:

```
    2   6   9   11
-)  0   3   6   8   11
    ─────────────────
    2   3   3   3   -11
```

可见,其最大差值为 3,故甲、乙两施工过程的流水步距可取 3d。

同理可求乙、丙两个施工过程的流水步距是 3d。

```
    3   6   8   11
-)  0   4   6   9   11
    ─────────────────
    3   2   2   2   -11
```

该工程的流水作业图表见图 12-13。

无节奏流水的工期计算公式是:
$$T_p = \Sigma K_{i,i+1} + \Sigma t_n^j \tag{12-6}$$

式中 $\Sigma K_{i,i+1}$——流水步距之和;

Σt_n^j——最后一个施工过程的各段累计时间。

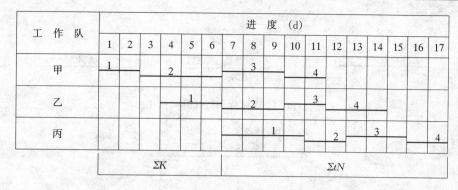

图 12-13 分别流水图

该工程的工期为17d：

$$T_p = \Sigma K_{i,i+1} + \Sigma t_n^j$$
$$= (3+3) + (4+2+3+2)$$
$$= 6 + 11$$
$$= 17d$$

12.7 工程网络计划技术

12.7.1 双代号网络计划技术

1. 双代号网络图的基本符号

(1) 箭线

① 在双代号网络图中，一条箭线表示一项工作，又称活动、工序、作业，如砌砖、抹灰等。工作所包含的范围可大可小，既可以是一道工序，也可以是一项分部工程，甚至是一个单位工程。

② 每项工程都要占用一定的时间，也要消耗一定的资源(如劳动力、材料等)。因此，凡是占用一定时间的过程，都应作为一项工作来看待。例如，混凝土养护，这是由于技术上的需要而引起的间歇等待时间，在网络图中也应用一条箭线来表示。

③ 在无时标的网络图中，箭线的长短并不反映该工作占用时间的长短。箭线的形状可以是水平直线，也可以是折线或斜线，但最好画成水平直线或带水平直线的折线。在同一张网络图上，箭线画法要统一。

④ 箭线所指的方向表示工作进行的方向，箭线的箭尾表示该项工的开始，箭头表示该该工作的结束。工作名称标注在箭线水平部分的上方，工作的持续时间(也称作业时间)则标注在箭线的下方(图 12-14)。

⑤ 两项工作前后连续施工时，代表两项工作的箭线也前后连续画下去。当出现平行工作时，其箭线也平行绘制，见图 12-15。就某项工作而言，紧靠其前的工作称作紧前工作，紧靠其后的工作称作紧后工作，与之平行的工作称作平行工作，该工作称作"本工作"。

(2) 节点

① 节点在双代号网络图中表示一项工作的开始或结束，用圆圈表示。

② 箭线尾部的节点称箭尾节点，箭线头部的节点称箭头节点；前者又称开始节点，后者

图 12-14　工作名称和持续时间标注法

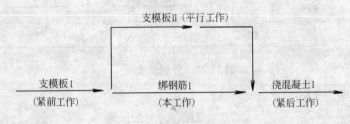

图 12-15　工作的关系

又称结束节点,见图 12-16。

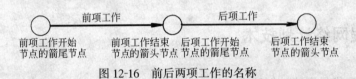

图 12-16　前后两项工作的名称

③ 节点仅为前后两项工作交接之点,只是一个"瞬间"概念,它既不消耗时间也不消耗资源。

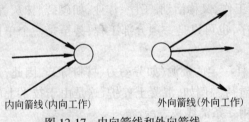

图 12-17　内向箭线和外向箭线

④ 在网络图中,对某一个节点来讲,可能有许多箭线通向该节点,这些箭线称为"内向箭线"(或内向工作);同样也可能有许多箭线由某一节点发出,这些箭线称为"外向箭线"(或外向工作),见图 12-17。

⑤ 网络图中第一个节点叫起点节点,它意味着一项工程或任务的开始;最后一个节点叫终点节点,它意味着一项工程或任务的完成,网络图中的其他节点称为中间节点。

(3) 虚箭线

虚箭线又称虚工作,它表示一项虚拟的工作,用带箭头的虚线表示(图 12-18)。由于是虚拟的工作,故没有名称,不占用时间,不消耗资源,它的主要作用是在网络图中解决工作之间的连接关系,即正确表示网络图中工作之间的相互依存和相互制约的逻辑关系。

(4) 节点编号

① 一项工作是用一条箭线和两个节点来表示的。为使网络图便于检查和计算,所有节点均应统一编号,一条箭线两端节点的一对号码就是该箭线所表示的工作代号,如图 12-19(a)中的工作代号就是 7-8。

② 在进行节点编号时,箭尾节点的号码应小于箭头节点的号码,如图 12-19(b)所示,i 应小于 j。

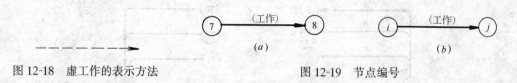

图 12-18　虚工作的表示方法　　　　图 12-19　节点编号

2．双代号网络图的绘制方法

(1) 网络图绘制规则

① 在一个网络图中只允许有一个起点节点和一个终点节点。

在网络图中除起点和终点外,不允许再出现没有外向工作的节点及没有内向工作的节点(多目标网络除外)。

② 网络图中不允许出现循环线路。

在网络图中如果从一个节点出发顺着某一线路又能回到原出发点,这种线路就称作循环线路。

③ 网络图中不允许出现代号相同的箭线。

网络图中每项工作开始节点和结束节点的代号不得重复,一项工作只能有唯一的代号。图 12-20 为工作活动的错误及正确表示方法。

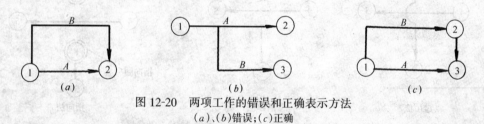

图 12-20　两项工作的错误和正确表示方法
(a)、(b)错误；(c)正确

④ 网络图中不允许出现双向箭头、无箭头或倒向的线(图 12-21)。

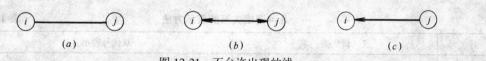

图 12-21　不允许出现的线
(a)无箭头线；(b)双向箭线；(c)倒向箭线

⑤ 严禁在网络图中出现没有箭尾节点的箭线(如图 12-22a)和没有箭头节点的箭线(如图 12-22b)。

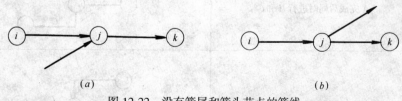

图 12-22　没有箭尾和箭头节点的箭线

⑥ 当网络图的起点节点有多条外向箭线或终点节点有多条内向箭线时,为使图形简洁,可应用母线法绘图,如图 12-23 所示。

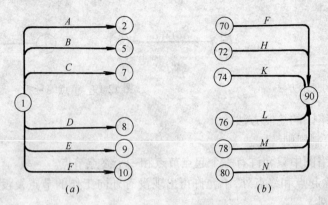

图 12-23 母线法绘图

⑦ 绘制网络图时,应避免箭线交叉。当交叉不可避免时,可采用图 12-24 中的几种表示方法。

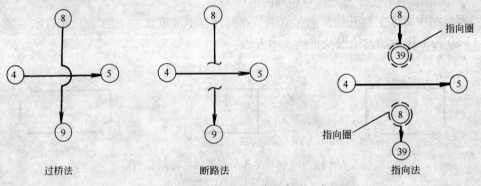

图 12-24 箭线交叉表示方法

(2) 网络图中各种逻辑关系的表示方法,见表 12-2。

几种逻辑关系的表示方法　　　　　表 12-2

序号	逻辑关系	双代号表示方法
1	A 完成后进行 B B 完成后进行 C	○—A→○—B→○—C→○
2	A 完成后同时进行 B 和 C	○—A→○ 分别→B、C
3	A 和 B 都完成后进行 C	A、B 汇合后→C

续表

序号	逻辑关系	双代号表示方法
4	A 和 B 都完成后同时进行 C 和 D	
5	A 完成后进行 C A 和 B 都完成后进行 D	
6	A、B 均完成后进行 D A、B、C 均完成后进行 E D、E 均完成后进行 F	
7	A、B 均完成后进行 C B、D 均完成后进行 E	
8	A 完成后进行 C A、B 均完成后进行 D B 完成后进行 E	
9	A、B 两项工作分成三个施工段,分别流水施工:A_1 完成后进行 A_2、B_1,A_2 完成后进行 A_3、B_2,B_1 完成后进行 B_2,A_3、B_2 完成后进行 B_3	

(3) 虚箭线的作用

在双代号网络图中引入虚箭线是非常重要的,但在画图中又是最容易出错的地方。虚箭线的应用要恰当,虚箭线少了,逻辑关系就错了;虚箭线多了不仅使图面繁杂,而且又增加了绘图和计算的工作量。因此,虚箭线的数量应以必不可少为限度,多余的必须全数删除。

现将虚箭线的作用归纳如下:

① 正确地表工作间的逻辑关系,起"连"和"断"的作用。

图 12-25 中,A 工作的紧后工作为 B,C 活动的紧后工作为 D,但 D 又是 A 的紧后工

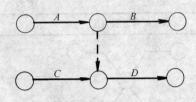

图 12-25 虚箭线用途之一

作，那么连续 A 与 D 的关系就要使用虚箭线，此时只增加虚箭线不增加节点。

将没有关系的工作断开，此时不仅要增加虚箭线，而且还要增加节点。图 12-26(a)，A、B 工作的紧后工作为 C、D 工作，如果要去掉 A 工作与 D 工作的关系，就要增加虚箭线和节点，如图 12-26(b) 所示。

② 两项或两项以上的工作同时开始且同时完成

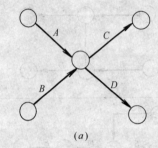
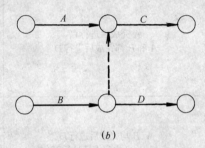

图 12-26 虚箭线用途之二

时。

两项或两项以上的工作同时开始且同时完成时，必须引进虚箭线，以符合画图规则。图 12-27(a) 中 A、B、C 三项工作共用①、②两个节点，1-2 代号既表示 A 工作又可表示 B 工作，还可以表示 C 工作，就会在工作中造成混乱。

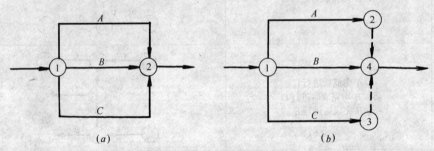

图 12-27 虚箭线用途之三

③ 分段流水作业，立体交叉作业要用虚箭线断路。

图 12-28(a) 是一个砖基础工程流水作业的网络图，从图上看到，把本来没有关系的第二段挖槽与第一段砌墙基础联系起来，把第二段的垫层与第一段的回填土联系起来了。为了使挖槽 2 只与垫层 2 联系，而不与砌墙基础 1 联系，可以在垫层 1 的后面加入一虚箭线以保持与垫层 2 的联系；同理在砌墙基础 1 后面也加入一个虚箭线以保持可砌墙基础 2 的联系，又切断了垫层 2 与回填土 1 的关系，见图 12-28(b)。

④ 在不同栋号的工作之间互相有联系时要引入虚箭线。

在不同栋号之间，施工过程中在某些工作间有联系时，可以引用虚箭线来表示它们的互相联系。图 12-29 中，甲工程的 B 工作需待 A 工和乙工程的 E 工作完成后才能开始；乙工程的 H 工作需待 G 工作和甲工程的 B 工作完成后才能开始。不同栋号之间的联系，往往由于劳动力或机具设备上的转移而发生的，在建筑群体施工时，这种情况常会出现。

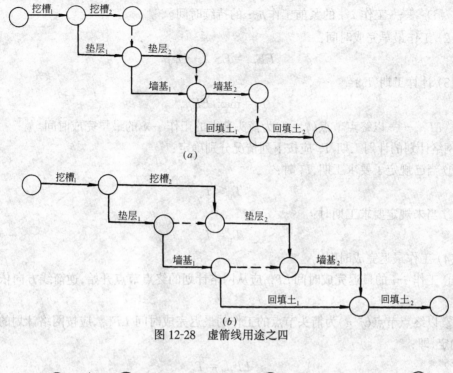

(a)

(b)

图 12-28 虚箭线用途之四

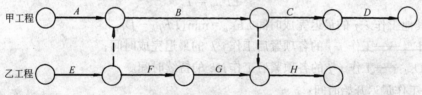

图 12-29 虚箭线用途之五

3. 双代号网络计划时间参数计算

网络计划时间参数计算包括各项工作的最早开始时间(ES_{i-j})、最迟开始时间(LS_{i-j})、最早完成时间(EF_{i-j})、最迟完成时间(LF_{i-j})及工作总时差(TF_{i-j})和自由时差(FF_{i-j}),见图 12-30。下面介绍按工作计算法计算双代号网络计划时间参数:

图 12-30 双代号网络计划时间参数标注形式

(1)工作最早开始时间:

① 工作 $i\text{-}j$ 的最早开始时间 ES_{i-j} 应从网络计划的起点节点开始,顺箭线方向依次逐项计算。

② 以起点节点 I 为箭尾节点的工作 $i\text{-}j$,如未规定其最早开始时间 ES_{i-j} 时,其值等于零,即

$$ES_{i-j} = 0 \quad (i=1) \tag{12-7}$$

③ 其他工作 $i\text{-}j$ 的最早开始时间 ES_{i-j} 应为:

$$ES_{i-j} = \max\{ES_{h-i} + D_{h-i}\} \tag{12-8}$$

式中　ES_{h-i}——工作 i-j 的紧前工作 h-i 的最早开始时间；
　　　D_{h-1}——工作 i-j 的紧前工作 h-i 的持续时间。

(2) 工作最早完成时间：

$$EF_{i-j} = ES_{i-j} + D_{i-j} \tag{12-9}$$

(3) 计算工期 T_c：

$$T_c = \max\{EF_{i-n}\} \tag{12-10}$$

式中　EF_{i-n}——以终点节点($j=n$)为箭头节点的工作 i-n 的最早完成时间。

网络计划的计划工期 T_p 应按下列情况分别确定：

① 当已规定了要求工期 T_r 时：

$$T_p \leqslant T_r \tag{12-11}$$

② 当未规定要求工期时：

$$T_p = T_c \tag{12-12}$$

(4) 工作最迟完成时间：

① 工作 i-j 的最迟完成时间 LF_{i-j} 应从网络计划的终点节点开始，逆箭线方向依次逐项计算。

② 以终点节点(j-n)为箭头节点的工作的最迟完成时间 LF_{i-n}，应按网络计划的计工期 T_p 确定，即：

$$LF_{i-n} = T_p \tag{12-13}$$

③ 其他工作 i-j 的最迟完成时间 $LF_{i-n} = \min\{LF_{j-k} - D_{j-k}\}$ \quad (12-14)

式中　LF_{j-k}——工作 i-j 的各项紧后工作 j-k 的最迟完成时间；
　　　D_{j-k}——工作 i-j 的各项紧后工作 j-k 的持续时间。

(5) 工作最迟开始时间：

$$LS_{i-j} = LF_{i-j} - D_{i-j} \tag{12-15}$$

(6) 工作时差：

① 工作总时差

工作 i-j 的总时差 TF_{i-j} 应按下式计算：

$$TF_{i-j} = LS_{i-j} - ES_{i-j} \tag{12-16}$$

或

$$TF_{i-j} = LF_{i-j} - EF_{i-j} \tag{12-17}$$

② 工作自由时差：

工作 i-j 的自由时差 FF_{i-j} 的计算应符合下列规定：

A. 当工作 i-j 有紧后工作 i-k 时，其自由时差应为：

$$FF_{i-j} = ES_{j-k} - ES_{i-j} - D_{i-j} \tag{12-18}$$

或

$$FF_{i-j} = ES_{j-k} - EF_{i-j} \tag{12-19}$$

式中 ES_{j-k}——工作 i-j 的紧后工作 j-k 的最早开始时间。

B. 以终点节点($j=n$)为箭头节点的工作，其自由时差 FF_{i-j} 应按网络计划的计划工期 T_p 确定，即：

$$FF_{i\text{-}n} = T_p - ES_{i\text{-}n} - D_{i\text{-}n} \tag{12-20}$$

或

$$FF_{i\text{-}n} = T_p - EF_{i\text{-}n} \tag{12-21}$$

(7) 关键工作和关键线路的确定：

① 总时差为零的工作应为关键工作。

② 自始至终全部由关键工作组成的线路或线路上总的工作持续时间最长的线路应为关键线路。该线路在网络图上应用粗线、双线或彩色线标注。

(8) 以图 12-31 为例，说明图上计算法的计算步骤与方法：

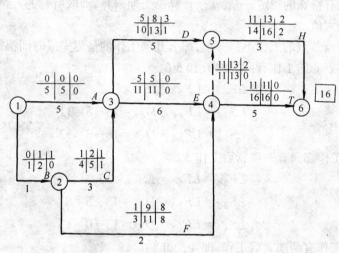

图 12-31　双代号网络计划图上计算法

① 计算工作最早时间。由网络计划起点节点出发的工作，其最早开始时间都为零。图 12-31 中与起点节点相连的工作有两项 1-2 及 1-3。

$$EF_{1\text{-}2} = ES_{1\text{-}3} = 0$$
$$EF_{1\text{-}2} = ES_{1\text{-}2} + D_{1\text{-}2} = 0 + 1 = 1$$
$$EF_{1\text{-}3} = ES_{1\text{-}3} + D_{1\text{-}3} = 0 + 5 = 5$$

工作 2-3 及工作 2-4 都只有一项紧前工作 1-2。

$$ES_{2\text{-}3} = ES_{2\text{-}4} = EF_{1\text{-}2} = 1$$
$$EF_{2\text{-}3} = ES_{2\text{-}3} + D_{2\text{-}3} = 1 + 3 = 4$$
$$EF_{2\text{-}4} = ES_{2\text{-}4} + D_{2\text{-}4} = 1 + 2 = 3$$

工作 3-4 及工作 3-5 地都只有一项紧前工作 1-3。

$$ES_{3\text{-}4} = ES_{3\text{-}5} = EF_{1\text{-}3} = 5$$
$$EF_{3\text{-}4} = ES_{3\text{-}4} + D_{3\text{-}4} = 5 + 6 = 11$$
$$EF_{3\text{-}5} = ES_{3\text{-}5} + D_{3\text{-}5} = 5 + 5 = 10$$

工作 4-5 及工作 4-6 有两项紧前工作 2-4 和 3-4。

$$ES_{4\text{-}5} = ES_{4\text{-}6} = \max\{EF_{2\text{-}4}, EF_{3\text{-}4}\} = \max\{3, 11\}$$
$$EF_{4\text{-}5} = ES_{4\text{-}5} + D_{4\text{-}5} = 11 + 0 = 11$$
$$EF_{4\text{-}6} = ES_{4\text{-}6} + D_{4\text{-}6} = 11 + 5 = 16$$

工作 5-6 有两项紧前工作 3-5 和 4-5。

$$ES_{5\text{-}6} = \max\{EF_{3\text{-}5}, EF_{4\text{-}5}\} = \max\{10, 11\} = 11$$

$$EF_{5\text{-}6} = ES_{5\text{-}6} + D_{5\text{-}6} = 11 + 3 = 14$$

② 确定总工期。与终点节点相连的各项工作中，它们的最早完成时间的最大值即为总工期。在图 12-31 中与终点节点⑥相连的工作有 4-6 和 5-6。

$$T_p = \max\{EF_{4\text{-}6}, EF_{5\text{-}6}\} = \max\{16, 14\} = 16$$

③ 计算工作最迟时间。进入终点节点的工作，其最迟完成时间等于工程的完工时间，如果对总工期没有特殊的规定，一般就按计算总工期来算，即取所有进入终点节点工作的最早完成时间的最大值。

如果进入终点节点的工作不只一项，那么几项工作的最迟完成时间都等于总工期。

进入终点节点⑥的工作有两项：4-6 和 5-6。

$$LF_{4\text{-}6} = LF_{5\text{-}6} = 16$$

$$LS_{4\text{-}6} = LF_{4\text{-}6} - D_{4\text{-}6} = 16 - 5 = 11$$

$$LS_{5\text{-}6} = LF_{5\text{-}6} - D_{5\text{-}6} = 16 - 3 = 13$$

3-5 和 4-5 工作都只有一项紧后工作 5-6。

$$LF_{3\text{-}5} = LF_{4\text{-}5} = LS_{5\text{-}6} = 13$$

$$LS_{3\text{-}5} = LF_{4\text{-}5} - D_{3\text{-}5} = 13 - 5 = 8$$

$$LS_{4\text{-}5} = LF_{4\text{-}5} - D_{4\text{-}5} = 13 - 0 = 13$$

2-4 和 3-4 工作有两项紧后工作，即 4-5 和 4-6。

$$LF_{2\text{-}4} = LE_{3\text{-}4} = \min\{LS_{4\text{-}5}, LS_{4\text{-}6}\} = \min\{13, 11\} = 11$$

$$LS_{2\text{-}4} = LF_{2\text{-}4} - D_{2\text{-}4} = 11 - 2 = 9$$

$$LS_{3\text{-}4} = LF_{3\text{-}4} - D_{3\text{-}4} = 11 - 6 = 5$$

1-3 和 2-3 工作有两项紧后工作，即 3-4 和 3-5。

$$LF_{1\text{-}3} = LF_{2\text{-}3} = \min\{LS_{3\text{-}4}, LS_{3\text{-}5}\} = \min\{5, 8\} = 5$$

$$LS_{1\text{-}3} = LF_{1\text{-}3} - D_{1\text{-}3} = 5 - 5 = 0$$

$$LS_{2\text{-}3} = LF_{2\text{-}3} - D_{2\text{-}3} = 5 - 3 = 2$$

1-2 工作也有两项紧后工作，即 2-3 和 2-4。

$$LF_{1\text{-}2} = \min\{LS_{2\text{-}3}, LS_{2\text{-}4}\} = \{2, 9\} = 2$$

$$LS_{1\text{-}2} = LF_{1\text{-}2} - D_{1\text{-}2} = 2 - 1 = 1$$

④ 计算工作总时差和自由时差。

工作总时差 $\qquad TF_{1\text{-}2} = LS_{1\text{-}2} - ES_{1\text{-}2} = 2 - 1 = 1$

按上述方法可求得其他各项工作总时差为：$TF_{1\text{-}3} = 0$、$TF_{2\text{-}3} = 1$、$TF_{2\text{-}4} = 8$、$TF_{3\text{-}4} = 0$、$TF_{3\text{-}5} = 3$、$TF_{4\text{-}5} = 2$、$TF_{4\text{-}6} = 0$、$TF_{5\text{-}6} = 2$。

工作自由时差 $\qquad FF_{1\text{-}2} = ES_{2\text{-}3} - EF_{1\text{-}2} = 1 - 1 = 0$

按上述方法可求得其他各项工作自由时差为：$FF_{1\text{-}3} = 0$、$FF_{2\text{-}3} = 1$、$FF_{2\text{-}4} = 8$、$FF_{3\text{-}4} = 0$、$FF_{3\text{-}5} = 0$、$FF_{4\text{-}5} = 0$、$FF_{4\text{-}6} = 0$、$FF_{5\text{-}6} = 2$。

⑤ 标出关键线路。

本例题关键线路为 1-3-4-6。

4．双代号时标网络计划

（1）时标网络计划的含义

时标网络计划是以时间坐标为尺度编制的网络计划。本标题所述是双代号时标网络计划（简称时标网络计划）。

（2）时标网络计划的基本符号

时标网络计划的工作以实箭线表示，自由时差以波形线表示，虚工作以虚箭线表示。当实箭线后有波形线且其末端有垂直部分时，其垂直部分用实线绘制；当虚箭线有时差且其末端有垂直部分时，其垂直部分用虚线绘制。

（3）时标网络计划图的绘制步骤

① 按最早开始时间和最早完成时间绘制。

A．计算网络计划各工作的时间参数。

B．在有横向时间刻度的表格上确定每项工作最早开始时间的节点位置。

C．按各工作的持续时间长短绘制相应工作的实线部分。箭线一般沿水平方向画，其水平投影长度，即该工作的持续时间。

D．用水平波形线将实线部分与其紧后工作的最早开始节点连接起来。波形线的水平投影就是工作的自由时差。

E．两项工作之间，如果需要加虚箭线连接时，不占用时间的用垂直虚线连接；占用时间的部分可用波形线来表示。

F．将时差为 0 的工作由起点节点连至终点节点的线路，即为关键线路。终点节点所在位置的时间即工程竣工时间。

图 12-32 是图 12-31 按最早开始时间绘制的时标网络计划图。

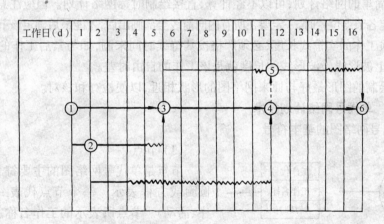

图 12-32　按最早时间绘制的时标网络计划

② 按最迟开始时间和最迟完成时间绘制。

A．计算网络计划各工作的时间参数；

B．在有时间刻度的表格上确定每项工作最迟开始时间的节点位置。如果节点处只有一条外向箭线，此工作的最迟开始时间就是该节点的位置；若某节点处有若干条外向箭线，则各工作最迟开始时间的最小值就是该节点的位置。

C. 按各工作的持续时间长短沿水平方向绘制相应工作的实线部分,其箭头必须与该工作的结束节点相连。

D. 用波形线将实线部分与该工作的开始节点连接起来。

E. 虚箭线的连接与关键线路的找法同按最早开始时间绘制的时标网络。

注意,此时的波形线所示的长度不是工作的自由时差。将按最早开始时间绘制的时标网络与按最迟开始时间绘制的时标网络的相同工作进行比较,其波形线长度的较大值就是该工作的总时差。

图 12-33 是按最迟开始时间绘制的时标网络图。

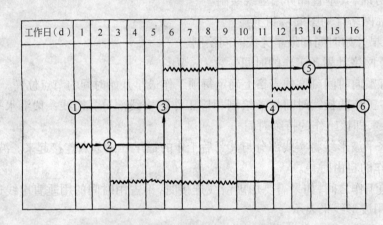

图 12-33 按最迟时间绘制时标网络计划

③ 不经计算,直接绘制时标网络计划。

对于较简单的网络计划,可以不经计算,直接绘制时标网络计划。但应注意以下几点:

A. 在定各节点位置时,一定要在所有内向箭线全部画出后,才能最后确定该节点的位置。

B. 每项工作的实箭线长度,必须严格按其持续时间来画,如与紧后工作的开始节点还有距离就补上波形线。波形线的长度就是该工作的自由时差。

C. 所绘制的图形最好与原来网络图的形状相近,以便检查和核对。

12.7.2 单代号网络计划技术

1. 单代号网络图的基本符号

(1) 节点

节点是单代号网络图的主要符号,它可以用圆圈或方框表示。一个节点代表一项工作(工序、活动)。节点所表示的工作名称、持续时间和代号一般均标注在圆圈或方框内(图 12-34)。

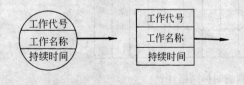

图 12-34 单代号网络图工作的表示方法

(2) 箭线

箭线在单代号网络图中,仅表示工作之间的逻辑关系,既不占用时间,也不消耗资源。

2. 单代号网络图的绘图规则

(1) 单代号网络图必须正确表述已定的逻辑关系。

(2) 单代号网络图中,严禁出现循环回路。
(3) 单代号网络图中,严禁出现双向箭头或无箭头的连线。
(4) 单代号网络图中,严禁出现没有箭尾节点的箭线和没有箭头节点的箭线。
(5) 绘制网络图时,箭线不宜交叉。当交叉不可避免时,可采用过桥法和指向法绘制。
(6) 单代号网络图只应有一个起点节点和一个终点节点;当网络图中有多项起点节点或多项终点节点时,应在网络图的两端分别设置一项虚工作,作为该网络图的起点节点(S_t)和终点节点(F_{in})。

3. 时间参数计算

(1) 单代号网络计划的时间参数计算应在确定各项工作持续时间之后进行。
(2) 单代号网络计划的时间参数计算基本内容和形式应按图12-35所示方式标注。

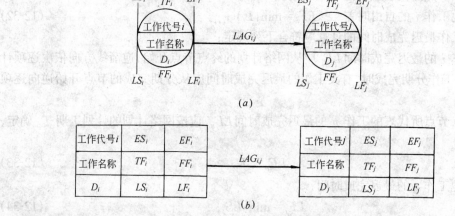

图12-35 时间参数的标注形式

(3) 工作最早开始时间的计算应符合下列规定:
① 工作 i 的最早开始时间 ES_i 应从网络图的起点开始,顺着箭线方向依次逐项计算;
② 当起点节点 i 的最早开始时间 ES_i 无规定时,其值应等于零,即:
$$ES_i = 0 \quad (t=1) \tag{12-22}$$
③ 其他工作的最早开始时间 ES_i 应为:
$$ES_i = \max\{EF_h\} \tag{12-23}$$
或
$$ES_i = \max\{ES_h + D_h\} \tag{12-24}$$
式中 ES_h——工作 i 的各项紧前工作 h 的最早开始时间;
D_h——工作的各项紧前工作 h 的持续时间。
(4) 工作 i 的最早完成时间 EF_i 应按下式计算:
$$EF_i = ES_i + D_i \tag{12-25}$$
(5) 网络计划计算工期 T_c 应按下式计算:
$$T = EF_n \tag{12-26}$$
式中 EF_n——终点节点 n 的最早完成时间。
(6) 网络计划的计划工期 T_p 应符合对双代号网络计划 T_p 的规定。
(7) 相邻两项工作 i 和 j 之间的时间间隔 $LAG_{i,j}$ 的计算应符合下列规定:

① 当终点节点为虚拟节点时,其时间间隔应为:
$$LAG_{i,n} = T_p - EF_i \tag{12-27}$$
② 其他节点之间的时间间隔应为:
$$LAG_{i,j} = ES_j - EF_i \tag{12-28}$$
(8) 工作总时差的计算应符合下列规定:
① 工作 i 的总时差 TF_i 应从网络计划的终点节点开始,逆箭线方向依次逐项计算。当部分工作分期完成时,有关工作的总时差必须从分期完成的节点开始逆向逐项计算:
② 终点节点所代表工作 n 的总时差 $\quad TF_n = T_p - EF_n \tag{12-29}$
③ 其他工作 i 的总时差 $\quad TF_i = \min\{TF_j + LAG_{i,j}\} \tag{12-30}$
(9) 工作 i 的自由时差 FF_i 的计算应符合下列规定:
① 终点节点所代表工作 n 的自由时差 $\quad FF_n = T_p - EF_n \tag{12-31}$
② 其他工作 i 的自由时差 $\quad FF_i = \min\{LAG_{i,j}\} \tag{12-32}$
(10) 工作最迟完成时间的计算应符合下列规定:
① 工作 i 的最迟完成时间 LF_i 应从网络计划的终点节点开始,逆箭线方向依次逐项计算。当部分工作分期完成时,有关工作的最迟完成时间应从分期完成的节点开始逆向逐项计算;
② 终点节点所代表的工作 n 的最迟完成时间 LF_n,应按网络计划的计划工期 T_p 确定,即:
$$LF_n = T_p \tag{12-33}$$
③ 其他工作 i 的最迟完成时间:
$$LF_i = \min\{LS_j\} \tag{12-34}$$
或
$$LF_i = EF_i + TF_i \tag{12-35}$$
式中 LS_j——工作 i 的各项紧后工作 j 的最迟开始时间。

(11) 工作 i 的最迟开始时间 LS_i 应按下式计算:
$$LS_i = LF_i - D_i \tag{12-36}$$
或
$$LS_i = ES_i + TF_i \tag{12-37}$$

4. 关键工作和关键线路的确定

(1) 确定关键工作应符合 12.7.1 中 3. 的规定。
(2) 从起点节点开始到终点节点均为关键工作,且所有工作的时间间隔均为零的线路应为关键线路。该线路在网络图上应用粗线、双线或采色线标注。

5. 单代号网络计划计算实例(图 12-36)

(1) 计算最早开始和最早完成时间:
$$ES_1 = 0$$
$$EF_1 = 0 + 2 = 2$$
$$ES_2 = EF_1 = 2$$
$$EF_2 = 2 + 3 = 5$$
$$ES_3 = EF_2 = 5$$
$$EF_3 = 5 + 2 = 7$$

12.7 工程网络计划技术   **321**

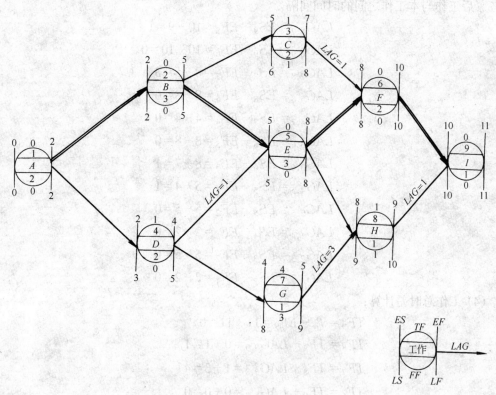

图 12-36 单代号网络计划时间参数计算

$ES_4 = EF_1 = 2$

$EF_4 = 2 + 2 = 4$

$ES_5 = \max\{EF_2, EF_4\} = \max\{5, 4\} = 5$

$EF_5 = 5 + 3 = 8$

$ES_6 = \max\{EF_3, EF_5\} = \max\{7, 8\} = 8$

$EF_6 = 8 + 2 = 10$

$ES_7 = EF_4 = 4$

$EF_7 = 4 + 1 = 5$

$ES_8 = \max\{EF_5, EF_7\} = \max\{8, 5\} = 8$

$EF_8 = 8 + 1 = 9$

$ES_9 = \max\{EF_6, EF_8\} = \max\{10, 9\} = 10$

$EF_9 = 10 + 1 = 11$

(2) 工期计算：

$$T_c = EF_9 = 11$$
$$T_p = T_c = 11$$

(3) 相邻两项工作时间间隔的计算：

由于单代号网络计划一项工作的各紧后工作的最早开始时间不一定相同，所以应先求出各紧后工作与本工作之间的时间间隔。

$$LAG_{8,9} = ES_9 - EF_8 = 10 - 9 = 1$$
$$LAG_{6,9} = ES_9 - EF_6 = 10 - 10 = 0$$
$$LAG_{7,8} = ES_8 - EF_7 = 8 - 5 = 3$$
$$LAG_{5,8} = ES_8 - EF_5 = 8 - 8 = 0$$
$$LAG_{4,7} = ES_7 - EF_4 = 4 - 4 = 0$$
$$LAG_{5,6} = ES_6 - EF_5 = 8 - 8 = 0$$
$$LAG_{3,6} = ES_6 - EF_3 = 8 - 7 = 1$$
$$LAG_{4,5} = ES_5 - EF_4 = 5 - 4 = 1$$
$$LAG_{2,5} = ES_5 - EF_2 = 5 - 5 = 0$$
$$LAG_{1,4} = ES_4 - EF_1 = 2 - 2 = 0$$
$$LAG_{2,3} = ES_3 - EF_2 = 5 - 5 = 0$$
$$LAG_{1,2} = ES_2 - EF_1 = 2 - 2 = 0$$

(4) 工作总时差计算:

$$TF_9 = T_c - EF_9 = 11 - 11 = 0$$
$$TF_8 = TF_9 + LAG_{8,9} = 0 + 1 = 1$$
$$TF_7 = TF_8 + LAG_{7,8} = 1 + 3 = 4$$
$$TF_6 = TF_9 + LAG_{8,9} = 0 + 0 = 0$$
$$TF_5 = \min\{(TF_8 + LAG_{5,8}), (TF_6 + LAG_{5,6})\}$$
$$= \min\{(1+0),(0+0)\} = 0$$
$$TF_4 = \min\{(TF_7 + LAG_{4,7}), (TF_5 + LAG_{4,5})\}$$
$$= \min\{(4+0),(0+1)\} = 1$$
$$TF_3 = TF_6 + LAG_{3,6} = 0 + 1 = 1$$
$$TF_2 = \min\{(TF_5 + LAG_{2,5}), (TF_3 + LAG_{2,3})\}$$
$$= \min\{(0+0),(1+0)\} = 0$$
$$TF_1 = \min\{(TF_4 + LAG_{1,4}), (TF_2 + LAG_{1,2})\}$$
$$= \min\{(1+0),(0+0)\} = 0$$

(5) 工作自由时差计算:

$$FF_9 = T_p - EF_9 = 11 - 11 = 0$$
$$FF_8 = LAG_{8,9} = 1$$
$$FF_7 = LAG_{7,8} = 3$$
$$FF_6 = LAG_{6,9} = 0$$
$$FF_5 = \min(LAG_{5,8}, LAG_{5,6}) = 0$$
$$FF_4 = \min(LAG_{4,7}, LAG_{4,5}) = \min(0,1) = 0$$
$$FF_3 = LAG_{3,6} = 1$$
$$FF_2 = \min(LAG_{2,5}, LAG_{2,3}) = 0$$

$$FF_1 = \min(LAG_{1,4}, LAG_{1,2}) = 0$$

(6) 最迟完成和最迟开始时间计算：

$$LF_9 = T_p = 11$$
$$LS_9 = LF_9 - D_9 = 11 - 1 = 10$$
$$LF_8 = LS_9 = 10$$
$$LS_8 = LF_8 - D_8 = 10 - 1 = 9$$
$$LF_7 = LS_8 = 9$$
$$LS_7 = LF_7 - D_7 = 9 - 1 = 8$$
$$LF_6 = LS_9 = 10$$
$$LS_6 = LF_6 - D_6 = 10 - 2 = 8$$
$$LF_5 = \min\{LS_8, LS_6\} = \min\{9, 8\} = 8$$
$$LS_5 = LF_5 - D_5 = 8 - 3 = 5$$
$$LF_4 = \min\{LS_7, LS_5\} = \min\{8, 5\} = 5$$
$$LS_4 = LF_4 - D_4 = 5 - 2 = 3$$
$$LF_3 = LS_6 = 8$$
$$LS_3 = LF_3 - D_3 = 8 - 2 = 6$$
$$LF_2 = \min\{LS_5, LS_3\} = \min\{5, 6\} = 5$$
$$LS_2 = LF_2 - D_2 = 5 - 3 = 2$$
$$LF_1 = \min\{LS_4, LS_2\} = \min\{3, 2\} = 2$$
$$LS_1 = LF_1 - D_1 = 2 - 2 = 0$$

(7) 关键工作和关键线路的确定：

关键工作即总时差为零的工作：1、2、5、6、9。

关键线路：1→2→5→6→9。

12.7.3 单代号搭接网络计划

前述网络计划，工作之间的逻辑关系是紧前工作完成之后紧后工作才能开始。但在有些情况下，紧后工作的开始并不以紧前工作的完成为条件，而是紧后工作可以插入与紧前工作平行施工，这种关系称之为搭接关系。

单代号搭接网络计划中的搭接关系在12.2.3中图12-1中已有表示。

1. 时间参数的计算

(1) 单代号搭接网络计划时间参数计算，应在确定各工作持续时间和各项工作之间时距关系之后进行。

(2) 单代号搭接网络计划中的时间参数基本内容和形式应按图12-36所示方式标注。

(3) 工作最早开始时间的计算应符合下列规定：

① 计算最早时间参数必须从起点节点开始依次进行，只有紧前工作计算完毕，才能计算本工作；

② 计算工作最早开始时间应按下列步骤进行：

A. 凡与起点节点相联的工作最早开始时间都应为零，即：

$$ES_i = 0$$

B. 其他工作 j 的最早开始时间根据时距应按下列公式计算：

相邻时距为 $STS_{i,j}$ 时， $\qquad ES_j = ES_i + STS_{i,j}$ \hfill (12-38)

相邻时距为 $FTF_{i,j}$ 时， $\qquad ES_j = ES_i + D_i + FTF_{i,j} - D_j$ \hfill (12-39)

相邻时距为 $STF_{i,j}$ 时， $\qquad ES_j = ES_i + STF_{i,j} - D_j$ \hfill (12-40)

相邻时距为 $FTS_{i,j}$ 时， $\qquad ES_j = ES_i + D_i + FTS_{i,j}$ \hfill (12-41)

式中　ES_j——工作 i 的紧后工作的最早开始时间；

D_i、D_j——相邻两项工作的持续时间；

$STS_{i,j}$——i、j 两项工作开始到开始的时距；

$FTF_{i,j}$——i、j 两项工作完成到完成的时距；

$STF_{i,j}$——i、j 两项工作开始到完成的时距；

$FTS_{i,j}$——i、j 两项工作完成到开始的时距。

③ 计算工作最早时间，当出现最早开始时间为负值时，应将该工作与起点节点用虚箭线相连接，并确定其时距为：

$$STS = 0 \hfill (12\text{-}42)$$

④ 工作 j 的最早完成时间 EF_j 应按下式计算：

$$EF_j = ES_j + D_j \hfill (12\text{-}43)$$

(4) 当有两种以上时距(有两项或两项以上紧前工作)限制工作时间的逻辑关系时，应按工作最早时间计算规定分别进行计算其最早时间，取其最大值。

(5) 有最早完成时间的最大值的中间工作应与终点节点用虚箭线相连接，并确定其时距为：

$$FTF = 0 \hfill (12\text{-}44)$$

(6) 搭接网络计划计算工期 T_c 由与终点节点相联系的工作的最早完成时间的最大值决定。

(7) 搭接网络计划的计算工期 T_p 应符合网络计划计算工期公式(12-11)和式(12-12)。

(8) 相邻两项工作 i 和 j 之间在满足时距之外，还有多余的时间间隔 $LAG_{i,j}$，应按下式计算：

$$LAG_{i,j} = \min \begin{Bmatrix} ES_j - EF_i - FTS_{i,j} \\ ES_j - ES_i - STS_{i,j} \\ EF_j - EF_i - FTF_{i,j} \\ EF_j - ES_i - STF_{i,j} \end{Bmatrix}$$

(9) 工作 i 的总时差 TF_i 的计算与单代号网络计划的计算相同。

(10) 工作 i 的自由时差 FF_i 的计算与单代号网络计划的计算相同。

(11) 工作 i 的最迟完成时间 LF_i 的计算与单代号网络计划的计算相同。

(12) 工作 i 的最迟开始时间 LS_i 的计算与单代号网络计划的计算相同。

2．关键工作和关键线路的确定

(1) 总时差最小的工作为关键工作。

(2) 从起点节点开始到终点节点均为关键工作，且所有工作的时间间隔均为零的线路应为关键线路。

3. 单代号搭接网络计划时间参数计算实例(图12-37)

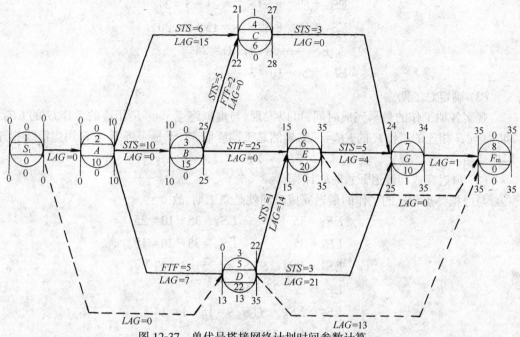

图 12-37　单代号搭接网络计划时间参数计算

（1）最早开始时间和最早完成时计算：

$$ES_2 = 0$$
$$EF_2 = 0 + 10 = 10$$
$$ES_3 = ES_2 + STS = 0 + 10 = 10$$
$$EF_3 = 10 + 15 = 25$$
$$ES_4 = (ES_2 + STS_{2,4}) = 0 + 6 = 6$$
$$ES_4 = (ES_3 + STS_{3,4}) = 10 + 5 = 15$$
$$ES_4 = (EF_3 + FTF_{3,4} - D_4) = 25 + 2 - 6 = 21$$
$$\therefore ES_4 = \max(6, 15, 21) = 21$$
$$EF_4 = 21 + 6 = 27$$
$$EF_5 = EF_2 + FTF_{2,5} = 10 + 5 = 15$$
$$ES_5 = 15 - 22 = -7$$

D 工作的最早开始时间出现负值，这说明 D 工作在工程开始之前 7d 就应开始工作，这显然是不合理的，于是要将 D 与虚拟起点节点 S 用虚箭线相连，则：

$$ES_5 = 0$$
$$EF_5 = 0 + 22 = 22$$
$$EF_6 = ES_3 + STF_{3,6} = 10 + 25 = 35$$
$$ES_6 = 35 - 20 = 15$$
$$ES_6 = ES_5 + STS_{5,6} = 0 + 1 = 1$$

$$\therefore ES = \max(15,1) = 15$$
$$EF_6 = 15 + 20 = 35$$
$$ES_7 = ES_4 + STS_{4,7} = 21 + 3 = 24$$
$$ES_7 = ES_6 + STS_{6,7} = 15 + 5 = 20$$
$$\therefore ES_7 = \max(24,20) = 24$$
$$EF_7 = 24 + 10 = 34$$

(2) 确定总工期：

观察各项工作的最早完成时间，可以发现，与虚拟终点节点 F 相连的工作 G 的 $EF_7 = 34$，而与 F 相连的工作 E 的 $EF_6 = 35$，显然总工期应取 35，于是应将 E 与 F 用虚箭线相连，形成通路。

(3) 最迟完成和最迟开始时间计算：

与虚拟终点相连的工作的最迟完成时间就是总工期，故

$$LF_7 = 35 \qquad LS_7 = 35 - 10 = 25$$
$$LF_6 = 35 \qquad LS_6 = 35 - 20 = 15$$
$$LS_5 = LS_7 - STS_{5,7} = 25 - 3 = 22$$
$$LF_5 = 22 + 22 = 44$$
$$LS_5 = LS_6 - STS_{5,7} = 15 - 1 = 14$$
$$LF_5 = 14 + 22 = 36$$

以上两个 D 工作计算的最迟完成时间都大于总工期，显然是不合理的，故 LF_5 应取总工期的值：

$$\therefore LF_5 = 35$$
$$LS_5 = 35 - 22 = 13$$
$$LS_4 = LS_7 - STS_{4,7} = 25 - 3 = 32$$
$$LF_4 = 22 + 6 = 28$$
$$LS_3 = LS_4 - STS_{3,4} = 22 - 3 = 19$$
$$LS_3 = LS_6 - STF_{3,6} = 35 - 25 = 10$$
$$\therefore LS_3 = \min(19,10) = 10$$
$$LF_3 = 10 + 15 = 25$$
$$LS_2 = LS_4 - STS_{2,4} = 22 - 6 = 16$$
$$LS_2 = LS_3 - STS_{2,3} = 10 - 10 = 0$$
$$\therefore LS_2 = \min(16,0) = 0$$
$$LF_2 = 0 + 10 = 10$$

(4) 计算时间间隔 LAG：

$$LAG_{1,2} = 0 - 0 = 0$$
$$LAG_{1,5} = 0 - 0 = 0$$
$$LAG_{2,3} = ES_3 - ES_2 - STS_{2,3} = 10 - 0 - 10 = 0$$
$$LAG_{2,4} = ES_4 - ES_2 - STS_{2,4} = 21 - 0 - 6 = 15$$

$$LAG_{2,5} = EF_5 - EF_2 - FTF_{2,5} = 22 - 10 - 5 = 7$$
$$LAG_{3,4} = ES_4 - ES_3 - STS_{3,4} = 21 - 10 - 5 = 6$$
$$LAG_{3,4} = EF_4 - EF_3 - FTF_{3,4} = 27 - 25 - 2 = 0$$
$$\therefore LAG_{3,4} = \min(6,0) = 0$$
$$LAG_{3,6} = EF_6 - ES_3 - STF_{3,6} = 35 - 10 - 25 = 0$$
$$LAG_{4,7} = ES_7 - ES_4 - STS_{4,7} = 24 - 21 - 3 = 0$$
$$LAG_{5,6} = ES_6 - ES_5 - STS_{5,6} = 15 - 0 - 1 = 14$$
$$LAG_{5,7} = ES_7 - ES_5 - STS_{5,7} = 24 - 0 - 3 = 21$$
$$LAG_{5,8} = ES_8 - EF_5 = 35 - 22 = 13$$
$$LAG_{6,7} = ES_7 - ES_6 - STS_{6,7} = 24 - 15 - 5 = 4$$
$$LAG_{6,8} = 35 - 35 = 0$$
$$LAG_{7,8} = 35 - 34 = 1$$

(5) 计算工作时差：

1) 工作总时差：

$$TF_1 = 0 - 0 = 0$$
$$TF_2 = 0 - 0 = 0$$
$$TF_3 = 10 - 10 = 0$$
$$TF_4 = 22 - 21 = 1$$
$$TF_5 = 13 - 0 = 13$$
$$TF_6 = 15 - 15 = 0$$
$$TF_7 = 25 - 24 = 1$$
$$TF_8 = 35 - 35 = 0$$

2) 工作自由时差：

$$FF_1 = 0$$
$$FF_2 = \min(15, 7, 0) = 0$$
$$FF_3 = \min(0, 0) = 0$$
$$FF_4 = 0$$
$$FF_5 = \min(14, 21, 13) = 13$$
$$FF_6 = \min(4, 0) = 0$$
$$FF_7 = 1$$
$$FF_8 = 0$$

(6) 关键工作和关键线路的确定：

关键工作为：S、A、B、E、F。

关键线路为：$S \rightarrow A \rightarrow B \rightarrow E \rightarrow F$。

12.7.4 网络计划优化

网络计划优化，就是在满足既定约束条件下，按某一目标，通过不断调整，寻找最优网络计划的过程。

1. 工期优化

当计算工期不能满足要求工期时,可通过压缩关键工作的持续时间满足工期要求。工期优化的计算,可按下列步骤进行:

(1) 计算并找出初始网络计划的计算工期、关键工作和关键线;

(2) 按要求工期计算应缩短的时间;

(3) 确定各关键工作能缩短的持续时间;

(4) 根据下列因素选择关键工作,压缩其持续时间,并重新计算网络计划的计算工期:

① 缩短持续时间对质量和安全影响不大的工作;

② 有充足备用资源的工作;

③ 缩短持续时间所需增加的费用最少的工作。

(5) 当计算工期仍超过要求工期时,则重复以上 1~4 步骤,直到满足工期要求或工期已不能再缩短为止;

(6) 当所有的关键工作持续时间都已达到其能缩短的极限工期仍不能满足要求时,应对计划的原技术方案、组织方案进行调整或对要求工期重新审定。

2. 资源优化

一项好的工程计划安排,一定要合理地使用现有的人力、材料、动力、设备、机具、资金等,又要使工期合理。

(1) 资源有限—工期最短

资源有限—工期最短的优化,宜逐日做资源检查,当出现第 t 天资源需用量 R_t 大于资源限量 R 时,应进行调整。

① 对双代号网络计划:

$$\Delta D_{m'\text{-}n', i'\text{-}j'} = \min\{\Delta D_{m\text{-}n, i\text{-}j}\} \tag{12-45}$$

$$\Delta D_{m\text{-}n, i\text{-}j} = EF_{m\text{-}n} - LS_{i\text{-}j} \tag{12-46}$$

式中 $\Delta D_{m'\text{-}n', i'\text{-}j'}$——在各种顺序安排中,最佳顺序安排所对应的工期延长时间的最小值;

$\Delta D_{m\text{-}n, i\text{-}j}$——在资源冲突的诸工作中,工作 $i\text{-}j$ 安排在工作 $m\text{-}n$ 之后进行,工期所延长的时间。

② 对单代号网络计划:

$$\Delta D_{m', n'} = \min\{\Delta D_{m, n}\} \tag{12-47}$$

$$\Delta D_{m, n} = EF_m - LS_i \tag{12-48}$$

式中 $\Delta D_{m', n'}$——在各种顺序安排中,最佳顺序安排所对应的工期延长时间的最小值;

$\Delta D_{m, n}$——在资源冲突的诸工作中,工作 i 安排在工作 $m\text{-}n$ 之后进行,工期所延长的时间。

"资源有限—工期最短"优化的计划调整,应按下列步骤调整工作的最早开始时间:

① 计算网络计划每"时间单位"的资源需用量。

② 从计划开始日期起,逐个检查每个"时间单位"资源需用量是否超过资源限量,如果在整个工期内每个"时间单位"均能满足资源限量的要求,可行优化方案就编制完成。否则必须进行计划调整。

③ 分析超过资源限量的时段(每"时间单位"资源需用量相同的时间区段),按式

(12-45)计算 $\Delta D_{m'\text{-}n',i'\text{-}j'}$,或按式 12-47 计算 $\Delta D_{m',n}$ 值,依据它确定新的安排顺序。

④ 当最早完成时间 $EF_{m'\text{-}n'}$ 或 EF_m 值为次小,最迟开始时间 $LS_{i'\text{-}j'}$ 或 LS_i 最大值同属一个工作时,应找出最早完成时间 $EF_{m'\text{-}n'}$ 或 $EF_{m'}$ 值为次小,最迟开始时间 $LS_{i'\text{-}j'}$ 为次大的工作,分别组成两个顺序方案,再从中选取较小者进行调整。

⑤ 绘制调整后的网络计划,重复①~④的步骤,直到满足要求。

(2) 工期固定—资源均衡

工期固定—资源均衡是指网络计划的工期不能超过有关的规定的情况下,使资源的使用比较均衡,其方法是利用时差降低资源高峰值,故称削高峰法。

削高峰法的步骤如下:

① 计算网络计划每个"时间单位"的资源需用量;

② 确定削峰目标,其值等于每个"时间单位"的资源需用量的最大值减一个中位量;

③ 找出高峰时段的最后时间 T_h 及有关工作的最早开始时间 $ES_{i\text{-}j}$(或 ES_i)和总时差 $TF_{i\text{-}j}$(或 TF_i);

④ 按下列公式计算有关工作的时间差值 $\Delta T_{i\text{-}j}$ 或 ΔT_i:

A. 对双代号网络计划:

$$\Delta T_{i\text{-}j} = TF_{i\text{-}j} - (T_h - ES_{i\text{-}j}) \tag{12-49}$$

B. 对单代号网络计划:

$$\Delta T_i = TF_i - (T_h - ES_i) \tag{12-50}$$

优先以时间差最大的工作 $i'\text{-}j'$ 或工作 i' 为调整对象,令

$$ES_{i'\text{-}j'} = T_h \tag{12-51}$$

或

$$ES_{i'} = T_h \tag{12-52}$$

⑤ 当峰值不能再减少时,即得到优化方案。否则,重复以上步骤。

3. 费用优化

进行费用优化,应首先求出不同工期下最低直接费用,然后考虑相应的间接费用的影响和工期变化带来的其他损益,包括效益增量和资金的时间价值等,最后再通过迭加求出最低工程总成本。

费用优先可按下列步骤进行:

(1) 按工作正常持续时间找出关键工作及关键线路

(2) 按下列公式计算各项工作的费用率

① 对双代号网络计划:

$$\Delta C_{i\text{-}j} = (CC_{i\text{-}j} - CE_{i\text{-}j})/(DN_{i\text{-}j} - DC_{i\text{-}j}) \tag{12-53}$$

式中 $\Delta C_{i\text{-}j}$——工作 $i\text{-}j$ 的费用率;

$CC_{i\text{-}j}$——将工作 $i\text{-}j$ 持续时间缩短为最短持续时间后,完成该工作所需的直接费用;

$CN_{i\text{-}j}$——正常条件下完成工作 $i\text{-}j$ 所需的直接费用;

$DN_{i\text{-}j}$——工作 $i\text{-}j$ 的正常持续时间;

$DC_{i\text{-}j}$——工作 $i\text{-}j$ 的最短持续时间。

② 对单代号网络计划:

$$\Delta C_i = (CC_i - CN_i)/(DN_i - DC_i)$$

式中 ΔC_i——工作 i 的费用率；

CC_i——将工作 i 持续时间缩短为最短持续时间后，完成该工作所需的直接费用；

CN_i——在正常条件下完成工作 i 所需的直接费用；

DN_i——工作 i 的正常持续时间；

DC_i——工作 i 的最短持续时间。

③ 在网络计划中找出费用率(或组合费用率)最低的一项关键工作或一组关键工作，作为缩短持续时间的对象。

④ 缩短找出的关键工作或一组关键工作的持续时间，其缩短值必须符合不能压缩成非关键工作和缩短后持续时间不小于最短持续时间的原则。

⑤ 计算相应增加的总费用 C_i。

⑥ 考虑工期变化带来的间接费及其他损益，在此基础上计算总费用。

⑦ 重复③~⑥的步骤，一直计算到总费用最低为止。

4．网络计划优化举例

(1) 工期费用优化

图 12-38 为一个网络计划，已知用于该项目的直接成本为 30500 元，间接成本为 6000 元，该项目原定 22 日完成，现要缩短工期，试求出工期较短而费用最少的最优方案。箭线下的数字为正常持续时间，括弧内为最短持续时间。相关数据见表 12-3。

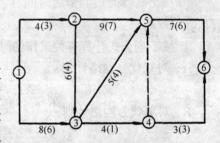

图 12-38 网络计划

表 12-3

工 序	正 常		最 短		相 差		费用率(元/d)
	时间(d)	费用(元)	时间(d)	费用(元)	时间(d)	费用(元)	
1-2★	4	2100	3	2800	1	700	700
1-3	8	4000	6	5600	2	1600	800
2-3★	6	5000	4	6000	2	1000	500
2-5	9	5400	7	6000	2	600	300
3-4	4	5000	1	11000	3	6000	2000
3-5★	5	1500	4	2400	1	900	900
4-6	3	1500	3	1500	—	—	—
5-6★	7	6000	6	7500	1	1500	1500

注：★者为关键工作。

通过计算得出此网络计划的工期 22d，关键线路为 1→2→3→5→6。压缩工期必须以关键工作为对象，同时要选择费用率最低的工作。从表 12-2 可以看出，最低费用率的关键工作为 2-3，因此总工期从 22d 缩短为 21d，必须将 2-3 缩短 1d，这时总直接费为：

$$30500 + 500 = 31000 \text{ 元}$$

由表 12-2 可知，工作 2-3 最短时间可压缩为 4d，现在工作 2-3 已缩短了 1d，还可以再缩短 1d，这时总工期缩短为 20d，总直接费为：

$$30500 + 500 \times 2 = 31500 \text{ 元}$$

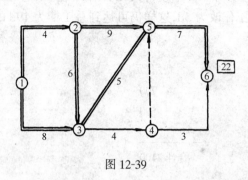

图 12-39

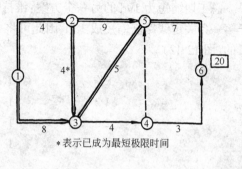

*表示已成为最短极限时间

图 12-40

总工期缩短到 20d 后,在网络图中出现了三条关键线路(图 12-40):①1→2→3→5→6;②1→3→5→6;③1→2→5→6。这三条关键线路的费用率见表 12-3。如果要将总工期再缩短 1d 变为 19d,则必须从上述三条关键线路中各缩短 1d。在第一条关键线路上,2-3 已成为最短极限时间,不能再行缩短了。这时就要再选择费用率较低的工作,可选 1-2 工作,其费用率为 700元/d,从表 12-4 可看出,1-2 工作不仅在第一条关键线路上,同时也在第三条关键线路上,因此缩短 1-2 工作就等于在第一、三条关键线路上各缩短 1d。在第二条关键线路上还需缩短 1d,选择 1-3 的费用率为最少,即 800 元/d。图 12-41 为总工期 19d 的网络计划。

表 12-4

第一条关键线路		第二条关键线路		第三条关键线路	
工作	费用率	工作	费用率	工作	费用率
1-2	700	1-3	800	1-2	700
2-3	500			2-5	300
3-5	900	3-5	900		
5-6	1500	5-6	1500	5-6	1500

总工期缩到 19d 所需要的总直接费为:

工作	缩短(d)	费用(元)
1-2	1	700
2-3	2	500×2=1000
1-3	1	800
		合计 2500

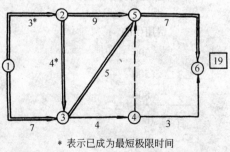

*表示已成为最短极限时间

图 12-41(方案一)

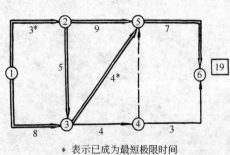

*表示已成为最短极限时间

图 12-42(方案二)

总工期缩短为 19d 的另一个方案:维持 1-3 工作的 8d 不动,将 3-5 工作缩短 1d,这时由于第一条关键线路已缩短成 18d,因此可将 2-3 工作改为 5d,这样仍可达到总工期为 19d 的目的(图 12-42)。

工作	缩短(d)	费用(元)
1-2	1	700
2-3	1	500
3-5	1	900
		合计 2100

同样将总工期缩短为 19d,但采用后一种方案所需费用为 2 100 元,比前一种方案可节省 400 元,故采用后一种方案。

如果再进一步缩短总工期为 18d,有两个方案可采用。

第一方案:

工作	缩短(d)	费用(元)
2-5	1	300
2-3	1	500
1-3	1	800
		合计 1600

第二方案:三条关键线路均经过 5-6 工作,故只需将 5-6 缩短 1d 即可,所需费用 1500 元。
两方案比较后,选择第二方案合理。

总工期缩短为:7d(图 12-44)。

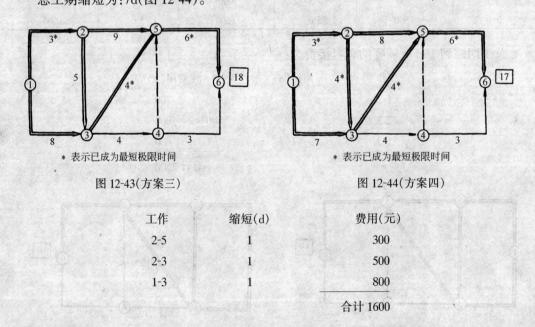

图 12-43(方案三)　　　　　图 12-44(方案四)

工作	缩短(d)	费用(元)
2-5	1	300
2-3	1	500
1-3	1	800
		合计 1600

从图12-44可知,第一条关键线路 1→2→3→5→6 全部达到最短工作,已不能再缩短了,即 17d 为此项目的最短工期。

缩短工期与直接费的关系,见表12-5。

缩短工期与直接费的关系　　　　　表12-5

工作	正常时间	压缩1d	压缩2d	压缩3d	压缩4d	压缩5d	极限时间
1-2	4	4	4	3	3	3	3
1-3	8	8	8	8	8	7	6
2-3	6	5	4	5	5	4	4
2-5	9	9	9	9	9	8	7
3-4	4	4	4	4	4	4	1
3-5	5	5	5	4	4	4	4
4-6	3	3	3	3	3	3	3
5-6	7	7	7	7	6	6	6
总时间	22	21	20	19	18	17	17
直接费	30500	31000	31500	32600	34100	35700	42850

下一步将间接费计入,则可算出总费用(表12-6)。

总费用表　　　　　表12-6

日期 费用	22	21	20	19	18	17
直接费用	30500	31000	31500	32600	34100	35700
间接费用	6000	5000	4000	3500	3000	2500
总费用	36500	36000	35500	36100	37100	38200

由表12-5可知,总费用最低的是35500元,所对应的完工期限为20d的方案是最优的;而其他工期,均会使总费用有所增加。

(2) 资源有限-工期最短

图12-45为一项目的网络计划,图中箭线下的数字为工作持续时间,箭线上括弧内的数字为工作资源强度,假如每天只有10个工人可供使用,如何安排工作时间使工期达到最短。

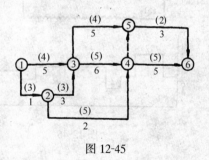

图12-45

第一步:计算网络计划时间参数,并列入表12-7。

表12-7

工作	持续时间	每项资源 需要量	ES	EF	LS	LF	TF	FF	关键工作
1-2	1	3	0	1	1	2	1	0	
1-3	5	4	0	5	0	5	0	0	√

续表

工作	持续时间	每项资源需要量	ES	EF	LS	LF	TF	FF	关键工作
2-3	3	3	1	4	2	5	1	1	
2-4	2	5	1	3	9	11	8	8	
3-4	6	5	5	11	5	11	0	0	√
3-5	5	4	5	10	8	13	3	1	
4-5	0	0	11	11	13	13	2	0	
4-6	5	5	11	16	11	16	0	0	√
5-6	3	2	11	14	13	16	2	2	

第二步：绘制时标网络图，计算每日需要资源量，并绘出资源需要量曲线(图 12-46)。

第三步：逐日由前往后检查资源量是否满足要求。

(1) 第 1d 未超过限量，不需要调整。

(2) 第 2d 超过了限量 12＞10，需要调整。

在这一天有 1-3、2-3、2-4 三项工作同时作业，查时间参数计算表。

2-4 工作的最迟，开始时间最晚，是第 9d 后；2-3 工作的最早，完成时间最早，是第 4 日后；将 2-4 工作移至 2-3 工作之后进行。修正后资源需要量曲线见图 12-47。

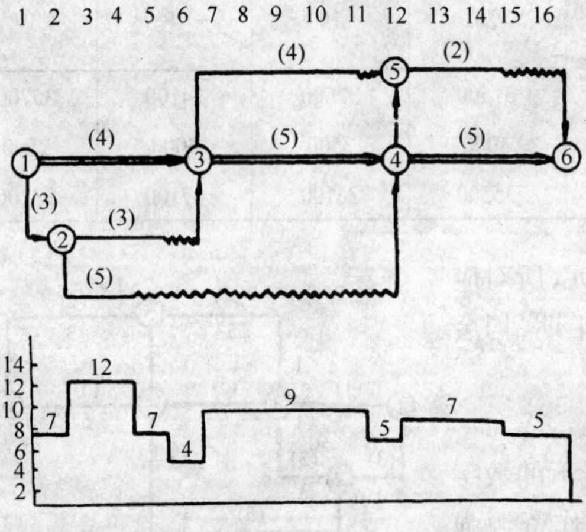

图 12-46

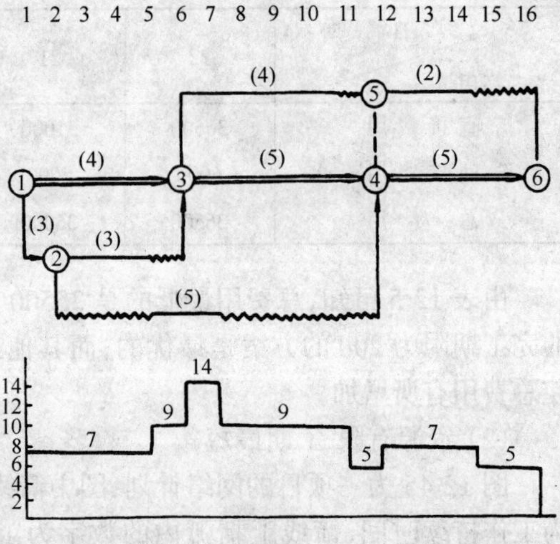

图 12-47

(3) 第 6d 超过了限量，14＞10，需要调整。

在这一天有 2-4、3-4、3-5 三项工作同时作业。其最早完成与最迟开始时间列表如下(表 12-8)。

表 12-8

工作	EF	LS	工作	EF	LS
2-4	6	9	3-5	10	8
3-4	11	5			

这里最早的 EF 最迟的 LS 都是 2-4 工作,可以选两对数字,然后取 $\min(EF-LS)$:

$$\min \begin{cases} EF_{2\text{-}4} - LS_{3\text{-}5} = 6-8 = 2 \\ EF_{3\text{-}5} - LS_{2\text{-}4} = 10-9 = 1 \end{cases}$$

∴ 选 3-5 工作接在 2-4 工作后进行。

修正后资源需要量曲线见图 12-48。

到这步为止资源已满足供应需求。此例题调整结果较好,没有影响紧后工作的最早开始时间,故总工期没有拖延。

计划经过这样的调整之后,各项工作的开始和完成时间一般就不宜再变,否则资源的需要量又可能超出限量,所以某些工作虽然还有部分时差,一般也不再利用。

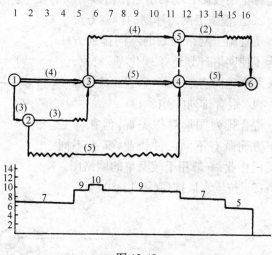

图 12-48

12.7.5 工程施工网络计划的表示方法

1. 工程施工网络计划分类

(1) 按应用范围分

网络计划按应用范围的大小可分为局部网络计划、单位工程网络计划和总网络计划。

局部网络计划是按建筑物或构筑物的一部分或某一阶段编制的分部工程(或分项工程)网络计划;单位工程网络计划是按单位工程(一个建筑物或一个构筑物)编制的网络计划;总网络计划是对一个新建项目群编制的网络计划。

(2) 按复杂程度分

网络计划按复杂程度可分为简单网络计划和复杂网络计划。

简单网络计划是指工作数量较少或徒手可以计算的网络计划;复杂网络计划一般指工作在 500 个以上的网络计划。

(3) 按详略程度分

网络计划按内容的详细程度可分为详图和简图。

详图是按工作划分较细并把所有工程详细地反映到网络计划中而形成的,这种计划多用于直接指导工程施工;简图是用于讨论方案或供领导用于控制的计划,这种计划突出反映工艺复杂、工程量较大的工作项目及主要工种间的逻辑关系。

(4) 按最终目标的多少分

按网络计划最终目标的多少可分为单目标网络计划和多目标网络计划。

单目标网络计划只有一个最终目标,即网络图只有一个终点节点;多目标网络计划是由多个具有独立的最终目标组成的网络计划,例如群体建筑物或构筑物,每个目标都有自己的关键线路,而目标之间又是互有联系的。

(5) 按时间表示方法分

按时间表示方法网络计划可分为无时标的一般网络计划和时标网络计划。

无时标网络计划,其工作的持续时间长短与箭线的长短无关;时标网络计划,其箭线在横坐标上的投影长度表示工作持续时间的长短。

2. 工程施工网络计划的排列方法

工程施工网络计划的不同排列方法是为了使网络计划更条理化、形象化,逻辑关系准确而清晰,便于掌握和应用。

(1) 混合排列(图 12-49)

混合排列图形对称美观,但在同一水平方向既有不同工种作业,又有不同施工段作业,一般用于较简单的网络图。

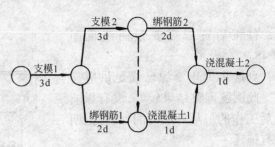

图 12-49 混合排列

(2) 按流水段排列(图 12-50)

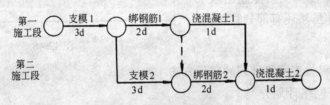

图 12-50 按流水段排列

这种排列方法把同一施工段的作业排在同一条水平线上,能够反映出工程分段施工的特点,突出表示工作面的利用情况。

(3) 按工种排列(图 12-51)

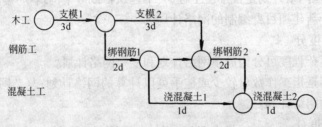

图 12-51 按工种排列

这种排列方法使得相同工种的工作在同一条水平线上,能够突出不同工种的工作情况。

(4) 按楼层排列(图 12-52)

对多、高层建筑的施工,按楼层排列的网络图更形象、清楚。

(5) 按施工单位或专业排列(图 12-53)

有多个单位或专业参加完成一个工程项目时,为使于各施工单位或专业对自己负责的工作有更直观的了解,并明确自己所处的地位,网络计划可按施工单位或专业来排列。此种

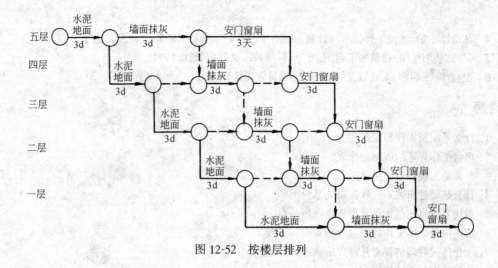

图 12-52 按楼层排列

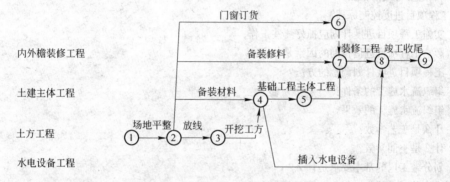

图 12-53 按施工单位或专业排列

排列方法常用于综合网络计划。

(6) 按工程栋号排列(图 12-54)

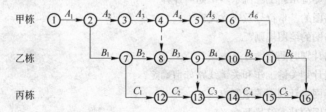

图 12-54 按工程栋号排列

这种排列方法一般用于群体施工中,各单位工程之间存在某些联系,比如机械设备需要共用,劳动力需要统一安排。因此,在群体总网络图中,可将上述关系清楚地表示出来。

本章主要参考文献

1 北京统筹法研究会编.统筹法与施工计划管理.北京:中国建筑工业出版社,1984
2 丛培经主编.建筑施工网络计划技术.北京:中国环境科学出版社,1997
3 中国建筑学会建筑统筹管理分会编著.工程网络计划技术规程教程.北京:中国建筑工业出版社,

2000
    4　丛培经主编.建设工程技术与计量.北京:中国计划出版社,1997
    5　朱嬿,丛培经编.建筑施工组织.北京:科学技术文献出版社,1994
    6　纪燕萍,张婀娜,王亚慧主编.21世界项目管理教程.北京:人民邮电出版社,2002

思考题

1. 什么是项目工作界定？
2. 项目工作界定的依据是什么？
3. 什么是工程项目工作排序？
4. 什么是硬逻辑关系？软逻辑关系？
5. 单代号网络图包括哪几种先后顺序关系？
6. 哪些因素影响工作持续时间估算？
7. 工作持续时间估算有几种方法？
8. 编制进度计划的依据？
9. 工程项目进度控制原理？
10. 实施工程项目进度计划应抓好哪些工作？
11. 影响工程项目进估控制的因素是什么？
12. 工程项目进度计划调整的方法？
13. 组织流水施工的条件？
14. 组织流水施工的效果？
15. 什么是工艺参数？
16. 什么是空间参数？
17. 划分施工段的基本要求是什么？
18. 流水节拍是什么？如何计算？
19. 什么是流水步距？计算时应考虑哪些因素？
20. 什么是等节奏流水施工？等节奏流水施工的工期如何计算？
21. 什么是异节奏流水施工？异节奏流水施工的工期如何计算？
22. 什么是无节奏流水施工？流水步距如何计算？
23. 双代号网络图的基本符号及时含义？
24. 双代号网络图的绘图规则？
25. 双代号网络计划时间参数计算方法？
26. 双代号网络计划关键工作和关键线路如何确定？
27. 双代号时标网络计划图的绘制方法？
28. 单代号网络图的基本符号及含义？
29. 单代号网络计划时间参数计算方法？
30. 单代号搭接网络时间参数计算方法？
31. 网络计划的优化方法？
32. 工程施工网络计划的表示方法？

国际(工程)项目管理专业资质认证培训系列丛书

中国工程项目管理知识体系

(下册)

《中国工程项目管理知识体系》编委会编写

主编 吴 涛 丛培经

中国建筑工业出版社

本书编委会

顾问：
  金德钧 建设部总工程师
  徐义屏 中国建筑业协会秘书长（原建设部总经济师）

主任委员：
  张青林 中国建筑业协会副会长、工程项目管理委员会会长

副主任委员：
  吴 涛 中国建筑业协会工程项目管理委员会秘书长
  丛培经 北京建筑工程学院教授
  钱福培 国际项目管理专业资质中国认证委员会主席

委员（按姓氏笔画排列）：
  王祖和 山东科技大学教授
  丛培经 北京建筑工程学院教授
  卢有杰 清华大学教授
  白思俊 西北工业大学教授
  成 虎 东南大学教授
  江见鲸 清华大学教授
  吴子燕 西北工业大学教授
  吴 涛 中国建筑业协会工程项目管理委员会秘书长
  何伯森 天津大学教授
  何伯洲 东北财经大学教授
  张婀娜 人民大学教授
  张 恒 中建总公司管理学院副院长
  林知炎 同济大学教授
  贾宏俊 山东科技大学教授
  钱福培 国际项目管理专业资质中国认证委员会主席

办公室主任：
  吴 涛（兼）

办公室副主任：
  陈立军 中国建筑业协会工程项目管理委员会研究发展部主任

编 写 分 工

第 1 章　　成虎　白思俊
第 2 章　　白思俊
第 3 章　　丛培经　白思俊
第 4 章　　丛培经　吴涛
第 5 章　　林知炎　施骞
第 6 章　　贾宏俊　尤孩明
第 7 章　　成虎
第 8 章　　王祖和　贾宏俊
第 9 章　　卢有杰　丛培经
第 10 章　　贾宏俊　尤孩明
第 11 章　　丛培经　成虎　吴子燕
第 12 章　　张婀娜
第 13 章　　张婀娜
第 14 章　　林知炎　施骞　常陆军
第 15 章　　张婀娜　卢有杰
第 16 章　　何伯洲　王祖和
第 17 章　　何伯洲
第 18 章　　贾宏俊　尤孩明
第 19 章　　成虎
第 20 章　　张婀娜　丛培经
附录 1　　卢有杰

序

新中国成立50多年来，在工程建设领域，我国建筑业积累了极为丰富的经验，特别是党的十一届三中全会以来，我国建筑业进入了更为蓬勃发展的阶段，并取得了举世瞩目的成就。1986年国务院提出学习推广鲁布革工程管理经验，全国建筑业企业在邓小平建设有中国特色社会主义理论和党的基本路线指引下，认真总结传统的施工管理经验，借鉴国外先进管理方式和方法，以改革项目施工管理为突破口，推进企业管理体制改革，坚持项目经理责任制和项目成本核算制，以生产要素优化配置和动态管理为主要特征，形成了以工程项目管理为核心的新型经营管理机制，为建筑业企业走向市场，建立现代企业制度奠定了良好的基础。

实践证明，从"项目法施工到工程项目管理"具有坚实的理论基础，符合马克思主义关于解放发展生产力的理论和"三个代表"重要思想，具有把企业导向适应社会主义市场经济的积极作用，既能吸取国际先进经验又能带动建筑行业结构调整，在实践中取得了丰硕的成果。最近人事部、建设部又印发了《建造师执业资格制度暂行规定》及《关于培育发展工程总承包和工程项目管理企业的指导意见》，进一步阐述了推行工程总承包和工程项目管理的重要性和必要性，这对推进和调整我国勘察、设计、施工、监理企业的经营结构，加快中国建设工程项目管理与国际接轨必将产生深远的意义。为了更深入地在全国建筑业企业中学习、贯彻《中华人民共和国建筑法》和建设部、人事部有关文件精神，不断规范和深化建设工程项目管理，尽快形成和完善一套具有中国特色并与国际惯例接轨的、比较系统的、具有可操作性的项目管理的理论和方法，培育和造就一支高素质、职业化、国际化的项目管理人才队伍，以适应中国加入WTO后建筑业面临机遇和挑战的需要，真正帮助项目管理者掌握项目管理的基本理论和业务知识，提高工程项目管理水平，从而高质量、高效益地搞好工程建设，中国建筑业协会工程项目管理委员会组织有关企业、大专院校和科研单位的专家、学者共同策划研究，编写了《中国工程项目管理知识体系》和《工程总承包项目经理培训教材》系列丛书。本书在编写过程中，力求科学总结中国建筑业企业近20年来推行工程项目管理体制改革的经验，借鉴发达国家许多通用并适用于我国国情的管理方法，着眼于突出专业性和国际性。本书对中国推进建设工程项目管理的历史背景、运作方法、管理过程，对项目经理和注册建造师的业务基础知识要求和素质培养，对新世纪国际工程总承包项目管理的发展趋势等内容进行了较全面的论述。同时还重点介绍了一些我国大型国有建筑企业实施项目管理的实践经验、管理方法和经营理念，尽量将理论研究、实践经验、行业规范等有机地结合在一起，使其不仅具有重要的理论价值，而且具有较强的实用性和可操作性，对建设工程项目管理人员在项目管理实践操作中将起到重要的指导作用。

我由衷希望通过本书的出版，为参与建设工程项目管理的实际工作者，尤其是建设工程项目经理和中国注册建造师，提供一本实用的工作指导手册，也为工程项目管理的理论研究者和教学工作者提供一套比较完整、系统、科学的参考资料。由于工程项目管理在我国建筑行业中发展还不平衡,目前有些企业对项目经理责任制的推行还不够规范,随着中国工程项目管理体制改革的深化和工程总承包项目管理的推进,许多问题还需要进一步研究探讨。所以,本书的内容仍有不足之处,希望广大读者、项目经理和注册建造师提出宝贵意见,使本书能得以不断修订完善,真正高质量、高水平地服务于工程项目管理,服务于工程建设。

2003 年 5 月 20 日

修订前言

随着国际(工程)项目管理专业资质培训与认证工作在建设工程行业全面展开和国家新颁布的有关法律、法规的出台，为了更有利于中国建设工程项目管理基本理论和做法与国际上通用的项目管理理论和方法对接，并在更大范围内推进工程总承包项目管理，根据广大读者的意见，本书在初版的基础上进行了修订。修订时对初版的章节目次进行了较大的调整，对初版中部分章节的内容进行了增删和修改。原第15章章目改为工程项目组织与人力资源管理并提前到第8章；原第8章工程项目设计阶段管理规划与原第9章工程项目施工管理合并为第9章，章目为工程项目设计与施工管理；原第16章工程项目风险管理、第17章工程项目采购与合同管理、第18章工程项目安全与环境管理、第19章项目沟通管理、第20章工程项目信息管理、第21章工程项目综合管理依次提前，变为第15章、第16章、第17章、第18章、第19章、第20章。修订后总章数由原来的21章减少为20章。

本书在修订编写委员会的直接领导下，分别由北京建筑工程学院丛培经，东南大学成虎，同济大学林知炎，中国人民大学张婀娜，西北工业大学白思俊、吴子燕，山东科技大学王祖和等教授按照章节负责修订。

全书由丛培经统稿，中国建筑业协会工程项目管理委员会吴涛、西北工业大学白思俊校审定稿。

初版前言

《中国工程项目管理知识体系》一书是自《建设工程项目管理规范实施手册》出版后又一套在借鉴国际工程项目管理通用做法,结合中国工程项目管理的实际并被实践证明为行之有效做法的基础上,编写的具有较完整和系统的专业知识体系教科书。本书的出版将配合学习掌握国际项目管理专业资质认证标准,用于建筑行业国际工程项目管理专业资质认证和注册建造师考前培训,同时为广大工程项目管理者学习深造提供一本实用的参考资料,具有重要的理论价值及较强的应用性和操作性。

建设部总工程师金德钧同志为本书作了序,并对该书的编写提出了宝贵意见。在本书的编写过程中还得到了建设部建筑市场管理司,中国(双法)项目管理研究会,中国建筑业协会工程项目管理委员会,北京统筹与管理科学学会,中建总公司等单位有关领导以及清华大学江见鲸教授、天津大学何伯森教授的热情关注和指导。这些有力的支持,使我们深受鼓舞,愿借此机会表示深深的敬意和谢意!

参加本书撰写、讨论、编辑、修改工作的有:中建协工程项目管理委员会吴涛,北京建筑工程学院丛培经,东南大学成虎,同济大学林知炎、施骞、常陆军,清华大学卢有杰,人民大学张婀娜,西北工业大学白思俊,山东科技大学贾宏俊、尤孜明,东北财经大学何伯洲等同志。

参加本书定稿工作的有张青林、吴涛、丛培经同志。

在此,谨向所有为本书付出艰苦劳动的业内人士致以由衷的谢意。

目 录

下 册

第 13 章　工程项目质量管理 ·································· 339

13.1　全面质量管理 ··· 339
13.2　质量管理体系 ··· 340
13.3　工程项目质量控制 ··· 345
13.4　质量计划 ··· 357
13.5　质量保证 ··· 360
13.6　建筑工程施工质量验收 ····································· 363
13.7　环境、职业健康安全管理 ··································· 377
思考题 ··· 379

第 14 章　工程项目费用管理 ·································· 381

14.1　工程项目费用管理 ··· 381
14.2　业主方建设项目投资控制 ··································· 383
14.3　承包人施工项目成本控制 ··································· 393
思考题 ··· 420

第 15 章　工程项目风险管理 ·································· 421

15.1　风险管理概述 ··· 421
15.2　风险识别 ··· 424
15.3　风险评估 ··· 428
15.4　风险应对计划 ··· 434
15.5　风险监控 ··· 437
15.6　工程保险 ··· 438
15.7　工程担保 ··· 446
思考题 ··· 450

第 16 章　工程项目采购与合同管理 ···························· 452

16.1　工程项目采购规划 ··· 452
16.2　工程项目采购分类管理 ····································· 454
16.3　工程项目合同管理 ··· 471
思考题 ··· 490

第 17 章 工程项目安全与环境管理 ································ 492

17.1 工程项目安全管理体系 ································ 492
17.2 工程项目施工安全管理 ································ 495
17.3 工程项目伤亡事故处理 ································ 500
17.4 工程项目环境管理 ································ 505
17.5 工程项目安全文明施工组织设计案例 ································ 513
思考题 ································ 521

第 18 章 项目沟通管理 ································ 522

18.1 沟通管理基础知识 ································ 522
18.2 项目沟通计划 ································ 530
18.3 项目沟通控制 ································ 531
18.4 项目跨文化沟通 ································ 546
思考题 ································ 547

第 19 章 工程项目信息管理 ································ 549

19.1 概述 ································ 549
19.2 工程项目报告系统 ································ 553
19.3 工程项目管理信息系统 ································ 556
19.4 工程项目文档管理 ································ 560
19.5 项目管理中的软信息 ································ 563
思考题 ································ 565

第 20 章 工程项目综合管理 ································ 566

20.1 工程项目综合管理概述 ································ 566
20.2 工程项目综合计划 ································ 567
20.3 工程项目目标综合管理 ································ 569
20.4 工程项目施工现场管理 ································ 573
20.5 工程项目生产要素管理 ································ 576
20.6 施工项目组织协调 ································ 578
思考题 ································ 581

附录 1 工程项目管理词语汇编(中英文对照) ································ 582
附录 2 建设工程项目管理规范 ································ 597
附录 3 工程网络计划技术规程 ································ 639

第 13 章 工程项目质量管理

【内容提要】
　　从全面质量管理入手，阐述全面质量管理的基本观点、工作方法，以及"三全管理"的思想。然后以 ISO 9000—2000 为基础，阐明了八项质量管理原则、质量管理体系基础，以及质量管理体系的建立。详细介绍了用于质量控制的各种工具，以及质量计划的编制方法和质量保证的方法。还根据施工项目的特点，介绍了建筑工程施工质量验收的内容：工程质量验收的划分、建筑工程质量验收、建筑工程质量验收程序和组织，以及工程项目竣工验收。

13.1 全面质量管理

13.1.1 "三全管理"
"三全管理"是指全过程、全员、全方位的质量管理。
1. 全过程的质量管理

全过程指的就是项目交付物的质量产生、形成和实现的过程。工程项目质量是勘察设计质量、原材料与成品半成品质量、施工质量、使用维护质量的综合反映。为了保证和提高工程质量，质量管理不能仅限于施工过程，而必须贯穿于从勘察设计直至使用维护的全过程，要把所有影响工程质量的环节和因素控制起来。

2. 全员的质量管理

项目交付物质量是项目各方面、各部门、各环节工作质量的集中反映。提高工程项目质量依赖于上自项目经理下至一般员工的全体人员的共同努力。因此，质量管理必须把项目全体员工的积极性和创造性充分调动起来，人人关心工程项目质量，人人做好本职工作，全员参加质量管理，这是搞好质量管理的基础。

3. 全方位的质量管理

工程项目的质量管理工作不仅要放到整个项目的实施过程，而且要对项目各方面的工作质量进行管理。这个任务不仅是由质量管理和质量检验部门来承担，而且必须由项目的其他部门参加，并对项目质量做出保证，实现项目全方位质量管理。

13.1.2 全面质量管理的基本观点
1. 质量第一的观点

工程质量是项目交付物使用价值的集中表现，因此，用户最关心的是工程质量，或者说用户的最大利益在于工程质量。在项目实施中必须树立"百年大计，质量第一"的思想。

2. 一切为用户服务的观点

凡是接收和使用项目交付物的单位和个人，都是用户。在项目实施过程中，"用户"有两层含义:首先,"用户"是指使用单位,它体现项目与项目交付物使用单位的关系,把传统的质量管理范围由内部引申到外部,促使工程项目质量的提高,满足用户的要求。其次,"用户"反映了上下工序的关系,凡是接收上道工序的交付成果进行再加工的下道工序,就是上道工序的"用户"。由于工程项目施工工序复杂,又是多工种交叉作业,往往工种之间、工序之间互为"用户"。

3. 预防为主的观点

预防为主的观点,是指事先分析影响交付物质量的各种因素,并找出主导因素,采取措施加以重点控制,使质量问题消灭在发生之前或萌芽状态,做到防患于未然。

13.1.3 全面质量管理的工作方法

全面质量管理的工作方法为 PDCA 循环。PDCA 分为四个阶段,即计划(P)、执行(D)、检查(C)、处理(A)阶段。这个循环工作法是美国的戴明发明的,故又称"戴明循环"。四个阶段又可具体分为八个步骤:

第一阶段为计划(P)阶段。确定任务、目标、活动拟定措施。

第1步,分析现状,找出存在的质量问题,并用数据加以说明;

第2步,分析产生质量问题的各种问题,并逐个进行分析;

第3步,找出影响质量问题的主要因素,通过抓主要因素解决质量问题;

第4步,针对影响质量问题的主要因素,制定计划和活动措施。

第二阶段为执行(D)阶段。按照计划要求及制定的质量目标、质量标准、操作规程去组织实施。

第5步,即第二阶段。

第三阶段为检查(C)阶段。将实际工作结果与计划内容相对比,通过检查,看是否达到预期效果,找出问题和异常情况。

第6步,即第三阶段。

第四阶段为处理(A)阶段。总结经验,改正缺点,将遗留问题转入下一轮循环。

第7步,按检查结果,总结成败两方面的经验教训,成功的纳入标准、规程,予以巩固;不成功的,吸取教训,引以为戒,防止再次发生。

第8步,处理本循环中尚未解决的问题,转入下一循环中去,通过再次循环求得解决。

随着管理循环的不停转动,原有的矛盾解决了,新的矛盾又产生了,矛盾的不断产生,又不断地克服,克服后又产生新的矛盾,如此循环不止。每一次循环都将质量管理活动推向一个新的高度。

13.2 质量管理体系

13.2.1 ISO 9000—2000 版标准

国际标准化组织(ISO)于 1987 年发布了通用的 ISO 9000《质量管理和质量保证》标准,该系列标准得到了国际社会和国际组织的认可和采用,已成为世界各国共同遵守的工作规范。此后又不断地对其进行补充、完善、修订,在 2000 年底前发布了 2000 版 ISO 9000 标准。随着 ISO 9000 的发布和修订,我国及时、等同地采用此标准,发布了 GB/T 19000:2000

版标准,这些标准包括:

(1) GB/T 19000 表述质量管理体系基础知识,并规定质量管理体系术语。

(2) GB/T 19001 规定质量管理体系要求,用于组织证实其具有提供满足顾客要求和适用的法规要求的产品能力,目的在于增进顾客满意。

(3) GB/T 19004 提供考虑质量管理体的有效性和效率两方面的指南。其目的是组织业绩改进和使顾客及其他相关方满意。

(4) GB/T 19011 提供审核质量和环境体系指南。

GB/T 19000—2000 标准有以下特点:

(1) 标准的结构与内容能更好地适用于所有产品类别、不同规模和各种类型的组织。

(2) 强调质量管理体系的有效性和效率,引导组织关注顾客和其他相关方满意,而不仅仅是程序文件和记录。

(3) 对标准要求的适用性进行了更加科学与明确的规定,在满足标准要求的途径与方法方面,提倡组织在确保有效性的前提下,可以根据自身经营管理的特点做出不同的选择,给予组织更多的灵活性。

(4) 标准中增加了质量管理八项原则,便于在理念和思路上理解标准的要求。

(5) 采用"过程方法"的结构,同时体现了组织管理的一般原理,有助于组织结合自身的特点采用标准来建立质量管理体系,并重视有效性的改进与效率的提高。

(6) 更加强调最高管理者的作用,包括对建立和持续改进质量管理体系的承诺,确保顾客的需求和期望得到满足,制定质量方针和质量目标并确保得到落实。

(7) 将顾客和其他相关方满意或不满意信息的监视作为评价质量管理体系业绩的一种重要手段,强调要以顾客为关注焦点。

(8) 突出了"持续改进是提高质量管理体系有效性和效率的重要手段"。

(9) 概念明确,语言通俗,易于理解。

(10) 对文件化的要求更加灵活,强调文件应能够为过程带来增值,记录只是证据的一种形式。

(11) 强调 GB/T 19001 作为要求性的标准和 GB/T 19004 作为指南性标准的协调一致性,有利于组织业绩的持续改进。

(12) 提高了与环境管理体系标准等其他管理体系标准的相容性。

13.2.2　八项质量管理原则

在 ISO 9000—2000 标准中增加了八项质量管理原则,这是在近年来质量管理理论和实践的基础上提出来的,是项目组织领导做好质量管理工作必须遵循的准则。八项质量管理原则已经成为改进项目组织业绩的框架,可帮助项目组织达到持续成功。

(1) 以顾客为关注焦点

项目组织依存于顾客,因此,项目组织应理解顾客当前和未来的需求,满足顾客的要求并争取超越顾客的期望。

项目组织贯彻实施以顾客为关注焦点的质量管理原则,有助于掌握市场动向,提高市场占有率,提高经济效益。

(2) 领导作用

强调领导作用是因为质量管理体系是由最高管理者推动的,质量方针和质量目标是领导组织策划的,组织机构和职能分配是领导确定的,资源配置和管理是领导决定和安排的,顾客和相关方的要求是领导确认的,质量管理体系改进和提高是领导决策的。所以,领导者应将本组织的宗旨、方向和内部环境统一起来,并创造使员工能够充分参与实现组织目标的环境。

(3) 全员参与

各级人员是项目组织之本。只有他们的充分参与,才能使他的才华为组织带来收益。质量管理是一个系统工程,关系到过程中的每一个岗位和个人。实施全员参与这一质量管理原则,将会调动全体员工的积极性和创造性,努力工作、勇于负责、持续改进、做出贡献,这对提高质量管理体系的有效性和效率具有极其重要的作用。

(4) 过程方法

过程方法是将活动和相关的资源作为过程进行管理,可以更高效地得到期望的结果。因为过程管理强调活动与资源的结合,具有投入产出的概念。过程管理体现了 PDCA 循环改进质量活动的思想。过程管理有利于适时进行测量保证上下工序的质量。通过过程管理可以降低成本、缩短周期,从而可更高效地获得预期效果。

(5) 管理的系统方法

管理的系统方法是将相互关联的过程作为系统加以识别、理解和管理,有助于项目组织提高实现目标的有效性和效率,系统方法包括系统分析、系统工程和系统管理三大环节。在质量管理中采用系统方法,就是要把质量管理体系作为一个大系统,对组成质量管理体系的各个过程加以识别、理解和管理,以实现质量方针和质量目标。

(6) 持续改进

持续改进是项目组织永恒的追求、永恒的目标、永恒的活动。为了满足顾客和其他相关方对质量更高期望,为了赢得竞争的优势,必须不断地改进和提高项目质量。

(7) 基于事实的决策方法

有效决策建立在数据和信息分析的基础上。基于事实的决策方法,首先应明确规定收集信息的种类、渠道和职责,保证资料能够为使用者得到。通过对得到资料和信息的分析,保证其准确、可靠。通过对事实的分析、判断,结合过去的经验做出决策并采取行动。

(8) 与供方互利的关系

供方是项目供应链上的第一个环节,供应的过程是质量形成过程的组成部分。供方的质量直接影响项目质量,在项目组织的质量效益中包含有供方的贡献。供方应按项目组织的要求也建立质量管理体系。通过互利关系,可以增强项目组织及供方创造价值的能力,也有利于降低成本和优化资源配置,并增强对风险的应对能力。

13.2.3 质量管理体系基础

1. 质量管理体系的作用

(1) 说明质量管理体系的目的就是要帮助组织增强顾客满意。顾客满意程度可以作为衡量一个质量管理体系有效性的总指标。

(2) 说明顾客对组织的重要性。组织依存于顾客,在质量管理八项原则中已经阐明。顾客要求组织提供的产品能够满足他们的需求和期望,这就要求组织对顾客的需求和期望进行整理、分析、归纳和转化为产品特性,并体现在产品技术标准和技术规范中。产品是否被接受,最终取决于顾客,可见顾客意见的重要。

(3) 说明顾客对组织持续改进的影响。由于顾客的需求和期望是不断变化的,这就促使组织持续改进其产品和过程,这也充分体现了顾客是组织持续改进的推动力之一。

(4) 说明质量管理体系的重要作用。质量管理体系能够帮助组织识别和分析顾客的需求和期望,并能将顾客的需求和期望转化为顾客的要求,并产生出顾客可以接受的产品。质量管理体系还可以推进持续改进,以此提高质量管理体系的有效性和效率,提高顾客的满意度,也能不断地提高组织的业绩。

2. 质量管理体系要求和产品要求

质量管理体系要求是通用的,适用于所有行业和经济领域的各种产品类别,包括硬件、软件、服务和流程性材料;适用于各种行业或经济部门;也适用于各种规模的组织。

产品要求是指产品标准、技术规范、合同条款或法律、法规等的规定。产品要求是各种各样和千差万别的。

这两种要求是有区别的,这一点非常重要,建立和实施了质量管理体系并不意味着产品的要求得到了满足,或意味着产品等级的提高,只能说质量管理体系的建立和实施有助于实现产品要求。对一个组织来说,两者缺一不可,不能互相取代,只能相辅相成。

3. 质量管理体系方法

这是八项质量管理原则中管理的系统方法的具体体现。

(1) 确定顾客的需求和期望。

(2) 建立组织的质量方针和质量目标。

(3) 确定实现质量目标的过程和职责。

(4) 确定和提供实现质量目标必需的资源。

(5) 规定测量每个过程的有效性和效率的方法。

(6) 应用这些方法确定每个过程的有效性和效率。

(7) 确定防止不合格并消除产生原因的措施。

(8) 建立和应用持续改进质量管理体系的过程。

质量管理体系方法不仅适用于建立和实施新的质量管理体系;也适用于保持和改进现有的质量管理体系,以帮助组织在过程能力和产品可靠性方面建立信任,为持续改进创造条件,以提高顾客满意程度。

上述八点也符合 PDCA 循环的方法。

13.2.4 质量管理体系的建立

1. 质量管理体系的策划

策划是质量管理体系建立过程中的一个非常重要的步骤。质量管理体系的策划范围覆盖了项目执行过程的策划范围和测量、分析与改进过程的策划范围。

(1) 产品识别

项目的最终产品是何种类别应先识别,可以是硬件,可以是流程性材料,可以是软件,可以是服务,还可以是不同类别的组合。

(2) 识别顾客

项目建立质量管理体系的最终目的是所提供的最终产品满足顾客的要求,因此要确定谁是项目的顾客。顾客包括直接的购买者,最终使用者和可能存在的中间商,他们可能是个人也可能是组织。

(3) 质量方针目标与对项目的要求

质量方针是由项目组织的最高管理者正式发布的该项目总的质量宗旨和质量方向,是实施和改进项目质量管理体系的推动力。质量方针提供了质量目标制定和评审的框架,是评价质量管理体系有效性的基础。

项目经理必须对质量方针的制定和实现负有责任。

制定质量方针的要求:

① 质量方针应与项目的宗旨相适应。

项目的宗旨除质量外还会涉及环境、安全等方面,项目的质量方针应与这一宗旨相适应。不同的项目由于其产品的类型不同,规模各异,质量方针也会各不相同,但必须通过提供顾客满意的产品,进而达到顾客满意的目的。

② 质量方针应包括对满足要求的承诺。

这种要求包括明示的、隐含的或必须履行的需求和期望。这种要求可以来自于顾客,也可能来自于项目提供的与产品有关的法律法规要求,或项目组织自身对产品的要求。质量方针应包括对满足产品、过程的特性的承诺。

③ 质量方针包括对持续改进的承诺。

在质量方针中应体现持续改进有效性的内容,并进行评价。通过评价来体现对持续改进内容的承诺。

④ 提供制定和评审质量目标的框架。

质量方针指出了项目的质量方向,而质量目标是对这一方向的落实、展开。

制定质量方针的基础是质量管理的八项原则。

为使质量方针得以实现,项目经理应确保质量方针在项目内得到沟通和理解,并使相关人员认识到应如何为实现本岗位的质量目标做出努力。

质量目标是指在质量方面所追求的目的。质量目标在质量方针给定的框架内制定并展开,也是项目组织各职能和层次上所追求并加以实现的主要工作任务。质量目标是项目组织实现"满足顾客要求、增强顾客满意"的具体落实,也是评价质量管理体系有效性的重要的判定指标。项目经理对质量目标是否包括满足产品要求有关的内容及是否在相关职能和层次上展开负有责任。

质量目标在内容上的要求:

① 质量目标应建立在质量方针的基础上,尤其是对满足要求和持续改进方面应与质量方针保持一致。

② 质量目标应包括满足产品要求所需的内容。

③ 项目经理应确保质量目标在项目组织的相关职能和层次得到建立,使质量目标的实现能具体落实,并增加项目组织对质量目标的考核性。

④ 为使质量方针得以实现,除了要将质量目标分解到各相关职能和层次上外,质量目标应是可测量的,尤其在作业层次上质量目标尽可能定量化。

(4) 过程的确定

建立质量管理体系必须先识别过程包括与管理活动、资源管理、产品实现和测量有关的过程。可以通过以下方式确定过程:

① 识别质量管理体系所必需的大过程,再识别每个大过程中包含的子过程。
② 确定每个过程的输入和输出,接受输出对象和过程的接口。
③ 确定每个过程需要的资源和信息及其提供者。
④ 确定过程的能力和输出结果的测量准则和方法。
⑤ 确定过程的责任者,包括外包过程的供方。
(5) 质量管理体系范围的确定
项目的质量管理体系应包括所覆盖项目范围内的需要的全部过程。
2. 质量管理体系中使用的文件类型
(1) 质量手册,由它向项目内部和外部提供关于质量管理体系的一致信息。
(2) 质量计划,它规定由谁及何时应使用哪些程序和相关资源的文件。
(3) 规范。
(4) 程序、作业指导书和图样。
(5) 记录,它阐明所取得的结果或提供所完成活动的证据的文件。

13.3 工程项目质量控制

13.3.1 项目质量控制的基本概念

项目质量控制就是对项目的实施情况进行监督、检查和测量,并将项目实施结果与事先制定的质量标准进行比较,判断其是否符合质量标准,找出存在的偏差,分析偏差形成的原因的一系列活动。项目质量控制贯穿于项目实施的全过程。

在进行质量控制时,应搞清下列概念的差别:

(1) 预防和检查。预防是为了将错误排除在过程之外;检查是将错误排除在送达客户之前。

(2) 偶然因素和系统因素。偶然因素的种类繁多,是对产品质量经常起作用的因素,但它们对产品的质量影响并不大,不会因此而造成废品。偶然因素引起的差异又称随机误差,这类因素既不易识别,也难以消除,或在经济上不值得消除。偶然因素包括原材料的微小差异,机具设备的正常磨损,工人操作的微小变化,温度、湿度微小的波动等。

系统因素如原材料的规格、品种有误,机具设备发生故障,操作不按规程等。这类因素对质量影响较大,可以造成废品和次品;这类因素较易识别,应加以避免。

(3) 偏差和控制线。偏差是活动的结果在允许的规定范围之内,并且是可以接受的;活动的结果在控制限度之内,则表明活动尚处于控制之中。

项目管理人员应具备统计质量控制的知识,特别是抽样检验和概率方面的知识,以便对质量控制的结果进行评价。

质量控制的内容包括:
(1) 确定控制对象,例如一道工序、一个分项工程、一个安装过程。
(2) 规定控制对象,即详细说明控制对象应达到的质量要求。
(3) 制定具体的控制方法,如工艺规程、控制用图表。
(4) 明确所采取的检验方法,包括检验手段。
(5) 实际进行检验。

(6) 分析实测数据与标准之间产生差异的原因。
(7) 解决差异所采取的措施、方法。

13.3.2 质量统计数据

1. 质量数据

进行质量管理就要掌握大量的数据,这是进行质量管理的必需条件。通过对质量数据的整理和分析可以帮助我们发现问题,认识事物的规律,因此,数据是进行质量管理的依据。

(1) 数据的分类

从质量管理的需要出发,按各种数据应用目的,大体可分为:掌握现状、分析问题、管理生产状态、评定质量等几类。

(2) 数据的波动

对质量特性进行测定,所得到的数据不会是固定不变的相同数值,总是有波动的,这是由于项目实施中有大量的变动因素存在。例如原材料、机械设备、工作条件、环境条件、操作者水平的不同,都是形成波动的基本原因。

(3) 数据特征值

① 算术平均值:

一般算术平均值用来表示数据的集中的位置,可按下式计算:

$$\overline{X} = \frac{1}{n}(X_1 + X_2 + \cdots + X_n) = \frac{1}{n}\sum_{i=1}^{n} X_n \tag{13-1}$$

式中　$\overline{X}$——算术平均值;
　　　n——数据数量。

② 标准差:

标准差反映数据分散的程度,常用 S 表示,可按式(13-2)计算:

$$S = \sqrt{\frac{1}{n-1}\sum_{i=1}^{n}(X_i - \overline{X})^2} \tag{13-2}$$

式中　S——标准偏差;
　　　$(X_i - \overline{X})$——第 i 个数据与平均值 $\overline{X}$ 之间的离差;
　　　n——数据的数量。

2. 质量数据采集方法与要求

采集质量数据是为了整理、分析,以便进行质量控制。

(1) 数据的采集方法

① 采集数据要有明确的目的　在质量管理中,采集数据必须有明确的目的。目的不同,采集的方法和内容也不同。按采集目的,可将数据分为三种:

A. 分析用数据。这类数据主要是为掌握现场质量动态情况而采集的数据,以便寻找分析存在的主要问题和确定要控制的主要影响因素。

B. 管理用数据。这是为了掌握项目实施状况,用以对实施状况做出推断和决定管理措施而采集的数据。它包括为判断工序中质量是否稳定,有无异常以及是否需要采取适用的措施,以预防和减少不合格品而采集的数据。

C. 检验用数据。这是对项目产出物进行全数检验或抽样检验而采集的数据。对采集的数据要按一定的标志进行分级归类,并记录下采集数据的条目,如抽样方式、抽样时间、测量工具及测量人员。

② 简单随机抽样　简单随机抽样也叫完全随机抽样。就是从总体中不加任何分组、分类、排队等,完全随机抽取,使总体中每一个个体都有被抽取的同等机会。注意不要将随机抽样理解为"随意抽样"和"胡乱抽样"。

③ 分层随机抽样　分层随机抽样就是将总体按其属性特征分为若干类型或层,然后在类型或层中随机抽取样本。这种抽样方法取得的样本具有较好的代表性,误差也小。

④ 系统抽样　系统抽样就是每间隔一定时间或空间,从总体抽取的样品作为样本。这种方法适用于流水生产线取样,一般多用于工序质量控制。

(2) 数据采集的要求

① 数据采集前先要明确目的,即采集此数据要解决什么问题。

② 采集数据的方法要尽可能简便。

③ 采集的数据必须真实可靠,绝不允许弄虚作假。

④ 详细记录采集数据的背景情况。如采集数据的时间、地点、目的、使用的仪器设备、采集的方法、采集人等。

⑤ 事先制定统一的表格,明确统计范围和计算方法。

13.3.3　质量控制的工具

1. 排列图

排列图又称帕累托图,是用来寻找影响产品质量主要因素的一种方法。

(1) 排列图的作图步骤

① 收集一定时间内的质量数据。

② 按影响质量因素确定排列图的分类,一般可按不合格品的项目、产品种类、作业班组、质量事故造成的经济损失来分。

③ 统计各项目的数据,即频数,计算频率、累计频率。

④ 划出左右两条纵坐标,确定两条纵坐标的适当刻度和比例。

⑤ 根据各种影响因素发生频率多少,从左向右排列在横坐标上,各种影响因素在横坐标上的宽度要相等。

⑥ 根据纵坐标的刻度和各种影响因素的发生频数,画出相应的矩形图。

⑦ 根据步骤③中计算的累计频率按每个影响因素分别标注在相应的坐标点上,将各点连成曲线。

⑧ 在图面的适当位置,标注排列图的标题。

(2) 排列图的分析

排列图中矩形柱高度表示影响因素程度的大小。观察排列图寻找主次因素时,主要看矩形柱高矮这个因素。一般确定主次因素可利用帕累托曲线,将累计百分数分为三类:累计百分数在 0~80% 的为 A 类,在此区域内的因素为主要影响因素,应重点加以解决;累计百分数在 80%~90% 的为 B 类,在此区域内的因素为次要因素,可按常规进行管理;累计百分数在 90%~100% 的为 C 类,在此区域内的因素为一般因素。

(3) 应用

图13-1是某项目某一段时间内无效工排列图,从图中可见:开会学习占610工时、停电占354工时、停水占236工时、气候影响占204工时、机械故障占54工时。前两项累计频率61.0%,是无效工的主要原因;停水是次要因素;气候影响、机械故障是一般因素。

2. 因果分析图

因果分析图是一种逐步深入研究和讨论质量问题的图示方法。

因果分析图由若干枝干组成,枝干分为大枝、中枝、小枝和细枝,它们分别代表大大小小不同的原因。

(1) 因果图的作图步骤

① 确定需要分析的质量特性(或结果)画出主干线,即从左向右带箭头的线。

② 分析、确定影响质量特性的大枝(大原因)、中枝(中原因)、小枝(小原因)、细枝(更小原因)并顺序用箭头逐个标注在图上。

③ 逐步分析,找出关键性的原因并应作出记号或用文字加以说明。

④ 制定对策,限期改正。

(2) 应用

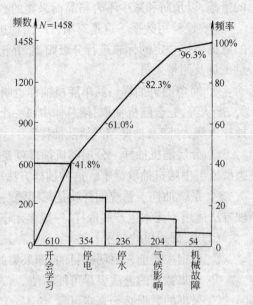

图13-1 无效工排列图

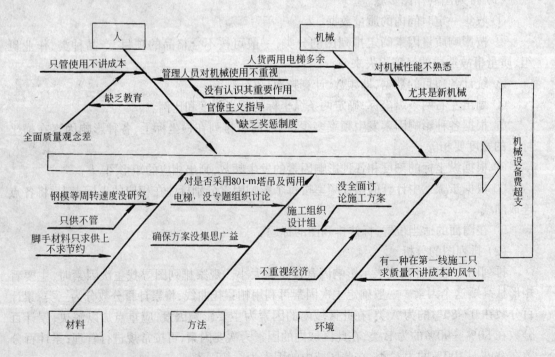

图13-2 机械设备费超支因果图

图 13-2 是机械设备费超支的因果图,原因分析是从人、机械、环境、方法、材料五个方面进行分析的,分析后制定了降低机械设备费的对策,见表 13-1。

降低机械设备费对策表 表 13-1

问题及主要原因	对策方案要点	执行者	完成期限
一、部分管理人员对全面质量管理观念模糊,认为创优不必努力降低成本	1. 有针对性的讲课,使主要管理人员及班组骨干,认识广义的质量概念,理解创优必须与提高经济效益相结合 2. 结合普及教育,将全面质量管理讲透		
二、80t·m 塔吊,人货两用电梯使用期长,费用超支大	1. 讨论 80t·m 塔吊、人货两用电梯在工程中的使用期限及减少费用的方法 2. 用两台 60t·m 代替 80t·m 塔吊,既可满足使用要求,还可减少费用支出×××元 3. 根据本项目情况,可以不用人货两用电梯 4. 加快工程速度,减少机械设备费用支出		
三、有关人员对新购买的机械设备性能不熟悉	1. 对新进机械要力争软件齐全,带有资料 2. 对必须掌握新进机械性能的人员要组织专业学习,以便制定优化的机械使用方案		

3. 直方图

直方图是反映产品质量数据分布状态和波动规律的图表。

(1) 直方图的作图步骤

① 收集数据,一般数据的数量用 N 表示。

② 找出数据中的最大值与最小值。

③ 计算极差,即全部数据的最大值与最小值之差

$$R = X_{\max} - X_{\min}$$

④ 确定组数 K。组数可按表 13-2 选取。

组 数 表 表 13-2

数据的数量	分组数 K	一般使用的组数 K
50 以下	7 以下	20
50~100	6~10	20
100~250	7~12	20
250 以上	10~20	20

⑤ 计算组距 h：

$$h = R/K$$

⑥ 确定分组组界：

首先计算第一组的上、下界限值：

第一组下界值 = $X_{\min} - h/2$

第一组上界值 = $X_{\min} + h/2$

然后计算其余各组的上下界限值。第一组的上界限值就是第二组的下界限值，第二组的下界限值加上组距 h 就是第二组的上界限值，其余类推。

⑦ 整理数据，做出频数表，用 f_1 表示每组的频数。

⑧ 画直方图

直方图是一张坐标图，横坐标取分组的组界值，纵坐标取各组的频数。找出纵横坐标上点的分布情况，用直线连起来即成直方图。

(2) 应用

表 13-3 是某工程混凝土抗压强度的数据。

混凝土抗压强度　　　　　　　　　表 13-3

顺序	数据					最大值	最小值
1	21.5	21.7	19.5	20.0	21.4	21.7	19.5
2	20.3	20.9	23.6	21.0	20.4	23.6	20.3
3	21.4	21.1	23.1	20.4	22.1	23.1	20.4
4	21.6	19.6	22.7	19.7	22.9	22.9	19.6
5	24.1	20.5	22.6	21.0	22.7	24.1	20.5
6	21.9	18.3	20.1	22.9	24.0	24.0	18.3△
7	25.0	21.4	21.7	25.1	24.1	25.1*	21.4

注：表中"*"为最大，"△"为最小。

极差：$R = X_{\max} - X_{\min} = 25.1 - 18.3 = 6.8$mm

组数：$K = 7$

组距：$h = R/K = 6.8/7 = 1$mm

区间值：第一区间下界值为 $18.3 - 1/2 = 17.8$mm

　　　　第一区间上界值为 $18.3 + 1/2 = 18.8$mm

进行频数分布统计，见表 13-4。

零件尺寸频数分布统计　　　　　　　　　表 13-4

序号	分组区间	组中值	频数统计
1	17.8~18.8	18.3	1
2	18.8~19.8	19.3	3
3	19.8~20.8	20.3	6
4	20.8~21.8	21.3	10
5	21.8~22.8	22.3	6
6	22.8~23.8	23.3	4

续表

序 号	分 组 区 间	组 中 值	频 数 统 计
7	23.8~24.8	24.3	3
8	24.8~25.8	25.3	2

画直方图,见图13-3。

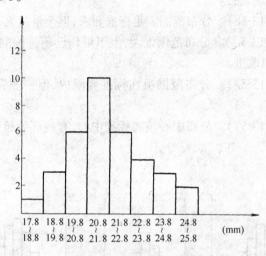

图 13-3　零件尺寸直方图

(3) 直方图图形分析

通过观察直方图的形状,可以判断生产的质量状况,从而采取必要的措施,预防不合格品的产生。

观察直方图时,主要应注意图形的整体形状。一般说,直方的中间为峰顶,向左右两方对称地分散,见图13-4(a),说明质量比较正常,称正常型;分组不当或组距不当时,直方图呈折齿型,见图13-4(b);原材料发生变化或临时出现其他人代替作业,直方图呈孤岛型,见图13-4(c);数据收集不正常,人为地剔除不合格品的数量,直方图呈绝壁型,见图13-4(d);用两种不同工艺或两台设备以及两组人进行作业,而数据又混在一起进行整理,直方图呈双峰型,见图13-4(e)。

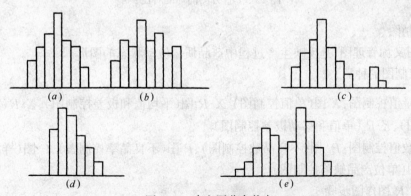

图 13-4　直方图分布状态
(a)正常型;(b)折齿型;(c)孤岛型;(d)绝壁型;(e)双峰型

(4) 对照标准分析比较

在直方图中标出标准值,可以分析工序能力与标准规格要求之间的关系(图 13-5)。

① 正常型(图 13-5a)。分布范围比标准界限宽度窄,分布中心在中间,工序处于正常管理状态。

② 双侧压线型(图 13-5b)。分布范围与标准界限完全一致,没有余量,一旦出现微小变化,就可能出现超差、出现废品。

③ 能力富余型(图 13-5c)。分布范围满足标准要求,但余量过大,属控制过严,不经济。

④ 能力不足型(图 13-5d)。分布范围太大,上下限均已超过标准,已产生不合格品,应分析原因,采取措施加以改进。

⑤ 单侧压线型(图 13-5e)。分布范围虽在标准界限内,但一侧完全没有余量,稍有变化,就会出现不合格品。

⑥ 单侧过线型(图 13-5f)。分布中心偏离标准中心,有些部分超过了上限标准,出现不合格品。

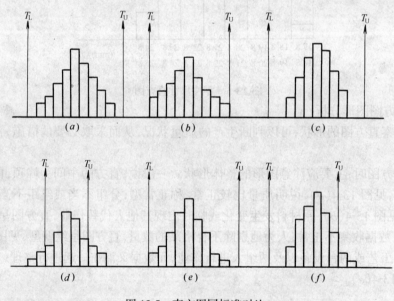

图 13-5 直方图同标准对比

4. 控制图

控制图又称管理图,是反映生产过程中产品质量波动状态的图形。

(1) 控制图的种类

① 计量值控制:X 图(单值控制图)、$\bar{X}$-R 图(平均值和极差控制图)、$\tilde{X}$-R(中位数和极差控制图)、X-R_s(单值和移动极差控制图)。

② 计数值控制图:P_n 图(不良品数控制图)、P 图(不良品率控制图)、C 图(样本缺陷控制图)、u 图(单位产品缺陷控制图)。

(2) $\bar{X}$-R 图作图步骤

① 收集数据(表 13-5)。

数 据 表　　　　　　　　　　表 13-5

组别	X_1	X_2	X_3	X_4	X_5	X_6	ΣX	$\bar{X}$	R
1	1	2	3	4	2	3	16	2.5	3
2	2	3	2	2	4	5	18	3	3
3	8	5	2	3	3	3	24	4	6
4	2	5	2	5	2	4	20	3.33	3
5	3	3	2	8	7	1	24	4	7
6	1	4	2	1	3	1	12	2	3
7	5	4	3	4	0	1	17	2.8	4
合 计								25.63	29

② 计算样本平均值 $\bar{X} = \Sigma X_i / n$：

本例第一组样本为　　$\bar{X}_1 = (1+2+3+4+2+3)/6 = 2.5$

其余类推，计算值列于表 13-5 中。

③ 计算样本极差 $R_1 = X_{\max} - X_{\min}$：

本例第一组样本为 $R_1 = 4 - 1 = 3$

其余类推，计算值列于表 13-5 中。

④ 计算总平均值：

$$\bar{\bar{X}} = \Sigma \bar{X} / K = 25.63 / 7 = 3.66$$

式中 K 为样本总数。

⑤ 计算极差平均值：

$$\bar{R} = \Sigma R / K = 29 / 7 = 4.14$$

⑥ 计算控制界限：

$\bar{X}$ 控制图的控制界限

上控制界限　　$UCL = \bar{\bar{X}} + A_2 \bar{R} = 3.66 + 0.483 \times 4.14 = 5.66$

下控制界限　　$LCL = \bar{\bar{X}} - A_2 \bar{R} = 3.66 - 0.483 \times 4.14 = 1.66$

上式中 A_2 为 X 控制图系数，见表 13-6。

控 制 图 系 数　　　　　　　　　　表 13-6

n	A_2	D_4	D_3	E_2	$m_3 A_2$
2	1.880	3.267	—	2.659	1.880
3	1.023	2.575	—	1.772	1.187
4	0.792	2.282	—	1.457	0.796
5	0.577	2.115	—	1.209	0.691
6	0.483	2.004	—	1.148	0.549
7	0.419	1.924	0.076	1.109	0.509
8	0.373	1.846	0.136	1.054	0.432
9	0.337	1.816	0.148	1.010	0.412
10	0.308	1.777	0.223	0.975	0.363

R 控制图的控制界限：

中心线 $\quad CL = \bar{R} = 4.14$

上控制界限 $\quad UCL = D_4 \bar{R} = 2.004 \times 4.14 = 8.30$

下控制界限 $\quad LCL = D_3 \bar{R} = 0 (\because n = 6,$ 系数表中为—，故下限不考虑)

式中 D_3、D_4 均为 R 控制图控制界限系数(表 13-6)。

⑦ 绘 $\bar{X}$-R 图(图 13-6)。

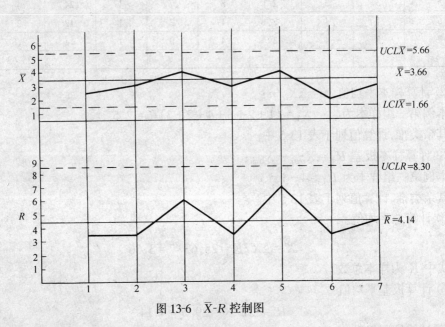

图 13-6 $\bar{X}$-R 控制图

以横坐标为样本序号或取样时间，纵坐标为所要控制的质量特性值，按计算结果绘出中心线和上下控制界限。

其他各种控制图的作图步骤与 $\bar{X}$-R 控制图相同。

(3) 控制图的观察与分析

控制图上的点子反映了生产过程的稳定程度。生产处于稳定状态时，控制图上的点子全部落在控制界限之内，并且点子随机地分散在中心线两侧，连续 25 个点中，无超出控制界限的点；连续 35 个点中，仅有一点超出控制界限；连续 100 个点中，仅有两点超出控制界限。

如果点子跳出控制界限，或点子虽没有跳出控制界限，但点子排列有缺陷时，也应判断为生产过程发生了异常变化。

点子排列有缺陷的几种情况：

① 在中心线一侧连续出现 7 点链。

② 点子在中心线同一侧多次出现：

连续 11 点中有 10 点在同侧；

连续 14 点中有 12 点在同侧；

连续 17 点中有 14 点在同侧；

连续 20 点中有 16 点在同侧。

③ 点子连续上升或下降趋势：连续 7 点上升或下降时，应当判断为生产过程异常。

④ 出现"周期性"变动。

5. 散布图

散布图又称相关图,是观察分析两个质量特性之间的相关关系的图表。

(1) 散布图的作图步骤

① 确定所研究的质量特性并收集对应的数据,作出数据表。

② 画出横坐标 X,纵坐标 Y,一般情况下横坐标表示原因,纵坐标表示结果。

③ 找出 X、Y 各自的最大值和最小值。要使 X 轴和 Y 轴上所画出的刻度比较合适,否则数据相关的直观性不强。

④ 根据数据画出坐标点,点的位置在该数据的横坐标和纵坐标的交点上。

(2) 散布图的观察分析

从散布图上点的分布,可以看出两种数据之间是否存在相关关系,以及相关的程度。散布图表现出来的分布状态是多种多样的,典型的散布图有以下六种(图 13-7):

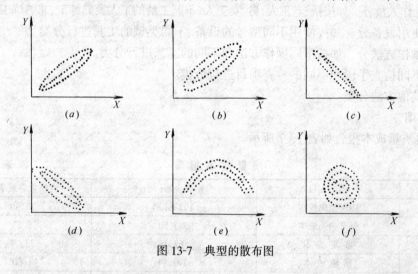

图 13-7 典型的散布图

① 正相关。即 X 增加,Y 随之增加。这时,如果正确控制 X,那么 Y 就能得到控制(图 13-7a)。

② 近似正相关。即 X 增加,Y 基本随着增加,Y 值除受 X 影响外,还受其他因素的影响,要寻找 X 以外的因素(图 13-7b)。

③ 负相关。即 X 增加,Y 随之减少。这时可通过控制 X 来控制 Y(图 13-7c)。

④ 近似负相关。即 X 增加,Y 基本随着减少,除 X 因素外,还有其他影响因素(图 13-7d)。

⑤ 非线性相关。即 X 与 Y 有相关关系,但不成直线关系,而是曲线关系(图 13-7e)。

⑥ 不相关。X 与 Y 之间没有什么关系(图 13-7f)。

(3) 相关系数计算

相关系数表示两个变量 X 与 Y 之间的相关程度。相关系数用 r 表示,其计算公式为:

$$r = \frac{S(XY)}{\sqrt{S(XX)S(YY)}}$$

式中 $$S(XX) = \Sigma(X_i - \bar{X})^2 = \Sigma X_i^2 - \frac{(\Sigma X_i)^2}{n}$$

$$S(YY) = \Sigma(Y_i - \overline{Y})^2 = \Sigma Y_i^2 - \frac{(\Sigma Y_i)^2}{n}$$

$$S(XY) = \Sigma(X_i - \overline{X})(Y_i - \overline{Y}) = \Sigma X_i Y_i - \frac{\Sigma X_i \Sigma Y_i}{n}$$

相关系数 r，在 -1 至 +1 间取值（ $-1 \leqslant r \leqslant 1$ ），在 X 增加 Y 也增加时， $r>0$ ，这是正相关；在 X 增加 Y 减少时， $r<0$ ，这是负相关。R 的绝对值愈接近于 1，这就表明 X 与 Y 愈接近线性相关，r 接近 0，说明 X 与 Y 之间不相关，没有线性关系。

6. 分层法

分层法又称分组法和分类法，是将性质相同或相近的数据分类、归纳，从中找出规律性，并采取有效措施的方法。

(1) 分层法的分类

① 按不同时间分。如按不同的日期（年、季、月、旬、日）和不同班次（昼夜）进行分类。
② 按操作人员分。如按新、老工人，男、女工人，不同工龄的工人及熟练工、非熟练工等分类。
③ 按使用设备分。如按使用不同型号的设备、不同类型的工具进行分类。
④ 按操作方法分。如按不同操作方法和不同的工艺进行分类。
⑤ 按不同检查手段和不同的检查项目进行分类。
⑥ 按其他方法分类。

(2) 应用

某项目质量成本报告如表 13-7 所示。

质量成本报告　　　　　　　　　　　　　　表 13-7

序号	项目	损失金额（元）	占质量总成本%
1	内部损失成本	19238.30	73.40
2	外部损失成本	349.50	1.33
3	鉴定成本	6231	23.77
4	预防成本	390.54	1.50
合计		262009.34	100

从表 13-7 可以看出内部损失在质量总成本中所占的百分比最大，因此对此项再进行分层后，通过检查报表，可得内部损失成本的分层表，如表 13-8 所示。

内部损失成本分析　　　　　　　　　　　　表 13-8

序号	项目	损失金额（元）	占质量总成本%
1	废品损失	12122.96	46.30
2	返修损失	1323.34	5.00
3	停工损失	5792.00	22.10
合计		19238.30	73.40

从表 13-8 可以看出废品损失所占比重最大，要采取措施大大降低废品损失；其次还要降低停工损失。措施得力，可大大降低质量总成本。

7. 调查表

调查表的格式可多种式样，可根据调查目的不同而采用不同的格式。常用的调查表有质量分布状态调查表、质量缺陷部位调查表、影响质量主要因素调查表、材料质量特性调查表等。调查表也可以与其他方法联合使用。

13.4 质量计划

13.4.1 质量计划的概念

我国国家标准 GB/T 19000—2000 对质量计划的定义:对特定的项目、产品、过程或合同,规定由谁及何时应使用哪些程序和相关资源的文件。对工程项目而言,质量计划主要针对特定的项目所编制的规定程序和相应资源的文件。

质量计划应明确指出所开展的质量活动,并直接或间接通过相应程序或其他文件,指出如何实施这些活动。

13.4.2 质量计划的作用

(1) 通过产品或项目的质量计划,使产出物的特殊质量要求能通过有效的措施得以满足,它是质量管理的依据。

(2) 在合同情况下,供方可向顾客证明其如何满足特定合同的特殊质量要求,并作为顾客实施质量监督的依据。

13.4.3 质量计划的内容

(1) 应达到的产出物质量目标,如特性或规范、可靠性、综合指标等;

(2) 项目实际运行的各过程步骤(可用流程图等形式表示);

(3) 在项目的不同阶段,职责、权限和资源的具体分配;

(4) 实施中应采用的程序、方法和指导书;

(5) 有关阶段(如设计、采购、施工、检验等)适用的试验、检查、检验和评审大纲;

(6) 达到质量目标的测量方法;

(7) 随项目的进展而修改和完善质量计划的程序;

(8) 为达到质量目标应采取的其他措施,如更新检验测试设备,研究新的工艺方法和设备,需要补充制定的制定程序、方法、标准和其他文件等。

13.4.4 质量计划的编制

项目的质量计划是针对项目的特殊要求,以及应重点控制的环节,所编制的对设计、采购、施工、安装、检验等的质量控制方案。质量计划,一般不是单独的一个文件,而是由一系列文件所组成。

开始编制质量计划时,可以是一个带有规划性的较粗的质量计划,随着设计、施工、安装的进展,再相应编制各阶段较详细的质量计划,如设计控制计划、施工控制计划、安装控制计划和检验控制计划等。质量计划应随设计、施工、安装的进度作必要的调整。

为编好质量计划,应注意以下问题:

(1) 项目经理必须亲自主持和组织质量计划的编制工作。

(2) 必须建立质量计划编制小组,小组成员应具备丰富的知识,有实践经验,善于听取不同的意见,有较强的沟通能力和创新精神。当质量计划编制完成后,在公布实施时,小组即可解散。

(3) 编制质量计划的指导思想是:始终以顾客为关注焦点。

(4) 准确无误地找出关键质量问题。

(5) 反复征询对质量计划草案的意见。

13.4.5 项目质量计划编制方法

1. 收益/成本分析

质量计划编制过程必须考虑收益/成本之间的平衡。项目各项活动及产出物要符合质量要求，既要使用户满意，又能降低成本。质量管理追求的是收益高于成本。

成本是一项综合性的消耗指标，它与产值、收入、利润等经济指标密切相关。成本支出水平是项目管理水平的体现。通过成本收益分析，可以有效揭示成本与其他经济指标的关系。如分析产值与质量的关系，可知：质量提高可以降低返工率或减少残次品，这就意味着有效总产量增加，使单位成本降低。

2. 制定基准计划

利用其他项目实际的或计划的项目质量计划，作为新项目质量计划的比照对象，从而制定出新项目的质量计划。

3. 流程图

流程图是将项目全部实施过程，按其内在逻辑关系通过箭线勾画出来，可针对流程中质量的关键环节和薄弱环节进行分析。常用在质量管理中的流程图有：

(1) 因果关系图

因果关系图又称因果分析图、鱼刺图，它通过箭线将质量问题与质量因素之间的关系表示出来，如图13-8所示。

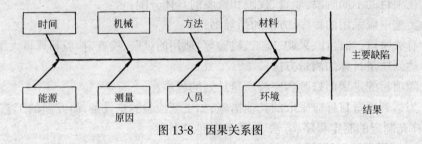

图13-8 因果关系图

(2) 过程流程图

过程流程图可以帮助预测在项目实施过程中何处可能发生何种质量问题，可以有助于制定处理质量问题的措施，见图13-9。

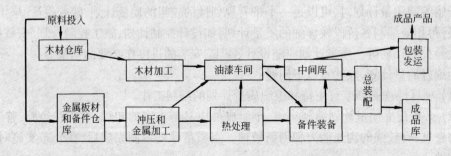

图13-9 过程流程图

4. 试验设计

试验设计是一种统计方法,它有助于识别在多种变量中何种变量对项目成果影响最大,从而找出影响项目质量的关键因素,有利于项目质量计划的编制。常用的试验设计方法有对分法、均分法和 0.618 法等。

5. 质量成本

质量成本是指项目组织为了保证和提高产出物质量而支出的有关费用,以及因未达到预先规定的质量水平,而造成的一切损失费用的总和。而质量成本管理,就是相应建立一套核算和管理制度。

(1) 运行质量成本

运行质量成本是项目为达到和确保所规定的质量水平所支付的费用,包括下列各项:

① 预防成本　预防成本是指用于预防产生不合格品与故障所需的各项费用,它包括:

A. 质量工作费;

B. 质量培训费;

C. 质量奖励费;

D. 新材料、新工艺评审费及产品评审费;

E. 质量改进措施费。

② 鉴定成本　鉴定成本是指为了确保项目质量达到质量标准的要求,而对项目本身以及对材料、构配件、设备等进行试验、检验和检查所需费用,包括:

A. 进料检验费;

B. 工序检验费;

C. 竣工检查费;

D. 检测设备的折旧费、维修费。

③ 内部损失成本　内部损失成本是指项目在交付前,由于项目产出物不能满足规定的质量要求而支付的费用,包括:

A. 废品损失;

B. 返工损失;

C. 停工损失;

D. 事故分析处理费;

E. 质量过剩支出(指超过质量标准而发生的费用)。

④ 外部损失成本　外部损失成本是指项目交付后,因产品质量或服务不能满足规定的质量要求,导致索赔、修理或信誉损失而支付的费用,包括:

A. 申诉受理费;

B. 回访保修费;

C. 索赔费。

(2) 外部质量保证成本

外部质量保证成本是指在合同环境条件下,根据用户提出的要求而提供客观证据的演示和证明所支付的费用,包括:

① 为提供特殊的和附加的质量保证措施、程序、数据等支付的费用；
② 产品的证实试验和评定的费用；
③ 为满足用户要求，进行质量管理体系认证所支付的费用。

(3) 质量成本报告

质量成本报告是为领导和各有关部门制定质量政策和目标的依据，并作为支持质量改进的有力凭证。

质量成本报告的主要内容：
① 提出全部质量成本总额及其构成的主要项目。
② 提出由于质量缺陷而造成损失的项目与预算成本比较基数的偏差。
③ 对质量成本进行详细分析。

质量成本报告的形式可根据需要采用报表式、图表式或陈述式。

(4) 质量成本分析

通过对质量成本的分析，找出影响成本的关键因素，从而提出改进质量和降低成本的途径。

① 质量成本总额的分析。说明报告期的内部损失成本总额、外部损失成本总额、鉴定成本总额、预防成本总额，以及上述四项成本总额之和即质量成本总额。
② 质量成本构成项目的分析：
   A．(内部损失成本/质量总成本)×100%
   B．(外部损失成本/质量总成本)×100%
   C．(鉴定成本/质量总成本)×100%
   D．(预防成本/质量总成本)×100%
③ 制定比较基数进行比较分析：
   A．(内部损失成本/预算成本)×100%
   B．(外部损失成本/预算成本)×100%
   C．(鉴定成本/预算成本)×100%
   D．(预防成本/预算成本)×100%
   E．(质量总成本/预算成本)×100%
④ 质量成本与利润进行比较分析：

$$利润质量成本率 = (质量成本总额/利润) \times 100\%$$

13.5 质量保证

13.5.1 项目质量保证的依据

1. 项目质量管理计划
2. 项目实际质量的度量结果

对项目各项质量活动进行测量、测试，然后将这种实际质量的度量结果与质量标准进行对比分析，以便更好地控制质量。

3. 项目质量工作说明

项目质量工作说明是指对项目质量管理具体工作的说明，以及对项目质量保证与控制方法的说明。

13.5.2 用于质量保证的方法与技术

1. 凡是用于编制质量计划的方法均可用于质量保证。

2. 质量审核

质量审核是确定质量活动和有关结果是否符合计划的安排,以及这些安排是否有效地实施并适合于达到预定目标的、有系统的、独立的检查。

质量审核是一个大的概念,它包括:质量管理体系审核、产品质量审核、过程质量审核、服务质量审核和内部质量审核等。通过质量审核评价审核对象的现状及对规定要求的符合性,并确定是否需要采取措施给予改进,从而保证项目质量符合规定要求,保证质量管理体系有效运行。

(1) 质量管理体系审核

质量管理体系审核是确定质量管理体系及其各要素的活动和其有关结果是否符合有关标准和文件;质量管理体系文件中的各项规定是否得到有效的贯彻并适合于达到质量目标的系统的、独立的审查。

质量管理体系审核的特点,就其审核的内容来说是其"符合性"、"有效性"和"适合性",就审核方式来说是其"系统性"和"独立性"。

质量管理体系审核可以分为文件审核和现场审核两个阶段。在文件审核阶段,主要对质量管理体系文件,如质量手册及各种体系程序文件是否符合约定标准或合同要求进行审核,这种审核有时也称符合性审核。在现场审核阶段要对实际的质量管理体系活动是否与质量保证标准、质量手册或程序文件的规定相一致进行审核,亦即对其是否得到有效的实施进行审核,这就是"有效性"的含义。

"系统性"的含义就是说审核工作要求正规化、有程序可遵循。为了求得审核的客观性和公正性,对审核样本的选定、客观证据的收集、审核结论的得出等都要有一套行之有效的程序和办法,这些已成为一套正规的国际通行做法。

"独立性"的含义就是进行质量管理体系审核的审核员应独立于被审核的部门或组织之外,即审核应由与被审核对象无直接责任关系的人员进行。

(2) 产品质量审核

产品质量审核就是抽取已经验收合格的产品,定量(或定性)检查、分析其符合规定质量特性的程度。

产品质量审核的目的是通过对产品的客观评价,获得出厂产品质量信息,以确定产品质量水平。产品质量审核的结果要作为质量管理体系是否有效、过程是否处于受控状态的验证。产品质量审核的依据是产品的标准或技术规范。产品质量审核应由具有资格并经组织管理者授权的内部审核员进行。

产品质量审核的作用:

① 提前发现产品缺陷,避免将有缺陷的产品交付给顾客。

② 审核结果可作为项目质量管理体制是否有效运行和保持的一种验证。

③ 及时发现质量管理体制上存在的薄弱环节和有关人员在质量工作上的问题,以便采取纠正和改进措施。

④ 研究产品质量水平与质量成本之间的关系,寻求适宜的质量成本。

⑤ 分析产品质量变化的原因。

(3) 过程质量审核

过程质量审核就是通过对过程的检查、分析,评价过程质量控制的正确性、有效性的活动。

过程质量审核是指产品形成的各个阶段、各个环节的输入经过过程活动达到增值的效果。过程质量审核的对象包含所有过程,既可以是一个大过程,也可以是一个大过程中的子过程。如果审核对象是一具体的工序,此时也可称为工序质量审核。

(4) 内部质量审核

内部质量审核是项目组织的自我审核,也称为第一方审核。第二方审核是指顾客对供方的审核,第三方审核是指具有第三方性质的认证机构对申请认证组织进行的审核,第二、三方审核又称外部审核。

内部质量审核的目的是评价质量管理体系的符合性、有效性,依据是质量手册及其程序文件,采用现场评审方法,使质量管理体系得到改进。

内部质量审核的步骤:

① 确定任务。如是例行审核,按年度计划规定进行;如是特殊审核,要明确目的和受审的部门和要素。

② 审核准备。由项目经理指定审核组长和审核组成员。编制审核计划日程表并将任务分配到审核组成员。审核计划日程表确定后及早通知受审核部门负责人。

③ 现场审核。召开首次会议,说明审核的目的、范围、依据和方法。审核中发现不合格,按规定填写不合格报告,并请受审核部门领导对事实表示认可(签字)。召开末次会议,审核组报告审核结果,宣读不合格报告。请受审核部门负责人填写纠正措施计划。

④ 编写审核报告。由审核组长按规定格式编写,此报告经项目经理审定后通过质量管理部门正式下达给受审部门。

⑤ 纠正措施跟踪。质量管理部门会同审核组对纠正措施计划的实施进行跟踪验证。

⑥ 全面审核报告的编写和纠正措施计划完成情况的汇总分析。

13.5.3 项目质量保证的结果——质量持续改进

1. 质量持续改进的作用

(1) 持续改进的目的是不断提高质量管理体系的有效性,不断增强顾客满意程度。

(2) 持续改进是增强满足要求的能力的循环活动,改进的重点是改善产品的特殊性和提高质量管理体系过程的有效性。持续改进要求不断寻找进一步改进的机会,并采取适当的改进方式。改进的途径可以是日常渐进的改进活动,也可以是突破性的改进项目。

2. 质量持续改进的方法

(1) 通过建立和实施质量目标,营造一个激励改进氛围和环境;

(2) 确立质量目标以明确改进方向;

(3) 通过数据分析、内部审核不断寻求改进机会,并作出适当的改进活动安排;

(4) 通过纠正和预防措施及其他适用的措施实现改进;

(5) 在管理评审中评价改进效果,确定新的改进目标和改进的决定。

3. 质量持续改进的范围及内容

质量持续改进的范围包括质量管理体系、过程和产品三个方面,改进的内容涉及产品质量、日常工作和企业长远的目标,不仅不合格现象必须纠正、改进,目前合格但不符合发展需要的也要不断改进。

4. 质量持续改进的步骤

(1) 分析和评价现状,以识别改进的区域;
(2) 确定改进目标;
(3) 寻找可能的解决办法以实现这些目标;
(4) 评价这些解决办法并做出选择;
(5) 实施选定的解决办法;
(6) 测量、验证、分析和评价实施的结果以确定这些目标已经达到;
(7) 正式采纳更正(即形成正式的规定);
(8) 必要时,对结果进行评审,以确定进一步改进的机会。

13.6 建筑工程施工质量验收

《建筑工程施工质量验收统一标准》(GB 50300—2001)已于2001年7月20日发布,并于2002年1月1日实施。此标准坚持了"验评分离、强化验收、完善手段、过程控制"的指导思想。

13.6.1 建筑工程施工质量验收概述

1. 术语

(1) 建筑工程

为新建、改建或扩建房屋建筑物或附属构筑物设施所进行的规划、勘察、设计和施工、竣工等各项技术工作和完成的工程实体。

(2) 建筑工程质量

反映建筑工程满足相关标准规定或合同约定的要求,包括其在安全、使用功能及其在耐久性、环境保护等方面所有明显和隐含能力的特性总和。

(3) 验收

建筑工程在施工单位自行质量检查评定的基础上,参与建设活动的有关单位共同对检验批、分项、分部、单位工程的质量进行抽样复验,根据相关标准的书面形式对工程质量达到合格与否做出确认。

(4) 检验批

按同一的生产条件或按规定的方式汇总起来供检验用的,由一定数量样本组成的检验体。

(5) 检验

对检验项目中的性能进行量测、检查、试验等,并将结果与标准规定要求进行比较,以确定每项性能是否合格所进行的活动。

(6) 主控项目

建筑工程中的对安全、卫生、环境保护和公众利益起决定性作用的检验项目。

(7) 一般项目

除主控项目以外的检验项目。

2. 基本规定

(1) 建立质量责任制

施工单位应建立质量责任制,确定工程项目的项目经理、技术负责人和施工管理负责人,施工单位对建设工程的施工质量负责。

施工现场质量管理检查记录应由施工单位按表13-9填写,总监理工程师(建设单位项目负责人)进行检查,并做出检查结论。

施工现场质量管理检查记录　　开工日期：　　　　　　　表13-9

工程名称		施工许可证(开工证)	
建设单位		项目负责人	
设计单位		项目负责人	
监理单位		总监理工程师	
施工单位	项目经理	项目技术负责人	

序号	项目	内容
1	现场质量管理制度	
2	质量责任制	
3	主要专业工种操作上岗证书	
4	分包方资质与对分包单位的管理制度	
5	施工图审查情况	
6	地质勘察资料	
7	施工组织设计、施工方案及审批	
8	施工技术标准	
9	工程质量检验制度	
10	搅拌站及计量设置	
11	现场材料、设备存放与管理	
12		

检查结论：

总监理工程师
(建设单位项目负责人)　　　　　　　　　　　　　　　年　月　日

施工单位应有健全的质量管理体系,质量管理体系能将影响质量的技术、管理、人员和资源等因素综合在一起,在质量方针的指引下,为达到质量目标而互相配合。

质量控制的范围涉及工程质量形成全过程的各个环节,任何一个环节的工作没做好,都会使工程质量受到损害而不能满足质量要求。施工单位应推行生产控制和合格控制的全过程质量控制,应有健全的生产控制和合格控制的质量管理体系。这里不仅包括原材料控制、工艺流程控制、施工操作控制、每道工序质量检查、各道相关工序间的交接检验以及专业工种之间等中间交接环节的质量管理和控制要求,还应包括满足施工图设计和功能要求的抽样检验制度等。施工单位还应通过内审和管理评审,找出质量管理体系中存在的问题和薄弱环节,并制定改进措施和跟踪检查落实等措施,使质量管理体系不断完善。

施工单位还应重视综合质量控制水平,应从施工技术、管理制度、工程质量控制和工程质量等方面制定对施工企业综合质量控制水平的指标,以达到提高整体素质和经济效益的目的。

(2) 施工质量控制的主要方面

① 建筑工程采用的主要材料、半成品、成品、建筑构配件、器具和设备应进行现场验收。凡涉及安全、功能的有关产品,应按各专业工程质量验收规范规定进行复验,并应经监理工程师(建设单位技术负责人)检查认可。

② 各工序应按施工技术标准进行质量控制,每道工序完成后,应进行检查。

③ 相关专业各工种之间,应进行交接检验,并形成记录。未经监理工程师(建设单位技术负责人)检查认可,不得进行下道工序施工。

(3) 建筑工程质量验收的基本要求

① 建筑工程施工质量应符合本标准和相关专业验收规范的规定。

② 建筑工程施工应符合工程勘察、设计文件的要求。

③ 参加工程施工质量验收的各方人员应具备规定的资格。

④ 工程质量的验收均应在施工单位自行检查评定的基础上进行。

⑤ 隐蔽工程在隐蔽前应由施工单位通知有关单位进行验收,并应形成验收文件。

⑥ 涉及结构安全的试块、试件以及有关材料,应按规定进行见证取样检测。

⑦ 检验批的质量应按主控项目和一般项目验收。

⑧ 对涉及结构安全和使用功能的重要分部工程应进行抽样检测。

⑨ 承担见证取样检测及有关结构安全检测的单位应具有相应资质。

⑩ 工程的观感质量应由验收人员通过现场检查,并应共同确认。

(4) 检验批质量检验抽样方案

① 计量、计数或计量-计数等抽样方案。

② 一次、二次或多次抽样方案。

③ 根据生产连续性和生产控制稳定性情况,尚可采用调整型抽样方案。

④ 对重要的检验项目当可采用简易快速的检验方法时,可选用全数检验方案。

⑤ 经实践检验有效的抽样方案。

(5) 对抽样检验风险控制的规定

合格质量水平的生产方风险 α,是指合格批被判为不合格的概率,即合格批被拒收的概率;使用方风险 β 为不合格批被判为合格批的概率,即不合格批被误收的概率。抽样检验必然存在这两类风险。

在制定检验批的抽样方案时,对生产方风险(或错判概率 α)和使用方风险(或漏判概率 β)可按下列规定采取:

① 主控项目:对应于合格质量水平的 α 和 β 均不宜超过 5%。

② 一般项目:对应于合格质量水平的 α 不宜超过 5%,β 不宜超过 10%。

13.6.2 工程质量验收的划分

工程质量评定项目,一般划分为分项工程、分部工程和单位工程。由于各类工程的内容、特点、规模、形式、形成的过程和管理方法的不同,划分分项、分部和单位工程的方法也不一样,但其目的和要求基本相同,要有利于质量管理和质量控制。现就几种类型工程的划分方法阐述于下。

建筑工程包括各类房屋及建筑物、构筑物的建筑工程和为创造生产、生活环境的建筑设备安装工程等。

(1) 建筑工程质量验收应划分为单位(子单位)工程、分部(子分部)工程、分项工程和检验批。

(2) 单位工程的划分应按下列原则确定：

① 具备独立施工条件并能形成独立使用功能的建筑物及构筑物为一个单位工程。

② 建筑规模较大的单位工程，可将其能形成独立使用功能的部分为一个子单位工程。

(3) 分部工程的划分应按下列原则确定：

① 分部工程的划分应按专业性质、建筑部位确定。

② 当分部工程较大或较复杂时，可按材料种类、施工特点、施工程序、专业系统及类别等划分为若干子分部工程。

(4) 分项工程应按主要工种、材料、施工工艺、设备类别等进行划分。

建筑工程的分部(子分部)、分项工程可按表13-10采用。

建筑工程分部工程、分项工程划分　　　　　　表13-10

序号	分部工程	子分部工程	分项工程
1	地基与基础	无支护土方	土方开挖、土方回填
		有支护土方	排桩，降水、排水，地下连续墙，锚杆，土钉墙，水泥土桩，沉井与沉箱，钢及混凝土支撑
		地基处理	灰土地基，砂和砂石地基，碎砖三合土地基，土工合成材料地基，粉煤灰地基，重锤夯实地基，强夯地基，振冲地基，砂桩地基，预压地基，高压喷射注浆地基，土和灰土挤密桩地基，注浆地基，水泥粉煤灰碎石桩地基，夯实水泥土桩地基
		桩基	锚杆静压桩和静力压桩，预应力离心管桩，钢筋混凝土预制桩，钢桩，混凝土灌注桩(成孔、钢筋笼、清孔、水下混凝土灌注)
		地下防水	防水混凝土，水泥砂浆防水层，卷材防水层，涂料防水层，金属板防水层，塑料板防水层，细部构造，喷锚支护，复合式衬砌，地下连续墙，盾构法隧道；渗排水、盲沟排水，隧道、坑道排水；预注浆、后注浆，衬砌裂缝注浆
		混凝土基础	模板、钢筋、混凝土、后浇带混凝土、混凝土结构缝处理
		砌体基础	砖砌体，混凝土砌块砌体，配筋砌体，石砌体
		劲钢(管)混凝土	劲钢(管)焊接，劲钢(管)与钢筋的连接，混凝土
		钢结构	焊接钢结构、栓接钢结构、钢结构制作、钢结构安装、钢结构涂装
2	主体结构	混凝土结构	模板、钢筋、混凝土、预应力、现浇结构、装配式结构
		劲钢(管)混凝土结构	劲钢(管)焊接、螺栓连接、劲钢(管)与钢筋的连接、劲钢(管)制作、安装、混凝土
		砌体结构	砖砌体，混凝土小型空心砌块砌体，石砌体，填充墙砌体，配筋砖砌体
		钢结构	钢结构焊接，紧固件连接，钢零部件加工，单层钢结构安装，多层及高层钢结构安装，钢结构涂装，钢构件组装，钢构件预拼装，钢网架结构安装，压型金属板
		木结构	方木和原木结构，胶合木结构，轻型木结构，木构件防护
		网架和索膜结构	网架制作、网架安装、索膜安装、网架防火、防腐涂料

续表

序号	分部工程	子分部工程	分项工程
3	建筑装饰装修	地面	整体面层:基层,水泥混凝土面层,水泥砂浆面层,水磨石面层,防油渗面层,水泥钢(铁)屑面层,不发火(防爆的)面层;板块面层:基层,砖面层(陶瓷锦砖、缸砖、陶瓷地砖和水泥花砖面层),大理石面层和花岗石面层,预制板块面层(预制水泥混凝土、水磨石板块面层),料石面层(条石、块石面层),塑料板面层,活动地板面层,地毯面层;木竹面层:基层,实木地板面层(条材、块材面层),实木复合地板面层(条材、块材面层),中密度(强化)复合地板面层(条材面层),竹地板面层
		抹灰	一般抹灰,装饰抹灰,清水砌体勾缝
		门窗	木门窗制作与安装,金属门窗安装,塑料门窗安装,特种门安装,门窗玻璃安装
		吊顶	暗龙骨吊顶,明龙骨吊顶
		轻质隔墙	板材隔墙,骨架隔墙,活动隔墙,玻璃隔墙
		饰面板(砖)	饰面板安装,饰面砖粘贴
		幕墙	玻璃幕墙,金属幕墙,石材幕墙
		涂饰	水性涂料涂饰,溶剂型涂料涂饰,美术涂饰
		裱糊与软包	裱糊,软包
		细部	橱柜制作与安装,窗帘盒、窗台板和暖气罩制作与安装,门窗套制作与安装,护栏和扶手制作与安装,花饰制作与安装
4	建筑屋面	卷材防水屋面	保温层,找平层,卷材防水层,细部构造
		涂膜防水屋面	保温层,找平层,涂膜防水层,细部构造
		刚性防水屋面	细石混凝土防水层,密封材料嵌缝,细部构造
		瓦屋面	平瓦屋面,油毡瓦屋面,金属板屋面,细部构造
		隔热屋面	架空屋面,蓄水屋面,种植屋面
5	建筑给水、排水及采暖	室内给水系统	给水管道及配件安装,室内消火栓系统安装,给水设备安装,管道防腐,绝热
		室内排水系统	排水管道及配件安装,雨水管道及配件安装
		室内热水供应系统	管道及配件安装,辅助设备安装,防腐,绝热
		卫生器具安装	卫生器具安装,卫生器具给水配件安装,卫生器具排水管道安装
		室内采暖系统	管道及配件安装,辅助设备及散热器安装,金属辐射板安装,低温热水地板辐射采暖系统安装,系统水压试验及调试,防腐,绝热
		室外给水管网	给水管道安装,消防水泵接合器及室外消火栓安装,管沟及井室
		室外排水管网	排水管道安装,排水管沟与井池
		室外供热管网	管道及配件安装,系统水压试验及调试,防腐,绝热
		建筑中水系统及游泳池系统	建筑中水系统管道及辅助设备安装,游泳池水系统安装
		供热锅炉及辅助设备安装	锅炉安装,辅助设备及管道安装,安全附件安装,烘炉、煮炉和试运行,换热站安装,防腐,绝热

续表

序号	分部工程	子分部工程	分项工程
6	建筑电气	室外电气	架空线路及杆上电气设备安装,变压器、箱式变电所安装,成套配电柜、控制柜(屏、台)和动力、照明配电箱(盘)及控制柜安装,电线、电缆导管和线槽敷设,电线、电缆穿管和线槽敷线,电缆头制作、导线连接和线路电气试验,建筑物外部装饰灯具、航空障碍标志灯和庭院路灯安装,建筑照明通电试运行,接地装置安装
		变配电室	变压器、箱式变电所安装,成套配电柜、控制柜(屏、台)和动力、照明配电箱(盘)安装,裸母线、封闭母线、插接式母线安装,电缆沟内和电缆竖井内电缆敷设,电缆头制作、导线连接和线路电气试验,接地装置安装,避雷引下线和变配电室接地干线敷设
		供电干线	裸母线、封闭母线、插接式母线安装,桥架安装和桥架内电缆敷设,电缆沟内和电缆竖井内电缆敷设,电线、电缆导管和线槽敷设,电线、电缆穿管和线槽敷线,电缆头制作、导线连接和线路电气试验
		电气动力	成套配电柜、控制柜(屏、台)和动力、照明配电箱(盘)及控制柜安装,低压电动机、电加热器及电动执行机构检查、接线,低压电气动力设备检测、试验和空载试运行,桥架安装和桥架内电缆敷设,电线、电缆导管和线槽敷设,电线、电缆穿管和线槽敷线,电缆头制作、导线连接和线路电气试验,插座、开关、风扇安装
		电气照明安装	成套配电柜、控制柜(屏、台)和动力、照明配电箱(盘)安装,电线、电缆导管和线槽敷设,电线、电缆导管和线槽敷线,槽板配线,钢索配线,电缆头制作、导线连接和线路电气试验,普通灯具安装,专用灯具安装,插座、开关、风扇安装,建筑照明通电试运行
		备用和不间断电源安装	成套配电柜、控制柜(屏、台)和动力、照明配电箱(盘)安装,柴油发电机组安装,不间断电源的其他功能单元安装,裸母线、封闭母线、插接式母线安装,电线、电缆导管和线槽敷设,电线、电缆导管和线槽敷线,电缆头制作、导线连接和线路电气试验,接地装置安装
		防雷及接地安装	接地装置安装,避雷引下线和交配电室接地干线敷设,建筑物等电位联结,接闪器安装
7	智能建筑	通信网络系统	通信系统,卫星及有线电视系统,公共广播系统
		办公自动化系统	计算机网络系统,信息平台及办公自动化应用软件,网络安全系统
		建筑设备监控系统	空调与通风系统,变配电系统,照明系统,给排水系统,热源和热交换系统,冷冻和冷却系统,电梯和自动扶梯系统,中央管理工作站与操作分站,子系统通信接口
		火灾报警及消防联动系统	火灾和可燃气体探测系统,火灾报警控制系统,消防联动系统
		安全防范系统	电视监控系统,入侵报警系统,巡更系统,出入口控制(门禁)系统,停车管理系统
		综合布线系统	缆线敷设和终接,机柜、机架、配线架的安装,信息插座和光缆芯线终端的安装
		智能化集成系统	集成系统网络,实时数据库,信息安全,功能接口

续表

序号	分部工程	子分部工程	分项工程
7	智能建筑	电源与接地	智能建筑电源,防雷及接地
		环境	空间环境,室内空调环境,视觉照明环境,电磁环境
		住宅(小区)智能化系统	火灾自动报警及消防联动系统,安全防范系统(含电视监控系统、入侵报警系统、巡更系统、门禁系统、楼宇对讲系统、住户对讲呼救系统、停车管理系统)、物业管理系统(多表现场计量及与远程传输系统、建筑设备监控系统、公共广播系统、小区网络及信息服务系统、物业办公自动化系统),智能家庭信息平台
8	通风与空调	送排风系统	风管与配件制作,部件制作,风管系统安装,空气处理设备安装,消声设备制作与安装,风管与设备防腐,风机安装,系统调试
		防排烟系统	风管与配件制作,部件制作,风管系统安装,防排烟风口、常闭正压风口与设备安装,风管与设备防腐,风机安装,系统调试
		除尘系统	风管与配件制作,部件制作,风管系统安装,除尘器与排污设备安装,风管与设备防腐,风机安装,系统调试
		空调风系统	风管与配件制作,部件制作,风管系统安装,空气处理设备安装,消声设备制作与安装,风管与设备防腐,风机安装,风管与设备绝热,系统调试
		净化空调系统	风管与配件制作,部件制作,风管系统安装,空气处理设备安装,消声设备制作与安装,风管与设备防腐,风机安装,风管与设备绝热,高效过滤器安装,系统调试
		制冷设备系统	制冷机组安装,制冷剂管道及配件安装,制冷附属设备安装,管道及设备的防腐与绝热,系统调试
		空调水系统	管道冷热(媒)水系统安装,冷却水系统安装,冷凝水系统安装,阀门及部件安装,冷却塔安装,水泵及附属设备安装,管道与设备的防腐与绝热,系统调试
9	电梯	电力驱动的曳引式或强制式电梯安装	设备进场验收,土建交接检验,驱动主机,导轨,门系统,轿厢,对重(平衡重),安全部件,悬挂装置,随行电缆,补偿装置,电气装置,整机安装验收
		液压电梯安装	设备进场验收,土建交接检验,液压系统,导轨,门系统,轿厢,对重(平衡重),安全部件,悬挂装置,随行电缆,电气装置,整机安装验收
		自动扶梯、自动人行道安装	设备进场验收,土建交接检验,整机安装验收

(5) 分项工程可由一个或若干检验批组成,检验批可根据施工及质量控制和专业验收需要按楼层、施工段、变形缝等进行划分。

(6) 室外工程可根据专业类别和工程规模划分单位(子单位)工程。

室外单位(子单位)工程、分部工程可按表13-11采用。

室外工程划分　　　　　　　　　　表 13-11

单位工程	子单位工程	分部(子分部)工程
室外建筑环境	附属建筑	车棚,围墙,大门,挡土墙,垃圾收集站
	室外环境	建筑小品,道路,亭台,连廊,花坛,场坪绿化
室外安装	给排水与采暖	室外给水系统,室外排水系统,室外供热系统
	电气	室外供电系统,室外照明系统

13.6.3 建筑工程质量验收

1. 检验批合格规定

检验批合格质量应符合下列规定：

(1) 主控项目和一般项目的质量经抽样检验合格。

(2) 具有完整的施工操作依据、质量检查记录。

检验批是工程验收的最小单位,是分项工程乃至整个建筑工程质量验收的基础。检验批是施工过程中条件相同并有一定数量的材料、构配件或安装项目,由于其质量基本均匀一致,因此可以作为检验的基础单位,并按批验收。

检验批质量合格的条件,共两个方面：资料检查、主控项目检验和一般项目检验。

质量控制资料反映了检验批从原材料到最终验收的各施工工序的操作依据,检查情况以及保证质量所必需的管理制度等。对其完整性的检查,实际是对过程控制的确认,这是检验批合格的前提。

为了使检验批的质量符合安全和功能的基本要求,达到保证建筑工程质量的目的,各专业工程质量验收规范应对各检验批的主控项目、一般项目的子项合格质量给予明确的规定。

检验批的合格质量主要取决于对主控项目和一般项目的检验结果。主控项目是对检验批的基本质量起决定性影响的检验项目,因此必须全部符合有关专业工程验收规范的规定。这意味着主控项目不允许有不符合要求的检验结果,即这种项目的检查具有否决权。鉴于主控项目对基本质量的决定性影响,从严要求是必须的。

2. 分项工程合格规定

分项工程质量验收合格应符合下列规定：

(1) 分项工程所含的检验批均应符合合格质量的规定。

(2) 分项工程所含的检验批的质量验收记录应完整。

分项工程的验收在检验批的基础上进行。一般情况下,两者具有相同或相近的性质,只是批量的大小不同而已。因此,将有关的检验批汇集构成分项工程。分项工程合格质量的条件比较简单,只要构成分项工程的各检验批的验收资料文件完整,并且均已验收合格,则分项工程验收合格。

3. 分部工程合格规定

分部(子分部)工程质量验收合格应符合下列规定：

(1) 分部(子分部)工程所含分项工程的质量均应验收合格。

(2) 质量控制资料应完整。

(3) 地基与基础、主体结构和设备安装等分部工程有关安全及功能的检验和抽样检测结果应符合有关规定。

(4) 观感质量验收应符合要求。

分部工程的验收在其所含各分项工程验收的基础上进行。

分部工程验收合格的条件：

首先，分部工程的各分项工程必须已验收合格且相应的质量控制资料文件必须完整，这是验收的基本条件。此外，由于各分项工程的性质不尽相同，因此作为分部工程不能简单地组合而加以验收，尚须增加以下两类检查项目。

涉及安全和使用功能的地基基础、主体结构、有关安全及重要使用功能的安装分部工程应进行有关见证取样送样试验或抽样检测。关于观感质量验收，这类检查往往难以定量，只能以观察、触摸或简单量测的方式进行，并由各个人的主观印象判断，检查结果并不给出"合格"或"不合格"的结论，而是综合给出质量评价。对于"差"的检查点应通过返修处理等补救。

4. 单位工程合格规定

单位(子单位)工程质量验收合格应符合下列规定：

(1) 单位(子单位)工程所含分部(子分部)工程的质量均应验收合格。
(2) 质量控制资料应完整。
(3) 单位(子单位)工程所含分部工程有关安全和功能的检测资料应完整。
(4) 主要功能项目的抽查结果应符合相关专业质量验收规范的规定。
(5) 观感质量验收应符合要求。

单位工程质量验收也称质量竣工验收，是建筑工程投入使用前的最后一次验收，也是最重要的一次验收。验收合格的条件有五个：除构成单位工程的各分部工程应该合格，并且有关的资料文件应完整以外，还须进行以下三个方面的检查。

涉及安全和使用功能的分部工程应进行检验资料的复查。不仅要全面检查其完整性(不得有漏检缺项)，而且对分部工程验收时补充进行的见证抽样检验报告也要复核。这种强化验收的手段体现了对安全和主要使用功能的重视。

此外，对主要使用功能还须进行抽查。使用功能的检查是对建筑工程和设备安装工程最终质量的综合检验，也是用户最为关心的内容。因此，在分项、分部工程验收合格的基础上，竣工验收时再作全面检查。抽查项目是在检查资料文件的基础上由参加检收的各方人员商定，并用计量、计数的抽样方法确定检查部位。检查要求按有关专业工程施工质量验收标准的要求进行。

最后，还须由参加验收的各方人员共同进行观感质量检查。检查的方法、内容、结论等已在分部工程的相应部分中阐述，最后共同确定是否通过验收。

13.6.4 建筑工程质量验收程序和组织

1. 检验批及分项工程

检验批及分项工程应由监理工程师(建设单位项目技术负责人)组织施工单位项目专业质量(技术)负责人等进行验收。检验批和分项工程是建筑工程质量的基础，因此，所有检验批和分项工程均应由监理工程师或建设单位项目技术负责人组织验收。验收前，施工单位先填好"检验批和分项工程的质量验收记录"(有关监理记录和结论不填)，并由项目专业质量检验员和项目专业技术负责人分别在检验批和分项工程质量验验记录中相关栏目签字，然后由监理工程师组织，严格按规定程序进行验收。

2. 分部工程

分部工程应由总监理工程师(建设单位项目负责人)组织施工单位项目负责人和技术、质量负责人等进行验收;地基与基础、主体结构分部工程的勘察、设计单位工程项目负责人和施工单位技术、质量部门负责人也应参加相关分部工程验收。

工程监理实行总监理工程师负责制时,分部工程应由总监理工程师(建设单位项目负责人)组织施工单位的项目负责人和项目技术、质量负责人及有关人员进行验收。因为地基基础、主体结构的主要技术资料和质量问题是归技术部门和质量部门掌握,所以规定施工单位的技术、质量部门负责人参加验收是符合实际的。

由于地基基础、主体结构技术性能要求严格,技术性强,关系到整个工程的安全,因此规定这些分部工程的勘察、设计单位工程项目负责人也应参加相关分部的工程质量验收。

3. 单位工程

(1)单位工程完工后,施工单位应自行组织有关人员进行检查评定,并向建设单位提交工程验收报告。

单位工程完成后,施工单位首先要依据质量标准、设计图纸等组织有关人员进行自检,并对检查结果进行评定,符合要求后向建设单位提交工程验收报告和完整的质量资料,请建设单位组织验收。

(2)建设单位收到工程验收报告后,应由建设单位(项目)负责人组织施工(含分包单位)、设计、监理等单位(项目)负责人进行单位(子单位)工程验收。

单位工程质量验收应由建设单位负责人或项目负责人组织,由于设计、施工、监理单位都是责任主体,因此设计、施工单位负责人或项目负责人及施工单位的技术、质量负责人和监理单位的总监理工程师均应参加验收(勘察单位虽然亦是责任主体,但已经参加了地基验收,故单位工程验收时,可以不参加)。

在一个单位工程中,对满足生产要求或具备使用条件,施工单位已预验,监理工程师已初验通过的子单位工程,建设单位可组织进行验收。由几个施工单位负责施工的单位工程,当其中的施工单位所负责的子单位工程已按设计完成,并经自行检验,也可按规定的程序组织正式验收,办理交工手续。在整个单位工程进行全部验收时,已验收的子单位工程验收资料应作为单位工程验收的附件。

(3)单位工程有分包单位施工时,分包单位对所承包的工程项目应按标准规定的程序检查评定,总包单位应派人参加。分包工程完成后,应将工程有关资料交总包单位。

由于《建设工程承包合同》的双方主体是建设单位和总承包单位,总承包单位应按照承包合同的权利义务对建设单位负责。分包单位对总承包单位负责,亦应对建设单位负责。因此,分包单位对承建的项目进行检验时,总包单位应参加,检验合格后,分包单位应将工程的有关资料移交总包单位,待建设单位组织单位工程质量验收时,分包单位负责人应参加验收。

(4)当参加验收各方对工程质量验收意见不一致时,可请当地建设行政主管部门或工程质量监督机构协调处理,也可以是各方认可的咨询单位。

(5)单位工程质量验收合格后,建设单位应在规定时间内将工程竣工验收报告和有关文件,报建设行政管理部门备案。

建设工程竣工验收备案制度是加强政府监督管理,防止不合格工程流向社会的一个重要手段。建设单位应依据《建设工程质量管理条例》和建设部有关规定,到县级以上人民政府建设行政主管部门或其他有关部门备案。否则,不允许投入使用。

13.6.5 工程项目的竣工验收

工程项目竣工验收是工程建设的一个主要阶段,是工程建设的最后一个程序,是全面检验工程建设是否符合设计要求和施工质量的重要环节;也是检查承包合同执行情况,促进建设项目及时投产和交付使用,发挥投资效益;同时,通过竣工验收,总结建设经验,全面考核建设成果,为今后的建设工作积累经验。它是建设投资效益转入生产和使用的标志。也是施工项目管理的一项重要工作。

1. 竣工验收的范围及依据

(1) 验收范围

凡新建、扩建、改建的基本建设项目和技术改造项目,按批准的设计文件和合同规定的内容建成;对住宅小区的验收还应验收土地使用情况,单项工程、市政、绿化及公用设施等配套设施项目等。

符合验收标准的必须及时组织验收,交付使用,并办理固定资产移交手续。

(2) 验收依据

竣工验收的依据是批准的设计任务书、初步设计、技术设计文件、施工图、设备技术说明书、有关建设文件,以及现行的施工技术验收规范等;施工承包合同、协议及洽商等。

2. 竣工验收的条件

建设工程竣工验收均应具备下列条件:

① 完成建设工程设计和合同规定的内容;
② 有完整的技术档案和施工管理资料;
③ 有工程使用的主要建筑材料、建筑构配件和设备的进场试验报告;
④ 有勘察、设计、施工、工程监理等单位分别签署的质量合格文件;
⑤ 有施工单位签署的工程保修书。

此外,根据工程项目性质不同,在进行竣工验收时,还有一些具体要求。

(1) 工业项目

① 生产性建设项目及其辅助生产设施,已按设计的内容要求建成,能满足生产需要。
② 主要工艺设计及配套设施已安装完成,生产线联动负荷试车合格,运转正常,形成生产能力,能够生产出设计文件规定的合格产品,并达到或基本达到设计生产能力。
③ 必要的生活设施,已按设计要求建成,生产准备工作和生活设施能适应投产的需要。
④ 环保设施、劳动、安全、卫生设施、消防设施等已按设计要求与主体工程同时建成交付使用。
⑤ 已按合同规定的内容建成,工程质量符合规范标准规定,满足合同要求。

(2) 非工业项目

已按设计内容建设完成,工程质量和使用功能符合规范规定和设计要求,并按合同规定完成了协议内容。

其中,住宅小区应做到:

① 所有建设项目按批准的小区规划和有关专业管理及设计要求全部建成,并满足使用要求。

② 住宅及公共配套设施、市政公用基础设施等单项工程全部验收合格,验收资料齐全。

③ 各类建筑物的平面位置、立面造型、装饰色调等符合批准的规划设计要求。

④ 施工机具、暂设工程、建筑残土、剩余构件全部拆除运走,达到场清地平,有绿化要求的要按绿化设计全部完成,并达到按图施工,树活草青等。

(3) 遗留问题的处理

在工程项目建设过程中,由于各方面的原因,尚有一些零星项目不能按时完成的,应协商妥善处理。

① 建设项目基本达到竣工验收标准,有一些零星土建工程和少数非主要设备未能按设计规定内容全部完成,但不影响正常生产时,也应办理竣工验收手续,剩余部分按内容留足资金,限期完成。

② 有的建设项目和单位工程,已建成形成生产能力,但近期内不能按设计要求规模建成,可从实际出发,对已完成部分进行验收,并办理固定资产移交手续。

③ 对引进设备的项目,按合同建成,完成负荷试车,设备考核合格后,组织竣工验收。

④ 已建成具备生产能力的项目或工程,一般应在具备竣工验收条件三个月内组织验收。

3. 竣工验收程序及内容

(1) 验收程序

根据建设项目规模的大小和复杂程度,可分为初步验收和正式验收两个阶段进行,规模大的建设项目,一般指大、中型工业、交通建设项目,较复杂的建设项目应先进行初验,然后进行全部建设项目的竣工验收。规模较小、较简单的建设项目,可一次进行全部建设项目的竣工验收。

① 验收准备

建设项目全部完成,经过各单位工程的验收,符合设计要求,经过工程质量核定达到合格标准。施工单位要按照国家有关规定,整理各项交工文件及技术资料,工程盘点清单,工程决算书,工程总结等必要文件资料,提出交工报告;建设单位(监理单位)要督促和配合施工单位、设计单位做好工程盘点,工程质量评价,资料文件的整理,包括项目可行性研究报告,项目立项批准书,土地、规划批准文件,设计任务书,初步(或扩大初步)设计,概算及工程决算等。建设单位要与生产部门做好生产准备及试生产,整理好工作情况及有关资料,并对生产工艺水平及投资效果进行评价并形成文件等。同时,组织人员进行竣工资料整理,绘制竣工图,编制竣工决算,起草竣工验收报告等各种文件和表格,分类整理,装订成册,制定验收工作计划等。这是搞好竣工验收的基础,要有专人负责组织,资料数据要准确真实,文件整理要系统规范。专业部门、城建档案有规定的,要按其要求整理。

② 初步验收(预验收)

建设项目在正式召开验收会议之前,由建设单位组织施工、设计、监理及使用单位进行预验收。可请一些有经验的专家参加,必要时,也可请主管部门的领导参加。检查各项工作是否达到了验收的要求,对各项文件、资料认真审查,这是验收的一个重要环节。经过初步验收,找出不足之处,进行整改。然后由建设项目主管部门或建设单位向负责验收的单位或部门提出竣工验收申请报告。

③ 正式验收

主管部门或负责验收的单位接到正式竣工验收申报和竣工验收报告书后,经审查符合验收条件时,要及时安排组织验收。组成有关专家、部门代表参加的验收委员会,对《竣工验收报告》分专业进行认真审查,然后提出《竣工验收鉴定书》。

住宅小区竣工验收应按照《城市住宅小区竣工综合验收管理办法》。

A. 住宅小区建设项目全部竣工后,开发建设单位向政府建设行政主管部门提出综合竣工验收报告,并提交规定的有关资料。

B. 主管部门接到验收报告和有关资料,应组成由城建(包括市政、公用事业、园林绿化、环境卫生)、规划、房地产、工程质量监督等有关部门及小区经营管理单位参加的综合验收组。

C. 验收组查阅资料,听取开发、施工单位情况汇报,进行现场检查,对小区建设、管理等进行全面鉴定和评价,提出验收意见并写出小区竣工综合验收报告。

D. 验收办理移交手续。

E. 验收应提交的文件。规划部门的选址意见书;建设用地规划许可证;工程规划许可证;单位工程的设计文件;工程承发包合同;工程质量监督机构质量等级核定文件;竣工资料和技术档案资料等。

其他小型项目或单位工程的验收,可组织一次性全面验收。

(2) 竣工验收报告书

竣工验收报告书是竣工验收的重要文件,通常应包括以下内容:

① 建设项目总说明。

② 技术档案建立情况。

③ 建设情况。包括:建筑安装工程完成程度及工程质量情况;试生产期间(一般3～6个月)设备运行及各项生产技术指标达到的情况;工程决算情况;投资使用及节约或超支原因分析;环保、卫生、安全设施"三同时"建设情况;引进技术、设备的消化吸收、国产化替代情况及安排意见等。

④ 效益情况。项目试生产期间经济效益与设计经济效益比较,技术改造项目改造前后经济效益比较;生产设备、产品的各项技术经济指标与国内外同行业的比较;环境效益、社会评估;本项目中合用技术、工业产权、专利等作用评估;偿还贷款能力或回收投资能力评估等。

⑤ 外商投资企业或中外合资企业的外资部分,有会计事务所提供的验资报告和查账报告;合资企业中方资产有当地资产部门提供的资产证明书。

⑥ 存在和遗留问题

⑦ 有关附件。

(3) 竣工验收报告书的主要附件

① 竣工项目概况一览表。主要包括:建设项目名称、建设地点,占地面积,设计(新增)生产能力,总投资,房屋建筑面积,开竣工时间,设计任务书,初步设计、概算,批准机关,设计、施工、监理单位等。

② 已完单位工程一览表。主要内容:单位工程名称、结构形式、工程量、开竣工日期、工程质量等级、施工单位等。

③ 未完工程项目一览表。包括工程名称、工程内容、未完工程量、投资额、负责完成单位、完成时间等。

④ 已完设备一览表。主要是设备名称、规格、台数、金额等，引进和国产设备分别列出。
⑤ 应完未完设备一览表。主要是设备名称、规格、台数，金额，负责完成的单位及完成时间等。
⑥ 竣工项目财务决算综合表。
⑦ 概算调整与执行情况一览表。
⑧ 交付使用(生产)单位财产总表及交付使用(生产)财产一览表。
⑨ 单位工程质量汇总项目(工程)总体质量评价表。主要内容：每个单位工程的质量评定结果，主要工艺质量评定情况；项目(工程)的综合评价，包括室外工程在内。

(4) 验收委员会形成的《竣工验收鉴定证书》的主要内容
① 验收时间。
② 验收工作概况。
③ 工程概况。主要是：工程名称、建设规模，工程地址，建设依据，设计、施工单位，建设工期及实物完成情况，土地利用等内容。
④ 项目建设情况。建筑工程、安装工程，设备安装、环保、卫生、安全设施建设情况等。
⑤ 生产工艺及水平，生产准备及试生产情况。
⑥ 竣工决算情况。
⑦ 工程质量的总体评价。设计质量、施工质量、设备质量，以及室外工程，环境质量的评价。
⑧ 经济效果评价。经济效益、环境效益及社会效益。
⑨ 遗留问题及处理意见。
⑩ 验收委员会对项目(工程)验收的结论。对验收报告逐项检查评价认定，并应有总体评价。是否同意验收。

4．竣工验收的组织
(1) 验收权限的划分
① 根据项目(工程)规模大小组成验收委员会或验收组。大中型建设项目(工程)、由国家批准的限额以上利用外资的项目(工程)，由国家组织或委托有关部门组织验收，省建委参与验收。
② 地方大中型建设项目(工程)由省级主管部门组织验收。
③ 其他小型项目(工程)由地市级主管部门或建设单位组织验收。

(2) 验收委员会或验收组的组成
通常有建设单位、施工单位、设计单位及接管单位参加，请计划、建设、项目(工程)主管、银行、物资、环保、劳动、统计、消防等有关部门组成验收委员会。通常还要请有关专家组成专家组，负责各专业的审查工作。一般有施工、设计组、生产准备组、决算组及后勤组等。

(3) 验收委员会的主要工作
负责验收工作的组织领导，审查竣工验收报告书；实地对建筑安装工程现场检查；查验试车生产情况；对设计、施工、设备质量等做出全面评价；签署竣工验收鉴定书等。

5．竣工验收中有关工程质量的评价工作
竣工验收是一项综合性很强的工作，涉及到各方面，作为质量控制方面的工作主要有：
(1) 做好每个单位工程的质量评价，在施工企业自评质量等级的基础上，由当地工程质量监督站或专业站核定质量等级。做好单位工程质量一览表。

（2）如果是一个工厂或住宅小区、办公区，除将每个单位工程质量评价外，还应将室外工程的道路、管线、绿化及设施小品等都要逐项检查，给予评价。并对整个项目（工程）的工程质量给予评价。

（3）工艺设施质量及安全的质量评价。

（4）督促施工单位做好施工总结，并在此基础上，提出竣工验收报告中的质量部分。

（5）协助建设单位审查工程项目竣工验收资料，其主要内容有：

① 工程项目开工报告；
② 工程项目竣工报告；
③ 图纸会审和设计交底记录；
④ 设计变更通知单；
⑤ 技术变更核定单；
⑥ 工程质量事故发生后调查和处理资料；
⑦ 水准点位置、定位测量记录、沉降及位移观测记录；
⑧ 材料、设备、构件的质量合格证明资料；
⑨ 试验、检验报告；
⑩ 隐蔽验收记录及施工日志；
⑪ 竣工图；
⑫ 质量检验评定资料；
⑬ 工程竣工验收及资料。

（6）对其他小型项目单位工程的验收。由于项目小内容单一，主要是对工程质量评价及竣工资料的审查。

施工企业在工程完工后，应提出验收通知单，监理工程师根据平时了解现场的情况，对资料审查结果，提出验收意见，请建设单位及有关人员，对工程实物质量及资料进行讨论，给出结论。并共同签认竣工验收证书。

13.7 环境、职业健康安全管理

13.7.1 ISO 14000 环境管理体系

随着经济的高速增长，环境问题已迫切地摆在我们面前，它严重威胁人类社会的健康生存和可持续发展，并日益受到全社会的普遍关注。为满足国际竞争的需要，国家政策的要求，社会公众的期望，各种类型的组织都越来越重视自己的环境表现（行为）和环境形象，并希望以一套系统化的方法规范其环境管理活动，以符合法律的要求和它们自身的环境方针，求得生存和发展。

20世纪90年代初，一些国家在质量管理标准化成功经验的启发下，率先开展了环境管理标准化活动。ISO 14000 环境管理系列标准就是在这一形势下应运而生的。我国在1996年初成立了国家环保局环境管理体系审核中心，正式开始推行 ISO 14000 的试点工作。1997年5月，经国务院办公厅批准，成立了"中国环境管理体系认证指导委员会"下设"中国环境体系认证机构认可委员会"和"中国认证人员国家注册委员会环境管理专业委员会"。

目前,很多组织已经推行了环境"评审"或"审核",以评定自身的环境表现。但仅靠这种"评审"和"审核"本身,可能还不足以为一个组织提供保证,使之确信自己的环境表现不仅现在满足,并将持续满足法律和方针要求。要使评审或审核行之有效,必须在一个结构化的管理体系内予以实施,并将其纳入全部管理活动的整体。

ISO 14000 直接的效益是节能降耗、降低成本。要求对生产全过程进行有效控制,从最初的设计到最终的产品及服务都考虑了减少污染物的产生、排放和对环境的影响,能源、资源和原材料的节约,废物的回收利用等环境因素并通过对重要的环境因素进行控制,可以有效地利用废旧物资,减少各项环境费用,从而明显地降低成本。

ISO 14000 环境管理体系建立在计划、实施、检查、评审的过程模式基础上。在体系中ISO 14001 是说明体系的规范及使用指南的文件,其文件结构分为四章,即范围、引用标准、定义及环境管理体系要求。

ISO 14000 与 ISO 9000 是遵循共同的管理体系原则的,因此组织可选用已建立的质量管理体系,作为环境管理体系的基础。两个体系有本质上的不同,ISO 9000 强调的是对需方的质量要求的持续满足的承诺,而 ISO 14000 强调的是多方面的相关方与可能引起环境问题的组织之间的关系。

13.7.2 职业健康安全管理体系

1999 年,中国合格评定国家认可中心和中国国家进出口企业认证机构认可委员会一直跟踪国内外职业健康安全管理标准化认证工作的发展情况,组织人员研究并翻译了 OHSAS 18000:1999《职业健康安全管理体系-规范》;2001 年,由中国标准研究中心、中国合格评定国家认可中心和中国国家进出口企业认证机构认可委员会共同制定了《职业健康安全管理体系规范》(GB/T 28001—2001)。

职业健康安全管理体系是一种科学的管理方法,可以帮助组织实现和系统地控制自己设定的职业健康安全绩效,并通过职业健康安全管理体系所提供的运行机制,使其持续改进。

职业健康安全管理体系标准要求建立职业健康安全管理体系,包括体系的策划、目标的设定和体系文件的编写,机构的设置、资源的配置等。

建立职业健康安全管理体系,并不是对组织原有安全管理制度、手段、组织机构的全面否定,而是按规范的各项要求,将原有安全管理制度、手段、组织机构等予以规范化、系统化,使组织的职业健康安全管理体系更加完善和有效、更加充分和适宜。

职业健康安全管理体系的核心是职业健康安全方针。建立职业健康安全管理体系的目的是为了便于管理职业健康安全风险。

职业健康安全管理方案是体系成功实施的关键要素,是组织实现职业健康安全方针的重要环节。职业健康安全管理方案的内容包括:总计划和目标;各级管理部门的职责和指标;满足危险源辨识、风险评价和风险控制及法律、法规要求的实施方案;可操作的详细行动计划、时间表及方法;员工对施工现场职业健康安全的协商、评审和改进的信息;从新的或不同的技术方案评审;持续改进;实现安全目标所需资源提供情况。

建立职业健康安全管理体系应遵循五个基本步骤:第一,管理体系的策划与准备;第二,管理体系文件的编制;第三,管理体系试运行;第四,内部审核;第五,管理评审。

本章主要参考文献

1　吴涛主编.施工项目管理手册.北京:地震出版社,2002
2　全国建筑业企业项目经理培训教材编写委员会.施工项目质量与安全管理(修订版).北京:中国建筑工业出版社,2002
3　全国质量管理和质量保证标准化技术委员会秘书处,中国质量体系认证机构国家认可委员会秘书处编著.2000版质量管理体系标准理解与实施.北京:中国标准出版社.2001
4　张维德编著.质量成本.哈尔滨:黑龙江人民出版社,1986
5　中国质量管理协会教育培训部编.质量管理学第一分册 质量管理原理与理论.第2版.北京:机械工业出版社,1992

思考题

1. 什么是"三全管理"?
2. 全面质量管理的基本观点是什么?
3. 全面质量管理的基本工作方法是什么?
4. ISO 9000—2000标准有什么特点?
5. 质量管理的八项原则是什么?
6. 质量管理体系的作用是什么?
7. 质量管理体系要求与产品要求有什么不同?
8. 质量管理体系的方法?
9. 制定质量方针的要求?
10. 质量目标在内容上的要求?
11. 确定过程的方法?
12. 质量管理体系的方法步骤?
13. 质量管理体系中使用文件的类型?
14. 预防和检查、偶然因素和系统因素、偏差和控制线的区别?
15. 质量控制的内容?
16. 收集质量数据的目的?
17. 质量数据采集的方法?
18. 绘制排列图并进行分析。
19. 绘制因果分析图并提出对策。
20. 绘制直方图并进行分析?
21. 绘制控制图并进行分析?
22. 绘制散布图并进行分析?
23. 质量计划的作用、内容?
24. 质量计划编制方法?
25. 质量成本费用构成? 质量成本报告内容、分析?
26. 质量审核的具体内容?
27. 质量持续改进的作用、方法?
28. 工程质量验收的划分?
29. 工程质量验收的规定?
30. 竣工验收的范围、依据、内容?

31. 环境管理体系的效益?
32. 质量管理体系与环境管理体系本质上有什么不同?
33. 职业健康安全管理体系的建立包括什么?
34. 职业健康安全管理方案的内容?

第14章 工程项目费用管理

【内容提要】

本章介绍工程项目费用控制的概念、特点、过程和方法。根据工程项目实施过程业主和承包商费用的任务和目标不同,同时又存在着相互制约和联系的关系,分别阐述了业主方的工程项目投资控制的原理,包括工程项目的投资构成,设计阶段、招标阶段和施工阶段投资控制的内容。另一方面从承包商施工项目管理的角度,系统地介绍了施工项目成本控制的概念,控制的内容、过程和方法,其中包括成本计划,成本控制运行,成本核算、分析和预测,以及成本控制绩效的考核与评价。

14.1 工程项目费用管理

14.1.1 工程项目费用控制的概念

工程项目费用管理包括工程项目费用的合理确定和有效控制两方面。工程项目费用的确定实际上就是确定工程项目投资或者成本的目标和计划值,因此工程项目费用确定是工程项目费用控制的基础和前提。

工程项目费用对于不同的工程建设参与方来讲内涵是不同的。从业主角度来讲,工程项目费用就是指对建设项目的投资。从施工承包商角度来讲,工程项目费用则是指承包商在整个工程中所花费的所有成本和费用。

从业主方的角度看所谓工程项目费用的合理确定就是指在建设项目的各个阶段,采用科学的计算方法和切合实际的计价依据,合理确定投资估算、设计概算、施工图预算、标底价格、承包合同价、结算价、竣工决算。从施工承包商的角度看工程项目费用的合理确定就是合理确定投标价格以及合理的目标施工成本。

所谓工程项目费用的有效控制对业主方来讲是指在投资决策阶段、设计阶段、建设项目招标发包阶段和工程施工阶段,把工程项目投资或者费用控制在批准的目标限额以内,随时纠正发生的偏差以确保工程项目目标的实现,使得人力、物力、财力能够得到有效的使用,取得良好的经济效益和社会效益。从施工承包商来讲就是利用各种有效手段把实际施工成本费用控制在目标成本以内,以获得预期利润。

从理论上讲,控制有事前控制、事中控制、事后控制三种情况。工程项目费用控制应该采用各种有效的控制手段,特别是应该加强事前控制,也就是在事前主动采取有效措施,以尽量避免实际值与目标值的偏离。

要有效地控制项目投资,应从组织、技术、经济、合同、信息管理等等多方面采取措施。实践表明,技术与经济相结合是控制项目费用最有效的手段。在工程建设过程中把技术与经济有机结合,要通过技术比较、经济分析和效果评价来正确处理技术先进与经济合理两者之间的对立统一关系,力求在技术先进条件下的经济合理,在经济合理基础上的技术先进,把控制工程项目费用观念渗透到工程建设各阶段之中。

14.1.2 工程项目费用控制的特点

工程项目本身具有建设的一次性、投资额巨大、建设周期长等特点,相应地工程项目费用控制也有一些重要的特点。

(1) 工程项目费用控制是贯穿于工程建设全过程的、动态的控制。对于工程项目的建设单位来讲,费用控制是贯穿于项目投资决策阶段、设计阶段、招标发包阶段、工程施工阶段,一直到竣工验收全过程的。每个工程建设项目从立项到竣工都必须有一个较长的时期,在这个期间会有许多因素对工程建设项目的费用产生影响,工程建设项目的费用在整个过程里都是不确定的,直至竣工决算后才能真正形成建设工程投资。总之,工程项目费用控制是一个连续的、动态的过程。

(2) 工程项目费用控制的层次性。工程建设项目是由单项工程组成的,单项工程是由单位工程组成的,单位工程还可以再细分到分部工程,分部工程细分到分项工程。同样道理,工程项目费用也存在这样的层次性,在确定项目投资时需先计算分部分项工程投资、单位工程投资、单项工程投资,最后才形成建设项目投资。工程建设项目费用层次繁多,工程项目费用控制的时候也反映着层次性的特征。

(3) 工程项目费用控制与质量、进度控制是不能够完全分开的。工程项目费用与质量之间、工程项目费用与进度之间都有密切的关系。在对工程项目费用进行控制的时候必须同时结合质量和进度进行综合考虑,特别是要考虑费用与质量的紧密关系。

14.1.3 工程项目费用控制的过程

工程项目费用控制是项目控制的主要内容之一,这种控制是动态的,并贯穿于项目建设的全过程。从控制论的角度看,工程项目费用控制过程其实就是一个动态的控制系统,如图14-1所示。

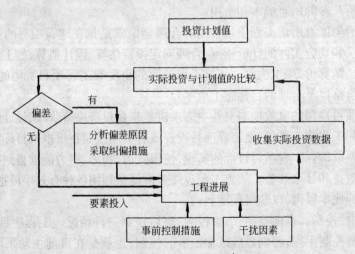

图 14-1 工程项目费用控制动态过程

这个控制过程应该每两周或一个月循环一次,其表达的含义如下:

(1) 系统投入,即把人力、物力、财力等各种生产要素投入到项目实施系统中;
(2) 在工程进展过程中,必定存在各种各样的干扰,如恶劣天气、设计出图不及时等;

(3) 收集实际数据,即对工程进展情况进行评估;
(4) 把工程项目费用目标计划值与实际值进行比较;
(5) 检查实际值与计划值有无偏差;
(6) 如果有偏差则需要分析产生偏差的原因,并针对原因采取控制措施。

在这一动态控制过程中应着重做好以下几项工作:

(1) 对目标计划值的确定和分析。

(2) 及时对工程进展做出评估,即收集实际数据。没有实际数据的收集就无法知道工程的实际进展情况,更不可能判断是否存在偏差。因此数据的及时、完整和正确是确定偏差的基础。

(3) 对计划值与实际值进行比较以判断是否存在偏差。

(4) 采取有效的控制措施以确保投资控制目标的实现。

14.2 业主方建设项目投资控制

14.2.1 建设项目投资的构成

建设项目的投资就是指一个工程建设项目花费的全部费用。生产性建设项目总投资包括建设投资和铺底流动资金两部分,非生产性建设项目总投资只包括建设投资。建设投资是由设备工器具购置费、建筑安装工程费、工程建设其他费用、预备费(包括基本预备费和涨价预备费)、建设期贷款利息和固定资产投资方向调节税(目前暂不征收)组成。铺底流动资金是指生产性建设项目为保证生产和经营正常进行,按规定列入建设项目总投资的铺底流动资金,见图14-2。

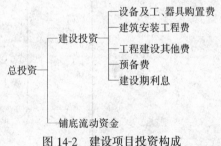

图14-2 建设项目投资构成

设备工器具购置费、建筑安装工程费、工程建设其他费和基本预备费组成静态投资部分。设备工器具购置费、建筑安装工程费、工程建设其他费、基本预备费、涨价预备费、建设期贷款利息、固定资产投资方向调节税共同构成动态投资,也即建设投资,其中涨价预备费、建设期贷款利息、固定资产投资方向调节税是纯动态投资部分。

1. 设备、工器具购置费

设备、工器具购置费是由设备购置费和工具、器具、生产家具购置费组成的。在生产性建设工程中,设备、工器具投资是总投资的积极部分,它占项目投资比重的提高意味着生产技术的进步和资本有机构成的提高。设备购置费是指按照建设项目设计文件要求,建设单位(或其委托单位)购置或自制达到固定资产标准的设备、工具、器具所需的费用。设备购置费包括设备原价(或进口设备抵岸价)和设备运杂费两部分。为了方便,设备运杂费用设备原价乘以设备运杂费率来计算。工具、器具及生产家具购置费用设备购置费乘以定额费率来计算。

2. 建筑安装工程费

建筑安装工程费由直接费、间接费、利润和税金组成,如图14-3所示。

3. 工程建设其他费用

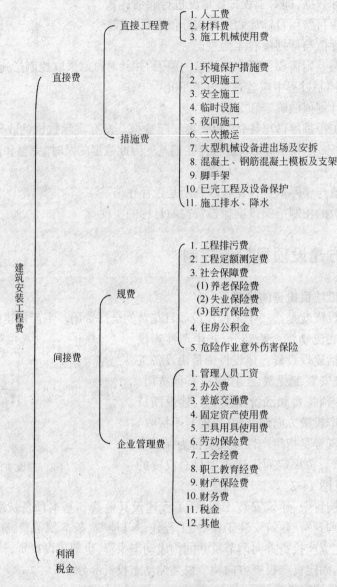

图 14-3 建筑安装工程费用项目组成表

工程建设其他费用是指未纳入以上两项的,根据设计文件要求和国家有关规定应由项目投资支付的为保证工程建设顺利完成和交付使用后能够正常发挥效用而发生的一些费用。工程建设其他费用可分为三类:第一类是土地使用费,包括土地征用及迁移补偿费和土地使用权出让金;第二类是与项目建设有关的费用,包括建设单位管理费、勘察设计费、研究试验费、临时设施费、工程监理费、工程保险费、供电贴费、施工机构迁移费、引进技术和进口设备其他费等;第三类是与未来企业生产经营有关的费用,包括联合试运转费、生产准备费、办公和生活家具购置费等。

4. 预备费

按我国现行规定,预备费包括基本预备费和涨价预备费。基本预备费是指在项目实施中可能发生的难以预料的支出，需要预先预留的费用，又称不可预见费，主要指设计变更及施工过程中可能增加工程量的费用。涨价预备费是指建设工程在建设期内由于价格等变化引起投资增加需要事先预留的费用。涨价预备费以建筑安装工程费、设备工器具购置费之和为计算基数。

5. 建设期贷款利息

建设期利息是指项目借款在建设期内发生并计入固定资产的利息。建设期贷款利息应该按复利的方式计算。为了简化计算，在编制投资估算时通常假定借款均发生在每年的年中，借款第一年按半年计息，其余各年份按全年计息。

6. 固定资产投资方向调节税

固定资产投资方向调节税是根据国家产业政策而征收的。目前此项税已暂停征收。

14.2.2 建设项目设计阶段的投资控制

虽然投资控制应该是全过程的，但是在设计阶段进行投资控制显得尤为重要。实践表明，设计阶段对工程总投资具有重要的影响，设计费虽然只占建设项目全寿命费用很小比例，但是却基本决定了建设项目以后阶段的全部费用。

在设计阶段进行投资控制就是用批准的投资估算来控制初步设计，在初步设计阶段编制设计概算（有技术设计阶段的还要编制修正概算），用设计概算（或修正概算）控制施工图设计，在施工图设计阶段还要编制施工图预算。这样就形成了用估算控制概算、用概算控制预算的完整的动态控制过程。除此之外，设计阶段的投资控制还要采用各种有效的方法和措施来提高设计的经济合理性，降低工程项目的全寿命周期费用，这些方法和措施包括推行标准设计、推行限额设计、进行价值工程分析等。

1. 设计概算

设计概算是在初步设计或扩大初步设计阶段由设计单位按照设计要求概略地计算拟建工程从立项开始到交付使用为止全过程所发生的建设费用的文件，是设计文件的重要组成部分。概算分为建设项目总概算、单项工程综合概算、单位工程概算三级。单位工程概算分为建筑单位工程概算和设备及安装单位工程概算两大类，它是确定单项工程中各单位工程建设费用的文件，也是编制单项工程综合概算的依据。其中建筑工程概算可分为一般土建工程概算、给排水工程概算、采暖工程概算、通风工程概算、电器照明工程概算、工业管道工程概算、特殊构筑物工程概算。设备及安装工程概算分为机械设备及安装工程概算、电器设备及安装工程概算。单项工程综合概算是确定一个单项工程所需建设费用的文件，是根据单项工程内各专业单位工程概算汇总编制而成的。建设项目总概算是确定整个建设工程从立项到竣工验收全过程所需费用的文件，它由各单项工程综合概算以及工程建设其他费用和预备费用概算等汇总编制而成。

设计概算在工程项目的投资控制中具有重要作用：设计概算是国家确定和控制基本建设投资、编制基本建设计划的依据，工程建设项目总概算经有关部门批准后即为工程建设项目总投资的最高限额，一般不得突破；设计概算是对设计方案经济评价与选择的依据，设计人员根据设计概算进行设计方案技术经济分析、多方案评价并优选方案，以提高工程项目设计的经济效果；设计概算为下阶段施工图设计确定了投资控制的目标；在进行概算包干时单项工程综合概算及建设工程总概算是投资包干指标确定的基础，经主管部门批准的设计概算或修正概算是主管单位和包干单位签订包干合同、控制包干数额的依据；最后，设计概算也是项目建设业主单位进行项目核算、建设工程"三算"对比、考核项目工程成本和投资经济效果的重要依据。

编制设计概算的主要依据是:经批准的有关文件、上级有关文件、指标;工程地质勘测资料;经批准的设计文件;水、电和原材料供应情况;交通运输情况及运输价格;地区工资标准、已批准的材料预算价格及机械台班价格;国家或省市颁发的概算定额或概算指标、建安工程间接费定额、其他有关取费标准;国家或省市规定的其他工程费用指标、机电设备价目表;类似工程概算及技术经济指标。

编制设计概算应掌握如下原则:应深入现场进行调查研究;结合实际情况合理确定工程费用;抓住重点环节、严格控制工程概算造价;应全面完整地反映设计内容。

设计概算的基本编制单位是单位工程,单位工程概算编制完成后汇总成单项工程综合概算,进一步汇总综合概算得到建设项目总概算。

编制建筑单位工程概算一般有扩大单价法、概算指标法两种方法,应该根据具体编制条件、依据和要求的不同适当选取。

(1) 扩大单价法

首先根据概算定额编制成扩大单位估价表(概算定额基价)。扩大单位估价表是确定单位工程中各扩大分部分项工程或完整的结构构件所需全部材料费、人工费、施工机械使用费之和的文件。将扩大分部分项工程的工程量乘以扩大单位估价进行计算。其中工程量的计算必须按定额中规定的各个分部分项工程内容遵循定额中规定的计量单位、工程量计算规则及方法来进行。具体的编制步骤是:根据初步设计图纸和说明书按概算定额中划分的项目计算工程量,根据计算的工程量套用相应的扩大单位估价,计算出材料费、人工费、施工机械使用费三者之和,根据有关取费标准计算其他直接费、现场经费、间接费、利润和税金,将上述各项费用累加,其和就是建筑工程概算造价。用扩大单价法编制建筑工程概算比较精确,但计算工作量比较大。当初步设计达到一定深度、建筑结构比较明确时可采用这种方法编制建筑工程概算。

(2) 概算指标法

由于设计深度不够等原因对一般附属、辅助和服务工程等项目以及住宅和文化福利工程项目或投资比较小、比较简单的工程项目可采用概算指标法编制概算。当设计对象的结构特征符合概算指标的结构特征时可直接用概算指标编制概算。其具体编制过程是:根据概算指标计算人工费、材料费、施工机械使用费即直接费,再计算其他直接费、现场经费、间接费、利润、税金及概算单价(各项费用计算方法与用概算定额编制概算相同),概算单价为各项费用之和。当设计对象结构特征与概算指标的结构特征局部有差别时,可用修正后概算指标,再根据已计算的建筑面积或建筑体积乘以修正后的概算指标及单位价值算出工程概算价格。

设备及安装工程分为机械设备及安装工程和电气设备及安装工程两部分。设备及安装工程的概算由设备购置费和安装工程费两部分组成。当初步设计有详细的设备清单时可以直接按照预算定额单价来编制设备及安装工程的概算,也就是用计算的设备安装工程量乘以安装工程预算单价汇总求得概算价格。用预算单价法直接编制概算精确性较高。当初步设计的设备清单不完备,或仅有成套设备的重量时,可采用主体设备成套设备或工艺线的综合扩大安装单价编制概算。当初步设计的设备清单不完备或安装预算单价及扩大综合单价不全,无法采用预算单价法和扩大单价法时,可采用概算指标编制概算。

综合概算是以单项工程为编制对象,确定建成后可独立发挥作用的建筑物或构筑物所需全部建设费用的文件,由该单项工程内各单位工程概算书汇总而成。综合概算书是工程项目总概算书的组成部分,是编制总概算书的基础文件。一般由编制说明和综合概算表两个部分组成。

总概算是以整个工程项目为对象,确定项目从立项开始到竣工交用整个过程的全部建设费用的文件。它由各单项工程综合概算及其他工程和费用概算综合汇编而成。总概算书一般由编制说明、总概算表及所含综合概算表、其他工程和费用概算表组成。

2. 施工图预算

施工图预算是根据批准的施工图设计图纸、施工图预算定额及单位估价表、各种费率取费标准等计算和编制的单位工程预算造价的文件。单位工程施工图预算是编制单项工程综合预算的基础。施工图预算的编制依据有:施工图设计文件、施工组织施工图、预算定额及费用定额、设计概算文件、地区单价、材料预算价格等。

施工图预算分为建筑工程预算和设备安装工程预算两种。根据单位工程和设备的性质、用途的不同,建筑工程预算可以分为一般土建工程预算、卫生工程预算、工业管道工程预算、特殊构筑物工程预算和电器照明工程预算,设备安装工程预算又可以分为机械设备安装工程预算、电器设备安装工程预算。

施工图预算编制的方法有单价法和实物法两种。

单价法就是用地区统一单位计价表中的各项工程工料单价乘以相应的各分项工程的工程量得到包括人工费、材料费和机械使用费在内的单位工程直接费。据此计算出其他直接费、现场经费、间接费以及计划利润和税金,经汇总即可得到单位工程的施工图预算。

实物法编制施工图预算是先用计算出的各分项工程的实物工程量分别套取预算定额,按类相加求出单位工程所需的各种人工、材料、施工机械台班的消耗量,再分别乘以当时当地各种人工、材料、机械台班的实际单价求得人工费、材料费和施工机械使用费并汇总求和。对于其他直接费、现场经费、间接费、计划利润和税金等费用的计算则根据当时当地建筑市场供求情况予以确定。

3. 标准设计

工程标准设计指在工程设计中尽量采用通用的标准图纸以促进工业化水平、加快工程进度、节约材料、降低建设投资。采用标准设计一般可加快设计进度1~2倍,节约建设投资10%~15%以上。重复建造的建筑类型及生产性质、能力相类似的工厂、单独的房屋建筑和构筑物都应采用标准设计。对不同用途和要求的建筑物应按统一的建筑模数、建筑标准、设计规范、技术规定等进行设计。若房屋或构筑物整体不宜定型化时应将其中重复出现的建筑单元、房间和主要的结构节点构造在构、配件标准化的基础上定型化。建筑物和构筑物的柱网、层高及其他构件参数尺寸应力求统一,在满足使用要求和建造条件的情况下尽可能提高通用性、互换性。实践表明采用标准设计可以加快设计的速度、缩短设计周期、节约设计费用;可以使施工工艺定型化,提高劳动生产率和节约材料,降低建设投资;可加快施工准备和制作预制构件等工作,加快施工速度、降低建筑安装工程费用。

4. 限额设计

限额设计就是按批准的投资估算控制初步设计,按批准的初步设计概算控制施工图设计,将上一阶段审定的投资额作为下一设计阶段投资控制的目标,把本阶段的投资控制目标分解到各专业,然后再分解到各单位工程和分部工程。各专业在保证满足使用功能的前提下按分配的投资限额控制设计,严格控制技术设计和施工图设计的不合理变更,以保证总投资限额不被突破。进行限额设计必须保证投资估算的准确性,尤其是要合理确定各专业、各单位工程的设计限额。限额设计贯穿项目可行性研究、初步勘察、初步设计、详细勘察、技术设计、施工图设计等各个阶段。在每个专业、每项设计中都应将限额设计作为重点工作内容。各专业限额设计的实现是限额目标得以实现的重要保证。

5. 价值工程

价值工程又称价值分析,是对所研究对象的功能与成本进行对比分析旨在提高所研究对象价值的管理思想和技术。价值工程里的价值是指功能和成本的比值,即 $V = F/C$,其中 V 为价值,F 为功能,C 为成本。价值工程的核心工作是功能系统分析、功能评价和方案创新。具体地讲,价值工程就是分析研究对象的功能组成情况和成本构成情况,在保证用户所需功能的前提下尽量降低成本以提高产品的价值。价值工程是提高设计经济合理性的重要手段,通过进行价值工程研究可以有效地减少工程项目的全寿命周期费用。事实上,进行价值工程研究的能力是衡量一个设计单位综合能力的重要因素之一,也应该是监理单位在设计阶段的重要工作内容之一。

14.2.3 建设项目招投标阶段的投资控制

招投标阶段是业主和承包商进行交易的阶段,合同价格将在这个阶段确定。中华人民共和国建设部于 2003 年 2 月 17 日发布国家标准《建设工程工程量清单计价规范》(GB 50500—2003,以下简称《计价规范》),于 2003 年 7 月 1 日起实施。全部使用国有资金投资或国有资金投资为主的大中型建设工程,必须执行《计价规范》,采用工程量清单进行招标。

工程量清单招标是在建设工程施工招投标时招标人依据工程施工图纸、招标文件要求,以统一的工程量计算规则和统一的施工项目划分规定,为投标人提供实物工程量项目和技术性措施项目的数量清单;投标人,结合工程清况、市场竞争情况和本企业实力,并充充分考虑各种风险因素,自主填报清单开列项目中包括工程直接成本、间接成本、利润和税金在内的综合单价与合计汇总价,并以所报综合单价作为竣工结算调整价的招标投标方式。招标方确定量,承担工程量误差的风险,投标方确定价,承担价的风险。

业主方招标阶段的投资控制主要是通过编制合理准确的工程量清单,组织招标、评标、保证中标价格的合理性。

1. 工程量清单及其编制

工程量清单是拟建工程的分部分项工程项目、措施项目、其他项目名称和相应数量的明细清单。工程量清单是招标文件组成部分。工程量清单内容包括封面、填表须知、总说明和分部分项工程量清单、措施项目清单、其他项目清单及配套使用的零星工作项目表、主要材料价格表。《计价规范》中对工程量清单格式的填写,作了明确的规定。《计价规范》中所列项目是一般的项目,实际编制清单时应根据拟建工程的具体情况选项使用,并可自选补充项目。

工程量清单的编制应是由具有编制招标文件能力的招标人,或具有相应资质的工程造价咨询、招标代理等中介机构,在满足工程设计图纸和设计、施工规范要求的基础上,按《计价规范》及其附件准确计算出工程量,将所有项目和计算出的工程量按定额章节排列。工程量清单的计算要遵循简洁明了、准确合理的原则,既易于业主掌握单项工程报价、又易于企业编制综合单价及成本价。

分部分项工程量清单是工程量清单的核心,是工程量清单计价的基础。招标人在编制分部分项工程量清单时,应按《计价规范》附录 A 建筑工程、附录 B 装饰装修工程、附录 C 安装工程、附录 D 市政工程、附录 E 园林绿化工程,设置项目编码、项目名称、计量单位,按其对应的工程量计算规则计算工程量,并承担相应的责任。

2. 投标报价

投标报价即投标人为了得到工程施工承包的资格,按照招标人在招标文件中的工程量清单进行工程估价,然后根据投标策略确定投标价格,以争取中标并通过工程实施取得合法经济效益的活动。

投标人使用招标人提供的工程量清单原件编制投标报价。投标报价为工程量清单项目的计价总和。工程量清单采用综合单价计价。综合单价是指完成工程量清单中一个规定的计量单位项目所需的人工费、材料费、机械使用费、管理费和利润,并考虑风险因素。采用工程量清单计价的工程价款,由分部分项工程量清单费、措施项目费、其他项目费和税金组成。

投标人根据本企业的消耗标准、利润目标,结合工程实际情况、市场竞争情况和企业实力,并充分考虑各种风险因素,自主填报清单所列项目,包括工程直接成本、单位成本、利润和税金在内的单价与总价,并以所报的单价作为竣工结算时工程量的计价标准调整工程造价。

工程量清单计价内容包括封面、投标总价、工程项目总价表、单项工程费汇总表、单位工程费汇总表、分部分项工程量清单计价表、措施项目清单计价表、其他项目清单计价表、零星工作项目计价表、分部分项工程量清单综合单价分析表、措施项目费分析表、主要材料价格表。《计价规范》中对工程量清单计价格式的填写,也作了明确的规定。

3. 评标

评标就是指招标人根据招标文件中规定的评标标准和办法对投标人的投标文件进行评价审核以确定中标单位的活动。《招标投标法》第四十条规定:"评标委员会应当按照招标文件确定的评标标准和方法,对投标文件进行评审和比较。设有标底的,应当参考标底"。所以评标的依据一是招标文件,二是标底(如果设有标底时)。《招标投标法》第四十一条规定:中标人的投标应符合下列两个条件之一:一是"最大限度地满足招标文件中规定的各项综合评价标准",该评价标准中当然包含投标报价;二是"能够满足招标文件的实质性要求,并且经评审的投标价格最低,但是投标价低于成本的除外"。这两个条件其实就是评标的两种不同的标准。

第一种标准其实就是综合评价法,往往制订一系列评价指标和相应的权重,在评标时对各个投标人的投标文件进行评价打分,总得分最高的投标人中标。在使用这种标准进行评标的时候必须给报价因素以足够的权重,报价的权重太低不利于对造价进行有效控制。

第二种评标标准的本质就是低价中标,在其他评标因素都符合招标文件的要求的前提下经评审的最低报价中标。按照《招标投标法》规定中标的报价不得低于成本。这里所说的成本是指承包企业在工程建设中将合理发生的所有施工成本,应该包括直接工程费、间接费以及税金。这个成本应该是指投标单位的个别成本,而不是社会平均成本,因为不同技术水平和管理水平的企业,其人工、材料、机械台班、工期等生产要素的消耗水平是不同的,相应地它们的个别成本也就不同,如果招标人用一个代表社会平均水平的成本(比如预算成本)来代表所有投标人的个别成本,那么就可能导致水平高的投标人反而被淘汰的情况。所以在评标时应该由评标委员会的专家根据具体报价情况来判断各个投标人的个别成本。对于投标报价明显过低的投标,评标委员会认真研究后认定是低于其个别成本的,应该视其为废标。

招标投标实质上既是工程价格形成的方式也是承包合同形成的方式。招标人所发放的招标文件可认为是要约邀请,投标人的投标文件是正式的要约,中标通知书是正式的承诺。所以根据我国的《合同法》,中标通知书一旦发放即意味着双方的承包合同正式成立。

14.2.4 建设项目施工阶段投资控制

施工阶段投资控制的基本原理是把计划投资额作为投资控制的目标,在工程施工过程中定期地把投资实际值与目标值进行比较,通过比较发现并找出实际投资与投资控制目标值之间的偏差,分析产生偏差的原因,并采取有效措施加以控制,以保证投资控制目标的实现。建设工程施工阶段与投资控制有关的工作主要有:资金使用计划的编制、工程计量及结算、工程变更和索赔的处理,以及投资偏差分析等。

1. 资金使用计划

投资控制的前提是先建立起投资控制的目标,因此必须编制资金使用计划,合理地确定投资控制目标值,包括投资的总目标值、分目标值、各详细目标值。如果没有明确的投资控制目标就无法进行项目投资实际支出值与目标值的比较,不能进行比较也就不能找出偏差,不知道偏差程度,就会使控制措施缺乏针对性。编制资金使用计划过程中最重要的步骤就是项目投资目标的分解。根据投资控制目标和要求的不同,投资目标的分解可以分为按投资构成、按子项目、按时间分解三种类型。这三种编制资金使用计划的方法并不是相互独立的,在实践中往往是将这三种方法结合使用。

(1) 按投资构成分解的资金使用计划。工程项目的投资主要分为建筑安装工程投资、设备工器具购置投资及工程建设其他投资。由于建筑工程和安装工程在性质上存在着较大差异,投资的计算方法和标准也不尽相同,所以在实际操作中往往将建筑工程投资和安装工程投资分解开来。

(2) 按子项目分解的资金使用计划。大中型的工程项目通常是由若干单项工程构成的,而每个单项工程包括了多个单位工程,每个单位工程又是由若干个分部分项工程构成的,因此首先要把项目总投资分解到单项工程和单位工程中。一般来说,由于概算和预算大都是按照单项工程和单位工程来编制的,所以将项目总投资分解到各单项工程和单位工程是比较容易的。

(3) 按时间进度分解的资金使用计划。工程项目的投资总是分阶段、分期支出的,资金应用是否合理与资金的时间安排有密切关系。编制按时间进度的资金使用计划,通常可利用控制项目进度的网络图进一步扩充而得。即在建立网络图时,一方面确定完成各项工作所需花费的时间,另一方面同时确定完成这一工作的合适的投资支出预算。在编制网络计划时应在充分考虑进度控制对项目划分要求的同时,还要考虑确定投资支出预算对项目划分的要求,做到二者兼顾。

2. 工程计量与支付

工程计量是指根据设计文件及承包合同中关于工程量计算的规定,项目的监理单位对承包商申报的已完成工程的工程量进行的核验。经过监理单位计量的工程量是向承包商支付任何款项的凭证。工程计量的作用不仅是控制项目的投资支出,也是约束承包商履行合同义务、强化承包商合同意识的手段。

工程价款的结算是指业主按照合同约定定期地对施工承包方在本期完成的、经过监理单位计量的、符合合同质量要求的工程进行支付。工程价款的主要结算方式有以下几种:

(1) 按月结算。即先预付工程预付款,在施工过程中按月结算工程进度款,竣工后进行竣工结算。这种按月结算方式是一种最常用的结算方式。

(2) 竣工后一次结算。建设项目或单项工程全部建筑安装工程建设期在12个月以内,或者工程承包合同价值在100万元以下的,可以实行工程价款每月月中预支,竣工后一次结算的方式。

(3) 分段结算。即当年开工,当年不能竣工的单项工程或单位工程按照工程形象进度,划分不同阶段进行结算。分段结算可以按月预支工程款。实行竣工后一次结算和分段结算的工程,当年结算的工程款应与分年度的工作量一致,年终不另清算。

(4) 结算双方约定的其他结算方式。

在工程价款结算时还必须注意动态结算的问题。动态结算就是指在结算的时候要考虑各种动态因素,使结算额能够反映实际的费用。常用的动态结算办法有:按实际价格结算法;按主材计算价差的方法;主要材料按抽料计算价差、其他材料按系数计算价差的方法;竣工调价系数法;调值公式法(又称动态结算公式法)等。调值公式法是国际上最常用的方法。

工程预付款是建设工程施工合同订立后由发包人按照合同约定,在正式开工前预先支付给承包人的工程款。它是施工准备和所需要材料、结构件等流动资金的主要来源,国内习惯上又称为预付备料款。预付工程款的具体做法由发承包双方在合同中约定。业主预先支付给承包商的工程预付款应该随着工程的进展、工程所需主要材料、构件的用量逐渐减少以抵扣的方式予以陆续扣回。工程预付款扣回的方法在合同里规定,可以采用等比率或等额扣回的方式,也可从未施工工程尚需的主要材料及构件的价值相当于工程预付款数额时扣起,从每次中间结算工程价款中按材料及构件比重扣除,至竣工之前全部扣清。

工程进度款的支付一般按当月实际完成工程量进行结算,工程竣工后办理竣工结算。在工程竣工前,承包人收取的工程预付款和进度款的总额一般不超过合同总额(包括工程合同签订后经发包人签证认可的增减工程款)的95%,剩余的5%作为尾款在工程竣工结算时除保修金外一并清算。

工程竣工验收报告经业主认可后,承包商向业主递交竣工结算报告及完整的结算资料,双方进行工程竣工结算。监理单位对承包商报送的竣工结算报表进行审核,在与业主、承包商协商一致后,签发竣工结算文件和最终的工程款支付证书。工程保修金一般为施工合同价款的3%,在合同专用条款中具体规定,在质量保修期满后14天之内退还给承包商。

3. 工程变更

工程变更是指在工程项目的实施过程中导致合同内容变化的变更因素,包括设计变更、现场施工条件变化以及其他变更情况。由于工程项目的复杂性,工程变更是工程建设中常见的现象。由于工程变更所引起的工程量的变化、承包商的索赔等,都有可能使项目投资超出原来的目标投资额,所以必须对工程变更进行严格控制,注意其对未完工程投资支出的影响及对工期的影响。工程变更的程序是:提出工程变更、审查工程变更、编制工程变更文件、下达变更指令。工程变更文件包括：工程变更令、工程量清单、新的设计图纸以及有关技术标准、有关的其他文件或资料。在监理单位签发工程变更令之前，承包商不得实施工程变更。未经监理单位审查同意而实施的工程变更不给予计量工程量。

由工程变更引起的价格变更应该由施工承包商提出变更的价格。工程价款的调整按照以下原则进行：如果合同中已有适用于变更工程的价格，按合同已有的价格变更合同价款，如果合同中只有类似于变更工程的价格，可以参照类似价格变更合同价款；如果合同中没有适用或类似于变更工程的价格，由承包人提出适当的变更价格，由监理单位确认后执行。如果业主方和施工承包商未能就工程变更的费用等方面达成协议，监理单位应提出一个暂定的价格，作为临时支付工程款的依据。该工程款最终结算时应以业主与承包商达成的协议为依据。

4. 施工索赔

工程施工索赔是工程施工承包合同履行中，一方当事人因对方不履行或不完全履行合同规定的义务，或者由于对方的行为使权利人受到损失时，要求对方补偿损失的权利。索赔是工程承包中常发生的现象。施工现场条件、气候条件的变化、施工进度计划的修改及合同条款、技术规范、施工图纸的变更等因素都会使得工程施工中不可避免地出现索赔。对索赔的管理是施工阶段投资控制的重要内容。

施工索赔虽然可以分为承包商向业主提出的索赔和业主向承包商提出的索赔两种情况，但是一般来讲索赔往往是指前者，即承包商向业主提出的索赔。承包商向业主提出索赔的主要情况有：

(1) 不利的自然条件和人为障碍引起的索赔。不利的自然条件是指施工中遭遇到的实际自然条件比招标文件中所描述的更为困难和恶劣，是一个有经验的承包商无法预测的，导致了承包商必须花费更多的时间和费用。

(2) 工程变更引起的索赔。如果工程变更是由业主方提出的或者是应该由业主方负责的，那么承包商有权就此变更向业主进行索赔。

(3) 工期延期的费用索赔。工期延期的索赔是指承包商对于由非自身原因所导致工程的延期而向业主提出的索赔。

(4) 加速施工的索赔。由于业主原因或者业主应该负责的原因导致承包商必须采取加班赶工从而导致承包商施工成本增加，承包商可以提出索赔要求。

(5) 业主不正当地终止工程而引起的索赔。

(6) 拖延支付工程款的索赔。如果业主在规定的应付款时间内未能向承包商支付应支付的款额，承包商可在提前通知业主的情况下，暂停工作或减缓工作速度，并有权获得任何误期的补偿和其他额外费用的补偿(如利息)。

(7) 业主的风险引起的索赔。业主的风险是指战争、叛乱、暴乱等等。

(8) 不可抗力。如果承包商因不可抗力，妨碍其履行合同规定的任何义务，使其遭受延误和(或)费用增加，承包商有权根据合同规定向业主提出索赔。

此外，如果合同有规定的话，承包商还可以就物价上涨、有关法律法规变化向业主提出索赔要求。

5. 偏差分析

为了有效地进行投资控制必须定期地进行投资计划值(目标)与实际值的比较，当实际值偏离计划值时,应该分析产生偏差的原因,采取适当的纠偏措施,以使投资超支尽可能小。在投资控制中,把投资的实际值与计划值的差异叫做投资偏差,即:投资偏差=已完工程实际投资-已完工程计划投资,结果为正表示投资超支,结果为负表示投资节约。

对偏差进行分析有几种不同的方法,常用的有横道图法、表格法和曲线法。横道图法是用横道图来进行投资偏差分析,也就是用横道标识投资额度。横道的长度与投资额度成正比例。横道图法具有形象、直观的优点,它能够准确表达出投资的绝对偏差,但是这种方法反映的信息量较少。表格法是进行偏差分析最常用的一种方法,它将项目编号、名称、投资参数以及投资偏差数综合归纳入一张表格中,并且直接在表格中进行比较。用表格法进行偏差分析具有灵活、适用性强、信息量大等优点。曲线法是用投资累计曲线(S形曲线)来进行投资偏差分析的方法。曲线法具有形象直观的优点,但是很难用于定量分析。

偏差分析的一个重要目的就是要找出引起偏差的原因,从而有可能采取有针对性的措施,减少或避免相同原因的再次发生。在进行偏差原因分析时,首先应当将已经导致和可能导致偏差的各种原因逐一列举出来。导致不同工程项目产生投资偏差的原因具有一定共性,因而可以通过对已建项目的投资偏差原因进行归纳、总结,为该项目采用预防措施提供依据。

6. 竣工决算

竣工决算是工程建设项目经济效益的全面反映,是项目法人核定各类新增资产价值、办理其交付使用的依据。通过竣工决算一方面能够正确反映工程建设项目的实际造价和投资结果,另一方面可以通过竣工决策与概算、预算的对比分析,考核投资控制的工作成效,总结经验教训,积累技术经济方面的基础资料,提高未来建设工程的投资效益。竣工决算是工程建设项目从筹建到竣工投产全过程中发生的所有实际支出,包括设备工器具购置费、建筑安装工程费和其他费用等。竣工决算由竣工财务决算报表、竣工财务决算说明书、竣工工程平面示意图、工程造价比较分析四部分组成。其中竣工财务决算报表和竣工财务决算说明书属于竣工财务决算的内容。竣工财务决算是竣工决算的组成部分,是正确核定新增资产价值、反映竣工项目建设成果的文件,是办理固定资产交付使用手续的依据。

14.3 承包人施工项目成本控制

14.3.1 概述

1. 项目成本的概念

施工项目成本是指工程项目的施工成本,是在工程施工过程中所发生的全部生产费用的总和,即是建筑施工企业以工程项目作为核算的对象,在施工过程中所耗费的生产资料转移价值和劳动者的必要劳动所创造的价值的货币形式。其包括所消耗的主、辅材料,构配件,周转材料的摊销费或租赁费,施工机械的材料费或租赁费,支付给生产工人的工资、奖金以及在施工现场进行施工组织与管理所发生的全部费用支出。工程项目施工成本是施工企业的主要产品成本,一般以建设项目的单位工程作为成本核算的对象,通过各单位工程成本核算的综合来反映工程项目的施工成本。

(1) 施工项目成本的构成。

施工企业在工程项目施工过程中所发生的各项费用支出,按照国家规定计入成本费用。

按成本的经济性质和国家的规定,施工企业项目成本由直接成本和间接成本组成。

① 直接成本

直接成本是指施工过程中耗费的构成工程实体或有助于工程实体形成的各项费用支出,具体包括:人工费;材料费;机械使用费;其他直接费。

② 间接成本

间接成本是指企业内的各项目经理部为施工准备、组织和管理施工生产的全部施工费用的支出,具体包括:工作人员薪金;劳动保护费;职工福利费;办公费;差旅交通费;固定资产使用费;工具用具使用费;保险费;工程保修费;工程排污费;其他费用。

(2) 施工项目成本的形式。

施工项目成本按照不同的情况,可以分为不同的形式。根据成本控制要求的不同,可划分为预算成本、计划成本和实际成本;按照生产费用计入成本方法的不同,可划分为直接成本和间接成本;按照生产费用与工程量关系的不同,可划分为固定成本和变动成本。

2. 项目成本控制的系统过程

项目成本控制包括成本预测、计划、实施、核算、分析、考核、整理成本资料与编制成本报告。具体而言,项目成本控制应按以下程序进行:企业进行项目成本预测;项目经理部编制成本计划;项目经理部实施成本计划;项目经理部进行成本核算;项目经理部进行成本分析;施工项目成本考核。

(1) 施工项目成本预测。

施工项目成本预测是通过成本信息和施工项目的具体情况,并运用一定的专门方法,对未来的成本水平及其可能发展趋势作出科学的估计,它是施工企业在工程项目施工以前对成本所进行的核算。

(2) 施工项目成本计划。

施工项目成本计划是项目经理部对项目成本进行计划管理的工具。它是以货币形式编制施工项目在计划期内的生产费用、成本水平、成本降低率以及为降低成本所采取的主要措施和规划的书面方案,它是建立施工项目成本管理责任制、开展成本控制和核算的基础。

(3) 实际施工成本的形成控制。

施工成本的形成控制主要指项目经理部对施工项目成本的实施控制,包括制度控制、定额或指标控制、合同控制等。

(4) 施工项目成本核算。

施工项目成本核算是指项目施工过程中所发生的各种费用和形成施工项目成本与计划目标成本,在保持统计口径一致的前提下,进行两相对比,找出差异。

(5) 施工项目成本分析。

施工项目成本分析是在施工成本跟踪核算的基础上,动态分析各成本项目的节超原因。它贯穿于施工项目成本管理的全过程,也就是说施工项目成本分析主要利用施工项目的成本核算资料(成本信息),与目标成本(计划成本)、预算成本以及类似的施工项目的实际成本等进行比较,了解成本的变动情况,同时也要分析主要技术经济指标对成本的影响,系统地研究成本变动的因素,检查成本计划的合理性,并通过成本分析,深入揭示成本变动的规律,寻找降低施工项目成本的途径。

(6) 施工项目成本考核。

所谓成本考核,就是施工项目完成后,对施工项目成本形成中的各责任者,按施工项目成本目标责任制的有关规定,将成本的实际指标与计划、定额、预算进行对比和考核,评定施工项目成本计划的完成情况和各责任者的业绩,并据此给以相应的奖励和处罚。

3. 项目成本控制的任务

施工项目的成本控制,应伴随项目建设的进程渐次展开,要注意各个时期的特点和要求。各个阶段的工作内容不同,成本控制的主要任务也不同。

(1) 施工前期的成本控制

① 工程投标阶段:

在投标阶段成本控制的主要任务是编制适合本企业施工管理水平、施工能力的报价。

A. 根据工程概况和招标文件,联系建筑市场和竞争对手的情况,进行成本预测,提出投标决策意见;

B. 中标以后,应根据项目的建设规模,组建与之相适应的项目经理部,同时以标书为依据确定项目的成本目标,并下达给项目经理部。

② 施工准备阶段:

A. 根据设计图纸和有关技术资料,对施工方法、施工顺序、作业组织形式、机械设备选型、技术组织措施等进行认真的研究分析,制定科学先进、经济合理的施工方案。

B. 根据企业下达的成本目标,以分部分项工程实物工程量为基础,联系劳动定额、材料消耗定额和技术组织措施的节约计划,在优化的施工方案的指导下,编制明细而具体的成本计划,并按照部门、施工队和班组的分工进行分解,作为部门、施工队和班组的责任成本落实下去,为今后的成本控制作好准备。

C. 根据项目建设时间的长短和参加建设人数的多少,编制间接费用预算,并对上述预算进行明细分解,以项目经理部有关部门(或业务人员)责任成本的形式落实下去,为今后的成本控制和绩效考评提供依据。

(2) 施工期间的成本控制

施工阶段的成本控制的主要任务是确定项目经理部的成本控制目标;项目经理部建立成本管理体系;项目经理部各项费用指标进行分解以确定各个部门的成本控制指标;加强成本的过程控制。

① 加强施工任务单和限额领料单的管理,特别是要做好每一个分部分项工程完成后的验收(包括实际工程量的验收和工作内容、工程质量、文明施工的验收),以及实耗人工、实耗材料的数量核对,以保证施工任务单和限额领料单的结算资料绝对正确,为成本控制提供真实可靠的数据。

② 将施工任务单和限额领料单的结算资料与施工预算进行核对,计算分部分项工程的成本差异,分析差异产生的原因,并采取有效的纠偏措施。

③ 做好月度成本原始资料的收集和整理,正确计算月度成本,分析月度预算成本与实际成本的差异。

④ 在月度成本核算的基础上,实行责任成本核算。也就是利用原有会计核算的资料,重新按责任部门或责任者归集成本费用,每月结算一次,并与责任成本进行对比,由责任部门或责任者自行分析成本差异和产生差异的原因,自行采取措施纠正差异,为全面实现责任成本创造条件。

⑤ 经常检查对外经济合同的履约情况,为顺利施工提供物质保证。

⑥ 定期检查各责任部门和责任者的成本控制情况,检查成本控制责、权、利的落实情况(一般为每月一次)。发现成本差异偏高或偏低的情况,应会同责任部门或责任者分析产生差异的原因,并督促他们采取相应的对策来纠正差异;如有因责、权、利不到位而影响成本控制工作的情况,应针对责、权、利不到位的原因,调整有关各方的关系,落实责、权、利相结合的原则,使成本控制工作得以顺利进行。

(3) 竣工验收阶段的成本控制

① 精心安排,干净利落地完成工程竣工扫尾工作。从现实情况看,很多工程一到竣工扫尾阶段,就把主要施工力量抽调到其他在建工程上,以致扫尾工作拖拖拉拉,战线拉得很长,机械、设备无法转移,成本费用照常发生,使在建阶段取得的经济效益逐步流失。因此,一定要精心安排,把竣工扫尾时间缩短到最低限度。

② 重视竣工验收工作,顺利交付使用。在验收以前,要准备好验收所需要的各种书面资料(包括竣工图)送甲方备查;对验收中甲方提出的意见,应根据设计要求和合同内容认真处理,如果涉及费用,应请甲方签证,列入工程结算。

③ 及时办理工程结算。一般来说:工程结算造价＝原施工图预算±增减账。但在施工过程中,有些按实结算的经济业务,是由财务部门直接支付的,项目预算员不掌握资料,往往在工程结算时遗漏。因此,在办理工程结算以前,要求项目预算员和成本员进行一次认真全面的核对。

④ 在工程保修期间,应由项目经理指定保修工作的责任者,并责成保修责任者根据实际情况提出保修计划(包括费用计划),以此作为控制保修费用的依据。

4. 项目成本控制的内容

工程项目成本控制的主要内容有以下几个方面。

(1) 材料费的控制

材料费的控制按照"量价分离"的原则,一是材料用量的控制;二是材料价格的控制。

① 材料用量的控制

在保证符合设计规格和质量标准的前提下,合理使用材料和节约使用材料,通过定额管理、计量管理等手段以及施工质量控制,避免返工等,有效控制材料物资的消耗。

② 材料价格的控制

材料价格主要由材料采购部门在采购中加以控制。由于材料价格是由买价、运杂费、运输中的合理损耗等所组成,因此控制材料价格,主要是通过市场信息,询价,应用竞争机制和经济合同手段等控制材料、设备、工程用品的采购价格,包括买价、运费和损耗等。

(2) 人工费的控制

人工费的控制采取与材料费控制相同的原则,实行"量价分离"。人工用工数通过项目经理与施工劳务承包人的承包合同,按照内部施工图预算、钢筋翻样单或模板量计算出定额人工工日,并将安全生产、文明施工及零星用工按定额工日的一定比例(一般为15%～25%)一起发包。

(3) 机械费的控制

机械费用主要由台班数量和台班单价两方面决定,为有效控制台班费支出,主要从以下几个方面控制:

① 合理安排施工生产,加强设备租赁计划管理,减少因安排不当引起的设备闲置。
② 加强机械设备的调度工作,尽量避免窝工,提高现场设备利用率。
③ 加强现场设备的维修保养,避免因不正当使用造成机械设备的停置。
④ 做好上机人员与辅助生产人员的协调与配合,提高机械台班产量。

(4) 管理费的控制

现场施工管理费在项目成本中占有一定比例,控制与核算上都较难把握,项目在使用和开支时弹性较大,主要采取以下控制措施:

① 根据现场施工管理费占施工项目计划总成本的比重,确定施工项目经理部施工管理费总额。
② 在施工项目经理的领导下,编制项目经理部施工管理费总额预算和各管理部门、条线的施工管理费预算,作为现场施工管理费的控制根据。
③ 制定施工项目管理开支标准和范围,落实各部门条线和岗位的控制责任。
④ 制定并严格执行施工项目经理部的施工管理费使用的审批、报销程序。

14.3.2 施工项目成本计划

1. 施工投标阶段的成本估算

投标报价是施工企业采取投标方式承揽施工项目时,以业主招标文件中的合同条件、技术规范、设计图纸与工程量表和工程的性质与范围、价格条件说明和投标须知等为基础,结合调研和现场考察所得的情况,根据企业自己的定额、市场价格信息和有关规定,计算和确定承包该项工程的投标报价。

施工企业投标报价的基础是成本估算。企业首先应依据反映本企业技术水平和管理水平的企业定额,计算确定完成拟投标工程所需支出的全部生产费用,即估算该施工项目施工生产的直接成本和间接成本,包括人工费、材料费、机械使用费、其他直接费、现场管理费用等。施工项目成本估算的步骤如下:

(1) 熟悉和研究招标文件

成本估算者要广泛搜集、熟悉各种资料、工程技术文件,包括招标文件、施工图纸、市场价格信息等。在准备、掌握资料的同时,要审核其是否齐全和有无错误等。

(2) 进行施工技术和组织方案策划。

施工技术和施工组织方案是决定施工成本的基础。成本估算,首先要根据拟投标项目,对项目的施工组织进行策划,拟定管理组织结构形式、管理工作流程;对项目的施工流程、施工顺序、施工方法进行策划,确定施工方案。

(3) 确定施工项目分解结构

对整个施工项目按子项或分部分项进行施工任务分解,分解时应结合施工方法的要求,全面系统,不出现重复项目或遗漏项目。

(4) 计算工程量,编制投标书报价表

根据项目施工图纸,有关技术资料和工程量规则进行工程量的计算。为了准确地估算项目施工成本,应充分考虑项目施工组织设计、施工规划或施工方案等的技术组织措施。

2. 项目经理部的责任目标成本

每个工程项目,在实施项目管理之前,首先由企业与项目经理协商,将合同预算的全部造价收入,分为现场施工费用(制造成本)和企业管理费用两部分。其中,现场施工费用核定的总额,作为项目成本核算的界定范围和确定项目经理部责任成本目标的依据。

责任目标成本是企业对项目经理部提出的指令成本目标,是以设计预算为依据,也是对项目经理部进行详细施工组织设计,优化施工方案,制定降本对策和管理措施提出的要求。

责任目标成本确定的过程和方法如下:

(1) 在投标报价时所编制的工程估价单中,各项单价由企业内部价格构成,就形成直接费中的材料费、人工费的目标成本。

(2) 以施工组织设计为依据,确定机械台班和周转设备材料的使用量。

(3) 其他直接费中的各子项目均按具体情况或内部价格来确定。

(4) 现场施工管理费,也按各子项目视项目的具体情况加以确定。

(5) 投标中压价让利的部分,原则上由企业统一承担,不列入施工项目责任目标成本。

以上确定的过程,应在仔细研究投标报价时的各项目清单、估价的基础上,由企业职能部门主持,有关部门共同参与分析研究确定。

3. 项目经理部的计划目标成本

项目经理部在接受企业法定代表人委托之后,应通过主持编制项目管理实施规划寻求降低成本的途径,组织编制施工预算,确定项目的计划目标成本。

施工预算是项目经理部根据企业下达的责任成本目标,在详细编制施工组织设计过程中,不断优化施工技术方案和合理配置生产要素的基础上,通过工料消耗分析和制订节约成本措施之后确定的计划成本,也称现场目标成本。一般情况下,施工预算总额应控制在责任成本目标的范围内,并留有一定余地。在特殊情况下,项目经理部经过反复挖潜措施,不能把施工预算总额控制在责任成本目标的范围内,应与企业进一步协商修正责任成本目标或共同探索进一步降低成本的措施,以使施工预算建立在切实可行的基础上。

4. 计划目标成本的分解与责任体系的建立

施工项目的成本控制,不仅仅是专业成本员的责任,所有的项目管理人员,特别是项目经理,都要按照自己的业务分工各负其责。为了保证项目成本控制工作的顺利进行,需要把所有参加项目建设的人员组织起来,将计划目标成本进行了解与交底,使项目经理部的所有成员和各个单位和部门明确自己的成本责任,并按照自己的分工开展工作。这里所说的成本管理责任制,是指各项目管理人员在处理日常业务中对成本管理应尽的责任。要求联系实际,整理成文,并作为一种制度加以贯彻。具体说明如下:

(1) 合同预算员的成本管理责任

① 根据合同条件、预算定额和有关规定,充分利用有利因素,编好施工图预算,为企业正确确定责任目标成本提供依据。

② 深入研究合同规定的"开口"项目,在有关项目管理人员(如项目工程师、材料员等)的配合下,努力增加工程收入。

③ 收集工程变更资料(包括工程变更通知单、技术核定单和按实结算的资料等),及时办理增加账,保证工程收入,及时收回垫付的资金。

④ 参与对外经济合同的谈判和决策,以施工图预算和增加账为依据,严格控制分包、采购等施工所必需的经济合同的数量、单价和金额,切实做到"以收定支"。

(2) 工程技术人员的成本管理责任

① 根据施工现场的实际情况,合理规划施工现场平面布置(包括机械布置,材料、构件

的堆放场地,车辆进出现场的运输道路,临时设施的搭建数量和标准等),为文明施工、减少浪费创造条件。

② 严格执行工程技术规范和以预防为主的方针,确保工程质量,减少零星修补,消灭质量事故,不断降低质量成本。

③ 根据工程特点和设计要求,运用自身的技术优势,采取实用、有效的技术组织措施和合理化建议,走技术与经济相结合的道路,为提高项目经济效益开拓新的途径。

④ 严格执行安全操作规程,减少一般安全事故,消灭重大人身伤亡事故和设备事故,确保安全生产,将事故损失减少到最低限度。

(3) 材料人员的成本管理责任

① 材料采购和构件加工,要选择质高、价低、运距短的供应(加工)单位。对到场的材料、构件要正确计量、认真验收,如遇质量差、量不足的情况,要进行索赔。切实做到:一要降低材料、构件的采购(加工)成本;二要减少采购(加工)过程中的管理损耗,为降低材料成本走好第一步。

② 根据项目施工的计划进度,及时组织材料、构件的供应,保证项目施工的顺利进行,防止因停工待料造成损失。在构件加工的过程中,要按照施工顺序组织配套供应,以免因规格不齐造成施工间隙,浪费时间,浪费人力。

③ 在施工过程中,严格执行限额领料制度,控制材料消耗;同时,还要做好余料的回收和利用,为考核材料的实际消耗水平提供正确地数据。

④ 钢管脚手和钢模板等周转材料,进出现场都要认真清点,正确核实以减少缺损数量;使用以后,要及时回收、整理、堆放,并及时退场,既可节省租费,又有利于场地整洁,还可加速周转,提高利用效率。

⑤ 根据施工生产的需要,合理安排材料储备,减少资金占用,提高资金利用效率。

(4) 机械管理人员的成本管理责任

① 根据工程特点和施工方案,合理选择机械的型号规格和数量。

② 根据施工需要,合理安排机械施工,充分发挥机械的效能,减少机械使用成本。

③ 严格执行机械维修保养制度,加强平时的机械维修保养,保证机械完好,在施工中正常运转。

(5) 行政管理人员的成本管理责任

① 根据施工生产的需要和项目经理的意图,合理安排项目管理人员和后勤服务人员,节约工资性支出。

② 具体执行费用开支标准和有关财务制度,控制非生产性开支。

③ 管好用好行政办公用财产物资,防止损坏和流失。

④ 安排好生活后勤服务,在勤俭节约的前提下,满足职工群众的生活需要,安心为前方生产出力。

(6) 财务成本人员的成本管理责任

① 按照成本开支范围、费用开支标准和有关财务制度,严格审核各项成本费用,控制成本支出。

② 建立月度财务收支计划制度,根据施工生产的需要,平衡调度资金,通过控制资金使用,达到控制成本的目的。

③ 建立辅助记录,及时向项目经理和有关项目管理人员反馈信息,以便对资源消耗进行有效的控制。

④ 开展成本分析,特别是分部分项工程成本分析、月度成本综合分析和针对特定问题的专题分析,要做到及时向项目经理和有关项目管理人员反映情况,提出建议,以便采取针对性的措施来纠正项目成本的偏差。

⑤ 在项目经理的领导下,协助项目经理检查、考核各部门、各单位、各班组责任成本的执行情况,落实责、权、利相结合的有关规定。

14.3.3 施工项目成本的控制运行

在项目的施工过程中,项目经理部应坚持按照增收节支、全面控制、责权利相结合的原则,用目标管理方法对实际施工成本的发生过程进行有效控制。项目经理部应根据计划目标成本的控制要求,做好施工采购策划,通过生产要素的优化配置、合理使用、动态管理,有效控制实际成本;应加强施工定额管理和施工任务单管理,控制活劳动和物化劳动的消耗;应加强施工调度,避免因施工计划不周和盲目调度造成窝工损失、机械利用率降低、物料积压等而使施工成本增加;应加强施工合同管理和施工索赔管理,正确运用施工合同条件和有关法规,及时进行索赔。

1. 材料物资采购控制

施工项目的材料物资,包括构成工程实体的主要材料和构件,以及有助于工程实体形成的周转使用材料和低值易耗品。从价值角度看,材料物资的价值,约占工程总造价的70%以上,其重要程度自然是不言而喻。由于材料物资的供应渠道和管理方式各不相同,所以控制的内容和所采取的控制方法也将有所不同。

(1) 材料采购供应

① 采购供应渠道控制 在市场经济体制下,建筑企业需要的材料,除部分材料由甲方供应外,其余全部由企业从市场采购。企业在获得材料采购自主权以后,对材料的采购供应渠道就有了多种选择的权利。在选择材料供应对象的时候,应该坚持"质优、价低、路近、信誉好"的原则,对材料采购工作中的各个环节,结合材料进场入库时的计量验收,经常进行检查和控制。

② 甲方供料控制 甲方供料的供应范围和供应方式,一般都通过工程承包合同加以明确。有的直接供应实物,有的提供票证委托施工单位代办。通常是由建设单位根据施工图预算的定额数量,按照工程施工进度,陆续交付施工单位。但是,在工程施工中,由于设计变更等原因,必然会发生实物工程量和工程造价的增减。因此,工程项目的材料数量,必须以最终的工程结算为依据进行调整。对于甲方没有交足的材料(不论是实物还是票证),按市场价列入工程结算,向甲方收取。

③ 采购供应与施工进度衔接情况的控制 企业应按照施工进度计划编制"要料计划",以满足工程施工的需要。但是,对照要料计划的实际供应情况,有时也会出现供应时间推迟和供应数量不足的情况;特别是当某种材料市场供应紧俏的时候,更是在所难免。因此,应该利用要料计划,并将各种材料的供应时间和供应数量记录在"要料计划"表上,通过实际进料与要料计划的对比,来检查材料供应与施工进度互相衔接的程度,以及因材料供应脱节对施工进度的影响。

(2) 采购控制方法

① 由企业材料部门对项目供应的材料,由材料部门集中采购,按申请计划供应到现场,并以企业内部统一价格结算。

② 经过核定授权项目经理部自行采购的材料,按项目核算管理的要求办理(图14-4)。

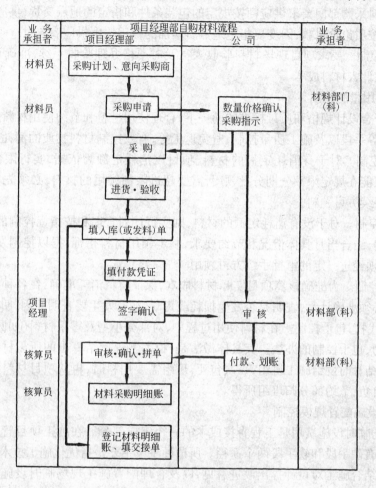

图14-4 项目经理部自购材料控制流程

③ 装饰等特殊材料的采购,项目经理有审核价格、签订采购合同权。企业材料部门有责任协助项目经理部联系供货单位,组织洽谈、审核合同、安排进场。

④ 砂、石、砖等大宗材料的采购,原则上由材料部门牵头,联系供应单位,组织洽谈,必要时,项目经理有权参与采购价格的洽谈并直接签订合同。

(3) 材料价格的控制

材料价格主要由材料采购部门在采购中加以控制。由于材料价格是由买价、运杂费、运输中的合理损耗等所组成,因此控制价格主要是通过市场信息询价,应用竞争机制和经济合同手段等控制材料、设备、工程用品的采购价格,包括买价、运费和损耗等。

① 买价控制 买价的变动主要是由市场因素引起的,但在内部控制方面,应事先对供应商进行考察,建立合格供应商名册。采购材料时,必须在合格供应商名册中选定供应商,实行货比三家,在保质保量的前提下,争取最低买价。同时实现项目监督,项目对材料部门

采购的物资有权过问与询价,对买价过高的物资,可以根据双方签订的横向合同处理。此外,材料部门对各个项目所需的物资可以分类批量采购,以降低买价。

② 运费控制　合理组织材料运输,就近购买材料,选用最经济的运输方法,借以降低成本。为此,材料采购部门要求供应商按规定的包装条件和指定的地点交货,供应单位如降低包装质量,则按质论价付款;因变更指定地点所增加的费用均由供应商自付。

③ 损耗控制　要求项目现场材料验收人员及时严格办理验收手续,准确计量,以防止将损耗或短缺计入材料成本。

(4) 材料用量的控制

在保证符合设计规格和质量标准的前提下,合理使用材料和节约使用材料,通过定额管理、计量管理等手段以及施工质量控制,避免返工等,有效控制材料物质的消耗。

① 定额控制。对于有消耗定额的材料,项目以消耗定额为依据,实行限额发料制度。项目各工长只能在规定限额分期分批领用,需要超过限额领用的材料,必须先查明原因,经过一定审批手续方可领料。

② 指标控制。对于没有消耗定额的材料,则实行计划管理和按指标控制的办法。根据长期实际耗用,结合当月具体情况和节约要求,制定领用材料指标,据以控制发料。超过指标的材料,必须经过一定的审批手续方可领用。

③ 计量控制。为准确核算项目实际材料成本,保证材料消耗准确,在各种材料进场时,项目材料员必须准确计量,查明是否发生损耗或短缺,如有发生要查明原因,明确责任。

④ 以钱代物,包干控制。在材料使用过程中,对部分小型及零星材料(如圆钉、钢丝等)采用以钱代物、包干控制的办法。其具体做法是:根据工程量结算出的所需材料,将其折算成现金,每月结算时发给施工班组,一次包死,班组需要用料时,再从项目材料员购买,超支部分由班组自负,节约部分归班组所得。

2. 现场设施配置规模控制

施工现场临时设施费用是工程直接成本的一个组成部分。在施工项目管理中,降低施工成本方面,有硬手段和软手段两个途径。所谓硬手段主要是指优化施工技术方案,应用价值工程方法,结合施工对设计提出改进意见,以及合理配置施工现场临时设施,控制施工规模,降低固定成本的开支;软手段主要指通过加强管理、克服浪费、提高效率等来降低单位建筑产品物化劳动和活劳动的消耗。

图14-5是单位时间(月)完成的施工产值、施工成本和施工利润的关系。其中施工总成本由固定成本和变动成本两部分组成。从中可以看出,如果单位时间完成的施工产值一样,则固定成本提高,将使施工利润下降,而固定成本的大小与施工现场各类临时设施配置的规模、施工机械设备台班费用、管理人员的工资等有关。为了控制现场临时设施规模,应该通过周密的施工组织设计,在满足计划工期施工速度要求的前提下,尽可能组织均衡施工,以缩小施工规模,控制各类施工设施的配置数量。

3. 施工机械设备使用控制

合理选择施工机械设备,合理使用施工机械设备对工程项目的施工及其成本控制具有十分重要的意义,尤其是高层建筑施工。据某些工程实例统计,高层建筑地面以上部分的总费用中,垂直运输机械费用约占6%~10%。

由于不同的起重运输机械各有不同的用途和特点,因此在选择起重运输机械时,首先应

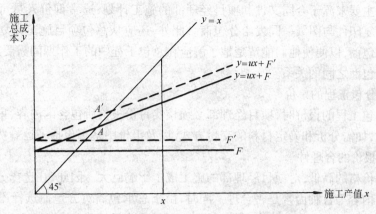

图 14-5 施工产值与施工总成本关系图

根据工程特点和施工条件确定采取何种不同起重运输机械的组合方式。在确定采用何种组合方式时,首先应满足施工需要,同时还要考虑到费用的高低和是否有较好的综合经济效益。

4. 分包价格控制

项目施工中,一般会有部分工程内容需委托其他施工单位,即分包单位完成。分包工程价格的高低,必然对项目经理部的施工项目成本产生一定的影响。因此,施工项目成本控制的重要工作之一是对分包价格的控制。

(1) 分包工作内容确定

在建筑市场上,劳务和一些专业性工程,诸如钢结构的制作和吊装、铝合金门窗和玻璃幕墙的供应和安装、通风和空调工程、室内装饰工程等,有时采取分包的形式。项目经理部应在确定施工方案的初期就需定出需要分包的工程范围。决定这一范围的控制因素主要是考虑工程的专业性和项目规模。大多数承包商都在实际工作中把自己不熟悉的、专业化程度高或利润低、风险大的一部分工程内容划出。

(2) 分包询价

在确定分包工作内容之后,项目经理部应准备信函,将准备分包的专业工程图纸和技术说明送交预先选定的若干个分包商,请他们在约定的时间内报价,以便进行比较选择。有时,还应正确处理好与业主推荐的分包商之间的关系,为报价作准备。

分包询价单实际上与工程招标书基本一致,一般应包括下列内容:

① 分包工程施工图及技术说明;

② 详细说明分包工程在总包工程中的进度安排;

③ 提出需要分包商提供服务的时间,以及分包允诺的这一段时间的变化范围,以便日后总进度计划不可避免发生变化时,可使这种变动尽可能的自然些;

④ 说明分包商对分包工程顺利进行应负的责任和应提供的技术措施;

⑤ 总包商提供的服务设施及分包商到总包现场认可的日期;

⑥ 分包商提供的材料合格证明、施工方法及验收标准、验收方式;

⑦ 分包商必须遵守的现场安全和有关条例;

⑧ 工程报价及报价日期。

上述资料主要来源于合同文件和项目经理部的施工计划,通常询价人员可把合同文件中有关部分的复印件与图纸一同发给分包商。此外,还应从总包项目施工计划中摘录出有关细节发给分包商,以便使他们能清楚地了解应在总包工程中的工作期间需要达到的水平,以及与其他分包商之间的关系。

(3) 核实分包工程的单价

在比较分包工程的报价时,项目经理部必须核实每份报价所包含的内容,审定分包工程单价的完整性,如需分析和确定材料的交付方式,以及报价中是否包括了运输费等。

(4) 分包报价的合理性

分包工程价格的高低,对项目经理部的施工成本影响巨大。因此,在选择分包商时要仔细分析标函的内容等各种因素是否合理。同时,由于总承包商对分包商选择不当而引起工程施工失误的责任仍然要由总包商承担。因此,要对所选择的分包商的标函进行全面分析,不能仅把价格的高低作为惟一的标准。作为总包商,除了要保护自己的利益之外,还要考虑保护分包商的利益。与分包商友好交往,实际上也是保护了总包商的利益。总包商让分包商有利可图,分包商也将会帮助总包商共同搞好工程项目,完成总包合同。

5. 变更与索赔管理

(1) 工程变更

工程变更是指在项目施工过程中,由于种种原因发生了事先没有预料到的情况,使得工程施工的实际条件与规划条件出现较大差异,需要采取一定措施作相应处理。工程变更常常涉及额外费用损失的承担责任问题,因此进行项目成本控制必须能够识别各种各样的工程变更情况,并且了解发生变更后的相应处理对策,最大限度地减少由于变更带来的损失。

① 工程变更主要有以下几种情况:

A. 施工条件变更;

B. 工程内容变更或停工;

C. 延长工期或者缩短工期;

D. 物价变动;

E. 天灾或其他不可抗拒因素。

② 工程变更处理　当工程变更超过合同规定的限度时,常常会对项目的施工成本产生很大的影响,如不进行相应的处理,就会影响企业在该项目上的经济效益。工程变更处理就是要明确各方的责任和经济负担。

在处理工程变更问题时,要根据变更的内容和原因,明确承担责任者;如果承包合同有明确规定,则按承包合同执行;如果合同未作规定,则应查明原因,根据相应仲裁或法律程序判明责任和损失的承担者。通常由于建设单位原因造成的工程变更,损失由建设单位负担;由于客观条件影响造成的工程变更,在合同规定的范围内,按合同规定处理,否则由双方协商解决;如属于不可预见费用的支付范畴,则由承包单位解决。

另外,还要准确统计已造成的损失和预测变更后的可能带来的损失。经双方协商同意的工程变更,必须做好记录,并形成书面材料,由双方代表签字后生效。这些材料将成为工程款结算的合同依据。

(2) 索赔与施工企业管理

施工索赔指在合同的实施过程中,合同一方因对方不履行或未能正确履行合同所规定的义务而受到损失,向对方提出赔偿要求。对施工企业来说,一般只要不是企业自身责任,而由于外界干扰造成工期延长和成本增加,都有可能提出索赔。这包括两种情况:

① 业主违约,未履行合同责任。如未按合同规定及时交付设计图纸造成工程拖延,未及时支付工程款,施工企业可就此提出赔偿要求。

② 业主未违反合同,而由于其他原因,如业主行使合同赋予的权力指令变更工程;工程环境出现事先未能预料到的情况或变化,如恶劣的气候条件,与勘探报告不同的地质情况,国家法令的修改,物价上涨,汇率变化等。由此造成的损失,施工企业可提出补偿要求。

施工项目管理人员,应十分熟悉该工程项目的工程范围以及施工成本的各个组成部分,对施工项目的各项主要开支要心中有数,对超出合同项目工作范围的工作,要及时发现,并及时提出索赔要求。在计算索赔款额时,亦应准确地提出所发生的新增成本,或者是额外成本。只有这些超出投标报价范围的工程成本是可以索赔的。

14.3.4 施工项目成本核算

1. 项目成本核算的概述

施工项目成本核算在施工项目管理中的重要性体现在两个方面:一方面它是施工项目进行成本预测,制定成本计划和实行成本控制所需信息的重要来源;另一方面它又是施工项目进行成本分析和成本考核的基本依据。成本预测是成本计划的基础。成本计划是成本预测的结果,也是所确定的成本目标的具体化。成本控制是对成本计划实施的责任者自我约束和管理者进行监督的过程,以保证成本目标的实现。而成本核算则是对成本目标是否实现的最后检验。决策目标未能达到,可以有两个原因,一是决策本身的错误;另一是计划执行过程中的缺点。只有通过成本分析,查明原因,才能对决策正确性做出判断。成本考核是实现决策目标的重要手段。由此可见,施工项目成本核算是施工项目成本管理中最基本的职能,离开了成本核算,就谈不上成本管理,也就谈不上其他职能的发挥。这就是施工项目成本核算与施工项目成本管理的内在联系。

(1) 施工项目成本核算的对象

成本核算对象,是指在计算工程成本中,确定归集和分配生产费用的具体对象,即生产费用承担的客体。成本计算对象的确定,是设立工程成本明细分类账户,归集和分配生产费用以及正确计算工程成本的前提。

一般来说,成本核算对象的划分有以下几种方法:

① 一个单位工程由几个施工单位共同施工时,各施工单位都应以同一单位工程为成本核算对象,各自核算自行完成的部分。

② 规模大,工期长的单位工程,可以将工程划分为若干部位,以分部位的工程作为成本核算对象。

③ 同一建设项目,又同一施工单位施工,并在同一施工地点,属同一结构类型,开竣工时间相近的若干单位工程,可以合并作为一个成本核算对象。

④ 改建、扩建的零星工程,可以将开竣工时间相接近,属于同一建设项目的各个单位工程合并作为一个成本核算对象。

⑤ 土石方工程,打桩工程,可以根据实际情况和管理需要,以一个单项工程为成本核算对象,或将同一施工地点的若干个工程量较少的单项工程合并作为一个成本核算对象。

(2) 施工项目成本核算的任务

鉴于施工项目成本核算在施工项目成本管理所处的重要地位,施工项目成本核算应完成以下基本任务:

① 执行国家有关成本开支范围,费用开支标准,工程预算定额和企业施工预算,成本计划的有关规定,控制费用,促使项目合理、节约地使用人力、物力和财力。这是施工项目成本核算的先决前提和首要任务。

② 正确及时地核算施工过程中发生的各项费用,计算施工项目的实际成本。这是项目成本核算的主体和中心任务。

③ 反映和监督施工项目成本计划的完成情况,为项目成本预测,为参与项目施工生产、技术和经营决策提供可靠的成本报告和有关资料,促使项目改善经营管理,降低成本,提高经济效益。这是施工项目成本核算的根本目的。

2. 施工项目成本核算的基本框架

(1) 人工费核算

① 内包人工费 是指两层分开后企业所属的劳务分公司(内部劳务市场自有劳务)与项目经理部签订的劳务合同结算的全部工程价款。适用于类似外包工式的合同定额结算支付办法,按月结算计入项目单位工程成本。

② 外包人工费 按项目经理部与劳务基地(内部劳务市场外来劳务)或直接与单位施工队伍签订的包清工合同,以当月验收完成的工程实物量,计算出定额工日数乘以合同人工单价确定人工费。并按月凭项目经营员提供的"包清工工程款月度成本汇总表"(分外包单位和单位工程)预提计入项目单位工程成本。

(2) 材料费核算

工程耗用的材料,根据限额领料单、退料单、报损报耗单,大堆材料耗用计算单等,由项目料具员按单位工程编制"材料耗用汇总表",据以计入项目成本。

(3) 周转材料费核算

① 周转材料实行内部租赁制,以租费的形式反映其消耗情况,按"谁租用谁负担"的原则,核算其项目成本。

② 按周转材料租赁办法和租赁合同,由出租方与项目经理部按月结算租赁费。租赁费按租用的数量、时间和内部租赁单价计算计入项目成本。

③ 周转材料在调入移出时,项目经理部都必须加强计量验收制度,如有短缺、损坏,一律按原价赔偿,计入项目成本(缺损数=进场数-退场数)。

④ 租用周转材料的进退场运费,按其实际发生数,由调入项目负担。

⑤ 对U形卡、脚手扣件等零件除执行项目租赁制外,考虑到其比较容易散失的因素,故按规定实行定额预提摊耗,摊耗数计入项目成本,相应减少次月租赁基数及租赁费。单位工程竣工,必须进行盘点,盘点后的实物数与前期逐月按控制定额摊耗后的数量差,按实调整清算计入成本。

⑥ 实行租赁制的周转材料,一般不再分配负担周转材料差价。退场后发生的修复整理费用,应由出租单位作出租成本核算,不再向项目另行收费。

(4) 结构件费核算

① 项目结构件的使用必须要有领发手续,并根据这些手续,按照单位工程使用对象编制"结构件耗用月报表"。

② 项目结构件的单价,以项目经理部与外加工单位签订的合同为准,计算耗用金额进入成本。

③ 根据实际施工形象进度、已完施工产值的统计、各类实际成本报耗三者在月度时点上的三同步原则(配比原则的引申与应用),结构件耗用的品种和数量应与施工产值相对应。结构件数量金额账的结存数,应与项目成本员的账面余额相符。

④ 结构件的高进高出价差核算同材料费的高进高出价差核算一致。结构件内三材数量、单价、金额均按报价书核定,或按竣工结算单的数量按实结算。报价内的节约或超支由项目自负盈亏。

⑤ 如发生结构件的一般价差,可计入当月项目成本。

⑥ 部位分项分包,如铝合金门窗、卷帘门等,按照企业通常采用的类似结构件管理和核算方法,项目经济员必须做好月度已完工程部分验收纪录,正确计报部位分项分包产值,并书面通知项目成本员及时、正确、足额计入成本。预算成本的拆账、归类可与实际成本的出账保持同口径。分包合同价可包括制作费和安装费等有关费用,工程竣工按部位分包合同结算书,据以按实调整成本。

⑦ 在结构件外加工和部位分包施工过程中,项目经理部通过自身努力获取的经营利益或转嫁压价让利风险所产生的利益,均受益于施工项目。

(5) 机械使用费核算

① 机械设备实行内部租赁制,以租赁费形式反映其消耗情况,按"谁租用谁负担"的原则,核算其项目成本。

② 按机械设备租赁办法和租赁合同,由企业内部机械设备租赁市场与项目经理部按月结算租赁费。租赁费根据机械使用台班,停置台班和内部租赁单价计算,计入项目成本。

③ 机械进出场费,按规定由承租项目负担。

④ 项目经理部租赁的各类大中小型机械,其租赁费全额计入项目机械费成本。

⑤ 根据内部机械设备租赁市场运行规则要求,结算原始凭证由项目指定专人签证开班和停班数,据以结算费用。现场机、电、修等操作工奖金由项目考核支付,计入项目机械费成本并分配到有关单位工程。

⑥ 向外单位租赁机械,按当月租赁费用金额计入项目机械费成本。

上述机械租赁费结算,尤其是大型机械费及进出场费应与产值对应,防止只有收入无成本的不正常现象,或反之,形成收入与支出不配比状况。

(6) 其他直接费核算

项目施工生产过程中实际发生的其他直接费,有时并不"直接",凡能分清受益对象的,应直接计入受益成本核算对象的工程施工——"其他直接费",如与若干个成本核算对象有关的,可先归集到项目经理部的"其他直接费"账科目(自行增设),再按规定的方法分配计入有关成本核算对象的工程施工——"其他直接费"成本项目内。

① 施工过程中的材料二次搬运费,按项目经理部向劳务分公司汽车队托运汽车包天或包月租费结算,或以运输公司的汽车运费计算。

② 临时设施摊销费按项目经理部搭建的临时设施总价(包括活动房)除项目合同工期求出每月应摊销额,临时设施使用一个月摊销一个月,摊完为止。项目竣工搭拆差额(盈亏)按实调整实际成本。

③ 生产工具用具使用费。大型机动工具、用具等可以套用类似内部机械租赁办法以租费形式计入成本，也可按购置费用一次摊销法计入项目成本，并做好在用工具实物借用记录，以便反复利用。工用具的修理费按实际发生数计入成本。

④ 除上述以外的其他直接费内容，均应按实际发生的有效结算凭证计入项目成本。

(7) 施工间接费核算

为了明确项目经理部的经济责任，分清成本费用的可控区域，正确合理地反映项目管理的经济效益，对施工间接费实行项目与项目之间分灶吃饭，"谁受益，谁负担，多受益，多负担，少受益，少负担，不受益，不负担"。项目经理部自己不但应该掌握、控制直接成本，而且应该掌握控制间接成本，即对全部项目成本负责。企业的管理费用、财务费用作为期间费用，不再构成项目成本，企业与项目在费用上分开核算。项目发生的施工间接费必须是自己可控的，即：有办法知道将发生什么耗费；有办法计量它的耗费；有办法控制并调节它的耗费。一句话，使施工项目成本(包括施工间接费)处于受控状态。凡属项目发生的可控费用均下沉到项目去核算，企业不再硬性将公司本部发生费用向下分摊。

① 要求以项目经理部为单位编制工资单和奖金单列支工作人员薪金。项目经理部工资总额每月必须正确核算，以此计提职工福利费、工会经费、教育经费、劳保统筹费等。

② 劳务分公司所提供的炊事人员代办食堂承包、服务、警卫人员提供区域岗点承包服务以及其他代办服务费用计入施工间接费。

③ 内部银行的存贷利息，计入"内部利息"(新增明细子目)。

④ 施工间接费，先在项目"施工间接费"总账归集，再按一定的分配标准计入受益成本核算对象(单位工程)"工程施工——间接成本"。

(8) 分包工程成本核算

项目经理部将所管辖的个别单位工程以分包形式发给外单位承包，其核算要求包括：

① 包清工工程，纳入人工费——外包人工费内核算。

② 部位分项分包工程，纳入结构件费内核算。

③ 双包工程，是指将整幢建筑物以包工包料的形式分包给外单位施工的工程。对双包工程，可根据承包合同取费情况和发包合同支付情况，即上下合同差，测定目标盈利率。月度结算时，以双包工程已完工价款作收入，应付双包单位工程款作支出，适当负担施工间接费预结降低额。为稳妥起见，拟控制在目标盈利率的50%以内，也可月结成本时作收支持平，竣工结算时，再按实调整实际成本，反映利润。

④ 机械作业分包工程。是指利用分包单位专业化施工优势，将打桩、吊装、大型土方、深基础等施工项目分包给专业单位施工的形式。对机械作业分包产值统计的范围是，只统计分包费用，而不包括物耗价值，即：打桩只计打桩费而不计桩材费，吊装只计吊装费而不包括构件费。机械作业分包实际成本与此对应包括分包结账单内除工期奖之外的全部工程费用。

同双包工程一样，总分包企业合同差，包括总包单位管理费，分包单位让利收益等在月结成本时，可先预结一部分，或月结时作收支持平处理，到竣工结算时，再作为项目效益反映。

⑤ 上述双包工程和机械作业分包工程由于收入和支出较易辨认(计算)，所以项目经理部也可以对这二类分包工程，采用竣工点交办法，即月度不结盈亏。

⑥ 项目经理部应增设"分建成本"成本项目，核算反映双包工程，机械作业分包工程成本状况。

⑦ 各类分包形式(特别是双包),对分包单位领用、租用、借用本企业物资、工具、设备、人工等费用,必须根据项目经理部管理人员开具的,且经分包单位指定专人签字认可的专用结算单据,如"分包单位领用物资结算单"及"分包单位租用工器具设备结算单"等结算依据入账,抵作已付分包工程款。

3. 项目成本核算的基础工作

(1) 健全企业和项目两个层次的核算组织体制

项目管理和企业生产经营是相互联系,但又有不同的责任目标,因此必须从核算组织体制上打好基础。为了科学有序地开展施工项目成本核算,分清责任,合理考核,做好以下一些工作:

① 建立健全原始记录制度;
② 建立健全各种财产物资的收发、领退、转移、保费、清查、盘点、索赔制度;
③ 制定先进合理的企业成本定额;
④ 建立企业内部结算体系;
⑤ 对成本核算人员进行培训。

(2) 规范以项目核算为基点的企业成本会计账表

① 工程施工账:

A. 核算项目进行建筑安装工程所发生的各项费用支出,总括反映本项目经理部的成本状况。对单位工程成本明细账起统驭和控制作用。

B. 此账主要核算要求同上,适用于多单位工程施工的项目经理部,要求各单位工程成本明细账之和等于项目成本明细账(总成本和分成本项目数——对应相符),力戒单位工程之间、成本项目之间串户。

② 施工间接费账表 核算项目经理部为组织和管理施工生产活动所发生的支出,以项目经理部为单位设账。

③ 其他直接费账表 有些其他直接费不能直接计入受益单位工程,可先归集入以项目为单位的"其他直接费"总账,按费用组成内容设专栏记载。月终,再分配计入单位工程成本。

④ 项目工程成本表 考虑与损益表衔接相符,成本表内应加上工程结算其他收入。按工程费用项目组成口径,包括计划利润、税金及附加等。

⑤ 在建工程成本明细表 要求分单位工程列示,账表相符。

⑥ 竣工工程成本明细表 要求分单位工程填列,竣工工程全貌预算成本完整拆算,竣工点交应当调整与已结数之差,实际成本账表相符。

⑦ 施工间接费表。

(3) 建立项目成本核算的辅助记录台账

施工项目成本是生产耗费的货币表现,而不是生产耗费的原始事务形态,这往往使项目经理和项目管理人员难以掌握,并会有一种"模糊"的感觉。通过管理会计式台账,还其本来面目,就会有清晰的透明度。为了避免项目管理人员的重复劳动,原则上应作如下分工:由项目有关业务人员记录各项经济业务的过程,项目成本员记录各项经济业务的结果,并要求按时按质完成。例如:项目料具员应记录各种材料的收、发、耗、存数量和金额,项目成本员记录主要材料耗用和金额的总数。

各种台账的原始资料来源及设置要求如表 14-1 所示。

项目经理部成本核算台账　　　　　　　　　　　　表 14-1

序号	台账名称	责任人	原始资料来源	设置要求
1	人工费台账	预算员	劳务合同结算单	分部分项工程的工日数,实物量金额
2	机械使用费台账	核算员	机械租赁结算单	各机械使用台班金额
3	主要材料收发存台账	材料员	入库单,限额领料单	反映月度分部分项收、发、存数量金额
4	周转材料使用台账	材料员	周转材料租赁结算单	反映月度租用数量、动态
5	设备材料台账	材料员	设备租赁结算单	反映月度租用数量、动态
6	钢筋、钢结构件门窗预埋件台账	翻样、技术员	入库单进场数、领用单	反映进场、耗用、余料、数量和金额动态
7	商品混凝土专用台账	材料员	商品混凝土结算单	反映月度收发存的数量和金额
8	其他直接费台账	核算员	与各子目相应的单据	反映月度耗费的金额
9	施工管理费台账	核算员	与各子目相应的单据	反映月度耗费的金额
10	预算增减账台账	预算员	技术核定单,返工记录,施工图预算定额,实际报耗资料,调整账单,签证单	施工图预算增减账内容、金额,预算增减账与技术核定单内容一致,同步进行
11	索赔记录台账	成本员	向有关单位收取的索赔单据	反映及时、便于收取
12	资金台账	成本员 预算员	工作量,预算增减账,工程账单,收款凭证,支付凭证	反映工程价款支余及拖欠款情况
13	资料文件收发台账	资料员	工程合同,与各部门来往的各类文件、纪要、信函、图纸、通知等资料	内容、日期、处理人意见,收发人签字等,反映全面
14	工程进度台账	统计员	工程实际进展情况	按各分部分项工程据实记录
15	产值构成台账	统计员	施工预算,工程形象进度	按三同步要求,正确反映每月的施工产值
16	预算成本构成台账	预算员	施工预算、施工图预算	按分部分项单列各项成本种类,金额,占总成本的比重

续表

序 号	台账名称	责任人	原始资料来源	设 置 要 求
17	质量成本料目台账	技术员	用于技措项目的报耗实物量费用原始单据	便于结算费用
18	成本台账	成本员	汇集记录有关成本费用资料	反映三同步
19	甲方供料台账	核算员材料员	建设单位提供的各种材料构件验收、领用单据(包括三料交料情况)	反映供料实际数量、规格、损坏情况

4. 项目成本实绩数据的收集与计算

为使项目成本核算坚持施工形象进度、施工产值统计、实际成本归集"三同步"的原则。施工产值及实际成本的归集,宜按照下列方法进行:

(1) 应按照统计人员提供的当月完成工程量的价值及有关规定,扣减各项上缴税费后,作为当期工程结算收入。

(2) 人工费应按照劳动管理人员提供的用工分析和受益对象进行账务处理,计入工程成本。

(3) 材料费应根据当月项目材料消耗和实际价格,计算当期消耗,计入工程成本;周转材料应实行内部调配制,按照当月使用时间、数量、单价计算,计入工程成本。

(4) 机械使用费按照项目当月使用台班和单价计入工程成本。

(5) 其他直接费应根据有关核算资料进行财务处理,计入工程成本。

(6) 间接成本应根据现场发生的间接成本项目的有关资料进行账务处理,计入工程成本。

合同预算成本与施工预算成本,都是项目成本核算的基准,是分别反映预算成本收入和预算成本支出的计划值,是"三算分析"中作为与实际成本比较分析的基准。这两种基准成本必须在项目开工前编制完成(表14-2),其中合同预算成本可以根据合同总价,结合投标过程压价和让利情况,通过调整设计预算或投标预算(估价)值而得到。

施工项目成本核算基准数据表　　　　　　表 14-2

预 号	分部分项工程或费用名称	施工产值折算	合同预算成本	施工预算成本
合 计				

5. 项目月度成本报告的编制

项目经理部应在跟踪核算分析的基础上,编制月度项目成本报告,上报企业成本主管部门进行指导检查和考核。

(1) 人工费月报表

人工费是项目经理部最能直接控制的成本。它不仅能控制工人的选用,而且也能控制工人的工作量和工作时间。由于这个原因,项目经理部必须经常掌握人工费用的详细情况。人工费用报表应该每月编制一份。人工费周报表的实际意义是使项目经理能够一看就了解该周某工程施工中的每个分项工程的人工单位成本和总成本,以及与之对应的预算数据。有了这些资料,就不难发现哪些分项工程的单位成本或总成本与预算存在差异,从而进一步找出症结所在。

(2) 工程成本月报表

人工费月报表内只包括人工费用,而工程成本月报表内却包括工程的全部费用。工程成本月报表是针对每一个施工项目设立的。该报表的资料数据很多都来自工程成本分类账。工程成本月报表有助于项目经理评价本工程中的各个分项工程的成本支出情况。

(3) 工程成本分析月报表

工程成本分析月报表将施工项目的分部分项工程成本资料和结算资料汇于一表,使得项目经理能够纵观全局。如果该报表不需一月一编报,还可以一季编报一次。工程成本分析月报表的资料来源于施工项目的成本日记账和成本分类账,以及应收账款分类账,起到报告工程成本现状的作用。

14.3.5 施工项目的成本分析与预测

施工项目的成本分析与预测,就是根据统计核算、业务核算和会计核算提供的资料,对项目成本的形成过程和影响成本升降的因素进行分析,以寻求进一步降低成本的途径,包括项目成本中的有利偏差的挖掘和不利偏差的纠正;另一方面,通过成本分析,可以账簿、报表反映的成本现象看清成本的实质,从而增强项目成本的透明度和可控性,为加强成本控制,实现项目成本目标创造条件。由此可见,施工项目成本分析与预测,也是降低成本,提高项目经济效益的重要手段之一。

1. 项目成本偏差的数量分析。

工程成本偏差的数量分析,就是对工程项目施工成本偏差进行分析,从预算成本、计划成本和实际成本的相互对比中找差距找原因,从而推动工程成本分析,促进成本管理,提高成本降低水平。成本间互相对比的结果,分别为计划偏差和实际偏差。

计划偏差即预算成本与计划成本相比较的差额,反映了成本事前预控制所达到的目标。计划偏差计算方法如下:

$$计划偏差 = 预算成本 - 计划成本$$

这里的预算成本可分别指施工图预算成本,投标书合同预算成本和项目管理责任目标成本三个层次的预算成本。计划成本是指现场目标成本即施工预算。两者的计划偏差也分别反映了计划成本与社会平均成本的差异;计划成本与竞争性标价成本的差异;计划成本与企业预期目标成本的差异。如果计划偏差是正值,反映成本预控制的计划效益,也是反映管理者在计划过程智慧和经验投入的结果。对项目管理者或企业经营,通常是按以下的关系式,反映其对成本管理的效益观念:即

$$计划成本 = 预算成本 - 计划效益(利润)$$

实际偏差即计划成本与实际成本相比较的差额,反映施工项目成本控制的实绩,也是反

映和考核项目成本控制水平的依据,计算方法如下:
$$实际偏差=计划成本-实际成本$$

分析实际偏差的目的,在于检查计划成本的执行情况。其负差反映计划成本控制中存在的缺点和问题,挖掘成本控制的潜力,缩小和纠正目标偏差,保证计划成本的实现。

(1) 人工费偏差分析

实行施工项目管理以后,工程施工的用工一般采用发包形式,其具有的特点是:

① 按承包的实物工程量和预算定额计算定额人工,作为计算劳务费用的基础;

② 人工费单价,由发承包双方协商确定,一般按技工和普工或技术等级分别规定工资单价;

③ 定额人工以外的估点工,有的按定额人工的一定比例一次包死,有的按实计算,估点工单价由双方协商确定;

④ 对在进度、质量上作出特殊贡献的班组和个人,进行随机奖励,由项目经理根据实际情况具体掌握。

(2) 材料费分析

材料费包括主要材料、结构件和周转材料费。由于主要材料是采购来的,结构件是委托加工的,周转材料是租来的,情况各不相同,因而需要采取不同的分析方法。

① 主要材料费的分析

材料费的高低,既与消耗数量有关,又与采购价格有关。这就是说,在"量价分离"的条件下,既要控制材料的消耗数量,又要控制材料的采购价格,两者不可缺一。在进行材料费分析的时候,也要采取与上述特点相适应的分析方法——差额计算法。分析量差对材料费影响的计算公式为:(定额用量-实际用量)×市场指导价;分析价差对材料费影响的计算公式为:(市场指导价-实际采购价)×消耗数量。

A. 材料采购价格分析 材料采购价格是决定材料采购成本和材料费升降的重要因素。因此,在采购材料时,一定要选择价格低、质量好、运距近、信誉高的供应单位。分析材料采购获利情况的计算公式如下:
$$材料采购收益=(市场指导价-实际采购价)×采购数量$$

B. 材料采购管理费分析 材料采购保管费也是材料采购成本的组成部分,包括材料采购保管人员的工资福利、劳动保护费、办公费、差旅费,以及材料采购保管过程中发生的固定资产使用费、工具用具使用费、检验试验费、材料整理及零星运费,材料物资的盘亏和毁损等。

在一般情况下,材料采购保管费的多少,与材料采购数量同步增减,即材料采购数量越多,材料采购保管费也越多。因此,材料采购保管费的核算,也要按材料采购数量进行分配,即先计算材料采购保管费支用率,然后按支用率进行分配。材料采购保管费支用率的计算公式如下:
$$材料采购保管费支用率=\frac{计算期实际发生的材料采购保管费}{计算期实际采购的材料总值}\times100\%$$

C. 材料计量验收分析 材料进场(入库),需要计量验收。在计量验收中,有可能发生数量不足或质量、规格不符要求等情况。对上述情况,一方面要向供应单位索赔;另一方面,要分析由数量不足和质量、规格不符要求对成本的影响。

D．材料消耗分析　材料消耗包括材料的生产耗用、操作损耗、管理损耗和盘盈盘亏，是构成材料费的主要因素。

E．现场材料管理效益分　现场的材料、构件，按照平面布置的规定堆放有序，既可保持场容整洁，又可减少二次搬运费用；用后拆除的钢模、脚手架，要及时堆放整齐，以便装车退场或继续周转使用，切忌乱丢乱放，或移作他用（如用钢模铺路，造成钢模变形等。）

F．储备资金分析　根据施工需要合理储备材料，减少资金占用，减少利息支出。

② 结构件分析

结构件包括钢门窗、木制成品、混凝土构件、金属构件、成型钢筋等，由各加工单位到施工现场的构件场外运费，作为构件价格的组成部分向施工单位收取，在加工过程中发生的蒸养费、冷拔费和含钢量调整等，亦可作为构件加工费用向施工单位收取。

关于结构件的分析，主要有以下几个方面：

A．结构件损耗分析，包括结构件的运输损耗；堆放损耗；操作损耗分析。

B．结构件规格串换分析，包括钢筋规格串换分析；对结构件加工以后，由于设计变更等原因，造成某些构件的规格发生变化，甚至成批构件改变型号的分析；对由于自身原因而造成的加工规格与实际规格不符（包括加工数量超过实际需要）的分析。

③ 周转材料分析

工程施工项目的周转材料，主要是钢模、木模、脚手用钢管和毛竹、临时施工用水电料等。周转材料分析的主要内容是：周转材料的周转利用率和周转材料的赔损率。

A．周转材料的周转利用率分析　周转材料的特点，就是在施工中反复周转使用，周转次数越多，利用效率越高，经济效益也越好。

对周转材料的租用单位来说，周转利用率是影响周转材料使用费的直接因素。例如：某施工项目拟向企业租用组合钢模 $4500m^2$，每月租赁单价 5 元/m^2，计划周转利用率 90%。后因加快施工进度，使钢模的周转利用率提高到 98%，应用"差额计算法"计算可知：

$$可少租钢模数 = (98\% - 90\%) \times 4500m^2 = 360m^2$$

$$可少负担钢模租费 = 360m^2 \times 5 元 = 1800 元$$

B．周转材料赔损率分析　由于周转材料的缺损要按原价赔偿，对企业经济效益影响很大。特别是周转材料的缺损，有时数量大得惊人，且又找不出原因，所以只能用进场数减退场数进行计算。由此，周转材料赔损率的计算公式是：

$$周转材料赔损率 = \frac{进场数 - 退场数}{进场数} \times 100\%$$

（3）机械使用费分析

影响机械使用费的因素主要是机械利用率。造成机械利用率不高的因素，则是机械调度不当和机械完好率不高。因此，在机械设备的使用过程中，必须充分发挥机械的效用，加强机械设备的平衡调度，做好机械设备平时的维修保养工作，提高机械的完好率，保证机械的正常运转。

机械完好率与机械利用率的计算公式如下：

$$机械完好率 = \frac{报告期机械完好台班数 + 加班台数}{报告期制度台班数 + 加班台数} \times 100\%$$

$$机械利用率 = \frac{报告期机械实际工作台班数 + 加班台数}{报告期制度台班数 + 加班台数} \times 100\%$$

完好台班数,是指机械处于完好状态下的台班数,它包括修理不满一天的机械,但不包括待修、在修、送修在途的机械。在计算完好台班数时,只考虑是否完好,不考虑是否在工作。制度台班数是指本期内全部机械台班数与制度工作天的乘积,不考虑机械的技术状态和是否工作。

(4) 施工间接费分析

施工间接费就是施工项目经理部为管理施工而发生的现场经费。因此,进行施工间接费分析,需要应用计划与实际对比的方法。施工间接费实际发生数的资料来源为工程项目的施工间接费明细账。在具体核算中,如果是以单位工程作为成本核算对象的群体工程项目,应将所发生的施工间接费采取"先集合、后分配"的方法,合理分配给有关单位工程。

2. 项目成本偏差的原因分析与纠偏对策

(1) 施工成本偏差的原因分析

进行项目成本偏差分析的目的,就是要找出引起成本偏差的原因,进而采取针对性的措施,有效地控制施工成本。一般来说,引起偏差的原因是多方面的,既有客观方面的自然因素、社会因素,也有主观方面的人为因素,图14-6所示为一些常见情况分析。

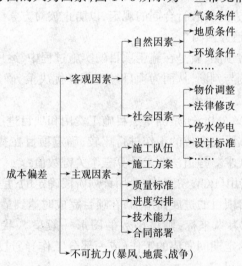

图 14-6 偏差原因的常见情况分析

为了对成本偏差进行综合分析,首先应将各种可能导致偏差的原因一一列举出来,并加以分类,再用因果分析法、因素分析法、ABC 分类法、相关分析法、层次分析法等数理统计方法进行统计归纳,找出主要原因。

(2) 项目成本纠偏的对策措施

成本偏差的控制,分析是关键,纠偏是核心。因此,要针对分析得出的偏差发生原因采取切实纠偏措施,加以纠正。需要强调的是,由于偏差已经发生,纠偏的重点放在今后的施工过程中。成本纠偏的措施包括组织措施、技术措施、经济措施、合同措施。

① 组织措施　成本控制是全企业的活动,为使项目成本消耗保持在最低限度,实现对项目成本的有效控制,项目经理部应将成本责任分解落实到各个岗位、落实到专人,对成本进行全过程控制、全员控制、动态控制。形成一个分工明确、责任到人的成本控制责任体系。进行成本控制的另一个组织措施应该是确定合理的工作流程。成本控制工作只有建立在科

学管理的基础之上,具备合理的管理体制,完善的规章制度,稳定的作业秩序,完整准确的信息传递,才能取得成效。

② 技术措施 在施工准备阶段应多作不同施工方案的技术经济比较。这方面的方法很多,如:VE(价值工程)、OR(运筹学)、关键线路法(CPM)、ABC 分析法、量本利分析法等。不但在施工准备阶段,而且在施工进展的全过程中注意在技术上采取措施,以降低成本。

③ 经济措施 包括认真做好成本的预测和各种计划成本;对各种支出,应认真做好资金的使用计划,并在施工中严格控制各项开支;及时准确地记录、收集、整理、核算实际发生的成本;对各种变更,做好增减账并及时找业主签证等。

④ 合同措施 选用合适的合同结构对项目的合同管理至关重要,在施工项目任务组织的模式中,有多种合同结构模式。在使用时,必须对其分析、比较,要选用适合于工程的规模、性质和特点的合同结构模式。其次,在合同的条文中应细致地考虑一切影响成本、效益的因素。特别是潜在的风险因素,通过对引起成本变动的风险因素的识别和分析,采取必要的风险对策。在合同执行期间,合同管理部门应主要进行合同文本的审查,合同风险分析。在这个时间范围内,合同管理的任务既有密切注视对方合同执行的情况,以寻求向对方索赔的机会,也要密切注意我方是否履行合同的规定,以防止被对方索赔。

3. 项目后期成本的趋势预测

项目后期成本的趋势预测,就是在施工项目的实施过程中,运用数量分析方法对未完工部分的施工成本进行预测与判断,从而为项目经理部择优决策,确定后期施工成本目标,编制成本计划作准备。

挣值法,又称费用偏差分析法,是测量项目施工费用和项目进度情况的一种方法。此法将计划中列入的工作同实际已完成的工作进行比较,确定项目在费用支出和时间进度方面是否完全符合原定计划要求。挣值法要求计算三个关键数值:

(1) 计划工作计划费用(BCWS),是在费用计划阶段确定的,是项目进展时间的函数,为费用累计值。BCWS 随着项目的进展而增加,在项目完成时达到最大,即项目的总费用。若以时间为横坐标,BCWS 为纵坐标,则该函数的图形一般呈 S 状,故称 S 曲线。换言之,BCWS 是按计划应在某给定期间完成的工作(或一部分工作)经过批准的费用(包括所有应分摊的管理费)之和。

(2) 已完工作实际费用(ACWP),就是为在某给定期间内完成的工作实际支出的总费用(直接和间接费用)。ACWP 也是项目进展时间的函数,为累计值,随着项目的进展而增加。ACWP 是实际费用,不是实际工作量。

(3) 已完工作计划费用(BCWP),是在某给定期间完成的工作(或一部分工作)经过批准的成本计划(包括所有应分摊的管理费),即按照单位工作的计划成本算出的实际完成工作的成本之和。该项费用称为"挣值"。

为了测量项目活动是否按照计划进行,下面再引入两个量,即 BCWP-ACWP 叫费用偏差,该项差值大于零时,表示项目未超支,BCWP-BCWS 叫进度偏差,该项差值大于零时,表示项目进度提前。

另外,还可以使用费用实施指数 CPI 和进度实施指数 SPI 测量工作是否按照计划进行。

$$CPI = BCWP/ACWP$$

$$SPI = BCWP/BCWS$$

CPI 大于 1，说明费用节约；小于 1 说明费用超支。SPI 大于 1，说明进度提前；小于 1，说明进度拖期。

BCWP、BCWS 和 ACWP 三者关系可见图 14-7。

（4）在进行成本控制时，要作必要的预测。根据项目过去的实施情况估算项目竣工时的实际总成本值 EAC，也就是对项目成本将来情况的一种预测。EAC 最常用的计算方法有下列几种：

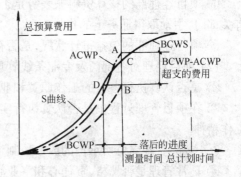

图 14-7　测量项目进展的挣值法

① EAC＝目前的实际成本加上项目剩余部分的计划成本，再乘上一个实际执行情况系数，一般是乘上成本实施指数。这种方法假定现在的偏差代表将来的偏差。

② EAC＝目前的实际成本加上所有剩余工作的新估算成本，即对所有剩余的工作重新估算成本值。

③ EAC＝目前的实际成本加上项目剩余部分的预算。这种办法假定任何现在的偏差都是不正常的，项目实际施工成本与计划施工成本严重背离，将来不会发生类似的偏差，因而不需重新估计剩余工程的成本。

14.3.6　项目成本考核与评价

项目成本考核是衡量项目成本降低的实际成果，也是对成本指标完成情况的总结和评价。成本指标是用货币形式表现的生产费用指标，也是反映施工项目全部生产经营活动的一项综合性指标。施工项目成本的高低，在一定程度上反映了项目的经营成果、经济效益和对企业贡献的大小。

项目效益评价是指对已完成的施工项目的目标、执行过程、效益和影响所进行的系统的、客观的分析、检查和总结，据以确定目标是否达到，检验项目是否合理和有效率。通过可靠的、有用的资料信息，为未来的项目管理提供经验和教训。

1. 项目成本考核的内容和要求

施工项目成本考核的内容，应该包括责任成本完成情况的考核和成本管理工作业绩的考核。从理论上讲，成本管理工作扎实，必然会使责任成本更好地落实。但是，影响成本的因素很多，而且有一定的偶然性，往往会使成本管理工作得不到预期的效果。为了鼓励有关人员成本管理的积极性，应该对他们的工作业绩，也要通过考核作出正确的评价。

（1）企业对项目经理考核的内容：

① 对责任目标成本的完成情况，包括总目标及其分解成施工各阶段，各部分或专业工程的子目标完成情况。

② 项目经理是否认真组织成本管理和核算，对企业所确定的项目管理方针及有关技术组织措施的指导性方案是否认真贯彻实施。

③ 项目经理部的成本管理组织与制度是否健全，在运行机制上是否存在问题。

④ 项目经理是否经常对下属管理人员进行成本效益观念的教育。管理人员的成本意识和工作积极性。

⑤ 项目经理部的核算资料账表等是否正确、规范、完整,成本信息是否及时反馈企业的有关部门,主动取得业务上的指导。

⑥ 项目经理部的效益审计状况,是否存在实亏虚盈情况,有无弄虚作假情节。

(2) 项目经理对各部门及专业条线管理人员的考核:

① 是否认真执行各自的工作职责和业务标准,有无懈怠和失职行为。

② 在项目管理过程中是否认真执行实施方案和措施的相关管理工作,是否有团队协同工作精神。

③ 本部门、本岗位所承担的成本控制责任目标落实的情况和实际结果。

④ 日常管理是否严格,责任心和事业心的表现。

⑤ 日常工作中成本意识和观念如何,有无合理化建议,被采纳的情况和效果。

(3) 项目成本考核的要求

项目成本考核应按照下列要求进行:

① 企业对施工项目经理部进行考核时,应以确定的责任目标成本为依据。

② 项目经理部应以控制过程的考核为重点,控制过程的考核应与竣工考核相结合。

③ 各级成本考核应与进度、质量、安全等指标的完成情况相联系。

④ 项目成本考核的结果应形成文件,为奖罚责任人提供依据。

2. 项目管理效益的评价

施工项目的效益评价有全面评价和单项评价,在效益评价的基础上,作出施工项目总结。

(1) 施工项目效益的全面评价

所谓全面评价,是对施工项目实施的各个方面都作分析,从而综合评价施工项目的效益和管理效果。全面评价的指标如图 14-8 所示。

① 质量评定等级。指单位工程的质量等级。质量等级有合格、优良、市(省)优、部优。

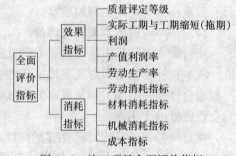

图 14-8 施工项目全面评价指标

② 实际工期指统计实际工期,可按单位工程、单项工程和建设项目的实际工期分别计算。工期提前或拖期是指实际工期与合同工期的差异及与定额工期的差异。

③ 利润指承包价格与实际成本的差异。

④ 产值利润率指利润与承包价格的比值。

⑤ 劳动生产率可按下式计算:

$$劳动生产率 = \frac{工程承包价格}{工程实际耗用工日数}$$

⑥ 劳动消耗指标包括单方用工、劳动效率及节约工日:

$$单方用工 = \frac{实际用工(工日)}{建筑面积(m^2)}$$

$$劳动效率 = \frac{计划用工(工日)}{实际用工(工日)} \times 100\%$$

$$节约工日 = 计划用工(工日) - 实际用工(工日)$$

⑦ 材料消耗指标包括:主要材料(钢材、木材、水泥等)的节约量及材料成本降低率。

$$主要材料节约量 = 计划用量 - 实际用量$$

$$材料成本降低率 = \frac{承包价中的材料成本 - 实际材料成本}{承包价中的材料成本} \times 100\%$$

⑧ 机械消耗指标包括:某种主要机械利用率、机械成本降低率。

$$某种机械利用率 = \frac{计划台班数}{实际台班数} \times 100\%$$

$$施工项目机械成本降低率 = \frac{计划机械成本 - 实际机械成本}{计划机械成本} \times 100\%$$

⑨ 成本指标有两个:降低成本额和降低成本率。

$$降低成本额 = 计划成本 - 实际成本$$

$$降低成本率 = \frac{计划成本 - 实际成本}{承包成本} \times 100\%$$

(2) 施工项目效益单项评价

施工项目单项评价是对某项及某几项指标进行解剖性分析,从而找出项目管理好与差的具体原因,提出应该加强和改善的具体内容。主要应对质量、工期和成本进行分析。

① 工程质量评价　工程质量分析的主要依据,是工程项目的设计要求和国家规定的工程质量检验评定标准。此外,还应该考虑到,由于各类建筑工程的功能不同,对工程质量的要求也有所区别。还应该考虑到,作为工程质量的基本要求是:第一,坚固耐用,安全可靠;第二,保证使用功能;第三,建筑物造型、布置以及室内外装饰要美观、协调、大方。

② 工期评价　工期分析的主要依据是工程合同和施工总(综合)进度计划。

③ 工程成本评价　工程项目成本分析的主要依据是工程承包合同和国家以及企业有关成本核算制度和管理办法。成本分析是对成本控制的一次总检验,尤其是规模较大、工期较长或建筑群体的工程项目,一般是分栋号进行核算,往往缺乏综合的成本分析,就更有必要做这项工作,这也是对项目经理在完成工程项目以后经济效益的总考查。

上述工期质量评价和成本评价,实质上是对项目经理部在施工项目管理工作成果方面的基本考察,而且应该通过这种考察从中得出实际工作的经验和教训。这项工作关系到施工项目管理人员各方面的工作,因此,应该由项目经理主持,由有关业务人员分别组成分析小组,进行综合分析,并得出必要的结论。

(3) 施工项目总结

在上述效益分析的基础上可以作出恰当的施工项目总结。施工项目总结的依据还有:施工组织设计、施工日志、施工图、承包合同、施工预算等。

施工项目总结包括技术总结和经济总结两个方面。技术总结的内容是:在施工中采用了哪些新工艺、新材料、新设备和新方法,采用了哪些技术措施。还可以通过总结制定"工法"。经济总结主要是从横向与纵向两个方面比较经济指标的提高与下降情况。其中纵向指企业本身的历史经济数据;横向指同类企业、同类项目的经济数据。

通过施工项目总结,应当得出以下结论:

① 合同完成情况。即是否完成了工程承包合同,内部承包合同责任承担的实际情况;

② 施工组织设计和管理目标实现情况;

③ 项目的质量状况;

④ 工期对比状况及工期缩短所产生的效益;

⑤ 该施工项目的节约状况;

⑥ 项目施工提供的经验和教训。

本章主要参考文献

1　全国建筑企业项目经理培训教材编写委员会编写.施工项目成本控制(修订版).北京:中国建筑工业出版社,2001
2　陈建国.工程计量与造价管理.上海:同济大学出版社,2001
3　上海市建设工程招标投标管理办公室编.工程项目造价概述.上海:上海科普出版社,2002
4　叶浩文等.工程成本控制操作规程.武汉:武汉工业大学出版社,1996

思考题

1. 工程项目费用对于业主和承包商其内涵有何不同?
2. 工程项目费用控制有哪些特点?
3. 工程项目费用控制的基本过程怎样?
4. 建设项目的投资构成包括哪些费用?
5. 工程项目设计概算的作用和编制方法?
6. 何谓综合概算?何谓建设项目总概算?
7. 施工图预算的作用和编制依据是什么?
8. 什么是限额设计?进行限额设计应注意哪些问题?
9. 什么叫标底?其作用是什么?
10. 施工阶段投资控制的基本原理和主要工作是什么?
11. 施工项目的成本构成包括哪些内容?
12. 施工项目成本控制全过程有哪些环节?
13. 什么叫施工项目经理部的责任目标成本?
14. 什么叫施工项目经理部的计划目标成本?
15. 施工项目成本控制运行中主要有哪些环节的成本控制?
16. 施工项目管理中降低成本的主要途径有哪些?
17. 怎样进行施工分包价格的控制?
18. 怎样做好施工项目的成本核算?有哪些要求?
19. 怎样进行施工项目成本偏差的分析与纠正?
20. 怎样做好施工项目的成本考核?

第15章 工程项目风险管理

【内容提要】
　　工程项目管理是一项多风险事业。为了预防和战胜风险,本章介绍了以下内容:风险的含义和分类;风险的基本性质;工程项目风险管理的重要性和内容;风险识别的方法和工具;风险评估的方法和工具;风险应对的方法和工具;风险监控基本知识。用大量篇幅全面阐述了工程保险和工程担保的理论、知识、方法和法规,以便进行有效的工程项目风险转移。

15.1 风险管理概述

15.1.1 风险的含义
1. 风险的含义
风险等同于英文 risk。由于对风险含义的理解角度不同,因而有不同的解释,但较为通用的是:
(1) 风险是损失或收益发生的不确定性。即风险由不确定性的损失或收益两个要素构成。
(2) 风险是在一定条件下,一定时期内,某一事件其预期结果与实际结果间的变动程度。变动程度越大,风险越大;反之,则越小。
本书仅讨论因风险而带来的损失。
2. 风险因素
风险因素是指能够引起或增加风险事件发生的机会或影响损失的严重程度的因素,是造成损失的内在或间接原因。根据性质的不同,可将风险因素分为实质性风险因素、道德风险因素和心理风险因素。实质性风险因素是指能直接引起或增加损失发生机会或损失严重程度的因素,如环境污染就是影响人身体健康的实质性因素;道德风险因素是指由于人的品德、素质不良,促使风险事件发生的因素,如诈骗、偷工减料等行为;心理因素是指由于人主观上的疏忽或过失而导致风险事件发生的因素,如遗忘、侥幸导致损失的发生等。
3. 风险事件
风险事件又称风险事故,是指直接导致损失发生的偶发事件,它可能引起损失和人身伤亡。

15.1.2 风险分类
不同的风险具有不同的特性,为有效地进行风险管理,有必要对各种风险进行分类。
1. 按风险后果划分
(1) 纯粹风险。纯粹风险是指风险导致的结果只有两种,即没有损失或有损失。
(2) 投机风险。投机风险导致的结果有三种,即没有损失、有损失或获得利益。

2．按风险来源划分

(1) 自然风险。自然风险是指由于自然力的不规则变化导致财产毁损或人员伤亡。如风暴、地震等。

(2) 人为风险。人为风险是指由于人类活动导致的风险。人为风险又可细分为行为风险、政治风险、经济风险、技术风险和组织风险等。

3．按风险的形态划分

(1) 静态风险。静态风险是由于自然力的不规则变化或由于人的行为失误导致的风险。从发生的后果来看,静态风险多属于纯粹风险。

(2) 动态风险。动态风险是由于人类需求的改变、制度的改进和政治、经济、社会、科技等环境的变迁导致的风险。从发生的后果来看,动态风险既可属于纯粹风险,又可属于投机风险。

4．按风险可否管理划分

(1) 可管理风险。可管理风险是指用人的智慧、知识等可以预测、可以控制的风险。

(2) 不可管理风险。不可管理风险是指用人的智慧、知识等无法预测和无法控制的风险。

风险可否管理取决于所收集资料的多少和掌握管理技术的水平。

5．按风险影响范围划分

(1) 局部风险。局部风险是指由于某个特定因素导致的风险,其损失的影响范围较小。

(2) 总体风险。总体风险影响的范围大,其风险因素往往无法加以控制,如经济、政治等因素。

6．按风险后果的承担者划分

按风险后果的承担者划分可分为:政府风险、投资方风险、业主风险、承包商风险、供应商风险、担保方风险等。

15.1.3 风险的基本性质

1．风险的客观性

风险的客观性,首先表现在它的存在是不以人的意志为转移的。从根本上说,这是因为决定风险的各种因素对风险主体是独立存在的,不管风险主体是否意识到风险的存在,在一定的条件下仍有可能变为现实。其次还表现在它是无时不有、无所不在的,它存在人类社会的发展过程之中,潜藏于人类从事的各种活动之中。

2．风险的不确定性

风险的不确定性是指风险的发生是不确定的,即风险的程度有多大、风险何时何地由可能转变为现实均是不肯定的。这是由于人们对客观世界的认识受到各种条件的限制,不可能准确预测风险的发生。

风险的不确定性并不代表风险就完全不可测度,有的风险可以测度,有的风险不可测度。例如,项目投资问题,对不同投资方案的不同收益和损失的可能性,可以根据有关情况、数据,运用各种方法进行测度;对于经济风险、政治风险和自然风险就很难测度甚至无法测度。

风险的不确定性要求我们运用各种方法,尽可能地对风险进行测度,以便采取相应的对策规避风险。

3. 风险的不利性

风险一旦产生,就会使风险主体产生挫折、失败,甚至损失;这对风险主体是极为不利的。风险的不利性要求我们在承认风险、认识风险的基础上,做好决策,尽可能地避免风险,将风险的不利性降至最低。

4. 风险的可变性

风险的可变性是指在一定条件下风险可以转化。风险的可变性包括以下内容:

(1) 风险性质的变化。在汽车没有普及之前,因汽车引起的车祸被视为特定风险,当汽车已成为主要交通工具之后,车祸成为基本风险。

(2) 风险量的变化。随着社会的发展,预测技术的不断完善,人们抵御风险的能力增强,在一定程度上对某些风险能够加以控制,使其频率降低,造成损失的范围和损失的程度减少。

(3) 某些风险在一定空间和时间范围内被消除。如解放后,我国消除了多种传染病。

(4) 新的风险产生。随着项目和其他活动的展开,会有新的风险出现。如进行项目建设时,为了加快进度而采取边勘察、边设计、边施工的方法,这时就可能产生质量、安全或造价风险。

5. 风险的相对性

风险的相对性是针对风险主体而言的,即使在相同的风险情况下,不同的风险主体对风险的承受能力是不同的。风险主体对风险的承受能力是不同的,主要受收益的大小、投入的大小和风险主体的地位与拥有的资源的影响。

6. 风险同利益的对称性

风险同利益的对称性是指对风险主体来说风险和利益是必然同时存在的,即风险是利益的代价,利益是风险的报酬。如果没有利益而只有风险,那么谁也不会去承担这种风险;另一方面,为了实现一定的利益目标,必须以承担一定的风险为前提。

15.1.4 项目风险管理

项目风险会对项目目标产生正面或负面的影响,在这里我们仅对负面的影响进行研究。

1. 项目风险管理的定义

项目风险管理是指通过风险识别、风险分析和风险评价去认识项目的风险,并以此为基础合理地使用各种风险应对措施、管理方法、技术和手段对项目的风险实行有效的控制,妥善处理风险事件造成的不利后果,以最少的成本保证项目总体目标实现的管理工作。

2. 风险管理与项目管理的关系

风险管理是整个项目管理的一个部分,其目的是保证项目总目标的实现。

(1) 从项目的时间、质量和成本目标来看,风险管理与项目管理的目标是一致的,即通过风险管理来降低项目进度、质量和成本方面的风险,实现项目管理目标。

(2) 从项目范围管理来看,项目范围管理的主要内容包括界定项目范围和对项目范围变动的控制。通过界定项目范围,可以明确项目的范围,将项目的任务细分为更具体、更便于管理的部分,避免遗漏而产生风险。在项目进行过程中,各种变更是不可避免的,变更会带来某些新的不确定性,风险管理可以通过对风险的识别、分析来评价这些不确定性,从而向项目范围管理提出任务。

(3) 从项目计划的职能来看,风险管理为项目计划的制定提供了依据。项目计划考虑的是未来,而未来必然存在着不确定因素。风险管理的职能之一是减少项目整个过程中的不确定性,这有利于计划的准确执行。

(4) 从项目沟通控制的职能来看,项目沟通控制主要对沟通体系进行监控,特别要注意经常出现误解和矛盾的职能和组织间的接口,这些可以为风险管理提供信息。反过来,风险管理中的信息又可以通过沟通体系传输给相应的部门和人员。

(5) 从项目实施过程来看,不少风险都是在项目实施过程中由潜在变为现实的。风险管理就是在风险分析的基础上,拟定出具体应对措施,以消除、缓和、转移风险,利用有利机会避免产生新的风险。

15.2 风险识别

15.2.1 风险识别

风险识别是风险管理的基础。风险识别是指风险管理人员在收集资料和调查研究之后,运用各种方法对尚未发生的潜在风险以及客观存在的各种风险进行系统归类和全面识别。风险识别的主要内容是:识别引起风险的主要因素,识别风险的性质,识别风险可能引起的后果。

15.2.2 风险识别方法与工具

1. 文件资料审核

从项目整体和详细的范围层次两个方面对项目计划、项目假设条件和约束因素、以往项目的文件资料审核中识别风险因素。

2. 信息收集整理

(1) 头脑风暴法。头脑风暴法是最常用的风险识别方法,它借助于专家的经验,通过会议方式去分析和识别项目的风险。会议的领导者要善于发挥专家和分析人员的创造性思维,让他们畅所欲言发表自己的看法,对风险源进行识别,然后根据风险类型进行风险分类。

(2) 德尔菲法。德尔菲法是邀请专家匿名参加项目风险分析,主要通过信函方式来进行。调查员使用问卷方式征询专家对项目风险方面的意见,再将问卷意见整理、归纳,并匿名反馈给专家,以便进行进一步的讨论。这个过程经过几个回合后,可以在主要的项目风险上达成一致意见。应用德尔菲法应注意:

① 专家人数不宜太少,一般 10~50 人为宜;

② 对风险的分析往往受组织者、参加者的主观因素影响,因此有可能发生偏差;

③ 预测分析的时间不宜过长,时间越长准确性越差。

(3) 访谈法。访谈法是通过对资深项目经理或相关领域的专家进行访谈来识别风险。负责访谈的人员首先要选择合适的访谈对象;其次,应向访谈对象提供项目内外部环境、假设条件和约束条件的信息。访谈对象依据自己的丰富经验,掌握的项目信息,对项目风险进行识别。

(4) SWOT 技术。SWOT 技术是综合运用项目的优势与劣势、机会与威胁等方面,从多视角对项目风险进行识别。

3. 检查表

检查表是有关人员利用他们所掌握的丰富知识设计而成的。使用检查表的优点是它使风险识别能按照系统化、规范化的要求去识别风险,且简单易行。但它的不足之处是专业人员不可能编制一个包罗万象的检查表;因而使检查表具有一定的局限性;检查表应尽可能详细列举项目所有的风险类别(见表15-1)。

工程项目风险检查表　　　　　　　　　　　　　表15-1

风险因素	检 查 内 容
设　计	1. 设计内容是否齐全?有无缺陷、错误、遗漏 2. 是否符合规范要求 3. 是否考虑施工的可能性
施　工	1. 施工工艺是否落后 2. 施工技术方案是否合理 3. 采用的新方法、新技术是否成熟 4. 施工安全措施是否得当 5. 是否考虑了现场条件
自然与环境	1. 是否有洪水、地震、台风、滑坡等不可抗拒的自然力发生 2. 对工程地质与水文气象条件是否清楚 3. 施工对周围环境有何影响
人　员	1. 所需人员是否到位 2. 对项目目标及分工是否明确 3. 关键成员变动或离开时有何措施
资　金	1. 资金是否到位?万一资金不到位有何措施 2. 有无费用控制措施
管　理	1. 项目是否获得明确的授权 2. 能否与项目利益相关者保持良好的沟通 3. 是否具备有效的激励与约束机制
合　同	1. 合同类型的选择是否得当 2. 合同条款有无遗漏 3. 项目成员在合同中的责任、义务是否清楚 4. 索赔管理是否有力
物资供应	1. 项目所需物资能否按时供应 2. 出现规格、数量、质量问题时如何解决
组织协调	上级部门、业主、设计、施工、监理等各方如何保持良好的协调

4. 流程图

流程图是将施工项目的全过程,按其内在的逻辑关系制成流程,针对流程中的关键环节和薄弱环节进行调查和分析,找出风险存在的原因,从中发现潜在的风险威胁,分析风险发生后可能造成的损失和对施工项目全过程造成的影响有多大。

运用流程图分析,项目人员可以明确地发现项目所面临的风险。但流程图分析仅着重于流程本身,而无法显示发生问题的阶段的损失值或损失发生的概率。

5. 因果分析图

因果分析图又称鱼刺图,它通过带箭头的线,将风险问题与风险因素之间的关系表示出来。因果分析图由若干个枝干组成,枝干分为大枝、中枝和小枝,它们分别代表大中小不同的风险因素,一般从人、设备、材料、方法和环境等方面进行分析,如图15-1 所示。

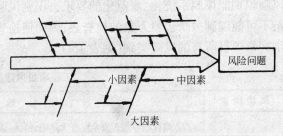

图15-1 因果分析图

6. 工作分解结构(WBS)

(1) 工作分解结构样板。工作分解结构是由施工项目各部分构成的、面向成果的树型结构,该结构界定并组成了施工项目的全部范围。一个组织过去所实施的项目的工作分解结构常常可以作为新项目的工作分解结构的样板。虽然每个项目都是独一无二的,但仍有许多施工项目彼此间都存在着某种程度的相似之处。许多应用领域都有标准的或半标准的工作分解结构作为样板,因为在一个组织内的绝大多数项目是属于相同的专业应用领域,如土建工程或设备安装工程;而且一个组织的管理模式是相对稳定的。

(2) 分解技术。分解就是把主要的项目可交付成果分成较小的、更易管理的组成部分,直到可交付成果界定得足够详细,如施工项目可以分解为分项工程、分部工程和单位工程等。分解的步骤:

① 识别项目的主要组成部分。通常情况下,项目的主要组成部分即为项目的主要可交付成果,也可以根据项目的管理方式来界定。例如,项目寿命期的不同阶段可以作为第一层次的分解,而项目的可交付成果可以作为第二层次的分解。

② 确定每一组成部分是否分解得足够详细,以便可以对它进行费用和时间的估算。如果每一组成部分已经足够详细,则可以进行第四步,否则进行第三步,也就是说,不同的组成部分可以有不同的分解水平。

③ 确定可交付成果的构成要素。构成要素应该可以用有形的、可核查的结果来描述,以便据此对项目绩效进行评价。有形的、可核查的结果既可以包括产品,也可以包括服务。例如,一个住宅项目,既包括住宅本身,还包括回访保修。

④ 核对分解是否正确。可以通过对以下几个问题的回答来确定:

A. 低层次的要素对于被分解的要素的完成是充分必要吗?如果不是,则必须对该构成要素进行修改,如增加、删除或重新界定。

B. 每个组成要素是否都被清楚、完全地界定?如果不是,则必须对组成要素的说明进行修改或补充。

C. 对每一个构成要素都已做了预算及时间安排了吗?是否对每一个构成要素都已经分配了相应的部门或人员去保证完成?如果不是,需要进行修改以保证进行适当的管理控制。

(3) 工作分解结构图。工作分解结构图就是将项目按照其内在结构或实施过程的顺序进行逐层分解而形成的结构示意图,如图15-2 所示。

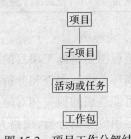

图15-2 项目工作分解结构图

15.2.3 风险识别的结果

1．项目风险表

项目风险表又称项目风险清单，可将已识别出的项目风险列入表内，该表的详细程度可表述至 WBS 的最低层，对项目风险的描述应该包括：

(1) 已识别项目风险发生概率大小的估计；

(2) 项目风险发生的可能时间、范围；

(3) 项目风险事件带来的损失；

(4) 项目风险可能影响的范围。

项目风险表还可以按照项目风险的紧迫程度、项目费用风险、进度风险和质量风险等类别单独做出风险排序和评价。

2．划分风险等级

找出风险因素后，为了在采取控制措施时能分清轻重缓急，故需要给风险因素划定一个等级。通常按事故发生后果的严重程度进行划分。

一级：后果小，可以忽略，可不采取措施。

二级：后果较小，暂时还不会造成人员伤亡和系统损坏。应考虑采取控制措施。

三级：后果严重，会造成人员伤亡和系统损坏。需立即采取控制措施。

四级：灾难性后果，必须立即予以排除。

3．风险预警信号

风险预警信号又称风险征兆、风险触发器，它表示风险即将发生。例如，高层建筑中的电梯不能按期到货，就可能出现工期拖延，所以它是项目工期风险的征兆；由于通货膨胀发生，可能会使项目所需资源的价格上涨，从而出现突破项目预算的费用风险，价格上涨就是费用风险的征兆。

15.2.4 施工项目风险识别

施工项目风险的划分可以从多种角度进行，以下是一种分类方法：

1．费用超支风险

在施工过程中，由于通货膨胀、环境、新的规定等原因，致使工程施工的实际费用超出原来的预算。

2．工期拖延风险

在施工过程中，由于设计错误、施工能力差、自然灾害等原因致使项目不能按期建成。

3．质量风险

在施工过程中，由于原材料、构配件质量不符合要求，技术人员或操作人员水平不高，违反操作规程等原因而产生质量问题。

4．技术风险

在施工项目中采用的技术不成熟，或采用新技术、新设备、新工艺时未掌握要点致使项目出现质量、工期、成本等问题。

5．资源风险

在项目施工中因人力、物力、财力不能按计划供应而影响项目顺利进行时造成的损失。

6．自然灾害和意外事故风险

自然灾害是指由火灾、雷电、龙卷风、洪水、暴风雨、地震、雪灾、地陷等一系列自然灾害所造成的损失可能性。意外事故是指由人们的过失行为或侵权行为给施工项目带来的损失。

7. 财务风险

由于业主经济状况不佳而拖欠工程款致使工程无法顺利进行,或由于意外使项目取得外部贷款发生困难,或已接受的贷款因利率过高而无法偿还。

15.3 风险评估

15.3.1 风险评估

风险评估是项目风险管理的第二步。项目风险评估包括风险估计与风险评价两个内容。风险评估的主要任务是确定风险发生概率的估计和评价,风险后果严重程度的估计和评价,风险影响范围大小的估计和评价,以及对风险发生时间的估计和评价。

15.3.2 定性风险评估

定性风险分析要求使用已有的定性分析方法和工具来评估风险的概率和后果。

1. 风险概率及后果

风险概率是指某一风险发生的可能性。风险后果是指某一风险事件发生对项目目标产生的影响。

风险估计的首要工作是确定风险事件的概率分布。一般来讲,风险事件的概率分布应当根据历史资料来确定;当项目管理人员没有足够的历史资料来确定风险事件的概率分布时,可以利用理论概率分布进行风险估计。

(1) 历史资料法。在项目情况基本相同的条件下,可以通过观察各个潜在的风险在长时期内已经发生的次数,就能估计每一可能事件的概率,这种估计就是每一事件过去已经发生的频率。

(2) 理论概率分布法。当项目的管理者没有足够的历史信息和资料来确定项目风险事件的概率,可以根据理论上的某些概率分布来补充或修正,从而建立风险的概率分布图。

常用的风险概率分布是正态分布,正态分布可以描述许多风险的概率分布,如交通事故、财产损失、加工制造的偏差等。除此之外,在风险评估中常用的理论概率分布,如离散分布、等概率分布、阶梯形分布、三角形分布和对数正态分布等。

(3) 主观概率。由于项目的一次性和独特性,不同项目的风险往往存在差别。因此,项目管理者在很多情况下要根据自己的经验,去测度项目风险事件发生的概率或概率分布,这样得到的项目风险概率被称为主观概率。主观概率的大小常常根据人们长期积累的经验、对项目活动及其有关风险事件的了解估计。

(4) 风险事件后果的估计。风险事故造成的损失大小要从三个方面来衡量:风险损失的性质,风险损失范围大小和风险损失的时间分布。

风险损失的性质是指损失是属于政治性的,还是经济性的,还是技术性的。风险损失范围大小包括:风险可能带来的损失的严重程度、损失的变化幅度和分布情况。损失的严重程度和损失的变化幅度分别用损失的数学期望和方差表示。项目风险影响是指项目风险会对哪些项目参与者造成损失。风险损失的时间分布是指项目风险事件是突发的,还是随时间的推移逐渐致损的,风险损失是在项目风险事件发生后马上就感受到,还是需要随时间推移而逐渐显露出来,以及这些损失可能发生的时间等。

2. 矩阵图分析

(1) 风险影响度分析表,见表 15-2。

风险对项目主体目标影响度评价　　　　　　　表 15-2

项目目标	很低 0.05	低 0.1	一般 0.2	高 0.4	很高 0.8
成本	不明显的成本增加	成本增加<5%	成本增加介于 5%~10%	成本增加介于 10%~20%	成本增加>20%
进度	不明显的进度拖延	进度拖延<5%	总体项目施延 5%~10%	总体项目拖延 10%~20%	总体项目拖延>20%
范围	范围减少几乎察觉不到	范围的很少部分受到影响	范围的主要部分受到影响	范围的减少不被业主接受	项目的最终产品实际上没用
质量	几乎察觉不到质量降低	只有在要求很高时应用才会受到影响	质量的降低应得到业主批准	质量降低到无法被业主接受	项目的最终产品实际上不能使用

(2) 风险发生概率与影响程度评价,见表 15-3。

风险发生概率与影响程度评价　　　　　　　表 15-3

概率	一个具体风险的风险值				
	风险值 = 概率(P) × 影响(I)				
0.9	0.05	0.09	0.18	0.36	0.72
0.7	0.04	0.07	0.14	0.28	0.56
0.5	0.03	0.05	0.10	0.20	0.40
0.3	0.02	0.03	0.06	0.12	0.24
0.1	0.01	0.01	0.02	0.04	0.08
	0.05	0.10	0.20	0.40	0.80
	对某一个项目目标的影响(比率)				

3. 效用和效用函数

有些风险事件收益和损失大小很难计算,即使能够计算,同一数额的收益或损失在不同人的心目中地位也不一样。为反映决策者价值观念的不同,要考虑效用和效用函数。

(1) 效用。所谓效用是指决策人对待特定风险事件的期望收益和期望损失所持的独特的兴趣、感觉或取舍反应,效用在这里代表着决策人对待特定风险事件的态度,也是决策人胆略的一种反映。

(2) 效用值。效用值以量化指标来反映决策人的这种态度和胆略,一般可将效用值界定在 0 与 1 之间,即 0≤效用值≤1。

(3) 效用函数。决策人在某种条件下对不同的期望值所具有的不同的效用值便构成了效用函数关系。设 $U(x)$ 表示效用函数,$E[U(x)]$ 表示效用函数的期望效用,则可对各种决策方案进行不同期望值下的效用描述,并借此进行最优方案的选择。

假定方案 M 的各种可能结果,发生概率及效用值如下:

可能结果(x)	效用值(U)	概率(P)
x_1	$U(x_1)$	P_1
x_2	$U(x_2)$	P_2
⋮	⋮	⋮
x_n	$U(x_n)$	P_n

则方案 M 的期望效用值 $E[U_{(m)}] = P_1 U(x_1) + P_2 U(x_2) + \cdots\cdots + P_n U(x_n)$

(4) 效用曲线。将效用函数关系在平面直角坐标系中进行反映,就形成了效用曲线(图 15-3)。通常用横坐标表示期望值,用纵坐标代表效用值。

不同决策人的效用曲线一般也不一样,同样,不同的曲线类型代表着决策人不同的态度。

① 沿纵轴向上凸代表 A 型决策人的效用曲线,这一类型的人,对于损失的反应比较敏感,而对收益的反应则比较迟缓,属于一种不求大利、谨小慎微的保守型决策人。

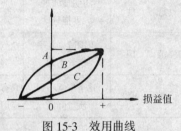

图 15-3 效用曲线

② 沿纵轴向上凹曲线代表 C 型决策人的效用曲线,这一类型的决策人对于收益的反应比较敏感,而对损失的反应则比较迟缓,属于一种谋求高利、不怕冒险的进攻型决策人。

③ 中间一条直线代表 B 型决策人的效用曲线,这是一种循规蹈矩、完全根据期望损益值大小选择行为方案的中间型决策人。

由于不同类型的效用曲线决定和影响着对决策方案的选择,因而效用曲线被广泛地应用于风险评价和风险决策。

15.3.3 定量风险分析

一般在定性风险分析之后就可以进行定量风险分析。定量风险分析过程的目标是量化分析每一风险的概率及其对项目目标造成的后果,也分析项目总体风险的程度。

1. 访谈

访谈技术用于量化对项目目标造成影响的风险的概率和后果。访谈可以邀请与本项目相类似项目的专家,这些专家运用他们的经验做出风险度量,其结果相当准确和可靠,甚至有时比通过数学计算与模拟仿真的结果还要准确和可靠。例如,概率分布如果采用三角分布,信息会按照乐观(低风险)、悲观(高风险)和最可能这种模式进行收集;如果采用标准和对数正态分析,信息按照均值和标准差进行收集。

2. 盈亏平衡分析

盈亏平衡分析就是要确定项目的盈亏平衡点,在平衡点上销售收入等于生产成本。此点是用以标志项目不亏不盈的生产量,用来确定项目的最低生产量。盈亏平衡点越低,项目赢利的机会就越大,亏损的风险越小,因此该点表达了项目生产能力的最低容许利用程度。

盈亏平衡分析有三个变量:产量、销售和成本。成本分为固定成本和可变成本,其中可变成本与生产量成正比。

(1) 图解法。假设项目生产单一产品,先估算出项目总固定成本(C_1)、单位可变成本(C_2)、单位产品销售价格(P)。按照正常生产年度的产量(Q)做出固定生产成本和可变生产成本线,即按公式 $C = C_1 + C_2 Q$ 给出生产总成本线;按正常年度的生产销售量(Q)乘以单位产品销售价格(P),求得收入线($Y = Q \cdot P$)。生产总成本线与销售收益线相交的点即盈亏平衡点(图 15-4 中 E 点)。从盈亏平衡图上标志的平衡点说明,该点的总成本与总收益相等;高于此点标志项目获得利润;低于此点项目就亏损。

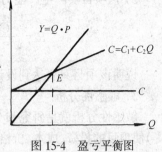

图 15-4 盈亏平衡图

(2) 数解法。

① 以实际产量(或销售量)表示平衡点

$$销售收入\ Y = Q \times P$$

式中 Q——销售量;

P——单位产品销售价格。

$$生产成本\ C = C_2 \times Q + C_1$$

式中 C_1——固定成本;

C_2——可变成本。

∵ 在平衡点上的销售收入 Y = 生产成本 C

∴ $Q \times P = C_2 \times Q + C_1$

∴
$$Q = \frac{C_1}{P - C_2} \tag{15-1}$$

② 以销售收入表示平衡点

$$Y = P \cdot \frac{C_1}{P - C_2} \tag{15-2}$$

③ 以生产能力的利用率表示平衡点

$$R = \frac{C_1}{r - C_2} \tag{15-3}$$

式中 R——达到项目的设计生产能力的利用率;

r——达到设计生产能力时的销售收益。

【例】 某项目年生产制品 200 万件,每件销售价 7 元,可变单位成本 5 元,固定成本 200 万元。试进行盈亏平衡分析。

【解】 年销售收入为 $200 \times 7 = 1400$ 万元

年可变成本为 $200 \times 5 = 1000$ 万元

1) 该项目的实际产量

$$Q = \frac{C_1}{P - C_2} = \frac{2000000}{7 - 5} = 100\ 万件$$

说明该项目生产量达到 100 万件就不会亏本。

2) 该项目实际销售收入

$$Y = Q \cdot P = \frac{C_1}{P - C_2} \cdot P = \frac{2000000}{7 - 5} \times 7 = 700\ 万元$$

说明该项目销售收入达到 700 万元后就不致亏本。

3) 该项目实际生产能力的利用率

$$R = \frac{C_1}{r - C_2} = \frac{2000000}{14000000 - 10000000} \times 100\% = 50\%$$

说明该项目只要达到设计能力的 50%，就不会亏损。

3. 敏感性分析

敏感性分析就是研究和分析，由于客观条件的影响（如政治形势、通货膨胀、市场竞争等）使项目的投资、成本、价格、工期等主要变量因素发生变化，导致项目的主要经济效果评价指标（如净现值、收益率、折现率、还本期等）发生变动的敏感程度。如果变量的变动对评价指标的影响不大时，这种方案称为不敏感方案；反之，若变量的变化幅度甚小，而评价指标的反映很敏感，甚至否定了原方案，则认为该项目对变量的不确定性是很敏感的，这种方案称为敏感性方案。由此可见，后者具有较大的潜在风险，而前者较为可靠。

通过敏感性分析，就要在诸多不确定因素中，找出对经济效益指标反应敏感的因素，以及不敏感因素，并计算出这些因素在一定范围内变化时，有关经济效益指标变动的数量，然后建立主要变量因素与经济效益指标之间的对应定量关系。

4. 决策树分析

决策树用树形表示项目所有可供选择的行动方案、行动方案之间的关系、行动方案的后果，以及这些后果发生的概率。

决策树是形象化的一种决策方案，用逐级逼近的计算方法，从出发点开始不断产生分枝以表示所分析问题的各种发展可能性，并以各分枝的损益期望值中最大者（如求极小，则为最小者）作为选择的依据。

决策树的画法是：

(1) 先画一个方框作为出发点，叫做决策点；

(2) 从决策点向右引出若干条线，每条线代表一个方案，叫做方案枝；

(3) 在每个方案枝的末端画一个圆圈，叫做状态点；在每个枝上都注明该种后果出现的概率，故称概率枝；

(4) 如果问题只需要一级决策，在概率枝末端画△表示终点，并写上各个自然状态的损益值；

(5) 如果是多级决策，则用决策点□代替终点△，重复上述步骤继续画出决策树。

【例】 承包商向某工程投标，采取两种策略：一种是投高标，中标机会为 0.2，不中标机会为 0.8；另一种是投低标，中标与不中标机会均为 0.5。投标不中时，则损失投标准备费 5 万元。根据表 15-4 数据，用决策树做出决策（图 15-5）。

决策方案数据表 表 15-4

方案	效果	可能利润(万元)	概率	方案	效果	可能利润(万元)	概率
高标	好	500	0.3	低标	好	350	0.2
	一般	300	0.5		一般	200	0.6
	赔	-100	0.2		赔	-150	0.2

【解】
高标：
$$500\times 0.3+300\times 0.5-100\times 0=280 \text{万}$$
$$280\times 0.2-5\times 0.8=52 \text{万}$$
低标：
$$350\times 0.2+200\times 0.6-150\times 0=160 \text{万}$$
$$160\times 0.5-5\times 0.5=77.5 \text{万}$$
最大损益期望值为 77.5 万故取低标策略。

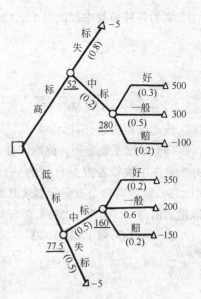

图 15-5　决策树

5．非肯定型决策分析

非肯定型决策分析是在只了解预期收益或损失的情况下的风险决策的准则。

（1）相同概率准则。此准则认为，不同方案的预期收益或损失的概率是相同的。再从各方案的收益期望值中选取最大的方案。以表 15-5 的多种方案的决策资料为例：

决策资料　　　　　　　　　　　　　　　　　表 15-5

方案 \ 前景	好	中	差
a_1	110	96	-80
a_2	100	80	0
a_3	50	50	50

$$a_1: \frac{1}{3}(110+96-80)=42$$
$$a_2: \frac{1}{3}(100+80+0)=60$$
$$a_3: \frac{1}{3}(50+50+50)=50$$

$\therefore \max\{42,60,50\}=60$

按此准则决策，应选方案 a_2。

（2）极大极大准则。此准则要求决策者追求最大的收益值，而对损失不加考虑，因此也称为乐观准则。按此准则，先在各方案的各种前景中找出最大的收益值。然后，再在各方案的收益最大值中找出最大值的方案。

$$a_1: \max\{110,96,-80\}=110$$
$$a_2: \max\{100,80,0\}=100$$
$$a_3: \max\{50,50,50\}=50$$

$\therefore \max\{110,100,50\}=110$

按此准则，应选方案 a_1。

（3）极小极大准则。此准则要求决策者在稳妥中求得最大的收益值。按此准则，先在各方案的各种前景中找出最小的收益值,再在各方案的收益最小值中找出最大值。

$$a_1:\min\{110,96,-80\}=-80$$
$$a_2:\min\{100,80,0\}=0$$
$$a_3:\min\{50,50,50\}=50$$

$$\therefore \max\{-80,0,50\}=50$$

按此准则决策,应选方案 a_3。

(4) 加权系数准则。此准则要求决策者对方案的收益最大值和最小值都予以考虑,其办法是先由决策者根据自己的估计给收益最大值一个权数 α,这样给最小值的权数就为 $(1-\alpha)$,然后对每个方案分别求其收益的加权平均值,最后在各方案的收益加权平均值中取最大值。

设 $\alpha=0.7$,则 $1-\alpha=0.3$

$$a_1:110\times 0.7+(-80)\times 0.3=53$$
$$a_2:100\times 0.7+0\times 0.3=70$$
$$a_3:50\times 0.7+50\times 0.3=50$$

$$\therefore \max\{53,70,50\}=70$$

按此准则,应选方案 a_2。

当 $\alpha=1$ 时,本准则即为极大极大准则;当 $\alpha=0$ 时,本准则即为极小极大准则。

(5) 机会损失值最小准则。机会损失值是在某种前景或状态下,各方案的收益值或损失值与各值中选取的理想值之差。此准则要求决策者按机会损失值越小越好来选取方案。按此准则,先求出各种前景下各方案的机会损失值,然后在各方案的机会损失值中选取最大值,最后在各方案的最大机会损失值中选取最小值。表 15-6 为多种方案的机会损失值:

机 会 损 失 值 表 15-6

前景 方案	好	中	差
a_1	0	0	130
a_2	10	16	50
a_3	60	40	0

$$a_1:\max\{0,0,130\}=130$$
$$a_2:\max\{10,16,50\}=50$$
$$a_3:\max\{60,40,0\}=60$$

$$\therefore \min\{130,50,60\}=50$$

按此准则,应选方案 a_2。

15.4 风险应对计划

15.4.1 风险应对计划

风险应对计划是针对风险分析的结果,为提高实现项目目标的机会,降低风险的负面影响而制定的风险应对策略和应对措施的过程。

制定风险应对计划的依据包括:风险管理计划、风险排序清单、量化的风险排序清单、项目风险的概率分布、完成项目成本和进度目标的概率、潜在风险清单、风险承担者和带有共性的风险成因等。

15.4.2 风险应对计划编制的方法和工具

1. 回避风险

考虑到风险事件的存在和发生的可能性,主动放弃或拒绝实施可能导致风险损失的方案。通过回避风险,可以在风险事件发生之前完全彻底地消除某一特定风险可能造成的种种损失,而不仅仅是减少损失的影响程度。回避风险是对所有可能发生的风险尽可能地规避,这样可以直接消除风险损失。回避风险具有简单、易行、全面、彻底的优点,能将风险的概率保持为零,从而保证项目的安全运行。

回避风险的具体方法有:放弃或终止某项活动;改变某项活动的性质。如放弃某项不成熟工艺;初冬时期,为避免混凝土受冻,不用矿渣水泥而改用硅酸盐水泥。

在采取回避风险时,应注意以下几点:

(1) 当风险可能导致损失频率和损失幅度极高,且对此风险有足够的认识时,这种策略才有意义。

(2) 当采用其他风险策略的成本和效益的预期值不理想时,可采用回避风险的策略。

(3) 不是所有的风险都可以采取回避策略的,如地震、洪灾、台风等。

(4) 由于回避风险只是在特定范围内及特定的角度上才有效,因此,避免了某种风险,又可能产生另一种新的风险。

2. 转移风险

转移风险是指一些单位和个人为避免承担风险损失,而有意识地将损失或与损失有关的财务后果转嫁给另外的单位或个人去承担。

转移风险有控制型非保险转移、财务型非保险转移和保险三种形式。

(1) 控制型非保险转移。控制型非保险转移,转移的是损失的法律责任,它通过合同或协议,消除或减少转让人对受让人的损失责任和对第三者的损失责任。有三种形式:

① 出售。通过买卖合同将风险转移给其他单位和个人。这种方式的特点是:在出售项目所有权的同时也就把与之有关的风险转移给了受让人。

② 分包。转让人通过分包合同,将他认为项目风险较大的部分转移给非保险业的其他人。如一个大跨度网架结构项目,对总包单位来讲,他们认为高空作业多,吊装复杂,风险较大。因此,可以将网架的拼装和吊装任务分包给有专用设备和经验丰富的专业施工单位来承担。

③ 开脱责任合同。通过开脱责任合同,风险承受者免除转移者对承受者承受损失的责任。

(2) 财务型非保险转移。财务型非保险转移是转让人通过合同或协议寻求外来资金补偿其损失。有两种形式:

① 免责约定。免责约定是合同不履行或不完全履行时,如果不是由于当事人一方的过错引起,而是由于不可抗力的原因造成的,违约者可以向对方请求部分或全部免除违约责任。

② 保证合同。保证合同是由保证人提供保证,使债权人获得保障。通常保证人以被保

证人的财产抵押来补偿可能遭受到的损失。

(3) 保险。保险是通过专门的机构,根据有关法律,运用大数法则,签订保险合同,当风险事故发生时,就可以获得保险公司的补偿,从而将风险转移给保险公司。例如建筑工程一切险、安装工程一切险和建筑安装工程第三者责任险。

3. 损失控制

损失控制是指损失发生前消除损失可能发生的根源,并减少损失事件的频率,在风险事件发生后减少损失的程度。故损失控制的基本点在于消除风险因素和减少风险损失。

(1) 损失预防。损失预防是指损失发生前为了消除或减少可能引起损失的各种因素而采取的各种具体措施,也就是设法消除或减少各种风险因素,以降低损失发生的频率。

① 工程法。以工程技术为手段,通过对物质因素的处理,来达到损失控制的目的。具体的措施包括:预防风险因素的产生、减少已存在的风险因素、改变风险因素的基本性质、改善风险因素的空间分布、加强风险单位的防护能力等。

② 教育法。通过安全教育培训,来消除人为的风险因素,防止不安全行为的出现,来达到损失控制的目的。例如,进行安全法制教育、安全技能教育和风险知识教育等。

③ 程序法。以制度化的程序作业方式进行损失控制;其实质是通过加强管理,从根本上对风险因素进行处理。例如,制定安全管理制度、制定设备定期维修制度和定期进行安全检查等。

(2) 损失抑制。损失抑制是指损失发生时或损失发生后,为了缩小损失幅度所采取的各项措施。

① 分割。将某一风险单位分割成许多独立的、较小的单位,以达到减小损失幅度的目的。例如,同一公司的高级领导者不同时乘坐同一交通工具,这是一种化整为零的措施。

② 储备。增加风险单位。例如,储存某项备用财产或人员,以及复制另一套资料或拟定另一套备用计划。当原有财产、人员、资料及计划失效时,这些备用的人、财、物、资料可立即使用。

③ 拟定减小损失幅度的规章制度。例如,在施工现场建立巡逻制度。

4. 自留风险

自留风险又称承担风险,它是一种由项目组织自己承担风险事故所致损失的措施。

(1) 自留风险的类型:

① 主动自留风险与被动自留风险

主动自留风险又称计划性承担,是指经合理判断、慎重研究后,将风险承担下来,或由于疏忽未探究风险的存在而承担下来。

② 全部自留风险和部分自留风险

全部自留风险是对那些损失频率高、损失幅度小,且当最大损失额发生时,项目组织有足够的财力来承担时采取的方法。部分自留风险是依靠自己的财力,处理一定数量的风险。

(2) 自留风险的资金筹措:

① 建立内部意外损失基金。建立一笔意外损失专项基金,当损失发生时,由该基金补偿。

② 从外部取得应急贷款或特别贷款。应急贷款是在损失发生之前,通过谈判达成应急贷款协议,一旦损失发生,项目组织就可立即获得必要的资金,并按已商定的条件偿还贷款。

特别贷款是在事故发生后,以高利率或其他苛刻条件接受贷款,以弥补损失。

15.5 风险监控

15.5.1 项目风险监控

项目风险监控就是跟踪已识别的风险,监视剩余风险和识别新的风险,保证风险计划的执行,并评估消减风险的有效性。

风险监控是建立在项目风险的阶段性、渐进性和可控性基础上的一种管理工作。通过对项目风险的识别和分析,以及对风险信息的收集,就可以采取正确的风险应对措施,从而实现对项目风险的有效控制。

15.5.2 风险监控的方法和工具

1. 建立项目风险监控体系

项目风险监控体系的建立,包括制定项目风险监控的方针、项目风险控制的程序、项目风险责任制度、项目风险信息报告制度、项目风险预警制度和项目风险监控的沟通程序等。

2. 项目风险审核

项目风险审核是确定项目风险监控活动和有关结果是否符合项目风险管理计划和项目风险应对计划的安排,以及这些安排是否有效地实施并适合于达到预定目标的、有系统的检查。项目风险审核是开展项目风险监控的有效手段,也是作为改进项目风险监控活动的一种有效机制。

3. 挣值分析

挣值分析就是将计划工作与实际完成工作进行比较,从而确定是否符合计划费用和进度的要求。如果产生的偏差较大,则需要进一步对项目的风险进行识别、评估和量化。

4. 附加风险应对计划

项目实施过程中,如果出现了事前未预料到的风险,或者该风险对项目目标的影响较大,而且原有的风险应对措施又不足以应付时,为了控制风险,有必要编制附加风险应对计划。

5. 项目风险评价

通过风险识别,充分揭示出项目所面临的风险,通过风险分析,从量上确定了风险发生的概率和损失的严重程度。但是否要采取监控措施?采取什么样的监控措施?监控到什么程度?采取监控措施后,原来的风险发生了什么变化?是否产生了新的风险?这些均要通过风险评价来解决。

项目风险评价按评价的阶段不同可分为:事前评价、事中评价、事后评价和跟踪评价;按项目风险管理的内容不同可分为:设计风险评价、风险管理有效性评价、设备安全可靠性评价、行为风险评价、作业环境评价、项目筹资风险评价等;按评价方法不同可分为:定性评价、定量评价和综合评价。

15.6 工程保险

15.6.1 工程保险概述

工程合同的履行期间可能会遇到各种风险,尤其是总包项目。总包项目规模大、工期长、涉及很多方面,风险更多,承包商承担的风险也更大。

工程保险是针对工程项目在建设过程中可能出现的因自然灾害和意外事故而造成的物质损失和依法应对第三者的人身伤亡或财产损失承担的经济赔偿责任提供保障的一种综合性保险。尽管这种对于风险后果的补偿只是整个工程损失的一部分,但在某些情况下却能保证承包商不致破产而获得生机。

工程保险与其他财产或人身保险不同。国际经验表明,工程保险有以下特点:

(1) 承包商的投保险别和应承担的责任一般在工程承包合同中规定;而保险人对于保险标的的责任和补偿办法则通过保险条例和保单做出了明确而具体的规定。

(2) 承包商在实施工程合同期间,分阶段投保,各种险别可以衔接起来。大多数工程从开工准备到竣工验收的时间长,保险人根据各个阶段具体情况考虑制定各种工程险别的承保办法,这样做法有利于分散风险,便于保险费分段计算。

(3) 保险人一般没有一成不变、对任何工程都适用的费率,而是具体分析工程所在地区和环境和其他风险因素,以及要求承保的年限,结合当地保险条例并参照国际通行做法决定。

15.6.2 强制性保险

工程承包涉及的保险有两大类:强制性保险和选择性保险。

强制性保险系指根据工程业主或国家立法的要求,承包商就规定的内容办理保险。它是以国家法律的效力实施的,由国家用行政法令条例等手段规定必须保险的范围。它的投保责任自动产生,保险金额由国家统一规定,但保险责任并不因为被保险人未履行缴纳保险费的义务而终止,保险人对被保险标的仍承担责任,但对迟缴保险费者征收滞纳金。

就保险人方面来看,强制保险是一种自愿保险,因为他可以接受或拒绝承保;但从被保险人方面来看,则有必须投保的强制性。

承包人必须按工程发包国的法律规定办理有关强制保险,否则他就不能从事法律所许可的业务或活动。在必须保险这一点上,它是强制的。但是,向谁投保,保险费怎么收,保额怎么定并不强制,被保险人通常可以在发包国内自由选择保险人。因此,从订保险合同这方面来说,又是自愿的。不过,所订合同必须符合国家法律有关规定。

强制保险包括多项内容。工程承包通常投保以下险别:

(1) 建筑工程一切险,包括建筑工程第三者责任险(亦称民事责任险)。
(2) 安装工程一切险,包括安装工程第三者责任险。
(3) 机动车辆险。
(4) 十年责任(房屋建筑的主体工程)和两年责任险(细小工程)。
(5) 社会保险。

15.6.3 建筑工程一切险

工程保险的历史并不长,60多年前发源于英国的保险市场。第二次世界大战期间,欧洲遭到严重破坏。在大规模的重建过程中,需要建筑工程保险的服务,因而发展很快。在不发达国家中,国际组织出资协助这些国家建造水坝和水利工程以及巨型医院、旅馆、学校、公路、桥梁等等工程,也都需要工程保险的保障。因此,工程保险在这些国家中也逐步得到推广。

建筑工程一切险是对各种建筑和土木工程提供全面保障,既对在施工期间工程本身,施工机具或工地设备所遭受的损失予以赔偿,又对因施工而给第三者造成的物资损失或人身伤亡承担赔偿责任。

1. 建筑工程一切险的被保险人

建筑工程一切险的被保险人可以包括:

(1) 业主或工程所有人。

(2) 总包人或分包人。

(3) 业主或工程所有人雇用的建筑师或工程师。

2. 建筑工程一切险的适用范围

建筑工程一切险适用于所有土木建筑工程,如住宅、商业用房、医院、学校、剧院;工业厂房、电站;公路、铁路、飞机场;桥梁、船闸、大坝、隧道、排灌工程、水渠及港埠、地下工程等。

3. 建筑工程一切险的保险标的和责任

(1) 建筑工程一切险的保险标的

① 工程本身:指由总承包商和分包商为履行合同而实施的全部工程。包括预备工程,如土方、水准测量、临时工程,如引水、保护堤;全部存放于工地的为施工所必需的材料。

包括安装工程的建筑项目,如果建筑部分占主导地位,也就是说,如果机器、设施或钢结构的价格及安装费用低于整个工程造价的50%,亦应投保建筑工程一切险。如果安装费用高于工程造价的50%,则应投保安装工程一切险。

② 施工设施:包括活动房、存料库、配料棚、搅拌站、脚手架、水电供应及其他类似设施。

③ 施工机具:包括大型陆上运输和施工机械、吊车及不能在公路上行驶的工地用车辆,不管这些机具属承包商所有还是其租赁物资。

④ 场地清理费:这是指在发生灾害事故后场地上产生了大量的残砾,为清理工地现场而必须支付的一笔费用。

⑤ 第三者责任(亦称民事责任):系指在保险期内因工程意外事故造成的依法应由被保险人负责的工地上及邻近地区的第三者人身伤亡、疾病或财产损失,以及被保险人因此而支付的诉讼费用和事先经保险公司书面同意支付的其他费用。

但是,被保险人的职工的人身伤亡和财产损失应予除外(属于雇主责任险范围)。

⑥ 由被保险人看管或监护的停放于工地的财产。

(2) 建筑工程一切险保险责任

凡保险单中列举的除外情况之外的一切事故损失全在保险范围内,尤其是下述原因造成的损失:

① 火灾、爆炸、雷击、飞机坠毁及灭火或其他救助所造成的损失;

② 海啸、洪水、潮水、水灾、地震、暴雨、风暴、雪崩、地崩、山崩、冻灾、冰雹及其他自然灾害;

③ 一般盗窃和抢劫;

④ 由于工人、技术人员缺乏经验、疏忽、过失、恶意行为或无能力等造成的施工笨拙而造成的损失；

⑤ 其他意外事件。

建筑材料在工地范围内的运输过程中遭受的损失和破坏及施工设备和机具在装卸时发生的损失等亦可纳入工程险承保范围。

(3) 除外责任

国际惯例是，保险人对于以下情况不负责赔偿：

① 军事行动、战争或其他类似事件、罢工、骚动、民众运动或当局命令停工等情况造成的损失(有些国家还规定投保罢工骚乱险)；

② 被保险人的严重失职或蓄意破坏而造成的损失；

③ 原子核裂变而造成的损失；

④ 由于合同罚款及其他非实质性损失；

⑤ 因施工机具本身原因即无外界原因情况下造成的损失；但因这些损失而导致的建筑事故则不属除外情况；

⑥ 因设计错误(结构缺陷)而造成的损失；

⑦ 因纠正或修复工程差错(例如因使用有缺陷或非标准材料而造成的差错)而增加的支出。

(4) 保险期限

建筑工程一切险自工程开工之日或在开工之前工程用料卸放于工地之日开始生效，直至工程验收或投产之日终止。施工机具保险自其卸放工地之日起生效，直至其撤出工地之日终止。有些国家还要求工程险展延至工程保修期结束。

4. 建筑工程一切险的保险金额

建筑工程一切险的保险金额按照不同的保险标的确定。

(1) 合同标的工程的保险总金额。即建成该项工程的总价值，包括设计费、建筑所需材料设备费、施工费(人工费和施工设备费)、运杂费、保险费、税款以及其他有关费用在内，如有临时工程，还应注明临时工程部分的保险金额。

(2) 施工机具和设备及临时工程。这些物资一般是承包商的财产，其价值不包括在承包工程合同的价格中，应另列专项投保。这类物资的投保金额一般按重置价值，即按重新换置同一牌号、型号、规格、性能或类似型号、规格、性能的机器、设备及装置的价格，包括出厂价、运费、关税、安装费及其他必要的费用计算重置价值。也有些工程按该项目在保险期内的最高额投保，而根据各个保险期的实际情况收费。

(3) 安装工程项目。建筑工程一切险范围内承保的安装工程一般是附带部分。其保险金额一般不超过整个工程项目保险金额的 20%。如果保险金额超过 20%，则应按安装工程险费率计算保险费。如超过 50%，则应按安装工程险另行投保。

(4) 场地清理费，按工程的具体情况由保险公司与被保险人协商确定。场地残物的清理不仅仅限于对合同标的工程，而且包括工程的邻近地区和业主的原有财产存放区。场地清理费的保险金额一般不超过工程总保额的 5%(重大工程)或 10%(细小工程)。

(5) 第三者责任险的投保金额根据在工程期间万一发生意外事故时对工地现场和邻近地区的第三者可能造成的最大损害情况确定。

5. 建筑工程一切险的免赔额

工程保险还有一个特点,就是保险公司要求被保险人根据其不同的损失,自负一定的责任。这笔由被保险人承担的损失额称为免赔额。工程本身的免赔额为保险金额0.5%~2%;施工机具设备等的免赔额为保险金额的5%;第三者责任险中财产损失的免赔额为每次事故赔偿限额的1%~2%,但人身妨害没有免赔额。

15.6.4 安装工程一切险

安装工程一切险的目的是为各种机器的安装及钢结构工程的实施提供尽可能全面的专门保险。

安装工程一切险主要适用于安装各种工厂用的机器、设备、储油罐、钢结构物、起重机、吊车以及包含机械工程因素的各种建造工程。

安装工程一切险同建筑工程一切险有着重要的区别:

建筑工程保险的标的从开工以后逐步增加,保险额也逐步提高,但安装工程险所保的机器从一开始就存放于工地,保险公司承担着全部货价的风险。在机器安装好之后,试车、考核所带来的危险以及在试车过程中发生机器损坏的危险是相当大的,这些危险建筑工程险部分是没有的。

1. 安装工程一切险的被保险人

安装工程一切险的被保险人一般是负责实施或领导安装工程的机器或构件制造商或供应商;负责实施安装的承包公司;安装工程的信贷机构;待安装构件的买主。

2. 安装工程一切险的保险标的

安装工程一切险的保险标的有:

(1) 安装的机器、工人及安装费用等,凡属安装工程合同内要求安装的机器、设备、装置、材料、基础工程(如地基、座基等)以及为安装工程所需的各种临时设施(如水、电、照明、通讯设备等)均包括在内。

(2) 为安装工程所使用的承包商的机器设备。

(3) 土木建筑项目,指厂房、仓库、办公楼、宿舍、码头、桥梁等。这些项目一般不在安装合同以内,但可在安装险内附带投保,也有土木建筑工程项目不超过20%和50%的规定。

(4) 场地清理费用(与建筑工程一切险相同)。

(5) 业主或承包商在工地上的其他财产。

安装工程一切险也包括承保第三者责任险。这一点同建筑工程一切险是一样的。

安装工程一切险承保的危险与损害除建筑工程一切险中规定的内容外,还包括短路、过电压、电弧所造成的损失;超压、压力不足和离心力引起的断裂等所造成的损失;其他意外事故,如因进入异物或因安装地点的运输而引起的意外事件。

3. 安装工程一切险的除外责任

(1) 由结构、材料或在车间制作方面的错误导致的损失。

(2) 由安装设备内部的机构或电动性能的干扰,即由非外部原因造成的干扰。但因这些干扰而造成的安装事故则在该保险的承保范围之内。

(3) 因被保险人或其派遣人员蓄意破坏或欺诈行为而造成的损失。

(4) 因效益不足而遭致合同罚款或其他非实质性损失。

(5) 由战争或其他类似事件、民众运动或因当局命令而造成的损失。

(6) 因罢工和骚乱而造成的损失(但有些国家却不视为除外情况)。

(7) 由原子核裂变成核辐射造成的损失。

4. 安装工程一切险的保险期限

安装工程一切险自待安装物品卸放于安装地点之日起生效,直至机器或构件安装完毕且试车、考核合格之日终止。此外,安装工程一切险可以展延至为期一年的质量担保逾期之日。

5. 安装工程一切险的保险总额

安装工程险的保险总额等于供货合同中列举的装置总价值,包括运输、关税、税收及安装费用。

15.6.5 社会保险

社会保险乃是社会政策保险。亦即为实施社会政策的一种手段。因主要目标在于社会政策的实施,故其内容并无一定的界限。加入者限于从事某种职业或小额收入者。因为这种保险是以全国国民为保险对象,故称为社会保险。社会保险还包括对劳动和资本的保险。

社会保险的主要特点如下:

(1) 就保险对象而言,社会保险必须以社会大多数人为对象;

(2) 就保险负担而言,社会保险的负担,并不以被保险人为限,常为国家、企业和个人共同负担;

(3) 就施行方法而言,社会保险大都为强制性的;

(4) 就经营目的而言,社会保险并不以赢利为目的,而以实施社会政策为宗旨;

(5) 就经营主体而言,社会保险应以国营或公营为原则。

社会保险的保险项目有伤害保险、健康保险、老年保险等。

15.6.6 机动车辆险

机动车辆险在保险业务中占的比重很大。机动车辆的保费当前占世界非寿险保费的60%以上。机动车辆险有两个标的:

(1) 机动车本身。机动车经常处于载重的运动状态,容易发生碰撞或其他意外事故,造成财产损失和人身伤亡。

(2) 第三者责任。机动车一旦发生事故,车身和驾驶员固然会受到损伤,但更重要的是机动车给第三者造成的财产损失和人身伤亡。而这种损失和伤亡的程度和受害面远较前者为深广。目前,世界上许多国家法律都规定机动车第三者责任必须投保。有的采用强制保险的形式,有的不问有无过失责任,一律由保险公司负责补偿。

机动车包括私用和商用汽车。两种都必须投保车身险和第三者责任险。对于承包商来说,办理商用汽车保险比私用汽车保险更为重要。

15.6.7 非强制性保险

除上述强制性保险外,尚有一些非强制性保险与承包工程密切相关。这些保险虽属非强制性,但从承包商的自身利益出发,也不无投保之必要。

1. 工程材料设备运输险

负担赔偿与工程项目有关的一切材料和机器设备(含施工机械),从起运地仓库或储运处所至收货人最终仓库或其他处所的运途中(包括正常运输过程中的海上、陆上、内河和驳船运输),出于外来原因所造成的全部或部分损失。按运输方式和承保的责任不同,其中又有平安险、水渍险和一切险之分；特殊情况下还有邮包险和附加战争险或罢工保险(不作为一种单独的险别投保)，可根据需要选择险别。运输险的保险金额按投保险别规定的相应方法计算。

需要指出，保险公司制定的《出口货物保险费率表》对不同地区、不同货物和不同运输方式的平安险、水渍险和一切险的费率均作了规定，这种费率将随着保险行情和货物种类划分的变化，每隔一定时期(一年或两年)就会有所修正。而战争险、罢工险须在平安险、水渍险或陆运险的基础上加保；对于关税险、拒收险、交货不到险等特殊附加险也要另行加收保险费。

2. 施工机械设备险

有些国家将这种险归入建筑工程(或安装工程)一切险，但不少国家将其单列。这种险实际上属于机器损坏险，用于赔偿施工机械运抵工程现场，直至施工完毕期间(大体与该项目工程一切险的保期一致)，由于操作、管理和其他人为或自然原因造成施工机械故障损坏所造成的损失，须在该项目工程一切险的基础上投保。由于施工机械进入现场先后早晚不同，甚至工程尚未开始机械就已进场，因而按年计算保额。保额为本年度被保险机械的重置价值。

3. 工程保证期责任险

用于赔偿工程建成正式验收交付使用或投入生产之时起，至承包商承担的维修保证期满为止这段时间内，由于施工原因(须经取证和确认)造成的各种意外损失。按保证期长短有两年责任险、五年责任险……之分。保险额度由保险公司与承包商根据具体情况分析风险因素后酌定。

4. 人身保险

多数国家将人身保险纳入社会保险。也有些国家(如中国)将其单列。这是一种十分重要的保险，也是承包商投保最多的一种。用于赔偿保险期内投入该项工程一切人员的人身意外、疾病、伤残、死亡等后果损失，但不包括医药费赔偿。

上述各种险别的承保责任范围、除外责任、保期保额以及被保险人的义务、索赔与赔偿等具体事项，均以保单所附条款为准。

5. 汇率保险

近几十年来，国际贸易迅速发展，各种支付货币之间的兑换率变动频繁，对从事国际贸易者构成重大风险。

为了分散因汇率浮动而造成的损失，发达国家大都开辟了汇率保险业务，使得各大型工商企业得以大胆投入竞争。

汇率保险在发达国家深受欢迎。因为工商企业家们只须花费少量的保险费即可避免因汇率的大起大落而蒙受巨大损失。而保险公司也乐于开办这项业务，因为汇率的变动始终局限于硬通货范畴。在同一范畴内，一种货币贬值，必然有另一种或几种升值，而承担多种货币汇率保险的保险公司总是有亏有赚，不会有什么风险。

15.6.8 职业责任保险

职业责任就是当事人在向他人提供职业服务过程中由于疏忽而造成损失或损害时应承担的赔偿责任。

职业人员若违反了合同规定或法律要求的义务，就产生了责任。例如因职业人员的疏忽而给第三者造成的损害。

除了因职业人员的疏忽而给他人造成的伤害或财产损失的职业责任之外,诉讼还可能根据违反合同的事由。违反合同,若严格地依照法律,则不同于职业疏忽。疏忽在数量上比涉及人身伤亡的事情多。一般说来,因财产损失的索赔占全部索赔的 3/2 以上,而因人身伤亡的索赔仅占责任索赔的约 20%。

15.6.9 工程保险索赔

承包商因工程蒙受损失而向保险公司索赔,主要起因于不可抗力,或自然或人为事故。人为原因必须是非故意行为。向保险公司索赔必须首先明确是否属于保险公司的责任期间和责任范围;保险公司同样享有免赔权和除外责任。承包商出具的索赔依据必须充分而且可靠。

工程承包涉及的险别多,各种险别的索赔内容亦不相同。本文仅介绍较普遍的强制性保险的索赔内容。

1. 建筑工程一切险

(1) 责任期间和责任范围

建筑工程一切险保险公司的责任期间在保险单中都有明确规定,通常为自投保工程动工或自被保险物品被卸至建筑工地时起,直至建筑工程完毕经验收时终止。保险的最晚终止期应不超过保单中所列明的终止日期。保险期间如需延长,须事先取得保险公司同意。

(2) 赔偿条件及争议仲裁

① 索赔必须提供必要的有效证明,作为索赔的依据。证明文件应能说明索赔对象及索赔人的索赔资格;证明索赔动因能够成立且属于理赔人的责任范围和责任期间。通常情况下,这些证明文件为保单、工程承包合同、事故照片及事故检验人的鉴定报告及各具体险别的保单中所规定的证明文件。

② 保险公司的赔款以恢复投保项目受损前的状态为限,受损项目的残值应予扣除。

③ 赔款可以现金支付,也可以重置受损项目或予以修理代替之。总赔款金额不得超过保单规定的保险金额。

④ 一个项目同时由多家保险公司承保,则理赔的保险公司仅负责按比例分担赔偿的责任。如果投保的承包商因索赔事宜同保险公司发生争议,通常情况下先进行协商解决。如果协商达不成协议,可申请仲裁或向法院提出诉讼。通常情况下,仲裁与诉讼应在被告方所在地。如果事先另有协议,则按协议处理。

(3) 附加条款——第三者责任险条款

建筑工程一切险中还包括一项附加条款——第三者责任险(亦称民事责任险)。

第三者责任险的责任期间与一切险一样。不过,其责任范围仅限于赔偿保险标的工程的工地及邻近地区的第三者因工程实施而蒙受人身伤亡、疾病或财产损失等项责任。这些损失必须是依法应由被保险人负责;这一责任范围还包括赔偿被保险人因此而支付的诉讼费用和事先经保险人书面同意支付的其他费用。

第三者责任险的赔偿金额以根据法律或政府有关部门裁定的应由被保险人偿付的数额为准,但不能超过保单列明的赔偿限额。

2. 安装工程一切险

安装工程一切险的责任范围与建筑工程一切险基本一样。只是增加了对安装工程所经常碰到的电气事故,如超负荷、超电压、碰线;电弧、走电、短路、大气放电所造成的损失负赔偿责任。另外,由于承包商的安装人员因技术不善引起的事故亦可成为向保险公司索赔的动因。

在免赔偿责任方面,除建筑工程一切险中所提及事项外,安装工程一切险的免赔责任还包括免赔由电气事故所造成的电气设备和电气用具本身的损失。

关于责任期间,原则上也是规定自投保工程动工之日起直至工程验收之日终止。但是,如果合同中有试车、考核规定,则试车、考核阶段应以保单中规定的期限为准。如果被保险项目本身是旧产品,则试车开始时,责任即告终止。安装工程一切险的最晚终止期应不超过保单中所列明的终止日期。若需扩展期间,必须事先获得保险公司的书面同意。

安装工程一切险的索赔条件及出现争议时的仲裁地点同建筑工程一切险一样。

安装工程一切险也有一项附加条款——安装工程第三者险,其具体内容及索赔事项与建筑工程第三者险一样,故不赘述。

3. 机械设备险

(1) 责任范围和保险期限

保险公司对被保险机器及其附属设备由于下列原因造成物质损失,需要修理或重置时负赔偿责任:

① 设计、制造或安装错误,铸造和原材料缺陷;
② 工人、技术人员操作错误、缺乏经验、技术不善、疏忽、过失、恶意行为;
③ 离心力引起的断裂;
④ 电气短路和其他电气原因;
⑤ 锅炉缺水;
⑥ 物理性爆裂;
⑦ 暴风雨、严寒;
⑧ 免赔责任以外的其他不可预料和意外事故。

机器设备保险的责任期间同前两种保险不一样。因为工程承包的施工机具的使用大部分是阶段性的,并非贯穿工程的始末,因而其保险期限应视具体机具而定。

(2) 免赔责任

对于以下情况,保险公司可以免负赔偿责任:

① 被保险人或其代表的故意行为或重大过失引起的损失和费用;
② 战争、类似战争行为、敌对行为、武装冲突、没收、征用、罢工、暴动、民众骚动、核子反应和辐射或放射性污染引起的损失或费用;
③ 被保险人及其代表已经知道或应该已经知道的被保险机器及其附属设备在投保前已经存在的缺点或缺陷引起的损失或费用;
④ 根据法律或契约应由供货方或制造商负责的损失或费用;
⑤ 机器设备运转后必然引起的后果,如自然磨损、氧化、腐蚀、锈蚀、孔蚀、锅垢等;
⑥ 各种低值易耗的零配件、可调换的工具及一切操作中的媒介物(如燃料、催化剂等)的损耗;
⑦ 保险事故发生引起的各种间接损失或责任;
⑧ 保单中规定应由被保险人自行负担的免赔额。

(3) 赔偿条件

① 被保险人要求赔偿时,应提供保险单、损失清单和其他必要的证件。

② 对于受损的被保险的机器和设备的赔偿,赔款可以现金支付,也可以重置受损项目或予以修理代替之。但每一件机器的赔偿金额不得超过保险单内列明的有关项目的保险金额。全部赔偿总额不得超过保险单内订明的总保险金额。

③ 被保险机器发生损失可以修理时,保险公司赔偿基本修复原状的修理费用,包括损坏机器拆除费用、重装费用、运费、税款。这些费用以列入原保险金额中为限,但最高金额不得超过受损机器的保险金额。

如果损失由被保险人自行修理,则保险公司负责赔偿材料费用,为修理而支付的工资以及为此而支付的其他合理费用。

修理需要更换零部件时,可不扣除折旧,但残值应在赔偿金额内扣除。如经保险公司书面同意,对任何加班费、夜班费、节假日工作的费用以及快邮运费等额外费用亦应负责赔偿。但任何对机器进行改革、变更或彻底检修所支付的费用,保险公司不负责赔偿。如临时修理费用构成最后修理费的一部分且没有增加总修理费时,保险公司可以负责赔偿。

如果被保险机器全部毁损,保险公司应赔偿受损机器的保险金额,则应扣除残值。如保险金额高于实际价值时,则按实际价值赔付。

如果被保险机器在损失发生时另有别家公司的保险存在,不论系被保险人或他人所得,也不论该保险赔偿与否,理赔的保险公司仅负按照比例分摊损失之责任。

被保险人要求赔偿损失时,如涉及第三者责任,应将向第三者追偿的权利和必要的证件移交理赔保险公司。

被保险人与保险公司之间发生的任何有关保险的争议,应首先通过友好协商解决。如果协商达不成协议,可申请仲裁机构仲裁或向法院提出诉讼。除事先另有协议外,仲裁或诉讼应在被告方所在地进行。

15.7 工程担保

15.7.1 概述

现在的市场交易,例如借贷、买卖、货物运输、加工承揽等,越来越多的不能做到"一手交钱,一手交货"。这样,就产生了赊欠。赊者为债权人,欠者为债务人。为了使自己能够最终实现自己的债权,债权人要求债务人提供担保。现代社会常用的担保方式为保证、抵押、质押、留置和定金。而债务人经常请第三人为自己向债权人提供担保。第三人为债务人向债权人提供担保时,可以要求债务人提供反担保。

提供担保者和被担保者之间经常签订担保合同。担保合同是主合同的从合同,主合同无效,担保合同无效。担保合同另有约定的,按照约定。

担保合同被确认无效后,债务人、担保人、债权人有过错的,应当根据其过错各自承担相应的民事责任。

建筑市场上的交易,咨询、勘察、设计、施工、安装、调试等等,都做不到"一手交钱,一手交货",所以,广泛设立担保,而且广泛使用保证。本文重点介绍保证。

保证是保证人和债权人约定,当债务人不履行债务时,保证人按照约定履行债务或者承担责任的行为。具有代为清偿债务能力的法人、其他组织或者公民,可以作保证人。但是,国家机关、学校、幼儿园、医院等以公益为目的的事业单位、社会团体,企业法人的分支机构、职能部门不得为保证人。

保证人与债权人应当以书面形式订立保证合同。

保证人与债权人可以就单个主合同分别订立保证合同,也可以协议在最高债权额限度内就一定期间连续发生的借款合同或者某项商品交易合同订立一个保证合同。

保证的方式有一般保证和连带责任保证。

当事人在保证合同中约定,债务人不能履行债务时,由保证人承担保证责任的,为一般保证。

一般保证的保证人在主合同纠纷未经审判或者仲裁,并就债务人财产依法强制执行仍不能履行债务前,对债权人可以拒绝承担保证责任。

连带责任保证的债务人在主合同规定的债务履行期届满没有履行债务的,债权人可以要求债务人履行债务,也可以要求保证人在其保证范围内承担保证责任。

15.7.2 建筑市场担保的种类

我国建筑业某些人士将分别由银行和保险公司或担保公司应建筑业企业的要求同业主签订并为其提供的书面的担保合同混称为保证书或担保书。

在建筑市场上,交易的一方为避免因对方违约而遭受损失,要求对方提供可靠的担保。担保的形式很多,常见的有以下几种:

业主要求承包商提供的有:

(1) 第三者的保证书。所谓"第三者",是独立于承包商和业主的另一法人,是公认有威信或有财力,并能被工程合同双方共同接受的。

(2) 银行保证书。应当由工程合同双方均认可,当地中央银行或管理部门批准的银行出具。

(3) 保险公司的担保书。其条件与上面第(2)条相同,但其承保金额应在有关部门对该保险公司规定的限额之内。

(4) 不可撤销的银行备用信用证。

(5) 财产的物权担保。

承包商要求业主提供的有:

(1) 支付保证书。显示业主有足够资金偿付承包商。

(2) 留置权转让。承包商对其完成的工程保留留置权,直到业主付清一切工程费用。

如果是政府工程,除非承包商提供信用贷款给该工程项目,一般是不提供支付保证书的。

在以上各类担保形式中,银行保证书是最普遍、最常见和容易被各方所接受的备用的信用担保凭证。它不是一般的履约担保文件,而是一种货币履约保证书,即银行用书面格式承诺为其被担保方违约所造成的损失负责赔偿,保证书或担保书中规定的金额即其承诺赔偿的最高限额。

简而言之,保证书或担保书就是金钱,它是一种以银行的承诺文件面目出现的抵押金。承包商向业主或其他受益人递交银行保证书,实质上相当于交给业主或其他受益人一笔在特定条件下可向银行索换为货币的备用抵押金。

建筑市场常见的由承包商提供的银行保证书有:投标保证书或担保书、履约保证书或担保书、预付款保证书、缺陷责任保证书或担保书、临时进口物资税收保证书或担保书、免税工程的进口物资税收保证书或担保书等。

15.7.3 银行保证书的基本内容

银行保证书是一种在特定条件下可支付的银行承诺文件,也是对承包商遵守合同义务的担保,一般应包括以下一些内容:

(1) 担保人:即指银行,应写明银行的全名(如是某一分行,则应写清楚分行的全名),法定地址等。

(2) 被担保人:指委托人承包商,应写明承包商的全名和法定地址,并与合同文件中的名称完全一致,还应写明本保证书或担保书是应该承包商的请求而开具的,以示为该承包商承担责任。

(3) 受益人:指工程业主(用于履约保证书或担保书、预支付保证书、工程维修保证书或担保书等),或招标机构(用于投标保证书或担保书),或海关税收部门(用于机具设备临时进口、或免税进口材料的税收保证书或担保书)等。

(4) 担保因由:指被担保人与受益人有何种合同契约关系,例如某年某月某日双方签订了何种合同及合同号码,被担保人有履约责任。

(5) 担保金额:因银行保证书系货币履约保证书性质,应写明担保赔偿的货币名称和最高限额。

(6) 有效期限:包括担保的起始日期和失效日期,不能抽象地规定为"工程竣工日"、"直至履约责任完毕"等,应有年月日的具体时间。

(7) 担保责任:这是保证书或担保书中至关紧要的问题,应当写明担保人是在被担保人违约条件下才有保证书或担保书规定限额内的偿付责任。

有许多项目的合同文件中附有业主要求的保证书或担保书格式,如承包商接受了这样的合同文件,而且在议标时并未讨论或提出异议,那么,只好按其格式开出保证书或担保书。

(8) 索偿兑现条件:即受益人凭何种证明文件向银行索偿,即可兑现,这也是至关紧要的一个问题。有一种"首次要求(或称'第一需要')索偿即付"的保证书或担保书,这是在索偿兑现前即已完全剥夺了被担保人申辩权利的保证书或担保书;也有一种是受益人应提供被担保人违约证据才可索偿兑现的保证书或担保书。

(9) 保证书或担保书的失效和退回:写明保证书或担保书在有效期满即自动失效,并应退还银行注销。

(10) 保证书或担保书的开具方式:书面函件形式应有银行的负责人签署;电传形式则一般只适用于有密押电传关系的银行之间,最后仍要由当地的被业主接受的银行开出书面形式保证书或担保书。

15.7.4 保证书或担保书风险及应对措施

在建筑市场上,保证书或担保书的受益人凭保证书或担保书向银行索偿的情况时有发生,有些确实是由于承包商违约而造成的后果;也有一些是业主的无理提款,甚至是一种欺骗行为。

因此,保证书或担保书虽然是一种备用的信誉担保,但它在经济上相当于一种可兑付的信用票据。开出保证书或担保书,特别是"首次要求即付"的无条件保证书或担保书,是具有风险的;另一方面,只要采取相应措施对付无理提款,其风险又是可以避免或减轻的。下面介绍一些对保证书或担保书风险可能采取的相应措施:

(1) 在工程投标前,应当对招标书中各类保证书或担保书的要求进行认真分析研究,特别是担保金额是否过高,保证书或担保书有效期是否过长或严重不合理,是否属于"首次要求即付"的保证书或担保书等。如果招标的工程业主是私人企业,而招标书又坚持承包方提供金额很大的"首次要求即付"的保证书或担保书,在这种情况下,承包商就必须慎重考虑是否参加投标。同时,承包商在投标前还应调查工程业主的财力状况、资信情况、项目资金来源及其可靠程度等。一般来说,如果是私营项目的业主要求承包方提交各类货币履约保证书,那么,承包商也应要求业主提供银行的支付保证书或支付信用证。

(2) 政府的工程项目虽然一般难以获得业主的支付保证书,却反而要求承包商提交"首次要求即付"的履约保证书或担保书。对于这类项目应当了解工程资金来源的可靠性,以及该国政治和经济的稳定性。对于延期付款或带资承包的项目,即使是政府的项目也应当坚持得到银行开出的支付保证书或延期支付信用证。

(3) 对于"首次要求即付"的具体内容要逐项逐句研究,尽可能回避"索偿即付"等词句,最好能规定在书面索偿和付款之间有一定间隔期限,这样至少有一个缓冲时间,以便担保人(银行)通知承包方,使承包人能及时通过与受益人直接谈判,将争端解决在银行付款之前。

(4) 当发生并非承包方违约而业主凭"首次要求即付"保证书或担保书向银行提取保证金的情况,承包商应立即向有关仲裁庭或法院提出紧急申诉,请求法院出具暂时冻结保证书或担保书,以防损失立即发生。有些国家的法律规定,在特殊情况下(如受益人弄虚作假),可以阻止银行付款。因此,承包商应当通过律师或其他途径了解和熟悉这些法律保护制度。

(5) 有些招标文件对担保人(银行)有限制性规定,如规定必须由当地一流的商业银行担保。这时,承包商应当尽可能说服业主接受由我国银行开具的保证书或担保书。如果业主坚持要求当地银行开具的保证书或担保书,承包商则应该与当地银行保持经常联系并搞好关系,使之了解工程实际进展和我国公司守约的情况。

(6) 由于"首次要求即付"保证书或担保书具有潜在风险,在不能替代的情况下,承包商可向保险公司就保证书或担保书风险投保,并将保险费计入报价中。这一方法可在大型项目投标中使用。

(7) 合同中应规定保证金额随工程量减少和预付款的扣还而递减。承包商应定期或随时将递减值让业主签字承认后正式通知银行,这样既可使保证金额与实际应付款额相符合,还可逐步降低保证书或担保书手续费用。

(8) 保证书或担保书的有效期应当确切,不应含糊规定"直到工程竣工移交均为有效"。如果由于某种原因,工程不能按原定日期竣工,这时,合同期将延长,而业主也可能会提出保证书或担保书有效期须相应延长的要求。如果此时已完工部分比较多而且质量优良,承包商可趁机适当交涉,某些业主可能会同意在延长期内将履约保证金的限额减少;这样可以减少承包商在后期出现违约造成的风险,因此,应尽力争取降低后期履约保证金的实现。

(9) 在履约过程中,如因合同变更使工程量大量减少而合同金额下降时,履约保证书或担保书金额也应相应下降。

(10) 适用于合同的法律可以不适用于担保。因此,承包方除应熟悉适用于合同的当地法律外,还应熟悉适用于担保的法律规定,特别是其中的强制性条款,在商签合同时就应当预见到可能造成的后果,从而做好应有的准备,避免不应有的损失。

(11) 尽可能拒绝开具"可转让"的保证书或担保书。保证书或担保书所担保的责任应当局限于承包商与业主之间的合同义务。如果我方仅是分包商,应当拒绝主承包商的下述要求:由分包商提供抵押资金而用主承包商的名义向业主开具保证书或担保书。这种做法只适用于双方联合承包下联合提供保证书或担保书,而不适用于分包商与主承包商的分包合同关系。否则,主承包商在其他方面对业主的违约,可能把分包商也牵扯进去,这是十分危险和不利的。

(12) 加强平时对保证书或担保书的管理。许多公司由于承包项目很多,又未设置专人对保证书或担保书进行专门管理,这是很容易延误和出事的。例如,保证书或担保书该延期时未及时办理延期手续,受益人因担心保证书或担保书自动失效而趁期满前向银行索偿,这就会造成严重被动;保证书或担保书该减额时未及时办理减额手续,这会造成应减除的责任未及时减除,有可能被多索赔的风险并多负担保证书或担保书手续费用;保证书或担保书该撤销收回时未及时收回,也可能遭受难以意料的损害。

本章主要参考文献

纪燕萍,张婀娜,王亚慧主编.21世纪项目管理教程.北京:人民邮电出版社,2002

思考题

1. 什么是风险?风险因素和风险事件有什么关系?
2. 怎样进行风险分类?
3. 风险有什么性质?
4. 什么是风险管理?它与项目管理是什么关系?
5. 风险识别的方法与工具有哪些?如何应用?
6. 风险识别的结果是什么?
7. 风险评估的目的是什么?
8. 风险评估有哪些方法?如何应用?
9. 如何进行风险应对?有哪些工具与方法?
10. 怎样进行风险监控?
11. 工程保险的含义和特色是什么?
12. 试述强制性保险的特点和内容。
13. 试述建筑工程一切险的适用范围、保险责任、保险期和保险金。
14. 试述安装工程一切险的适用范围、保险责任、保险期和保险金。
15. 简述社会保险的特点。
16. 机动车辆险的标的、保险责任有哪些?
17. 工程项目有哪些非强制性保险?
18. 职业责任保险有哪些?责任索赔的趋势如何?
19. 怎样进行工程保险索赔?

20. 什么是工程担保？它有哪些类别，有何作用？
21. 银行保证书的基本内容有哪些？
22. 怎样应对保证书或担保书风险？

第 16 章 工程项目采购与合同管理

【内容提要】
　　工程项目采购是从系统外部获得货物、土建工程和服务的完整的采办过程。在项目执行中,工程项目采购工作是关键环节,并提供物质基础。规范的项目采购可以有效降低项目成本、保障项目的顺利实施和按期完成,并能体现设计和计划的要求。竞争性招标采购就是保障工程项目采购经济性、有效性的制度安排。而工程建设项目招标和投标又要求工程项目采购应分类管理,包括物资设备采购管理、材料采购管理和机械设备采购管理。建设工程合同根据不同的标准可以划分为不同的类型。一般来说,可以将建设工程合同按照承发包内容分为建设工程勘察设计合同和建设工程施工合同。这两种不同类型的合同约定了建设工程当事人双方的权利、责任与义务,工程建设的过程就是合同执行的过程。与国内尚不成熟的工程管理相比,国际工程管理比较规范,遵循一套系统而严格的国际惯例,在合同管理方面也存在着较大的差别。

16.1　工程项目采购规划

16.1.1　工程项目采购的定义
　　采购是指通过市场获得物资和劳务的过程。工程项目采购是从系统外部获得货物、土建工程和服务(以下统称产品)的完整的采办过程。货物采购是购买项目建设所需的投入物(如机械设备、材料等)及与之相关的服务。土建工程采购是通过招标或其他商定的方式选择工程承包单位及其相关的服务。咨询服务采购主要指聘请咨询公司或咨询专家。

16.1.2　工程项目采购在项目执行中的重要性
　　工程项目采购工作是项目执行中的关键环节并构成项目执行的物质基础和主要内容。规范的项目采购要兼顾经济性和有效性,可以有效降低项目成本、保障项目的顺利实施和按期完成。项目采购必须体现设计和计划的要求,如果采购的产品不符合设计的要求将直接影响项目质量甚至导致项目失败。竞争性招标采购有规范的程序,体现公平、公正原则,给符合条件的承包商提供均等的机会。这不仅符合市场经济运行原则而且也会进一步提高项目的实施质量。公平竞争会促使报价降低,因而对项目的费用控制更为有利。此外采用比较规范的公开招标、公平竞争的招标程序和严谨的支付办法能从制度上最大限度地防止贪污、浪费和欺诈行为。

16.1.3　工程项目采购规划的内容和依据
1. 工程项目采购规划的准备
　　项目采购是一项复杂的工作,它不但应遵循一定的采购程序,更重要的是项目组织及其采购代理人在实施采购前必须清楚地知道所需采购的货物或服务的各种类目、性能规格、质量要求、数量等。必须了解并熟悉国内、国际市场的价格和供求情况、所需货物或服务的供求来源、外汇市场情况、国际贸易支付办法、保险、损失赔偿惯例等有关国内、国际贸易知识和商务方面的情报和知识。上述几个方面都必须在采购准备及实施采购过程中认真对待，稍有不慎就可能导致采购工作的拖延、采购预算超支、不能采购到满意适用的货物或服务而造成损失并影响项目的顺利完成。当然项目组织不大可能全面掌握所需货物及服务在国际及国内市场上的供求情况和各供应商的产品性能、规格及其价格等信息。这一任务由项目组织业主、采购代理机构通力合作来承担。采购代理机构尤其应该重视市场调查和信息。必要时还需要聘用咨询专家来帮助制定采购规划、提供有关信息直至参与采购的全过程。

2．工程项目采购规划的内容

项目采购计划是在考虑了买卖双方之间关系之后从采购者的角度来制定的。项目采购规划过程就是识别项目中哪些需要可以通过从项目实施组织外部采购和如何采购的计划。采购规划一般要对下列事项之一做出决策。

（1）通过一家总承包商采购所有或大部分所需要的货物和服务。例如，选择一家设计施工公司来完成一项基本建设设施。在这种情况下从询价到合同终止的各个过程都只要实施一次。

（2）向多家承包商采购大部分需用的货物和服务。在这种情况下从询价直至合同终止的各个采购过程都要重复多次。这种方法一般都要有订货和采购专家的支持才能进行。

（3）采购小部分需用的货物和服务。这时从询价直到合同终止的各个采购过程也要在采购进行过程中为每一采购活动实施一次。这个方法在使用时可以没有订货和采购咨询专家的帮助。

3．工程项目采购规划的依据

（1）范围说明书。范围说明书说明了项目目前的情况，提供了在采购规划过程中必须考虑的项目要求和策略的重要资料。随着项目的进展，范围说明书可能需要修改或细化以反映这些界限的所有变化。范围说明应当包括对项目的描述、定义以及详细说明需要采购的产品类目的信息。具体包括以下内容：

① 项目的合理性说明（设计说明书）。解释为什么要进行这一项目。项目存在的合理性风险是买方承担的。

② 项目可交付成果（执行说明书）。这是一份主要的、属于归纳性的项目清单。其完整、令人满意的交付标志着项目的完成。项目存在的执行风险由承包商承担。

③ 项目目标（功能说明书）。这是项目成功必须达到的某些数量标准。项目目标至少必须包括费用、进度和质量标准。项目目标应当有属性、计量单位和数量值。

（2）产品说明。项目产品（项目最终成果）的说明提供了有关在采购计划过程中需要考虑的所有技术问题或注意事项的重要材料。

（3）采购活动所需的资源。项目实施组织若没有正式的订货单位，则项目管理班子将不得不自己寻求资源和专业知识支持项目的各种采购活动。

（4）市场状况。采购计划过程必须考虑市场上有何种产品可以买到，从何处购买以及采购的条款和条件是怎样的。

（5）其他计划结果。只要有其他计划结果可供使用（如项目成本初步估算、质量管理计划等等）则在采购计划过程中必须加以考虑。

(6) 制约条件和基本假设。由于项目采购存在着诸多变化不定的环境因素,这些因素形成了制约条件。项目实施组织在实施采购过程中面对变化不定的社会经济环境所做出的一些合理推断就是基本假设。制约条件和基本假设的存在限制了项目组织的选择范围。

16.2 工程项目采购分类管理

16.2.1 工程建设项目采购管理

工程建设项目采购就是获取承揽工程建设项目的过程,即建设工程招标和投标。

1. 建设工程招标投标概述

《建筑法》第19条规定"建筑工程依法实行招标发包,对不适于招标发包的可以直接发包"。也就是说建筑工程的发包方式有两种,一种是招标发包,另一种是直接发包。招标发包是最基本的发包方式。建设工程招标投标是市场经济活动中的一种竞争方式,是以招标的方式使投标竞争者分别提出有利条件,由招标人选择其中最优者并与其订立合同的一种法律制度。它是订立合同的要约与承诺的特殊表现形式。建设工程的招标投标是法人之间的经济活动,受国家法律的保护。

2. 建设工程招标

(1) 建设工程招标的方式

《招标投标法》规定招标分为公开招标和邀请招标。

① 公开招标

公开招标亦称无限竞争性招标,是指招标人以招标公告的方式邀请不特定的法人或者其他组织投标。采用这种招标方式可为所有的承包商提供一个平等竞争的机会,业主有较大的选择余地,有利于降低工程造价、提高工程质量和缩短工期。不过这种招标方式可能导致招标人对资格预审和评标工作量加大,招标费用支出增加。同时也使投标人中标概率减小而增加其投标前期风险。

世界银行的贷款项目公开招标方式又分为国际竞争性招标和国内竞争性招标。其中国际竞争性招标是世界银行贷款项目的主要招标方式。目前我国同世界银行商定,限额在100万美元以上的采用国际竞争性招标。

② 邀请招标

邀请招标亦称有限招标。是指招标人以投标邀请书的方式邀请特定的法人或者其他组织投标。采用这种招标方式,由于被邀请参加竞争的投标者为数有限,不仅可以节省招标费用,而且能提高每个投标者的中标率,所以对招标、投标双方都有利。不过,这种招标方式限制了竞争范围,把许多可能的竞争者排除在外,是不符合自由竞争、机会均等原则的。

(2) 招标的一般程序

① 成立招标组织,由建设单位自行招标或委托招标;
② 编制招标文件和标底(如果有);
③ 发布招标公告或发出招标邀请书;
④ 对投标单位进行资质审查,并将审查结果通知各申请投标者;
⑤ 发售招标文件;
⑥ 组织投标单位踏勘现场并对招标文件答疑。

(3) 招标文件的内容

《招标投标法》第 19 条规定：招标人应当根据招标项目的特点和需要编制招标文件。招标文件应当包括招标项目的技术要求、对投标人资格审查的标准、投标报价要求和评标标准等所有实质性要求和条件以及拟签订合同的主要条款。国家对招标项目的技术、标准有规定的，招标人应当按照其规定在招标文件中提出相应要求。招标项目需要划分标段、确定工期的，招标人应当合理划分标段、确定工期，并在招标文件中载明。

根据 2000 年 10 月 18 日建设部令第 82 号发布的《建筑工程设计招标投标管理办法》（以下简称《工程设计招投标管理办法》）和《工程施工招投标管理办法》，工程设计和施工招标文件的内容规定如下：

① 建筑工程设计招标文件的内容

《工程设计招投标管理办法》第 9 条规定招标文件应当包括以下内容：

A．工程名称、地址、占地面积、建筑面积等；
B．已批准的项目建议书或者可行性研究报告；
C．工程经济技术要求；
D．城市规划管理部门确定的规划控制条件和用地红线图；
E．可供参考的工程地质、水文地质、工程测量等建设场地勘察成果报告；
F．供水、供电、供气、供热、环保、市政道路等方面的基础资料；
G．招标文件答疑、踏勘现场的时间和地点；
H．招标文件编制要求及评标原则；
I．投标文件送达的截止时间；
J．拟签订合同的主要条款；
K．未中标方案的补偿办法。

② 房屋建筑与市政工程基础设施施工招标文件的内容

《工程施工招投标管理办法》第 18 条规定，招标人应当根据招标工程的特点和需要自行或者委托工程招标代理机构编制招标文件。招标文件应当包括下列内容：

A．投标须知。包括工程概况、招标范围、资格审查条件、工程资金来源或者落实情况（包括银行出具的资金证明）、标段划分、工期要求、质量标准、现场踏勘和答疑安排、投标文件编制、提交、修改、撤回的要求、投标报价要求、投标有效期、开标的时间和地点、评标的方法和标准等；
B．招标工程的技术要求和设计文件；
C．采用工程量清单招标的，应当提供工程量清单；
D．投标函的格式及附录；
E．拟签订合同的主要条款；
F．要求投标人提交的其他材料。

(4) 发布招标公告

《招标投标法》第 16 条第 1 款规定"招标人采用公开招标方式的，应当发布招标公告。依法必须进行招标的项目的招标公告，应当通过国家指定的报刊、信息网络或者其他媒介发布"。

(5) 招标单位对参加投标者的资格审查

我国《招标投标法》第 18 条关于资格审查的规定主要是针对资格预审制定的,同时《工程施工招投标管理办法》第 16~17 条对资格预审的有关事项进行了规定:

招标人可以根据招标工程的需要对投标申请人进行资格预审,也可以委托工程招标代理机构对投标申请人进行资格预审。对于实行资格预审的招标工程,招标人应当在招标公告或者投标邀请书中载明资格预审的条件和获取资格预审文件的办法。

资格预审文件一般应当包括资格预审申请书格式、申请人须知以及需要投标申请人提供的企业资质、业绩、技术装备、财务状况和拟派出的项目经理与主要技术人员的简历、业绩等证明材料。

经资格预审后,招标人应当向资格预审合格的投标申请人发出资格预审合格通知书,告知获取招标文件的时间、地点和方法,并同时向资格预审不合格的投标申请人告知资格预审结果。

在资格预审合格的投标申请人过多时,可以由招标人从中选择不少于 7 家资格预审合格的投标申请人。

(6) 发售招标文件

根据《招标投标法》、《工程施工招投标管理办法》和《工程设计招投标管理办法》等有关法律、法规和规章的规定,招标人在发售招标文件时应遵守如下法律规定:

① 招标文件的发售

招标文件、图纸和有关技术资料发放给通过资格预审获得投标资格的投标单位。不进行资格预审的发放给愿意参加投标的单位。投标单位收到招标文件、图纸和有关资料后,应当认真核对,核对无误后以书面形式予以确认。

在工程实践中经常会出现招标人以不合理的高价发售招标文件的现象。对此《工程施工招投标管理办法》第 22 条规定招标人对于发出的招标文件可以酌收工本费。根据该项规定,借发售招标文件的机会谋取不正当利益的行为是法律所禁止的。对于招标文件中的设计文件,《工程施工招投标管理办法》第 22 条规定招标人可以酌收押金。对于开标后将设计文件退还的招标人应当返还押金。

在实践中还出现招标人利用发售标书的期限来规避招标的做法。例如某省一个全国招标的公路项目,以尽快完成招标工作、抢工期为名,故意将购买标书截止时间安排在公告的次日,使大多数有竞争力的企业无法参与购买,只有那些与业主有关系的企业因事先获得消息才可以应对自如。这种规避招标的做法,应予以明令禁止。

② 招标人的保密义务

在招标投标实践中,常常会发生招标人泄漏招标事宜的事情。如果潜在的投标人得到了其他潜在投标人的名称、数量及其他可能影响公平竞争的招标投标情况,可能会采用不正当竞争手段使招标投标的公平性失去意义。对此《招标投标法》第 22 条第 1 款规定招标人不得向他人透露已递交招标文件的潜在投标人的名称、数量以及可能影响公平竞争的有关招标投标的其他情况。

同时《招标投标法》第 22 条第 2 款规定招标人设有标底的,标底必须予以保密。

③ 招标文件的澄清和更改

招标文件对招标人具有法律约束力,一经发出不得随意更改。根据《招标投标法》第 23 条的规定:"招标人对已发出的招标文件进行必要的澄清或者修改的,应当在招标文件要求提交投标文件截止时间至少15日前,以书面形式通知所有招标文件收受人。该澄清或者修改的内容为招标文件的组成部分。"

同时根据《工程施工招投标管理办法》第20条的规定,招标人对工程施工招标文件进行澄清或者修改的,除应当履行《招标投标法》第23条要求的法定义务以外,还应当同时报工程所在地的县级以上地方人民政府建设行政主管部门备案。该澄清或者修改的内容为招标文件的组成部分。

招标人应保管好证明澄清或修改通知已发出的有关文件(如邮件回执等);投标单位在收到澄清或修改通知后,应书面予以确认。该确认书双方均应妥善保管。

④ 投标截止时间

在工程实践中,利用投标截止时间也是规避招标的常用手段之一。对此,《招标投标法》第24条规定:"招标人应当确定投标人编制投标文件所需要的合理时间;但是,依法必须进行招标的项目由招标文件开始发出之日起至投标提交投标文件截止之日止,最短不得少于20日。"

在此基础上,对于建筑工程设计投标文件的提交时限,《工程设计招投标管理规定》第20条规定:招标人要求投标人提交投标文件的时限为:特级和一级建筑工程不少于45日;二级以下建筑工程不少于30日;进行概念设计招标的,不少于20日。

上述法律规定对保护投标人的合法权益具有十分积极的现实意义。

3. 建设工程投标

(1) 投标文件

① 投标文件应符合的基本法律要求

根据《招标投标法》第27条第1款的规定:"投标人应当按照招标文件的要求编制投标文件。投标文件应当对招标文件提出的实质性要求和条件作出响应。"第2款规定:"招标项目属于建设施工的,投标文件的内容应当包括拟派出的项目负责人与主要技术人员的简历、业绩和拟用于完成招标项目的机械设备等。"

同时,根据《工程施工招投标管理办法》第25条第2款的规定:"招标文件允许投标人提供备选标的,投标人可以按照招标文件的要求提交替代方案,并做出相应报价作备选标。"

此外《工程设计招投标管理办法》第13条规定:"投标人应当按照招标文件、建筑方案设计文件编制深度规定的要求编制投标文件。进行概念设计招标的,应当按照招标文件要求编制投标文件。投标文件应当由具有相应资格的注册建筑师签章并加盖单位公章。"

② 投标文件的内容

根据《工程施工招投标管理办法》第26条的有关规定,投标文件应当包括下列内容:

A. 投标函;

B. 施工组织设计或者施工方案;

C. 投标报价;

D. 招标文件要求提供的其他材料。

根据上述规定结合工程实践,招标文件要求提供的其他材料一般应包括以下内容:

a. 投标保证书或投标保证金;

b. 法定代表人资格证明书或授权委托书;

c. 拟派出项目负责人、主要工程管理人员和技术人员简历(其中招标项目为建设施工的,项目负责人一般指项目经理);

d. 拟分包的工程和分包商的情况；

e. 招标文件要求提供的其他材料。

(2) 投标担保

① 投标担保的概念

所谓投标担保，是为防止投标人不审慎进行投标活动而设定的一种担保形式。招标人不希望投标人在投标有效期内随意撤回标书或中标后不能提交履约保证金和签署合同。因此，为了约束投标人的投标行为，保护招标人的利益，维护招标投标活动的正常秩序，《工程施工招投标管理办法》第17条对投标担保制度作出了规定，这既是对《招标投标法》的必要补充，也是符合国际惯例的。投标保证金的收取和缴纳办法应在招标文件中说明，并按招标文件的要求进行。

② 投标担保的形式和有效期限

A. 投标担保的形式

《工程施工招投标管理办法》第27条规定，招标人可以在招标文件中要求投标人提交投标担保。投标担保可以采用投标保函或者投标保证金的方式，其中后者为工程实践中的投标担保的最主要形式。投标保证金可以使用支票、银行汇票等，一般不得超过投标总价的2%，最高不得超过50万元。投标人应当按照招标文件要求的方式和金额，将投标保函或者投标保证金随投标文件提交招标人。

B. 投标保证金的期限

投标保证金有效期截止到签订合同或提供履约保函，一般为投标有效期截止后的第28天。

C. 投标保证金被没收的几种情形

a. 投标人在有效期内撤回其投标文件。

b. 中标人未能在规定期限内提交履约保证金或签署合同协议。

(3) 投标文件的补充、修改和撤回

《招标投标法》第29条规定："投标人在招标文件要求提交投标文件的截止时间前，可以补充、修改或者撤回已提交的投标文件，并书面通知招标人。补充、修改的内容为投标文件的组成部分。"

(4) 联合投标

在工程实践中，尤其是在国际工程承包中，联合投标是实现不同投标人优势互补、跨越地区和国家市场屏蔽的有效方式。

① 联合投标的含义

根据《招标投标法》第31条第1款的规定，联合投标是指"两个以上法人或者其他组织可以组成一个联合体以一个投标人的身份共同投标"。

② 联合体各方的资格要求

《招标投标法》第31条第2款规定："联合体各方均应当具备承担招标项目的相应能力；国家有关规定或者招标文件对投标人资格条件有规定的，联合体各方均应当具备规定的相应资格条件。由同一专业的单位组成的联合体，按照资质等级较低的单位确定资质等级。"

③ 联合体各方的权利和义务

《招标投标法》第31条第2款规定："联合体各方应当签订共同投标协议，明确约定各方拟承担的工作和责任，并将共同投标协议连同投标文件一并提交招标人。联合体中标的，联合体各方应当共同与招标人签订合同,就中标项目向招标人承担连带责任。"

(5) 建设工程开标、评标、中标

建设工程决标是指招标单位确定中标企业的法律行为。它通常包括开标、评标和中标三个过程。

① 开标

A. 开标的时间、地点和参加人

招标投标活动经过了招标阶段和投标阶段之后,便进入了开标阶段。为了保证招标投标的公平、公正、公开,开标的时间和地点应遵守法律和招标文件中的规定。根据《招标投标法》第 34 条的规定:"开标应当在招标文件确定的提交投标文件截止时间的同一时间公开进行;开标地点应当为招标文件中预先确定的地点。"同时《招标投标法》第 35 条规定:"开标由招标人主持,邀请所有投标人参加。"

B. 应当遵守的法律程序

根据《招标投标法》第 36 条的规定,开标应当遵守如下法律程序:

a. 开标前的检查。

开标时,由招标人或者其推选的代表检查投标文件的密封情况,也可以由招标人委托的公证机构检查并公证。招标人委托公证机构公证的应当遵守司法部 1992 年 10 月 19 日制定实施的《招标投标公正程序细则》的有关规定。

b. 投标文件的拆封、宣读。

经确认无误后,由工作人员当众拆封,宣读投标人名称、投标价格和投标文件的其他主要内容。

c. 开标过程的记录和存档。

开标过程应当记录,并存档备查。在宣读投标人名称、投标价格和投标文件的其他主要内容时,招标主持人对公开开标所读的每一项,按照开标时间的先后顺序进行记录。开标机构应当事先准备好开标记录的登记表册,开标填写后作为正式记录,保存于开标机构。开标记录的内容包括:项目名称、招标号、刊登招标公告的日期、发售招标文件的日期、购买招标文件的单位名称、投标人的名称及报价、截标后收到投标文件的处理情况等。

C. 投标文件无效的几种情形

根据《工程施工招投标管理办法》第 35 条的规定,在开标时投标文件出现下列情形之一的应当作为无效投标文件,不得进入评标:

a. 投标文件未按照招标文件的要求予以密封的;

b. 投标文件中的投标函未加盖投标人的企业及企业法定代表人印章的,或者企业法定代表人委托代理人没有合法、有效的委托书(原件)及委托代理人印章的;

c. 投标文件的关键内容字迹模糊、无法辨认的;

d. 投标人未按照招标文件的要求提供投标保函或者投标保证金的;

e. 组成联合体投标的,投标文件未附联合体各方共同投标协议的。

《工程施工招投标管理办法》关于开标时应作为无效投标文件处理的几种情形的规定是对《招标投标法》的必要补充。在工程实践中当出现上述情形时招标人应当根据该办法第 35 条的规定保护自己的合法权益。

② 评标

2001年7月5日国家发展和计划委员会、建设部等七部委联合发布了《评标委员会和评标方法暂行规定》。根据该暂行规定及有关规定，评标应遵守如下法律规定：

A．评标方法

评标委员会应当根据招标文件规定的评标标准和方法，对投标文件进行系统的评审和比较。招标文件中没有规定的标准和方法不得作为评标的依据。招标文件中规定的评标标准和评标方法应当合理，不得含有倾向或者排斥潜在投标人的内容，不得妨碍或者限制投标人之间的竞争。

评标方法包括经评审的最低投标价法、综合评估法或者法律、行政法规允许的其他评标方法。

B．应作为废标处理的几种情况

a．以虚假方式谋取中标。在评标过程中，评标委员会发现投标人以他人的名义投标、串通投标、以行贿手段谋取中标或者以其他弄虚作假方式投标的，该投标人的投标应作废标处理。

b．低于成本报价竞标。在评标过程中，评标委员会发现投标人的报价明显低于其他投标报价或者在设有标底时明显低于标底，使得其投标报价可能低于其个别成本的，应当要求该投标人作出书面说明并提供相关证明材料。投标人不能合理说明或者不能提供相关证明材料的，由评标委员会认定该投标人以低于成本报价竞标，其投标应作废标处理。

c．不符合资格条件或拒不对投标文件澄清、说明或改正。投标人资格条件不符合国家有关规定和招标文件要求的，或者拒不按照要求对投标文件进行澄清、说明或者补正的，评标委员会可以否决其投标。

d．未能在实质上响应的投标。评标委员会应当审查每一投标文件是否对招标文件提出的所有实质性要求和条件作出响应。未能在实质上响应的投标应作废标处理。

e．根据建筑设计招标投标活动的特点。《工程设计招投标管理办法》第16条规定有下列情形之一的，投标文件作废：投标文件未经密封的；无具有相应资格的注册建筑师签字的；无投标人公章的；注册建筑师受聘单位与投标人不符的。

在实践操作中，应注意把《评标委员会和评标方法暂行规定》、《工程施工招投标管理办法》、《工程设计招投标管理办法》中有关无效投标的规定有机地结合起来。应该说这三个部门规章关于无效投标的规定比《招标投标法》更具体、更严格，也更有利于约束招标人的行为和保护投标人的合法权益。

C．投标偏差

评标委员会应当根据招标文件，审查并逐项列出投标文件的全部投标偏差。投标偏差分为重大偏差和细微偏差。下列情况属于重大偏差：

a．没有按照招标文件要求提供投标担保或者所提供的投标担保有瑕疵；

b．投标文件没有投标人授权代表签字和加盖公章；

c．投标文件载明的招标项目完成期限超过招标文件规定的期限；

d．明显不符合技术规格、技术标准的要求；

e．投标文件载明的货物包装方式、检验标准和方法等不符合招标文件的要求；

f．投标文件附有招标人不能接受的条件；

g．不符合招标文件中规定的其他实质性要求。

投标文件有上述情形之一的为未能对招标文件作出实质性响应,作废标处理。招标文件对重大偏差另有规定的从其规定。

细微偏差是指投标文件在实质上响应招标文件要求,但在个别地方存在漏项或者提供了不完整的技术信息和数据等情况,并且补正这些遗漏或者不完整不会对其他投标人造成不公平的结果。细微偏差不影响投标文件的有效性。评标委员会应当书面要求存在细微偏差的投标人在评标结束前予以补正。拒不补正的,在详细评审时可以对细微偏差作不利于该投标人的量化,量化标准应当在招标文件中规定。

③ 中标

A. 发出中标通知书

中标通知书,是指招标人在确定中标人后向中标人发出的通知其中标的书面凭证。《招标投标法》第45条第1款规定:中标人确定后,招标人应当向中标人发出中标通知书,同时通知未中标人。

B. 中标通知书的法律效力

《招标投标法》第45条第2款规定:"中标通知书对招标人和中标人具有法律效力。中标通知书发出后,招标人改变中标结果或者中标人放弃中标项目的,应当依法承担法律责任。"

中标通知书发出的另一个法律后果是招标人和中标人应当在法律规定的时限内订立书面合同。《招标投标法》第46条规定:招标人和中标人应当自中标通知书发出之日起30日内按照招标文件和中标人的投标文件订立书面合同。招标人与中标人不得再行订立背离合同实质性内容的其他协议。

一般情况下,合同自承诺生效时成立,但《合同法》第32条规定"当事人采取合同书形式订立合同的,自双方当事人签字或者盖章时合同成立。"建设工程合同的订立就属于这种情况。

建设工程合同订立的依据是招标文件和中标人的投标文件,双方不得再订立违背合同实质性内容的其他协议。合同实质性内容包括投标价格、投标方案等涉及招标人和中标人权利义务关系的实体内容。如果允许招标人和中标人可以再行订立背离违背合同实质性内容的其他协议,就违背了招标投标活动的初衷,对其他未中标人来讲也是不公正的。因此对于这类行为,法律必须予以严格禁止。

C. 提供履约担保和付款担保

a. 中标人提供履约担保

提供履约担保是针对中标人而言的。《招标投标法》第46条第3款规定:"招标文件要求中标人提交履约保证金的,中标人应当提交。"

要求中标人提供履约担保,是国际工程惯例。所谓履约担保是指招标人在招标文件中规定的要求中标的投标人提交的保证履行合同义务的担保。履约担保除可以采用履约保证金这种形式外,还可以采用银行、保险公司或担保公司出具履约保函,通常为建设工程合同金额的10%左右。在招标文件中招标人应当就提交履约担保的方式作出规定,中标人应当按照招标文件中的规定提交履约担保。中标人不按照招标文件的规定提交履约担保的,将失去订立合同的资格,其已提交的投标担保不予退还。

b. 招标人提供付款担保

提供付款担保是针对招标人而言的。《工程施工招投标管理办法》第48条规定:招标文件要求中标人提交履约担保的,中标人应当提交。招标人应当同时向中标人提供工程款支付担保。要求招标人提供付款担保，同样是国际工程惯例。建设工程合同中设立付款担保条款，是为了保证招标人(发包人)按合同约定向中标人(承包人)支付工程款。《合同法》规定，当事人应当遵循公平原则确定双方的权利义务，据此，建设工程合同当事人的权利和义务应当是对等的。

工程实践中，工程款拖欠屡禁不止的重要原因之一是缺乏有效的招标人付款担保制度。《建设工程施工合同(示范文本)》(GF—1999—0201)41.1规定发包人与承包人为了全面履行合同，应互相提供担保；《工程施工招投标管理办法》则以部门规章的形式确立了付款担保制度，是很有现实意义的。

16.2.2 物资设备采购管理

项目建设所需物资按标的物的特点可以区分为买卖合同和承揽合同两大类。采购大宗建筑材料或定型批量生产的中小型设备属于买卖合同。由于标的物的规格、性能、主要技术参数均为通用指标，因此招标一般仅限于对投标人的商业信誉、报价和交货期限等方面的比较。而订购非批量生产的大型复杂机组设备、特殊用途的大型非标准部件则属于承揽合同，招标评选时要对投标人的商业信誉、加工制造能力、报价、交货期限和方式、安装(或安装指导)、调试、保修及操作人员培训等各方面条件进行全面比较。

1. 划分合同包的基本原则

建设工程项目所需的各种物资应按实际需求时间分成几个阶段进行招标。每次招标时，可依据物资的性质只发一个合同包或分成几个合同包同时招标。投标的基本单位是包，投标人可以投一个或其中的几个包，但不能仅投一个包中的某几项。而且必须包括全部规格和数量供应的报价。划分采购标和包的原则是，有利于吸引较多的投标人参加竞争以达到降低货物价格，保证供货时间和质量的目的。主要考虑的因素包括：

(1) 有利于投标竞争

按照标的物预计金额的大小恰当地分标和分包。若一个包划分过大，中小供货商无力问津；反之，划分过小对有实力供货商又缺少吸引力。

(2) 工程进度与供货时间的关系

分阶段招标的计划应以到货时间满足施工进度计划为条件，综合考虑制造周期、运输、仓储能力等因素。既不能延误施工的需要，也不应过早到货以免支出过多保管费用及占用建设资金。

(3) 市场供应情况

项目建设需要大量建筑材料和设备，应合理预计市场价格的浮动影响，合理分阶段、分批采购。

(4) 资金计划

考虑建设资金的到位计划和周转计划，合理地进行分次采购招标。

2. 设备采购的资格预审

合格的投标人应具有圆满履行合同的能力，具体要求应符合以下条件：

(1) 具有独立订立合同的权利。

(2) 在专业技术、设备设施、人员组织、业绩经验等方面具有设计、制造、质量控制、经营管理的相应资格和能力。

(3) 具有完善的质量保证体系。

(4) 业绩良好。要求具有设计、制造与招标设备相同或相近设备的良好运行经验。

(5) 有良好的银行信用和商业信誉等。

3．评标

材料、设备供货评标的特点是不仅要看报价的高低，还要考虑招标人在货物运抵现场过程中可能要支付的其他费用，以及设备在评审预定的寿命期内可能投入的运营、管理费用的多少。如果投标人的设备报价较低但运营费用很高时，仍不符合以最合理价格采购的原则。货物采购评标，一般采用评标价法或综合评分法，也可以将二者结合使用。

(1) 评标价法

以货币价格作为评价指标的评标价法，依据标的性质不同可以分为以下几类比较方法。

① 最低投标价法

采购简单商品、半成品、原材料，以及其他性能、质量相同或容易进行比较的货物时仅以报价和运费作为比较要素，选择总价格最低者中标。

② 综合评标价法

以投标价为基础，将评审各要素按预定方法换算成相应价格值后增加或减少到报价上形成评标价。采购机组、车辆等大型设备时，较多采用这种方法。投标报价之外还需考虑的因素通常包括：

A．运输费用。招标人可能额外支付的运费、保险费和其他费用。

B．交货期。评标时以招标文件的供货一览表中规定的交货时间为标准。投标书中提出的交货期早于规定时间，一般不给予评标优惠。因为施工还不需要时的提前到货，不仅不会使招标人获得提前收益反而要增加仓储保管费和设备保养费。如果迟于规定的交货日期且推迟的时间尚在可以接受的范围内，则交货日期每延迟1个月，按投标价的一定百分比（一般为2%）计算折算价增加到报价上去。

C．付款条件。投标人应按招标文件中规定的付款条件报价，对不符合规定的投标可视为非响应性而予以拒绝。但在大型设备采购招标中如果投标人在投标致函内提出了"若采用不同的付款条件（如增加预付款或前期阶段支付款）可以降低报价的供选择方案时，评标时也可予以考虑。当要求的条件在可接受范围内，应将偏离要求给招标人增加的费用（资金利息等），按招标文件规定的贴现率换算成评标时的净现值，加到投标致函中提出的更改报价上后作为评标价。如果投标书中提出可以减少招标文件说明的预付款金额，则招标人晚支付部分可能少支付的利息，也应以贴现方式从投标价内扣减此值。

D．零配件和售后服务。零配件以设备运行2年内各类易损备件的获取途径和价格作为评标要素。

E．设备性能、生产能力。投标设备应具有招标文件技术规范中要求的生产效率。如果所提供设备的性能、生产能力等某些技术指标没有达到要求的基准参数则每种参数比基准参数减低1%时，应以投标设备实际生产效率成本为基础计算，在投标价上增加若干金额。

将以上各项评审价格加到报价上去后，累计金额即为该标书的评标价。

③ 以设备寿命周期成本为基础的评标价法

采购生产线、成套设备、车辆等运行期内各种费用较高的货物，评标时可预先确定一个统一的设备评审寿命期（短于实际寿命期），然后再根据投标书的实际情况在报价上加上该年限运行期间所发生的各项费用，再减去寿命期末设备的残值。计算各项费用和残值时，都应按招标文件规定的贴现率折算成净现值。

这种方法是在综合评标价的基础上,进一步加上一定运行年限内的费用作为评审价格。这些以贴现值计算的费用包括:

　　A．估算寿命期内所需的燃料消耗费。
　　B．估算寿命期内所需备件及维修费用。
　　C．估算寿命期残值。

(2) 综合评分法

按预先确定的评分标准,分别对各投标书的报价和各种服务进行评审记分。

① 评审记分内容

主要内容包括:投标价格、运输费、保险费和其他费用的合理性;投标书中所报的交货期限;偏离招标文件规定的付款条件影响;备件价格和售后服务;设备的性能、质量、生产能力、技术服务和培训及其他有关内容。

② 评审要素的分值分配

评审要素确定后,应依据采购标的物的性质、特点,以及各要素对总投资的影响程度划分权重和记分标准,既不能等同对待,也不应一概而论。

综合记分法的好处是简便易行,评标考虑要素较为全面,缺点是各评标委员独自给分,对评标人的水平和知识面要求高,否则主观随意性大。投标人提供的设备型号各异,难以合理确定不同技术性能的相关分值差异。

16.2.3 材料采购管理

1．掌握材料信息,优选供货厂家

只有掌握材料质量、价格、供货能力的信息,选择好供货厂家,才能获得质量好、价格低的材料资源,从而确保工程质量,降低工程造价。材料订货时,采购方要求厂方提供质量保证文件,用以表明提供的货物完全符合质量要求。质量保证文件的内容主要包括:供货总说明;产品合格证及技术说明书;质量检验证明;检测与试验者的资质证明;不合格品或质量问题处理的说明及证明;有关图纸及技术资料等。

2．合理组织材料供应,确保施工正常进行

合理、科学地组织材料的采购、加工、储备、运输,建立严密的计划、调度体系以加快材料的周转,是提高供应效益确保正常施工的关键环节。

3．合理地组织材料的使用,减少材料的损失

正确按定额计量使用材料,加强运输、仓库保管工作,加强材料限额管理和发放工作,健全现场材料管理制度,避免材料损失、变质,乃是确保材料质量、节约材料的重要措施。

4．加强材料检查验收,严把材料质量关

(1) 对用于工程的主要材料,进场时必须具备正式的出厂合格证和材质化验单。如不具备或对检验证明有怀疑时,应补做检验。

(2) 工程中所有各种构件必须具有厂家批号和出厂合格证。钢筋混凝土和预应力钢筋混凝土构件均应按规定的方法进行抽样检验。由于运输、安装等原因出现的构件质量问题,应分析研究,经处理鉴定后方能使用。

(3) 凡标志不清或认为质量有问题的材料、对质量保证资料有怀疑或与合同规定不符的一般材料、由于工程重要程度决定应进行一定比例试验的材料、需要进行追踪检验以控制

和保证其质量的材料等均应进行抽检。对于进口的材料和重要工程或关键施工部位所用的材料,则应进行全部检验。

(4) 材料质量抽样和检验的方法应符合《建筑材料质量标准与管理规程》,要能反映该批材料的质量性能。对于重要构件或非匀质的材料,还应酌情增加采样的数量。

(5) 在现场配制的材料,如混凝土、砂浆、防水材料、防腐材料、绝缘材料、保温材料等配合比,应先提出试配要求,经试配检验合格后才能使用。

(6) 对进口材料、设备应会同商检局检验,如核对凭证中发现问题,应取得供方和商检人员签署的商务记录,按期提出索赔。

(7) 高压电缆、电压绝缘材料,要进行耐压试验。

5. 要重视材料的使用认证,以防错用或使用不合格的材料

(1) 对主要装饰材料及建筑配件,应在订货前要求厂家提供样品或看样订货;主要设备订货时要审核设备清单,是否符合设计要求。

(2) 对材料性能、质量标准、适用范围和施工要求必须充分了解以便慎重选择和使用材料。

(3) 凡是用于重要结构、部位的材料,使用时必须仔细地核对、认证其材料的品种、规格、型号、性能有无错误,是否适合工程特点和满足设计要求。

(4) 新材料应用必须通过试验和鉴定,代用材料必须通过计算和充分的论证,并要符合结构构造的要求。

(5) 不合格的材料不许用于工程中。有些不合格的材料,如过期、受潮的水泥是否降级使用,亦需结合工程的特点予以论证,但决不允许用于重要的工程或部位。

6. 材料采购合同

材料采购合同是指平等主体的自然人、法人、其他组织之间,以工程项目所需材料为标的,以材料买卖为目的,出卖人(简称卖方)转移材料的所有权与买受人(简称买方)支付材料价款的合同。

(1) 材料采购合同的订立方式

材料采购合同的订立可采用以下几种方式:

① 公开招标。

② 邀请招标。

③ 询价、报价、签订合同。

买方向若干建材厂商或建材经营公司发出询价函,要求他们在规定的期限内作出报价,在收到厂商的报价后,经过比较选定报价合理的厂商与其签订合同。

④ 直接定购。

由材料买方直接向材料生产厂商或材料经营公司报价,生产厂商或材料经营公司接受报价,签订合同。

(2) 材料采购合同的主要内容

按照《合同法》的分类,材料采购合同属于买卖合同。国内物资购销合同的示范文本规定,合同条款应包括以下几方面内容:

① 产品名称、商标、型号、生产厂家、订购数量、合同金额、供货时间及每次供应数量;

② 质量要求的技术标准。供货方对质量负责的条件和期限;

③ 交(提)货地点、方式；
④ 运输方式及到站、港和费用的负担责任；
⑤ 合理损耗及计算方法；
⑥ 包装标准、包装物的供应与回收；
⑦ 验收标准、方法及提出异议的期限；
⑧ 随机备品、配件工具数量及供应办法；
⑨ 结算方式及期限；
⑩ 如需提供担保，另立合同担保书作为合同附件；
⑪ 违约责任；
⑫ 解决合同争议的方法；
⑬ 其他约定事项。

(3) 材料采购合同的主要条款

依《合同法》规定材料采购合同的主要条款如下：

① 双方当事人的名称、地址、法定代表人的姓名，委托代订合同的，应有授权委托书并注明代理人的姓名、职务等。

② 合同标的。材料的名称、品种、型号、规格等应符合施工合同的规定。

③ 技术标准和质量要求。质量条款应明确各类材料的技术要求、试验项目、试验方法、试验频率以及国家法律规定的国家强制性标准和行业强制性标准。

④ 材料数量及计量方法。材料数量的确定由当事人协商应以材料清单为依据，并规定交货数量的正负尾差、合理磅差和在途自然减(增)量及计量方法。计量单位采用国家规定的度量标准，计量方法按国家的有关规定执行，没有规定的可由当事人协商执行。

⑤ 材料的包装。包装质量可按国家和有关部门规定的标准签订。当事人有特殊要求的，可由双方商定标准，但应保证材料包装适合材料的运输方式。

⑥ 材料交付方式。材料交付可采取送货、自提和代运三种不同方式。

⑦ 材料的交货期限。

⑧ 材料的价格。

⑨ 违约责任。在合同中当事人应对违反合同所负的经济责任作出明确规定。

⑩ 特殊条款。如果双方当事人对一些特殊条件或要求达成一致意见，也可在合同中明确规定，成为合同的条款。当事人对以上条款达成一致意见形成书面协议后经当事人签名盖章即产生法律效力。若当事人要求鉴证或公证的，则经鉴证机关或公证机关盖章后方可生效。

⑪ 争议解决的方式。

(4) 材料采购合同的履行

材料采购合同订立后应依《合同法》的规定予以全面、实际地履行。

① 按约定的标的履行。

卖方交付的货物必须与合同规定的名称、品种、规格、型号相一致。除非买方同意，不允许以其他货物代替，也不允许以支付违约金或赔偿金的方式代替履行。

② 按合同规定的期限、地点交付货物。

交付货物的日期应在合同规定的交付期限内，交付的地点应在合同指定的地点。实际交付的日期早于或迟于合同规定的交付期限,即视为提前或逾期交货。提前交付,买方可拒绝接受。逾期交付的应承担逾期交付的责任。如果逾期交货,买方不再需要,应在接到卖方交货通知后15天内通知卖方,逾期不答复的视为同意延期交货。

③ 按合同规定的数量和质量交付货物。

对于交付货物的数量应当场检验,清点数目后由双方当事人签字。对外在质量的检验可当场检验。对内在质量,需作物理或化学试验的,试验的结果为验收的依据。卖方在交货时,应将产品合格证随同产品交买方据以验收。

④ 按约定的价格及结算条款履行。

买方在验收材料后,应按合同规定履行付款义务,否则承担法律责任。

A．卖方的违约责任。卖方不能交货的,应向买方支付违约金;卖方所交货物与合同规定不符的,应根据情况由卖方负责包换、包退,包赔由此造成的买方损失。

B．买方违约责任。买方中途退货,应向卖方偿付违约金。逾期付款,应按中国人民银行关于延期付款的规定向卖方偿付逾期付款的违约金。

16.2.4 机械设备采购管理

1．生产设备的选用

机械设备的选用应着重从机械设备的选型、机械设备的主要性能参数和机械设备的使用操作要求等三方面予以控制。

（1）机械设备的选型

机械设备的选择应因地制宜、因工程制宜,按照技术上先进、经济上合理、生产上适用、性能上可靠、使用上安全、操作方便和维修方便的原则。

（2）机械设备的主要性能参数

机械设备的主要性能参数是选择机械设备的依据。选择机械设备要能满足需要和保证质量的要求。

（3）机械设备的使用操作要求

机械设备的使用操作要求应该适应机械设备操作人员的素质并能很好的适应环境。

2．生产设备采购与质量控制

生产设备的控制,主要是控制设备的购置、设备的检查验收、设备的安装质量和设备的试车运转。

（1）设备的购置

在购置设备时应特别重视以下几点:

① 必须按设计的选型购置设备。

② 设备购置应申报,经对设备定货清单(包括设备名称、型号、规格、数量等)按设计要求逐一审核认证后,方能加工订货。

③ 优选订货厂家。要求制造厂家提供产品目录、技术标准、性能参数、版本图样、质保体系、销售价格、供销文件等有关信息资料。通过社会调查,了解制造厂家企业的素质、资质等级、技术装备、管理水平、经营作风、社会信誉等各方面情况,然后进行综合分析比较,择优选择订货厂家。对某些成套设备或大型设备,还必须通过设备招标的方式来优选制造厂家。

④ 签订订货合同。设备购置应以经济合同形式对设备的质量标准、供货方式、供货时

间、交货地点、组织测试要求、检测方法、保修索赔期限、以及双方的权利和义务等予以明确规定。

⑤ 设备制造质量的控制。对于主要或关键设备在制造过程中，还应深入制造厂家检查控制设备的制造质量。

⑥ 购置的设备在运输中，必须采取有效的包装和固定措施，严防碰撞损伤。

⑦ 加强设备的贮存、保管，避免配件、备件的遗失，设备遭受污染锈蚀和控制系统的失灵。

(2) 设备的检查验收

① 设备开箱检查

设备出厂时，一般都要进行良好的包装，运到安装现场后再将包装箱打开予以检查。设备开箱时应注意以下事项：

A. 开箱前，应查明设备的名称、型号和规格，查对箱号、箱数和包装情况，避免开错。

B. 开箱时，应严防损伤设备和丢失附件、备件，并尽可能减少箱板的损失。

C. 宜将设备运至安装地点附近开箱以减少开箱后的搬运工作，避免设备在二次搬运中产生附件、备件丢失现象。

D. 应将箱顶面的尘土、垃圾清扫干净后再开箱，以免设备遭受污染。

E. 开箱应用起钉器，如有铁皮箍时应先行拆除切忌用锤斧乱敲、乱砍。同时还应注意周围环境，以防箱板倒下碰伤邻近的设备或人员。

F. 设备的防护物及包装应随安装顺序拆除，不得过早拆除，以保护设备免遭锈蚀损坏。

G. 开箱后，对设备的附件、备件，不可直接放在地面上。应放在专用箱中或专用架上。

设备的开箱检查主要是检查外表，初步了解设备的完整程度，零部件、备品是否齐全。而对设备的性能、参数、运转、质量标准的全面检验，则应根据设备类型的不同进行专项的检验和测试。

② 设备检验要求

设备进场时，要按设备的名称、型号、规格、数量的清单逐一检查验收，要求如下：

A. 对整机装运的新购设备，应进行运输质量及供货情况的检查。对有包装的设备，应检查包装是否受损；对无包装的设备，则可直接进行外观检查及附件、备品的清点。对进口设备则要进行开箱全面检查。若发现设备有较大损伤，应做好详细记录或照相并尽快与运输部门或供货厂家交涉处理。

B. 对解体装运的自组装设备，在对总成、部件及随机附件、备品进行外观检查后，应尽快组织组装并进行必要的检测试验。因为该类设备在出厂时抽样检查的比例很小，一般不超过3%左右。其余的只做部件及组件的分项检验，而不做总装试验。

C. 工地交货的机械设备一般都由制造厂在工地进行组装、调试和生产性试验，自检合格后才提请订货单位复验。待试验合格后，才能签署验收。

D. 调拨的旧设备的测试验收应基本达到"完好设备"的标准。全部验收工作应在调出单位所在地进行，若测试不合格就不装车发运。

E. 对于永久性或长期性的设备改造项目，应按原批准方案的性能要求经一定的生产实践考验并经鉴定合格后才予验收。

F. 对于自制设备,在经过6个月的生产考验后按试验大纲的性能指标测试验收,决不允许擅自降低标准。

总之,机械设备的检验是一项专业性、技术性较强的工作,需要求有关技术、生产部门参加。重要的关键性大型设备,应由总监理工程师(或机械师)组织鉴定小组进行检验。一切附带的原始资料、自制设备的设计计算资料、图纸、测试记录、验收鉴定结论等应全部清点,整理归档。

3. 设备采购合同

设备采购合同,是指平等主体的自然人、法人、其他组织之间以工程项目所需设备为标的,以设备买卖为目的,出卖人(简称卖方)转移设备的所有权与买受人(简称买方),买受人支付设备价款的合同。

(1) 设备招标采购

设备招标采购一般用于大型、复杂、关键设备和成套设备及生产线设备的订货。

① 掌握设计对设备提出的要求,起草招标文件、审查投标单位的资质情况和投标单位的设备供货能力做好资格预审工作。

② 对设备供货制造厂商或投标单位进行考察并做出结论。

③ 综合比较和确定中标单位。评标时对设备的制造质量、设备的使用寿命和成本、维修的难易及备件的供应、安装调试、投标单位的生产管理、技术管理、质量管理和企业的信誉等几个方面做出比较。

④ 向中标单位或设备供货厂商移交必要的技术文件。

(2) 设备采购合同的内容

设备采购合同通常采用标准合同格式,其内容可分为三部分:

第一部分是约首,即合同开头部分,包括项目名称、合同号、签约日期、签约地点、双方当事人名称或者姓名和住所等条款;

第二部分为正文,即合同的主要内容包括合同文件、合同范围和条件、货物及数量、合同金额、付款条件、交货时间和交货地点及合同生效等条款。其中合同文件包括合同条款、投标格式和投标人提交的投标报价表、要求一览表、技术规范、履约保证金、规格响应表、买方授权通知书等;

第三部分为约尾,即合同的结尾部分包括双方的名称、签字盖章及签字时间、地点等。

(3) 设备采购合同条款

① 定义。对合同中的术语作统一解释。

② 技术规范。提供和交付的货物和技术规范应与合同文件的规定相一致。

③ 专利权。卖方应保证买方在使用该货物或其他任何一部分时不受第三方提出侵犯其专利权、商标权和工业设计权的起诉。

④ 包装要求。卖方提供货物的包装应适应于运输、装卸、仓储的要求,确保货物安全无损运抵现场,并在每份包装箱内附一份详细装箱单和质量合格证并在包装箱表面作醒目的喷涂。

⑤ 装运条件及装运通知。卖方应在合同规定的交货期前30天以电报或电传形式将合同号、货物名称、数量、包装箱号、总毛重、总体积和备妥交货日期通知买方,同时应用挂号信将详细交货清单以及对货物运输和仓储的特殊要求和注意事项通知买方。如果卖方交货超

过合同的数量或重量,产生的一切法律后果由卖方负责。卖方在货物装完 24 小时内以电报或电传的方式通知买方。

⑥ 保险。出厂价合同,货物装运后由买方办理保险。目的地交货价合同,由卖方办理保险。

⑦ 支付。按合同规定履行完义务后,卖方可按买方提供的单据和交付资料一套寄给买方。并在发货时另行随货物发运一套。

⑧ 质量保证。卖方须保证货物是全新的、未使用过的并完全符合合同规定的质量、规格和性能的要求,在货物最终验收后的质量保证期内,卖方应对由于设计、工艺或材料的缺陷而发生的任何不足或故障负责,费用由卖方负担。

⑨ 检验。在发货前,卖方应对货物的质量、规格、性能、数量和重量等进行准确而全面的检验,并出具证书,但检验结果不能视为最终检验。

⑩ 违约罚款。在履行合同过程中如果卖方遇到不能按时交货或提供服务的情况,应及时以书面形式通知买方,并说明不能交货的理由及延误时间。买方在收到通知后,经分析,可通过修改合同,酌情延长交货时间。如果卖方毫无理由地拖延交货,买方可没收履约保证金,加收罚款或终止合同。

⑪ 不可抗力。发生不可抗力事件后受事故影响一方应及时书面通知另一方,双方协商延长合同履行期限或解除合同。

⑫ 履约保证金。卖方应在收到中标通知书 30 天内通过银行向买方提供相当于合同总价 10% 的履约保证金,其有效期到货物保证期满为止。

⑬ 争议的解决。执行合同中所发生的争议,双方应通过友好的协商解决,如协商不能解决时,当事人应选择仲裁解决或诉讼解决,具体解决方式应在合同中明确规定。

⑭ 破产终止合同。卖方破产或无清偿能力时,买方可以书面形式通知卖方终止合同并有权请求卖方赔偿有关损失。

⑮ 转包或分包。双方应就卖方能否完全或部分履行合同义务达成一致意见。

⑯ 其他。合同生效时间、合同正本份数、修改或补充合同的程序等。

(4) 设备采购合同的履行

① 交付货物

卖方应按合同规定,按时保质、保量地履行供货义务,并作好现场服务工作,及时解决有关设备的技术质量、缺损件等问题。

② 验收

买方对卖方交货应及时进行验收,依据合同规定,对设备的质量及数量进行核实检验,如有异议,应及时与卖方协商解决。

③ 结算

买方对卖方交付的货物检验没有发现问题,应按合同的规定及时付款;如果发现问题在卖方及时处理达到合同要求后也应及时履行付款义务。

④ 违约责任

在合同履行过程中,任何一方都不应借故延迟履约或拒绝履行合同义务,否则应追究违约当事人的法律责任。

A. 由于卖方交货不符合合同规定,如交付的设备不符合合同的标的,或交付设备未达到质量技术要求或数量、交货日期等与合同规定不符时,卖方应承担违约责任。

B．由于卖方中途解除合同,买方可采取合理的补救措施并要求卖方赔偿损失。

C．买方在验收货物后不能按期付款的,应按中国人民银行有关延期付款的规定交付违约金。

D．买方中途退货,卖方可采取合理的补救措施并要求买方赔偿损失。

16.3 工程项目合同管理

16.3.1 合同管理概述

1. 合同的概念

合同是平等主体的自然人、法人、其他经济组织之间建立、变更、终止民事法律关系的协议。在社会主义市场经济中,这类经济组织或商品生产经营者之间存在着各种经济往来关系,是最基本的市场经济活动,都需要通过合同来实现和连接,需要合同来维护当事人的合法权益,维护社会的经济秩序。项目合同是指项目业主或其代理人与项目承包人或供应人为完成某一确定的项目所指向的目标或规定的内容,明确相互的权利义务关系而达成的协议。项目合同具有以下特点:

(1) 合同是当事人协商一致的协议,是双方或多方的民事法律行为;

(2) 合同的主体是自然人、法人和其他组织等民事主体;

(3) 合同的内容是有关设立、变更和终止民事权利义务关系的约定,通过合同条款加以体现;

(4) 合同必须依法成立,只有依法成立的合同当事人才具有法律约束力。

2. 合同的主要内容

合同的内容由合同双方当事人约定。合同的类型不同其内容不同,繁简程度不同,但所包含的基本内容是相同的。合同通常包括以下内容:

(1) 合同当事人

合同当事人是指签订合同的各方,是合同的权利和义务的主体。当事人是平等主体的自然人、法人或其他经济组织。但对于具体种类的合同,当事人"还应具有相应的民事权利能力和民事行为能力"。

(2) 合同标的

合同标的是当事人双方的权利、义务所共指的对象。它可能是实物、行为、服务性工作、智力成果等。如工程承包合同的标的是完成工程项目。标的是合同必须具备的条款,无标的或标的不明确的,合同则不能成立,也无法履行。

(3) 标的的数量和质量

标的的数量和质量共同定义标的的具体特征。标的的数量一般以度量衡作为计算单位,以数字作为衡量标的的尺度。标的的质量是指质量标准、功能、技术要求、服务条件等。无标的的数量和质量的定义,合同则无法生效和履行。

(4) 合同价款或酬金

价款或酬金是指取得标的的一方向对方支付的代价,作为对方完成合同义务的补偿。合同中应标明价款数量、付款方式和结算程序。

(5) 合同期限、履行地点和方式

合同期限是指履行合同的期限,即从合同生效至合同结束的时间。履行地点是指合同标的物所在地。例如,以承包工程为标的的合同,其履行地点是工程计划文件所规定的工程所在地。

(6) 违约责任

合同一方或双方因过失不能履行或不能完全履行合同责任而侵犯了另一方的权利时所应承担的责任即为违约责任。违约责任是合同的关键条款之一。不规定违约责任,则合同双方难以形成法律约束力,难以确保圆满地履行,发生争执也难以解决。

(7) 解决争执的方法

这是一般项目合同必须具备的条款之一。

3. 项目合同的订立

合同的签订过程也是合同的形成、协商过程。合同的订立的原则是:不能违反法律;由合格的法人在协商的基础上达成;公平合理、等价变换;诚信等。

合同的订立必须经过两个步骤:要约和承诺。

(1) 要约

要约是当事人一方向另一方提出订立合同的愿望。提出订立合同建议的当事人被称为"要约人",接受要约的一方被称为"受要约人"。要约的内容必须具体明确,表明只要受要约人承诺,要约人即接受要约的法律的约束力。要约人提出要约是一种法律行为,它在到达受要约人时生效。要约人可以撤回要约,但要约人发出的撤回要约的通知应在要约到达受要约人之前;或与要约同时到达受要约人。要约人也可以撤消要约,但要约人撤消要约的通知应在受要约人发出承诺通知前到达受要约人。

在工程招标投标中,承包商的投标书就是要约。

在以下情况下要约无效:

① 拒绝要约的通知到达受要约人;
② 要约人依法撤消要约;
③ 在承诺期限内,受要约人未作出承诺;
④ 受要约人对要约的内容作出实质性变更。

(2) 承诺

承诺即接受要约,是受要约人同意要约的意思表示。承诺同样是一种法律行为。"要约"一经"承诺",即被认为当事人双方已协商一致,达成协议,合同即告成立。

承诺具有两个条件:

① 承诺人要按照要约所指定的方式,无条件地完全同意要约(或新要约)的内容。如果受要约人对要约的内容作出实质性的变更,则要约失效。
② 承诺应在要约规定的期限内到达要约人,并符合要约所规定的其他各种要求。

承诺一般以通知的方式作出,承诺通知到达要约人时承诺生效,承诺生效时合同成立。

承诺可以撤回,承诺人撤回承诺的通知应在承诺通知到达要约人之前,或与承诺通知同时达到要约人。

如果受要约人尚要求对要约的内容作出实质性变更,如修改合同标的、数量、质量、合同价款、履行日期、履行地点和方式、违约责任和争执解决方法等,或超过规定的承诺期限才作出承诺,都不能视为对原要约的承诺,而只能作为受要约人提出的"新要约"。只有当要约人接受了这个"新要约"才算达成协议,合同以"新要约"的内容为准。通常在合同的酝酿过程中,当事人双方对合同条款需要进行反复磋商,经多轮会谈,在其中会产生许多次"新要约",最终才能达成一致,签订合同。

4. 项目合同的效力

项目合同的效力是指合同所具备的法律约束力。只有有效的合同才会受到法律保护。

合同生效,即合同发生法律约束力。合同生效后,业主和承包商须按约定履行合同,以实现其追求的法律后果。

合同法规定:"依法成立的合同,自成立时生效。"但有以下两种特殊情况:

① 按照法律或行政法规规定,有些合同应当在办理批准、登记手续后生效。

② 当事人对合同的效力可以约定附条件或附期限,则自然条件成立或者期限截止之日起生效。

合同法规定,有以下情形之一者,合同无效:

① 一方以欺诈、胁迫的手段订立合同。

② 恶意串通,损害国家、集体或者第三人利益。

③ 以合法形式掩盖非法目的。

④ 损害社会公共利益。

⑤ 违反法律、行政法规的强制性规定。

为了体现和维护公平和自愿的原则,给当事人一种补救的机会,合同法规定了合同可撤消制度。可变更或撤消合同的条件是:

① 当事人对合同的内容存在重大误解。

② 在订立合同时显失公平。

③ 一方以欺诈、胁迫的手段或者乘人之危,使对方在违背真实意愿的情况下订立合同。

对可撤消合同,只有受损害方才有权提出变更或撤消。有过错的一方不仅不能提出变更或撤消,而且还要赔偿对方因此所受到的损失。

5. 项目合同的履行与违约责任

(1) 项目合同的履行

项目合同的履行是指合同生效后,当事人双方按照合同约定的标的、数量、质量、价款、履行期限、履行地点和履行方式等完成各自应承担的全部义务的行为。严格履行合同是双方当事人的义务,因此,合同当事人必须共同按计划履行合同,实现合同所要达到的各类预定的目标。项目合同的履行有实际履行和适当履行两种形式。

实际履行是指按合同规定的标的履行,这已成为我国合同法规的一个基本原则。

适当履行是指当事人按照法律和项目合同规定的标的按质、按量地履行。义务人不得以次充好、以假乱真,否则,权利人有权拒绝接受。所以在签订合同时,必须对标的物的规格、数量、质量等作出具体规定,以便按规定履行义务,权利人按规定验收。

(2) 违约责任

违约责任是指合同当事人违反合同约定,不履行义务或者履行义务不符合约定所承担的责任。违约责任制度是保证当事人履行合同义务的重要措施,有利于促进合同的全面履行。

当事人一方不履行合同义务或者履行合同义务不符合约定的,应当承担以下责任:
① 继续履行合同。违约人应继续履行未尽的合同义务。
② 采取补救措施。例如,质量不符合约定的,可以要求修理、更换等。
③ 支付违约金。
④ 赔偿损失。违约方在继续履行义务、采取补救措施、支付违约金后,对方仍有其他损失,则应赔偿损失。损失的赔偿额应相当于因违约所造成的损失。

6．项目合同的变更、转让、解除和终止
(1) 项目合同的变更和转让
合同的变更通常是指由于一定的法律事实而改变合同的内容和标的的法律行为。当事人双方协商一致,就可以变更合同。合同的变更应符合合同签订的原则和程序。
合同的转让是指,债权人将合同的权利全部或部分地转让给第三人。
(2) 合同的解除
合同的解除是指消灭既存的合同效力的法律行为。主要特征是:合同当事人必须协商一致;合同当事人应负恢复原状之义务;其法律后果是消灭原合同的效力。
只有在不履行主要债务、不能实现合同目的,也就是在根本违约的情况下,才能依法解除合同。如果只有合同的部分目的不能实现,或者部分违约,一方是不能解除合同的,而应按违约责任处理。
(3) 项目合同的终止
当事人双方按照合同的规定,履行其全部义务后,合同即行终止。合同签订后是不允许随意终止的。根据我国的现行法律后有关司法实践,合同的法律关系终止的原因是:
① 合同因履行而终止。合同规定的义务已经完成,权利已经实现,因而合同的法律关系自行消灭。所以,履行是实现合同、终止合同的法律关系的最基本的方法,也是合同终止的最通常的原因。
② 当事人双方混同为一人而终止。法律上对权利人和义务人合为一人的现象,称之为混同。
③ 合同因不可抗力的原因而终止。
④ 合同因当事人协商同意而终止。
⑤ 仲裁机构裁决或法院判决终止合同。

7．项目合同纠纷的处理
当事人双方对合同规定的义务和权利理解不一致,最终导致对合同的履行或不履行的后果和责任的分担产生争议,便产生了合同纠纷。合同纠纷的解决通常有以下几条途径:
(1) 协商
这是最常见的,也是首先采用的解决方法。当事人双方在自愿、互谅的基础上,通过双方谈判达成解决争执的协议。这是解决合同纠纷的最好的方法。
(2) 调解
在第三方的参与下,以事实、合同条款和法律为依据,通过对当事人的说服,使合同双方自愿、公平合理地达成解决协议。
(3) 仲裁
仲裁是指由仲裁委员会对合同纠纷所进行的裁决。我国实行一裁终局制,裁决作出后,合同当事人就同一争执,如果再申请仲裁或向法院起诉,则不再予以处理。

(4) 诉讼

诉讼是指司法机关和案件当事人在其他诉讼参与人的配合下为解决案件依法定诉讼程序所进行的全部活动。基于所要解决的案件的不同性质,可以分为民事诉讼、刑事诉讼和行政诉讼。在项目合同中一般只包括广义上的民事诉讼。

16.3.2 建设工程合同管理

1. 建设工程合同种类

(1) 按照承发包内容,建设工程合同可以分为:

① 建设工程勘察、设计合同;

② 建设工程施工合同。

(2) 按承发包方式的不同,建设工程合同可以分为:

① 设计——建造及交钥匙承包合同,即全包合同。业主将工程的设计、施工、供应、管理全部委托给一个承包商,即业主仅面对一个承包商。

② 施工总承包,即承包商承担一个工程的全部施工任务,包括土建,水电安装,设备安装等。

③ 管理总承包,即 CM 承包方式。

④ 单位工程施工承包。这是最常见的工程承包合同,包括土木工程施工合同,电气与机械工程承包合同等。在工程中,业主可以将专业性很强的单位工程分别委托给不同的承包商。这些承包商之间为平行关系。

⑤ 分包合同。它是承包合同的分合同。承包商将承包合同范围内的一些工程或工作委托给另外的承包商来完成。他们之间签订分包合同。

(3) 按照承包工程计价方式,建设工程合同可以分为:

① 固定价格。工程价格在实施期间不因价格变化而调整。在工程价格中应考虑价格风险因素并在合同中明确固定价格包括的范围。

② 可调价格。工程价格在实施期间可随价格变化而调整,调整的范围和方法应在合同中约定。

③ 工程成本加酬金确定的价格。工程成本按现行计价依据以合同约定的办法计算,酬金按工程成本乘以通过竞争确定的费率计算,从而确定工程竣工结算价。

2. 建设工程勘察、设计合同

(1) 建设工程勘察、设计合同的主要内容

根据《中华人民共和国合同法》以及《建设工程勘察设计合同条例》的规定,建设工程勘察设计合同应包括以下内容:

① 工程概况,工程名称、地点、规模;

② 发包方提供资料的内容、技术要求和期限;

③ 承包方勘察的范围、进度和质量,设计的阶段、进度、质量和设计文件的份数及交付日期;

④ 勘察设计收费的依据、收费标准及支拨付办法;

⑤ 双方当事人的权利与义务;

⑥ 违约责任;

⑦ 争议的解决方式等。

(2) 建设工程勘察设计合同当事人的权利和义务

一般来说,建设工程勘察、设计合同双方当事人的权利、义务是相互对应的,即发包方的权利往往是承包方的义务,而承包方的权利又往往是发包方的义务。因此,以下只阐述双方当事人的义务。

① 建设工程勘察、设计合同发包方的主要义务

A. 发包方应向工程勘察项目承包方提供勘察范围图和建筑平面布置图,提交勘察技术要求及附图;向工程设计项目承包方提供设计任务书、选址报告、满足初步设计要求的勘察资料及经过批准的资源、燃料、水电、运输等方面的协议文件;

B. 向勘察设计项目的承包方提供必要的生活和工作条件;

C. 负责勘察现场的通水、通电、通路和场地平整工作;

D. 及时向有关部门申请取得各设计阶段的批准文件,明确设计的范围和深度;

E. 尊重勘察设计方的勘察设计成果,不得私自修改,不得转借他人,如双方约定了保密义务,则委托方不得泄露文件内容。

② 建设工程勘察设计合同承包方的主要义务

A. 按照勘察设计合同的要求向委托方按时提交勘察成果和设计文件;

B. 初步设计经上级主管部门审查后,在原定任务书范围内的必要修改由承包方负责,承包方对于勘察工作中的遗漏项目应及时进行补充勘察并自行承担补充勘察的有关费用;

C. 对勘察设计成果负瑕疵担保责任。勘察人、设计人应对其提交给委托人的勘察、设计成果的质量进行担保。工程即使进入施工安装阶段,如发现属勘察人、设计人的勘察设计成果有质量瑕疵从而引起工程返工等使费用增加的,应由勘察设计人负担造成的损失。

D. 承包方对所承担设计任务的建设项目应配合施工,进行施工前设计技术交底,解决施工过程中的有关设计问题,负责设计变更和修改预算,参加试车考核和隐蔽工程及工程竣工验收,必要时应派员现场设计。

(3) 建设工程勘察设计合同当事人的违约责任

① 发包方的违约责任

发包方因所提供勘察设计的资料不准或未按合同约定支付勘察设计费等应承担相应的违约责任。主要表现在以下几个方面:

A. 发包方未按期提供勘察设计所需的原材料、设备、场地、资金、技术资料,致使工程未能按期进行的,承包方可以顺延工期,承包人由此造成的损失,应由发包人承担;

B. 发包方提供的资料不准确,或中途改变建设计划造成勘察设计工作的返工、窝工、停工或修改计划的,发包方应按承包人的实际消耗工作量增付费用;

C. 发包方未能按期接收承包方的工作成果的,应偿付逾期违约金;

D. 发包方如不履行合同,无权请求返还定金。

② 承包方的违约责任

承包方的责任主要是承包方未能按合同的约定提交勘察设计文件以及由于勘察设计错误而应承担的有关违约责任。主要表现在以下几个方面:

A. 因勘察、设计质量低劣而引起工程返工,勘察、设计单位应当承担返工所支出的各种费用;

B．勘察设计单位未能按期提交勘察设计文件，致使拖延工期造成损失的，由勘察、设计单位继续完善勘察、设计，承担相应部分的勘察、设计费，并赔偿拖延工期造成的损失；

C．由于勘察、设计错误而造成工程重大质量事故的，承包方除免收损失部分勘察设计费用外，还应承担一定数额的赔偿金；

D．承包方如不能履行合同，应双倍返还定金。

3．建设工程施工合同

(1) 建设工程施工合同概述

建设工程施工合同是发包方(建设单位或总包单位)和承包方(施工单位)为完成特定的建筑安装工程任务，明确相互权利义务关系的协议。建设工程施工合同是建筑、安装合同的合称。

① 签订建设工程施工合同需要满足一定的条件：

A．初步设计和总概算已经批准；

B．投资已列入国家和地方工程项目建设计划，建设资金已落实；

C．有满足承包要求的设计文件和技术资料；

D．场地、水源、电源、气源、运输道路已具备或在开工前完成；

E．材料和设备的供应能保证工程连续施工；

F．合同当事人应当具有法人资格；

G．合同当事人双方均具有履行合同的能力。

② 建设工程施工合同应具备的主要条款有：

A．工程名称和地点；

B．建设工期，中间交工工程开、竣工时间；

C．工程质量；

D．工程造价；

E．承包工程的预付金、工程进度款及工程决算的支付时间与方式；

F．材料和设备的供应责任；

G．当一方提出迟延开工日期或中止工程的全部或一部分时，有关工期变更、承包金额变更或损失的承担及估算方法；

H．由于价格变动而变更承包金额或工程内容的规定和估算方法；

I．竣工验收；

J．违约责任；

K．合同争议的解决方式；

L．其他约定条款。

(2) 在建设工程施工合同的履行过程中，发包方的主要义务

① 办理土地征用，青苗树木赔偿，房屋拆迁，清除地面、架空和地下障碍等工作，使施工场地具备施工条件，并在开工后继续负责解决以上事项遗留问题；

② 将施工所需水、电、电讯线路从施工场地外部接至协议条款约定地点，并保证施工期间的需要；

③ 开通施工场地与城乡公共道路的通道，以及协议条款约定的施工场地内的主要交通干道，保证其畅通，满足施工运输的需要；

④ 向承包方提供施工场地的工程地质和地下管网线路资料,保证数据真实准确;

⑤ 办理施工所需各种证件、批件和临时用地、占道及铁路专用线的审报批准手续(证明承包商自身资质的证件除外);

⑥ 将水准点与坐标控制点以书面形式交给承包方,并进行现场交验;

⑦ 组织承包方和设计单位进行图纸会审,向承包商进行设计交底;

⑧ 协调处理对施工现场周围地下管线和邻近建筑物、构筑物的保护,并承担有关费用。发包方不按合同约定完成以上工作造成延误,应承担由此造成的经济支出,赔偿承包方有关损失,工期也应相应顺延。

(3) 在建设工程施工合同履行过程中,承包方的主要义务

① 在设计资格证书允许的范围内,按发包方的要求完成施工组织设计或与工程配套的设计,经发包方批准后使用;

② 向发包方提供年、季、月工程进度计划及相应进度统计报表和工程事故报告;

③ 按工程需要提供和维修非夜间施工使用的照明、看守、围栏和警卫等,如承包方未履行上述义务造成工程、财产和人身伤害,由承包方承担责任及所需的费用;

④ 按协议条款约定的数量和要求,向发包方提供在施工现场办公和生活的房屋及设施,发生的费用由发包方承担;

⑤ 遵守地方政府和有关部门对施工场地交通和施工噪声等管理规定,经发包方同意后办理有关手续,发包方承担由此发生的费用,因承包方责任造成的罚款除外;

⑥ 已竣工工程未交付发包方之前,承包方按协议条款约定负责已完工程的成品保护工作,保护期间发生损坏,承包方自费予以修复。要求承包方采取特殊措施保护的单位工程部位和相应经济支出,在协议条款内约定。发包方提前使用后发生损坏的修理费用,由发包方承担;

⑦ 按合同的要求做好施工现场地下管线和邻近建筑物、构筑物的保护工作;

⑧ 保证施工现场清洁符合有关规定,交工前清理现场达到合同文件的要求,承担因违反有关规定造成的损失和罚款(合同签订后颁发的规定和非承包方原因造成的损失和罚款除外)。承包方不履行上述各项义务,造成工期延误和工程损失,应对发包方的损失给予赔偿。

(4) 建设工程施工合同发包方的违约责任

① 未能按照合同的规定履行应负的责任。除竣工日期得以顺延外,还应赔偿承包方因此发生的实际损失;

② 工程中途停建、缓建或由于设计变更以及设计错误造成的返工,应采取措施弥补或减少损失。同时,赔偿承包方由此而造成的停工、窝工、返工、倒运、人员和机械设备调迁、材料和构件积压的实际损失;

③ 工程未经验收,发包方提前使用或擅自动用,由此而发生的质量或其他问题由发包方承担责任;

④ 超过合同规定日期验收,按合同违约责任条款的规定偿付逾期违约金;

⑤ 不按合同规定拨付工程款,按银行有关延期付款办法或工程价款结算办法的有关规定处理。

(5) 建设工程合同承包方的违约责任

① 工程质量不符合合同规定的,负责无偿修理或返工。由于修理或返工造成逾期交付的,偿付逾期违约金;

② 工程交付时间不符合合同规定,按合同中违约责任条款的规定偿付逾期违约金;

③ 由于承包方的责任,造成发包方提供的材料、设备等丢失或损坏,应负赔偿责任。

16.3.3 材料采购合同管理

1. 订购产品的支付

(1) 产品的交付方式

订购物资或产品的供应方式,可以分为采购方到合同约定地点自提货物和供货方负责将货物送达指定地点两大类,而供货方送货又可细分为将货物负责送抵现场或委托运输部门代运两种形式。为了明确货物的运输责任,应在相应条款内写明所采用的交(提)货方式、交(接)货物的地点、接货单位(或接货人)的名称。

(2) 交货期限

货物的交(提)货期限,是指货物交接的具体时间要求。它不仅关系到合同是否按期履行,还可能会出现货物意外灭失或损坏时的责任承担问题。合同内应对交(提)货期限写明月份或更具体的时间(如旬、日)。如果合同内规定分批交货时,还需注明各批次交货的时间,以便明确责任。

合同履行过程中,判定是否按期交货或提货,依照约定的交(提)货方式的不同,可能有以下几种情况:

① 供货方送货到现场的交货日期,以采购方接收货物时在货单上签收的日期为准。

② 供货方负责代运货物以发货时承运部门签发货单上的日期为准。合同内约定采用代运方式时供货方必须根据合同规定的交货期、数量、到站、接货人等,按期编制运输作业计划,办理托运、装车(船)、查验等发货手续并将货运单、合格证等交寄对方以便采购方在指定车站或码头接货。如果因单证不齐导致采购方无法接货,由此造成的站场存储费和运输罚款等额外支出费用,应由供货方承担。

③ 采购方自提产品,以供货方通知提货的日期为准。但供货方的提货通知中,应给对方合理预留必要的途中时间。采购方如果不能按时提货,应承担逾期提货的违约责任。当供货方早于合同约定日期发出提货通知时,采购方可根据施工的实际需要和仓储保管能力,决定是否按通知的时间提前提货。他有权拒绝提前提货也可以按通知时间提货后仍按合同规定的交货时间付款。

实际交(提)货日期早于或迟于合同规定的期限都应视为提前或逾期交(提)货,由有关方承担相应责任。

2. 交货检验

(1) 验收依据

按照合同的约定,供货方交付产品时,可以作为双方验收依据的资料包括:

① 双方签订的采购合同;

② 供货方提供的发货单、计量单、装箱单及其他有关凭证;

③ 合同内约定的质量标准。应写明执行的标准代号标准名称;

④ 产品合格证、检验单;

⑤ 图纸、样品或其他技术证明文件;

⑥ 双方当事人共同封存的样品。
(2) 交货数量检验
① 供货方代运货物的到货检验
由供货方代运的货物采购方在提货地点应与运输部门共同验货,以便发现灭失、短少、损坏等情况时,能及时分清责任。采购方接收后,运输部门不再负责。属于交运前出现的问题,由供货方负责;运输过程中发生的问题,由运输部门负责。
② 现场交货的到货检验
数量验收的方法。主要包括:
A.衡量法。即根据各种物资不同的计量单位进行检尺、检斤,以衡量其长度、面积。看体积、重量是否与合同约定一致。
B.理论换算法。换算依据为国家规定标准或合同约定的换算标准。
C.查点法。采购定量包装的计件物资,只要查点到货数量即可。包装内的产品数量或重量应与包装物标明的一致,否则应由厂家或封装单位负责。

合同履行过程中经常会发生发货数量与实际验收数量不符或实际交货数量与合同约定的交货数量不符的情况。其原因可能是供货方的责任,也可能是运输部门的责任,或运输过程中的合理损耗。前两种情况要追究有关方的责任。第三种情况则应控制在合理的范围之内。有关行政主管部门对通用的物资和材料规定了货物交接过程中允许的合理磅差和尾差界限,如果合同约定供应的货物无规定可循,也应在条款内约定合理的差额界限以免交接验收时发生合同争议。交付货物的数量在合理的尾差和磅差内,不按多交或少交对待,双方互不追补。超过界限范围时,按合同约定的方法计算多交或少交部分的数量。

合同内对磅差和尾差规定出合理的界限范围,既可以划清责任还可为供货方合理组织发运提供灵活变通的条件。如果超过合理范围则按实际交货数量计算。不足部分由供货方补齐或退回不足部分的货款;采购方同意接受的多交付部分,进一步支付溢出数量货物的货款。但在计算多交或少交数量时,应按订购数量与实际交货数量比较,均不再考虑合理磅差和尾基因素。

(3) 交货质量检验
① 质量责任
不论采用何种交接方式,采购方均应在合同规定的由供货方对质量负责的条件和期限内,对交付产品进行验收和试验。某些必须安装运转后才能发现内在质量缺陷的设备,应于合同内规定缺陷责任期或保修期。在此期限内,凡检测不合格的物资或设备,均由供货方负责。如果采购方在规定时间内未提出质量异议,或因其使用、保管、保养不善而造成质量下降,供货方不再负责。
② 质量要求和技术标准
产品质量应满足规定用途的特性指标,因此合同内必须约定产品应达到的质量标准。约定质量标准的一般原则是:
A.按颁布的国家标准执行;
B.无国家标准而有部颁标准的产品按部颁标准执行;
C.没有国家标准和部颁标准作为依据时,可按企业标准执行;
D.没有上述标准,或虽有上述某一标准但采购方有特殊要求时按双方在合同中商定的技术条件、样品或补充的技术要求执行。

③ 验收方法

合同内应具体写明检验的内容和手段，以及检测应达到的质量标准。对于抽样检查的产品还应约定抽检的比例和取样的方法，以及双方共同认可的检测单位。质量验收的方法可以采用：

A．经验鉴别法。即通过目测、手触或以常用的检测工具量测后判定质量是否符合要求。

B．物理试验。根据对产品的性能检验目的可以进行拉伸试验、压缩试验、冲击试验、及硬度试验等。

C．化学实验。即抽出一部分样品进行定性分析或定量分析的化学试验以确定其内在质量。

④ 对产品提出异议的时间和办法

合同内应具体写明采购方对不合格产品提出异议的时间和拒付货款的条件。采购方提出的书面异议中，应说明检验情况，出具检验证明和对不符合规定产品提出具体处理意见。凡因采购方使用、保管、保养不善原因导致的质量下降，供货方不承担责任。在接到采购方的书面异议通知后供货方应在10天内（或合同商定的时间内）负责处理，否则即视为默认采购方提出的异议和处理意见。

如果当事人双方对产品的质量检测、试验结果发生争议，应按《标准化法》的规定由标准化管理部门的质量监督检验机构进行仲裁检验。

3．合同的变更或解除

合同履行过程中如需变更合同内容或解除合同，都必须依据《合同法》的有关规定执行。一方当事人要求变更或解除合同时在未达成新的协议前，原合同仍然有效。要求变更或解除合同一方应及时将自己的意图通知对方。对方也应在接到书面通知后的15天或合同约定的时间内予以答复，逾期不答复的视为默认。

物资采购合同变更的内容可能涉及订购数量的增减、包装物标准的改变、交货时间和地点的变更等方面。采购方对合同内约定的订购数量不得少要或不要，否则要承担中途退货的责任。只有当供货方不能按期交付货物，或交付的货物存在严重质量问题而影响工程使用时采购方认为继续履行合同已成为不必要，才可以拒收货物，甚至解除合同关系。如果采购方要求变更到货地点或接货人，应在合同规定的交货期限届满前40天通知供货方，以便供货方修改发运计划和组织运输工具。迟于上述规定期限双方应当立即协商处理。如果已不可能变更或变更后会发生额外费用支出其后果均应由采购方负责。

4．支付结算管理

(1) 货款结算

① 支付货款的条件

合同内需明确是验单付款还是验货后付款，然后再约定结算方式和结算时间。验单付款是指委托供货方代运的货物，供货方把货物交付承运部门并将运输单证寄给采购方，采购方在收到单证后合同约定的期限内即应支付的结算方式。尤其对分批交货的物资每批交付后应在多少天内支付货款也应明确注明。

② 结算支付的方式

结算方式可以是现金支付、转账结算或异地托收承付。现金结算只适用于成交货物数量少且金额小的购销合同；转账结算适用于同城市或同地区内的结算；托收承付适用于合同双方不在同一城市的结算方式。

(2) 拒付货款

采购方拒付货款应当按照中国人民银行结算办法的拒付规定办理。采用托收承付结算时，如果采购方的拒付手续超过承付期，银行不予受理。采购方对拒付货款的产品必须负责接收，并妥为保管不准动用。如果发现动用，由银行代供货方扣收货款，并按逾期付款对待。

采购方有权部分或全部拒付货款的情况大致包括：

① 交付货物的数量少于合同约定拒付少交部分的货款；

② 拒付质量不符合合同要求部分货物的货款；

③ 供货方交付的货物多于合同规定的数量，采购方不同意接收部分的货物在承付期内可以拒付。

5. 违约责任

(1) 违约金的规定

当事人任何一方不能正确履行合同义务时，均应以违约金的形式承担违约赔偿责任。双方应通过协商，将具体采用的比例数写在合同条款内。

(2) 供货方的违约责任

① 未能按合同约定交付货物

这类违约行为可能包括不能供货和不能按期供货两种情况。由于这两种错误行为给对方造成的损失不同，承担违约责任的形式也不完全一样。

如果因供货方的原因导致不能全部或部分交货，应按合同约定的违约金比例乘以不能交货部分货款计算违约金。若违约金不足以偿付采购方所受到的实际损失时，可以修改违约金的计算方法，使实际受到的损害能够得到合理的补偿。如施工承包人为了避免停工待料，不得不以较高价格紧急采购不能供应部分的货物而受到的价差损失等。

供货方不能按期交货的行为，又可以进一步区分为逾期交货和提前交货两种情况：

A. 逾期交货。不论合同内规定由供货方将货物送达指定地点交接还是采购方去自提，均要按合同约定依据逾期交货部分货款总价计算违约金。对约定由采购方自提货物而不能按期交付时，若发生采购方的其他额外损失，这笔实际开支的费用也应由供货方承担。如采购方已按期派车到指定地点接收货物而供货方又不能交付时则派车损失应由供货方支付费用。发生逾期交货事件后，供货方还应在发货前与采购方就发货的有关事宜进行协商。采购方仍需要时，可继续发货照数补齐并承担过期交货责任。如果采购方认为已不再需要。有权在接到发货协商通知后的15天内，通知供货方办理解除合同手续。但逾期不予答复视为同意供货方继续发货。

B. 提前交付货物。属于约定由采购方自提货物的合同，采购方接到对方发出的提前提货通知后，可以根据自己的实际情况拒绝提前提货；对于供货方提前发运或交付的货物，采购方仍可按合同规定的时间付款而且对多交货部分，以及品种、型号、规格、质量等不符合合同规定的产品，在代为保管期内实际支出的保管、保养等费用由供货方承担。代为保管期内不是因采购方保管不善原因而导致的损失仍由供货方负责。

② 交货数量与合同不符。交付的数量多于合同规定且采购方不同意接受时。可在承

付期内拒付多交部分的货款和运杂费。合同双方在同一城市,采购方可以拒收多交部分;双方不在同一城市,采购方应先把货物接收下来并负责保管,然后将详细情况和处理意见在到货后的 10 天内通知对方。当交付的数量少于合同规定时采购方凭有关的合法证明在承付期内可以拒付少交部分的货款,也应在到货后的 10 天内将详情和处理意见通知对方。供货方接到通知后应在 10 天内答复否则视为同意对方的处理意见。

③ 产品的质量缺陷

交付货物的品种、型号、规格、质量不符合合同规定,如果采购方同意利用应当按质论价。当采购方不同意使用时,由供货方负责包换或包修。不能修理或调换的产品,按供货方不能交货对待。

④ 供货方的运输责任

主要涉及包装责任和发运责任两个方面。

A. 合理的包装是安全运输的保障,供货方应按合同约定的标准对产品进行包装。凡因包装不符合规定而造成货物运输过程中的损坏或灭失,均由供货方负责赔偿。

B. 供货方如果将货物错发到货地点或接货人时,除应负责运交合同规定的到货地点或接货人外还应承担对方因此多支付的一切实际费用和逾期交货的违约金。供货方应按合同约定的路线和运输工具发运货物,如果未经对方同意私自变更运输工具或路线,要承担由此增加的费用。

(3) 采购方的违约责任

① 不按合同约定接受货物

合同签订以后或履行过程中采购方要求中途退货应向供货方支付按退货部分货款总额计算的违约金。对于实行供货方送货或代运的物资采购方违反合同规定拒绝接货,要承担由此造成的货物损失和运输部门的罚款。约定为自提的产品,采购方不能按期提货,除需支付按逾期提货部分货款总值计算延期付款的违约金之外还应承担逾期提货时间内供货方实际发生的代为保管、保养费用。逾期提货,可能是未按合同约定的日期提货;也可能是已同意供货方逾期交付货物,而接到提货通知后未在合同规定的时限内去提货两种情况。

② 逾期付款

采购方逾期付款,应按照合同内约定的计算办法支付逾期付款利息。按照中国人民银行有关延期付款的规定,延期付款利息一般按每天万分之五计算。

③ 货物交接地点错误的责任

不论是由于采购方在合同内错填到货地点或接货人,还是未在合同约定的时限内及时将变更的到货地点或接货人通知对方,导致供货方送货或代运过程中不能顺利交接货物,所产生的后果均由采购方承担。责任范围包括自行运到所需地点或承担供货方及运输部门按采购方要求改变交货地点的一切额外支出。

16.3.4 设备采购合同管理

1. 设备采购合同的履行

(1) 交付货物

① 供货方应在发运前合同约定的时间内向采购方发出通知,采购方在接到发运通知后及时组织有关人员做好现场接货的准备工作。

② 供货方在每批货物备发出 24 小时内,应以电报或传真将该批货物的如下内容通知

采购方;合同号;机组号;货物发运日;货物名称及编号和价格;货物总毛重;货物总体积;总包装件数;交运车站(码头)的名称、车号(船号)和运单号;特大型货物的名称、重量、体积和件数,对每件该类设备(部件)还必须标明重心和吊点位置并附有草图。

③ 如果是发运到铁路或水运站场,采购方应组织人员按时到运输部门提货。

④ 如果由于采购方或现场条件原因要求供货方推迟设备发货时,应及时通知对方并承担推迟期间的仓储费和必要的保养费。

(2) 到货检验

① 检验程序:

A. 货物到达目的地后,采购方向供货方发出到货检验通知,采购方应与对方代表共同进行检验。

B. 货物清点。双方代表共同根据运单和装箱单对货物的包装、外观和件数进行清点。如果发现任何不符之处,经过双方代表确认属于供货方责任后,由供货方处理解决。

C. 开箱检验。货物运到现场后,监理应尽快与供货方共同进行开箱检验,如果采购方未通知供货方而自行开箱或每一批设备到达现场后在合同规定时间内不开箱,产生的后果由采购方承担。双方共同检验货物的数量、规格和质量,检验结果和记录对双方有效,并作为采购方向供货方提出索赔的证据。

② 损害、缺陷、短少的合同责任包括:

A. 现场检验时,如发现设备由于供货方原因(包括运输)有任何损坏、缺陷、短少或不符合合同中规定的质量标准和规范时应做好记录,并由双方代表签字,各执一份,作为采购方向供货方提出修理或更换索赔的依据。如果供货方要求采购方修理损坏的设备,所有修理设备的费用由供货方承担。

B. 如采购方发现损坏或短缺,供货方在接到采购方通知后应尽快提供或替换相应的部件,但费用由采购方自负。

C. 供货方如对采购方提出修理、更换、索赔的要求有异议,应在接到采购方书面通知后合同约定的时间内提出,否则上述要求即告成立。如有异议,供货方应在接到通知后派代表赴现场同采购方代表共同复验。

D. 双方代表在共同检验中对检验记录不能取得一致意见时,可由双方委托的权威第三方检验机构进行裁定检验。检验结果对双方都有约束力,检验费用由责任方负担。供货方在接到采购方提出的索赔通知后,应按合同约定的时间尽快修理、更换或补发短缺部分,由此产生的制造、修理和运费及保险费均应由责任方负担。

(3) 供货方的施工或现场服务

① 现场服务的内容

按照合同约定不同,设备安装工作可以由供货方负责,也可以在供货方提供必要的技术服务条件下由采购方承担。如果由采购方负责设备安装,供货方应提供的现场服务内容可能包括:

A. 派出必要的现场服务人员。供货方现场服务人员的职责包括指导安装和调试;处理设备的质量问题;参加试车和验收试验等。

B. 技术交底。安装和调试前,供货方的技术服务人员应向安装施工人员进行技术交底。讲解和示范将要进行工作的程序和方法。对合同约定的重要工序,供货方的技术服务人员要对施工情况进行确认和签证,否则采购方不能进行下一道工序。经过确认和签证的工序,如果因技术服务人员指导错误而发生问题,由供货方负责。

② 安装、调试的工序

A. 整个安装、调试过程应在供货方现场技术服务人员指导下进行。安装、调试过程中若采购方未按供货方的技术资料规定和现场技术服务人员指导、未经供货方现场技术服务人员签字确认而出现问题,采购方自行负责(设备质量问题除外);若采购方按供货方技术资料规定和现场技术服务人员的指导而出现问题,供货方承担责任。

B. 设备安装完毕后的调试工作由供货方的技术人员负责或采购方的人员在其指导下进行。供货方应尽快解决调试中出现的设备问题,其所需时间应不超过合同约定的时间,否则将视为延误工期。

(4) 设备验收

① 启动试车

安装调试完毕后,双方共同参加启动试车的检验工作。试车分成无负荷空运和带负荷试运行两个步骤进行,每一阶段均应按技术规范要求的程序维持一定的持续时间,以检验设备的质量。试验合格后,合同双方在验收文件上签字,正式移交采购方进行生产运行。若检验不合格属于设备质量原因,由供货方负责修理、更换并承担全部费用;如果是由于工程施工质量问题,由采购方负责拆除后纠正缺陷。不论何种原因试车不合格经过修理或更换设备后再次进行试车试验,直到满足合同规定的试车质量要求为止。

② 性能验收

性能验收又称性能指标达标考核。启动试车只是检验设备安装完毕后是否能够顺利、安全运行,但各项具体的技术性能指标是否达到供货方在合同内承诺的保证值还无法判定。因此合同中均要约定设备移交试生产稳定运行多少个月后进行性能测试。由于合同规定的性能验收时间已在供货方已正式投产运行期,所以这项验收试验由采购方负责,供货方参加。

性能验收试验完毕,每套台同设备都达到合同规定的各项性能保证值指标后,采购方与供货方共同会签合同设备初步验收证书。

如果合同设备经过性能测试检验表明未能达到合同约定的一项或多项保证指标时,双方共同协商后,可以根据缺陷或技术指标试验值与供货方在合同内的承诺值偏差程度按下列原则区别对待:

A. 在不影响合同设备安全、可靠运行的条件下,如有个别微小缺陷,供货方在双方商定的时间内免费修理,采购方同意签署初步验收证书。

B. 如果第一次性能验收试验达不到合同规定的一项或多项性能保证值则双方应共同分析原因,划清责任,由责任一方采取措施,并在第一次验收试验结束后合同约定的时间内进行第二次验收试验。如能顺利通过,则签署初步验收证书。

C. 在第二次性能验收试验后,如仍有一项或多项指标未能达到合同规定的性能保证值,按责任的原因分别对待。

属于采购方原因的,合同设备应被认为初步验收通过,此后供货方仍有义务与采购方一起采取措施使合同设备性能达到保证值。

对属于供货方原因,则应按照合同约定的违约金计算方法赔偿采购方的损失。

D. 在合同设备稳定运行规定的时间后，如果由于采购方原因造成性能验收试验的延误超过约定的期限，采购方也应签署设备初步验收证书，视为初步验收合格。

初步验收证书只是证明供货方所提供的合同设备性能和参数截至出具初步验收证明时可以按合同要求予以接受，但不能视为供货方对合同设备中存在的可能引起合同设备损坏的潜在缺陷所应负责任解除的证据。所谓潜在缺陷指在正常情况下不能在制造过程中被发现的设备隐患。对于潜在缺陷，供货方应承担纠正缺陷责任。当发现这类潜在缺陷时，供货方应按照合同的规定进行修理或调换。

(5) 最终验收

① 合同内应约定具体的设备保证期限。保证期从签发初步验收证书之日起开始计算。

② 在保证期内的任何时候，当供货方提出由于其责任原因性能未达标而需要进行检查、试验、再试验、修理或调换时，采购方应作好安排和组织配合，以便进行上述工作。供货方应负担修理或调换的费用，并按实际修理或更换使设备停运所延误的时间将质量保证期限作相应延长。

③ 合同保证期满后，采购方在合同规定时间内应向供货方出具合同设备最终验收证书。条件是此前供货方已完成保证期满前的工作，设备的运行质量符合合同的约定。

④ 从每套合同设备最后一批交货到达现场之日起，如果因采购方原因在合同约定的时间内未能进行试运行和性能验收试验，期满后即视为通过最终验收。采购方和供货方共同协商后签发合同设备的最终验收证书。

2. 合同价格与支付

(1) 合同价格

设备采购合同通常采用固定总价合同，在合同交货期内为不变价格。合同价内包括合同设备(含备品备件、专用工具)、技术资料、技术服务等费用，还包括合同设备的税费。运杂费、保险费等与合同有关的其他费用。

(2) 付款

支付的条件、支付的时间和费用内容应在合同内具体约定。目前大型设备采购合同较多采用如下的程序。

① 支付条件

合同生效后，供货方提交金额为约定的合同设备价格某一百分比不可撤销的履约保函，作为采购方支付合同款的先决条件。

② 支付程序

A. 合同设备款的支付。订购的合同设备价格分三次支付：

a. 设备制造前供货方提交履约保函和金额为合同设备价格10%的商业发票后，采购方支付合同设备价格的10%作为预付款。

b. 供货方按交货顺序在规定的时间内将每批设备(部组件)运到交货地点并将该批设备的商业发票、清单、质量检验合格证明、货运提单提供给采购方，支付该批设备价格的80%。

c. 剩余合同设备价格的10%作为设备保证金，待每套设备保证期满没有问题，采购方签发设备最终验收证书后支付。

B. 技术服务费的支付。合同约定的技术服务费分两次支付：

a. 第一批设备交货后,采购方支付给供货方该套合同设备技术服务费的30%。

b. 每套合同设备通过该套机组性能验收试验,初步验收证书签署后采购方支付该套合同设备技术服务费的70%。

c. 运杂费的支付。运杂费在设备交货时由供货方分批向采购方结算,结算总额为合同规定的运杂费。

(3) 采购方的支付责任

付款时间以采购方银行承付日期为实际支付日期,若此日期晚于规定的付款日期,即从规定的日期开始,按合同约定计算迟付款违约金。

3. 违约责任

为了保证合同双方的合法权益,虽然在前述条款中已说明责任的划分。如修理、置换、补足短少部件等规定,但还应在合同内约定承担违约责任的条件、违约金的计算办法和违约金的最高赔偿限额。违约金通常包括以下几方面内容。

(1) 供货方的违约责任

① 延误责任的违约金

A. 设备延误到货的违约金计算办法;

B. 未能按合同规定时间交付严重影响施工的关键技术资料的违约金的计算办法;

C. 因技术服务的延误、疏忽或错误导致工程延误违约金的计算办法。

② 质量责任的违约金

经过两次性能试验后,一项或多项性能指标仍达不到保证指标时,各项具体性能指标违约金的计算办法。

③ 由于供货方责任采购方人员的返工费

如果供货方委托采购方施工人员进行加工、修理、更换设备,或由于供货方设计图纸错误以及因供货方技术服务人员的指导错误造成返工,供货方应承担因此所发生合理费用的责任。

④ 不能供货的违约金

合同履行过程中如果因供货方原因不能交货,按不能交货部分设备约定价格的某一百分比计算违约金。

(2) 采购方的违约责任

① 延期付款违约金的计算办法。

② 延期付款利息的计算办法。

③ 如果采购方中途要求退货,按退货部分设备约定价格的某一百分比计算违约金。

在违约责任条款内还应分别列明任何一方严重违约时,对方可以单方面终止合同的条件、终止程序和后果责任。

16.3.5 技术采购合同管理

1. 技术合同的概念和特征

(1) 技术合同的概念

技术合同是当事人就技术开发、转让、咨询或者服务订立的确定相互之间权利义务的合同。

(2) 技术合同除具备一般合同的特点外,还具备以下特征

① 技术合同的标的是提供技术的行为。这些行为包括提供现存的技术成果,对尚未存在的技术进行开发以及提供与技术有关的辅助性帮助等行为,如技术开发、转让、咨询和服务行为。确定这些行为是否属于提供技术的行为,首先从合同标的所涉及的对象上看,即涉及对象是否为"技术"。技术一般指根据生产实践经验和科学原理而形成,作用于自然界一切物质设备的操作方法和技能。"技术",依不同标准可分为专利技术和专有技术,生产性技术和非生产性技术等。

② 技术合同的履行具有特殊性。技术合同履行因常涉及与技术有关的其他权利归属而具有与一般合同履行不同的特性。如发明权、科技成果权、转让权等技术合同既受合同法的约束、又受知识产权制度的规范。

③ 技术合同是双务、有偿合同。技术合同的当事人一方应进行开发、转让、咨询或服务,另一方应支付价款或报酬。

④ 技术合同当事人具有广泛性和特定性。虽然技术合同的主体范围上在法律上没有限制,无论自然人、法人、其他组织还是企业、事业单位社会团体、机关法人等均有主体资格。但通常至少一方是能够利用自己的技术力量从事技术开发、技术转让、技术服务或技术咨询的组织或个人,因此,技术合同的当事人仍有一定的限定性。

2. 订立技术合同应邀循的基本原则

《合同法》规定:"订立技术合同,应当有利于科学技术的进步,加速科学技术成果的转化、应用和推广"。技术合同的订立除应遵循《合同法》总则中的基本原则之外,还应根据技术合同自身的特点遵守技术合同的特殊基本原则。

订立技术合同应当采用书面形式。

《合同法》还规定:"非法垄断技术,妨碍技术进步或者侵害他人技术成果的技术合同无效"。这条立法目的在于:由于技术成果对社会发展具有举足轻重的作用,法律应采取必要的措施保护技术合同当事人的合法权益;同时又不允许当事人滥用这种权利来损害国家利益和社会公共利益。这是订立技术合同应遵循的基本原则的具体体现。

3. 技术合同的类型

技术合同分为四种类型:技术开发合同,技术转让合同,技术咨询合同,技术服务合同。

(1) 技术开发合同。技术开发合同是指当事人之间就新技术、新产品、新工艺或者新材料及其系统的研究开发所订立的合同。技术开发合同包括委托开发合同和合作开发合同。当事人之间就具有产业应用价值的科技成果实施转化,可参照技术开发合同的规定订立合同。

(2) 技术转让合同。技术转让合同,是指当事人就专利权转让,专利申请权转让、非专利技术转让、专利实施许可及技术引进所订立的合同。包括专利权转让、专利申请权转让、技术秘密转让、专利实施许可合同。

(3) 技术咨询合同。技术咨询合同,是指当事人一方就特定技术项目提供可行性论证、技术预测、专题技术调查、分析评价报告等咨询服务,另一方支付咨询报酬的合同。

(4) 技术服务合同。技术服务合同,是指当事人一方以技术知识为另一方解决特定技术问题所订立的合同。技术服务合同不包括建设工程的勘察、设计、施工合同和承揽合同。

4. 技术合同的主要条款

技术合同的内容由当事人约定一般包括以下条款:

(1) 项目名称,即技术标的名称。包括标的的类别、性质等,是区分不同类型技术合同的标志。

(2) 标的内容、范围和要求。这是技术合同的中心条款。它要求确切表明技术合同的具体任务、写明技术合同类型、技术范围、技术条件及技术参数等,这一条款既是确定双方权利义务关系的依据,也是将来检验合同履行状况的依据。

(3) 履行的计划、期限、进度、地点和方式。履行的计划、进度表明当事人履行技术合同意思表示的科学性和真实性。合同履行期限包括合同签订日期、完成日期和合同有效期限。合同履行地点指合同当事人约定在哪一方履行及履行的具体地点和场所。合同履行方式指以什么样的手段完成、实现技术合同标的所要求的技术指标和经济指标。

(4) 技术情报和资料的保密。这是对有关技术情报和资料的公开性、限制性要求。当事人在订立合同前可以就交换技术情报和资料达成书面保密协议。即使合同达不成协议时也不影响保密协议的效力;同时技术合同终止后当事人可以约定一方或各方在一定期限一定地域内对有关情报和资料负有保密义务。

(5) 风险责任承担。风险责任承担条款用来解决技术合同在履行中出现无法预见、无法防止、无法克服的客观原因导致部分或全部失败时,如何承担风险的问题。

(6) 技术成果的归属和收益的分配办法。由于涉及双方的技术权益和经济利益,在合同中应载明关于技术成果的权利归属、如何使用和转让以及产生的利益如何分配。

(7) 验收标准和方法。验收标准和方法指完成合同规定任务所应达到的技术、经济指标及其鉴定方式。这是合同履行验收的依据。

(8) 价款或报酬及其支付方式。技术合同的价款或报酬没有统一的成文标准,由双方综合市场需要、成本大小、经济利益、同类技术状况风险大小等自由约定;支付方式可采用一次总算或一次总算分期支付,亦可采用提成支付方式。

若约定提成支付的可以按照产品价格、实施专利和使用技术秘密后新增的产值、利润或者产品的销售额的一定比例提成,也可以按照约定的其他方式计算。提成支付的比例可以采取固定比例、逐年递增比例或逐年递减比例。约定提成支付的,当事人应当在合同中约定查阅有关会计账目的办法。

(9) 违约金或损害赔偿的计算方法。指当事人违约后一方承担违约责任而赔偿受损失一方的计算标准、方法和数额。

(10) 争议解决的方法。双方可以约定选择采用协商、仲裁或诉讼等办法来解决纠纷。

(11) 术语和名词的解释。技术合同专业性较强,为避免对关键词和术语的理解发生歧义引起争议,可对合同中的不特定的词语和概念作特定的界定,以免引起误解或留下漏洞。

除以上条款外与履行合同有关的技术背景资料、可行性论证和技术评价报告、项目任务书和计划书,技术标准、技术规范、原始设计和工艺文件,以及其他技术文档按照当事人的约定也可以作为合同的组成部分。同时,技术合同涉及专利的应当注明发明创造的名称。专利申请人和专利权人、申请日期、申请专利号以及专利权的有效期限。

本章主要参考文献

1　全国建筑业企业项目经理培训教材编写委员会.工程招投标与合同管理(修订版).北京:中国建筑工业出版社,2002

2　何伯洲.建设工程合同实务指南.北京:知识产权出版社,2002
3　成虎.建筑工程合同管理与索赔.南京:东南大学出版社,2000
4　梁镒.国际工程施工索赔.北京:中国建筑工业出版社,1996
5　潘文.国际工程谈判.北京:中国建筑工业出版社,1999
6　郭亮.中华人民共和国招标投标法释义与合同范本.北京:中国经济出版社,2000
7　雷胜强.建设工程招标投标实务与法规、惯例全书.北京:中国建筑工业出版社,2000
8　白恩俊.现代项目管理(中册).北京:机械工业出版社,2002

思考题

1. 工程项目采购由哪几部分组成？内容是什么？
2. 工程项目采购在项目执行中的重要性是如何体现的？
3. 结合工程项目采购在项目执行中的重要性谈一谈工程项目采购规划需要做哪些准备工作？
4. 在确定工程项目采购规划内容时，如何根据不同的情况做出合理的决策？
5. 工程项目采购规划的依据是什么？如果你正在做一项工程项目采购规划，那么你首要需要考虑的因素是什么？
6. 2002年04月06日《市场报》(第一版)报道了这样一则题为"公开招标还是邀请招标——奥运场馆设计招标方式引发争议"的热点新闻：

2002年3月31日，北京市规划委员会正式发布消息，采用公开招标的方式征集奥林匹克公园和五棵松文化体育中心的规划方案。此举是为了得到更多更好的思路，与邀请招标相比可能更省钱。

一石激起千层浪

公开招标的消息公布后，很多建筑师对这种方式纷纷表示不理解。一位曾经参与过申奥规划招标的设计师说，这是浪费，就像申奥时的那次招标一样，大家把方案拿出来之后选定了几个方案，再由一家或几家设计单位综合这些方案，最后弄出一个面目全非的定稿，完全没有意义。不如请几家有实力的单位，采取邀请招标的方式，没有必要如此兴师动众。

另一位同样持反对态度的建筑师表示，悉尼奥运会和亚特兰大奥运会都没有采取公开招标的方式。一个城市有自己的历史，毕竟只有这个国家的建筑师和设计师最了解自己城市的历史背景和人文特色，才能作出最适合这个国家的规划方案。"人文奥运"是北京2008年奥运会的主要口号，外国设计师的作品在这样的大主题之下要么不会被采用，要么采用后还要由本土设计师重新加工。在这样紧迫的时间里，进行这些工作是非常大的浪费。

一位不愿透露姓名的政府官员说："这次招标的结果很可能是再找一家单位把前三名和其他规划方案中比较好的部分综合起来，形成新的方案。而每个方案都有整体性，这样做出的新方案可能还不如获三等奖的方案好。"

这次公开招标可谓轰动一时，北京街头的普通百姓对此也提出自己的疑问——国外的规划方案即使被政府采用，这个方案有可能被公众接纳吗？会不会出现类似国家大戏院的情况？北京筹备奥运会没有那么多时间去争论。是不是有必要这样向全世界招标？

一位出租车司机对公开招标直言不讳。他说："我们国家申奥时承诺了公开招标，现在就应该这样做。但100万美元奖金是从国民税收中支出的，就是在花钱买面子！"

公开招标是目前最好的方式

对于诸多反对意见，记者在第一时间走访了北京市规划委员会主要负责奥运会场馆招标投标的副主任黄艳。她说："这次公开招标奥林匹克公园和五棵松文化体育中心的规划方案是现阶段最合理的方式。"

对于公开招标的原因黄艳做了如下解释：第一，目前北京市政府重新规划奥林匹克公园和五棵松文化体育中心，现阶段还没有一个完整、明晰的思路，希望通过这种方式向全世界有才华的设计师、有能力的设计单位征集新想法，新思路。竞标的结果出来后，肯定还要请一家或者几家设计单位来整合这些规划方案,才能最后确定。

第二,奥林匹克公园和五棵松文化体育中心的招标虽然采取公开方式,但是并不是所有前来报名的单位和个人都能参加招标,我们会选择那些具有一定资格、在体育场馆的建设方面有丰富经验,同时还要了解北京的文化背景的设计单位参加招标。有这些条件作为基本的竞标因素,就会把一些不具备规划奥林匹克公园和五棵松文化体育场馆能力的单位和建筑设计师淘汰掉,与邀请招标相比并不会增加工作量,反而可以获取更多的创意和想法。

第三,北京申奥成功之后,国际上有很多非常优秀的公司和北京市相关部门联系,希望参加奥运会场馆的设计和建设。如果采取邀请招标的方式,对于优秀的公司可能会在短时间内难以取舍。

最后,黄艳向公众特别说明,采用公开招标的方式在费用支出上和邀请招标相比不会增加,可能还会更加节省,更不会形成资金浪费。北京2008年奥运会曾经向世界承诺——北京将举办公开、公正、公平的奥运会,这个原则不会局限于体育比赛,还要贯彻到奥运会的每一个环节。公开招标正是体育场馆建设方面的这个原则的主要体现,也是现阶段最好的方式。

(1) 试比较公开招标和邀请招标的异同点。

(2) 假如你是奥林匹克公园和五棵松文化体育中心的规划方案的负责人,对于奥运场馆设计招标你会选择公开招标还是邀请招标,为什么?

7.《招标投标法》第三十三条规定:"投标人不得以低于成本的报价竞标";第四十一条规定的第二项中标条件为:"能够满足招标文件的实质性要求,并且经评审的投标价格最低;但是投标价格低于成本的除外。"请解释《招标投标法》的这两条规定对招标方和投标方分别有什么影响?

8. 简述合同的概念及主要内容。

9. 什么是要约?什么是承诺?

10. 简述项目合同的效力的概念。

11. 简述合同的履行与违约责任的要点。

12. 解决合同纠纷的常用途径有哪些?

13. 合同担保有几种类型?合同担保能否解决工程建设中一直存在的诚信危机?

14. 常用的评标方法有几种,它们的适用条件分别是什么?

15. 建设工程合同可以划分为哪几种类型?你认为哪种划分方法较好,为什么?

16. 简述合同管理在工程项目管理中的地位和作用。

17. 建设工程勘察设计合同承包方的主要权利和义务各有哪些?

18. 在合同管理中为什么强调按时交货,而不是提前或逾期交货?

19. 采购设备经性能测试如未能达到合同约定指标时,合同当事人双方应如何处理?

第17章 工程项目安全与环境管理

【内容提要】
　　工程项目安全管理体系是项目管理体系中的一个子系统,它规定了科学管理下的企业环境的特定安全卫生标准要求。安全管理不仅是项目安全生产的需要,也是现行市场竞争条件下国际惯例一体化的趋势。因此,要对安全管理体系的目标、构成、职业安全与卫生管理体系认证给予足够的认识。安全管理的中心问题是保护项目实施过程中人的安全与健康,保证项目顺利进行。为此,在项目实施前,有必要编制有针对性的安全计划,并确保其顺利实施。如存在安全隐患并造成伤亡事故的,应根据伤亡事故的类型、范围以及等级,遵照一定的处理程序,采取不同的处理方法。在工程项目管理过程中,环境管理也同样不可忽视,它与安全管理是相辅相成的两个管理方向。工程项目环境管理问题,包括企业外部自然环境管理、企业外部社会环境管理、施工现场环境管理、施工作业环境管理、生活环境管理、文明施工、企业文化和心理环境管理等诸多方面,它们在工程项目环境管理中同等重要,不可偏废。

17.1 工程项目安全管理体系

17.1.1 建立安全管理体系的作用

(1) 职业安全卫生状况是经济发展和社会文明程度的反映。使所有劳动者获得安全与健康是社会公正、安全、文明、健康发展的基本标志,也是保持社会安定团结和经济可持续发展的重要条件。

(2) 安全管理体系不同于安全卫生标准,它是对企业环境的安全卫生状态规定了具体的要求和限定,通过科学管理使工作环境符合安全卫生标准的要求。

安全管理体系的运行主要依赖于逐步提高,持续改进,是一个动态的、自我调整和完善的管理系统,同时,也是职业安全卫生管理体系的基本思想。

安全管理体系是项目管理体系中的一个子系统,其循环也是整个管理系统循环的一个子系统。

17.1.2 建立安全管理体系的必要性

(1) 提高项目安全管理水平的需要。改善安全生产规章制度不健全、管理方法不当、安全生产状况不佳的现状。

(2) 适应市场经济管理体制的需要。随着我国经济体制改革的深入,企业要生存发展就必须推行职业安全卫生管理体系。

(3) 是顺应全球经济一体化趋势的需要。建立职业安全卫生管理体系,有利于抵制非关税贸易壁垒。因为世界发达国家要求把人权、环境保护和劳动条件纳入国际贸易范畴,将劳动者权益和安全卫生状况与经济问题挂钩,否则将受到关税的制约。

(4) 加入WTO后竞争的需要。我国加入世贸组织后国际间的竞争日趋激烈,而我国企业安全卫生工作与发达国家相比明显落后,如不尽快改变这一状况就很难参与竞争。而职业安全卫生管理体系的建立,就是从根本上改善管理机制和改善劳工状况的举措。

17.1.3 建立安全管理体系的目标

(1) 使员工面临的风险减少到最低限度,最终实现预防和控制工伤事故、职业病及其他损失的目标。帮助企业在市场竞争中树立起一种负责的形象,从而提高企业的竞争能力。

(2) 直接或间接获得经济效益。通过实施职业安全卫生管理体系,可以明显提高项目安全生产管理水平和经济效益。通过改善劳动者的作业条件,提高劳动者身心健康和劳动效率,所产生的效益具有长时期的积极效应,对社会的发展也能产生促进作用。

(3) 实现以人为本的安全管理。人力资源的质量是提高生产率水平和促进经济增长的重要因素,而人力资源的质量是与工作环境的安全卫生状况密不可分的。职业安全卫生管理体系的建立,将是保护和发展生产力的有效方法。

(4) 提升企业的品牌和形象。市场中的竞争已不再仅仅是资本和技术的竞争,企业综合素质的高低将是开发市场的最重要的条件。而项目职业安全卫生则是反映企业品牌的重要指标,也是企业素质的重要标志。

(5) 促进项目管理现代化。管理是项目运行的基础。全球经济一体化对现代化管理提出了更高的要求,必须建立系统、开放、高效的管理体系以促进项目大系统的完善和整体管理水平的提高。

(6) 增强对国家经济发展的贡献能力。加大对安全生产的投入有利于扩大社会内部需求,增加社会需求总量;同时,做好安全生产工作可以减少社会总损失。而保护劳动者的安全与健康也是国家经济可持续发展的不可忽视的环节。

17.1.4 安全管理体系的构成

(1) 管理职责。施工项目对从事与安全有关的管理、操作和检查人员,特别是需要独立行使权力的工作人员,应该规定其职责、权限和相互关系并形成文件。

(2) 采购控制。项目经理部要对将用于工程的材料、机械和防护设备等的采购严格进行控制以避免产生安全隐患。

(3) 分包单位控制。分包单位需要完成工程项目的部分工作,需要对其资质、能力业绩和信誉等进行严格控制,防止由于分包单位的失误导致连锁反应,直接或间接引发安全事故。

(4) 施工过程控制。项目经理部要对施工过程中可能影响安全生产的因素进行控制,确保工程按照安全生产的规章制度、操作规程和科学的程序进行施工。

(5) 安全检查、检验和标识。项目经理部应该定期对施工工程、行为及设施进行检查、检验或验证,以确保符合安全要求,对其状态进行记录。

(6) 事故隐患控制。项目经理部应该对存在隐患的安全设施、过程和行为进行控制,确保不合格的设施不使用、不合格物资不放行、不合格过程不通过、不合格行为不放过。

(7) 纠正和预防措施。发现问题或隐患后要有纠正和预防的措施。要科学、客观分析问题产生的原因,标本兼治,使其恢复到正常状态。

(8) 安全教育和培训。安全教育的重点是安全思想意识;安全培训的重点是增强职工自我保护和防范安全事故的能力。

(9) 内部审核。内部考核既是判断安全措施执行效果的方法,也是激励职工增强安全意识的手段。是总结过去、着眼未来的举措。

(10) 安全记录。做好安全记录,可以有利于分析安全事故产生的原因、发展和产生的影响,既是对职工进行安全教育的素材,也为将来的安全工作提供了详实可靠的素材,有利于将来在工作的过程中加以改进。

17.1.5 职业安全卫生管理体系认证

1. 职业安全与卫生体系标准简介

随着世界经济的发展,职业安全与卫生问题越来越受到国际社会的普遍关注,世界各国的相关政策陆续出台。越来越多的组织希望通过系统化、标准化方式推进其管理活动,以满足其职业安全与卫生法律和方针的要求。20世纪80年代以来,国际标准化组织颁布了质量管理体系标准(ISO 9000系列)以及环境管理体系标准(ISO 14001),职业安全与卫生管理体系标准的最终颁布也已进入日程,将质量管理、环境管理和职业安全与卫生管理综合纳入企业管理已成为趋势和潮流,也为企业全面提高管理水平,加强综合实力提供了管理手段和工具。在我国加入WTO后,建立健全包括职业安全与卫生管理体系在内的体系认证已经不仅是必要的而且是紧迫的任务了。

80年代末开始,一些发达国家率先开展了研究职业安全与卫生管理体系的活动。目前国际标准化组织(ISO)及国际劳工组织(ILO)正着手研究和讨论职业安全与卫生管理体系标准化问题,许多国家也相应建立了自己的工作小组开展这方面的研究,并在本国或所在地区发展这一标准,为了适应全球日益增加的职业安全与卫生管理体系认证需求,1999年4月由标准制度研究认证机构(如BSI、SGS、DNV、NSAI、LRQA、SABS等)共同颁布了职业安全与卫生管理体系OHSMS 18001标准,成为目前国际社会普遍采用的职业安全与卫生管理体系认证标准。

OHSMS 18001标准秉承了ISO 14001标准成功的思维及管理(PDCA)模式,其标准条款及相应要求也具备许多共同的特点。

目前,职业安全与卫生管理体系已被广泛关注。在组织内部,体系的实施应以组织全员(包括派出的职员,各协力部门的职员)活动为原则,并在同一方针下开展活动。这一方针应为职业安全与卫生管理工作提供框架和指导作用,同时要向全体相关方公开。标准要求组织建立并保持职业安全与卫生管理体系,识别危险源并进行风险评价,制定相应的控制对策和程序,以达到法律法规要求。

2. 实施和认证职业安全与卫生管理体系的意义

(1) 可以全面规范和改进企业职业安全与卫生管理,保障企业员工的职业健康与生命安全,保障企业的财产安全,提高工作效率。

(2) 改善与政府、员工、社会的公共关系,提供企业声誉。

(3) 可以降低企业风险,预防事故发生。

(4) 克服产品及服务在国内外贸易活动中的非关税贸易壁垒,有利于进入国际市场。

(5) 提高金融信贷信用等级,降低保险成本。

(6) 提高企业的综合竞争力等。

3. ISO 14001和职业安全与卫生管理体系认证

职业安全与卫生管理体系和环境管理体系无论管理机制或关注对象均有其密切的联

系,两个体系的融合建立在环境管理体系基础之上。两个体系同时取得认证或在环境管理体系认证的基础上取得职业安全与卫生管理体系认证,将简化组织与认证机构之间的联系,提高工作效率,降低工作成本,减少对不同体系接口理解的分歧。

4. 职业安全卫生风险

在人们的工作活动或工作环境中,总是存在许多危险源,可能会损坏财物、危害环境、影响人体健康,甚至造成伤害事故。这些危险源有化学的、物理的、生物的和其他种类的。人们将某一或某些危险引发事故的可能性和其可能造成的后果称为风险。风险可用发生机率、危害范围、损失大小等指标来评定。现代职业安全卫生管理的对象就是职业安全卫生风险。

风险引发事故造成的损失是各种各样的,一般分为以下几方面:

(1) 职工本人及其他人的生命伤害;
(2) 职工本人及其他人的健康伤害(包括心理伤害);
(3) 资料、设备设施的损坏、损失(包括一定时期内或长时间无法正常工作的损失);
(4) 处理事故的费用(包括停工停产、事故调查及其他间接费用);
(5) 企业、职工经济负担的增加;
(6) 职工本人及其他人的家庭、朋友、社会的精神、心理、经济伤害和损失;
(7) 政府、行业、社会舆论的批评和指责;
(8) 法律追究和新闻曝光引起的企业形象伤害;
(9) 投资方或金融部门的信心丧失;
(10) 企业信誉的伤害、损失,商业机会的损失;
(11) 产品的市场竞争力下降;
(12) 职工本人和其他人的埋怨、牢骚、批评等。

职业安全卫生事故损失包括直接损失和间接损失,间接损失一般远远大于直接损失。

风险引发事故造成损失的因素有两类:个人因素与工作和系统因素。

个人因素包括:体能、生理结构能力不足、思维和心理能力不足、生理压力、思维或心理压力、缺乏知识、缺乏技能等。

工作和系统因素包括:指导、监督不足、工程设计不足、采购不足、危险性项目识别不足、维修不足、工具和设备不足等。

可见,对损失的控制不仅仅限于个人安全控制的范围。统计表明,一家公司里的问题,大约15%是可以由职员控制的,85%或以上是由管理层控制的。损失并不是商业运作上必然发生的成本,而是可以通过管理来预防和消除的。

17.2 工程项目施工安全管理

17.2.1 安全管理的中心问题

项目的安全管理就是在项目实施过程中组织安全生产的全部管理活动。通过对项目实施安全状态的控制使不安全的行为和状态减少或消除,以使项目工期、质量和费用等目标的实现得到充分的保证。

安全管理的中心问题是保护项目实施过程中人的安全与健康,保证项目顺利进行。安全管理过程中,应正确处理五种关系,坚持六项基本原则。

1. 正确处理五种关系

(1) 安全与危险并存。安全与危险在同一事物的运动中既是相互独立的又是相互依存的。因为有危险才需要进行安全管理,以防止危险的发生。安全与危险并非是等量并存,而是随着事物的运动变化而不断变化。

(2) 安全与项目实施过程的统一。在项目实施过程中如果人、物、环境等都处于危险状态,则项目无法顺利进行。所以安全是项目实施的客观要求,项目有了安全保障才能持续稳定地进行。

(3) 安全与质量的包含。从广义上看质量包含安全工作质量,安全概念也包含着质量,交互作用、互为因果。安全第一、质量第一,这两种说法并不矛盾。安全第一是从保护生产要素的角度出发,而质量第一则是从关心产品成果的角度出发。安全为质量服务,质量需要安全保证。

(4) 安全与速度互保。速度应以安全作保障,安全就是速度。在项目实施过程中应追求安全加速度,尽量避免安全减速度。当速度与安全发生矛盾时,应暂时减缓速度,保证安全。

(5) 安全与效益兼顾。安全技术措施的实施,会改善作业条件带来经济效益。所以安全与效益是完全一致的,安全促进了效益的增长。当然在安全管理中的投入应适当,既要保证安全,又要经济合理。

2. 坚持六项基本原则

(1) 管项目的同时要管安全。安全管理是项目管理的重要组成部分,安全与项目实施两者存在着密切的联系,存在着进行共同管理的基础。管项目同时管安全是各级有关人员的安全管理责任。

(2) 坚持安全管理的目的性。安全管理的内容是对项目中人、物、环境因素状态的管理,有效地控制人的不安全行为和物的不安全状态,消除和避免事故,达到保护劳动者的安全和健康的目的。安全管理必须明确其目的,无明确目的的安全管理是一种盲目行为。

(3) 贯彻预防为主的方针。安全管理的方针是"安全第一、预防为主"。安全管理不仅是处理事故,更重要的是在项目活动中针对项目的特点对生产要素采取管理措施,有效地控制不安全因素的发展和扩大,将可能发生的事故消灭在萌芽状态。

(4) 坚持四全动态管理。安全管理与项目的所有人员有关,涉及到项目活动的方方面面,涉及到项目的全部过程及一切生产要素。因此,应坚持全员、全过程、全方位、全天候的"四全动态管理"。

(5) 安全管理重在控制。安全管理的目的是预防、消灭事故,防止或消除事故危害,保护人员的安全与健康。安全管理有多项内容,但对生产因素状态的控制与安全管理目的直接相关。所以对项目中人的不安全行为和物的不安全状态的控制是安全管理的重点。

(6) 不断完善、提高。安全管理是一种动态管理。管理活动应适应不断变化的条件,消除新的危险因素,不断地摸索新的规律,总结管理控制的办法与经验,指导新的变化后的管理从而使安全管理不断地上升到新的高度。

17.2.2 安全计划

针对项目的特点进行安全策划,规划安全作业目标,确定安全技术措施,最终所形成的文件称为安全计划。安全计划应在项目开始实施前制定,在项目实施过程中不断加以调整和完善。

安全计划是进行安全控制和管理的指南,是考核安全控制和管理工作的依据。

安全计划应针对项目特点、项目实施方案及程序,依据安全法规和标准等加以编制。主要内容包括:

(1) 项目概况。包括项目的基本情况,可能存在的主要的不安全因素等。

(2) 安全控制和管理目标。应明确安全控制和管理的总目标和子目标。目标要具体化。

(3) 安全控制和管理程序。主要应明确安全控制和管理的工作过程和安全事故的处理过程。

(4) 安全组织机构包括安全组织机构形式和安全组织机构的组成。

(5) 职责权限。根据组织机构状况明确不同组织层次、各相关人员的职责和权限,进行责任分配。

(6) 规章制度。包括安全管理制度、操作规程、岗位职责等规章制度的建立应遵循的法律法规和标准等。

(7) 资源配置。针对项目特点,提出安全管理和控制所必需的材料设施等资源要求和具体的配置方案。

(8) 安全措施。针对不安全因素确定相应措施。

(9) 检查评价。明确检查评价方法和评价标准。

(10) 奖惩制度。明确奖惩标准和方法。

安全计划的结果是形成包括安全计划所有内容在内的文件。

17.2.3 施工方案中安全计划的编制

1. 安全计划编制的意义

施工方案(或施工组织设计)是指导施工具体行动的纲领,其安全技术措施是施工方案中的重要组成部分。为强调在工程施工前必须制定安全技术措施,早在1983年建设部颁布的《国营建筑企业安全生产工作条例》中就规定:"所有建筑工程的施工组织设计(或施工方案)必须有安全技术措施"。《建筑法》第三十八条则规定得更为具体:"建筑施工企业在编制施工组织设计时,应当根据建筑工程的特点制定相应的安全技术措施"。

2. 对施工安全计划编制人员的要求

施工安全计划编制人员是施工过程的设计师,必须树立"安全第一"的思想,从会审图纸开始就必须认真考虑施工安全问题,尽可能地不给施工和操作人员留下隐患。编制人员应当充分掌握工程概况、施工工期、场地环境条件,根据工程的结构特点,科学地选择施工方法、施工机械、变配电设施及临时用电线路架设,合理地布置施工平面。安全施工涉及施工的各个环节,因此,施工方案编制人员应当了解施工安全的基本规范、标准及施工现场的安全要求,如《建筑安装工程安全技术规程》、《建筑施工高处作业安全技术规范》、《施工现场临时用电安全技术规范》、《建筑施工安全检查评分标准》等。如果是采用滑模工艺或其他特殊工艺施工,还必须熟悉《液压滑动模板施工安全技术规程》和相应的专业技术知识以后,才能在编制施工方案时确立工程施工安全目标,使措施通过现场人员的认真贯彻达到目标要求。

施工安全计划编制人员,还必须了解施工工程内部及外部给施工带来的不利因素,通过综合分析后,制定具有针对性的安全施工措施,使之起到保证施工进度,确保工程质量和安全,科学、合理、有序地指导施工的作用。

3. 安全措施的主要内容

由于建筑工程的结构复杂多变,各施工工程所处地理位置、环境条件不尽相同,无统一的安全技术措施,所以编制时应结合本企业的经验教训,工程所处位置和结构特点,以及既定的安全目标。

安全技术措施编制内容不拘一格,按其施工项目的复杂、难易程度、结构特点及施工环境条件,选择其安全防范重点,但施工方案的通篇必须贯彻"安全施工"的原则。为了进一步明确编制施工安全技术措施的重点,根据多发性事故的类别,应抓住以下六种伤害的防患制定相应的措施,内容要详实,有针对性:

(1) 防高空坠落;
(2) 防物体打击;
(3) 防坍塌;
(4) 防触电;
(5) 防机械伤害;
(6) 防中毒事故。

4. 认真做好安全交底和检查落实

工程开工前,工程项目负责人应向参加施工的各类人员认真进行安全技术措施交底,使大家明白工程施工特点及各时期安全施工的要求,这是贯彻施工安全措施的关键。施工过程中,现场管理人员应按施工安全措施要求,对操作人员进行详细的工序、工种安全技术交底,使全体施工人员懂得各自岗位职责和安全操作方法,这是贯彻施工方案中安全措施的补充和完善过程。工序、工种安全技术交底要结合《安全操作规程》及安全施工的规范标准进行,避免口号式、无针对性的交底。并认真履行交底签字手续,以提高接受交底人员的责任心。

17.2.4 安全计划的实施

1. 建立安全生产责任制

(1) 项目经理部必须建立安全生产责任制,把安全责任目标分解到岗、落实到人。制定各类人员的安全职责须经项目经理批准后实施。

(2) 项目经理安全职责

认真贯彻安全生产方针、政策、法规和各项规章制度;制定安全生产管理办法;严格执行安全考核指标和安全生产管理办法;严格执行安全生产奖惩办法;严格执行安全技术措施审查制度和施工项目安全交底制度,组织安全生产检查定期分析。针对施工中存在的安全隐患原因制定预防和纠正措施。发生安全事故后按事故处理的规章上报、处置,制定预防事故再发生的措施。

(3) 作业队长安全职责

进行安全技术交底;组织实施安全技术措施。对施工现场安全防护装置和设施应组织验收,合格后方可使用;组织工人学习安全操作规程;教育工人不违章作业;认真消除安全隐患;发生工伤事故立即上报并保护好现场,参加事故调查处理。

(4) 班组长安全职责

安排生产任务时进行安全措施交底;严格执行本工种安全操作规程,拒绝违章指挥;岗前应对所有使用的机具、设备、防护用具及作业环境进行安全检查,发现问题及时采取改进措施以消除安全隐患;检查安全标牌是否按规定设置;标识方法和内容是否完整;组织班组开展安全活动,开好岗前安全生产会;做好收工前的安全检查;组织一周的安全讲评工作;发生工伤事故时应组织抢救,保护现场并立即上报。

(5) 操作工人安全职责

认真学习并严格执行安全技术操作规程;自觉遵守安全生产规章制度;积极参加安全活动,执行安全技术交底和有关安全生产的规定,不违章作业。服从安全监督人员的指导,爱护安全设施和防护用具,做到正确使用。对不安全作业提出意见。

(6) 承包人对分包人的安全生产责任

审查分包人的安全资质和安全生产保证体系,不具备安全生产条件的不准其分包工程。在分包合同中明确分包人安全生产责任和义务;对分包人提出安全要求认真监督检查,对违反安全规定冒险蛮干的分包人,应令其停工整改。承包人应统计上报分包人的伤亡事故并按分包合同约定,协调处理分包的伤亡事故。

(7) 分包人安全生产责任

分包人对本单位现场的安全工作负责,认真履行分包合同规定的安全生产责任,服从承包人的安全生产管理,执行承包人的有关安全生产制度,及时向承包人报告伤亡事故并调查处理善后事宜。

2. 安全教育培训

(1) 项目经理部的安全教育内容

国家和当地政府的安全生产方针、政策、安全生产法律、法规、部门规章、制度和安全纪律、安全事故分析和处理案例。

(2) 作业队安全教育培训内容

本队承担施工任务的特点、施工安全基本知识、安全生产制度;相关工种的安全技术操作规程;机械设备、电气、高空作业等安全基本知识;防火、防毒、防爆、防洪、防雷击、防触电、防高空坠落、防物体打击、防坍塌、防机械车辆伤害等知识及紧急安全处理知识;安全防护用品发放标准;防护用具、用品使用基本知识。

(3) 班组安全教育培训内容

本班组作业特点及安全操作规程;班组安全生产制度及纪律;爱护和正确使用安全防护装置(设施)及个人劳动防护用品知识;本岗位的不安全因素及防范对策;本岗位的作业环境、使用的机具安全要求。

(4) 特殊工种的安全培训

对从事电工、压力容器操作、爆破作业、金属焊接、井下检验、机动车驾驶、机动船舶驾驶、高空作业等特殊工种的作业人员,必须经国家认可的具有资质的单位进行安全技术培训,考试合格并取得上岗证书方可上岗作业。

3. 安全技术交底

(1) 单位工程开工前,单位工程技术负责人必须将工程概况、施工方法、安全技术交底的内容、交底时间和参加人员、施工工艺、施工程序、安全技术措施,向承担施工的作业队负责人、工长、班组长和相关人员进行交底。

(2) 结构复杂的分部分项工程施工前,应有针对性地进行全面详细的安全技术交底,使执行者了解安全技术及措施的具体内容和施工要求,确保安全措施落到实处。

(3) 应保存双方签字确认的安全技术交底的内容、时间和参加人员的记录。

17.2.5 安全计划的检查

(1) 项目经理部应以安全控制计划为依据,定期对计划的执行情况进行考核评价,验证计划的实施效果。

(2) 项目经理部应通过安全检查了解安全生产状态,发现施工中的不安全行为和隐患,分析原因制定相应防范措施。

(3) 安全检查的内容应根据施工过程的特点和计划目标的要求确定阶段性的安全检查内容,包括:安全生产责任制、安全计划、安全组织机构、安全保证措施;安全技术交底、安全教育、安全持证上岗、安全设施、安全标识、操作行为、违规处理、安全记录等。

(4) 各种安全检查都应配备必要的资源,确定检查负责人。抽调专业检查人员明确检查内容及要求。

(5) 安全检查可采取随机抽样、现场观察、实地检测相结合的方法。应大量采用检测机械、仪表或工具,用数据说话,应检查现场管理人员和操作人员的违章指挥和违章作业行为,检查安全施工的常识,综合评价其安全素质。

(6) 必须实事求是地记录安全检查结果,如实反映隐患部位、危险程度、形成的原因及处理意见。

(7) 应根据安全记录进行全面的定性和定量分析,编制安全检查报告。检查报告的内容应包括:已达标项目、未达标项目存在问题、原因分析、纠正措施、预防措施。

17.3 工程项目伤亡事故处理

17.3.1 安全隐患处理和伤亡事故处理

1. 安全隐患处理

(1) 项目经理部应根据安全检查隐患记录,进行数据分析区别"通病"、"顽症"。修订和完善安全整改措施。

(2) 项目经理部在检查后发出安全隐患统计单,受检单位应进行安全隐患原因分析,制定纠正和预防措施,经检查单位负责人批准后实施。

(3) 对检查出的违章指挥和违章作业行为,安全检查人员应当场指出限期纠正。

(4) 安全员对纠正和预防措施的实施过程和实施效果,应进行跟踪验证保存验证记录。

2. 伤亡事故处理

(1) 伤亡事故定义

所谓事故是指人们在进行有目的的活动过程中,发生了违背人们意愿的不幸事件,使其目前的行动暂时或永久地停止。

(2) 伤亡事故分类

① 企业员工伤亡,大体可分两类:一是因工伤亡,即在生产工作而发生的;二是非因工伤亡,即与生产工作无关造成的伤亡。国务院颁布的《企业职工伤亡事故报告和处理规定》所称伤亡事故,是指职工在劳动过程中发生的人身伤害、急性中毒事故,即职工在本岗位劳动或虽不在本岗位劳动,但由于企业的设备和设施不安全、劳动条件和作业环境不良、管理不善以及企业领导指派到企业外从事本企业活动所发生的人身伤害(即轻伤、重伤、死亡)和

急性中毒事故。

② 国务院颁布的上述规定适用于中华人民共和国境内的一切企业,国家机关、事业单位、人民团体发生的伤亡事故参照执行。

③ 企业员工是指由本企业支付工资的各种用工形式的职工,包括固定职工、合同制职工、临时工(包括企业招用的临时农民工)等。

④ 非本企业人员是指代训工、实习生、民工、参加本企业生产的学生、现役军人到企业进行参观者、其他公务人员、劳动、劳教中的人员、外来救护人员以及由于事故而造成伤亡的军人、行人等。

⑤ 伤亡事故种类:
A. 物体打击,指落物、滚石、锤击、碎裂崩块、碰伤等伤害,包括因爆炸而引起的物体打击;
B. 车辆伤害,包括挤、压、撞、倾覆等;
C. 机具伤害,包括绞、碾、碰、割、戳等;
D. 起重伤害,指起重设备或操作过程中所引起的伤害;
E. 触电,包括雷击伤害;
F. 淹溺;
G. 灼烫;
H. 火灾;
I. 高处坠落包括从架子、屋顶上坠落以及从平地坠入地坑等;
J. 坍塌,包括建筑物、堆置物、土石方倒塌等;
K. 透水;
L. 火药爆炸,指生产、运输、储藏过程中发生的爆炸;
M. 瓦斯爆炸,包括煤粉爆炸;
N. 锅炉爆炸;
O. 容器爆炸;
P. 其他爆炸,包括化学爆炸,炉膛、钢水包爆炸等;
Q. 中毒和窒息,指煤气、油气、沥青、化学、一氧化碳中毒等;
R. 其他伤害,如扭伤、跌伤、野兽咬伤等。

17.3.2 伤亡事故的范围和等级

1. 伤亡事故范围

(1) 企业发生火灾事故及在扑救火灾过程中造成本企业职工伤亡;

(2) 企业内部食堂、幼儿园、医务室、俱乐部等部门职工或企业职工在企业的浴室、休息室、更衣室以及企业的倒班宿舍、临时休息室等场所发生的伤亡事故;

(3) 职工乘坐本企业交通工具在企业外执行本企业的任务或乘坐本企业通勤机车、船只上下班途中,发生的交通事故造成人员伤亡;

(4) 职工乘坐本企业车辆参加企业安排的集体活动如旅游、文娱体育活动等因车辆失火、爆炸造成职工的伤亡;

(5) 企业租赁及借用的各种运输车辆包括司机或招聘司机,执行该企业的生产任务,发生的伤亡;

(6) 职工利用业余时间采取承包形式,完成本企业临时任务发生的伤亡事故(包括雇用

的外单位人员);

(7) 由于职工违反劳动纪律而发生的伤亡事故,其中属于在劳动过程中发生的,或者虽不在劳动过程中,但与企业设备有关的。

2. 伤亡事故等级

(1) 根据国务院1991年3月1日起实施的《企业职工伤亡事故报告和处理规定》,职工在劳动过程中发生的人身伤害、急性中毒伤亡事故分为:轻伤、重伤、死亡、重大死亡事故。

(2) 建设部对工程建设过程中,按程度不同,把重大事故分为四个等级:

① 一级重大事故:死亡30人以上或直接经济损失300万元以上的;

② 二级重大事故:死亡10人以上29人以下或直接经济损失100元以上,不满300万元的;

③ 三级重大事故:死亡3人以上9人以下;重伤20人以上或直接经济损失30万元以上,不满100万元的;

④ 四级重大事故:死亡2人以下;重伤3人以上、19人以下或直接经济损失10万元以上,不满30万元的。

17.3.3 伤亡事故的处理程序

发生伤亡事故后,负伤人员或最先发现事故的人应立即报告领导。企业对受伤人员职工满一个工作日以上的事故应填写伤亡事故登记表并及时上报。

企业发生重伤和重大伤亡事故,必须立即将事故概况(包括伤亡人数、发生事故的时间、地点、原因)等,用快速方法分别报告企业主管部门、行业安全管理部门和当地公安部门、人民检察院。发生重大伤亡事故,各有关部门接到报告后,应立即转报各自的上级主管部门。

对于事故的调查处理,必须坚持"事故原因不清不放过、事故责任者和群众没有受到教育不放过、没有防范措施不放过"的"三不放过"原则,按照下列步骤进行:

1. 迅速抢救伤员并保护好事故现场

事故发生后现场人员不要惊慌失措,要有组织、听指挥首先抢救伤员和排除险情,制止事故蔓延扩大。同时,为了事故调查分析需要,应该保护好事故现场。确因抢救伤员和排险,而必须移动现场物品时,应做出标识。因为事故现场是提供有关物证的主要场所,是调查事故原因不可缺少的客观条件。要求现场各种物件的位置、颜色、形状及其物理、化学性质等尽可能保持事故结束时的原来状态。必须采取一切可能的措施防止人为或自然因素的破坏。

2. 组织调查组

在接到事故报告后的单位领导,应立即赶赴现场组织抢救,并迅速组织调查组开展调查。轻伤、重伤事故由企业负责人或其指定人员组织生产、技术、安全等部门及工会组成事故调查组,进行调查;伤亡事故由企业主管部门会同企业所在地区的行政安全部门、公安部门、工会组成事故调查组进行调查。重大死亡事故,按照企业的隶属关系,由省、自治区、直辖市企业主管部门或者国务院有关主管部门会同同级行政安全管理部门、公安部门、监察部门、工会组成事故调查组进行调查。死亡和重大死亡事故调查组应邀请人民检察院参加,还可邀请有关专业技术人员参加。与发生事故有直接利害关系的人员不得参加调查组。

3. 现场勘查

在事故发生后,调查组应速到现场进行勘查。现场勘查是技术性很强的工作,涉及广泛

的科技知识和实践经验,对事故的现场勘察必须及时、全面、准确、客观。现场勘察的主要内容有:

(1) 现场笔录

① 发生事故的时间、地点、气象等;

② 现场勘察人员姓名、单位、职务;

③ 现场勘察起止时间、勘察过程;

④ 能量失散所造成的破坏情况、状态、程度等;

⑤ 设备损坏或异常情况及事故前后的位置;

⑥ 事故发生前劳动组合、现场人员的位置和行动;

⑦ 散落情况;

⑧ 重要物证的特征、位置及检验情况等。

(2) 现场拍照

① 方位拍照,能反映事故现场在周围环境中的位置;

② 全面拍照,能反映事故现场各部分之间的联系;

③ 中心拍照,反映事故现场中心情况;

④ 细目拍照,提示事故直接原因的痕迹物、致害物等;

⑤ 人体拍照,反映伤亡者主要受伤和造成死亡伤害部位。

(3) 现场绘图

根据事故类别和规模以及调查工作的需要应绘出下列示意图:

① 建筑物平面图、剖面图;

② 事故时人员位置及活动图;

③ 破坏物立体图或展开图;

④ 涉及范围图;

⑤ 设备或工、器具构造简图等。

4. 分析事故原因

(1) 通过全面的调查来查明事故经过,弄清造成事故的原因包括人、物、生产管理和技术管理等方面的问题,经过认真、客观、全面、细致、准确的分析,确定事故的性质和责任。

(2) 事故分析步骤:首先整理和仔细阅读调查材料按 GB 6441—86 标准附录 A,受伤部位、受伤性质、起因物、致害物、伤害方法、不安全状态和不安全行为等七项内容进行分析,确定直接原因、间接原因和事故责任者。

(3) 分析事故原因时,应根据调查所确认事实,从直接原因入手逐步深入到间接原因。通过对直接原因和间接原因的分析确定事故中的直接责任者和领导责任者,再根据其在事故发生过程中的作用确定主要责任者。

(4) 事故性质类别

① 责任事故就是由于人的过失造成的事故。

② 非责任事故即由于人们不能预见的自然条件变化或不可抗力所造成的事故,或是在技术改造、发明创造、科学试验活动中,由于科学技术条件的限制而发生的无法预料的事故。但是,对于能够预见并可以采取措施加以避免的伤亡事故或没有经过认真研究解决技术问题而造成的事故,不能包括在内。

③ 破坏性事故即为达到既定目的而故意制造的事故。对已确定为破坏性事故的,应由公安机关认真追查破案,依法处理。

5. 制定预防措施

根据对事故原因分析,制定防止类似事故再次发生的预防措施。同时,根据事故后果和事故责任者应负的责任提出处理意见。对于重大未遂事故不可掉以轻心,也应严肃认真按上述要求查找原因,分清责任严肃处理。

6. 写出调查报告

调查组应着重把事故发生的经过、原因、责任分析、处理意见以及本次事故的教训和改进工作的建议等写成报告,经调查组全体人员签字后报批。如调查组内部意见有分歧,应在弄清事实的基础上,对照法律法规进行研究统一认识。对于个别同志仍持有不同意见的允许保留,并在签字时写明自己的意见。

7. 事故的审理和结案

(1) 事故调查处理结论。应经有关机关审批后方可结案。伤亡事故处理工作应当在90日内结案,特殊情况不得超过180日。

(2) 事故案件的审批权限同企业的隶属关系及人事管理权限一致。

(3) 对事故责任者的处理应根据其情节轻重和损失大小来判断。主要责任、次要责任、重要责任、一般责任还是领导责任等按规定给予处分。

(4) 要把事故调查处理的文件、图纸、照片、资料等记录长期完整地保存起来。

8. 员工伤亡事故登记记录

(1) 员工重伤、死亡事故调查报告书,现场勘察资料(记录、图纸、照片);

(2) 技术鉴定和试验资料;

(3) 物证人证调查材料;

(4) 医疗部门对伤亡者的诊断结论及影印件;

(5) 事故调查组人员的姓名、职务并应逐个签字;

(6) 企业或其主管部门对该事故所作的结案报告;

(7) 受处理人员的检查材料;

(8) 有关部门对事故的结案批复等。

9. 关于工伤事故统计报告中的几个具体问题

(1) "工人职员在生产区域中所发生的和生产有关的伤亡事故"是指企业在册职工在企业生产活动所涉及的区域内(不包括托儿所、食堂、诊疗所、俱乐部、球场等生活区域),由于生产过程中存在的危险因素的影响,突然使人体组织受到损伤或某些器官失去正常机能,以致负伤人员立即中断工作的一切事故。

(2) 员工负伤后一个月内死亡应作为死亡事故填报或补报。超过一个月死亡的不作死亡事故统计。

(3) 员工在生产工作岗位干私活或打闹造成伤亡事故,不作工伤事故统计。

(4) 企业车辆执行生产运输任务(包括本企业职工乘坐企业车辆)行驶在场外公路上发生的伤亡事故,一律由交通部门统计。

(5) 企业发生火灾、爆炸、翻车、沉船、倒塌、中毒等事故造成旅客、居民、行人伤亡,均不作职工伤亡事故统计。

(6) 停薪留职的职工到外单位工作发生伤亡事故由外单位负责统计报告。

17.4 工程项目环境管理

在工程项目管理过程中,环境管理与安全管理是密切联系的两个管理方向。如果环境管理工作做的好,会对安全管理工作有着很大的促进作用。相反,如果没有做好环境管理工作,则会对安全管理产生很大的负面影响。同时,安全管理工作如果做的好,也会带来很好的施工环境和生活环境。

17.4.1 企业外部自然环境管理

由于施工项目的自身特点,施工企业经常要面临不同的自然环境,这些独特的自然环境会对工程项目的实施带来不同的影响。比如,在北方施工会存在严寒,过低的温度会对工程质量产生影响,也会对施工人员的操作带来一定的困难。所以,了解施工所在地的自然环境特点是正确实施工程项目管理的一个重要方面。

针对企业外部自然环境管理,应该做到:

(1) 了解气候环境。由于气候的变化对施工质量和进度都会产生一定的影响,所以,项目管理者应该了解工程项目所在地的气候变化,通过以往的气候记录来预测项目施工过程中可能会遇到的气候条件,以免因气候的变化引起质量和安全事故。

(2) 了解资源条件。每个不同的地区都会存在不同的资源,在工程施工过程中,有些资源是可以互相替代的,如果由施工企业总承包,在设计时就可以尽量采用当地所有资源以降低工程成本。

(3) 了解地质环境。针对不同的地质环境可以使用不同的施工工艺,所以项目管理者在认真研究业主提供的地质资料的同时也应该自己搜集有关方面的资料,以确保对地质条件有充分的认识。如果不认真对待地质环境而盲目施工,不仅可能影响工程的进度,增加成本,更为重要的是可能会衍生出安全事故。

(4) 了解需要保护的环境。如果施工现场处于需要保护的风景区、文物保护区,项目管理者就应该认真熟悉这方面的文件,了解文物古迹的分布范围,在施工过程中注意保护出土文物。

17.4.2 企业外部社会环境

我国幅员辽阔,各地的风土人情各异。由于施工企业流动性大,这就必然会接触到不同的社会环境,在这样的社会环境中,如果施工管理人员不认真去了解企业所处的外部社会环境,就可能会带来许多麻烦,其中自然包含着许多安全的隐患。因此,认识并适应外部环境是做好管理工作的基础。

(1) 了解所在地的风俗习惯。我国民族众多,各民族都有着自己的风俗习惯,施工人员应该了解尊重这些风俗习惯以免与当地人民群众产生矛盾,进而引发不可预见的事件。对于在国外承揽工程的公司更应该积极接受当地的文化以争取获得当地群众在一些方面的支持。

(2) 了解所在地的权力结构。施工不可避免要同施工所在地的政府机关、村民自治组织等打交道,如果不熟悉其中的权力结构,不了解各方面的复杂关系将会给工程管理带来许多麻烦。所以,积极了解所在地的权力结构,争取当地政府的支持是一项比较重要的管理工作。

17.4.3 施工项目现场环境

1. 施工项目现场管理的意义

(1) 施工项目现场管理的好坏关系到施工活动能否正常进行。施工现场是施工的战场,大量的材料、机械设备存在于现场,施工人员通过施工活动将这些物资一步步地转变成项目产品。这个战场管得好坏,直接影响到是否能顺畅地组织施工。

(2) 施工项目现场是把各专业管理联系在一起的场所。在施工现场,各项专业管理工作按合理分工分头进行,而又密切协作,相互影响,相互制约。施工现场管理的好坏,直接关系到各项专业管理的技术经济效果。

(3) 工程施工现场管理反映出施工单位的精神面貌。通过观察工程施工现场,施工单位的精神面貌赫然显现。一个文明的施工现场会产生重要的社会效益,赢得很好的社会信誉。反之也会给施工企业的社会信誉带来负面影响。

(4) 工程施工现场管理是贯彻执行有关法规的具体体现。许多城市管理法规,诸如:地产开发、城市规划、市政管理、环境保护、市容美化、环境卫生、城市绿化、交通运输、消防安全、文物保护、居民安全、人防建设、居民生活保障、工业生产保障、文明建设等都与施工现场的管理密切联系。所以,每一个在施工现场从事施工和管理工作的人员,都应当有法制观念,执法、守法、护法。施工现场管理是一个严肃的社会问题和政治问题,不能有半点疏忽。

2. 施工项目现场管理的内容

(1) 合理规划施工用地

首先要保证场内占地合理使用。当场内空间不充分时,应会同建设单位向规划部门和公安交通部门申请,经批准后才能获得并使用场外临时施工用地。

(2) 科学地进行施工总平面设计、施工组织设计是工程施工现场管理的重要内容和依据,尤其是施工总平面设计,目的就是对施工场地进行科学规划,以合理利用空间。在施工总平面图上,临时设施、大型机械、材料堆场、物资仓库、构件堆场、消防设施、道路及进出口、加工场地、水电管线、周转使用场地等,都应井然有序,科学安排,从而呈现出现场文明,有利于安全和环境保护,有利于节约,便于工程施工。

(3) 根据施工进展的具体需要,按阶段调整施工现场的平面布置。不同的施工阶段,施工的需要不同,现场的平面布置亦应进行调整。当然,施工内容变化是主要原因,另外分包单位也随之变化,他们也对施工现场提出新的要求。因此,不应当把施工现场当成一个固定不变的空间组合,而应当对它进行动态的管理和控制,但是调整也应该在一定的限度内,不能太频繁,以免造成浪费。一些重大设施应基本固定,调整的对象应是规模小的设施,或已经实现功能失去作用的设施,代之以满足新需要的设施。

(4) 加强对施工现场使用的检查

现场管理人员应经常检查现场布置是否按平面布置图进行,是否符合各项规定,是否满足施工需要,还有哪些薄弱环节,从而为调整施工现场布置提供有用的信息,也使施工现场保持相对稳定,不被复杂的施工过程打乱或破坏。

(5) 建立文明的施工现场

文明施工现场即指按照有关法规的要求使施工现场和临时占地范围内秩序井然,文明安全,环境得到保持,绿地树木不被破坏,交通畅达,文物得以保存,防火设施完备,居民不受干扰,场容和环境卫生均符合要求。文明施工现场有利于提高工程质量和工作质量,提高企业信誉。为此,应当做到主管挂帅,系统把关,普遍检查,建章建制,责任到人,落实整改,严明奖惩。

① 主管挂帅,即公司和工区均成立主要领导挂帅,各部门主要负责人参加的施工现场管理领导小组,在企业范围内建立以项目管理班子为核心的现场管理组织体系。

② 系统把关,即各管理业务系统对现场的管理进行分口负责,每月组织检查,发现问题便及时整改。

③ 普遍检查,即对现场管理的检查内容,按达标要求逐项检查,填写检查报告,评定现场管理先进单位。

④ 建章建制,即建立施工现场管理规章制度和实施办法,依法办事,不得违背。

⑤ 责任到人,即管理责任不但明确到部门,而且各部门要明确到人,以便落实管理工作。

⑥ 落实整改,即对各种漏洞,一旦发现,必须采取措施纠正,避免再度发生。

⑦ 严明奖惩,如果成绩突出,便应按奖惩办法予以奖励;如果有问题,要按规定给予必要的处罚。

(6) 及时清场转移

施工结束后,施工项目管理班子应及时组织清场,将临时设施拆除,剩余物资退场,组织向新工程转移,以便整治规划场地,恢复临时占用土地,不留后患。

17.4.4 施工作业环境管理

1. 施工作业环境管理的意义

项目是与环境相联系的,项目的进行会对环境产生影响,其影响的程度可能因项目的不同而各异。所以项目进行的同时,应考虑其对环境的影响。例如在工程项目实施过程中就应考虑粉尘、噪声、水源污染、环境卫生等问题;在组织大型活动项目时就应考虑环境污染和环境卫生问题。在项目进行过程中重视环境保护改善项目环境,无论是对项目本身还是对社会都是非常重要的,其意义体现在以下几方面。

(1) 保护和改善项目环境是保证人们身体健康的需要。有些项目可能会对周边环境产生严重影响。例如粉尘污染就可能会使作业人员患职业性尘肺病;噪声污染会干扰人的睡眠,引起人体紧张的反映,如长期连续在强噪声的环境中,会损害人的听觉系统,造成听力损伤甚至会造成神经系统紊乱等。所以对可能会影响人体健康的项目环境必须进行治理和改善,这是保障人们身体健康的一项重要任务。

(2) 施工作业环境是每个操作人员的具体工作环境,这是对操作人员的工作效率直接产生作用的微观环境。杂乱无章的施工作业环境会使得操作人员因工作的无序而产生错误导致安全事故的发生。同时,一个令人感到不适的工作环境也会对操作人员的心理产生不良的影响,进而影响操作的准确性和正确性。所以,严格管理施工作业环境也是不容忽视的工作。

(3) 保护和改善环境是保证项目顺利进行的需要。就项目内部而言,通过保护和改善环境使项目参与者能在一个良好的环境中进行工作,这无疑对项目的顺利进行是非常有利的。而就项目外部而言,通过保护和改善环境可以最大限度地减少来自外部的干扰使项目顺利进行。

(4) 保护和改善项目环境是项目参与者应尽的职责。保护和改善项目环境事关国计民生,作为项目参与者责无旁贷。国家就环境保护问题颁布了相关法规,例如,我国宪法第十一条规定:"国家保护环境和自然资源防止污染和其他公害"。因此,环境保护是国家的要求,是企业的行为准则。

(5) 保护和改善项目环境是现代化大生产的客观要求。现代化大生产广泛应用新设备、新工艺、新材料,这些对环境质量的要求很高。例如,粉尘、振动超标就可能损坏设备影响功能发挥。这就要求保护和改善项目环境使之适应现代化大生产的客观要求。

2. 环境保护措施

(1) 实行环境保护目标责任制

环境保护目标责任制是指将环境保护指标以责任书的形式,层层分解到有关部门和人员,并列入岗位责任制,形成环境保护自我监控体系。项目经理是环境保护的第一责任人,是项目环境保护自我监控体系的领导者和责任者。

(2) 加强检查和监控工作

项目对环境的影响程度需要通过不断检查和监控加以掌握。只有掌握了项目环境的具体状况才能采取有针对性的措施。例如在工程项目进行过程中,就应加强对项目现场的粉尘、噪声、废气、污水等的监测和监控工作,并根据污染情况采取措施加以消除。

(3) 进行综合治理

一方面要采取措施控制污染,另一方面应与外部的有关单位、人员及环保部门保持联系加强沟通。要统筹考虑项目目标的实现与环境保护问题,使两者达到高度的统一。

(4) 严格执行相关法律法规

国家、地区、行业和企业在环境保护方面颁布了相应的法律、法规,作为项目管理者应掌握这些法律、法规并在项目进行过程中严格执行。

(5) 采取有效技术措施

在进行项目计划时,必须提出有针对性的技术措施;在项目进行过程中,应按计划实施这些技术措施并根据具体情况加以调整。例如对于工程项目来说,就可以采取以下几方面措施。

① 采取措施防止大气污染。施工现场垃圾要及时清理出现场。高层建筑物和多层建筑物清理施工垃圾时,应搭设封闭式专用垃圾道,采用容器吊运或将永久性垃圾道随结构安装好以供施工使用,严禁凌空随意抛撒。

施工现场道路采用焦渣、级配砂石、粉煤灰级配砂石、沥青混凝土或水泥混凝土等,有条件的可以利用永久性道路并指定专人定期洒水清扫,防止道路扬尘。

袋装水泥、白灰、粉煤灰等易飞扬的细颗散体材料应在库内存放;室外临时露天存放时必须下垫上盖,防止扬尘。

除设有符合规定的装置外,禁止在施工现场焚烧油毡、橡胶、皮革、树叶等,以及其他会产生有毒、有害烟尘的物质。

施工现场的混凝土搅拌站是防止大气污染的重点。有条件的应修建集中搅拌站,利用计算机控制进料、搅拌和输送全过程,在进料仓上方安装除尘器。采用普通搅拌站时,应将搅拌站封闭严密,尽量不使粉尘外扬,并利用水雾除尘。

② 采取措施防止水源污染。禁止将有毒、有害废弃物作为土方回填;施工现场搅拌站

废水、现制水磨石的污水、电石的污水，应经沉淀池沉淀后再排入污水管道或河流。当然最好能采取措施回收利用；现场存放的油料，必须对库房地面进行防渗处理，防止油料跑、冒、滴、漏，污染水体；化学药品、外加剂等应妥善保管，库内存放，防止污染环境。

③ 采取措施防止噪声污染。措施包括严格控制人为噪声进入施工现场，不得高声喊叫，无故甩打模板，最大限度地减少噪声扰民；在人口稠密区进行强噪声作业时，应严格控制作业时间；采取措施从声源上降低噪声，如尽量选用低噪声设备和工艺代替高噪声设备与加工工艺，如低噪声振捣器、风机、空压机、电锯等在声源处安装消声器消声；采用吸声、隔声、隔振和阻尼等声学处理的方法，在传播途径上控制噪声。

17.4.5 生活环境管理

1. 施工区环境卫生管理

(1) 环境卫生管理责任区

为创造舒适的工作环境，养成良好的文明施工作风，保证职工身体健康，明确划分施工区域和生活区域，将施工区和生活区分成若干片，分片包干。建立责任区从道路交通、消防器材、材料堆放，到垃圾、厕所、厨房、宿舍、火炉、吸烟等都有专人负责，做到责任落实到人，使文明施工、环境卫生工作保持经常化、制度化。

(2) 环境卫生管理措施

① 施工现场要勤打扫，保持整洁卫生，场地平整，各类物资堆放整齐，道路畅通，无堆放物，无散落物，做到无积水、无黑臭、无垃圾，排水顺畅。生活垃圾与建筑垃圾分别定点堆放严禁混放，并及时清运。

② 施工现场严禁大小便，发现有随地大小便现象，要对责任区负责人进行处罚。施工区、生活区有明确划分的标识牌，标牌上注明责任人姓名和管理范围。

③ 按比例绘制卫生区的平面图，并注明责任区编号和负责人姓名。

④ 施工现场零散材料和垃圾，要及时清理，垃圾临时堆放不得超过一天。

⑤ 保持办公室整洁卫生，做到窗明地净，文具摆放整齐，达不到要求的对当天卫生值班员进行处罚。

⑥ 职工宿舍上、下铺做到整洁有序，室内和宿舍四周保持干净，污水和污物、生活垃圾集中堆放，及时外运，发现不符合此条要求的处罚当天卫生值班员。

⑦ 冬季办公室和职工宿舍取暖炉，应有验收手续，合格后方可使用。

⑧ 楼内清理出的垃圾要用容器或小推车，用塔吊或提升设备运下，严禁高空抛撒。

⑨ 施工现场的厕所，坚持天天打扫，每周撒白灰或打药一二次以消灭蝇蛆，便坑须加盖。

⑩ 为保证全体员工身体健康，施工现场应设置保温桶和开水并使用一次性杯子，开水桶要有盖加锁。

(3) 环境卫生检查记录

施工现场的卫生要定期进行检查发现问题，限期改正，并保存检查评分记录。

2. 生活区环境卫生管理

(1) 宿舍卫生管理规定

① 职工宿舍要有卫生管理制度，规定一周内每天卫生值日名单并张贴上墙，做到天天有人打扫，保持室内窗明地净，通风良好。

② 宿舍内各类物品应整齐划一,不到处乱放,做到整齐美观。
③ 宿舍内保持清洁卫生,清扫出的垃圾倒在指定的垃圾站,并及时清理。
④ 生活废水应有污水池,二楼以上也要有水源及水池,做到卫生区内无污水、无污物,废水不得乱倒乱流。
⑤ 冬季取暖炉的防煤气中毒设施齐全有效,建立验收合格证制度,经验收合格后方可使用。
⑥ 未经许可禁止使用电炉及其他用电加热器具。

(2) 办公室卫生管理规定

① 办公室卫生由办公室全体人员轮流值班负责打扫并排出值班表。
② 值班人员负责打扫卫生、打开水,做好来访记录,整理文具。做到窗明地净,无蝇、无鼠。
③ 冬季负责取暖炉防煤气中毒设施齐全有效,建立验收合格证制度,验收合格后方可使用。
④ 未经许可禁止使用电炉及其他电加热器具。

3. 食堂卫生管理

(1) 食品卫生采购运输

① 采购外地食品应向供货单位索取县级以上食品卫生监督机构开具的检验合格证或检验单。必要时可请当地食品卫生监督机构进行复验。
② 采购食品使用的车辆、容器要清洁卫生,做到生熟分开,防尘、防蝇、防雨、防晒。
③ 不得采购腐败变质、霉变、生虫、有异味或《食品卫生法》规定禁止生产经营的食品。

(2) 食品贮存保管卫生

① 根据《食品卫生法》的规定,食品不得接触有毒物、不洁物。建筑工程使用的防冻盐(亚硝酸钠)等有毒、有害物质,各施工单位要设专人专库存放,严禁亚硝酸盐和食盐同仓共贮。
② 贮存食品要隔墙、离地,注意做到通风、防潮、防虫、防鼠。食堂内必须设置合格的密封熟食间,有条件的单位应设冷藏设备。主副食品、原料、半成品、成品要分开存放。
③ 盛放酱油、盐等副食调料要做到容器物见本色,加盖存放,清洁卫生。
④ 禁止用铝制品、非食用性塑料制品盛放熟菜。

(3) 制售过程的卫生

① 制作食品的原料要新鲜卫生,做到不用、不卖腐败变质的食品,各种食品要烧熟煮透,以免食物中毒的发生。
② 制售过程及刀、墩、案板、盆、碗及其他盛器、筐、水池、抹布和冰箱等工具要严格做到生熟分开,售饭时要用工具销售直接入口食品。
③ 非经过卫生监督管理部门批准,工地食堂禁止供应生吃凉拌菜,以防止肠道传染疾病。剩饭、菜要回锅彻底加热再食用。
④ 共用食具要洗净消毒,应有上下水洗手和餐具洗涤设备。
⑤ 使用的代价券必须每天消毒防止交叉污染。
⑥ 丢弃食物的桶(缸)必须有盖,并及时清运。

(4) 个人卫生

① 炊管人员操作时必须穿戴好工作服并保持清洁整齐,做到文明操作,不赤背,不光

脚,禁止随地吐痰。

② 炊管人员应做好个人卫生,要坚持做到四勤(勤理发、勤洗澡、勤换衣、勤剪指甲)。

③ 凡在岗位上的炊事人员,必须持有所在地区卫生防疫部门办理的健康证和岗位培训合格证,并每年进行一次体检。

④ 凡患有痢疾、肝炎、伤寒、活动性肺结核等传染性的疾病者,不得参加接触直接入口食品的制售及食品洗涤工作。

⑤ 民工炊事人员无健康证的不准上岗,否则予以经济处罚,责令关闭食堂,并追究有关领导的责任。

(5) 集体食堂验收标准

① 新建、改建、扩建的集体食堂在选址和设计时应符合卫生要求,远离有毒、有害场所,30m内不得有露天坑式厕所、暴露垃圾堆(站)和粪堆、畜圈等污染源。

② 需有与进餐人数相适应的餐厅、制作间和原料库等辅助用房。其地面采用防鼠、防潮和便于洗刷的水泥地面等。有条件的食堂制作间灶台及其周围要镶嵌白瓷砖,炉灶应有通风排烟设备。

③ 制作间应分为主食间、副食间、烧火间,有条件的可开设生菜间、摘菜间、炒菜间、冷荤间、面点间。做到生与熟、原料与成品、半成品食品与杂物、毒物(亚硝酸盐)严格分开。冷荤间应具备五专(专人、专室、专容器用具、专消毒、专冷藏)。

④ 主、副食应分开存放。易腐食品应有冷藏设备。

⑤ 食品加工机械、用具、炊具、容器应有防蝇、防尘设备。用具、容器和食用苫布(棉被)要有生、熟及反、正面标记,防止食品污染。

⑥ 采购运输要有专用食品容器及专用车。

⑦ 食堂应有相应的更衣、消毒、盥洗、采光、照明、通风和防蝇、防尘设备,以及通畅的上下水管道。

⑧ 餐厅设有洗碗池、残渣桶和洗手设备。

⑨ 公用餐具应有专用洗刷、消毒和存放设备。

⑩ 食堂炊事人员(包括合同工、临时工)应按有关规定进行健康检查和卫生知识培训并取得健康合格证和培训证。

⑪ 具有健全的卫生管理制度。单位领导要负责食堂管理工作,并将提高食品卫生质量、预防食物中毒列入岗位责任制的考核评奖条件。

⑫ 集体食堂的经常性食品卫生检查工作,各单位要根据《食品卫生法》有关规定和《饮食行业食品卫生管理标准和要求》及《建筑工地食堂卫生管理标准和要求》进行管理检查。

17.4.6 文明施工

1. 一般规定

(1) 有整套的施工组织设计或施工方案。

(2) 有健全的施工指挥系统和岗位责任制度,工序衔接交叉合理,交接责任明确。

(3) 有严格的成品保护措施和制度,大小临时设施和各种材料、构件、半成品按平面布置堆放整齐。

(4) 施工场地平整,道路畅通,排水设施得当,水电线路整齐,机具设备状况良好,使用合理。施工作业符合消防和安全要求。

(5) 实现文明施工,不仅要抓好现场的场容管理工作,而且还要做好现场材料、机械、安全、技术、保卫、消防和生活卫生等方面的工作。一个工地的文明施工水平是该工地乃至所在企业各项管理工作水平的综合体现。

2. 现场场容管理

(1) 工地主要入口要设置简朴规整的大门,门边设立明显的标牌,标明工程名称、施工单位和工程负责人姓名等内容。

(2) 建立文明施工责任制划分区域。明确管理负责人,实行挂牌作业,做到现场清洁整齐。

(3) 施工现场场地平整道路畅通,有排水措施,基础、地下管道施工完后要及时回填平整,清除积土。

(4) 现场施工临时水、电要有专人管理,不得有长流水、长明灯。

(5) 施工现场的临时设施,包括生产、办公、生活用房、仓库、料场、临时上下水管道以及照明、动力线路,要严格按施工组织设计确定的施工平面图布置、搭设或埋设整齐。

(6) 施工现场清洁整齐,做到活完料清,工完场地清,及时消除在楼梯、楼板上的砂浆、混凝土。

(7) 砂浆、混凝土在搅拌、运输、使用过程中要做到不洒、不漏、不剩。盛放砂浆、混凝土应有容器或垫板。

(8) 要有严格的成品保护措施,严禁损坏污染成品、堵塞管道。高层建筑要设置临时便桶,严禁随地大小便。

(9) 建筑物内清除的垃圾渣土,要通过临时搭设的竖井或利用电梯等措施稳妥下卸,严禁从门窗口向外抛掷。

(10) 施工现场不准乱堆垃圾及余物。应在适当地点设置临时堆放点,并定期外运。清运渣土垃圾及流体物品,要采取遮盖防漏措施,运进途中不得遗撒。

(11) 根据工程性质和所在地区的不同情况,采取必要的围护和遮挡措施,保持外观整洁。

(12) 针对施工现场情况设置宣传标语和黑板报,并适时更换内容,切实起到表扬先进、促进后进的作用。

(13) 施工现场严禁居住家属,严禁居民、家属、小孩在施工现场穿行、玩耍。

3. 现场机械管理

(1) 现场使用的机械设备,要按平面布置规划固定点存放,遵守机械安全规程,经常保持机身及周围环境的清洁,机械的标识、编号明显,安全装置可靠。

(2) 清洗机械排出的污水要有排放措施,不得随地流淌。

(3) 在用的搅拌机、砂浆机旁应设沉淀池,不得将浆水直接排放入下水道及河流等处。

(4) 塔吊轨道按规定铺设整齐稳固,塔边要封闭,道碴不外溢,路基内外排水畅通。

17.4.7 企业文化管理

一个企业的文化会对每一个员工产生潜移默化的影响,是员工行动的思想指南。所以,作为企业的管理者应该努力加强企业文化管理,在企业内部,形成一种朝气蓬勃积极向上的企业文化。在企业文化的传播过程中,对安全意识的管理思想也自然可以影响每一位员工的行动。所以,良好的企业文化也是有效进行安全管理的一个思想保障。

企业文化是一个比较大的管理内容,与安全相关的企业文化管理工作应该包括:

(1) 加强安全思想教育工作。只有安全意识深入人心,才能在每一项细微的工作中得到很好的贯彻执行。尤其是在紧急的情况下,安全思想教育工作会影响每一个无意识的动作,所以,作为文化管理的一项内容,安全思想教育是非常重要的。

(2) 加强安全教育培训工作。加强安全教育培训工作,使员工具有防范安全事故的技能是非常必要的。仅仅有安全意识的思想还远远不足以对安全隐患的避免产生多大的积极意义,只有掌握了安全施工的技能,才会使得规避安全风险落到实处。

17.4.8 心理环境管理

心理环境管理的目的即是加强与组织成员的感情沟通,尊重成员,使其始终保持良好的情绪以激发出工作热情。作为企业的领导者或施工项目的管理者,应该认真学习并掌握管理心理学知识,了解员工的需要,懂得如何利用激励因素并减少或解决保健因素,使每一位员工都能保持一个良好的心态投入工作之中。我们知道,在工程项目管理中,人的因素是最重要的,所以有效管理每一位员工的心理环境也必将对安全管理工作产生积极的促进作用。

(1) 创造良好的工作环境。情绪具有一种动机激发功能,在心境良好的状态下会使工作思路开阔、思维敏捷、解决问题迅速。工作环境可以分为自然工作环境和社会工作环境。管理者应该和成员共同努力来创造一个文明、健康、整洁的自然工作环境。同时在进行社会工作环境的创造过程中要注意减少官僚作风和玩弄权术的现象。

(2) 创造良好的交流环境。情绪是具有感染力的。组织成员由于具体生活问题未能解决会产生某种不愉快情绪,并可能把这种情绪带到工作中,不仅影响其本人的工作效率,还会使别人也受到感染,所以应该加强与成员之间以及成员之间的沟通和协调。只有信息交流渠道顺畅,才有利于消除不良情绪,才有利于管理者了解情况并做出迅速而正确的决策。

17.5 工程项目安全文明施工组织设计案例

17.5.1 工程概况

本项目为别墅群中的一栋,占地面积$333.82m^2$,本期工程建筑面积为$930.29m^2$。该工程设私家花园,有游泳池、叠泉水池。别墅群具体情况如下:

别墅号码	结构形式	层 数	建筑面积(m^2)	±0.000(相当黄海高程)
8号	框架	地上三层,地下一层	937.74	17.00

本别墅工程结构形式均为钢筋混凝土框架结构,基础为钢筋混凝土独立基础。填充墙(外墙,内墙)均采用200mm厚多孔粘土砖,卫生间隔墙为120mm厚粘土砖,个别单体内局部采用GRC墙板。屋面设FSG防水保温板,采用APP改性沥青卷材防水。装修部分较简单,室内仅做到粗装修,外墙面主体采用白色方砖,阳台及檐板、窗套采用白色涂料,局部采用文化石、花岗石贴面。

17.5.2 安全保证体系

(1) 成立以项目经理为首的安全文明施工领导小组,具体安排如下:

组长:

组员:

(2) 目标责任分解:

序号	分项内容（满分10分）	分解目标	责任人	月份考核记录											
				1	2	3	4	5	6	7	8	9	10	11	12
1	安全管理	1. 安全施工内业完整，缺一份扣2分 2. 特种作业持证上岗率100%，每发现一人未持证上岗扣3分 3. 现场无安全标志总平面图扣5分；未按安全标志总平面图设置安全标志，每一处扣2分 4. 本表检查得分率90%以上，每缺一个百分点扣2分		1	2	3	4	5	6	7	8	9	10	11	12
2	文明施工	1. 文明施工内业完整，缺一份扣2分 2. 无食物中毒、火灾事故，无治安刑事案件；每发生一起扣10分 3. 本表检查得分率90%以上，每缺一个百分点扣2分		1	2	3	4	5	6	7	8	9	10	11	12
3	脚手架	1. 无重伤以上事故，每发生一起扣10分；轻伤事故每月0起，每发生一起扣5分 2. 本表检查得分率95%以上，每缺一个百分点扣2分		1	2	3	4	5	6	7	8	9	10	11	12
4	基坑支护与模板工程	1. 重伤以上事故，每发生一起扣10分；轻伤事故每月0起，每发生一起扣5分 2. 本表检查得分率90%以上，每缺一个百分点扣2分		1	2	3	4	5	6	7	8	9	10	11	12
5	"三宝""四口"防护	1. 重伤以上事故，每发生一起扣10分；轻伤事故每月0起，每发生一起扣5分 2. 本表检查得分率95%以上，每缺一个百分点扣2分		1	2	3	4	5	6	7	8	9	10	11	12
6	施工用电	1. 无重伤以上事故，每发生一起扣10分；轻伤事故每月0起，每发生一起扣5分 2. 本表检查得分率95%以上，每缺一个百分点扣2分		1	2	3	4	5	6	7	8	9	10	11	12
7	物料提升机与外用电梯	1. 无重伤以上事故，每发生一起扣10分；轻伤事故每月0起，每发生一起扣5分 2. 本表检查得分率95%以上，每缺一个百分点扣2分		1	2	3	4	5	6	7	8	9	10	11	12
8	塔吊	1. 无重伤以上事故，每发生一起扣10分；轻伤事故每月0起，每发生一起扣5分 2. 本表检查得分率95%以上，每缺一个百分点扣2分		1	2	3	4	5	6	7	8	9	10	11	12
9	起重吊装	1. 无重伤以上事故，每发生一起扣10分；轻伤事故每月0起，每发生一起扣5分 2. 本表检查得分率95%以上，每缺一个百分点扣2分		1	2	3	4	5	6	7	8	9	10	11	12
10	施工机具	1. 无重伤以上事故，每发生一起扣10分；轻伤事故每月0起，每发生一起扣5分 2. 本表检查得分率95%以上，每缺一个百分点扣2分		1	2	3	4	5	6	7	8	9	10	11	12

17.5.3 具体措施

本工程地处旅游海岸区临近海上,常年海风不断,风力较大,而且还会受到台风、大潮、海啸等的影响,因此本工程的施工中,将根据项目的具体情况,制定齐全的安全生产制度和可靠的安全管理网络,实现安全生产的目标,提高企业的形象。

1. 安全管理制度

(1) 安全生产责任制

建立、健全各级各部门的安全生产责任制,责任落实到人。各项经济承包有明确的安全指标和包括奖惩办法在内的保证措施。总、分包之间必须签订安全生产协议书。

(2) 新进企业工人须进行公司、项目和班组的三级教育,同时:

① 工人变换工种,须进行新工种的安全技术教育。

② 工人应掌握本工种操作技能,熟悉本工种安全技术操作规程。

③ 认真建立"职工劳动保护记录卡",及时做好记录。

(3) 分部分项工程安全技术交底

进行全面的针对性的安全技术交底,受交底者履行签字手续。

(4) 特种作业持证上岗

特种作业人员必须经培训考试合格持证上岗,操作证必须按期复审,不得超期使用。

(5) 安全检查

① 必须建立定期安全检查制度。明确重点部位、危险岗位。

② 安全检查有记录。对查出的隐患应及时整改,落实到人、时间、措施。

(6) 班组"三上岗、一讲评"活动

班组在班前须进行上岗交底、上岗检查、上岗记录的"三上岗"和每周一次的"一讲评"安全活动。对班组的安全活动,要有考核措施。

(7) 遵章守纪、佩戴标记

① 严禁违章指挥、违章作业。

② 各类施工人员佩戴识别卡进入工地。

(8) 工伤事故处理

建立事故档案,按调查分析规则、规定进行处理报告,认真做好"三不放过"工作。

(9) "五牌一图"与安全标牌

施工现场必须张挂"五牌一图",图牌应规格统一,字迹端正,表示明确。

① 施工单位及工地名称牌;

② 安全生产文明施工牌;

③ 消防保卫牌;

④ 工程概况牌;

⑤ 工地主要管理人员名单及监督电话牌;

⑥ 施工总平面图。

施工工地必须有安全生产宣传牌。在主要施工部位、作业点、危险区、主要通道口都必须挂有安全宣传标语或安全警告牌。

2. 脚手架安全使用技术措施

(1) 本工程使用双排钢管脚手架。

(2) 材质
① 脚手架材质应符合有关规定要求。
② 不准使用枯脆、破损散边的竹片篱笆。
③ 不准使用锈蚀铁丝作拉结和绑扎辅料。
(3) 纵距、横距和步距
① 脚手架横向距不得大于1.0m;满堂脚手架不得大于1.8m。
② 脚手架小横杆里端距离墙面不得大于10cm(特殊结构例外),外端挑出应大于20cm。
③ 阴、阳墙角处立柱距墙的尽端不得大于40cm。
(4) 软硬拉结
① 各类拉结、支撑点应符合规范要求。
② 软拉结应双股并联,不得拉结在窗框、水落管和锈蚀的金属预埋件上。
③ 设置预埋硬拉结处,混凝土强度应达到设计标准。
④ 硬拉结与脚手架里立杆连接点不准采用电焊焊接。
(5) 搭接
脚手架剪刀撑、斜撑搭接长度不小于0.4m,且不少于2只扣件紧固。
(6) 竹篱笆、栏杆
① 施工操作层必须满铺篱笆,四角绑扎牢固。
② 铺设竹笆层时,应设置40cm踢脚笆、围护笆或不低于1m的小眼安全网。
(7) 登高设施
① 斜道(直上、之字形):走人的斜道坡度不得大于1/3,运料的斜道坡度不得大于1/4。并应铺设特殊竹笆(竹黄一律向上)或加设防滑措施。
② 斜道应设置不小于$3.4m^2$的平台。
③ 斜道纵向外侧及横向两终端应设置剪刀撑。
④ 登高挂梯不得设置在脚手架通道中间。
⑤ 登高挂梯架子纵向外侧应设置剪刀撑。
⑥ 斜道坡度两侧应设两道防护栏杆。
⑦ 斜道平台、登高平台临边应设竹笆防护,不得采用40cm踢脚笆或安全网。
(8) 验收
① 脚手架应有分部、分段按施工进度的书面验收报告。
② 各种脚手架应在验收合格后挂牌使用。
③ 扣件的扭力矩应按规范要求测试,抽点验收。
3. "三宝""四口"安全保护措施
(1) 安全帽
① 安全帽必须经有关部门检验合格后方能使用。
② 正确使用安全帽并扣好帽带。
③ 不准把安全帽抛、扔或坐、垫。
④ 不准使用缺衬、缺带及破损安全帽。
(2) 安全带

① 安全带须经有关部门检验合格方能使用。
② 安全带使用两年后,必须按规定抽验一次,对抽验不合格的,必须更换安全绳后才能使用。
③ 安全带应储存在干燥、通风的仓库内,不准接触高温、明火、强碱酸或尖锐的坚硬物体。
④ 安全带应高挂低用,不准将绳打结使用。
⑤ 安全带上的各种部件不得任意拆除。更换新绳时要注意加绳套。

(3) 安全网
① 从二层楼面起设安全网,往上每隔四层设置兜网一道,同时,再设一道随施工高度提升的安全网。
② 网绳不破损并生根牢固、绷紧、圈牢、拼接严密。

(4) 预留洞口
① 边长或直径在 20~25cm 的洞口,可利用混凝土板内钢筋或固定盖板防护。
② 60~150cm 的洞口,可用混凝土板内钢筋贯穿洞径,构成防护网,网格大于 20cm 的,要另外加密。
③ 150cm 以上的洞口,四周应设护栏,洞口下张安全网,护栏高 1m,设两道水平杆。
④ 预制构件的洞口(包括缺件临时形成的洞口),参照上述规定防护或架设脚手板、满铺竹笆,固定防护。

(5) 楼梯口
① 分层施工楼梯口应装临时护栏。
② 梯段边设临时防护栏杆(用钢管或毛竹)。
③ 顶层楼梯口应随施工安装正式栏杆或临时护栏。

4. 施工用电
(1) 支线架设
① 配电箱的电缆线应有套管,电线进出不混乱。
② 支线绝缘好,无老化、破损和漏电。
③ 支线应沿墙或电杆架空敷设,并用绝缘子固定。
④ 过道电线可采用硬质护套管埋地并作标记。
⑤ 室外支线应用橡皮线架空,接头不受拉力并符合绝缘要求。

(2) 现场照明
① 一般场所采用220V电压。危险、潮湿场所和金属容器内的照明及手持照明灯具,应采用符合要求的安全电压。
② 照明导线应用绝缘子固定。严禁使用花线或塑料胶质线。导线不得随地拖拉或绑在脚手架上。
③ 照明灯具的金属外壳必须接地或接零。单相回路内的照明开关箱必须装设漏电保护器。
④ 室外照明灯具距地面不得低于 3m;室内距地面不得低于 2.4m。碘钨灯固定架设,要保证安全。钠、铊等金属卤化物灯具的安装高度宜在 5m 以上。灯线不得靠近灯具表面。

(3) 架空线

① 架空线必须设在专用电杆(水泥杆、木杆)上,严禁架设在树或脚手架上。
② 架空线应装设横担和绝缘子,其规格、线间距离、档距等应符合架空线路要求,其电杆板线离地2.5m以上应加绝缘子。
③ 架空线一般应离地4m以上,机动车道为6m以上。
(4) 电箱(配电箱、开关箱)
① 电箱应有门、锁、色标和统一编号,使用标准电箱。
② 电箱内开关电器必须完整无损,接线正确。各类接触装置灵敏可靠,绝缘良好。无积灰、杂物,箱体不得歪斜。
③ 电箱安装高度和绝缘材料等均应符合规定。
④ 电箱内应设置漏电保护器,选用合理的额定漏电动作电流进行分极配合。
⑤ 配电箱应设总熔丝、分熔丝、分开关。动力和照明分别设置。
⑥ 配电箱的开关电器应与配电线或开关箱一一对应配合,作分路设置,以确保专路专控;总开关电器与分路开关电器的额定值、动作整定值相适应。熔丝应和用电设备的实际负荷相匹配。
⑦ 开关箱与用电设备实行一机一闸一保险。
⑧ 同一移动开关箱严禁配有380V和220V两种电压等级。
(5) 接地接零
① 接地体可用角钢、圆钢或钢管,但不得用螺纹钢,其截面不小于$48mm^2$,一组2根接地体之间间距不小于2.5m,入土深度不小于2m,接地电阻应符合规定。
② 橡皮线中黑色或绿/黄双色线作为接地线。与电气设备相连接的接地或接零线截面最小不能低于$2.5mm^2$多股芯线;手持式民用电气设备应采用不小于$1.5mm^2$的多股铜芯线。
③ 电杆转角杆、终端杆及总箱、分配电箱必须有重复接地。
(6) 变配电装置
① 配电间面积不小于3m×3m,单列配电柜(板)通道;正面不小于1.5m,侧面不小于1m,背面不小于0.8m;双列配电柜正面不小于2m。
② 配电间必须符合"四防一通"的要求。
③ 变配电间应配有安全防护用品和消防器材,并有各类警告标牌。开关应有编号及用途标志。保持室内清洁无杂物。
5. 中小型机具
(1) 搅拌机及砂浆机
① 必须搭设防雨防砸操作棚,机体安装坚实平稳。
② 各类离合器、制动器、钢丝绳、防护罩必须安全可靠有效。
③ 操作人员应持证上岗操作。
④ 必须有良好的单独接地,接地电阻应符合规定。
⑤ 搅拌机操作杆必须装有保险装置,进料斗应有挂钩及链。
⑥ 搅拌机拉铲必须使用安全电压。
⑦ 砂浆机筒体防护栅齐全,出料应配备圆盘式手转盘。
(2) 木工平(压)刨

① 外露传动部位必须装有防护装置。
② 刨面必须有靠山。
③ 平刨刀刃处必须设护手防护装置。
④ 压刨设有刀口防回弹装置。
⑤ 必须单独重复接地保护,并安装漏电保护器。

(3) 木工圆锯
① 传动部位必须有可靠的防护罩和安全防护挡板及月牙罩。
② 圆锯要设松口刀(分料器)。
③ 操作必须使用单向电动开关。
④ 要有良好的接地保护,并安装漏电保护器。

(4) 手持电动机具
① 必须单独安装漏电保护器。
② 防护罩壳齐全有效。
③ 外壳必须有效接地或接零。
④ 橡皮电线不得破损。

(5) 电焊机
① 有可靠的防雨措施。
② 一、二次线(电源、龙头)接线处应有齐全的防护罩,二次线应使用线鼻子。
③ 有良好的接地或接零保护。
④ 配线不得乱拉乱搭,焊把绝缘良好。

(6) 乙炔发生器
① 距明火距离应大于10m。
② 必须装有回火防止器。
③ 应有保险链、防爆膜,保险装置必须灵敏可靠,使用合理。

(7) 气瓶
① 各类气瓶应有明显色标和防振圈,并不得在露天曝晒。
② 乙炔气瓶与氧气瓶距离应大于5m。
③ 乙炔气瓶在使用时必须装回火防止器。
④ 皮管应用夹头紧固。
⑤ 操作人员应持有效证上岗操作。

(8) 水泵
① 电源线不得破损。
② 有良好的接零保护装置。
③ 应单独安装漏电保护器,灵敏可靠。

6. 防火安全

(1) 工地建立防火责任制,职责明确。按规定设专职防火干部和专职消防员,建立防火档案并正确填写。

(2) 按规定建立义务消防队,有专人负责,订出教育训练计划和管理办法。

(3) 重点部位(危险仓库、油漆间、木材库、木工间等)必须建立有关规定,有专人管理,落实责任。按要求设置警告标志,配置相应的消防器材。

(4) 建立动用明火审批制,按规定划分级别,明确审批手续,并有监护措施。

(5) 一般建筑各楼层、非重点仓库及宿舍,明确用火审批手续,并有监护措施。

(6) 焊割作业应严格执行"十不烧"及压力容器使用规定。

(7) 危险品押运人员、仓库管理人员和特殊工种必须经培训和审证,做到持有效证件上岗。

7. 确保文明施工的有效措施

(1) 现场场容、场貌布置

① 现场布置图

必须根据场地实际合理地进行布置,设施设备按现场布置图规定设置堆放,并随施工基础、结构、装饰等不同阶段进行场地布置和调整。

② 道路与场地

道路畅通、平坦、整洁,不乱堆乱放,无散落物;建筑物周围应浇捣散水坡,四周保持清洁;场地平整不积水,无散落的杂物;场地排水成系统,并畅通不堵。建筑垃圾必须集中堆放,及时处理。凡临街围墙高 2.5m 以上,墙面刷白,填写安全生产文明施工规章标语。进出场区门侧做车辆冲洗台及沉淀池,门前道路专人清扫。

③ 班组落手清

班组必须做好操作落手清,随作随清,物尽其用。在施工作业时,应有防止尘土飞扬、泥浆洒漏、污水外流、车辆沾带泥土运行等措施。有考核制度,定期检查评分考核,成绩上牌公布。

④ 大堆材料

砂石分类、集成堆放成方,底脚边用边清。砌体料归类成垛,堆放整齐,碎砖料随用随清,无底脚散料。灰池砌筑符合标准,布局合理、安全、整洁,灰不外溢,渣不乱倒。

⑤ 周转设备

施工设施设备、大模、砖夹等,集中堆放整齐。大模板成对放稳,角度正确。钢模板及零配件、脚手扣件分类分规格,集中存放。竹木杂料,分类堆放,规则成方,不散不乱,不作他用。

⑥ 水泥库

分清强度等级不混放,堆放整齐。有制度,有规定,专人管理,限额发放,分类插标挂牌,记载齐全而正确,牌物账相符。库容整洁,无"上漏下渗"。

⑦ 构配件及特殊材料

混凝土构件分类、分型、分规格堆放整齐,楞木垫头上下对齐稳定,堆放不超高(多孔板不得超过 12 块)。钢材、成型钢筋,分类集中堆放,整齐成线。钢木门窗框扇、木制品分别按规格堆放整齐,木制品防雨、防潮、防火,埋件铁件分类集中,分格不乱,堆放整齐。特殊材料(包括安装、装潢、装饰、保温及自供、自购)均要按保管要求,加强管理,分门别类,堆放整齐。

(2) 生活卫生

① 生活卫生应纳入工地总体规划,落实卫生专(兼)职管理人员和保洁人员,落实责任制。

② 施工现场须设有茶水亭和茶水桶,做到有盖加配杯子,有消毒设备。

③ 工地有男女厕所,有便溺设施,落实专人管理,保持清洁无害。
④ 工地设简易浴室,保证供水,保持清洁。
⑤ 现场落实消灭蚊蝇孳生承包措施,与承包单位签订检查监督约定,保证措施落实。
⑥ 生活垃圾必须随时处理或集中加以遮挡,妥善处理,保持场容整洁。

本章主要参考文献

1 建设部政策法规司,人事教育司.建设行政管理人员法律知识读本.北京:中国建筑工业出版社,2001

2 何伯洲.建设行政管理人员法律知识读本学习指南.北京:中国建筑工业出版社,2002

3 全国建筑业企业项目经理培训教材编写委员会.施工项目质量与安全管理(修订版).北京:中国建筑工业出版社,2002

4 白思俊.现代项目管理.北京:机械工业出版社,2002

5 中国建筑业协会.建筑企业经理手册.北京:中国建筑工业出版社,1997

思考题

1. 企业安全管理体系主要包括哪些方面?
2. 简述安全与卫生管理体系的历史沿革。
3. ISO 14001 和职业安全与卫生管理体系认证的关系是什么?
4. 你认为应如何降低职业安全卫生风险?
5. 试论述为什么要建立企业安全管理体系?
6. 安全管理的中心问题是什么?
7. 安全管理过程中应处理的五种关系和应坚持的六项基本原则是什么?
8. 作为一名施工安全计划的编制人员怎样才能编好施工安全计划?
9. 应从哪六个方面明确施工过程中安全技术的重点?
10. 你认为应从哪些方面做好安全计划的实施工作?
11. 怎样预防安全事故?
12. 国务院颁布的《企业职工伤亡事故报告和处理规定》是怎样规定伤亡事故的?
13. 建设部对工程建设过程中,按程度不同,是怎样划分重大事故的等级的?
14. 对事故处理的"三不放过"原则是什么?
15. 简要回答处理事故的步骤。
16. 环境管理和安全管理关系是什么?
17. 简述企业外部社会环境管理的内容。
18. 简述施工现场管理的内容。
19. 重视环境保护、改善施工作业环境的意义主要体现在哪些方面?
20. 试述如何做好施工作业管理。

第18章 项目沟通管理

【内容提要】
　　项目的决策和计划依赖于项目的信息沟通。良好的沟通有利于建立和改善人际关系,为项目经理的成功提供重要手段。因此,文中介绍了沟通方式、沟通渠道和网络沟通。为了加强沟通管理,重点阐述了沟通计划的依据、结果;沟通控制中的沟通形式、会议沟通、有效沟通的方法、化解冲突、舒解压力、编写项目报告、进行有效的谈判和项目的信息交流。最后介绍了跨文化沟通的影响因素、障碍与对策。

18.1 沟通管理基础知识

18.1.1 概述

　　项目的决策和计划依赖于项目的信息沟通。良好的沟通有利于建立和改善人际关系,也为项目经理的成功领导提供重要手段。沟通包括正式沟通与非正式沟通,上行沟通、下行沟通和平行沟通,单行沟通和平行沟通,单向沟通与双向沟通,书面沟通和口头沟通,言语沟通和体语沟通。相应的沟通渠道有正式的和非正式的。其中正式渠道有:链式沟通渠道、轮式沟通渠道、环式沟通渠道、Y式沟通渠道、全通道式沟通渠道。非正式沟通渠道包括单线式、饶舌式、随机式、集束式。
　　网络沟通是新的项目沟通方式,它具有其他方式不具有的优越性。
　　项目沟通管理(见图18-1)具有复杂和系统的特征,因此有必要编制和执行项目沟通计划。项目沟通计划的依据是沟通要求、沟通技术、制约因素和假设。沟通计划的结果是信息收集的结构、信息分发的结构、信息的形式、信息传递日程表、沟通计划更新的方法。
　　有效项目沟通的障碍有语言障碍、知识水平的限制、知觉的选择性、心理因素的影响、沟通渠道的选择、组织结构的影响、信息量过大等。美国管理协会就提高沟通效率的途径提出了一套建议。
　　在项目的实施过程中,不仅有项目的工作流、物资流、资金流,还有项目信息流。只有信息通畅、有效率,才能有通畅的工作流、物流和资金流,才能顺利地、有效率地实现项目的目标。

18.1.2 沟通的概念

　　沟通就是信息的交流。在项目的实施过程中,信息交流主要是人与人之间和组织之间的交流。人与人之间的沟通是将信息由一个人传递到另一个人,如下级人员与项目经理之间。这主要是人们带着一定的动机、目的、态度通过各种途径传递信息、情感、态度、思想、观点等。在这个过程中,可能会有阻碍有效沟通的因素。如不同的人对同一信息的理解程度受其知识结构、经历、职业、价值观的不同影响,从而产生不同的看法和不同的理解。组织之间的沟通是指组织之间的信息传递。

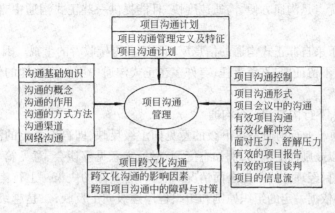

图 18-1 项目沟通管理结构图

18.1.3 沟通的作用

对于项目来说,要科学地组织、指挥、协调和控制项目的实施过程,就必须进行项目的信息沟通。好的信息沟通对项目的发展和人际关系的改善都有促进作用。具体说来,沟通的作用如下:

(1) 为项目决策和计划提供依据。来自项目内外部的准确、完整、及时的信息有利于项目领导班子做出正确的决策。

(2) 为组织和控制管理过程提供依据和手段。项目班子只有在掌握了项目的各方面信息之后才能有效地提高组织效能。

(3) 有利于建立和改善人际关系。信息沟通、意见交流,将许多独立的个人、团体、组织贯通起来,成为一个整体。信息沟通还是人的一种重要的心理需要,是人们用以表达思想感情与态度、寻求同情与友谊的重要手段。畅通的信息沟通,可以减少人与人的冲突,改善人与人、人与项目班子之间的关系。

(4) 为项目经理的成功领导提供重要手段。项目经理依赖于各种途径将意图传递给下级人员并使下级人员理解和执行。如果没有畅通的信息交流,下级人员就不能正确、及时地理解和执行上级指示,项目就不能按经理的意图进行,最终导致项目混乱甚至项目失败。

18.1.4 沟通的方式

1. 正式沟通与非正式沟通

(1) 正式沟通是组织内部明确的规章制度所规定的沟通方法,它和组织的结构息息相关,主要包括按正式组织系统发布的命令、指示、文件,组织召开的正式会议,组织正式颁布的法令规章、手册、简报、通知、公告,组织内部上下级之间和同事之间因工作需要而进行的正式接触。正式沟通的优点是沟通效果好,比较严肃而且约束力强,易于保密,可以使信息沟通保持权威性。缺点是沟通速度慢。

(2) 非正式沟通指在正式沟通渠道之外进行的信息传递和交流,如员工之间的私下交谈,小道消息等,是一类以社会关系为基础,与组织内部明确的规章制度无关的沟通方式。它的沟通对象、时间及内容等各方面都是未经计划和难辨别的。因为非正式组织是由于组织成员的感情和动机上的需要而形成的,所以其沟通渠道是通过组织内的各种社会关系,这种社会关系超越了部门、单位及层次。

这种沟通的优点是沟通方便,沟通速度快,且能提供一些正式沟通中难以获得的信息。缺点是容易失真。

在很多情况下来自非正式沟通的信息反而易于获得接收者的重视。因为这种沟通一般是采取口头方式,不留证据、不负责任,有许多在正式沟通中不便于传递的信息却可以在非正式的沟通中透露。

2．上行沟通、下行沟通和平行沟通

(1) 上行沟通。上行沟通是指下级的意见向上级反映,即自下而上的沟通。项目经理应采取某些措施以鼓励向上沟通,例如态度调查、征求意见座谈会、意见箱等等。只有上行沟通渠道畅通,项目经理才能掌握全面情况,做出符合实际的决策。上行沟通有两种形式:一是层层传递,即依据一定的组织原则和组织程序逐级向上反映;二是越级反映,它指的是减少中间层次,让项目最高决策者与一般员工直接沟通。信息技术的发展为越级反映提供了条件。

(2) 下行沟通。下行沟通是指领导者对员工进行的自上而下的信息沟通。一般以命令方式传达上级组织或其上级所决定的政策、计划之类的信息。例如,公司总经理可以指示项目经理加快施工某个项目,依次地,项目经理向主管发出详细指示,主管以此为根据指示生产工人。下行沟通是领导者向被领导者发布命令和指示的过程。

这种沟通方式的目的包括:明确项目的目标,传达工作方面的指示,提供项目进展情况,反馈其本身工作的绩效。

(3) 平行沟通。平行沟通是指组织中各平行部门之间的信息交流。而所谓斜向沟通,是指信息在不同层次的不同部门之间流动时的沟通。这两种沟通都跨越了不同部门、脱离了正式的指挥系统,但只要在进行沟通前先得到直接领导者的允许,并在沟通后把任何值得肯定的结果及时向直接领导汇报,这种沟通便值得积极提倡。

3．单向沟通与双向沟通

(1) 单向沟通。单向沟通是指发送者和接收者两者之间的地位不变(单向传递),一方只发送信息,另一方只接收信息。双方无论是在情感上还是在语言上都不需要信息反馈,如做报告、发布指令等。这种沟通的速度快,信息发送者的压力小。但是接收者没有反馈意见的机会,不能产生平等和参与感,不利于增加接收者的自信心和责任心,不利于建立双方的感情。

(2) 双向沟通。与单向沟通相对应,在双向沟通中,发送者和接收者两者之间的位置不断交换,且发送者是以协商和讨论的姿态面对接收者,信息发出以后还需及时听取反馈意见,必要时双方可进行多次重复商谈,直到双方共同明确和满意为止。如交谈、谈判等。双向沟通的优点是沟通信息准确性较高,接收者有反馈意见的机会,产生平等感和参与感,增加自信心和责任心,有助于建立双方的感情。但是,沟通的速度较慢。

4．书面沟通和口头沟通

书面沟通是指用通知、文件、报刊、备忘录等书面形式所进行的信息传递和交流。其优点是可以作为资料长期保存,反复查阅,沟通显得正式和严肃。

口头沟通就是运用口头表达,如:谈话、游说、演讲等进行信息交流活动。其优点是传递消息较为准确,沟通比较灵活,速度快,双方可以自由交换意思。

5．提问的技巧

项目经理常常需要亲临项目现场了解项目进展情况,他一方面通过自己的观察了解,另一方面更多的是与员工进行语言交流,询问各种情况。

问题是开启信息的钥匙。如果项目经理能向适宜的人提出正确的问题,则对项目成员需要做什么以及将要做什么这些消息更加灵通。

问题有以下类型:

(1) 封闭式问题。这些问题仅需要简单回答,即要求被问者回答"是"或"否"。典型的例子如:"装运的货物是否发出了?"

(2) 责难式问题。这些问题常常意味着不愉快或不满意。他们令回答者产生防御心态,因此应该减少使用,典型的例子有:"为什么不把装运的货物发出?"

(3) 寻求解决办法的问题。这些问题是征求听者的解决办法或意见。典型的例子有:"为了确保装运的货物按时发出,我们今后应该怎么办?"

(4) 开放式问题。这是寻求解决办法问题的进一步扩展形式,它使听者有更大的自由度来组织自己的回答。典型的例子有:"你认为我们应该如何检查装运程序,以使他们更有效率?"

(5) 指令性问题。它们以命令式的措辞来表述问题。典型的例子有:"告诉我昨天运送货物的确切数目。"

(6) 选择性问题。这类问题提供了两个备选答案,听者可以从中做出选择。利用这种问题常常能使听者更容易理解指示。典型的例子有:"为了完成这一工作,你是想今天晚上干得晚一点,还是想明天早上早点来呢?"

在很多情境下,为了获得回答和信息,理想的做法是使用两种或两种以上的类型进行提问。

6. 言语沟通和体语沟通

言语沟通是利用语言、文字、图画、表格等形式进行的。体语沟通是利用动作、表情姿态等非语言方式(形体)进行的。一个动作、一个表情、一个姿势都可以向对方传递某种信息;不同形式的丰富复杂的"身体语言"也在一定程度上起着沟通的作用。

18.1.5 沟通渠道

沟通渠道分正式与非正式两种,但都是在项目组织内部和内外部之间进行的信息交流和传递活动的渠道。当项目成员解决某个问题和协调某一方面而在明确规定的组织系统内进行沟通协调工作时,就会选择和组建项目组织内部不同的信息沟通渠道,即信息网络。沟通主题可以根据沟通的需要选择不同渠道。

1. 正式沟通渠道

因为在大多数沟通中,信息发送者并非直接把信息传给接收者,中间要经过某些人的转接,这就产生了不同的沟通渠道。不同的沟通渠道产生的信息交流效率是不同的。

正式沟通的渠道通常分为以下五种(见图18-2):

(1) 链式沟通渠道 在项目组织系统中,链式沟通渠道相当于一个纵向沟通渠道。信息按高低层次逐级传递,信息可以自上而下也可以自下而上地交流。在这个模式中,有的层次较多,居于两端的传递者只能与内侧的每一个传递者相联系,居中的则可以分别与上下互通信息。各个信息传递者所接收的信息差异较大。链式沟通渠道的优点是信息传递速度快。它适用于班子庞大,实行分层授权控制的项目信息传递及沟通。但是,在这种形式中,信息经层层传递、筛选，容易失真，各个信息传递者接受的信息差异很大。

(2) 轮式沟通渠道 在轮式沟通渠道模式中，有一个信息的汇集点和传递中心。只有处于领导地位的主管人员了解全面情况，并由他向下属发出指令，而下级部门和基层公众之间没有沟通联系，他们只分别掌握本部门的情况。这种方式集中化程度高，解决问题的速度快，中心人员的预测程度高，而沟通的渠道少，组织成员满意程度低，士气低落。

(3) 环式沟通渠道 环式沟通渠道中的成员依次联络沟通。这种模式大多产生于一个多层次的组织系统之中。层主管人员对低一层管理人员建立纵向联系。第一层主管人员与底层建立联系，基层工作人员之间与基层主管人员之间建立横向的沟通联系。该种沟通模式能提高群体成员的士气。

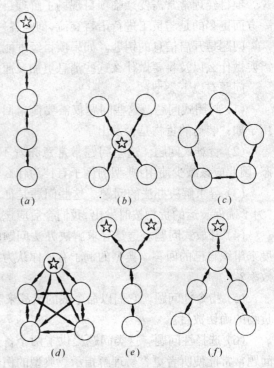

图 18-2 正式沟通形式
(a)链式；(b)轮式；(c)环式；(d)全通道式；
(e)Y式；(f)倒Y式

(4) Y式沟通模式 Y式沟通模式表示在四个层次的逐级沟通中，两位领导通过一个人或一个部门进行沟通，这个人成为沟通的中心。这种形式集中化程度高，解决问题的速度快。但组织中的成员平均满意程度较低，易于造成信息曲解或失真。

(5) 全通道式沟通模式 全通道式沟通模式(渠道)是一个开放式的信息沟通系统，其中每一个成员之间都有一定的联系，彼此十分了解。这种沟通渠道模式有利于建立浓厚的民主气氛和合作精神。

不应该认为项目班子或群体之间沟通只有上述五种模式。实际的沟通模式常常有多种多样。每个项目都有自己的组织结构，有自己的具体情况，为了达到有效管理的目的，应视不同情况，采取不同的沟通模式，以保证上下左右部门之间的信息能得到顺利的沟通。上述5种正式沟通渠道的比较见表18-1。

正式沟通五种渠道的比较　　　　　　　　　　　　　表 18-1

网络类型	解决问题的速度	信息精确度	组织化	领导人的产生	士气	工作变化弹性
链式	较快	较高	慢、稳定	较显著	低	慢
轮式	快	高	迅速、稳定	较显著	低	慢
环式	慢	低	不易	不发生	高	快
全通道式	最慢	最高	最慢、稳定	不发生	最高	最快
Y式,倒Y式	较快	较低	不一定	会易位	不一定	较快

2. 非正式沟通渠道

在一个组织中,除了正式沟通渠道,还存在着非正式的沟通渠道,有些消息往往是通过非正式渠道传播的,其中包括小道消息的传播。

国外一些管理专家如戴维斯经过调查研究,把非正式沟通渠道分为四种形式(见图18-3):

(1) 单线式。消息由A通过一连串的人把消息传播给最终的接收者。

(2) 饶舌式,又叫闲谈传播式。是由一个人(A)主动地把小道消息传播给其他人。如在小组会上传播小道消息。

(3) 随机式,又称机遇传播式。消息由(A)按偶然的机会传播给他人,他人又按偶然机遇传播,并无一定的路线。

(4) 集束式,又称群集传播式。它是将信息由(A)有选择地告诉自己的朋友或有关的人,使有关的人也照此办理的信息沟通方式。这种沟通方式最为普遍。

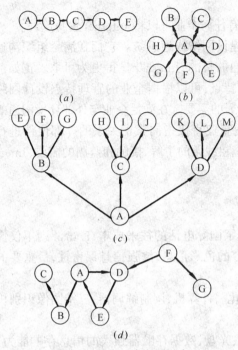

图 18-3 非正式沟通形式
(a)单线式;(b)饶舌式;(c)集束式;(d)随机式

项目组织中传播的小道消息,常常会对项目目标带来不良影响。改善的办法在于使正式沟通渠道畅通,用正式消息驱除小道新闻。但是,非正式沟通渠道也还有辅助正式渠道不足的作用。

18.1.6 网络沟通

1. 网络沟通的形式

网络技术推进信息化进程,实现三网并举(见图18-4)。

(1) Intranet

① 发布内部文件。项目组织内部的一些文件、报告等信息通过 Intranet 发送给各个部门,无论是常规的还是非常规的信息,都可以方便快捷地传送到每个员工那里。

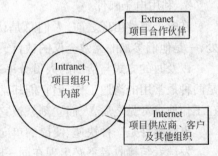

图 18-4 三网关系示意图

② 内部通信。Intranet 提供的电子邮件成为内部员工的相互通信的快捷通道。与因特网上提供的电子邮件相比,项目组织内部网提供的电子邮件服务更加有针对性,不仅可以用于一对一,单对多的通信,而且可以采用标准的通信格式。

(2) Extranet。项目组织的外部网是面向项目组织的合作伙伴、相关组织和团体的。Extranet 像是架在公用网 Internet 和专用 Intranet 之间的桥梁。它是由项目组织与其合作伙伴共同开发生成,也可以由某一组织投资建成。与 Intranet 一样,Extranet 通常位于防火墙之后,不向大众提供公共服务信息,其用途是:项目信息传播项目进展情况的报告;采购、销售服务；电子商务服务。

(3) Internet。今天，Internet 被广泛运用，没有任何企业可以将 Internet 置身度外。

项目组织通过这三网可以极其容易、高效地建设网络沟通系统。它们在满足组织沟通的功能上有某些区别，对于实现企业内部网络沟通的目的，Internet 显得更为可取。正如前述，Internet 针对企业特定的经营环境、组织结构特点，可以根据企业的管理特点设计网络沟通体系，取舍网络沟通的形式，真正满足组织沟通的需要。在满足企业与外部环境沟通的目的上，Extranet 具备更明显的优势。Extranet 使企业直接指向紧密关系的外部伙伴进行沟通，甚至进行交易。而针对企业对整个外部环境粗线条的了解、接触和监测的需要，Internet 自然技高一筹。

2．网络沟通的优势

网络沟通具有以下优势：

(1) 大大降低了沟通成本。IP 电话大大节省了国际电话的往来成本；E-mail 则不仅像传真机一样传递文件、数据、表格，还可以增加内容的色彩信息，增强信息保密性，最重要的是其费用比传真机便宜。

(2) 使原先一对一的单调语音沟通主体直观化。计算机、调制解调器、三维图像识别机软件技术式电话沟通的价值大大增强。

(3) 极大缩小了信息存贮空间。高密度磁盘、光盘、数据存贮器强大的信息存贮能力，节约了大量的信息存贮空间。信息存贮无纸化的趋势便于对文件信息的管理。

(4) 工作便利。计算机网络使那些被地域、时间挟制的员工的工作大大地方便了。

(5) 安全性好。成熟的防火墙技术可以较好地保证公司内部网的安全性。

(6) 跨平台，容易集成。采用标准的 TCP/IP、HTTP 协议可以使公司内部网和外部网实现集成。

3．利用电子邮件

在电子邮件出现之前，人们总是认为，他们的日常事务中有两个最常见的令人失望之处，一是他们参加的无效会议的数目，一是与人电话接触时的陈词滥调。

以及时的方式与恰当的人员分享准确信息，这是项目成功基本要点。尽管会议和电话是两种最常用的沟通工作，但它们却常常无法有效地实现这一核心需要。因而当电子邮件在工作地点常见之后，人们立刻就被它迷恋住了，这当然不足为奇。

电子邮件是一种快速、便捷的单向书面沟通方式。因此它有许多令人喜爱的性质：

发送者与接收者不必出现在同一时间。你可以在自己喜欢的任意时间书写电子邮件信息，而接收者能在他(她)方便的时候阅读。

发送者与接收者不必出现在同一地点。你可以从北京将信息发给远在西藏的人。

信息将被迅速传递。信息传递不会依赖投递安排、工作时间或天气状况。

电子邮件可以作为书面文件。可以多次阅读信息以便澄清含义，同时还可作为将来的一种提示，提醒别人此信息曾被共享过。

可以将电子邮件储存在计算机硬盘、软盘、压缩盘或光盘上，而不仅仅是以硬拷贝的形式储存，这不仅能节省空间与资金，还使重获信息变得更容易。

电子邮件也有以下缺陷：

人们可能不会阅读。有人每天定期接收 50~100 封电子邮件。他们承认自己只是快速浏览前面几行来判断某信息是否值得阅读。而有些人只看邮件是谁发来的,以便确定是否阅读该信件。

发送者与接收者之间没有实时接触。接收者可能难以正确解释信息,因为他/她不能以及时的方式提问、核对、或解释信息。你可以试着通过后续的电子邮件解决这些问题,但在处理过程中人们经常会失去兴趣。

沟通只是局限于文字交换。缺少那些通过面部表情、身体语言和语调传达的信息与感情暗示。

对内容或意向的误解。与电子邮件不同表达方式相联系的意义越来越多。不幸的是,人们常会非正式地使用这些含义,因而有时会发现传达错误信息的电子邮件。

4. 适当地使用电子邮件

电子邮件是广泛沟通系统中的一个有效成份。可以考虑利用电子邮件处理以下事务:

确认口头讨论与协议。在这些情况下,你希望得到不需讨论或解释书面信息。如果某人需要提问,就表明书面信息没能清楚准确地以文件证明所要表达的内容。

分享那些几乎不需要澄清的简单事实信息。以直截了当的语言分享简单信息。告诉人们在有任何疑问时怎样与你联系。

但是,在处理以下工作时不要将电子邮件作为惟一的沟通方式:

支持用来分析问题和发掘新创意的新点子。可以利用电子邮件来宣布新点子会议、邀请人们参加、确定探究的主题、为人们提供会前需要回顾的有关背景资料。可以利用电子邮件来分享会议结果总结以及正在采取的行动。但是一定要在面对面的会议上进行实际的思想交换。

建立并保持团队成员的信任与承诺。当你想利用电子邮件让人们了解团队成员的背景和经历、承诺和成绩时,必须确保能提供足够的面对面接触机会,以便帮助团队成员彼此熟悉。

共享重要信息。或许开始时你可以通过电子邮件来共享信息,但是随后请利用电话或会面的方式与对方讨论这些信息,以便确保接收者能正确理解信息内容。

当你利用电子邮件发送信息时,可以尝试以下做法:

语言简练。使用清晰的文字,尽量避免使用技术术语的缩略语。

在发信之前通读一遍你的电子邮件。要记住,人们对你本人的印象、对你想法的印象以及对你态度的印象都会受到你说话内容和方式的强烈影响。在发信前请抽出片刻时间阅读你的电子邮件信息,确保没有打字错误。

有先见之明。设身处地为接收者着想。他们可能会怎样误解你的信息?他们还想得到什么额外信息?他们能清楚知道你想让他们做的事情吗?换句话说,如果一封经过深思熟虑的电子邮件就足以解决问题,你就要尽量将还需往复五封电子邮件来提问题并澄清要点的需要控制在最小。

要进行核实以便确保收到了信件。如果可能,应该为你的系统编制个程序,能让你自动知道接收者何时打开你发送的电子邮件。如果不能编程,请让接收者回复一封电子邮件以便让你知道他(她)何时收到你的信息,或者也可以通过电话或简短面谈的方式来确认信息已经被接收。

重要的电子邮件要保存备份。应当为你认为重要的电子邮件保存备份,以便确认你实际发给项目成员的信息。

18.2 项目沟通计划

在项目组织内,沟通是正式的、非正式的领导与被领导之间的自上而下或自下而上的沟通信息的过程。在项目管理中,沟通管理是进行项目各方面管理的纽带,是在人、思想和信息之间建立的联系,它对于项目取得成功是必不可少的,而且是非常重要的。

无论何种规模及类型的项目都有其特定的周期。项目周期的每一个阶段都是重要的,甚至是关键性的。特别是大型土建工程和复杂的成套设备、生产线安装工程更是如此。显而易见,为做好每个阶段的工作,以达到预期标准和效果,就必须在项目部门内、部门与部门之间,以及项目与外界之间建立沟通渠道,快速、准确地传递和沟通信息,以使项目内各部门达到协调一致;使项目成员明确各自的工作职责,并且了解他们的工作对实现整个组织目标所做出的贡献;通过大量的信息沟通,找出项目管理的问题,制定政策并控制评价结果。因此,缺乏良好的沟通,就不可能做好人力资源管理工作,更不可能较好地实现项目目标。

18.2.1 项目沟通管理的特征

项目沟通管理,就是为了确保项目信息合理收集和传输,以及最终处理所需实施的一系列过程。项目沟通管理具有复杂和系统的特征。

1. 复杂性

每一个项目的建立都与大量的公司、企业、居民、政府机构等密切相关。另外,大部分项目都是由特意为其建立的项目班子实施的,具有临时性。因此,项目沟通管理必须协调各部门以及部门与部门之间的关系,以确保项目顺利实施。

2. 系统性

项目是开放的复杂系统。项目的确立将或全部或局部地涉及到社会政治、经济、文化等诸多方面,对生态环境、能源将产生或大或小的影响,这就决定了项目沟通管理应从整体利益出发,运用系统的思想和分析方法,全过程、全方位地进行有效的管理。

18.2.2 项目沟通计划

项目沟通计划是确定利害关系者的信息交流和沟通的要求。参与项目的每一个人都必须准备用项目"语言"沟通。并且要明白,他们个人所参与的沟通将会如何影响到项目的整体。项目沟通管理所涉及知识领域是保证项目信息及时正确地提取、收集、传播、存储以及最终处置所必需的。所以,谁需要何种信息、何时需要以及应如何将其交到他们手中就要通过沟通计划来完成。各个不同的项目对信息的数量和性质要求各不相同,相应的要采取不同的沟通方式和手段,因而沟通计划对于项目的成功很重要。

1. 沟通计划的依据

沟通计划的依据包括沟通要求、沟通技术、制约因素和假设三个方面。

(1) 沟通要求是项目参加者信息要求总和。它主要是通过综合要求的信息内容、形式和类型,以及分析该信息的价值来确定的。项目资源只运用于那些有利于项目成功的信息上。确定项目沟通要求的信息一般包括:项目组织和各利益相关者之间的关系;该项目涉及的技术知识;项目本身的特点决定的信息特点;与项目组织外部的联系等等。

(2) 沟通技术　在项目各部分之间来回传递信息所用的技术和方法很多。包括根据沟通的严肃性程度所分的正式沟通和非正式沟通;根据沟通的方向分的单向沟通和双向沟通、横向沟通和纵向沟通;根据沟通的工具分为书面沟通和口头沟通等等。

选用何种沟通技术以达到迅速、有效、快捷地传递信息主要取决于下列因素：

① 对信息要求的紧迫程度。例如,项目的成功是否依赖于不断更新的信息,在想要时马上就能要到手;或者是否只要有定期发布的书面报告就够了。

② 技术的取得性。例如,项目已有的系统是否满足要求;或者项目的需求是否有理由要求扩大或缩小已有系统。

③ 预期的项目环境。例如,所建立的通讯系统是否适合项目参加者的经验和专业特长;或者是否需要进行广泛的培训和学习。

(3) 制约因素和假设。制约因素和假设是限制项目管理班子选择的因素。项目沟通管理者应对其他知识领域各过程的结果进行评价,以发现它们可能影响项目通讯的途径,并采取相应的措施。

2. 沟通计划的结果

沟通计划的结果有项目利益相关者的分析结果和沟通管理计划。分析确定项目的利益相关者,这在前面的章节已有详细介绍。

沟通管理计划是规定项目本来沟通管理的文件,它一般在项目初期阶段制定,其主要内容包括：

(1) 信息收集的结构。详细说明信息收集渠道的结构,即采用何种方法,从何人、何处收集各种各样的信息;也就是信息从何而来和怎么来的问题。

(2) 信息分发的结构。详细说明信息分发渠道的结构,即信息(报告、数据、指示、进度报告、技术文件等)将流向何人,以及何种方法传送各种形式的信息(报告、会议、通知),这是说明信息如何传达,传达给谁的问题。

(3) 信息的形式。说明待分发信息的形式,包括格式、内容、详细程度和要采用的符号规定和定义。即信息以什么样的形式传递的问题。

(4) 信息传递日期表。订出信息发生的日程表。在表中列出每种形式的通讯将要发生的时间;确定提供信息更新依据或修改程序,以及确定在进度安排的通讯发生之前查找现时信息的各种方法。即沟通的时间问题。

(5) 沟通计划更新的方法。随着项目的实施,项目计划包括沟通计划也有可能需要更新。

18.3 项目沟通控制

18.3.1 项目沟通形式

组织沟通方式是指沟通采取的具体方式和手段。在项目组织内部,可采用指示和汇报、会议和个别交流、内部刊物与宣传告示栏、意见箱四种方式。

1. 指示和汇报

指标用于下行沟通,它可以使一个项目启动、变更和终止。而汇报用于上行沟通,反映汇报项目进展状况,提出意见和建议等。

2. 会议和个别交流

会议为项目成员交流思想、感情提供一个正式的场合和机会。它有利于集思广益,也有利于产生一种共同的见解、价格观和行动指南,使成员之间的关系更密切,而个别交流则具有轻松气氛,双方易感到亲切和相互信任。有些不便于在会议场所提出的问题和意见可以在个别交流中提出来。

3．内部刊物与宣传告示栏

对于大型的项目,成员多,很难坐在一起召开会议,这时内部刊物就是一种较好的替代方式。内部刊物可以反映组织最近的动向、重大事情,以及一些提醒成员、激励成员的内容。宣传告示栏的成本低,沟通面广,具有较为准确和迅速的优点。

4．意见箱

下层员工的各种设想、意见,可以通过意见箱直接传达到上层,可以避免信息在传递过程中,被"过滤"和"扭曲"。

18.3.2 项目会议中的沟通

项目经理在沟通的一些方式上花费了大量的时间。例如:书写、阅读、听取发言及发言,而且大部分是在会议中完成的。

1．在会议上的发言应遵循的基本原则

(1) 告诉他们你要说明什么!
(2) 告诉他们!
(3) 总结你说明的内容!

2．项目会议的目的

(1) 告诉——传递项目信息。
(2) 推广概念或建议——例如:项目管理的新战略。
(3) 解决——和与会人员一起针对问题的机遇提出解决办法。例如:选择产品设计时参加设计评审。
(4) 教育和培训——提高项目团队成员的知识、技能和改善他们的工作态度。

3．制订会议计划

图 18-5 中列出了召开项目会议的一些基本目的。制订会议计划的项目经理应清楚地知道举行这次会议的真正目的。

会议计划的制订涉及决定议事日程、使用的资料、时间、地点、目的、预期的结果(可行的)和与会者需要的信息。主要的计划问题包括:

(1) 计划中的会议是否真的有必要召开?
(2) 通过会议,希望获得哪些内容?
(3) 举行会议的事项是什么?
(4) 会议需要的事实是什么?
(5) 潜在的方式或方法是什么?
(6) 会议可能产生的建议是什么?
(7) 如果会议没有召开,那又会出现什么结果?

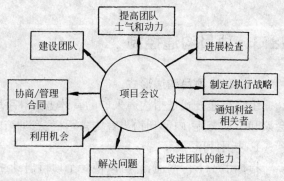

图 18-5　召开项目会议的基本目的

4. 组织会议

组织会议要考虑的一些主要事项包括:议事日程;合适的地点;与会者的确定和通知;任命主席;向与会者宣传其各自所需的信息;会议将如何进行。

5. 有效和无效的会议

《企业的人文因素》的作者用日常用语说明了有效会议和无效会议的区别。他对这样会议的说明可以作为项目经理提供计划和实施会议的标准。按照他的叙述,有效会议的特点包括:

非正式的、融洽的气氛;人人参与讨论;大家都理解会议的目标;成员们能互相倾听别人的意见;虚心听取不同意见;大部分的决定都能达成一致;批评是坦白、友好的;人们可以自由地表达自己的观点;采取措施,任务分配明确;小组主席在会议中没有摆出一副高高在上的态度;小组对自己的工作自信。

6. 控制会议

会议的控制意味着确保会议完成其目的。控制会议应强调下列因素:

设定时间限制,并遵守这些限制。

从论述会议的目的开始。

限制讨论。

总结进展或没有进展的情况。

鼓励和控制不同意见。

花费一定时间去评议会议的进展情况,并确定哪些工作可以提高会议的质量。

7. 一般会议的一些主要标准

有明确的目的,或仅当会议可能达到期望的结果时才举行会议。

开会前应做好充分准备,包括准备议事日程和分发给与会人员的资料,以有意义的方式参加会议。

促进活跃的参与——告诉人们:激动点可以,但不能不愉快。

要时时总结会议的进度,并且当会议已达到它的目的时,或当进一步的讨论已没有任何价值时,促使会议作出一个明确的结论。

8. 需要关注的问题

(1) 项目团队的项目经理和成员在召开项目利益相关的有效会议时,希望突出哪些重点?

(2) 在项目会议期间,有哪些为了加强与利益相关者进行沟通的能力培训和阅读材料?

(3) 项目中的失误,部分原因是由于项目会议没有很好的计划和执行吗?

(4) 项目会议的计划与执行是否按一种实用而有效的方式进行的?

(5) 组织的项目会议是否按照在 McGregor's 叙述的有效会议或无效会议内容进行的?

18.3.3 有效项目沟通

1. 有效项目沟通的障碍

试想某跨国项目中不同国籍的项目成员之间会有什么样的沟通障碍?语言、知识结构、心理因素、文化因素等,都会成为沟通的障碍。同时,组织结构的设计、沟通渠道的选择、传递的信息本身等都会影响沟通的效果。信息沟通过程模型,见图 18-6。

实际上,任何信息沟通的效果都决定于沟通双方的差异以及沟通途径的选择,具体说

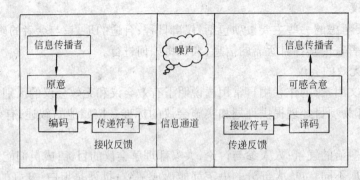

图 18-6　信息沟通过程模型

来,有语言障碍、知识水平的限制、知觉的选择性、心理因素的影响、沟通渠道的选择、组织结构的影响、信息量过大七种沟通障碍,见图 18-7。

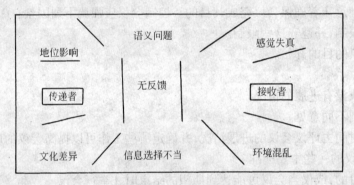

图 18-7　沟通障碍

(1) 语言障碍　人与人之间的信息沟通主要是借助于语言进行的,语言仅是知识交流的工具而不是思想本身。首先从传递信息的一方来看,并不是每个人都能恰如其分地表达自己的所思所想,这决定于信息传递者掌握和运用语言的能力。其次是信息的接收者,其理解程度决定于各种因素,如年龄、教育、文化背景等。在项目组织中,成员来自不同的背景,各专业人员具有各自的行话和技术用语;处于不同管理层次的人对同一词汇的理解也可能不同。

(2) 知识水平的限制　当信息的接收者与发送者的知识水平相差很大的时候,双方没有共同的知识区,信息接收者可能理解不了发送者的意思。

(3) 知觉的选择性　人们在接收或转述一个信息的时候,总是有意无意的产生知觉的选择性;符合自己需要又与自己的切身利益有关的内容很容易听进去,而对自己不利的可能损害自身利益的则不容易听进去。

(4) 心理因素的影响　在信息沟通中有很多障碍是由心理因素引起的。个人的性格、气质、态度、情绪、兴趣等的差异,都可能引起信息沟通的障碍。

(5) 沟通渠道的选择　信息沟通的渠道是多种多样的,各种渠道又有各自的优缺点。在选择本项目的沟通渠道时应充分考虑实际情况与具体要求。

(6) 组织结构的影响　合理的组织结构有利于信息沟通。庞大的组织结构可能中间层次过多,信息传递更容易失真、遗漏,而且还会浪费时间,影响信息传递传播的时效性,从而影响工作的效率。

(7) 信息量过大　信息并不是越大越好,不相关的信息容易妨碍信息接收者分析理解和处理信息,重要的是要有充分的有用信息。

2. 有效沟通的建议

美国管理协会就提高沟通效率的途径提出了一套建议,其要点为:澄清概念;只进行必要的信息交流;明确沟通的目的;沟通环境;征求他人意见;准确表达;信息追踪与反馈;言行一致;着眼于未来;做一个"好听众"。

(1) 澄清概念　信息发送者在沟通前要有系统地思考、分析和明确沟通信息,并充分考虑接收者及可能受到该项沟通影响的所有人。

(2) 只进行必要的信息交流　现代社会变化迅速,信息传递者应从大量信息中进行选择,只把那些与工作有密切关系的信息提供给接收者,避免造成信息负担过重的问题。

(3) 明确沟通的目的　信息传递者必须弄清楚作这个沟通的真正目的和意义。要别人理解的内容,确定了沟通的目标,进而确定沟通的内容。

(4) 沟通环境　考虑沟通时的一切环境包括沟通的背景、社会环境、人的环境以及过去沟通的情况,以使沟通的信息得以配合环境情况。

(5) 征求他人意见　计划沟通内容时应尽可能取得他人的意见,与他人商议,既可以获得更深入的看法,也易于获得其积极的支持。

(6) 准确表达　要把真正要表达的想法用语言和非语言准确地表达出来,而且要使接收者从沟通的语言或非语言中得出所期望的理解。

(7) 信息追踪与反馈　在信息沟通后必须同时设法取得反馈,以弄清下属是否确已了解,是否愿意遵循,是否采取了相应的行动等等。

(8) 言行一致　项目经理必须以自己的行动支持自己的想法和说法,而且更有效的沟通是"行"重于"言"。

(9) 着眼于未来　沟通时不仅要着眼于现在,还应该着眼于未来。大多数的沟通,均要切合当前情况的需要。但是,沟通也不应忽视长远目标的配合。例如,一项有关如何改进绩效与促进士气的沟通,固然是为了处理眼前的问题,但也同时应该是为了改善长远的组织改革。

(10) 做一个"好听众"　项目经理在听取他人的陈述时,应专心注意,成为一个"好听众",才能明确对方说些什么。

18.3.4　有效化解冲突

冲突是看不见的,也很难发觉出来。每一个人不可能终其一生过着毫无波折且顺利正常的日子,尤其是身为项目经理,通常会面临无数会影响属下、自己、上司以及项目管理的各种冲突,而你的责任就是要化解这些冲突。通常你会面临到下面四种类型的冲突:①你本身或内心之间的冲突;②你和属下之间的冲突;③你和上司之间的冲突;④属下彼此之间的冲突。

1. 你自身的冲突

通常是指个人生活与公事之间的冲突,或是你与组织目标之间的冲突。如果你刚刚就任项目经理就会发现,当新的责任加到你身上时,你很难像以前一样的处理你个人的生活。如果你在工作时的压力与负担很重的话,回家一定发泄一下以舒解压力,通常人是很难不把工作时的压力带回家的,于是,失望和受创的心灵往往会干扰到私生活。尤其是当你认为你适合这个新职位时,那种痛苦与凄楚绝非外人所能体会。这时,你的家庭也会因你的情绪被扰乱,开始对你的配偶与小孩大吼大叫。只有当你在工作上渐入佳境并且开始喜欢上它,甚至引以为豪时这种冲突才会逐渐化解。

你究竟在工作上付出了多少?你曾把未完的工作带回家吗?你是不是比其他人都早到或晚退?如果你不幸有的话,这就表示你已付出私人生活代价了。如果你是女人的话,你还要扛起生计的责任与家庭的职责。特别是你刚开始接任这个职位时,你或许会增加你自己的工作时间,这样你个人的时间就会因此而减少,你的家庭生活自然就会受到影响了。如果这是暂时性的而且家庭其他成员都能体谅你的话那还好,但如果说这种情形一直下去,而且家庭的成员都不支持你这样做的话,那你恐怕很难化解这个冲突了。这时你或许会自我安慰地说:明天这种情形就会改善了,明天我一定会多匀出些时间陪老婆、孩子。殊不知当"明天"来到时,你的家庭早已分离了,他(她)们不是长大离开了你,就是早已对这种永无休止的等待感到厌倦了,这时你永远再也找不回昔日甜蜜的家庭生活了。

另外一种个人的冲突是你个人的价值观无法吻合公司的目标时发生的。比如说公司非法生产、销售或违法对待工人时,不是每一个人都能够潇洒的"挥一挥衣袖"而且"不带走一片云彩"的离开公司,这些人的家庭生计或许完全要仰仗他,他能够轻言辞职吗?这时候你该如何是好?你或许会"睁一只眼闭一只眼"的继续工作下去,让你的正义与公理暂时平息下去,直到有一天你能离开或是敢和你上司面对这个问题为止;你或许会对公司继续"效忠"下去,只要求你自己或你部门能够"出污泥而不染"。但无论如何,这是非常痛苦的抉择,在做任何决策之前都要仔细想清楚。

2. 你和属下之间的冲突

这种事情通常发生在你和属下之间有不同的标准与不同的期望的时候。

你希望你的属下们能尽快地完成他(她)们的工作,而他(她)们也一定认为要求太苛刻了,太不合理了,因此你就会变得沮丧,也变得十分恼火。另一方面,你的属下们也希望工作环境能够比你提供给他(她)们的还要好,于是他(她)们就不高兴了,而你也知道该如何做才好。当其中一个属下对你无礼时,其他也会有样学样,也慢慢的对你不客气起来。这时,你要如何处理这种不愉快场面?首先,你必须确定这些冲突是什么?其次,确定这些冲突的原因是什么?再仔细检讨一下及了解你必须克服的障碍有哪些?仔细看看你有什么手段或可利用的资源(或选择)来化解这种冲突?最后,一定要预测解决或没有解决这些冲突时各会带来什么样的影响?

3. 你和上司间的冲突

这个冲突的角色和上一种完全相反,这个时候,你会觉得对你有不合理的期望与企求或是他对你的要求不理不睬。而你的上司对你一定不怎么高兴,你自己当然也会觉得十分沮丧,这时你该如何是好!不用急!一定会有适当的方法来化解这些冲突的,但首先你必须先分析一下上司的个性再好好地回答下列各问题:

(1) 你的上司是喜欢你书面的建议还是突然的造访,或者是你正式的求见?
(2) 你的上司是喜欢和你逐条详细讨论,还是只有重点而简短的讨论?
(3) 你的上司是处于被动的地位还是希望主动而有建设性的和你沟通?
(4) 你的上司对某些人是否有偏见?或是对某些人特别"照顾"?

(5) 你的上司会接受负面的批评或只是希望听到"歌功颂德"的一面？
(6) 你的上司是喜欢亲自动手去解决问题还是让你自己去解决？
(7) 你的上司是什么事都对你说还是有所保留？

你的工作态度与个人风格是否与上司配合得来是一关键性的决定因素。比如说：你有一个十分沉稳的上司时，那你一定也要表现得不慌不忙才可以；如果你的上司凡事都要求速战速决，但你还是一副温吞的模样时一定会被他"修理"的。

摸清你的上司是哪一种人是第一步骤，接下去就是了解你是哪一种人，然后再看看该如何做才能符合他的期望以及做属下的应如何面对他才能讨到他的"欢心"。

把你们两个的关系搞好是你们共同的责任，谁也不能推卸。另一方面，你也要明白他有他的工作压力，他也要面对他的上司。

当你的上司对你有所不满时你就要注意了，如果他的不满是合理且正当的，那你就好好的感谢他一番，然后再告诉他如何改进这项缺失；但如果他是毫无道理的对你乱发脾气时，也应该这样说，但你一定要解释说你了解他的苦衷与沮丧的心情，但不应该毫无道理的发泄在你身上。当然，最重要的是你必须乐于和他一起思考如何解决这个问题。

当一个项目经理就像做父母亲一样，是一种技巧，也是身为导师，身为教练，身为领袖以及身为权威人物的一种气质与倾向。为什么有些项目经理比另外一些项目经理称职呢？每个人都有他的优点与缺点。如果你不能改善与上司间的关系时，你该换老板了，除非你的工作能让你一辈子保证不和他接触，否则劝你还是另起炉灶——换个工作算了。

4．属下之间的冲突

你的工作责任是创造一个有生产力的项目管理环境，那就是表示你的属下一定要有效率的工作。只有这样才能达成你的工作目标，也只有这样你的属下们才能愉快的在一起工作，并且没什么可怕的流动率，更不须因训练新进员工而疲于奔命。

你只要与属下充分沟通、充分了解他们，以及了解他们之间的冲突。能够达到这样的理想，能与属下们充分沟通的项目经理一定会仔细聆听属下们的抱怨与建言，不放过任何小小的抱怨或不满，可能的话，还要处处表现出你对属下们的关怀与照顾。了解属下们，就是不断的询问他们，看看有没有人需要帮助，不放过任何一个细微末节或线索，然后再在事情恶化之前加以解决。没有一个项目经理希望自己有不胜任的属下，因为一个有问题的属下往往会影响到其他的属下，造成不愉快的项目管理环境。如果你有两个属下一直不停地斗嘴，首先你就要看看是什么原因，是他们彼此开开玩笑或是彼此认真且造成相当程度的伤害？如果是后者的话，你就要发挥调停人或仲裁者这个角色了。

有些人十分害怕冲突，认为这必须绝对禁止以免造成伤害而付出痛苦的代价。但另外也有些人认为这是一种良性的争执，而且可以借着在化解冲突的过程中得到满足的成就感，你认为你是哪一种人？

虽然你不能企望他们彼此拥抱一下，然后将一切误会冰释，但一定要告诉他们，不论他们的感觉如何，都应像成人一样维持良好的风度。因为你是他们的项目经理，你有权力定出"游戏规则"，这里有一些"规则"可以供你参考——如不准直呼对方名字，不许对对方的工作采取消极抵制的态度，不能拒绝对方的合作或是不准以任何理由采用暴力。

在这种情形下，有一种蛮危险的问题，那就是其他的属下也会参加这场"战斗"，你同时也可以发现其中一些人会警告另外一些人，除非这时你能明显地分出谁对谁错，否则千万别"加入"他们,另外还要有所坚持——项目内的工作必须及时完成,不容许有丝毫的折扣。如果你在私下的场合中或是工作场所以外的地方进行疏通工作的话,他们或许可以化解彼此间的冲突,此外,你应以大公无私的胸怀去说服他们彼此容忍对方的观感。

此外,让他们彼此以对方的立场去设想或是干脆让他们角色互调,这样有时也会消除彼此之间的冲突。一般人总是孩子气的为一些琐事彼此缠斗不休,但千万别忽略了这种冲突的严重性,虽然在任何组织里都无法避免这种冲突的发生,但你一定要让属下们了解,他们应该如何去面对这种冲突,如何去处理这种冲突,以及如何去解决这种冲突。

5. 处理冲突的态度

在处理冲突前,有一点十分重要,那就是你要确定你处理冲突的态度与一贯的立场是什么?因为往后你将依照这种方式来处理冲突,不可不慎!

当你在面临冲突时是退缩还是勇往直前去面对它?你会找出折衷的方案吗?你会让它平安无事的过去吗?那一个才是你一贯的态度与立场?每一个冲突情况都需要不同的解决方法。有时候不值得去和对方斤斤计较,因此你采取退缩的态度;有时候非你出面不可,因此你采取勇往直前及坦然面对的态度;有时候要顾及对方的立场、尊严,并希望能保持良好的工作环境,因此你采取了折衷的态度。

所以,你必须仔细分析当时的情况、所在地当事人的需求以及可能的影响,然后采取适当的行动。处理冲突或许是你工作中最复杂、最棘手的一项。

身为项目经理,必须随时扮演经理的角色,下面这些处理冲突的模式或许能为你提供不少帮助。

(1) 双方都必须宣示真心诚意解决冲突,否则,你一定要采取更适当的行动。

(2) 双方都要确定一个彼此的冲突是什么?冲突产生原因是什么?

(3) 双方都要提出一个彼此都同意的目标,如生产力要增加多少?项目品质要改善多少?

(4) 双方都要说出他们期待的是什么?希望对方做什么样的配合?

(5) 双方都要提出自己的"底线"在哪里?什么情况还可以折衷一下,什么情况必须坚持到底,毫不妥协。

(6) 双方都要认真检讨,要怎么做才能恢复往日的工作气氛与和谐的关系?如果还不能完全满意的话,就必须出面解决了。

(7) 双方都应该提出一套核查与追踪的办法,以确定往后绝不会再发生类似的冲突。

18.3.5 面对压力、舒解压力

1. 产生压力的原因

在你就任项目经理新职以后,一定会面临到一连串的压力——诸如管理属下们的"杂务",向新上司做工作报告,衡量该部门内的各项情况与条件,安排各项长短期的计划等等都是。了解自己所面临的压力以及适度的舒解它。

压力是在你配合项目及组织上的需要时所产生的,如果项目与组织的期望还超过你的付出与压力时,那压力一定会慢慢增加。但如果完全没有压力的话,也就没有任何的挑战者可言,更缺乏工作兴趣了,到头来你只有冷漠的面对工作了。如果压力太大的话,人们在生理上往往会发生某些改变,比如失眠、心跳加速、胃酸过多以及头痛欲裂等等毛病就会接踵而至,而且不一样的人会产生不一样的生理反应。

太多的压力会让你感到无法负荷,项目无法顺利完成,绩效自然也就不会好,于是你还会产生一些心理上的不适应,如焦虑、愤怒或恐惧等等。但是过少的压力却让你感到整日游手好闲,不务正业,而且也会觉得很无聊,没有什么工作的意愿,渐渐地你还会觉得没什么挑战性,感到心灰意冷,意兴阑珊,甚至觉得人生毫无意义,一点也不值得留恋。

压力未必是件坏事,比如说当我们面对一大群听众演说时一定会感到压力的存在,心跳加速、呼吸急促、胃部神经抽搐等等生理现象全都跑出来了。但不久之后就会觉得十分兴奋,面对黑压压的一群听众,心中自然升起一股荣耀的感觉,因为压力而产生了勇往直前的冲劲与兴致。

(1) 给项目经理带来压力的一个主要原因就是项目进度步调太快了,特别是一些暂时性的工作、变化多端的工作以及间断性的工作,怎么讲呢?

如果你没有多余的时间去思考,也没有时间在不受干扰的情况下策划项目,或者没有片刻时间喘口气时,这就是你的警钟了。那么要怎样做才能避免这种情形发生呢?

要知道只有在没有急迫的压力下工作才会有效率,所以,不妨找些时间喘口大气。每一个半小时就抽出五到十分钟安安静静的坐在那里,除了思考以外什么也别做,另外也不妨轻松一下,做个深呼吸、伸伸懒腰、喝杯茶或咖啡。千万别让自己神经紧绷着或是马上投入另外一项工作,如果你不这样的话,以后的工作绝对没有效率可言。特别是你碰到间断性及变化大的工作时更应该这样做才行。

(2) 产生压力的第二个原因就是无法达到既定的目标,不管这个目标是自己定的还是别人定的。究其原因,有可能是上司的错,也有可能是你的标准不切实际。另外要注意的就是千万别把家庭的琐事与情绪带到项目管理场所来。

(3) 压力产生的第三个原因就是对未来的事情充满惶恐与不安,比如有人有"惧高症"而害怕坐飞机,或者也有人因为害怕不被录取而不敢参加求职面谈。解决这些问题的方法就是设想别人的心理反应或者是降低自己的期望与标准,与别人不会相差太多而且自己有希望达成的标准。如果发现当初的目标确定太高时,就设法改变一下。

(4) 油尽灯枯的初期征兆。"油尽灯枯"是由于过多的工作与太大的压力所产生的精力耗竭。那么,事前到底有没有什么征兆?这时,你可以先回答下面的问题:

① 你是不是一直都感到十分倦怠?
② 你是不是做每一件事情都提不起劲?
③ 你是不是每一件事都觉得做得太多了?
④ 你是不是觉得没有一件事是值得好好去做的?
⑤ 你是不是无法集中心力来完成工作?
⑥ 你是不是老是做错事又忘记和别人的约会?
⑦ 你是不是觉得老是心不在焉的听别人说话又想不起刚才自己到底说了些什么?
⑧ 你是不是发觉你老是在阅读一篇文章?
⑨ 你的工作完成时间是不是都比别人长?
⑩ 你是不是觉得几天的假期都不知道该做些什么才好,而且总是烦恼假期结束后又要做那"无聊又痛苦"的工作了?

如果以上答案都是"是"的话,就是你"油尽灯枯"的前兆了。这时你一定要做某些事情来改变才行。另外,还要仔细考虑一个该如何授权下去?如何将时间做最有效的规划与利用! 以及什么才能使自己轻松下来?

另一方面,你或许需要"再充电"以补充你缺乏的"燃料",以便做更多的冲刺与更进一步的努力。或者找些朋友谈谈心,找些专家与辅导老师谈谈,重新改变一下你的工作步调等等。

2．面对压力的反映

(1) 独自"吞下去"——这种人虽然不断的向别人抱怨他的工作,但似乎还不想改变它,虽然觉得被其他人或这公司的系统所"残害",但仍安于现状。

(2) 沮丧、忧郁,——这些人变得退缩,觉得无助与无望,而且只要事情没办好,不管是不是他的责任,都会很自责的说道:"这都是我的错!"

(3) 否认——不论面临什么压力,都和别人说他的工作兴致很高,假装一切都很正常,拒绝承认自己的压力,甚至假装以各种身体语言来隐藏自己的情绪。

(4) 愤怒——抱怨其他人及这个世界,老是把责任推卸给别人。他们经常把"这不是我的问题,是他的!"挂在嘴边。

(5) 针对问题加以解决。——先了解自己的期望有多高? 是不是合理? 有什么可供利用的资源来达到这个期望? 同时也勇于面对突如其来的状况与不合情理的期望。因此为了把问题解决,必须对你自己、你的潜力和能力搞得一清二楚。如果你能自知且合理的自我期许的话,那你一定是一个出色的项目经理,也是一位杰出的解决问题专家。

压力是在你担任项目经理的初期最大,因为那时你还没有找到合适的人选来授权给他,或是你还不能有效地管理好及规划好你的时间。甚至你还需要付出更多的心力来展现你的能力。到了这个时候,你就要想办法减少外界带给你的压力了,比如说别参加太多的社交应酬与活动,别参加太多的晚上训练课程,参加俱乐部时稍微迟了些也没有什么大不了,一些活动延期参加也无妨。总而言之,凡是对你的项目管理没有什么帮助的活动就尽量少参加为妙。另外,也可以和工作上的伙伴交换一下心得,让他(她)们多发挥些"同事爱"。最后,在身体方面也要多加留意,平时不妨吃得好些,多休息一下,多运动一下,有机会多享乐一下以及幻想些工作以外的事情。

3．舒解压力的步骤

(1) 第一步就是要对你的期望重新评估一下,这时,你就要静静的坐下来,针对这些希望,找出何者是你还没达成的? 何者又是别人认为你没有达成的? 然后再自问一下是不是可达成?

(2) 处理压力,舒解压力的第二个步骤就是不管面临怎么样的压力都要让自己在生理上、精神上以及情绪上保持最佳的状态。我们每个人都知道现代饮食要讲求少盐少糖、多吃些水果、蔬菜以及全麦的面包,少吃些红肉,多吃些白肉。要知道食物是我们每天能源之所系,营养不良或失衡会使我们无力应付接踵而至的压力。

(3) 适度的运动可以帮助我们少分泌些肾上腺素,这样压力就会得到若干舒解了。当我们极度愤怒的时候,不妨绕着房子走上几圈,爬爬办公室楼梯,或做些柔软体操来摆脱掉累积在肌肉中绷紧的神经。另外,经常性、定期性的运动还可以减少我们的心脏负荷和血压。

从运动中我们可以了解如何放松自己,有时候过度的运动反而会使肌肉紧绷在一起,达不到放松自己的目的。

(4) 舒解压力的第四个步骤就是要知道如何安静及如何周到地照顾自己。比如说"瞑想"就是一个很好的舒解方法,它很容易学,只要在你办公室门上挂着"请勿打扰"的牌子,然后静静坐上一会儿就行了。如果时间充裕,不妨把眼睛闭起来,口中不断对自己默念着"OM",然后反复十五分钟左右就行了。在"瞑想"的过程中如有任何杂念拥上心头时都要马上摒除掉。"OM"在梵文中是"安详、平静"的意思,在安静的环境中反复说这个字可以舒解压力,不过在回到工作岗位前必须休息几分钟才行。

(5) 最后一个步骤就是找别人帮助,这些人是可以和你"交心"的对象,孤独的人通常压力很大,处理事情也就不怎么理想。

为了更能使我们毫无畏惧的迎接任何横逆与挑战,应当:

① 按照上述五个舒解压力的步骤,订出计划。
② 按照计划实施下去。
③ 与其他人一起讨论这些计划以及进度。

18.3.6 有效的项目报告

在传递有关项目的信息时,书面报告和口头报告是一样重要的。项目组织必须准备的所需报告的类型、内容、格式、报告期的分发,一般由客户在合同中指明。

有些报告可能是为许多听众做的,因此了解谁将收到报告副本是很重要的。因为听众差别可能很大,可能包括对项目非常了解的人,也可能包括仅从他们收到的定期报告中知道一点内容的人。收到报告的人可能有不同技术水平,一些人可能不理解某种技术语言或术语。报告要以书面形式指出读者对什么感兴趣,而不是写报告的人对什么感兴趣,记住这一点是非常重要的。常用的项目报告有进展型和最后型。

1. 进展报告

一定要记住进展报告不是活动报告,不要把活动或事项与进展和完成混淆。客户特别感兴趣是项目的完成,即为完成项目目标取得了哪些进展,而不是项目团队正从事哪些活动。

有关项目进展的报告,可以由项目团队成员为项目经理或他们的职能经理(在矩阵组织中)准备,由项目经理为客户准备,或由项目经理为项目公司的上层管理层准备。

进展报告通常包括一个特定的期限,叫做报告期,这个期限可以是一周、一个月、一季度或任何对项目来说合适的时间段。大多数进展报告仅包括在报告期间发生的事情,而不是自项目开始以来的累积进展。

项目进展报告中包含的项目包括以下几点:

自上次报告以来的成果。这部分应该指明已达到的关键项目里程碑,也可能包括为项目设定的特定目标完成(或没有完成)的情况报告。

目前项目的执行情况。有关成本、进度和工作范围的资料要与基准计划作比较。

以前发现的问题的解决进展。如果在以前进度报告中提出的问题没有取得进展,应该说明原因。

自上次报告以来的问题和潜在问题。问题可以包括:①技术问题,如模型不能工作或测试结果与期望不一致;②进度问题,如由于一些任务比预期花费时间、原材料运输延迟或天气不好导致建筑延期;③成本问题,如由于原材料成本比原来估计要高、完成任务使用的工时比原来长而产生成本超支。

计划采取的改进措施。这部分应详细说明在下一个报告期内为解决每一个潜在问题应采取改进措施,它应包括一个解释项目目标是否受到威胁的说明和有关工作范围、质量、成本、进度计划以及采取哪些改进措施。

在下一个项目期内期望达到的里程碑。这些目标要与最新商定的项目计划一致。

2. 最后报告

项目最后报告通常是项目总结。它不是进展报告的累积,也不是对某个项目整个过程中发生事情的详尽描述。最后报告包括以下几方面:

(1) 客户的最初需要。
(2) 最初的项目目标。
(3) 客户的最初要求。
(4) 作为项目结果,客户的实际利益和预期利益的对比。
(5) 初始项目目标实现的程度,如果没能实现,应附有说明。
(6) 项目的简要描述。
(7) 善后事宜。这部分内容包括为提高或扩大项目成果,客户在将来可能考虑的活动。例如,如果项目是建造一座办公大楼,今后要考虑的事情可能是加上一个与大楼毗连的停车层、健美中心或护理中心。如果项目是组织一个艺术节,今后要考虑的事情可能是改变每年的时间或采取行动改善行人交通。
(8) 一张可以提供客户所有交付物(设备、原材料、软件以及图样和报告等文件)的一览表。
(9) 一个系统或设备最后通过测试的数据,在此基础上客户接受该项目结果。

当你准备项目报告时,考虑下列准则将有助于向报告接受者提供有用和有价值的信息:

你的报告要简明。不要试图以数量来打动报告接受者。报告的长短不等于项目进展或完成。如果报告简明,才会有更大阅读机会。而且,准备报告是一项很费时间的活动,因此,项目经理应尽量使项目团队在制定项目报告时的数据输入时间最小化。

所写的和所讲的保持一致。用短句和容易理解的句子,不要用复合句、复杂冗长的句子。段落很长会使读者跳读文章、错过重点。使用简单的语言,让各类收听报告的人都能懂,不要用读者可能不懂的术语或缩写词。

在报告中和每一段中先写出最重要的论点。有些读者有一种倾向,他们只读每一段的第一句话,然后跳过该段的其他内容。

如果可能,尽量使用图表、图解、表格或图片。记住,一图值千字。不要把图表弄的太繁琐,每张图表只需有一个概念或论点。最好用几张清楚的图表,而不是凌乱地画在一张图上。

和注意报告内容一样,要注意格式。报告应该是公开的、吸引人的,并以一种读者容易理解的形式组织起来;它不是乱七八糟的,也不用读者很难看清的小号字。

它不能包括不清楚的资料副本、图表或已经小到难以辨认的字号格式。

如同口头交流一样,书面报告应该给听众留下深刻的印象——这些印象可能是好的或不好的。做报告必须进行审慎地思考,应该把做报告看作是留下好印象的机会,而不是把它当成一项难以承担的、费时的活动。定期从接收报告人那里收集有关报告在满足他们需要和兴趣方面的实用性信息的反馈,并恳请他们对改进报告提出一些建议,这是很有价值的。

18.3.7 有效的项目谈判

项目经理的一项重要素质就是他要具有与项目利益相关者协商项目目标和目的的能力。要实现项目的目标,有一个获取和利用资助的过程。

谈判是通过讨论、协商以及向利益相关者群呼吁,安排项目支援的过程。项目经理和项目团队成员以及项目利益相关者通过谈判可以履行他们各自的责任:

获取职能经理的同意,能提供支持项目的资源。

与供应商协商保证项目的设备、材料和服务的供给。

与项目拥有者协商可提供符合项目费用、进度和技术性能目标等条件。

和项目团队成员达成协议,包括组织中各专业人员。在谈判时,应考虑他们在项目工作中个人和集体的作用。

缩短上级管理和项目决策进程间的差距,及时制订措施,包括上级管理部门为支持项目作出决断的建议。

获取同意,并与不同的利益相关群合作,包括不受限制的各种利益相关者群。例如:利益相关者工会、政府代理人、当地社区官员、专业协会、媒体、环境保护专家、政治(社会机构)、教育(培训机构)、调停小组以及消费者协会。

1. 谈判的类型

项目经理会遇到正式谈判和非正式谈判两种情况。虽然一些正式谈判的基础工作会涉及到非正式谈判的内容,但是,关于合同纠纷与合同管理所进行的各种谈判基本上都是由正式的经理操作运行的。而解决职能经理机构中工作人员分配矛盾的谈判,一般都是非正式的。下面对谈判的属性做进一步的分类:

正式谈判是将期望的结果转变成合同或一种承诺,其中谈判双方都希望通过部分产品或服务的交换使合同完善,交换需考虑的因素可能是财务上的或其他方面的。

非正式谈判是合同双方出于某些考虑,对某些有价值内容达成口头一致的过程。导致项目团队的成员接受项目中特殊角色的谈判即为非正式谈判。当合同双方在为一些事项应索取多少报酬寻求一致时,可以进行非正式谈判,使项目团队的成员接受项目详细准则的谈判也是非正式的。

在进行任何谈判时,谈判的双方都应具有评估问题的丰富知识、达成协议的技能及商定条件时要考虑和掌握谈判的态度。在进行任何谈判时,充分的技术知识以及受欢迎的人际交往技巧都是必不可少的。

2. 冲突

前面已经谈到了项目冲突的问题。这里仅谈谈谈判过程中的冲突。在任何项目问题的谈判中,都存在出现矛盾的潜在机会,例如:项目的范围——完成什么内容;项目本身的总进度;成本因素;项目的质量以及项目投入使用后的服务;项目的人员利用率;沟通的有效性;项目可能涉及的风险及不确定因素;与项目供应商进行采购的策略管理;将项目子系统纳入到可应用的总项目中的方式;利益相关者对项目成功或失败的感受,等等。

为了最终完成项目,在解决资源利用中的潜在冲突时,主要战略的制定具体如下:

谈判的准备工作,包括与项目团队的其他成员商议,确认利益关系及利益相关者。

确定谈判的问题及优先考虑的事项。

拟定计划,搜集评审谈判的问题和期望的结果。

研究对方的情况,也包括了解参与谈判的其他组织的优势和弱势,估计他们可能采取的策略。

组织和介绍参与谈判的人员。

3. 谈判权限

人们之间的任何相互作用,拥有控制能力、权力或一些影响都是非常重要的,因为它们能够对参加谈判的人产生很大的影响。谈判人员的权限来源有:

谈判人员的合法权力和事实权力。

获得一致的奖赏能力,这包括那些实在的奖励,例如:金钱、晋升和其他报酬。其他奖赏也应该是实实在在的。例如:赞美的语言、表扬、重视或在项目团队中对个人的行为进行书面表彰。

消极的奖励如惩罚形式:延迟向供应商付款、取消分包商资格或由于某种原因建议开除项目团队成员。进行消极奖励时,应注意到它的负面作用。

正在进行谈判的有关事项的不常用的专业知识和指标,例如在合同谈判时要考虑工程研究人员在技术领域的先进知识。

参与谈判的人员应具有收集信息、利用信息的能力。

包括与利益相关者建立合作联盟的政治能力。

负责谈判的双方应记住并遵守表18-2的建议。

谈 判 权 限　　　　　　　　　　　表18-2

应考虑另一方的权限,它可能和你的权限一样大或比你的权限大;
权限的使用揭示了该用户对风险和成本的态度;
权限的作用和竞争方的实际权限一样有效;
行使权限应考虑另一方已经看见的期望值;
开始进行谈判时,谈判人员应记住他们的目的、目标和计划策略;
进行谈判时,要准备好多种方案和让步策略;
做决定的有效性和效率能增强谈判者的权限

4. 谈判时存在的普遍风险

在制定和执行谈判的策略时,争论双方应认识到表18-3中列举的一些潜在的风险和问题。

谈 判 中 的 风 险　　　　　　　　　　　表18-3

没有考虑对方的能力;
谈判定位不灵活,包括缺乏折衷的诚意;
期望对方做出太多的让步;
可以看出,谈判过程是双方都想要对方失败的争论过程;
不愿意谈出一个双方都同意的结果;
不愿意制定谈判策略,尽管谈判方已经进行了大量的准备工作;
试图与多方谈判,而不是与有能力并且有权力控制其他团队的人员进行谈判;
不能从征兆中分辨问题和机遇;
在可能与对方达成协议时,没有考虑处理替代方式的其他策略;
没有记住谈判人员一般都具有很多相同点,如过去的经验、偏见、成见以及在进行谈判过程中激励你占据上风的动力等

5. 需要关注的问题

(1) 项目团队成员了解设计和执行成功的谈判策略所涉及的基本机构和过程吗？

(2) 在组织中主要谈判组中的成员经过教育和培训吗？

(3) 项目团队成员了解在设计和执行成功的谈判策略时应具有的知识、技能和态度吗？这些成员了解正式谈判和非正式谈判的基本方式吗？

(4) 项目团队成员了解他们代表这个项目在谈判中的责任以及他们在进行这样的谈判时的权限吗？

(5) 谈判能力是项目管理中的主要能力之一吗？

18.3.8 项目的信息流

在项目的实施过程中，不仅有项目的工作流、物资流、资金流，还有项目信息流。信息流伴随着工作流和物资流按一定的规律生产、转换、变化和被使用，并被送往必需的部门。这四种流动中信息流起着特殊的作用，它反映、使用、控制、指挥着工作流，物资流和资金流。

例如，在项目实施过程中，各种工程文件、报告、报表反映了工程项目的实施情况，反映了工程实行进度、费用、工期状态，各种指令、计划、协调方案又控制和指挥着项目的实施。所以它是项目的"神经系统"。只有信息流通畅、有效率，才会有通畅的工作流、物流和资金流，才会有顺利的、有效率的项目实施过程。

项目管理者做决策、做各种计划、协调各项目参加者的工作，都是以信息为基础，同时又靠信息来实施的。他靠信息了解项目实施情况，发布各种指令、计划并协调各方面的工作。项目中的人们通过信息来联系和沟通。

项目单位作为一个系统，一方面与外界交换信息，包括环境、物价变动、市场状况、政策、法律条例以及政府对项目的干预等信息；另一方面，项目内部有大量的信息交换。以某一工程项目为例的信息流示意图如图 18-8 所示。

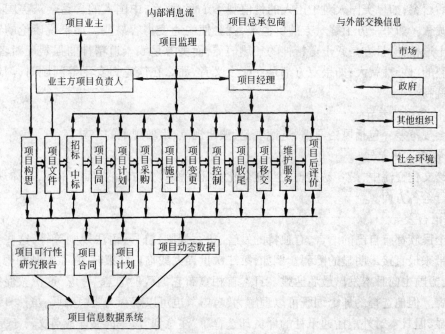

图 18-8 项目的信息流示意图

18.4 项目跨文化沟通

随着经济一体化的进程,跨国项目的增多,跨文化沟通日益频繁,了解跨国沟通的知识很必要,尤其是对从事国际项目管理的工程师更是如此。

18.4.1 跨文化沟通的影响因素

跨文化沟通的影响因素有 6 个方面,即感知的差异,思维方式的差异,世界观、人生观和价值观的差异,社会规范差异,物质文化差异和语言差异。

1. 感知的差异

如英美人多把干酪作为一种美食,一个来华访问的美国商业代表团把达切干酪(一种名贵的干酪)作为厚礼送给中国主人,而它的气味和味道使中国人感到恶心,难以入口。同样,欧美人对中国的酱豆腐的味道也难以接受,认为它有一种发霉的味道。

2. 思维方式的差异

思维方式因人而异,来自不同文化背景的两个人之间,其差别就更大。例如,中国人偏好形象思维,英美人偏好抽象思维或逻辑思维;中国人偏好综合思维,英美人偏好分析思维;中国人注重"统一",英美人注重"对立"。在跨文化沟通中,很多人都倾向于认为对方也用与自己同样的方式进行思维。

3. 世界观、人生观和价值观的差异

在跨文化沟通中,当双方对对方的世界观、人生观和价值观都了解和接受时,是沟通难易程度变量的最容易的一端;当对对方的世界观、人生观和价值观都不了解和不接受时,是沟通难易程度变量的最困难的一端,也是最容易使沟通破裂的一端。例如,当美国人和中国人沟通时,如果中国人对美国人的价值观不了解,那么,美国人谈话的直来直去,在中国人看来是讲话唐突;如果美国人对中国人的价值观不了解,那么,中国人的含蓄会被美国人看作是没有诚意。如果一方了解对方的价值观,就会使沟通变得容易些。如果说谈论的话题是关于武士道精神,日方是武士道精神的狂热信徒,而美方是武士道精神的强烈反对者,那么沟通破裂的可能性就大;如果双方都是女权主义者,那么在谈论男女平等问题时,沟通的顺利程度就高。

4. 社会规范差异

社会规范差异包括风俗习惯、道德规范、法律规范、宗教规范的差异。

5. 物质文化差异

在跨文化交流中,最容易发现的明显文化特征,就是物质产品方面的不同,它体现在衣、食、住、行等各方面。

6. 语言差异

每个民族都有自己的语言,有独特的发音、拼写规则、符号、语法规则等等,这些为跨文化沟通带来最直接最明显的障碍。例如,第二次世界大战临近结束时,在意大利和德国投降之后,同盟国也向日本发出最后通牒。日本首相宣布它的政府愿意"考虑"这份敦促投降的最后通牒。但他选择的那个词既可以理解为"考虑",也可以解释为"注意到",虽然日语的意思很明显,但日本对外广播通讯社的译员却选择了"注意到"这一词义译成英文。于是,全世界都听到了,日本拒绝投降,而不是在考虑最后通牒的事。这一误译使美国断定,日本不愿意投降,于是先后在广岛和长崎投下了原子弹。如果当时在翻译中选用了另一词义,那么,在第二次世界大战中就很可能不会使用原子弹了。

18.4.2 跨国项目沟通中的障碍与对策

1．语言

语言是第一个难题,也是沟通中的最直接、最明显的差异。

克服语言障碍的对策:管理者要努力学习地方语言;如果管理者不能理解地方语言,就须物色优秀的翻译人员。鉴于英语已迅速成为国际性企业的通用语言,学习准确的英语,是克服语言障碍的有效方法之一。许多非英语系统的西方国家企业,如德国、荷兰、瑞士等国的跨国公司,都把英语作为其内部的正式语言。由地方经理负责将原本以英文发布的信息翻译成所需的语言。

2．礼节和传统习俗

不同国家和地区的礼节和传统习俗可能存在着很大的差异。这种差异如果不被理解,有可能导致互不信任。克服礼节和传统习俗障碍的对策是作为沟通的双方都积极主动地多了解其他文化礼节和传统习俗。

3．世界观、人生观、价值观

来自不同国家和文化背景的项目员工的世界观、人生观、价值观不一样是常见的,这容易导致意见分歧和沟通的困难。

克服此类障碍的对策是:一是在交流前,尽可能多地了解对方主要的和关键的价值观,在交流的过程中,注意原则性与灵活性相统一;二是沟通双方应使自己适应对方的价值观,适应意味着尊重对方的价值观;三是求同存异,在有争议的问题中找到共同点。

4．种族中心主义

种族主义有可能是跨国项目沟通中最深层次的难题,它会导致项目成员的种族歧视、隔膜和不信任。克服种族中心主义的对策:以"世界各族人民平等相处,相互尊重,和谐合作,共同发展"为原则。

本章主要参考文献

1. 王立国等．可行性研究与项目评估．大连:东北财经大学出版社,2001
2. (美)斯坦利,波特尼．如何做好项目管理．北京:企业管理出版社,2001
3. 罗建等．PMP(项目管理)．西安:陕西师范大学出版社,2001
4. 哈佛商学院MBA课程．项目管理．北京:中国国际广播出版社,2002
5. (美)戴维,克利兰等．项目经理便携手册．北京:机械工业出版社,2002
6. 王立国等．工程项目可行性研究．北京:人民邮电出版社,2002
7. 投资项目可行性研究指南编写组．投资项目可行性研究指南．北京:中国电力出版社,2002
8. 白思俊主编．现代项目管理．北京:机械工业出版社,2002

思考题

1. 什么叫沟通?项目沟通有什么作用?
2. 沟通的方式方法主要有哪几种?
3. 什么是正式沟通?其优缺点是什么?
4. 非正式沟通有什么特征?

5. 上行沟通有哪两种形式？
6. 项目经理提问的问题有哪些类型？
7. 正式沟通的渠道有哪几种？
8. 非正式沟通渠道有哪几种形式？
9. 非正式沟通有什么作用？
10. 试述"三网并举"的含义。
11. 网络沟通有什么优势？
12. 项目沟通计划的依据有哪几个方面？
13. 项目沟通管理计划的主要内容包括什么？
14. 项目沟通方式有哪几种？
15. 信息沟通有哪几种障碍？
16. 提高沟通效率的途径是什么？
17. 通常项目经理会面临哪几种类型的冲突？
18. 舒解压力有哪几个步骤？
19. 项目进展报告和最后报告中包括什么内容？
20. 试述在跨国项目沟通中的障碍与对策。

第 19 章　工程项目信息管理

【内容提要】

　　信息管理是整个工程项目管理系统的重要方面。

　　工程项目中的信息、信息流、现代信息技术带来的问题。

　　工程项目报告系统的结构形式和内容。

　　管理信息系统是项目的神经系统,必须保证它正常高效运作。

　　为了使项目管理信息系统有效率的运行,必须建立类似于图书馆的项目文档系统。

　　软信息对于项目的计划和控制、项目决策是很重要的。这方面值得研究的问题很多,它的范围、结构形式、表达方式,以及如何应用很不成熟。

19.1　概述

19.1.1　项目中的信息流

在项目的实施过程中产生如下几种主要流动过程:

1. 工作流

由项目的结构分解得到项目的所有工作,任务书(委托书或合同)则确定了这些工作的实施者,再通过项目计划具体安排它们的实施方法、实施顺序、实施时间以及实施过程中的协调。这些工作在一定时间和空间上实施,便形成项目的工作流。工作流即构成项目的实施过程和管理过程,主体是劳动力和管理者。

2. 物流

工作的实施需要各种材料、设备、能源,它们由外界输入,经过处理转换成工程实体,最终得到项目产品,则由工作流引起物流。物流表现出项目的物资生产过程。

3. 资金流

资金流是工程过程中价值的运动形态。例如从资金变为库存的材料和设备,支付工资和工程款,再转变为已完工程,投入运营后作为固定资产,通过项目的运营取得收益。

4. 信息流

工程项目的实施过程需要同时又不断产生大量信息。这些信息伴随着上述几种流动过程按一定的规律产生、转换、变化和被使用,并被传送到相关部门(单位),形成项目实施过程中的信息流。项目管理者设置目标、作决策、作各种计划、组织资源供应、领导、激励、协调各项目参加者的工作,控制项目的实施过程都是靠信息来实施的;他靠信息了解项目实施情况,发布各种指令,计划并协调各方面的工作。

这四种流动过程之间相互联系、相互依赖又相互影响,共同构成了项目实施和管理的总过程。

在这四种流动过程中,信息流对项目管理有特别重要的意义。信息流将项目的工作流、物流、资金流、管理职能、项目组织、项目与环境结合在一起。它不仅反映而且控制和指挥着工作流、物流和资金流。例如,在项目实施过程中,各种工程文件、报告、报表反映了工程项目的实施情况,反映了工程实物进度、费用、工期状况,各种指令、计划、协调方案又控制和指挥着项目的实施。所以它是项目的神经系统。只有信息流通畅、有效率,才会有顺利的、有效率的项目实施过程。

项目中的信息流包括两个最主要的信息交换过程:

(1) 项目与外界的信息交换。项目作为一个开放系统,它与外界有大量的信息交换。这里包括:

① 由外界输入的信息,例如环境信息、物价变动的信息、市场状况信息,以及外部系统(如企业、政府机关)给项目的指令、对项目的干预等。

② 项目向外界输出的信息,如项目状况的报告、请示、要求等。

(2) 项目内部的信息交换,即项目实施过程中项目组织者因进行沟通而产生的大量信息。项目内部的信息交换主要包括:

① 正式的信息渠道,它属于正式的沟通,信息通常在组织机构内按组织程序流通。一般有三种信息流:

A. 自上而下的信息流。通常决策、指令、通知、计划是由上向下传递,但这个传递过程并不是一般的翻印,而是进行逐渐细化、具体化,直到成为可执行的操作指令。

B. 由下而上的信息流。通常各种实际工程的情况信息,由下逐渐向上传递,这个传递不是一般的叠合(装订),而是经过归纳整理形成的逐渐浓缩的报告。而项目管理者就是做这个浓缩工作,以保证信息浓缩而不失真。通常信息太详细会造成处理量大、没有重点,且容易遗漏重要说明;而太浓缩又会存在对信息的曲解,或解释出错的问题。

在实际工程项目中常有这种情况,上级管理人员如业主、项目经理,一方面哀叹信息太多,桌子上一大堆报告没有时间看,另一方面他又不了解情况,决策时又缺乏应有的可用信息。这就是信息浓缩存在的问题。

C. 横向或网络状信息流。按照项目管理工作流程设计的各职能部门之间存在的大量的信息交换,例如技术部门与成本部门、成本部门与计划部门、财务部门与计划部门、计划部门与合同部门等之间存在的信息流。在矩阵式组织中以及在现代高科技状态下,人们已越来越多地通过横向和网络状的沟通渠道获得信息。

② 非正式的信息渠道,如闲谈、小道消息、非组织渠道地了解情况等,属于非正式的沟通。

19.1.2 项目中的信息

1. 信息的种类

项目中的信息很多,一个稍大的项目结束后,作为信息载体的资料就汗牛充栋,许多项目管理人员整天就是与纸张、与电子文件打交道。项目中的信息大致有如下几种:

(1) 项目基本状况的信息,它主要在项目的目标设计文件、项目手册、各种合同、设计文件、计划文件中。

(2) 现场实际工程信息,如实际工期、成本、质量信息等,它主要在各种报告,如日报、月报、重大事件报告、设备、劳动力、材料使用报告及质量报告中。

这里还包括问题的分析,计划和实际对比以及趋势预测的信息。

(3) 各种指令、决策方面的信息。
(4) 其他信息。外部进入项目的环境信息,如市场情况、气候、外汇波动、政治动态等。

2. 信息的基本要求

信息必须符合管理的需要,要有助于项目系统和管理系统的运行,不能造成信息泛滥和污染。一般它必须符合如下基本要求:

(1) 专业对口。不同的项目管理职能人员、不同专业的项目参加者,在不同的时间,对不同的事件,就有不同的信息要求。故信息首先要专业对口,按专业的需要提供和流动。

(2) 反映实际情况。信息必须符合实际应用的需要,符合目标,而且简单有效。这是正确有效管理的前提,否则会产生一个无用的废纸堆。这里有两个方面的含义:

① 各种工程文件、报表、报告要实事求是,反映客观;
② 各种计划、指令、决策要以实际情况为基础。

不反映实际情况的信息容易造成决策、计划、控制的失误,进而损害项目成果。

(3) 及时提供。只有及时提供信息,才能有及时的反馈,管理者才能及时地控制项目的实施过程。信息一旦过时,会使决策失去时机,造成不应有的损失。

(4) 简单,便于理解。信息要让使用者不费气力地了解情况,分析问题。所以信息的表达形式应符合人们日常接收信息的习惯,而且对于不同人,应有不同的表达形式。例如,对于不懂专业、不懂项目管理的业主,则要采用更直观明了的表达形式,如模型、表格、图形、文字描述、多媒体等。

3. 信息的基本特征

项目管理过程中的信息数量大,形式多样。通常它们有如下基本特征:

(1) 信息载体通常有:
① 纸张,如各种图纸、各种说明书、合同、信件、表格等;
② 磁盘、磁带,以及其他电子文件的载体;
③ 照片、微型胶片、X光片等;
④ 其他,如录像带、光盘等;

(2) 选用信息载体,受如下几方面因素的影响:
① 科学技术的发展,不断提供新的信息载体,不同的载体有不同的介质技术和信息存取技术要求。
② 项目信息系统运行成本的限制。不同的信息载体需要不同的投资,有不同的运行成本。在符合管理要求的前提下,尽可能降低信息系统运行成本,是信息系统设计的目标之一。
③ 信息系统运行速度要求。例如:气象、地震预防、国防、宇航之类的工程项目要求,信息系统运行速度快,则必须采取相应的信息载体和处理、传输手段。
④ 特殊要求。例如:合同、备忘录、工程项目变更指令、会谈纪要等必须采用书面形式,由双方或一方签署才有法律证明效力。
⑤ 信息处理和传递技术与费用的限制。

(3) 信息的使用有如下说明:
① 有效期:暂时有效,整个项目期有效,无效信息。
② 使用的目的:
决策:各种计划、批准文件、修改指令、运行执行指令等。

证明:表示质量、工期、成本实际情况的各种信息。

③ 信息的权限:对不同的项目参加者和项目管理职能人员规定不同的信息使用和修改权限,混淆这种权限容易造成混乱。通常须具体规定,有某一方面(专业)的信息权限和综合(全部)信息权限,以及查询权、使用权、修改权等。

(4) 信息的存档方式:

文档组织形式:集中管理和分散管理。

监督要求:封闭、公开。

保存期:长期保存、非长期保存。

19.1.3 项目信息管理的任务

项目管理者承担着项目信息管理的任务,他是整个项目的信息中心,负责收集各种信息,作各种信息处理,并向上级、向外界提供各种信息。他的信息管理的任务主要包括:

(1) 组织项目基本情况的信息,并系统化,编制项目手册。项目管理的任务之一是,按照项目的任务、项目的实施要求,设计项目实施和项目管理中的信息和信息流,确定它们的基本要求和特征,并保证在实施过程中信息流通畅。

(2) 项目报告及各种资料的规定,例如资料的格式、内容、数据结构要求。

(3) 按照项目实施、项目组织、项目管理工作过程建立项目管理信息系统流程,在实际工作中保证这个系统正常运行,并控制信息流。

(4) 文档管理工作。

19.1.4 现代信息科学带来的影响

现代信息技术正突飞猛进地发展,给项目管理带来许多新的问题,特别是计算机联网、电子信箱、Internet 网的使用,造成了信息高度网络化的流通。这不仅表现在项目内部,而且还表现在项目和企业及企业各职能部门之间以及项目与外界环境(国际的和国内的)之间。例如:

企业财务部门直接可以通过计算机查阅项目的成本和支出,查阅项目采购订货单;

子项目负责人可直接查阅库存材料状况;

子项目或工作包负责人也许还可以查阅业主已经作出的但尚未详细安排的计划,则形成了如图 19-1 所示的信息流通。

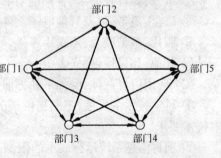

图 19-1

现代信息技术对现代项目管理有很大的促进作用,同时又会带来很大的冲击。人们必须全面研究它的影响,特别是可能产生的负面影响,以使人们的管理理念、管理方法、管理手段更适应现代工程的特殊性。

(1) 现代信息技术加快了项目管理系统中的信息反馈速度和系统的反应速度,人们能够及时查询工程进展情况的信息,进而能及时地发现问题,及时作出决策。

(2) 项目的透明度增加,人们能够了解企业和项目的全貌。

(3) 总目标容易贯彻,项目经理和上层领导容易发现问题。下层管理人员和执行人员也更快、更容易了解和领会上层的意图,使得各方面协调更为容易。

(4) 信息的可靠性增加。人们可以直接查询和使用其他部门的信息,这样不仅可以减少信息的加工和处理工作,而且在传输过程中信息不失真。

(5) 与传统的信息处理和传输方法相比,现代信息技术有更大的信息容量。人们使用信息的宽度和广度大大增加。例如项目管理职能人员可以从互联网上直接查询最新的工程招标信息、原材料市场行情。

(6) 使项目风险管理的能力和水平大为提高。由于现代市场经济的特点,工程项目的风险越来越大。风险管理需要大量的信息,而且要迅速获得这些信息,需要十分复杂的信息处理过程。现代信息技术使人们能够对风险进行有效的迅速的预测、分析、防范和控制。

(7) 现代信息技术使人们更科学、更方便地进行如下类型项目的管理:
① 大型的、特大型的、特别复杂的项目;
② 多项目的管理,即一个企业同时管理许多项目;
③ 远程项目,如国际投资项目、国际工程等。

这些显示出现代信息技术的生命力。它推动了整个项目管理的发展,提高了项目管理的效率,降低了项目管理成本。

(8) 现代信息技术在项目管理中应用带来的问题。现代信息技术虽然加快了工程项目中信息的传输速度,但并未能解决心理和行为问题,甚至有时还可能引起反作用:
① 按照传统的组织原则,许多网络状的信息流通(例如对其他部门信息的查询)不能算作正式的沟通,只能算非正式的沟通。而这种沟通对项目管理有着非常大的影响,会削弱正式信息沟通方式的效用。
② 在一些特殊情况下,这种信息沟通容易造成各个部门各行其事,造成总体协调的困难和行为的离散。
③ 容易造成信息污染:
A. 由于现代通信技术的发展,人们可以获得的信息量大大增加,也大为方便,使人们在建立管理系统时容易忽视或不重视传统的信息加工和传输手段,例如由下向上的浓缩和概括工作似乎不必了,上级领导可以直接查看资料,实质上造成了上级领导被无用的琐碎的信息包围的状态,导致领导者没有决策所需要的信息。各项目组织成员的信息处理的工作量增加。人们以惊人的速度提供和获得信息,被埋在一大堆打印输出文件、报告、计划以及各种预测数据中,造成信息超负荷和信息消化不良。
B. 如果项目中发现问题、危机或风险,随着信息的传递会蔓延开来,造成恐慌,各个方面可能各自采取措施,导致行为的离散,使项目管理者采取措施解决问题和风险的难度加大。
C. 人们通过非正式的沟通获得信息,会干扰对上层指令、方针、政策、意图的理解,结果造成执行上的不协调。
D. 由于现代通讯技术的发展,使人们忽视面对面的沟通,而依赖计算机在办公室获取信息,减少获得软信息的可能性。
④ 容易造成信息在传递过程中的失真、变形。

19.2 工程项目报告系统

19.2.1 工程项目中报告的种类

在工程中报告的形式和内容丰富多彩,它是人们沟通的主要工具。报告的种类很多,例

如:

　　按时间可分为日报、周报、月报、年报;

　　针对项目结构的报告,如工作包、单位工程、单项工程、整个项目报告;

　　专门内容的报告,如质量报告、成本报告、工期报告;

　　特殊情况的报告,如风险分析报告、总结报告、特别事件报告等;

　　状态报告,比较报告等。

19.2.2　报告的作用

(1) 作为决策的依据。通过报告可以使人们对项目计划和实施状况,目标完成程度十分清楚,这样可以预见未来,使决策简单化,提高准确度。报告首先是为决策服务的,特别是上层的决策。但报告的内容仅反映过去的情况,信息滞后。

(2) 用来评价项目,评价过去的工作以及阶段成果。

(3) 总结经验,分析项目中的问题,特别在每个项目结束时都应有一个内容详细的分析报告。

(4) 通过报告去激励各参加者,让大家了解项目成就。

(5) 提出问题,解决问题,安排后期的计划。

(6) 预测将来情况,提供预警信息。

(7) 作为证据和工程资料。报告便于保存,因而能提供工程的永久记录。

不同的参加者需要不同的信息内容、频率、描述、浓缩程度,所以必须确定报告的形式、结构、内容、采撷处理过程。

19.2.3　报告的要求

为了达到项目组织间顺利的沟通,发挥作用,报告必须符合如下要求:

(1) 与目标一致。报告的内容和描述必须与项目目标一致,主要说明目标的完成程度和围绕目标存在的问题

(2) 符合特定的要求。这里包括各个层次的管理人员对项目信息需要了解的程度,以及各个职能人员对专业技术工作和管理工作的需要。

(3) 规范化、系统化,即在管理信息系统中应完整地定义报告系统结构和内容,对报告的格式、数据结构进行标准化。在项目中要求各参加者采用统一形式的报告。

(4) 处理简单化,内容清楚,各种人都能理解,避免造成理解和传输过程中的错误。

(5) 报告的侧重点要求。报告通常包括概况说明和重大的差异说明,主要的活动和事件的说明,而不是面面俱到。它的内容较多地是考虑实际效用,而较少地考虑信息的完整性。

19.2.4　报告系统

在项目初期,在建立项目管理系统中必须包括项目的报告系统。这要解决两个问题:

(1) 罗列项目过程中应有的各种报告,并系统化;

(2) 确定各种报告的形式、结构、内容、数据、采撷和处理方式,并标淮化。

报告的设计事先应给各层次(包括上层系统组织和环境组织)的人们列表提问:

需要什么信息?

应从何处来?

怎样传递?

怎样标识它的内容？

最终，建立如表 19-1 所示的报告目录表。

报 告 目 录 表　　　　　　　　　　表 19-1

报告名称	报告时间	提供者	接 收 者			
			A	B	C	D…

在编制工程计划时，就应当考虑需要的各种报告及其性质、范围和频率，可以在合同或项目手册中确定。

原始资料应一次性收集，以保证相同的信息，相同的来源。资料在纳入报告前应进行可信度检查，并将计划值引入以便对比。

原则上，报告从最低层开始，它的资料最基础的来源是工程活动，包括工程活动的完成程度、工期、质量、人力、材料消耗、费用等情况的记录，以及试验验收检查记录。上层的报告应在此基础上，按照项目结构和组织结构层层归纳、浓缩，作出分析和比较得到，形成金字塔形的报告系统（见图19-2）。

图 19-2

这些报告是由下而上内容不断浓缩的（见图19-3）。

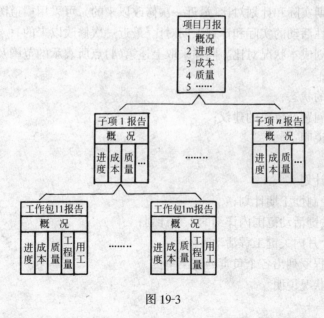

图 19-3

项目月报是最重要的项目总体情况报告，它的形式可以按要求设计，但内容比较固定。通常包括：

1. 概况

(1) 简要说明在本报告期中项目及主要活动的状况，例如：设计工作、批准过程、招标、施工、验收状况。

(2) "计划—实际"总工期的对比,一般可以用不同颜色和图例对比,或采用前锋线方法。

(3) 总的趋向分析。

(4) 成本状况和成本曲线,包括如下层次:

① 整个项目总结报告;

② 各专业范围或各合同;

③ 各主要部门。

分别说明:原预算成本;工程量调整的结算成本;预计最终总成本;偏差原因及责任;工程量完成状况;支出。

可以采用如下形式描述:对比分析表;柱形图;直方图;累计曲线。

(5) 项目形象进度。用图描述建筑和安装的进度。

(6) 对质量问题、工程量偏差、成本偏差、工期偏差的主要原因作说明。

(7) 说明下一报告期的关键活动。

(8) 下一报告期必须完成的工作包。

(9) 工程状况照片。

2. 项目进度详细说明

(1) 按分部工程列出成本状况、实际和计划进度曲线的对比。同样采用上述第(4)点所采用的表达形式。

(2) 按每个单项工程列出:

① 控制性工期实际和计划对比(最近一次修改以来的),可采用横道图的形式;

② 其中关键性活动的实际和计划工期对比(最近一次修改以来的);

③ 实际和计划成本状况对比。同样采取上述第(4)点所表示的范围及表达方式;

④ 工程状态;

⑤ 各种界面的状态;

⑥ 目前关键问题及解决的建议;

⑦ 特别事件说明;

⑧ 其他。

3. 预计工期计划

(1) 下阶段控制性工期计划;

(2) 下阶段关键活动范围内详细的工期计划;

(3) 以后几个月内关键工程活动表。

4. 按部分工程罗列出各个负责的施工单位

5. 项目组织状况说明

19.3 工程项目管理信息系统

19.3.1 概述

在项目管理中,信息、信息流和信息处理各方面的总和称为项目管理信息系统。管理信息系统是将各种管理职能和管理组织沟通起来并协调一致的神经系统。建立管理信息系统,并使它顺利地运行,是项目管理者的责任,也是他完成项目管理任务的前提。项目管理者作为一个信息中心,他不仅与每个参加者有信息交流,而且他自己也有复杂的信息处理过程。不正常的管理信息系统常常会使项目管理者得不到有用的信息,同时又被大量无效信息所纠缠,而损失大量的时间和精力,容易使工作出现错误。

项目管理信息系统有一般信息系统所具有的特性。它的总体模式如图 19-4 所示。

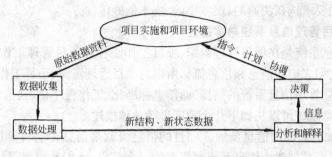

图 19-4　项目管理信息系统总体模式

项目管理信息系统必须经过专门的策划和设计,并在项目实施中控制它的运行。

19.3.2　项目管理信息系统的建立过程

信息系统是在项目组织模式、项目管理流程和项目实施流程基础上建立的,它们之间互相联系又互相影响。

项目管理信息系统的建立要确定如下几个基本问题:

(1) 信息的需要。项目管理者和各职能部门为了决策、计划和控制需要哪些信息?以什么形式,何时,从什么渠道取得信息?

上层系统和周边组织在项目过程中需要什么信息?

这是调查确定信息系统的输出。不同层次的管理者对信息的内容、精度、综合性有不同的要求,上述报告系统主要解决这个问题。

管理者的信息需求是按照他在组织系统中的职责、权力、任务、目标设计的,即确定他要完成他的工作,行使他的权力应需要的信息,以及他有责任向其他方面提供的信息。

(2) 信息的收集和加工:

① 信息的收集。在项目实施过程中,每天都要产生大量的原始资料,如记工单、领料单、任务单、图纸、报告、指令、信件等。必须确定,由谁负责这些原始数据的收集?这些资料、数据的内容、结构、准确程度怎样?由什么渠道(从谁处)获得这些原始数据、资料?并具体落实到责任人,由责任人进行原始资料的收集、整理,并对它们的正确性和及时性负责。通常由专业班组的班组长、记工员、核算员、材料管理员、分包商、秘书等承担这个任务。

② 信息的加工。这些原始资料面广量大,形式丰富多彩,必须经过信息加工才能符合不同层次项目管理的要求。信息加工的概念很广,包括:

A. 一般的信息处理方法,如排序、分类、合并、插入、删除等。

B. 数学处理方法,如数学计算、数值分析、数理统计等。

C. 逻辑判断方法,包括评价原始资料的置信度、来源的可靠性、数值的准确性,利用资料进行项目诊断和风险分析等。

(3) 编制索引和存储。为了查询、调用的方便,建立项目文档系统,将所有信息分类、编目。许多信息作为工程项目的历史资料和实施情况的证明,必须被妥善保存。一般要保存到项目结束,有些则要作长期保存。按不同的使用和储存要求,数据和资料储存于一定的信息载体上,要做到既安全可靠,又使用方便。

(4) 信息的使用和传递渠道。信息的传递(流通)是信息系统活性和效率的表现。信息传递的特点是仅传输信息的内容,而保持信息结构不变。在项目管理中,要设计好信息的传递路径,按不同的要求选择快速的、误差小的、成本低的传输方式。

19.3.3 项目管理信息系统总体描述

项目管理信息系统是在项目管理组织、项目工作流程和项目管理工作流程基础上设计的,并全面反映它们之中的信息和信息流。所以对项目管理组织、项目工作流程和项目管理流程的研究是建立管理信息系统的前提,而信息标准化、工作程序化、规范化是它的基础。

项目管理信息系统可以从如下几个角度进行总体描述:

(1) 项目参加者之间的信息流通。项目的信息流就是信息在项目参加者之间的流通。在信息系统中,每个参加者为信息系统网络上的一个节点,他们都负责具体信息的收集(输入)、传递(输出)和信息处理工作。项目管理者要具体设计这些信息的内容、结构、传递时间、精确程度和其他要求。

例如,在项目实施过程中,业主需要如下信息:
① 项目实施情况月报,包括工程质量、成本、进度总报告;
② 项目成本和支出报表,一般按分部工程和承包商作成本和支出报表;
③ 供审批用的各种设计方案、计划、施工方案、施工图纸、建筑模型等;
④ 决策前所需要的专门信息、建议等;
⑤ 各种法律、规定、规范,以及其他与项目实施有关的资料等等。

业主作出:
① 各种指令,如变更工程、修改设计、变更施工顺序、选择承包商等;
② 审批各种计划、设计方案、施工方案等;
③ 向董事会提交工程项目实施情况报告。

而项目经理通常需要:
① 各项目管理职能人员的工作情况报表、汇报、报告、工程问题请示;
② 业主的各种口头和书面的指令,各种批准文件;
③ 项目环境的各种信息;
④ 工程各承包商,监理人员的各种工程情况报告、汇报、工程问题的请示。

项目经理通常作出:
① 向业主提交各种工程报表、报告;
② 向业主提出决策用的信息和建议;
③ 向社会其他方面提交工程文件。这些通常是按法律必须提供的,或为审批用的;
④ 向项目管理职能人员和专业承包商下达各种指令,答复各种请示,落实项目计划,协调各方面工作等。

(2) 项目管理职能之间的信息流通。项目管理系统是一个非常复杂的系统,它由许多子系统构成,可以建立各个项目管理信息子系统。例如成本管理信息系统、合同管理信息系统、质量管理信息系统、材料管理信息系统等。它们是为专门的职能工作服务的,用来解决专门信息的流通问题。它们共同构成项目管理信息系统。例如在图 19-5 所示的管理工作流程中,可以认为它不仅是一个工作流程,而且反映了一个管理信息的流程,反映了各个管理职能之间的信息关系。

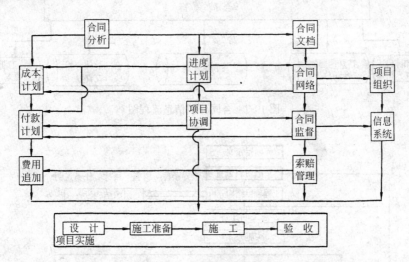

图 19-5　项目管理流程图

图 19-5 中每个节点不仅表示各个项目管理职能工作,而且代表着一定的信息处理过程,每一个箭头不仅表示管理职能工作顺序,而且表示一定的信息流通过程。

例如成本计划可由图 19-6 表示。

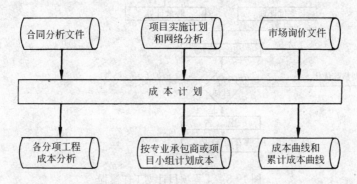

图 19-6　成本计划信息流程

又如合同分析的信息流程可由图 19-7 表示。

这里对各种信息的结构、内容、负责人、载体、完成时间等要作专门的设计和规定。

(3) 项目实施过程的信息流通。项目过程中的工作程序既可表示项目的工作流,又可以从一个侧面表示项目的信息流。则应设计在各工作阶段的信息输入、输出和处理过程及信息的内容、结构、要求、负责人等。例如,项目计划阶段的工作程序见图 19-8。在图中的每一环节上都需要和产生信息,这样便构成了项目计划管理系统的信息流。按照项目生命期过程,项目还可以划分为可行性研究信息系统,计划管理信息系统,实施控制信息系统。

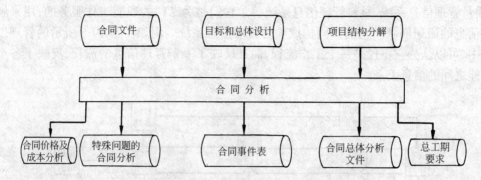

图 19-7 合同分析信息流程图

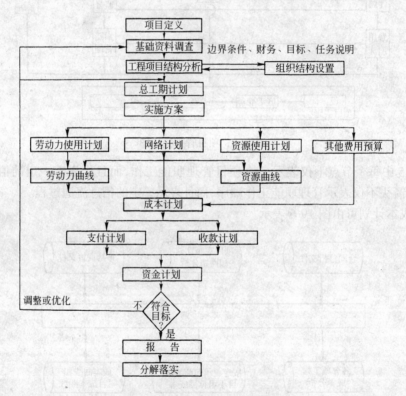

图 19-8 工程项目计划工作流程

19.4 工程项目文档管理

19.4.1 文档管理的任务和基本要求

在实际工程中,许多信息由文档系统给出。文档管理指的是对作为信息载体的资料进行有序的收集、加工、分解、编目、存档,并为项目各参加者提供专用的和常用的信息过程。文档系统是管理信息系统的基础,是管理信息系统有效率运行的前提条件。

许多项目经理经常哀叹在项目中资料太多、太复杂。办公室到处都是文件,太零乱,没有秩序,要找到一份自己想要的文件却要花很多时间,不知道从哪里找起。这就是项目管理中缺乏有效的文档系统的表现。实质上,一个项目的文件再多,也没有图书馆的资料多,但为什么人们到图书馆却可以在几分钟内找到自己要找的一本书呢?这就是由于图书馆有一个功能很强的文档系统。所以在项目中也要建立像图书馆一样的文档系统。

文档系统有如下要求:

(1) 系统性,即包括项目相关的,应进入信息系统运行的所有资料,事先要罗列各种资料种类并进行系统化。

(2) 各个文档要有单一标志,能够互相区别,这通常通过编码实现。

(3) 文档管理责任的落实,即有专门人员或部门负责资料工作。

对具体的项目资料要确定(见图19-9):

谁负责资料工作?

什么资料?针对什么问题?什么内容和要求?

何时收集、处理?

向谁提供?

通常文件和资料是集中处理、保存和提供

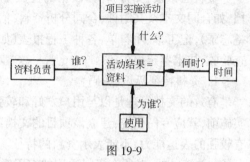

图 19-9

的。在项目过程中文档可能有三种形式:

① 企业保存的关于项目的资料,这是在企业文档系统中,例如项目经理提交给企业的各种报告、报表,这是上层系统需要的信息。

② 项目集中的文档,这是关于全项目的相关文件。这必须有专门的地方并由专门人员负责。

③ 各部门专用的文档,它仅保存本部门专门的资料。

当然这些文档在内容上可能有重复,例如一份重要的合同文件可能复制三份,部门保存一份、项目一份,企业一份。

(4) 内容正确、实用,在文档处理过程中不失真。

19.4.2 项目文件资料的特点

资料是数据或信息的载体。在项目实施过程中资料上的数据有两种(见图19-10):

(1) 内容性数据。它为资料的实质性内容,如施工图纸上的图、信件的正文等。它的内容丰富,形式多样,通常有一定的专业意义,其内容在项目过程中可能有变更。

(2) 说明性数据。为了方便资料的编目、分解、存档、查询,对各种资料必须作出说明和解释,用一些特征加以区别。它的内容一般在项目管理中不改变,由文档管理者设计。例如图标、各种文件说明、文件的索引目录等。

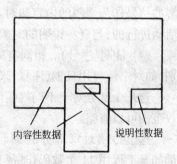

图 19-10 两种数据资料

通常,文档按内容性数据的性质分类,而具体的文档管理,如生成、编目、分解、存档等以说明性数据为基础。

在项目实施过程中,文档资料面广、量大,形式丰富多彩。为了便于进行文档管理,首先得将它们分类。通常的分类方法有:

① 重要性：必须建立文档，值得建立文档，不必存档。
② 资料的提供者：外部，内部。
③ 登记责任：必须登记、存档，不必登记。
④ 特征：书信，报告，图纸等。
⑤ 产生方式：原件，拷贝。
⑥ 内容范围：单项资料，资料包（综合性资料），例如综合索赔报告、招标文件等。

19.4.3 文档系统的建立

资料通常按它的内容性数据的性质分类。工程项目中常常要建立一些重要资料的文档，如合同文本及其附件，合同分析资料，信件，会谈纪要，各种原始工程文件（如工程日记、备忘录），记工单、用料单，各种工程报表（如月报，成本报表，进度报告），索赔文件，工程的检查验收、技术鉴定报告等。

1. 资料特征标识（编码）

有效的文档管理是以与用户友好和较强表达能力的资料特征（编码）为前提的。在项目实施前，就应专门研究，建立该项目的文档编码体系。最简单的编码形式是用序数，但它没有较强的表达能力，不能表示资料的特征。一般项目编码体系有如下要求：

(1) 统一的、对所有资料适用的编码系统；
(2) 能区分资料的种类和特征；
(3) 能"随便扩展"；
(4) 对人工处理和计算机处理有同样效果。

通常，项目管理中的资料编码有如下几个部分：

(1) 有效范围。说明资料的有效使用范围，如属某子项目、功能或要素。
(2) 资料种类：
① 外部形态不同的资料，如图纸、书信、备忘录等；
② 资料的特点，如技术的、商务的、行政的等。
(3) 内容和对象。资料的内容和对象是编码的着重点。对一般项目，可用项目结构分解的结果作为资料的内容和对象。但有时它并不适用，因为项目结构分解是按功能、要素和活动进行的，与资料说明的对象常常不一致。在这时就要专门设计文档结构。
(4) 日期（序号）。相同有效范围、相同种类、相同对象的资料可通过日期或序号来区别，如对书信可用日期（序号）来标识。

这几个部分对于不同规模的工程要求不一样。如对一个小的仅一个单项的工程，则有效范围可以省略。

这里必须对每部分的编码进行设计和定义。例如某工程用 11 个数码作资料代码，见图 19-11。

BG	BGS	LT2	015
范围	种类	对象	序号
办公楼	设计变更	楼梯间	第15号变更

图 19-11 某工程资料编码结构

2. 索引系统

为了资料使用的方便，必须建立资料的索引系统，它类似于图书馆的书刊索引。

项目相关资料的索引一般可采用表格形式。在项目实施前，它就应被专门设计。表中的栏目应能反映资料的各种特征信息。不同类别的资料可以采用不同的索引表，如果需要查询或调用某种资料，即可按图索骥。

例如信件索引可以包括如下栏目:信件编码、来(回)信人、来(回)信日期、主要内容、文档号、备注等。

这里要考虑到来信和回信之间的对应关系,收到来信或回信后即可在索引表上登记,并将信件存入对应的文档中。

索引和文档的对应关系可见图19-12。

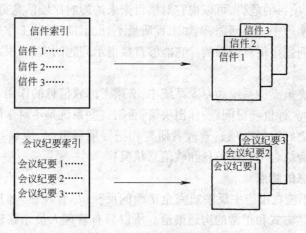

图 19-12　索引和文档的关系

19.5　项目管理中的软信息

19.5.1　软信息的概念

前面所述的在项目系统中运行的一般都为可定量化的,可量度的信息,如工期、成本、质量、人员投入、材料消耗、工程完成程度等,它们可以用数据表示,可以写入报告中,通过报告和数据即可获得信息,了解情况。

但另有许多信息是很难用上述信息形式表达和通过正规的信息渠道沟通的。这主要是反映项目参加者的心理行为,项目组织状况的信息。例如:

参加者的心理动机、期望和管理者的工作作风、爱好、习惯、对项目工作的兴趣、责任心;

各工作人员的积极性,特别是项目组织成员之间的冷漠甚至分裂状态;

项目的软环境状况;

项目的组织程度及组织效率;

项目组织与环境,项目小组与其他参加者,项目小组内部的关系融洽程度:友好或紧张、软抵抗、项目领导的有效性;

业主或上层领导对项目的态度、信心和重视程度;

项目小组精神,如敬业、互相信任、组织约束程度(项目组织文化通常比较难建立,但首先应有一种工作精神);

项目实施的秩序程度等。

这些情况无法或很难定量化,甚至很难用具体的语言表达。但它同样作为信息反映着项目的情况。

许多项目经理对软信息不重视,认为不能定量化,不精确。1989年在国际项目管理学术会议上,曾对653位国际项目管理专家调查,94%的专家认为在项目管理中很需要那些不能在信息系统中储存和处理的软信息(见本章主要参考文献)。

19.5.2 软信息的作用

软信息在管理决策和控制中起着很大的作用,这是管理系统的特点。它能更快、更直接地反映深层次的、根本性的问题。它也有表达能力,主要是对项目组织、项目参加者行为状况的反映,能够预见项目的危机,可以说它对项目未来的影响比硬信息更大。

如果工程项目实施中出现问题,例如工程质量不好、工期延长、工作效率低下等,则软信息对于分析现存的问题是很有帮助的。它能够直接揭示问题的实质、根本原因,而通常的硬信息只能说明现象。

在项目管理的决策支持系统和专家系统中,必须考虑软信息的作用和影响,通过项目的整体信息体系来研究、评价项目问题,作出决策,否则这些系统是不科学的,也是不适用的。

软信息还可以更好地帮助项目管理者研究和把握项目组织,造成对项目组织的激励。在项目趋向分析中应综合考虑硬信息和软信息状况。

19.5.3 软信息的特点

(1) 软信息尚不能在报告中反映或完全正确的反映(尽管现在人们强调在报告中应包括软信息),缺少表达方式和正常的沟通渠道。所以只有管理人员亲临现场,参与实际操作和小组会议时才能发现并收集到。

(2) 由于它无法准确地描述和传递,所以它的状况只能由人领会,仁者见仁,智者见智,不确定性很大,这便会导致决策的不确定性。

(3) 由于很难表达,不能传递,很难进入信息系统沟通,则软信息的使用是局部的。真正有决策权的上层管理者(如业主、投资者)由于不具备条件(不参与实际操作),所以无法获得和使用软信息,因而容易造成决策失误。

(4) 软信息目前主要通过非正式沟通来影响人们的行为。例如人们对项目经理的专制作风的意见和不满,互相诉说,以软抵抗对待项目经理的指令、安排。

(5) 软信息必须通过人们的模糊判断,通过人们的思考来作信息处理,常规的信息处理方式是不适用的。

19.5.4 软信息的获取

目前由于在正规的报告中比较少地涉及软信息,它又不能通过正常的信息流通过程取得,而且即使获得也很难说是准确的、全面的。它的获取方式通常有:

(1) 观察。通过观察现场以及人们的举止、行为、态度,分析他们的动机,分析组织状况;

(2) 正规的询问,征求意见;

(3) 闲谈、非正式沟通;

(4) 要求下层提交的报告中必须包括软信息内容并定义说明范围。这样上层管理者能获得软信息,同时让各级管理人员有软信息的概念并重视它。

19.5.5 现在要解决的问题

项目管理中的软信息对决策有很大的影响。但目前人们对它的研究尚远远不够,有许多问题尚未解决。例如:

(1) 项目管理中,软信息的范围和结构,即有哪些软信息因素,它们之间有什么联系,进一步可以将它们结构化,建立项目软信息系统结构。

(2) 软信息如何表达、评价和沟通。

(3) 软信息的影响和作用机理。

(4) 如何使用软信息,特别在决策支持系统和专家系统中软信息的处理方法和规则,以及如何对软信息量化,如何将软信息由非正式沟通转变为正式沟通等。

本章主要参考文献

Resche H,Schelle H. Handbuch Projektmanagement,Verlag TüV Rheinland[德]

思考题

1. 简述信息流的作用。
2. 试建立索赔文件的索引文件结构。
3. 简述工程项目中的软信息的范围,上层领导如何获得软信息。
4. 简述项目报告的主要内容。
5. 讨论:现代信息技术对项目管理有哪些影响?

第 20 章 工程项目综合管理

【内容提要】

综合管理就是将工程项目管理中的好的方面、精华部分组合在一起,从而达到整体最优效果的管理方法。本章首先介绍了综合管理的概念及特点;其次介绍了工程项目综合计划的概念、作用、编制原则、内容以及编制步骤;最后介绍了工程项目综合应用的四个方面:工期与费用、资源有限—工期最短、质量与成本、线性规划。

20.1 工程项目综合管理概述

20.1.1 项目综合管理的概念

项目综合管理是指为确保项目各项工作能够有机地协调和配合所开展的综合性和全面性的项目管理工作。

项目综合管理就是要通过科学的创造性思维,从新的角度和层面来对待项目的各种资源要素,拓展管理的视野,提高各项管理对象和资源要素的交融度,以利于优化和增加管理对象的有序性。在具体的管理实施中,综合运用各种不同的方法、手段、工具,促进各项管理对象、资源要素之间的互补、匹配,使其产生 $1+1>2$ 的效果,从而提高整个项目管理的效果和效率。

20.1.2 项目综合管理的特点

1. 系统性

系统就是相互联系相互作用着的若干要素的复合体。一个项目就是一个系统,项目管理的要素都不是孤立的,总是处于不同层次的系统中,它既在自己的系统之内,又与其他各系统交互影响。项目综合管理的系统性主要体现在以下几个方面:

(1) 目的性 每个项目都有明确的目的,不同的系统有不同的目的,没有目的的系统是不存在的。项目的费用管理系统,就要确保项目在批准的预算内按时、按质地完成项目的既定目标;项目的时间管理系统,必须确保项目准时完工;项目的质量管理系统,必须确保项目最终交付物符合质量要求。

(2) 全局性 项目管理必须有全局观点,正确处理局部与整体的关系,从项目整体目标出发,使各局部协调一致。

(3) 层次性 任何项目都有一个层次结构,每一层次都有各自的功能和责权范围,各层次之间应职责分明。

2. 动态性

综合管理的动态性是指在项目综合管理过程中必须时刻关注项目内外环境要素的变化,并且及时做出调整,以保证管理系统的运行适应外界变化的要求。项目管理过程的实质,就是要把握管理对象在运动、变化的情况下,如何通过调节控制实现项目目标。这就要求在综合管理工作中重视搜集信息,经常注意反馈,随时掌握项目实施过程中各种要素之间相互作用的动态特性,以增强要素间的群体效应。

3. 均衡性

由于项目处于内外环境不断变动的状态下,项目的管理对象和资源要素亦处于变动状态下,要素间的协调平衡就会被打破,这也是事物发展的必然规律。综合管理就是要使要素之间形成一种协调的状态,当这种状态达到和谐有序时,项目的整体管理力和管理功能就得到了充分发挥。

20.2 工程项目综合计划

20.2.1 工程项目综合计划概述

1. 工程项目综合计划的概念

工程项目综合计划是指以工程项目的各种单项计划为基础,对人力和物力、时间和空间、技术和组织进行综合平衡,以保证工程项目整体目标实现的计划文件。

2. 工程项目综合计划的作用

(1) 为工程项目整体目标服务。一个工程项目存在若干个单项目标,如进度、费用、质量等,它们之间互相联系,又互相制约。综合计划就是要将这些单项目标加以协调平衡,寻求各方面都可能接受、又符合项目整体目标的结果。例如,对进度进行管理时必须考虑与费用和质量的关系;对费用进行管理时必须满足进度和质量的要求;进行沟通管理、合同管理、采购管理等都要为项目的整体目标服务。

(2) 指导工程项目的实施。综合计划可以指导项目的范围、进度、费用、质量、采购、沟通、人力资源、风险等各方面的管理。在综合计划的贯彻执行中,能根据项目实际情况的不断变化对其进行调整;对项目的各项工作进行及时的监测,当产生偏差时,采取相应的措施给予纠正。总之,要使工程项目各单项计划的执行处于控制之中。

(3) 考核工程项目各项工作业绩的基准。综合计划为工程项目的跟踪控制过程和考核提供了基准。可以用于衡量进度、费用、质量、资源等的实际进展与计划之差距,便于对变化进行管理、控制和考核。

(4) 促进项目利益相关者之间的沟通。综合计划规定了工程项目利益相关者:业主、监理单位、设计单位、施工单位、供应商、分包商等获取项目信息的途径与方法,有助于各方统一认识、协调一致。

20.2.2 工程项目综合计划编制原则

1. 统筹原则

编制综合计划时一定要全面考虑各个单项计划和各个子系统之间的相互关系,并按照它们之间的必然联系进行统筹安排。通过综合计划的整体优化与各种关系的协调,使各项管理活动顺利进行,项目整体目标得以实现。

2. 重点原则

在编制综合计划时,不仅要考虑各个子系统、子计划间的各种关系,并要认清它们的地位和作用,以便把握重点,抓住关键,着重抓好对全局起举足轻重作用的环节。

3. 效率、效益原则

提高效率、效益是工程项目管理的出发点和归宿。编制综合计划时,要从节省人力、物力和财力的消耗出发,周密计划,优化配置,大大提高项目的效率和效益。

20.2.3 工程项目综合计划的内容

工程项目综合计划通常包括以下所有内容(这些内容在其他相关章节有详细的说明):

(1) 项目批准的说明,工程概况;
(2) 项目综合管理方法和策略的说明;
(3) 范围说明,包括项目可交付成果和项目目标;
(4) 项目各管理层次工作分解结构;
(5) 项目的每个可交付成果的成本估算、进度要求和职责分配;
(6) 进度基准计划、成本基准计划;
(7) 项目重要里程碑及其说明;
(8) 项目关键成员和所需人员的说明;
(9) 风险管理计划;
(10) 辅助管理计划:
① 范围管理计划;
② 进度管理计划;
③ 费用管理计划;
④ 质量管理计划;
⑤ 人员管理计划;
⑥ 沟通管理计划;
⑦ 风险应对计划;
⑧ 采购管理计划;
⑨ 技术组织措施计划;
⑩ 存在问题及未定的决策。

20.2.4 工程项目综合计划编制步骤

1. 资料和信息的收集

(1) 已完类似工程项目的资料和信息;
(2) 有关市场信息;
(3) 发包人提供的资料和信息;
(4) 工程项目环境调查;
(5) 工程项目单项计划。

2. 工程项目综合计划的总体分析

综合计划的总体分析包括对前期所收集的资料和信息的分析;对实施工程项目条件的分析;对工程项目的工期、质量和成本三大要素间的关系和影响进行分析;对工程项目主要风险因素及其影响进行分析。

3. 工程项目综合计划的初步方案编制

综合计划的初步方案主要是从项目的技术条件、技术方案以及生产要素(劳动力、材料、机械设备和资金等)的合理配置出发编制的。在初步方案中只是做一些部分的综合,如工期与成本的综合、质量与成本的综合。初步方案尚未达到综合平衡与优化配置。

4. 工程项目综合计划的综合平衡

综合平衡是计划工作的基本方法,也是编制计划必须遵循的原则。

事物发展总是不平衡的,经济活动的运动规律也是如此。不平衡是绝对的,但是暂时的相对的平衡,又是项目实施过程的客观要求。只有经过"平衡—不平衡—新的平衡"这种螺旋式的反复,才能不断的得到进步。

工程项目综合计划的综合平衡最终要落实到生产要素的平衡上。首先要做到计划安排的任务与可能提供的人力、物力、财力相适应。其次,人力、物力、财力三者之间要互相平衡。同时,还要做好人力、物力、财力各要素自身的平衡。

工程项目综合计划的综合平衡还应包括工程项目组织的协调。工程项目的参加单位少则几家,多则几十家,甚至上百家,由于各单位的任务、目标、利益不同,容易产生冲突或不协调,因此,一定要做好组织协调工作。组织协调应分为内部关系协调、近外层关系的协调和远外层关系的协调,组织协调的内容应根据项目实施的不同阶段作动态调整。近外层关系一般包括:发包人、监理单位、供应商、分包商等。远外层关系一般包括:建设行政主管部门、劳动管理部门、交通管理部门、城市规划部门、城市园林部门、公安部门、质量监督管理部门等。

5. 工程项目综合计划的审定

经过上述步骤后,即可编制出工程项目的综合计划。综合计划一般需经项目业主或客户审查批准后,方可实施。

20.3 工程项目目标综合管理

20.3.1 工期与费用的综合管理

工期与费用是两个相互关联的要素,因为缩短工期,就要加快进度,或采取一些措施,这样就会增加费用。同样,项目费用的降低,也会影响项目的进度和工期。而项目的综合管理就是将两个要素进行集成管理。

工程项目的成本是由直接费(材料费、人工费、机械设备费等)和间接费(管理人员的工资、办公费、房屋租金等)构成。直接费将因工期的缩短而增加,因为工期越压缩则增加的额外费用越多,间接费与工期成正比关系,即工期越长则花的费用也越多。这两种费用与工期的关系可以用图 20-1 表示。由于工程项目总成本是直接费与间接费之和,所以工程项目总成本曲线就是直接费曲线与间接费曲线的组合。在工程项目总成本曲线上,有一个成本最低点 P_1,就是费用最低的最优方案,它对应的工期 D_1 就是最优工期。如果知道了规定工期 D_2,也可以很容易地找到与之对应的总成本 P_2。

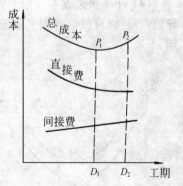

图 20-1 工期与成本关系曲线

图 20-1 反映了工期与成本的对立统一关系。在 P_1 点的左方,成本与工期的关系是对立的,即工期增大,成本降低;在 P_1 点的右方,工期与成本的关系是统一的,即工期缩短,费

用降低。我们应当在项目管理中充分利用这一原理进行工期—费用优化,寻求适宜工期下的合理低费用,详见第12章。

工作的时间与费用曲线有多种形式,但单一的连续直线型(图20-2)是一种近似求法,已被广泛采用。把正常时间点 N 与加快时间点 C 直接连成一条直线,直线中间各点代表

20.3.2 工期与资源平衡

工期—资源平衡有两种,一种是资源有限—工期最短,即在资源强度有限制的情况下进行资源强度压缩,使之均低于资源限量,使由此而导致的工期延长最少。另一种是工期固定—资源均衡的平衡,即在工期不变的前提下,寻求资源强度最大限度地接近平均值,而使方差或极差之和为最小。该两种平衡也是工期与资源的优化(或调整)问题,需利用网络计划模型,具体请见第12章。

20.3.3 质量—费用平衡

质量和费用之间有着密切关系,质量成本就是证明。质量成本指将工程质量保持在工程质量标准规定的水平上所需要的费用,以及当设有获得满意的质量时所遭受的损失。质量成本一般分为运行质量成本和外部质量成本。

1. 运行质量成本

运行质量成本是工程项目为达到和确保所规定的质量水平所支付的费用。包括以下各项:

(1) 预防成本。指用于预防产生不合格品与故障所需的各项费用。它包括:质量工作费用;质量培训费用;质量奖励费用;新材料、新工艺评审费用及产品评审费用;质量改进措施费用。

(2) 鉴定成本。指为确保工程项目质量达到质量标准的要求,对项目本身以及对材料、配件、设备等进行试验、检验和检查所需的费用。它包括:进料检验费用;工序检验费用;竣工检查费用;检测设备的折旧费用和维修费用。

(3) 内部损失成本。指工程项目在交付前,由于工程项目产出物不能满足规定的质量要求而支付的费用。它包括:废品损失;返工损失;停工损失;事故分析处理费用;质量过剩支出等。

(4) 外部损失成本。指工程项目交付后,因产品质量或服务不能满足规定的质量要求,导致索赔、修理或信誉损失而支付的费用。它包括:申诉受理费用;回访保修费用;索赔费用。

2. 外部质量保证成本

外部质量保证成本指在合同环境条件下,根据用户提出的要求而提供客观证据的演示和证明所支付的费用。它包括:为提供特殊的和附加的质量保证措施、程序、数据等支付的费用;产品证实试验和评定的费用;质量管理体系认证费用等。

3. 质量与质量成本的关系及平衡

质量与成本的关系见图20-2。图中,曲线 A 代表内部损失成本和外部损失成本与质量水平之间的相关关系;质量越高,这两项成本支出越少。曲线

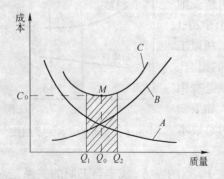

图20-2 质量—成本曲线

B 代表预防成本和鉴定成本与质量水平之间的相关关系;质量要求越高,这两项成本支出越多。曲线 C 是总的质量成本与质量水平的相关曲线。

分析曲线 C 可以发现:M 点的质量成本最低;其左侧,质量水平越高,质量成本越少,体现了相互间的统一关系;在 M 点的右侧,质量水平越高,质量成本也越高,体现了相互间的对应关系。因此,我们应该设定一个自 Q_1 至 Q_2 的围绕 Q_0(质量成本最低时的质量水平)的适宜质量区间,以 Q_1 为合格质量水平,以 Q_2 为优良质量水平。Q_1 以左,应为改进区;Q_2 以右应为质量过剩区。质量成本平衡的任务应当努力做到:以提高质量水平的办法降低内部损失成本和外部损失成本;以限制质量过剩的办法降低鉴定成本和预防成本;把质量水平保持在 Q_1 和 Q_2 的范围之内力争质量成本保持在 C_0 水平。

4. 利用价值工程

利用价值工程可以有效地处理好质量与成本的关系。因为价值是功能和寿命周期成本的比值,即价值=功能/寿命周期成本。从这个公式中我们可以寻求 5 种提高价值的途径:

(1) 提高工程价值的途径:

① 功能不变,成本降低,则价值提高;

② 成本不变,功能提高,则价值也提高;

③ 功能提高,成本降低,则价值大大提高;

④ 成本稍提高,功能有很大提高,则价值也提高;

⑤ 功能有所降低,成本大幅度下降,则价值也提高。

利用价值工程进行质量—成本平衡,就是以以上 5 条途径为主线,寻求质量与成本的合理搭配,或消除不必要的功能以降低成本,或以最少的成本,实现必要的功能;或寻求质量成本的最佳匹配,使价值水平接近于 1。

达此目的,最有效的方法就是改进设计和代用材料。依靠改进工艺的方法虽可使成本降低,但其潜力是有很大限制的。

(2) 价值工程的对象

价值工程的对象是价值低的且降低成本潜力大的,因此,工程项目的价值工程对象是:

① 量大、面广的项目产品或构配件,因为其降低成本的可积累性大。

② 成本高的项目产品或构配件,因为其改进的潜力大。

③ 结构复杂的项目产品或构配件,因为其简化结构的可能性大。

④ 体积和重量大的构配件,因为其节约原材料的潜力大。

⑤ 关键构配件,因为改进后可以使功能得到较大提高。

⑥ 维修费高、耗能多、使用期较长的设备和构配件,显然其成本节约的潜力大。

⑦ 畅销产品,因为可通过价值工程保持优势和提高竞争力。

20.3.4 多目标的综合管理

在工程项目管理中经常会遇到两类问题:

第一,在已确定工程任务的前提下,如何以最少的人力、物力、财力去完成它,即寻求耗用材料、机械设备和劳动力最少的方案。

第二,已知一定数量的人力、财力和物力,如何安排才能发挥最大的效用,即以有限数量的建筑材料、劳动和其他资源条件,如何完成最多的工程量。

(1) 用线性规划求解

线性规划运用步骤：
① 确定问题,明确目标和限制因素；
② 建立模型；
③ 模型求解；
④ 应用模型和数据进行经济分析。

下面简要介绍线性规划模型的基本结构。

A. 变量 变量是指决策问题需要控制的因素,一般称为决策变量,一般可用 X_1、X_2、X_3、…或 X_{11}、X_{12}、X_{13}、…来表示。一个变量回答一个问题,模型的变量越多,就越能反映实际,但模型的求解也越复杂。

B. 目标函数 目标函数是对决策问题目标的数学描述,是一个极值问题。即极大值或极小值。具体到项目管理中提出的目标,如效率最高、成本最低、费用最小、时间最短等。

C. 约束条件 约束条件是实现目标的限制因素。如在工程项目实施中可以利用的机械设备能力、材料供应数量、劳动力数量、工程质量要求等。这些限制因素,反映到模型中,就是需要满足的基本条件,即约束方程。约束条件有三种基本类型：大于或等于($\geq$)；等于(=)；小于或等于($\leq$)。所以线性规划模型的约束方程,一般多是一组联立方程组或不等式方程组。

据上可知,线性规划是求一组变量 X_1、X_2、X_3、…的值,在满足一组约束条件下,求得目标函数的最优解(极大值或极小值)。

线性规划模型：

$$\max \text{ 或 } \min \quad Z = \sum_{j=1}^{n} C_j X_j$$

满足于

$$\sum_{j=1}^{n} a_{ij} X_j (\lessgtr) b_i$$

$$X_j \geq 0$$

$$i = 1, 2, 3, \cdots, m$$

式中 X_j——变量；
C_j、a_{ij}、b_i——已知常数；
C_j——目标函数的系数；
b_i——资源约束常数,表示不同资源的数量；
a_{ij}——技术性系数,表示第 j 种工作消耗资源 i 的数量。

上式中有 n 个变量,即 $j = 1, 2, 3, \cdots, n$,有 m 种约束条件,即 $i = 1, 2, 3, \cdots, m$。

线性规划的基本解法有图解法和单纯形法。图解法一般只适用于解 2~3 个变量问题；单纯形法是一种多变量的常用解法,变量较少时可用手工解,变量较多的复杂模型可运用计算机求解。

(2) 进行综合平衡

这里所述的综合平衡是指工程项目实施中的综合平衡,是定性和定量相结合的方法。

综合平衡的原则是：

① 进行综合平衡必须抓住主要矛盾或主要问题，不可事无巨细地平衡。

② 工程项目的综合平衡应对各约束目标一视同仁，不可片面强调某一个方面，不可"以某某为核心"或"某某目标服从某某目标"。

③ 在质量、进度、费用三者的关系上，正确的综合平衡思想是：在保证质量合乎标准的前提下，使进度合理，费用节约。

④ 综合平衡必须依据综合进度计划、现实情况和各种约束条件。

⑤ 综合平衡可采用组织协调方法、协调会议方法、综合评价法和投入产出法等。

⑥ 必须充分认识"平衡是相对的，不平衡是绝对的"的规律，当出现不平衡时，通过综合平衡使问题得到解决，达到新的平衡如此不断循环，促使项目成功。

20.4 工程项目施工现场管理

工程项目施工项目现场管理，是指施工阶段对现场内的活动及空间(平面)使用所进行的管理，它是一种综合性的管理。

1. 施工现场管理的意义

(1) 施工项目现场管理是施工项目管理的一个重要部分。良好的现场管理能使场容美观整洁，道路畅通，材料放置有序，施工有条不紊，安全、消防、安全均能得到有效保障，且能使与项目有关的各方都满意。

(2) 施工项目现场管理是一面"镜子"，能照出施工单位的面貌。文明的施工现场，会赢得广泛的社会信誉。

(3) 施工现场是进行施工的"舞台"，所有的施工活动和管理活动都在这个"舞台"上进行，这个"舞台"的管理是现场各种活动良好开展的保证。

(4) 施工现场管理是处理各方关系的"焦点"，它关系着城市规划、市容整洁、交通运输、消防安全、文物保护、居民生活、文明建设、绿化环保、卫生健康等领域，要贯彻与上述各项有关的许多法律法规。

(5) 施工现场是各项管理工作联系的"纽带"，各项管理工作都在这里相互关联地进行着，现场管理给各项管理工作以保证，又受着各项管理工作的约束。

2. 施工现场管理的依据

施工现场管理的依据很多，主要有以下各项：

(1) 各相关法律法规中的有关规定：包括《建筑法》、《环境保护法》、《消防法》、《城市土地管理法》、《文物保护法》、《绿化法》、《安全生产法》、《食品卫生法》等。

(2)《建设工程施工现场管理规定》(1991年12月5日建设部令第15号)及工程所在地的施工现场管理规定。《建设项目施工现场管理规定》是建设部于1991年发布的文件，全文共6章39条，是加强施工现场管理、保障工程施工顺利进行的纲；各省、自治区、直辖市均制定了施工现场管理规定，在其辖区内施工均应遵守。

(3) 工程施工安全、消防的标准、规范和规程，《建筑施工场界噪声限值》(GB 12523—90)等。

(4)《环境管理系列标准》(GB/T 24000—ISO 14000)和《职业健康安全管理体系》

(GB/T 28001—2001)。前者是施工现场建立环境监控体系的依据；后者是施工现场建立职业健康安全管理体系的依据。

(5) 施工平面图。施工平面图是在施工项目管理实施规划中编制的、主要用来进行现场布置和管理的规划性文件。

3．施工现场管理的总体要求

(1) 项目经理部应做到文明施工、安全有序、整洁卫生、不扰民、不损害公众利益。

(2) 项目经理部在现场入口处的醒目位置，公示"五牌"、"二图"。"五牌"是：安全纪律牌，防火须知牌，安全无重大事故计时牌，安全生产、文明施工牌；"二图"是：施工总平面图，项目经理部组织构架及主要管理人员名单图。

(3) 项目经理部应经常巡视检查施工现场管理，认真听取各方意见和反映，及时抓好整改。

4．规范场容

规范场容的主要要求如下：

(1) 用施工平面图设计的科学合理化和物料器具定位标准化，保证施工现场场容规范化。

(2) 对施工平面图设计、布置、使用和管理的要求是：结合施工条件；按施工方案和施工进度计划的要求；按指定用地范围和内容布置；按施工阶段进行设计；使用前通过施工协调会确认。

(3) 按已审批的施工平面图和划定的位置进行物料器具的布置。

(4) 根据不同物料器具的特点和性质规范布置方式与要求，并执行其有关管理标准。

(5) 在施工现场周边按规范要求设置临时维护设施。

(6) 施工现场设置畅通的排水沟渠系统。

(7) 工地地面应做硬化处理。

5．环境保护

工程施工可能对环境造成的影响有：大气污染，室内空气污染，水污染，土壤污染，噪声污染，光污染，垃圾污染等。施工现场的环境保护要求如下：

(1) 根据《环境管理系列标准》(GB/T 24000—ISO 14000)建立环境监控体系。

(2) 未经处理的泥浆和污水不得直接外排。

(3) 不得在施工现场焚烧可能产生有毒、有害烟尘和有恶臭气味的废弃物；禁止将有毒、有害废弃物作土方回填。

(4) 妥善处理垃圾、渣土、废弃物和冲洗水。

(5) 在居民和单位密集区进行爆破、打桩要执行有关规定。

(6) 对施工机械的噪声和振动扰民，应采取措施予以控制。

(7) 保护、处置好施工现场的地下管线、文物、古籍、爆炸物、电缆。

(8) 按要求办理停水、停电、封路手续。

(9) 在行人、车辆通行的地方施工，应当设置沟、井、坎、穴覆盖物和标志。

(10) 温暖季节对施工现场进行绿化布置。

6．防火保安

(1) 防火

施工现场防火要求如下：
① 必须按《中华人民共和国消防法》的规定，建立和执行防火管理制度。
② 现场道路应方便消防。
③ 设置符合要求的防火报警系统。
④ 消防设施应保持完好的备用状态。
⑤ 在火灾易发生地区施工和储存、使用易燃、易爆器材，应采取特殊消防安全措施。
⑥ 现场严禁吸烟。

(2) 保安

对施工现场保安要求如下：
① 现场应设立门卫。
② 必要时设置警卫。
③ 采取必要的防盗措施。
④ 对现场人员进行证卡管理。
⑤ 施工现场通道、消防出入口、紧急疏散楼道、高度限制等，均应有标识。
⑥ 按规定进行爆破作业的管理。

7. 卫生防疫

卫生防疫涉及现场人员的身体健康和生命安全，因此要防止传染病和食物中毒事故发生，提高文明施工水平，主要要求如下：

(1) 卫生管理
① 施工现场不宜设置职工宿舍，必须设置时应尽量和建筑现场分开。
② 现场应准备必要的医务设施。
③ 根据需要制定防暑降温措施，进行消毒、防病工作。
④ 张贴急救车和有关医院电话号码。

(2) 防疫管理
① 根据《中华人民共和国食品卫生法》和卫生管理规定加强对食堂、炊事人员和炊具的管理。
② 现场食堂不得出售酒精饮料；现场人员在工作时间严禁饮用酒精饮料。
③ 确保现场人员的饮水供应；炎热季节供应清凉饮料。

8. 施工现场综合考评

(1) 施工现场综合考评是指对与施工现场有关的各方（发包人、承包人、监理人、设计人、材料和设备供应人）在现场的行为进行考核评价。目的是调动相关各方的积极性，提高现场管理水平，实现文明施工，确保施工质量和安全（人身安全、物料安全、环境安全）。

(2) 施工现场综合考评内容要覆盖全部施工项目的全过程。

(3) 综合考评的内容应包括施工组织管理、工程质量管理、施工安全管理、文明施工管理、业主和监理单位的现场管理。

(4) 考评办法可参照《建设工程施工现场综合考评试行办法》（建监[1995]407号）。

20.5 工程项目生产要素管理

1. 工程项目生产要素管理综合要求

(1) 工程项目生产要素指施工项目中使用的人力资源、材料、机械设备、技术和资金等。工程项目生产要素管理是指对上述资源进行的计划、供应、使用、控制、检查、分析和改进等过程。

(2) 生产要素管理的目的是满足需要、降低消耗、减少支出，节约物化劳动和活劳动。

(3) 生产要素的供应权应主要集中在企业的管理层，有利于利用企业管理层的服务作用、法人地位、企业信誉和供应体制。企业管理层应建立生产要素专业管理部门，健全生产要素配置机制。

(4) 生产要素的使用权掌握在项目管理团队手中，有利于满足使用需要，进行动态管理，搞好使用中核算、节约，降低项目成本。

(5) 项目管理团队应及时编制资源需用量计划，报组织管理层批准并优化配置。

(6) 项目管理团队和组织不应建立合同关系和承包关系，而应充分发挥企业行政体制、运转机制和责任制度体系的作用。

(7) 生产要素管理要防范风险，原因是在市场环境下，各种生产要素供应存在很大风险。防范风险首先要进行风险预测和分析；其次要有风险应对方案；第三要充分利用法律、合同、担保、保险、索赔等手段进行防范。

2. 工程项目作业人员管理

(1) 进行作业人员管理应掌握以下特点：能动性，实效性，再生性，消耗性和社会性。项目作业人员管理除了注意上述特点外，也要针对人员组合的临时性和团队性，并对应项目的生命周期进行有针对性的管理。

(2) 项目经理部在编制和报送劳动力需求计划时，应根据施工进度计划和作业特点。由于一般地施工总承包企业和专业承包企业不设置固定的作业队伍，故企业管理层应同选中的劳务分包公司签订劳务分包合同，再按计划供应到项目经理部。如果由于项目经理部远离企业管理层需要自行与劳务分包公司签订劳务分包合同，应经企业法定代表人授权。

(3) 项目经理部对施工现场的劳动力进行动态管理应做到以下几点：

① 随项目的进展进行劳动力跟踪平衡，根据需要进行补充或减员，向企业劳动管理部门提出申请计划。

② 为了作业班组有计划地进行作业，项目经理部向班组下达施工任务书，根据执行结果进行考核，支付费用，进行激励。

③ 项目经理部应加强对劳务人员的教育培训和思想管理，对作业效率和质量进行检查、考核和评价。

3. 工程项目材料管理

由于材料费用占项目成本的比例最大，故加强材料管理对降低项目成本最有效。首先应加强对A类材料的管理，因为它的品种少、价值量大，故既可以抓住重点，又很有效。在材料管理的诸多环节中，采购环节最有潜力，因此，企业管理层应承担节约材料费用的主要责任，优质、经济地供应A类材料。项目经理部负责零星材料和特殊材料（B类材料和C类材料)的供应。项目经理部应编制采购计划,报企业物资部门批准,按计划采购。

采购管理是项目管理中的一个管理过程,采购管理过程的质量直接影响项目成本、工期、质量目标的实现。采购虽然包括实物和服务,但是本文专指实物。项目采购的基本原则是:保证采购的经济性和效率性;保证质量符合设计文件和计划要求;及时到位;保证采购过程的公平竞争性;保证采购程序的透明性和规范化。项目采购管理的程序包括:做好准备;制定项目采购计划;制定项目采购工作计划;选择项目采购方式;询价;选择产品供应商;签订合同并管理;采购收尾工作。项目采购的原理是:采购什么?何时采购?如何采购?采购多少?向谁采购?以何种价格采购?

项目经理部主要应加强材料使用中的管理:建立材料使用台账、限额领料制度和使用监督制度;编制材料需用量计划;按要求进行仓库选址;做好进场材料的数量验收、质量认证、记录和标识;确保计量设备可靠和使用准确;确保进场的材料质量合格再投入使用;按规定要求搞好储存管理;监督作业人员节约使用材料;加强材料使用中的管理和核算;重视周转材料的使用和管理;搞好剩余材料和包装材料的回收等。

4. 工程项目机械设备管理

机械设备技术含量高,工作效率高,可完成人力不能胜任的任务,故应是项目管理中应高度重视并大力采用的生产要素,必须加强管理。由于项目经理部没有自有机械设备,使用的机械设备是企业内部的、或租赁的、或企业专门为该项目购买的,故项目经理部应编制机械设备使用计划报企业管理层审批,对进入现场的机械设备进行安装验收,在使用中加强管理并维护好机械设备,保养和使用相结合,提高机械设备的利用率和完好率。操作人员持证上岗,实行岗位责任制,按操作规范作业,搞好班组核算、单机核算和机组核算,对操作人员进行考核和激励,从而提高工作效率,降低机械使用成本。

5. 项目技术管理

技术是第一生产力,它除了融会在其他生产要素中并产生基础作用以外,还在现场施工和管理中单独发挥重大作用,保证施工和管理正常进行、加快速度、提高质量、降低成本,因此技术管理也是项目管理的灵魂,特别应加以重视。

工程项目技术管理的内容包括:技术管理基础性工作,施工过程的技术管理工作,技术开发管理工作,技术经济分析与评价。

项目经理部的技术管理工作是在企业管理层的领导下进行的,其技术管理体系是企业技术管理体系的组成部分。项目经理部的技术管理工作要求是:根据项目规模设技术负责人,并建立内部技术管理体系融入企业的技术管理体系;执行技术政策、接受企业的技术领导与各种技术服务,建立并执行技术管理制度;建立技术管理责任制,明确技术负责人的责任、技术人员的责任和各岗位专业人员的技术责任;审查图纸并参加设计会审,向设计人提出工程变更书面洽商资料;编制技术方案和技术措施计划;进行书面技术交底;进行工程预验、隐验、分项工程验收;实施技术措施计划;收集整理和管好技术资料;将分包人的技术管理工作纳入技术管理体系,并对分包人的工作进行系统的管理和过程控制。

6. 施工项目资金管理

资金是生产要素的货币表现,是项目的经济支持,故它也是生产要素。资金管理的目的是保证收入,节约支出,防范风险,提高经济效益。现代施工项目及其管理必须有强大的资金支持,必须非常重视施工项目的资金管理。

施工项目资金管理的主要责任在企业管理层,其财务部门设立项目专用账号;进行收支预测;统一对外收、支与结算;及时进行资金计收;对项目经理部的资金使用进行管理、服务和激励。

项目经理部的资金管理责任主要是资金使用管理。首先要编制年、季、月资金收支计划,上报企业财务部门审批后实施;其次要配合企业财务部门按要求及时进行资金中间结算和计收;第三,按企业下达的用款计划控制资金使用,并设立台账,记录资金支出情况;第四,加强会计核算,及时盘点盈亏,进行资金运行和盈亏分析,改进资金管理;第五,配合企业管理层的资金管理工作,并进行竣工结算。

特别要防范资金风险,因为资金风险发生频率高,风险量太大,对项目的影响非常严重。压价承包、带资承包、拖欠工程款、索要回扣、限制索赔、通货膨胀或紧缩等,都是资金风险,项目管理者必须正视这些风险,加强资金供应预测,强化合同管理,做好风险管理规划,按风险管理的规律和方法对风险加以防范。

20.6 施工项目组织协调

施工项目组织协调既属于沟通管理范畴,又属于控制过程,是综合管理的重要方面。

1. 施工项目组织协调的分类和内容

(1) 施工项目组织协调的概念

施工项目组织协调是指施工项目管理者以一定的组织形式、手段和方法,对项目管理中产生的关系进行疏通,对产生的干扰和障碍予以排除的过程。组织协调实现管理中的组织职能,其目的是排除障碍、解决矛盾、支持目标控制、保证项目目标的实现。

(2) 施工项目组织协调的分类

根据组织协调的关系进行分类,可以把组织协调分成以下三类:

① 内部关系的协调

所谓内部关系,是指建筑业企业为项目管理所建立的内部关系,包括企业各层之间的关系、专业主管部门之间的关系、人员之间的关系等。这些关系如果产生不畅,就需要进行内部关系的协调。

② 近外层关系的协调

所谓近外层关系,指建筑业企业在进行项目管理时遇到的由合同建立起来的与外单位的关系,这些单位包括:建设单位,设计单位,监理单位,供应单位,融资单位,公用单位,分包单位,等等。建筑业企业如果与这些单位的关系产生不畅,就需要进行近外层关系的协调。

③ 远外层关系的协调

所谓远外层关系是指在项目管理中,建筑业企业遇到的除以上两种关系以外的其他关系,是由法律、法规和社会公德等决定的关系。项目的社会性越强,这种关系就越多。远外层关系涉及的组织包括:政府,环保部门,新闻单位,社区街道,司法部门,公证机构等。建筑业企业如果与这些组织的关系不畅,就需要进行远外层关系的协调。

(3) 组织协调的内容

以上三种协调的内容不外乎以下几类:人际关系,组织机构之间的关系,供求关系,协作关系,法律关系,其他可能发生的关系。由于关系的种类繁多,并且涉及到关系的层次,故协调的内容呈现了较大的不确定性,且在项目运行的各阶段中有不同的表现。

2. 内部关系的协调方法

(1) 内部关系的协调是行政力可以起作用的,故主要应使用行政的方法,包括:利用企业的规章制度,利用各级人员和各岗位人员的地位和权利,做好思想政治工作,搞好教育培训,提高人的素质,加强内部管理,等等。

(2) 项目经理部与企业管理层关系的协调依靠严格执行《项目管理目标责任书》,因为它是两层之间约定的行为目标和考核标准。

(3) 项目经理部与劳务作业层关系的协调依靠履行劳务合同与项目管理实施规划。前者是双方的约定,后者是根据项目管理目标责任书编制的指导项目管理的文件,对双方都有约束力。

(4) 项目经理部进行内部供求关系的协调包括人力资源、材料和构配件、机械设备、技术和资金,首先要利用好各种供应计划;其次要充分发挥调度人员的管理作用,随时解决出现的供应障碍。

3. 近外层关系的协调方法

近外层关系协调主要依靠合同方法,因为合同是建立近外层关系的基础。

(1) 项目经理部与发包人之间关系的协调贯穿于施工项目管理的全过程。协调的方法除了全面、实际地履行施工合同以外,还应加强协作,及时向发包人提供生产计划、统计资料和工程事故报告等。发包人也应按时向项目经理部提供技术资料,积极配合项目经理部解决问题,排除障碍。要紧紧抓住资金、质量、进度等重点问题进行协调。

(2) 项目经理部与监理机构关系的协调要按《建设工程监理规范》(GB 50319—2000)的规定和施工合同的要求,接受监理机构的监督和管理,搞好协作配合。

(3) 项目经理部与设计单位的关系协调主要是在设计交底、图纸会审、设计洽商变更、地基处理、隐蔽工程验收和交工验收等环节中密切配合,接受发包人或监理机构的协调。

(4) 项目经理部与供应人关系的协调应充分依靠供应合同,运用价格机制、竞争机制和供求机制搞好协作配合,还要充分发挥企业法人的社会地位和作用。

(5) 项目经理部与公用部门有关单位关系应通过加强计划进行协调,还要接受发包人或监理机构的协调。

(6) 项目经理部与分包人关系的协调应按分包合同执行,处理好目标控制和各项管理中的技术关系、经济关系和协作关系,支持并监督分包单位的工作。

4. 项目经理部与远外层关系的协调

《规范》第15.3.10条规定,"处理远外层关系必须严格守法,遵守公共道德,充分利用中介组织和社会管理机构的力量。"对此,说明如下:

(1) 严格守法。"法"代表国家或政府的意图,是项目经理部处理与政府、相关社会部门(如文物部门、环保部门、消防部门等)关系的依据。守法首先要懂法,故必须学法;还要用法保护自己、解决问题。与项目管理组织协调有关的法律、法规和部门规章很多,要根据发展和变化不断补充法的知识。

(2) 遵守公共道德。公共道德是处理公共关系的依据。由于项目具有露天性、社会性和长久性,故涉及公众利益的机会很多,关系不畅是在所难免的。遵守公共道德就是要求项目经理部在矛盾面前以社会公德约束自己,尊重公众利益,并用公共道德要求对方,将矛盾在公共道德的标准下予以解决。

(3) 充分利用中介组织和社会管理机构的力量。中介组织包括监理组织、咨询顾问组织、律师事务所、会计师事务所、代理机构等，他们具有社会服务功能，又是智力密集型组织，能提供管理支持、社会监督、业务咨询、协调服务、纠纷仲裁等系列服务，因此是可利用的协调力量。社会管理机构包括质量监督部门、环境监督部门、安全监督部门、税务部门、司法部门、公安部门及其各种授权管理部门等，都是可利用的远外层关系协调力量。

5. 组织协调的几个问题

(1) 组织协调与沟通的关系

沟通管理是项目的过程管理，它是组织协调的信息保证和手段；组织协调是沟通管理的目的之一，也是沟通过程的基本内容；没有沟通管理就不会有有效的协调；没有协调的有效需求，沟通则失去方向。

(2) 组织协调的手段

组织协调的手段很多，包括：协商、对话、发文、督促、谈判、交流信息、修改计划、召开会议、发布指示、进行咨询、提出建议等。在进行协调前，必须明确协调对象、协调主体、问题的性质，然后选择适用的手段，以提高组织协调的效率。

(3) 组织争执和解决措施

在项目管理中经常会发生组织争执，包括目标争执、专业争执、角色争执、过程争执、权利争执、利益争执、界面争执等。解决争执是组织协调任务之一。争执不一定是坏事。适度的争执对一个组织是有利的，可以发现问题、暴露矛盾、获得新的信息，通过积极的沟通达成一致，化解矛盾。

解决组织争执实际上是协调问题。对于不影响项目整体大局的争执，领导者应采取策略，引导双方回避争执、适当妥协或作非原则让步。对于涉及双方共同利益的争执，可引导双方互谦互让、加大合作面、形成利益互补或利益共同体，从而化解争执。对于利益冲突性争执，如果双方协调困难，可交由双方领导出面裁决，尽快解决争执；如果争执的问题对立性很大，协商、调解都不能解决时，可由行政裁决，甚至司法判决。

(4) 关于抓关键

由于项目实施中的关系复杂、障碍众多、矛盾多样化，时效性很强，协调的头绪必然很多，因此要使用一种重要的管理法宝，即抓关键。尽管问题众多，但关键的问题必然是少数，且影响很大，解决了关键问题，其他问题便可迎刃而解。组织协调者要善于使用这件法宝，当有事半功倍之效。

(5) 充分发挥调度职能的作用

利用调度职能可保证计划实现，也可以被用来进行有效的协调。调度职能是生产管理部门的主要职能，其作用是调查施工情况，掌握信息，作领导的助手，解决矛盾，排除障碍，为计划实施提供服务和资源保证。调度的方法主要是建立的调度体系、利用领导赋予的权力、利用通讯手段和交通工具等，发布调度令，召开碰头会议、调度会议、检查会议、协调会议、通气会议等，疏通关系，解决问题，保证计划实现。这实际上就是项目管理中的协调职能，可以用来保证控制目标的实现。

本章主要参考文献

1. 李宝山,刘志伟编著. 集成管理—高科技时代的管理创新. 北京:中国人民大学出版社,1998
2. 毕星,翟丽主编. 项目管理. 上海:复旦大学出版社,2000
3. 戚安邦著. 现代项目管理. 北京:对外经济贸易大学出版社,2001
4. 杜训,钱昆润编. 建筑技术经济与企业管理现代化. 南京:江苏科学技术出版社,1994
5. 朱嬿,丛培经主编. 建筑施工组织. 北京:科学技术文献出版社,1994
6. 丛培经主编. 建筑施工网络计划技术. 北京:中国环境出版社,1997
7. 丛培经编著. 建设工程项目管理规范培训讲座. 北京:中国建筑工业出版社

思考题

1. 什么是工程项目综合管理?
2. 工程项目综合管理有什么特点?
3. 什么是工程项目综合计划?
4. 工程项目综合计划起何作用?
5. 工程项目综合计划编制原则有哪些?
6. 工程项目综合计划的内容包括哪些?
7. 工程项目综合计划如何编制?
8. 工程项目总成本由什么费用构成? 它们之间存在什么关系?
9. 费用率的含义是什么?
10. 工期与费用的综合管理要解决哪几方面的问题?
11. 如何进行资源有限——工期最短的综合管理?
12. 质量与成本的综合管理方法有几种?
13. 提高工程价值的途径?
14. 工程项目中的什么问题可以用线性规划的方法解决?
15. 线性规划模型的基本结构是什么?
16. 工程项目各项目标之间是什么关系? 如何进行各项目标的综合管理?
17. 多目标综合平衡的原则是什么?
18. 工程项目施工现场管理的意义是什么?
19. 工程项目施工现场管理的总体要求有哪些?
20. 工程项目施工现场环境保护有哪些要求?
21. 施工项目生产要素管理的综合要求有哪些?
22. 施工项目作业人员管理、材料管理、机械设备管理、技术管理和资金管理的要点有哪些?
23. 施工项目组织协调的分类、内容有哪些?
24. 如何进行组织协调?

附录1

工程项目管理词语汇编

(中英文对照)

A

abnormal overtime 不正常加班
acceleration 加速施工
acceptance certificate 验收证书,合格证书
accepted contract amount 承诺合同额,中标合同额
access to market 进入市场(的机会)
accessibility 接近(或进入)的可能性(条件,状况等)
accommodation 通融,和解,调节,住宿设施,住宿条件
accountability(对公众、上级承担的)责任,述职要求,(工作,公务,账目,责任)能够向(有关方面)交代清楚的一种(情况、状态、性质),对有关方面的要求和希望给以满足的态度和能力,责任性
accountability matrix 职责矩阵
accountable 有说明与解答义务的,负责的,应(向有关方面)交代的,能够负责的
accounting criteria 会计准则
accounting cycle 会计循环
accounting exposure 会计核算风险
accounting period 会计期间
accounting price 核算价格,账面价格
accounting principles 会计原则
accrual accounting/accrual basis accounting/accrual basis of accounting 权责发生制,应收应付会计制
accrued expenses 应计费用
accrued interest payable 应计未付利息
accrued payable 应付款项
accrued receivable 应收款项
accrued taxes 应计税款
activity 工序,工作,活动
activity definition 工序定义,活动定义
activity sequencing 工序排序,确定活动顺序
activity duration estimating 活动持续时间估计,估算完成单项活动所需要的时间
actual cost 实际费用
adjudication 评判,裁决

adjustment costs 调整费用
adjustment contingency 调整应急费
administrative closure 行政收尾工作
advance 贷款,赠款,预付款,垫款
advance payment 预付款
advance payment bond 预付款保函
advance payment guarantee 预付款保证书
advance loan for mobilization 动员预付款,进驻预付款,开工准备预付款
advised letter of credit 通知信用证
Analytic Hierarchy Process(AHP)层次分析法
align people 统一人们的认识和行为
amount of insurance 保险金额(与 coverage 同义)
application area 应用领域
applied cost 已分配成本
appraisal 审批,评价,评估
appraisal report 评估报告
arbitration 仲裁
Architect 建筑师,受人委托监督建筑物施工之人
architect 建筑师,设计建筑物的外在形式、环境和功能之人
area of operations 作业地区
arrow diagramming method 箭线图法
as-built drawings 竣工图
As-of Date 截止日期
assignment 转让
assumption 假设
assurance 保险,保证
attendance on subcontractors and suppliers(承包商)对分包商和供应商的管理
audit 审计
auditor's statement 审计说明
authority 代理权,授权书
authorize/authorization 批准,核准,立项
award 裁决,授予

award of contract 授标,判标

B

backward pass 反向计算
balance 收付差额,余额,剩余部分
balance sheet 资产负债表
bank draft 银行汇票
bank guarantee 银行保证金,银行保证书
bank line 银行限额信贷
bankers' acceptance 银行承兑票据
bar chart 横道图,甘特图
barrier to entry 进入障碍,进入壁垒
base date 基准日期
baseline 基准,基线,基准线,基准计划
Baseline Finish Date 基准结束日期
Baseline Start Date 基准开始日期
behavior modification 行为矫正
behavioral school of organization design 组织设计的行为学派
benchmark 基准测试,用标准问题测试(计算机系统等)
benchmarking 标杆管理
benefit/cost analysis 成本效益分析
bid/tender 标书,投标书,报价书,标
bid board 评标委员会
bidders conferences 投标人会议
bidding procedure/tendering procedure 招标程序
bidding process 招标过程
bid documents/bidding documents 投标文件
bid evaluation 评标
bid evaluation report 评标报告
bid evaluation standard form 标准评标(报告)格式
bid bond 投标保证书

bid guarantee 投标担保,承包担保
bids are announced/bids are read out 唱标
bid submission 递标
bid opening 开标
bid prices 标价
bid security 投标保证金,投标保证书
bid validity 标书有效期
bill of quantities 工程量表,工程清单
board of directors 董事会
bond 债券;保证书,担保
brainstorm 献策会,动脑筋会,集思广益,头脑风暴法
brainstorming 献策,动脑筋,启发灵感,集思广益
break-even analysis 够本分析,收支平衡分析
briefing (向设计人员)说明设计要求,制订设计任务书
Brown-field site 熟地
budget 预算
budgeting 预算编制,编制预算
budget contingency 预算应急费
buffer 预备金
builder's work 土建工程
building 房屋,建筑物,建筑
building codes and standards 建筑法规和标准
building construction (projects) 房屋建造(项目),建筑物施工(项目)
building industry 建筑业,营造业
building services 建筑设备
build, operate, transfer (BOT) 建设,经营,转让
business license 营业执照
Buyer's market 买方市场

C

capability building 能力建设,能力培养
capital investment 资本投资,固定资产投资
capital market 资本市场
carried forward to (金额)转到……页(栏)
cash basis accounting 收付实现制会计,现金制会计
cash flow 现金流
cash-flow payments 现金支出流

cash-flow receipts 现金收入流
cash-flow statement 现金流量表
cash turnover 现金周转率
cause-and-effect diagram 因果图(也称石川图,鱼骨图)
certificate of credit standing 资信证书
change/variation 变更,改变

change board 变更委员会
change control system 变更控制系统
change request 变更请(要)求
change order 变更指示
chart of accounts 账目表,会计科目表,账户一览表
charter 证书,宪章;许可证,执照;向……发执照
checklist 核对表
chief executive officer 总经理,总裁
civil engineering 土木工程(设计)
civil engineering construction 土木工程施工,土木工程建造,土木工程营造
civil engineering works 土木工程构筑物
claims 索赔,索款,要求补偿,索补
clerk of works 工程管理员,工程检查员
Client(设计或咨询人的)委托人,客户,顾客
closed contract 结清合同
code of accounts 账目编码
code of ethics for the project management profession 项目管理职业道德规范
codes of practice 行业规范
collateral 担保物
collocation 工作场所集中
collusion 串通,勾结,共谋
commencement date 开工日期
commissioning 试运行
common laws 普通法,习惯法,不成文法
communications management plan 沟通管理计划
communications planning 沟通规划
communications technology 沟通技术
comparative advantage 比较优势
conceptual design 概念设计,设计构思
concession 特许
condition 基本条款
conditional diagramming methods 条件网络图法,条件转移图示法
conditions of contract 合同条件
confirmed letter of credit 保兑信用证
consideration 报酬,对价,约因
consortium project 合营项目
constraint 制约因素
construction 施工,建造,建筑,营造
Construction All Risks insurance 建筑工程一切险
Construction All Risks policy 建筑工程一切险保险单
Construction and Related Engineering Services 建造及其有关的设计服务
construction contract 施工合同,营造合同,建造合同,建筑合同
construction industry 建筑业,营造业,建造业
construction management 施工管理
construction manager 施工管理公司,施工管理承包商
construction methods 施工方法
construction method description 施工方法说明
construction method statement 施工方案,施工方法说明书
construction observation 施工现场巡视(设计人员职责之一,到现场去一般地了解工程的进展和质量,并大致判断工作的进行是否符合合同要求)
construction plan 施工组织设计(成果),施工计划
construction planning 施工组织设计(过程),施工规划
construction programme 施工组织设计(过程),施工计划
construction project management 施工项目管理,工程项目管理
construction sequence 施工顺序
construction supervision 施工监督(承包商对建造力量、建造手段和方法、技术、顺序和程序,以及安全措施和安全计划的指导与协调,无"监理"之意)
construction team 施工队
construction techniques 施工技术
Construction Specifications Institute(CSI)施工技术规定学会
constructional plant 施工场地,工地
consultant 咨询人
consulting firm 咨询公司
consultants 咨询公司
contemporary records 当时记录
context 场合、舞台、(因果)背景,(因果)环境,局势,内外联系,形势
context of international competitive bidding 国际公开竞标的场合(舞台)
contingency 应急费用,意外事件,偶然、可能性
contingency allowance 应急费用

contingency fund 应急费用
contingencies 应急费用,不可预见费,应急措施
contingency approach/contingency theory 权变学派/权变理论
contingency budget 应急预算
contingency management 权变管理,突变管理
contingency plans 应急计划
contingency planning 应急规划
contingency reserve 应急准备金
contingency strategies 应急策略
contract 合同,合约
contract administration 合同管理
contract close-out 合同收尾
contract documentation 合同事项的书写和记载
contract documents 合同文件
contract drawings 合同图纸
contract negotiation 合同谈判
contract planning 合同策划
contract price/contract sum 合同价/合同额
contract value 合同价值款
contractor correspondence 承包商函件
contractor invoices 承包商单据
contractor lists 承包商名单
contractor payment system 承包商付款系统
contractor proposals 承包商建议书
contractor's equipment 施工设备,施工机具
contractual arrangement 合同安排
contractual relationships 合同关系,契约关系
control 控制
control charts 控制图
corporate culture 企业文化,公司文化
corporate coverage 公司保险(总)额,保证(总)额,担保(总)额

corrective action 纠正行动
correspondent bank 代理银行,往来银行
cost 成本,费用
cost accounting 成本(费用)核算
cost baseline 成本(费用)基准
cost budgeting 成本(费用)预算
cost change control system 成本(费用)变更控制系统
cost control 成本(费用)控制
cost effectiveness analysis 成本(费用)有效性分析
cost engineering 成本(费用)工程
cost estimates 成本(费用)估算
cost estimating 成本(费用)估算
cost of quality 质量成本
cost performance index(CPI) (成本)费用效果指数
cost reserves 成本(费用)后备
costs 诉讼费,仲裁费
cost variance(CV) 成本(费用)变差
cost-volume-profit 量本利模型
country of origin 来源国
cover/scope of cover 保险范围
cover letter 首封函
cover note 暂保单
coverage 保险(总)额,保证(总)额,担保(总)额
craft operatives 技术工,技工
crashing 赶工
creditworthiness 信誉
critical activity 关键活动,关键工序
critical path 关键路线
critical path method(CPM) 关键路线法
cross liability clause 连带责任(交叉责任)条款
cycle 期间,周期,循环

D

damages for defaults 违约赔偿费
dangler 悬空活动,悬空工作,悬空工序
day work 计日工作,零星工作
day work rate 计日工作(人工、材料、机具)单价,零星工作(人工、材料、机具)单价
day work schedule 计日工作(一览)表,零星工作(一览)表
day work summary 计日工作汇总表,零星工作汇总表
deadline for submission of bids 投标截止时间,投标截止日期,投标截止期
decision tree 决策树
decision tree analysis 决策树分析
declaration of non-collusion 无共谋声明
deductible 免赔额(有时与 excess 同义)
default 拖欠,违约

defects liability certificate (解除)缺陷责任证书,维修合格证书
defects liability period 缺陷责任期
defects notification period 缺陷通知期
definitive estimate 确定性估算,设计预算,施工图预算
deliverable 可交付成果
Delphi technique 特尔菲法,特尔菲技术
dependency 依赖关系
dependent processes 依赖过程
design 设计,可指建筑师的设计
designs 设计方案
design brief/design program 设计任务书
design-construct/design-build 设计—施工合同
design development 设计深化,扩大初步设计
design drawings 设计图
design professionals 职业设计人员,专业设计人员
design review 设计审查
detail design 详细设计
direct labor/direct labor 直接人工,自营工程
discharge 清偿,解除
discharge of a contract 合同的解除
discharge obligations and liabilities 履行义务和责任
discretionary dependencies 灵活性依赖关系,随意关系,软逻辑,优先逻辑
Disputes Review Board(DRB)争议审查委员会
document 记载,写入文件
documentation 文字材料,文档
domestic preference for goods/works 货物国内优惠/土建国内优惠
draft final statement 最终付款申请初稿,结算申请初稿
drawings 图纸
dual factor theory/two factor theory 双因素理论
due from account 应收账户
due to account 应付账户
dummy activity 虚活动(工序,工作)
duration 持续时间,工序时间,活动时间
duration compression/schedule compression 活动(工序,工作)时间压缩/进度压缩
duration estimates 活动(工序,工作)时间估算

E

earned hours 挣时,工时记录
earned value 挣值(分析法),实现价值(分析法)
elemental bills 按照分项工作(程)编制的工程量清单,分项工程清单
eligible bidders 合格(符合预定条件)的投标人
Employer (承包商的)雇主,业主(可能是设计或咨询人的委托人(客户、顾客)同一人)
employer's liability and worker's compensation insurance 雇主责任和工人赔偿保险
employer's requirements (雇主向设计、咨询或施工服务者提出的)要求(说明书),任务(说明书)
endorsement 背书
Engineer 工程师,受人委托监督土木工程施工之人
engineer 工程师,设计建筑物和构筑物给排水、采暖通风、燃气、电气、通讯等系统之人
engineer/engineering 工程设计,对给排水、采暖通风、燃气、电气、通讯等系统的设计,与建筑师的设计不同
equipment 设备,施工设备,施工机具
escalation contingencies 涨价应急费
estimate 估算
estimate quality contingency 估算质量应急费
evaluated bid price 评定标价,评标价,标书评后价
evaluation currency 评标货币
evaluation guide 评标指南
evaluation criteria/principles of evaluation 评(标)价标准,评(标)价准则,评标原则
event on node 节点表示事件,事件在节点上,单代号网络
excess 免赔额,超额,受保人(保单持有人)承担的固定数额的损失
exclusions 除外责任,保险单不保的危险事物
execute contract 签署合同(在合同上签字盖章使之生效)
expense 费用,开支
expenses 费用
express terms 成文条款,明文条款,明示条款
extended amount 转入金额
extent of detail 设计深度
external dependencies 外部依赖关系

external services 室外公用设施

external works 室外工程,室外构筑物

F

fabrication drawings 装配图
fast track/fast tracking 快速跟进;平行展开;设计和施工并行
feasibility study 可行性研究
fiduciary 受信托者(个人或公司)
final acceptance 竣工验收
Final Payment 最终付款,结算款
Final Settlement 结算
Final Statement 结算报表
financial proposal 财务建议,带报价的建议书
financial standing 财务状况
financial statements 财务报表
finish date 结束时间

firm price 肯定价,固定价格
float 时差
flow chart 流程图
force account 自行施工制,自营工程
force majeure 不可抗力
forms of bills of quantities 工程量清单格式
form of contract 合同格式
free float 自由时差
front-loaded bidding/front-loaded bid 前多后少报价,不平衡报价/前多后少报价书,不平衡报价书
fishbone diagram 鱼骨图(也称石川图,因果图)
functional manager 职能经理
functional organization 职能组织

G

Gantt Chart 甘特图
general/main/prime contractor 总承包商
general description of works 工程总说明
general management skills 一般管理技能
goodwill 商誉,善意
grace period 宽限期

grade 等级
grand summary 大汇总表
Graphical Evaluation and Review Technique(GERT) 图形评审技术
Green-field sites 生地现场,绿色地现场
guarantee 抵押品,担保物;保证书

H

hammock 汇总工作(工序)
hanger 悬空活动,悬空工序
Hawthorne Effect 霍桑效应
Hawthorne's Studies 霍桑研究
head office 总公司
heavy engineering construction projects 重型工程建设项目

hierarchy of human needs 需要层次论
human behavior school 行为学派
human management skills/human relations 用人之道
human resource accounting 人力核算
human resource allocation 人力分派
human resource planning 人力资源规划

I

implied terms 默示条款,默认条款,隐含条款,不成文条款
incentive 刺激(因素),鼓励(因素),动力,诱因
Inception 提出项目
income and expense statement 收支表
income statement 收益表
incremental cost 增支成本,增量成本,追加成本

indemnity 赔偿,补偿
independent estimate 独立估算,标底
industrial relations 劳资关系
industrial construction(projects) 工业建设项目
infrastructure 基础设施
information distribution 信息发布
initiation 启动

input 投入
input-output analysis 投入产出分析
input-output tables 投入产出表
insolvency 资不抵债,无清偿能力,破产
inspection 检查(仔细查看已经完成或正在进行中的工作的具体方面并判断是否符合合同文件的要求,与 observation 不同)
insurable interest 可保利益,可保权益
insurance 保险,保险费
insurance of works 工程保险
insurance against accident to workmen 工人工伤事故保险/
insurance certificate 保险证书,保险凭证,保单
insurer/insurers 保险公司,保险人,承保人
Insured 受保人,被保人
insured amount(value) 保险金额(与 coverage 同意)

institution building 机制建设,制度建设
institutional innovation 制度创新
instructions to bidders 投标(人)须知
intellectual property 知识产权
integrated change control 整体变更控制
integrated cost/schedule reporting 费用进度统一报告
interface management 界面管理
interim payment 期中付款,进度款,工程进度款,中期付款
invitation for bids 招标,招标通告,投标邀请书
invitation to bid 招标
irrevocable letter of guarantee 不可撤消保证书
Ishikawa diagram 石川图(也称鱼骨图,因果图)
itemized work 分项工作,分项工程

J

job evaluation 工作评价
joint financing 联合融资

joint venture 联营体,合资企业

K

key event schedule 关键事件进度计划

L

labor-intensive 劳动密集型
labor pool 人力储备
labor productivity 劳动生产率
labor turnover 雇员更换率
labor relations 劳工关系,劳资关系
labourer 壮工,劳工
lag 延后(时间),后时间间隔
lead 提前(时间),前时间间隔
learning curve 学习曲线,经验曲线
leasing 租赁
Letter of Acceptance 中标通知书,中标函
letter of authority/letter of attorney/power of attorney 授权书,委托书(授权给代理人的法定证件)
letter of credit 信用证
letter of intent 意向书
letter of tender(tender letter) 投标函
leveling 削峰

level of effort(LOE) 投入水平,努力程度
liability 负债,(偿还、支付、赔偿、补偿的)责任
lien 留置权
life cycle costing 全生命费用计算
limit of indemnity 补偿上限,保障上限
limit of liability (偿还、支付、赔偿、补偿的)责任限额,责任上限
line manager 一线经理,职能经理
line of credit 信贷额度
liquidated damages 先约补偿金额,误期补偿金额
liquidation 清算
logic 逻辑
logic diagram 逻辑图
logical relationship 逻辑关系
loop 回路,循环
lump sum contract 总价合同
lump sum system 总价制

M

make or buy analysis 自制外购分析
management 管理部门(层、人员、职能),管理学,管理(过程、方法、活动、方式)
management adjudication 管理层的裁定
management by projects 当作项目进行管理
management contract 管理合同
management contractor 管理承包公司,管理承包商
management schools 管理学派
managers 管理人员
manager of project managers (MPM) 项目经理协调人
managing contractor 主管公司,主管承包商
managing director 总裁
mandatory dependencies 强制性依赖关系,硬逻辑
marketing services 营销服务
mark up(在直接费用之上)添加(管理费、利润,以及不可预见费等)金额
mark-up 间接费,"标高金"
master schedule 总进度(计划)表

material overheads (材料)采购保管费
materials payment 按材料采购发票支付
mathematical analysis 数学分析
matrix organization 矩阵组织
McGregor's Theory X 麦格雷戈 X 理论
McGregor's Theory Y 麦格雷戈 Y 理论
merchant (大宗材料)交易商(供应商)
mediation 调解
method statement 施工方案,施工方法说明书
milestone 里程碑,项目的重大事件
milestone charts 里程碑进度图
mitigation 减轻
mobilization advance 动员预付款,进驻预付款,开工准备预付款
motivation 动机,激励,动机激励
modern project management (MPM) 现代项目管理
monitoring 监测
Monte Carlo analysis 蒙特卡洛分析
monthly programme 施工月计划

N

near-critical activity 次关键工作
negotiated contract 协议合同,议标合同
negotiate 议付,谈判,商议
network analysis 网络分析
network logic 网络逻辑
network path 网络路线
network templates 网络样板

New Engineering Contract System 工程合同新体系
node 结点,节点,事件,事项
nominated subcontractor 指定分包商
non-conformity 不符合要求,不合格
non-performance (工程等)不具备应有的性能,不合格

O

observation 巡视(详见对 construction observation 的解释)
operation and maintenance 经营维护费用
operational bills 按照分部工程编制的工程量清单,分部工程清单
operations 业务,作业
operations on site 现场作业
order of magnitude estimate 量级估算
organization 组织
organizational cultures and style 组织文化和风格

organizational influences 组织影响
organizational interfaces 组织界面
organizational planning 组织规划
organizational relationships 组织关系
organizational structure 组织结构
organizational theory 组织理论
organizational breakdown structure (OBS) 组织结构分解
Outline proposal (设计人员向客户提出的)初步设计(建议)

overhead 摊销费,管理费

P

Pareto diagram(chart) 帕累托图,主次因素图,ABC 因素分析图
participative management 参与式管理
partner in charge 联营体主办人,联营体责任方,联营体负责人
partnership 合伙企业,合伙关系
path convergence 路线会聚点
path float 路线时差
performance appraisal/performance evaluation 业绩评定
performance bond 履约担保,履约担保书,履约担保金
performance certificate 履约证书(当承包商合同义务履行完毕时,工程师代表雇主签发给承包商的)
performance guarantee(conditional) 银行履约担保书(有条件的)
performance guarantee(unconditional) 银行履约担保书(无条件的)
performance measurement baseline 实施情况测量基准
performance reporting 进展报告
performance security 履约保证书,履约保证金
personal allowance 个人机动时间
placement 工作安置,岗位安置
plans 图纸
policy 保险单,保单
policy documents 保单文件
policy-holder 保单持有人
post-qualification of bidders 资格后审
power of attorney 授权书,委托书(授权给代理人或律师的法定证件)
practical completion/substantial completion 实际竣工/实质竣工
pre-bid meeting 投标准备会,标前会
precedence diagramming method(PDM) 逻辑顺序图法
precedence relationship 先后逻辑关系,紧前关系
predecessor activity 紧前(前导)工作(工序,活动)
preference for domestic bidders/domestic preferences 对国内投标人的优惠
preliminaries 开工准备工作,开办费
preliminary estimate 初步估算,设计概算
preliminary programme 初步施工组织设计,初步施工计划
premium 保险费
preparation of bids 编制标书,标书的编制
pre-proposal conference 提交建议书准备会,标前会
pre-qualification of bidders 投标人资格预审
pre-contract planning 签约前施工组织设计(过程)
pre-tender planning 投标施工组织设计(过程)
price protection contingencies 价格保护应急费
price of ex factory(ex works,off-the-self) 出厂价
primary insurance 基本险,最初保险
prime cost 基本费用,可报销费用,指定费用
prime cost items 指定费用项目
prime cost sums 指定费用额
Principal 委托方
privity(契约)当事人之间关系
privity of contract 合同当事人之间关系
procurement 采购
procurement audits 采购审计
procurement management plan 采购管理计划
procurement planning 采购规划
product description 产品说明,成果说明
product liability/service liability 产品责任/服务责任
product scope 成果范围
production expense 生产费用
production information 施工文件
production license 生产执照
production permit 生产许可证
production team 施工队
productivity (劳动)生产率
professional 专业人员(建筑师、工程师、律师、医生、会计师等)
professional associations 专业协会
professionalism 职业标志,专业特长;职业规矩,职业化;职业论,职业之道
professional construction management 专业施工管理
professional construction manager 专业施工管理公

司,专业施工管理承包商
professional indemnity insurance 职业保障保险
professional liability insurance 职业责任保险(与职业保障保险同义)
profit and loss statement 损益报表,损益表
program 计划(一组彼此之间相互联系,统一管理的项目)
Program Evaluation and Review Technique(PERT) 计划评审技术
progress measurement 进展测量
progress payment 进度付款
progress reporting 编写进展报告
progress reports 进展报告
project 项目,为创造独特的产品或服务而进行的一次性努力
project activities 项目活动,项目工作,项目工序
project analysis 项目分析
project appraisal 项目评估
project brief 项目说明书
project boundary 项目边界
project budget 项目预算
project charter 项目证书,项目章程
project communications management 项目信息沟通管理
project cost management 项目费用管理
project coordinator 项目协调人
project cycle 项目生命期
project definition 项目定义
project director 项目负责人,项目主任(有时指负责项目的项目经理的上司)
project economics 项目经济学
project engineer 项目工程师,计划工程师
project evaluation 项目总结评价
project expediter 项目督办员
project financing 项目融资
project formulation 制定项目计划并形成文件,项目设计,提出项目
project human resource management 项目人力资源管理
project identification 项目识别,项目选择,方案鉴定
project implementation and supervision 项目执行,项目实施
project interfaces 项目界面

project justification 项目论证
project life cycle 项目生命期
project manager(PM) 项目经理,项目负责人,项目主持人
project managers 项目管理人员
project management 项目管理,项目管理学
project management body of knowledge(PMBOK) 项目管理知识体系
project management context 项目管理环境和有关范畴
project management knowledge areas 项目管理知识领域
project management information system 项目管理信息系统
project management processes 项目管理的过程
project management professional(PMP) 职业项目管理人员,项目管理专业人员
project management software 项目管理软件
project management team/project team 项目管理班子,项目班子,项目团队
project performance 项目完成情况,项目执行情况,项目执行结果
project phase 项目阶段
project plan 项目计划
project plan development 制定项目计划
project plan execution 实施项目计划
project plan updates 项目计划的更新
project planning 项目规划
project planning assumption 项目规划假设
project planning methodology 项目规划方法论
project preparation 项目准备
project preparation facility 项目准备融通资金
project procurement management 项目采购管理
project promoter 项目发起人(发起单位,倡议者,倡议单位)
project prospectus (房地产开发)项目计划说明书,项目建议书
project quality management 项目质量管理
project risk management 项目风险管理
project selection criteria 项目选择准则
project selection methods 项目选择方法
project scheduling 项目进度规划
project schedule 项目进度计划表

project scope management 项目范围管理
project stakeholders 项目利害关系者,项目有关方面,项目干系人
project status report 项目状况报告
project team directory 项目班子名录
projectized organization 项目单列组织
project time management 项目时间管理
promoter(土木工程项目)发起人,发起单位,倡议者,倡议单位

proposal form (保险业的)投保单
proposal of insurance (申请保险的)要保书
proposed contract award 授标建议
proprietary devices 专利装置
proprietorship 所有权
provisional acceptance 暂时验收,临时验收
provisional sums 暂定金额,暂列金额,暂定金
public services 公用事业设施
public utility 公用事业设施

Q

qualification documents 资格证明文件,资格文件
qualification of tender 为标书附加条件
qualify 限定,在……附加条件
quality 质量,品质
quality assurance 质量保证
quality assurance system 质量保证制度
quality audit 质量审核
quality control 质量控制
quality loop/quality spiral 质量环/质量螺旋
quality management 质量管理

quality management plan 质量管理计划
quality plan 质量计划
quality planning 质量规划
quality policy 质量方针
quality surveillance 质量监督
quality system 质量体系,质量制度
quality system review 质量体系(制度)评审
quantity surveying 工料估算
quantity surveyor 工料估算师

R

recognition 承认,表彰,表扬
reward and recognition systems 奖励和表彰制度
red-field site 危险地现场,红色地现场
reengineering 重新设计,再设计,重组
referencing system (图纸等的)编号索引方法
repetitive operations 流水作业
repetitive work 流水作业的工作(工程)
request for proposal 征求建议书,设计任务书,(设计、咨询)招标
requirements (委托人、客户向提供设计、咨询或施工服务者提出的)要求(说明书),任务(说明书)
resident representative 常驻代表
residential construction projects 居住建造项目,住宅建造项目
resource leveling 资源均衡
resource leveling heuristics 资源平衡的经验启发式方法
resource limited schedule 受资源限制的进度
resource planning 资源规划

resource pool description 可用资源说明
resource rates 资源单价
response development 制定应对计划
responsibility assignment matrix 责任分派矩阵
response planning 应对措施规划
responsive bid 响应性标书,符合招标文件要求的标书,按照招标文件要求编制的标书,符合要求的标书
retainage/retention/retention money 保留金
retention money bonds 保留金保函
returns of contractor's equipment 承包商设备报表
returns of labor 劳务报表,劳动力报表
revocable letter of credit 可撤消信用证
revolving letter of credit 循环信用证
reward and recognition systems 奖励和表彰制度
rework 返工
risk 风险
risk acceptance 风险自留
risk awareness 风险意识

risk analysis 风险分析
risk aversion 风险规避
risk avoidance 风险回避
risk category 风险类别
risk event 风险事件
risk identification 风险识别
risk assessment 风险评估
risk management 风险管理
risk management plan 风险管理计划
risk management planning 风险管理规划

risk mitigation 风险减轻
risk monitoring and control 风险监视与控制
risk quantification 风险量化
risk control 风险控制
risk register 风险登记册
risk response plan 风险应对计划
risk symptoms 风险症状
risk response planning 风险应对规划
risk transference 风险转移
rolling wave planning 滚动式规划

S

safety provisions 安全用品
S-curve S 曲线
schedule 进度表
schedule analysis 进度分析
schedule change control system 进度变更控制系统
schedule control 进度控制
schedule development 进度计划制定,制定进度计划
schedule management plan 进度管理计划
schedule of day work rates 计日工作单价(一览)表,零星工作单价(一览)表
schedule performance index(SPI) 进度实施指标
schedule reporting methods 进度报告方法
schedule reserves 进度后备
schedule simulation 进度模拟
schedule variance(SV) 进度变差
Scheme design 方案设计
scope baseline 范围基准
scope change 范围变更
scope change control system 范围变更控制系统
scope definition 范围划分
scope management plan 范围管理计划
scope planning 范围规划
scope statement 项目范围说明书
scope verification 范围核实
secondary risk 次生风险
section 工段,区段,标段
sectional completion 分段完工,分段竣工
selective tendering 选择性招标
service charge 手续费
shipping advice 装运通知
shipping conference 海运公会,航运公会

shipping line 航运公司
shop drawings 放样图
shortlist 初选清单,列选名单,入选名单
should-cost estimate 合理费用(成本)估算
single stage selective tendering 单阶段选择招标
site accommodation 现场生活设施
site arrangement 现场布置
site engineer 现场工程师
site exploration 现场勘察
site gangs 现场作业班组
site housekeeping 现场维护工作,文明施工
site investigation 现场勘察
site laboratory 现场试验室
site layout 现场布置(图)
site layout planning 现场布置规划
site location 现场位置
site office 现场办公室,工地办公室
site operations 现场作业
site overhead 现场管理费
site plan 现场平面图,总平面
site planning 现场规划,现场布置
site preparation 现场整备,现场工程(与"三通一平"含义大致相同)
site staffing 现场人员配备,配备现场人员
site supervision 现场监督
site visit 踏勘现场,访问现场,现场踏勘,现场访问
Sketch plans 草图
slack 浮动时间,时差
socioeconomic influences 社会经济影响
soil investigation 土质勘察,地质勘察
solicitation 询价,招标,征求建议

solicitation planning 询价规划
source selection 供方选择
sources of risk 风险来源
sovereign risk 主权风险
span of control 管理跨度
special conditions of contract 特殊合同条件,专用合同条件,具体合同条件
specialist 专业的,专业承包商
specifications 技术规格(用于货物采购),技术要求,技术要求说明书,设计说明书(用于工程和技术咨询服务采购,不宜译成"技术规范")
sponsor 发起人,发起单位,倡议者,倡议单位
staff acquisition 人员招收
staffing plan 人员配备计划
staffing pool description 备选人员情况说明
stakeholder 利害关系者
standard forms 标准格式
standard method of measurement 标准计量方法
standard of workmanship (施工)工艺标准
standby letter of credit 备用信用证
statement at completion 完工付款申请,竣工财务报表
statement of expenditures 费用报表
status review meetings 情况检查会
statutory authorities 公用事业机构
statutory fees and payments 公用事业设施费
statutory obligations 遵守法规的义务
straight letter of credit 直接信用证,简明信用证
substantiate claims/substantiation of claims 为补偿要求提供依据
successor activity 紧后活动(工作,工序),后续活动(工作,工序)
sum insured 投保金额
summary of provisional sums 暂定金额汇总表
supervision 监督(详见对 construction supervision 的解释)
suspension(of works) 暂时停工,中断工程,工程中断,工程暂停
SWOT analysis 态势分析
syndicated loans/syndicated bank loans 辛迪加贷款,银行联合贷款

T

take off 计算(工程量),结算
taking over certificate 验收证书
team building 班子建设,队伍建设,团队建设
team development 班子建设,队伍建设,团队建设
team turnover 班子人员更换
technical interfaces 技术界面
technical processes 技术过程
technical performance measurement 技术实施效果测量
tender action 招标
temporary services 临时水电设施
terms of a contract 合同条款
terminate (a contract) 终止(合同)
terms of reference 讨论范围,研究范围,职权范围,工作(职责)纲要
test on completion 完工检验,竣工试验,交工考核
third party insurance 第三方责任保险
third party motor vehicle liability insurance 机动车第三方责任保险
time for completion 竣工时间,完工时间
time-scaled network diagram 时标网络图
timing 时间的选择,择时,定时,安排时间
total quality management(TQM) 全面质量管理
tracking systems 追踪系统
trade 工种
trade and section bills 按照工种和分部工程编制的工程量清单,工种分部工程量清单
tradesman(tradesmen) 工匠
trade-off 权衡
turnkey contract 交钥匙合同,统包合同
two stage tendering(bidding) 两阶段招标
types of contract 合同类型

U

unbalanced bidding/unbalanced bid 不平衡报价/不平衡报价书

underwriter 认购商,承销商,承保人
unit rates contract 单价合同
unit rates system 单价制
Unliquidated damages 未先约赔偿金

V

valued policy 定额保险单
value engineering 价值工程

W

warranty 保证条款,担保
weekly programme 施工周计划
workarounds 权变措施
work authorization system 工作核准系统
work breakdown structure 工作分解结构
workers camp 工人营地
work item 分项工作,分项工程
work item description 分项工作(工程)名称
workload 工作负荷,工作量
work study 工作研究
working capital 流动资金,流动资本,经营运转资金,经营运转资本,运用资金,运用资本
workmanship 工艺,工艺水平,工艺质量
work package (经过适当搭配的)工作细目组合,工作包

缩 略 语

AC Actual Cost 实际费用
ACWP Actual Cost of Work Performed 已完工作实际费用
AD Activity Description 活动名称
ADM Arrow Diagramming Method 箭线绘图法(双代号网络图)
AF Actual Finish date 实际结束日期
AOA Activity On Arrow 箭线表示活动(工序),双代号
AON Activity On Node 节点表示活动(工序),单线号
AS Actual Start date 实际开始日期
BAC Budget At Completion 完成时预算
BCWP Budgeted Cost of Work Performed 已完工作预算费用
BCWS Budgeted Cost of Work Scheduled 计划工作预算费用
BOO build, own, operate 建设,拥有,经营
BOOT build, own, operate, transfer 建设,拥有,经营,转让
BOT build, operate, transfer 建设,经营,转让
CAP Control Account Plan 控制核算计划
CAR 建筑工程一切险
CCB Change Control Board 变更控制委员会
CEO Chief Executive Officer 总经理,总裁
CPFF Cost Plus Fixed Fee 成本加固定酬金
CPIF Cost Plus Incentive Fee 成本加鼓励性酬金
CPI Cost Performance Index 费用效果指数
CPM Critical Path Method 关键路线法
CSI Construction Specifications Institute 施工技术规定学会
CV Cost Variance 费用变差
DU Duration 工序时间
EAC Estimate At Completion 完成时估算
EF Early Finish date 最早结束日期
EPC Engineer, Procure, Construct 设计采购施工
EV Earned Value 实现价值,挣得值
EVM Earned Value Management 实现价值管理
ES Early Start date 最早开始日期
ETC Estimate To Complete 完成尚需估算
FF Free Float or Finish to Finish 自由时差或结束对结束(逻辑关系)
FFP Firm Fixed Price 完全固定价格(合同)
FPIF Fixed Price plus Incentive Fee 固定价加鼓励性酬金(合同)
FS Finish to Start 结束对开始(逻辑关系)
GERT Graphical Evaluation and Review Technique 图示评审技术
IFB Invitation For Bid 招标,邀请投标
ISO International Organization for Standardization 国

际标准化组织
LF Late Finish date 最迟结束日期
LOE Level Of Effort 努力的程度
LS Late Start date 最迟开始日期
MPM Modern Project Management 现代项目管理
OBS Organization(al) Breakdown Structure 组织分解结构
OH&S Occupational Health and Safety 职业健康和安全
PC Percent Completion 完成百分比
PDM Precedence Diagramming Method 紧前关系绘图法(单代号网络图)
PERT Program Evaluation and Review Technique 计划评审技术
PF Planned Finish date 计划结束日期
PM Project Management or Project Manager 项目管理或项目经理
PMBOK Project Management Body of Knowledge 项目管理知识体系
PMP Project Management Professional 项目管理专业人员,职业项目管理人员
PS Planned Start date 计划开始日期
PV Planned Value 计划价值
QA Quality Assurance 质量保证
QC Quality Control 质量控制
RAM Responsibility/Accountability Martix 责任分派矩阵

RDU Remaining Duration 剩余时间
RFP Request For Proposal 征求建议
RFQ Request For Quotation 报价请求(书)
ROA Return on assets 资产收益率
ROE Return on equity 业主权益收益率
ROI Return on investment 投资收益率
SF Scheduled Finish Date or Start to Finish 计划结束日期或开始对结束(逻辑关系)
SOW Statement Of Work 工作说明书
SPI Schedule Performance Index 进度实施指数
SS Scheduled Start date or Start to Start 计划开始日期或开始对开始(逻辑关系)
SV Scheduled Variance 进度变差
SWOT Strengths and Weaknesses of an organization's internal capabilities and Opportunities and Threats in the organization's external environment 态势分析
TC Target Completion date 目标完成日期
TF Total Float or Target Finish Date 总时差或目标结束日期
TOR Terms of reference 授权范围
TS Target Start date 目标开始日期
TQM Total Quality Management 全面质量管理
UP Unit Price 单价
VE Value Engineering 价值工程
WBS Work Breakdown Structure 工作分解结构

附录2

建设工程项目管理规范
(GB/T 50326—2001)

1 总 则

1.0.1 为提高建设工程施工项目管理水平,促进施工项目管理的科学化、规范化和法制化,适应市场经济发展的需要,与国际惯例接轨,制定本规范。

1.0.2 本规范适用于新建、扩建、改建等建设工程的施工项目管理。本规范是规范建设工程施工项目管理行为、明确企业各层次与人员的职责和相关工作关系、考核评价项目经理和项目经理部的基本依据。

1.0.3 建设工程施工项目管理应实行项目经理责任制和项目成本核算制。

1.0.4 建设工程施工项目管理,除应遵循本规范外,还应符合国家法律、行政法规及有关强制性标准的规定。

2 术 语

2.0.1 施工项目 construction project
  企业自工程施工投标开始到保修期满为止的全过程中完成的项目。

2.0.2 施工项目管理 construction project management by enterprises of construction industry
  企业运用系统的观点、理论和科学技术对施工项目进行的计划、组织、监督、控制、协调等全过程管理。

2.0.3 项目发包人 employer
  在协议书中约定,具有项目发包主体资格和支付工程价款能力的当事人或取得该当事人资格的合法继承人。

2.0.4 项目承包人 contractor
  在协议书中约定,被项目发包人接受的具有项目施工承包主体资格的当事人,或取得该当事人资格的合法继承人。

2.0.5 项目分包人 subcontractor
  项目承包人根据施工合同的约定,将承包的项目部分发包给具有相应资质的当事人。

2.0.6 项目经理 construction project manager
  企业法定代表人在承包的建设工程施工项目上的委托代理人。

2.0.7 项目经理部 construction project management team

由项目经理在企业的支持下组建并领导、进行项目管理的组织机构。

2.0.8 矩阵式项目管理组织 matrix type organization of project management

结构形式呈矩阵状的组织,项目管理人员由企业有关职能部门派出并进行业务指导,受项目经理的直接领导。

2.0.9 直线职能式项目管理组织 straight line and function type organization of project management

结构形式呈直线状且设有职能部门或职能人员的组织,每个成员(或部门)只受一位直接领导人指挥。

2.0.10 事业部式项目管理组织 federal structure of decentralized power type organization of project management

在企业内作为派往项目的管理班子,对企业外具有独立法人资格的项目管理组织。

2.0.11 项目经理责任制 responsibility system of construction project manager

以项目经理为责任主体的施工项目管理目标责任制度。

2.0.12 项目管理目标责任书 responsibility documents of construction project management

由企业法定代表人根据施工合同和经营管理目标要求明确规定项目经理部应达到的成本、质量、进度和安全等控制目标的文件。

2.0.13 项目管理规划大纲 planning outline for construction project management

由企业管理层在投标之前编制的,旨在作为投标依据、满足招标文件要求及签订合同要求的文件。

2.0.14 项目管理实施规划 execution planning for construction project management

在开工之前由项目经理主持编制的,旨在指导施工项目实施阶段管理的文件。

2.0.15 项目目标控制 object control for construction project

为实现项目管理目标而实施的收集数据、与计划目标对比分析、采取措施纠正偏差等活动,包括项目进度控制、项目质量控制、项目安全控制和项目成本控制。

2.0.16 项目风险 construction project risk

通过调查、分析、论证,预测其发生概率、后果很可能使项目产生损失的未来不确定性因素。

2.0.17 项目风险管理 risk management of construction project

项目风险的识别、评估、管理规划与决策、管理规划实施与检查等过程。

2.0.18 项目成本核算制 cost calculation system of construction project

有关项目成本核算原则、范围、程序、方法、内容、责任及要求的管理制度。

2.0.19 项目生产要素管理 productive element management for construction project

对项目的人力资源、材料、机械设备、资金、技术、信息等进行的管理。

2.0.20 项目合同管理 contract management for construction project

对施工合同的订立、履行、变更、终止、违约、索赔、争议处理等进行的管理。

2.0.21 项目信息管理 information management for construction project

施工项目实施过程中,对信息收集、整理、处理、储存、传递与应用等进行的管理。

2.0.22 项目现场管理 site management for construction project

对施工现场内的活动及空间使用所进行的管理。

2.0.23 项目竣工验收 completion and delivery of construction project

承包人按施工合同完成了项目全部任务,经检验合格,由发包人组织验收的过程。

2.0.24 项目回访保修 return visit and guarantee for repair of construction project

承包人在施工项目竣工验收后对工程使用状况和质量问题向用户访问了解,并按照有关规定及"工程质量保修书"的约定,在保修期内对发生的质量问题进行修理并承担相应经济责任的过程。

2.0.25 项目组织协调 organization coordination for construction project

以一定的组织形式、手段和方法,对项目管理中产生的关系进行疏通,对产生的干扰和障碍予以排除的过程。

2.0.26 项目考核评价 examination and evaluation of construction project management

由项目考核评价主体对考核评价客体的项目管理行为、水平及成果进行考核并做出评价的过程。

3 项目管理内容与程序

3.0.1 项目管理的内容与程序应体现企业管理层和项目管理层参与的项目管理活动。

3.0.2 项目管理的每一过程,都应体现计划、实施、检查、处理(PDCA)的持续改进过程。

3.0.3 项目经理部的管理内容应由企业法定代表人向项目经理下达的"项目管理目标责任书"确定,并应由项目经理负责组织实施。在项目管理期间,由发包人或其委托的监理工程师或企业管理层按规定程序提出的、以施工指令形式下达的工程变更导致的额外施工任务或工作,均应列入项目管理范围。

3.0.4 项目管理应体现管理的规律,企业应利用制度保证项目管理按规定程序运行。

3.0.5 项目经理部应按监理机构提供的"监理规划"和"监理实施细则"的要求,接受并配合监理工作。

3.0.6 项目管理的内容应包括:编制"项目管理规划大纲"和"项目管理实施规划",项目进度控制,项目质量控制,项目安全控制,项目成本控制,项目人力资源管理,项目材料管理,项目机械设备管理,项目技术管理,项目资金管理,项目合同管理,项目信息管理,项目现场管理,项目组织协调,项目竣工验收,项目考核评价,项目回访保修。

3.0.7 项目管理的程序应依次为:编制项目管理规划大纲,编制投标书并进行投标,签订施工合同,选定项目经理,项目经理接受企业法定代表人的委托组建项目经理部,企业法定代表人与项目经理签订"项目管理目标责任书",项目经理部编制"项目管理实施规划",进行项目开工前的准备,施工期间按"项目管理实施规划"进行管理,在项目竣工验收阶段进行竣工结算、清理各种债权债务、移交资料和工程,进行经济分析,做出项目管理总结报告并送企业管理层有关职能部门,企业管理层组织考核委员会对项目管理工作进行考核评价并兑现"项目管理目标责任书"中的奖惩承诺,项目经理部解体,在保修期满前企业管理层根据"工程质量保修书"的约定进行项目回访保修。

4 项目管理规划

4.1 一般规定

4.1.1 项目管理规划应分为项目管理规划大纲和项目管理实施规划。

4.1.2 当承包人以编制施工组织设计代替项目管理规划时,施工组织设计应满足项目管理规划的要求。

4.2 项目管理规划大纲

4.2.1 项目管理规划大纲应由企业管理层依据下列资料编制:
1. 招标文件及发包人对招标文件的解释。
2. 企业管理层对招标文件的分析研究结果。
3. 工程现场情况。
4. 发包人提供的信息和资料。
5. 有关市场信息。
6. 企业法定代表人的投标决策意见。

4.2.2 项目管理规划大纲应包括下列内容:
1. 项目概况。
2. 项目实施条件分析。
3. 项目投标活动及签订施工合同的策略。
4. 项目管理目标。
5. 项目组织结构。
6. 质量目标和施工方案。
7. 工期目标和施工总进度计划。
8. 成本目标。
9. 项目风险预测和安全目标。
10. 项目现场管理和施工平面图。
11. 投标和签订施工合同。
12. 文明施工及环境保护。

4.3 项目管理实施规划

4.3.1 项目管理实施规划必须由项目经理组织项目经理部在工程开工之前编制完成。

4.3.2 项目管理实施规划应依据下列资料编制:
1. 项目管理规划大纲。
2. "项目管理目标责任书"。
3. 施工合同。

4.3.3 项目管理实施规划应包括下列内容:

1 工程概况。
2 施工部署。
3 施工方案。
4 施工进度计划。
5 资源供应计划。
6 施工准备工作计划。
7 施工平面图。
8 技术组织措施计划。
9 项目风险管理。
10 信息管理。
11 技术经济指标分析。

4.3.4 编制项目管理实施规划应遵循下列程序：
1 对施工合同和施工条件进行分析。
2 对项目管理目标责任书进行分析。
3 编写目录及框架。
4 分工编写。
5 汇总协调。
6 统一审查。
7 修改定稿。
8 报批。

4.3.5 工程概况应包括下列内容：
1 工程特点。
2 建设地点及环境特征。
3 施工条件。
4 项目管理特点及总体要求。

4.3.6 施工部署应包括下列内容：
1 项目的质量、进度、成本及安全目标。
2 拟投入的最高人数和平均人数。
3 分包计划,劳动力使用计划,材料供应计划,机械设备供应计划。
4 施工程序。
5 项目管理总体安排。

4.3.7 施工方案应包括下列内容：
1 施工流向和施工顺序。
2 施工阶段划分。
3 施工方法和施工机械选择。
4 安全施工设计。
5 环境保护内容及方法。

4.3.8 施工进度计划应包括：施工总进度计划和单位工程施工进度计划。

4.3.9 资源需求计划应包括下列内容：

1 劳动力需求计划。
2 主要材料和周转材料需求计划。
3 机械设备需求计划。
4 预制品订货和需求计划。
5 大型工具、器具需求计划。

4.3.10 施工准备工作计划应包括下列内容：
1 施工准备工作组织及时间安排。
2 技术准备及编制质量计划。
3 施工现场准备。
4 作业队伍和管理人员的准备。
5 物资准备。
6 资金准备。

4.3.11 施工平面图应包括下列内容：
1 施工平面图说明。
2 施工平面图。
3 施工平面图管理规划。

施工平面图应按现行制图标准和制度要求进行绘制。

4.3.12 施工技术组织措施计划应包括下列内容：
1 保证进度目标的措施。
2 保证质量目标的措施。
3 保证安全目标的措施。
4 保证成本目标的措施。
5 保证季节施工的措施。
6 保护环境的措施。
7 文明施工措施。

各项措施应包括技术措施、组织措施、经济措施及合同措施。

4.3.13 项目风险管理规划应包括以下内容：
1 风险因素识别一览表。
2 风险可能出现的概率及损失值估计。
3 风险管理重点。
4 风险防范对策。
5 风险管理责任。

4.3.14 项目信息管理规划应包括下列内容：
1 与项目组织相适应的信息流通系统。
2 信息中心的建立规划。
3 项目管理软件的选择与使用规划。
4 信息管理实施规划。

4.3.15 技术经济指标的计算与分析应包括下列内容：
1 规划的指标。

  2 规划指标水平高低的分析和评价。
  3 实施难点的对策。
4.3.16 项目管理实施规划的管理应符合下列规定：
  1 项目管理实施规划应经会审后，由项目经理签字并报企业主管领导人审批。
  2 当监理机构对项目管理实施规划有异议时，经协商后可由项目经理主持修改。
  3 项目管理实施规划应按专业和子项目进行交底，落实执行责任。
  4 执行项目管理实施规划过程中应进行检查和调整。
  5 项目管理结束后，必须对项目管理实施规划的编制、执行的经验和问题进行总结分析，并归档保存。

5 项目经理责任制

5.1 一般规定

5.1.1 企业在进行施工项目管理时，应实行项目经理责任制。
5.1.2 企业应处理好企业管理层、项目管理层和劳务作业层的关系，并应在"项目管理目标责任书"中明确项目经理的责任、权力和利益。
5.1.3 企业管理层的管理活动应符合下列规定：
  1 企业管理层应制定和健全施工项目管理制度，规范项目管理。
  2 企业管理层应加强计划管理，保持资源的合理分布和有序流动，并为项目生产要素的优化配置和动态管理服务。
  3 企业管理层应对项目管理层的工作进行全过程指导、监督和检查。
5.1.4 项目管理层应做好资源的优化配置和动态管理，执行和服从企业管理层对项目管理工作的监督检查和宏观调控。
5.1.5 企业管理层与劳务作业层应签订劳务分包合同。项目管理层与劳务作业层应建立共同履行劳务分包合同的关系。

5.2 项目经理

5.2.1 项目经理应根据企业法定代表人授权的范围、时间和内容，对施工项目自开工准备至竣工验收，实施全过程、全面管理。
5.2.2 项目经理只宜担任一个施工项目的管理工作，当其负责管理的施工项目临近竣工阶段且经建设单位同意，可以兼任一项工程的项目管理工作。
5.2.3 项目经理必须取得"建设工程施工项目经理资格证书"。
5.2.4 项目经理应接受企业法定代表人的领导，接受企业管理层、发包人和监理机构的检查与监督；施工项目从开工到竣工，企业不得随意撤换项目经理；施工项目发生重大安全、质量事故或项目经理违法、违纪时，企业可撤换项目经理。
5.2.5 项目经理应具备下列素质：
  1 具有符合施工项目管理要求的能力。

2　具有相应的施工项目管理经验和业绩。
　　3　具有承担施工项目管理任务的专业技术、管理、经济和法律、法规知识。
　　4　具有良好的道德品质。

5.3　项目经理的责、权、利

5.3.1　项目经理应履行下列职责：

　　1　代表企业实施施工项目管理。贯彻执行国家法律、法规、方针、政策和强制性标准，执行企业的管理制度，维护企业的合法权益。

　　2　履行"项目管理目标责任书"规定的任务。

　　3　组织编制项目管理实施规划。

　　4　对进入现场的生产要素进行优化配置和动态管理。

　　5　建立质量管理体系和安全管理体系并组织实施。

　　6　在授权范围内负责与企业管理层、劳务作业层、各协作单位、发包人、分包人和监理工程师等的协调，解决项目中出现的问题。

　　7　按"项目管理目标责任书"处理项目经理部与国家、企业、分包单位以及职工之间的利益分配。

　　8　进行现场文明施工管理，发现和处理突发事件。

　　9　参与工程竣工验收，准备结算资料和分析总结，接受审计。

　　10　处理项目经理部的善后工作。

　　11　协助企业进行项目的检查、鉴定和评奖申报。

5.3.2　"项目管理目标责任书"应包括下列内容：

　　1　企业各业务部门与项目经理部之间的关系。

　　2　项目经理部使用作业队伍的方式；项目所需材料供应方式和机械设备供应方式。

　　3　应达到的项目进度目标、项目质量目标、项目安全目标和项目成本目标。

　　4　在企业制度规定以外的、由法定代表人向项目经理委托的事项。

　　5　企业对项目经理部人员进行奖惩的依据、标准、办法及应承担的风险。

　　6　项目经理解职和项目经理部解体的条件及方法。

5.3.3　项目经理应具有下列权限：

　　1　参与企业进行的施工项目投标和签订施工合同。

　　2　经授权组建项目经理部确定项目经理部的组织结构，选择、聘任管理人员，确定管理人员的职责，并定期进行考核、评价和奖惩。

　　3　在企业财务制度规定的范围内，根据企业法定代表人授权和施工项目管理的需要，决定资金的投入和使用，决定项目经理部的计酬办法。

　　4　在授权范围内，按物资采购程序性文件的规定行使采购权。

　　5　根据企业法定代表人授权或按照企业的规定选择、使用作业队伍。

　　6　主持项目经理部工作，组织制定施工项目的各项管理制度。

　　7　根据企业法定代表人授权，协调和处理与施工项目管理有关的内部与外部事项。

5.3.4　项目经理应享有以下利益：

　　1　获得基本工资、岗位工资和绩效工资。

2 除按"项目管理目标责任书"可获得物质奖励外,还可获得表彰、记功、优秀项目经理等荣誉称号。

3 经考核和审计,未完成"项目管理目标责任书"确定的项目管理责任目标或造成亏损的,应按其中有关条款承担责任,并接受经济或行政处罚。

6 项目经理部

6.1 一般规定

6.1.1 大、中型施工项目,承包人必须在施工现场设立项目经理部,小型施工项目,可由企业法定代表人委托一个项目经理部兼管,但不得削弱其项目管理职责。

6.1.2 项目经理部直属项目经理的领导,接受企业业务部门指导、监督、检查和考核。

6.1.3 项目经理部在项目竣工验收、审计完成后解体。

6.2 项目经理部的设立

6.2.1 项目经理部应按下列步骤设立:

1 根据企业批准的"项目管理规划大纲",确定项目经理部的管理任务和组织形式。

2 确定项目经理部的层次,设立职能部门与工作岗位。

3 确定人员、职责、权限。

4 由项目经理根据"项目管理目标责任书"进行目标分解。

5 组织有关人员制定规章制度和目标责任考核、奖惩制度。

6.2.2 项目经理部的组织形式应根据施工项目的规模、结构复杂程度、专业特点、人员素质和地域范围确定,并应符合下列规定:

1 大中型项目宜按矩阵式项目管理组织设置项目经理部。

2 远离企业管理层的大中型项目宜按事业部式项目管理组织设置项目经理部。

3 小型项目宜按直线职能式项目管理组织设置项目经理部。

4 项目经理部的人员配置应满足施工项目管理的需要。职能部门的设置应满足本规范第3.0.6条中各项管理内容的需要。大型项目的项目经理必须具有一级项目经理资质,管理人员中的高级职称人员不应低于10%。

6.2.3 项目经理部的规章制度应包括下列各项:

1 项目管理人员岗位责任制度。

2 项目技术管理制度。

3 项目质量管理制度。

4 项目安全管理制度。

5 项目计划、统计与进度管理制度。

6 项目成本核算制度。

7 项目材料、机械设备管理制度。

8 项目现场管理制度。

    9   项目分配与奖励制度。
    10 项目例会及施工日志制度。
    11 项目分包及劳务管理制度。
    12 项目组织协调制度。
    13 项目信息管理制度。

6.2.4 项目经理部自行制订的规章制度与企业现行的有关规定不一致时,应报送企业或其授权的职能部门批准。

6.3 项目经理部的运行

6.3.1 项目经理应组织项目经理部成员学习项目的规章制度,检查执行情况和效果,并应根据反馈信息改进管理。

6.3.2 项目经理应根据项目管理人员岗位责任制度对管理人员的责任目标进行检查、考核和奖惩。

6.3.3 项目经理部应对作业队伍和分包人实行合同管理,并应加强控制与协调。

6.3.4 项目经理部解体应具备下列条件:
    1 工程已经竣工验收。
    2 与各分包单位已经结算完毕。
    3 已协助企业管理层与发包人签订了"工程质量保修书"。
    4 "项目管理目标责任书"已经履行完成,经企业管理层审计合格。
    5 已与企业管理层办理了有关手续。
    6 现场最后清理完毕。

7 项目进度控制

7.1 一般规定

7.1.1 项目进度控制应以实现施工合同约定的竣工日期为最终目标。

7.1.2 项目进度控制总目标应进行分解。可按单位工程分解为交工分目标,可按承包的专业或施工阶段分解为完工分目标,亦可按年、季、月计划期分解为时间目标。

7.1.3 项目进度控制应建立以项目经理为责任主体,由子项目负责人、计划人员、调度人员、作业队长及班组长参加的项目进度控制体系。

7.1.4 项目经理部应按下列程序进行项目进度控制:
    1 根据施工合同确定的开工日期、总工期和竣工日期确定施工进度目标,明确计划开工日期、计划总工期和计划竣工日期,并确定项目分期分批的开工、竣工日期。
    2 编制施工进度计划。施工进度计划应根据工艺关系、组织关系、搭接关系、起止时间、劳动力计划、材料计划、机械计划及其他保证性计划等因素综合确定。
    3 向监理工程师提出开工申请报告,并应按监理工程师下达的开工令指定的日期开工。

4 实施施工进度计划。当出现进度偏差(不必要的提前或延误)时,应及时进行调整,并应不断预测未来进度状况。

5 全部任务完成后应进行进度控制总结并编写进度控制报告。

7.2 施工进度计划

7.2.1 施工进度计划应包括施工总进度计划和单位工程施工进度计划。

7.2.2 施工总进度计划的编制应符合下列规定:

1 施工总进度计划应依据施工合同、施工进度目标、工期定额、有关技术经济资料、施工部署与主要工程施工方案等编制。

2 施工总进度计划的内容应包括:编制说明,施工总进度计划表,分期分批施工工程的开工日期、完工日期及工期一览表,资源需要量及供应平衡表等。

3 编制施工总进度计划的步骤应包括:

1)收集编制依据。
2)确定进度控制目标。
3)计算工程量。
4)确定各单位工程的施工期限和开、竣工日期。
5)安排各单位工程的搭接关系。
6)编写施工进度计划说明书。

7.2.3 单位工程的施工应编制单位工程施工进度计划。

7.2.4 单位工程施工进度计划宜依据下列资料编制:

1 "项目管理目标责任书"。
2 施工总进度计划。
3 施工方案。
4 主要材料和设备的供应能力。
5 施工人员的技术素质及劳动效率。
6 施工现场条件,气候条件,环境条件。
7 已建成的同类工程实际进度及经济指标。

7.2.5 单位工程施工进度计划应包括下列内容:

1 编制说明。
2 进度计划图。
3 单位工程施工进度计划的风险分析及控制措施。

7.2.6 编制单位工程施工进度计划应采用工程网络计划技术。编制工程网络计划应符合国家现行标准《网络计划技术》(GB/T 13400.1~3—92)及行业标准《工程网络计划技术规程》(JGJ/T121—99)的规定。

7.2.7 劳动力、主要材料、预制件、半成品及机械设备需要量计划、资金收支预测计划,应根据施工进度计划编制。

7.2.8 项目经理应对施工进度计划进行审核。

7.3 施工进度计划的实施

7.3.1 项目的施工进度计划应通过编制年、季、月、旬、周施工进度计划实现。

7.3.2 年、季、月、旬、周施工进度计划应逐级落实,最终通过施工任务书由班组实施。

7.3.3 在施工进度计划实施的过程中应进行下列工作:

    1 跟踪计划的实施进行监督,当发现进度计划执行受到干扰时,应采取调度措施。

    2 在计划图上进行实际进度记录,并跟踪记载每个施工过程的开始日期、完成日期,记录每日完成数量、施工现场发生的情况、干扰因素的排除情况。

    3 执行施工合同中对进度、开工及延期开工、暂停施工、工期延误、工程竣工的承诺。

    4 跟踪形象进度对工程量、总产值、耗用的人工、材料和机械台班等的数量进行统计与分析,编制统计报表。

    5 落实控制进度措施应具体到执行人、目标、任务、检查方法和考核办法。

    6 处理进度索赔。

7.3.4 分包人应根据项目施工进度计划编制分包工程施工进度计划并组织实施。项目经理部应将分包工程施工进度计划纳入项目进度控制范畴,并协助分包人解决项目进度控制中的相关问题。

7.3.5 在进度控制中,应确保资源供应进度计划的实现。当出现下列情况时,应采取措施处理:

    1 当发现资源供应出现中断、供应数量不足或供应时间不能满足要求时。

    2 由于工程变更引起资源需求的数量变更和品种变化时,应及时调整资源供应计划。

    3 当发包人提供的资源供应进度发生变化不能满足施工进度要求时,应敦促发包人执行原计划,并对造成的工期延误及经济损失进行索赔。

7.4 施工进度计划的检查与调整

7.4.1 对施工进度计划进行检查应依据施工进度计划实施记录进行。

7.4.2 施工进度计划检查应采取日检查或定期检查的方式进行,应检查下列内容:

    1 检查期内实际完成和累计完成工程量。

    2 实际参加施工的人力、机械数量及生产效率。

    3 窝工人数、窝工机械台班数及其原因分析。

    4 进度偏差情况。

    5 进度管理情况。

    6 影响进度的特殊原因及分析。

7.4.3 实施检查后,应向企业提供月度施工进度报告,月度施工进度报告应包括下列内容:

    1 进度执行情况的综合描述。

    2 实际施工进度图。

    3 工程变更、价格调整、索赔及工程款收支情况。

    4 进度偏差的状况和导致偏差的原因分析。

    5 解决问题的措施。

6 计划调整意见。

7.4.4 施工进度计划在实施中的调整必须依据施工进度计划检查结果进行。施工进度计划调整应包括下列内容：
　　1 施工内容。
　　2 工程量。
　　3 起止时间。
　　4 持续时间。
　　5 工作关系。
　　6 资源供应。

7.4.5 调整施工进度计划应采用科学的调整方法，并应编制调整后的施工进度计划。

7.4.6 在施工进度计划完成后，项目经理部应及时进行施工进度控制总结。总结时应依据下列资料：
　　1 施工进度计划。
　　2 施工进度计划执行的实际记录。
　　3 施工进度计划检查结果。
　　4 施工进度计划的调整资料。

7.4.7 施工进度控制总结应包括下列内容：
　　1 合同工期目标及计划工期目标完成情况。
　　2 施工进度控制经验。
　　3 施工进度控制中存在的问题及分析。
　　4 科学的施工进度计划方法的应用情况。
　　5 施工进度控制的改进意见。

8 项目质量控制

8.1 一般规定

8.1.1 项目质量控制应按 2000 版 GB/T 19000 族标准和企业质量管理体系的要求进行。

8.1.2 项目质量控制应坚持"质量第一，预防为主"的方针和"计划、执行、检查、处理"循环工作方法，不断改进过程控制。

8.1.3 项目质量控制应满足工程施工技术标准和发包人的要求。

8.1.4 项目质量控制因素应包括人、材料、机械、方法、环境。

8.1.5 项目质量控制必须实行样板制。施工过程均应按要求进行自检、互检和交接检。隐蔽工程、指定部位和分项工程未经检验或已经检验定为不合格的，严禁转入下道工序。

8.1.6 项目经理部应建立项目质量责任制和考核评价办法。项目经理应对项目质量控制负责。过程质量控制应由每一道工序和岗位的责任人负责。

8.1.7 分项工程完成后，必须经监理工程师检验和认可。

8.1.8 承包人应对项目质量和质量保修工作向发包人负责。分包工程的质量应由分包人向承包人负责。承包人应对分包人的工程质量向发包人承担连带责任。

8.1.9 分包人应接受承包人的质量管理。

8.1.10 质量控制应按下列程序实施：

1 确定项目质量目标。

2 编制项目质量计划。

3 实施项目质量计划：

　1）施工准备阶段质量控制。

　2）施工阶段质量控制。

　3）竣工验收阶段质量控制。

8.2 质量计划

8.2.1 质量计划的编制应符合下列规定：

1 应由项目经理主持编制项目质量计划。

2 质量计划应体现从工序、分项工程、分部工程到单位工程的过程控制，且应体现从资源投入到完成工程质量最终检验和试验的全过程控制。

3 质量计划应成为对外质量保证和对内质量控制的依据。

8.2.2 质量计划应包括下列内容：

1 编制依据。

2 项目概况。

3 质量目标。

4 组织机构。

5 质量控制及管理组织协调的系统描述。

6 必要的质量控制手段，施工过程、服务、检验和试验程序等。

7 确定关键工序和特殊过程及作业的指导书。

8 与施工阶段相适应的检验、试验、测量、验证要求。

9 更改和完善质量计划的程序。

8.2.3 质量计划的实施应符合下列规定：

1 质量管理人员应按照分工控制质量计划的实施，并应按规定保存控制记录。

2 当发生质量缺陷或事故时，必须分析原因、分清责任、进行整改。

8.2.4 质量计划的验证应符合下列规定：

1 项目技术负责人应定期组织具有资格的质量检查人员和内部质量审核员验证质量计划的实施效果。当项目质量控制中存在问题或隐患时，应提出解决措施。

2 对重复出现的不合格和质量问题，责任人应按规定承担责任，并应依据验证评价的结果进行处罚。

8.3 施工准备阶段的质量控制

8.3.1 施工合同签订后，项目经理部应索取设计图纸和技术资料，指定专人管理并公布有效文件清单。

8.3.2 项目经理部应依据设计文件和设计技术交底的工程控制点进行复测。当发现问题时,应与设计人协商处理,并应形成记录。

8.3.3 项目技术负责人应主持对图纸审核,并应形成会审记录。

8.3.4 项目经理应按质量计划中工程分包和物资采购的规定,选择并评价分包人和供应人,并应保存评价记录。

8.3.5 企业应对全体施工人员进行质量知识培训,并应保存培训记录。

8.4 施工阶段的质量控制

8.4.1 技术交底应符合下列规定:

　　1 单位工程、分部工程和分项工程开工前,项目技术负责人应向承担施工的负责人或分包人进行书面技术交底。技术交底资料应办理签字手续并归档。

　　2 在施工过程中,项目技术负责人对发包人或监理工程师提出的有关施工方案、技术措施及设计变更的要求,应在执行前向执行人员进行书面技术交底。

8.4.2 工程测量应符合下列规定:

　　1 在项目开工前应编制测量控制方案,经项目技术负责人批准后方可实施,测量记录应归档保存。

　　2 在施工过程中应对测量点线妥善保护,严禁擅自移动。

8.4.3 材料的质量控制应符合下列规定:

　　1 项目经理部应在质量计划确定的合格材料供应人名录中按计划招标采购材料、半成品和构配件。

　　2 材料的搬运和贮存应按搬运储存规定进行,并应建立台账。

　　3 项目经理部应对材料、半成品、构配件进行标识。

　　4 未经检验和已经检验为不合格的材料、半成品、构配件和工程设备等,不得投入使用。

　　5 对发包人提供的材料、半成品、构配件、工程设备和检验设备等,必须按规定进行检验和验收。

　　6 监理工程师应对承包人自行采购的物资进行验证。

8.4.4 机械设备的质量控制应符合下列规定:

　　1 应按设备进场计划进行施工设备的调配。

　　2 现场的施工机械应满足施工需要。

　　3 应对机械设备操作人员的资格进行确认,无证或资格不符合者,严禁上岗。

8.4.5 计量人员应按规定控制计量器具的使用、保管、维修和检验,计量器具应符合有关规定。

8.4.6 工序控制应符合下列规定:

　　1 施工作业人员应按规定经考核后持证上岗。

　　2 施工管理人员及作业人员应按操作规程、作业指导书和技术交底文件进行施工。

　　3 工序的检验和试验应符合过程检验和试验的规定,对查出的质量缺陷应按不合格控制程序及时处置。

　　4 施工管理人员应记录工序施工情况。

8.4.7 特殊过程控制应符合下列规定:

1 对在项目质量计划中界定的特殊过程,应设置工序质量控制点进行控制。

2 对特殊过程的控制,除应执行一般过程控制的规定外,还应由专业技术人员编制专门的作业指导书,经项目技术负责人审批后执行。

8.4.8 工程变更应严格执行工程变更程序,经有关单位批准后方可实施。

8.4.9 建筑产品或半成品应采取有效措施妥善保护。

8.4.10 施工中发生的质量事故,必须按《建设工程质量管理条例》的有关规定处理。

8.5 竣工验收阶段的质量控制

8.5.1 单位工程竣工后,必须进行最终检验和试验。项目技术负责人应按编制竣工资料的要求收集、整理质量记录。

8.5.2 项目技术负责人应组织有关专业技术人员按最终检验和试验规定,根据合同要求进行全面验证。

8.5.3 对查出的施工质量缺陷,应按不合格控制程序进行处理。

8.5.4 项目经理部应组织有关专业技术人员按合同要求编制工程竣工文件,并应做好工程移交准备。

8.5.5 在最终检验和试验合格后,应对建筑产品采取防护措施。

8.5.6 工程交工后,项目经理部应编制符合文明施工和环境保护要求的撤场计划。

8.6 质量持续改进

8.6.1 项目经理部应分析和评价项目管理现状,识别质量持续改进区域,确定改进目标,实施选定的解决办法。

8.6.2 质量持续改进应按全面质量管理的方法进行。

8.6.3 项目经理部对不合格控制应符合下列规定:

1 应按企业的不合格控制程序,控制不合格物资进入项目施工现场,严禁不合格工序未经处置而转入下道工序。

2 对验证中发现的不合格产品和过程,应按规定进行鉴别、标识、记录、评价、隔离和处置。

3 应进行不合格评审。

4 不合格处置应根据不合格严重程度,按返工、返修或让步接收、降级使用、拒收或报废四种情况进行处理。构成等级质量事故的不合格,应按国家法律、行政法规进行处置。

5 对返修或返工后的产品,应按规定重新进行检验和试验,并应保存记录。

6 进行不合格让步接收时,项目经理部应向发包人提出书面让步申请,记录不合格程度和返修的情况,双方签字确认让步接收协议和接收标准。

7 对影响建筑主体结构安全和使用功能的不合格,应邀请发包人代表或监理工程师、设计人,共同确定处理方案,报建设主管部门批准。

8 检验人员必须按规定保存不合格控制的记录。

8.6.4 纠正措施应符合下列规定:

1 对发包人或监理工程师、设计人、质量监督部门提出的质量问题,应分析原因,制定纠正措施。
　　2 对已发生或潜在的不合格信息,应分析并记录结果。
　　3 对检查发现的工程质量问题或不合格报告提及的问题,应由项目技术负责人组织有关人员判定不合格程度,制定纠正措施。
　　4 对严重不合格或重大质量事故,必须实施纠正措施。
　　5 实施纠正措施的结果应由项目技术负责人验证并记录;对严重不合格或等级质量事故的纠正措施和实施效果应验证,并应报企业管理层。
　　6 项目经理部或责任单位应定期评价纠正措施的有效性。
8.6.5 预防措施应符合下列规定:
　　1 项目经理部应定期召开质量分析会,对影响工程质量潜在原因,采取预防措施。
　　2 对可能出现的不合格,应制定防止再发生的措施并组织实施。
　　3 对质量通病应采取预防措施。
　　4 对潜在的严重不合格,应实施预防措施控制程序。
　　5 项目经理部应定期评价预防措施的有效性。

8.7 检查、验证

8.7.1 项目经理部应对项目质量计划执行情况组织检查、内部审核和考核评价,验证实施效果。
8.7.2 项目经理应依据考核中出现的问题、缺陷或不合格,召开有关专业人员参加的质量分析会,并制定整改措施。

9 项目安全控制

9.1 一般规定

9.1.1 项目安全控制必须坚持"安全第一、预防为主"的方针。项目经理部应建立安全管理体系和安全生产责任制。安全员应持证上岗,保证项目安全目标的实现。项目经理是项目安全生产的总负责人。
9.1.2 项目经理部应根据项目特点,制定安全施工组织设计或安全技术措施。
9.1.3 项目经理部应根据施工中人的不安全行为,物的不安全状态,作业环境的不安全因素和管理缺陷进行相应的安全控制。
9.1.4 实行分包的项目,安全控制应由承包人全面负责,分包人向承包人负责,并服从承包人对施工现场的安全管理。
9.1.5 项目经理部和分包人在施工中必须保护环境。
9.1.6 在进行施工平面图设计时,应充分考虑安全、防火、防爆、防污染等因素,做到分区明确,合理定位。
9.1.7 项目经理部必须建立施工安全生产教育制度,未经施工安全生产教育的人员不得上岗作业。

9.1.8 项目经理部必须为从事危险作业的人员办理人身意外伤害保险。
9.1.9 施工作业过程中对危及生命安全和人身健康的行为,作业人员有权抵制、检举和控告。
9.1.10 项目安全控制应遵循下列程序:
   1 确定施工安全目标。
   2 编制项目安全保证计划。
   3 项目安全计划实施。
   4 项目安全保证计划验证。
   5 持续改进。
   6 兑现合同承诺。

9.2 安全保证计划

9.2.1 项目经理部应根据项目施工安全目标的要求配置必要的资源,确保施工安全,保证目标实现。专业性较强的施工项目,应编制专项安全施工组织设计并采取安全技术措施。

9.2.2 项目安全保证计划应在项目开工前编制,经项目经理批准后实施。

9.2.3 项目安全保证计划的内容宜包括:工程概况,控制程序,控制目标,组织结构,职责权限,规章制度,资源配置,安全措施,检查评价,奖惩制度。

9.2.4 项目经理部应根据工程特点、施工方法、施工程序、安全法规和标准的要求,采取可靠的技术措施,消除安全隐患,保证施工安全。

9.2.5 对结构复杂、施工难度大、专业性强的项目,除制定项目安全技术总体安全保证计划外,还必须制定单位工程或分部、分项工程的安全施工措施。

9.2.6 对高空作业、井下作业、水上作业、水下作业、深基础开挖、爆破作业、脚手架上作业、有害有毒作业、特种机械作业等专业性强的施工作业,以及从事电气、压力容器、起重机、金属焊接、井下瓦斯检验、机动车和船舶驾驶等特殊工种的作业,应制定单项安全技术方案和措施,并应对管理人员和操作人员的安全作业资格和身体状况进行合格审查。

9.2.7 安全技术措施应包括:防火、防毒、防爆、防洪、防尘、防雷击、防触电、防坍塌、防物体打击、防机械伤害、防溜车、防高空坠落、防交通事故、防寒、防暑、防疫、防环境污染等方面的措施。

9.3 安全保证计划的实施

9.3.1 项目经理部应根据安全生产责任制的要求,把安全责任目标分解到岗,落实到人。安全生产责任制必须经项目经理批准后实施。
   1 项目经理安全职责应包括:认真贯彻安全生产方针、政策、法规和各项规章制度,制定和执行安全生产管理办法,严格执行安全考核指标和安全生产奖惩办法,严格执行安全技术措施审批和施工安全技术措施交底制度;定期组织安全生产检查和分析,针对可能产生的安全隐患制定相应的预防措施;当施工过程中发生安全事故时,项目经理必须按安全事故处理的有关规定和程序及时上报和处置,并制定防止同类事故再次发生的措施。
   2 安全员安全职责应包括:落实安全设施的设置;对施工全过程的安全进行监督,纠正违章作业,配合有关部门排除安全隐患,组织安全教育和全员安全活动,监督劳保用品质量和正确使用。

3 作业队长安全职责应包括:向作业人员进行安全技术措施交底,组织实施安全技术措施;对施工现场安全防护装置和设施进行验收;对作业人员进行安全操作规程培训,提高作业人员的安全意识,避免产生安全隐患;当发生重大或恶性工伤事故时,应保护现场,立即上报并参与事故调查处理。

4 班组长安全职责应包括:安排施工生产任务时,向本工种作业人员进行安全措施交底;严格执行本工种安全技术操作规程,拒绝违章指挥;作业前应对本次作业所使用的机具、设备、防护用具及作业环境进行安全检查,消除安全隐患,检查安全标牌是否按规定设置,标识方法和内容是否正确完整;组织班组开展安全活动,召开上岗前安全生产会;每周应进行安全讲评。

5 操作工人安全职责应包括:认真学习并严格执行安全技术操作规程,不违规作业;自觉遵守安全生产规章制度,执行安全技术交底和有关安全生产的规定;服从安全监督人员的指导,积极参加安全活动;爱护安全设施;正确使用防护用具;对不安全作业提出意见,拒绝违章指挥。

6 承包人对分包人的安全生产责任应包括:审查分包人的安全施工资格和安全生产保证体系,不应将工程分包给不具备安全生产条件的分包人;在分包合同中应明确分包人安全生产责任和义务;对分包人提出安全要求,并认真监督、检查;对违反安全规定冒险蛮干的分包人,应令其停工整改;承包人应统计分包人的伤亡事故,按规定上报,并按分包合同约定协助处理分包人的伤亡事故。

7 分包人安全生产责任应包括:分包人对本施工现场的安全工作负责,认真履行分包合同规定的安全生产责任;遵守承包人的有关安全生产制度,服从承包人的安全生产管理,及时向承包人报告伤亡事故并参与调查,处理善后事宜。

8 施工中发生安全事故时,项目经理必须按国务院安全行政主管部门的规定及时报告并协助有关人员进行处理。

9.3.2 实施安全教育应符合下列规定:

1 项目经理部的安全教育内容应包括:学习安全生产法律、法规、制度和安全纪律,讲解安全事故案例。

2 作业队安全教育内容应包括:了解所承担施工任务的特点,学习施工安全基本知识、安全生产制度及相关工种的安全技术操作规程;学习机械设备和电器使用、高处作业等安全基本知识;学习防火、防毒、防爆、防洪、防尘、防雷击、防触电、防高空坠落、防物体打击、防坍塌、防机械伤害等知识及紧急安全救护知识;了解安全防护用品发放标准,防护用具、用品使用基本知识。

3 班组安全教育内容应包括:了解本班组作业特点,学习安全操作规程、安全生产制度及纪律;学习正确使用安全防护装置(设施)及个人劳动防护用品知识;了解本班组作业中的不安全因素及防范对策、作业环境及所使用的机具安全要求。

9.3.3 安全技术交底的实施,应符合下列规定:

1 单位工程开工前,项目经理部的技术负责人必须将工程概况、施工方法、施工工艺、施工程序、安全技术措施,向承担施工的作业队负责人、工长、班组长和相关人员进行交底。

  2 结构复杂的分部分项工程施工前，项目经理部的技术负责人应有针对性地进行全面、详细的安全技术交底。
  3 项目经理部应保存双方签字确认的安全技术交底记录。

9.4 安全检查

9.4.1 项目经理应组织项目经理部定期对安全控制计划的执行情况进行检查考核和评价。对施工中存在的不安全行为和隐患，项目经理部应分析原因并制定相应整改防范措施。

9.4.2 项目经理部应根据施工过程的特点和安全目标的要求，确定安全检查内容。

9.4.3 项目经理部安全检查应配备必要的设备或器具，确定检查负责人和检查人员，并明确检查内容及要求。

9.4.4 项目经理部安全检查应采取随机抽样、现场观察、实地检测相结合的方法，并记录检测结果。对现场管理人员的违章指挥和操作人员的违章作业行为应进行纠正。

9.4.5 安全检查人员应对检查结果进行分析，找出安全隐患部位，确定危险程度。

9.4.6 项目经理部应编写安全检查报告。

9.5 安全隐患和安全事故处理

9.5.1 安全隐患处理应符合下列规定：
  1 项目经理部应区别"通病"、"顽症"、首次出现、不可抗力等类型，修订和完善安全整改措施。
  2 项目经理部应对检查出的隐患立即发出安全隐患整改通知单。受检单位应对安全隐患原因进行分析，制定纠正和预防措施。纠正和预防措施应经检查单位负责人批准后实施。
  3 安全检查人员对检查出的违章指挥和违章作业行为向责任人当场指出，限期纠正。
  4 安全员对纠正和预防措施的实施过程和实施效果应进行跟踪检查，保存验证记录。

9.5.2 项目经理部进行安全事故处理应符合下列规定：
  1 安全事故处理必须坚持"事故原因不清楚不放过，事故责任者和员工没有受到教育不放过，事故责任者没有处理不放过，没有制定防范措施不放过"的原则。
  2 安全事故应按以下程序进行处理：
    1）报告安全事故：安全事故发生后，受伤者或最先发现事故的人员应立即用最快的传递手段，将发生事故的时间、地点、伤亡人数、事故原因等情况，上报至企业安全主管部门。企业安全主管部门视事故造成的伤亡人数或直接经济损失情况，按规定向政府主管部门报告。
    2）事故处理：抢救伤员、排除险情、防止事故蔓延扩大，做好标识，保护好现场。
    3）事故调查：项目经理应指定技术、安全、质量等部门的人员，会同企业工会代表组成调查组，开展调查。
    4）调查报告：调查组应把事故发生的经过、原因、性质、损失责任、处理意见、纠正和预防措施撰写成调查报告,并经调查组全体人员签字确认后报企业安全主管部门。

10 项目成本控制

10.1 一般规定

10.1.1 项目成本控制包括成本预测、计划、实施、核算、分析、考核、整理成本资料与编制成本报告。

10.1.2 项目经理部应对施工过程发生的、在项目经理部管理职责权限内能控制的各种消耗和费用进行成本控制。项目经理部承担的成本责任与风险应在"项目管理目标责任书"中明确。

10.1.3 企业应建立和完善项目管理层作为成本控制中心的功能和机制,并为项目成本控制创造优化配置生产要素,实施动态管理的环境和条件。

10.1.4 项目经理部应建立以项目经理为中心的成本控制体系,按内部各岗位和作业层进行成本目标分解,明确各管理人员和作业层的成本责任、权限及相互关系。

10.1.5 成本控制应按下列程序进行:
1 企业进行项目成本预测。
2 项目经理部编制成本计划。
3 项目经理部实施成本计划。
4 项目经理部进行成本核算。
5 项目经理部进行成本分析并编制月度及项目的成本报告。
6 编制成本资料并按规定存档。

10.2 成本计划

10.2.1 企业应按下列程序确定项目经理部的责任目标成本:
1 在施工合同签订后,由企业根据合同造价、施工图和招标文件中的工程量清单,确定正常情况下的企业管理费、财务费用和制造成本。
2 将正常情况下的制造成本确定为项目经理的可控成本,形成项目经理的责任目标成本。

10.2.2 项目经理在接受企业法定代表人委托之后,应通过主持编制项目管理实施规划寻求降低成本的途径,组织编制施工预算,确定项目的计划目标成本。

10.2.3 项目经理部编制施工预算应符合下列规定:
1 以施工方案和管理措施为依据,按照本企业的管理水平、消耗定额、作业效率等进行工料分析,根据市场价格信息,编制施工预算。
2 当某些环节或分部分项工程施工条件尚不明确时,可按照类似工程施工经验或招标文件所提供的计量依据计算暂估费用。
3 施工预算应在工程开工前编制完成。

10.2.4 项目经理部进行目标成本分解应符合下列要求:
  1 按工程部位进行项目成本分解,为分部分项工程成本核算提供依据。
  2 按成本项目进行成本分解,确定项目的人工费、材料费、机械台班费、其他直接费和间接成本的构成,为施工生产要素的成本核算提供依据。

10.2.5 项目经理部应编制"目标成本控制措施表",并将各分部分项工程成本控制目标和要求、各成本要素的控制目标和要求,落实到成本控制的责任者,并应对确定的成本控制措施、方法和时间进行检查和改善。

10.3 成本控制运行

10.3.1 项目经理部应坚持按照增收节支、全面控制、责权利相结合的原则,用目标管理方法对实际施工成本的发生过程进行有效控制。

10.3.2 项目经理部应根据计划目标成本的控制要求,做好施工采购策划,通过生产要素的优化配置、合理使用、动态管理,有效控制实际成本。

10.3.3 项目经理部应加强施工定额管理和施工任务单管理,控制活劳动和物化劳动的消耗。

10.3.4 项目经理部应加强施工调度,避免因施工计划不周和盲目调度造成窝工损失、机械利用率降低、物料积压等而使施工成本增加。

10.3.5 项目经理部应加强施工合同管理和施工索赔管理,正确运用施工合同条件和有关法规,及时进行索赔。

10.4 成 本 核 算

10.4.1 项目经理部应根据财务制度和会计制度的有关规定,在企业职能部门的指导下,建立项目成本核算制,明确项目成本核算的原则、范围、程序、方法、内容、责任及要求,并设置核算台账,记录原始数据。

10.4.2 施工过程中项目成本的核算,宜以每月为一核算期,在月末进行。核算对象应按单位工程划分,并与施工项目管理责任目标成本的界定范围相一致。项目成本核算应坚持施工形象进度、施工产值统计、实际成本归集"三同步"的原则。施工产值及实际成本的归集,宜按照下列方法进行:
  1 应按照统计人员提供的当月完成工程量的价值及有关规定,扣减各项上缴税费后,作为当期工程结算收入。
  2 人工费应按照劳动管理人员提供的用工分析和受益对象进行账务处理,计入工程成本。
  3 材料费应根据当月项目材料消耗和实际价格,计算当期消耗,计入工程成本;周转材料应实行内部调配制,按照当月使用时间、数量、单价计算,计入工程成本。
  4 机械使用费按照项目当月使用台班和单价计入工程成本。
  5 其他直接费应根据有关核算资料进行账务处理,计入工程成本。
  6 间接成本应根据现场发生的间接成本项目的有关资料进行账务处理,计入工程成本。

10.4.3 项目成本核算应采取会计核算、统计核算和业务核算相结合的方法,并应做下列

比较分析:
 1 实际成本与责任目标成本的比较分析。
 2 实际成本与计划目标成本的比较分析。

10.4.4 项目经理部应在跟踪核算分析的基础上,编制月度项目成本报告,上报企业成本主管部门进行指导检查和考核。

10.4.5 项目经理部应在每月分部分项成本的累计偏差和相应的计划目标成本余额的基础上,预测后期成本的变化趋势和状况;根据偏差原因制定改善成本控制的措施,控制下月施工任务的成本。

10.5 成本分析与考核

10.5.1 项目经理部进行成本分析可采用下列方法:
 1 按照量价分离的原则,用对比法分析影响成本节超的主要因素。包括:实际工程量与预算工程量的对比分析,实际消耗量与计划消耗量的对比分析,实际采用价格与计划价格的对比分析,各种费用实际发生额与计划支出额的对比分析。
 2 在确定施工项目成本各因素对计划成本影响的程度时,可采用连环替代法或差额计算法进行成本分析。

10.5.2 项目经理部应将成本分析的结果形成文件,为成本偏差的纠正与预防、成本控制方法的改进、制定降低成本措施、改进成本控制体系等提供依据。

10.5.3 项目成本考核应分层进行:企业对项目经理部进行成本管理考核;项目经理部对项目内部各岗位及各作业队进行成本管理考核。

10.5.4 项目成本考核内容应包括:计划目标成本完成情况考核,成本管理工作业绩考核。

10.5.5 项目成本考核应按照下列要求进行:
 1 企业对施工项目经理部进行考核时,应以确定的责任目标成本为依据。
 2 项目经理部应以控制过程的考核为重点,控制过程的考核应与竣工考核相结合。
 3 各级成本考核应与进度、质量、安全等指标的完成情况相联系。
 4 项目成本考核的结果应形成文件,为奖罚责任人提供依据。

11 项目现场管理

11.1 一般规定

11.1.1 项目经理部应认真搞好施工现场管理,做到文明施工、安全有序、整洁卫生、不扰民、不损害公众利益。

11.1.2 现场门头应设置承包人的标志。承包人项目经理部应负责施工现场场容文明形象管理的总体策划和部署;各分包人应在承包人项目经理部的指导和协调下,按照分区划块原则,搞好分包人施工用地区域的场容文明形象管理规划,严格执行,并纳入承包人的现场管理范畴,接受监督、管理与协调。

11.1.3 项目经理部应在现场入口的醒目位置,公示下列内容:

1 工程概况牌,包括:工程规模、性质、用途,发包人、设计人、承包人和监理单位的名称,施工起止年月等。
2 安全纪律牌。
3 防火须知牌。
4 安全无重大事故计时牌。
5 安全生产、文明施工牌。
6 施工总平面图。
7 项目经理部组织架构及主要管理人员名单图。

11.1.4 项目经理应把施工现场管理列入经常性的巡视检查内容,并与日常管理有机结合,认真听取邻近单位、社会公众的意见和反映,及时抓好整改。

11.2 规范场容

11.2.1 施工现场场容规范化应建立在施工平面图设计的科学合理化和物料器具定位管理标准化的基础上。承包人应根据本企业的管理水平,建立和健全施工平面图管理和现场物料器具管理标准,为项目经理部提供场容管理策划的依据。

11.2.2 项目经理部必须结合施工条件,按照施工方案和施工进度计划的要求,认真进行施工平面图的规划、设计、布置、使用和管理。

1 施工平面图宜按指定的施工用地范围和布置的内容,分别进行布置和管理。
2 单位工程施工平面图宜根据不同施工阶段的需要,分别设计成阶段性施工平面图,并在阶段性进度目标开始实施前,通过施工协调会议确认后实施。

11.2.3 项目经理部应严格按照已审批的施工总平面图或相关的单位工程施工平面图划定的位置,布置施工项目的主要机械设备、脚手架、密封式安全网和围挡、模具、施工临时道路、供水、供电、供气管道或线路、施工材料制品堆场及仓库、土方及建筑垃圾、变配电间、消火栓、警卫室、现场的办公、生产和生活临时设施等。

11.2.4 施工物料器具除应按施工平面图指定位置就位布置外,尚应根据不同特点和性质,规范布置方式与要求,并执行码放整齐、限宽限高、上架入箱、规格分类、挂牌标识等管理标准。

11.2.5 在施工现场周边应设置临时围护设施。市区工地的周边围护设施高度不应低于1.8m。临街脚手架、高压电缆、起重把杆回转半径伸至街道的,均应设置安全隔离棚。危险品库附近应有明显标志及围挡设施。

11.2.6 施工现场应设置畅通的排水沟渠系统,场地不积水、不积泥浆,保持道路干燥坚实。工地地面应做硬化处理。

11.3 环境保护

11.3.1 项目经理部应根据《环境管理系列标准》(GB/T 24000—ISO 14000)建立项目环境监控体系,不断反馈监控信息,采取整改措施。

11.3.2 施工现场泥浆和污水未经处理不得直接排入城市排水设施和河流、湖泊、池塘。

11.3.3 除有符合规定的装置外,不得在施工现场熔化沥青和焚烧油毡、油漆,亦不得焚烧其他可产生有毒有害烟尘和恶臭气味的废弃物,禁止将有毒有害废弃物作土方回填。

11.3.4 建筑垃圾、渣土应在指定地点堆放,每日进行清理。高空施工的垃圾及废弃物应采用密闭式串筒或其他措施清理搬运。装载建筑材料、垃圾或渣土的车辆,应采取防止尘土飞扬、洒落或流溢的有效措施。施工现场应根据需要设置机动车辆冲洗设施,冲洗污水应进行处理。

11.3.5 在居民和单位密集区域进行爆破、打桩等施工作业前,项目经理部应按规定申请批准,还应将作业计划、影响范围、程度及有关措施等情况,向受影响范围的居民和单位通报说明,取得协作和配合;对施工机械的噪声与振动扰民,应采取相应措施予以控制。

11.3.6 经过施工现场的地下管线,应由发包人在施工前通知承包人,标出位置,加以保护。施工时发现文物、古迹、爆炸物、电缆等,应当停止施工,保护好现场,及时向有关部门报告,按照有关规定处理后方可继续施工。

11.3.7 施工中需要停水、停电、封路而影响环境时,必须经有关部门批准,事先告示。在行人、车辆通行的地方施工,应当设置沟、井、坎、穴覆盖物和标志。

11.3.8 温暖季节宜对施工现场进行绿化布置。

11.4 防火保安

11.4.1 现场应设立门卫,根据需要设置警卫,负责施工现场保卫工作,并采取必要的防盗措施。施工现场的主要管理人员在施工现场应当佩戴证明其身份的证卡,其他现场施工人员宜有标识。有条件时可对进出场人员使用磁卡管理。

11.4.2 承包人必须严格按照《中华人民共和国消防法》的规定,建立和执行防火管理制度。现场必须有满足消防车出入和行驶的道路,并设置符合要求的防火报警系统和固定式灭火系统,消防设施应保持完好的备用状态。在火灾易发地区施工或储存、使用易燃、易爆器材时,承包人应当采取特殊的消防安全措施。现场严禁吸烟,必要时可设吸烟室。

11.4.3 施工现场的通道、消防出入口、紧急疏散楼道等,均应有明显标志或指示牌。有高度限制的地点应有限高标志。

11.4.4 施工中需要进行爆破作业的,必须经政府主管部门审查批准,并提供爆破器材的品名、数量、用途、爆破地点、四邻距离等文件和安全操作规程,向所在地县、市(区)公安局申领"爆破物品使用许可证",由具备爆破资质的专业队伍按有关规定进行施工。

11.5 卫生防疫及其他事项

11.5.1 施工现场不宜设置职工宿舍,必须设置时应尽量和施工场地分开。现场应准备必要的医务设施。在办公室内显著位置应张贴急救车和有关医院电话号码。根据需要采取防暑降温和消毒、防毒措施。施工作业区与办公区应分区明确。

11.5.2 承包人应明确施工保险及第三者责任险的投保人和投保范围。

11.5.3 项目经理部应对现场管理进行考评,考评办法应由企业按有关规定制定。

11.5.4 项目经理部应进行现场节能管理。有条件的现场应下达能源使用指标。

11.5.5 现场的食堂、厕所应符合卫生要求,现场应设置饮水设施。

12 项目合同管理

12.1 一般规定

12.1.1 施工项目的合同管理应包括施工合同的订立、履行、变更、终止和解决争议。

12.1.2 施工合同的主体是发包人和承包人,其法律行为应由法定代表人行使。项目经理应按照承包人订立的施工合同认真履行所承接的任务,依照施工合同的约定,行使权利,履行义务。

12.1.3 发包人和承包人应按《合同法》的规定,确定施工合同的各项履行规则。

12.1.4 项目合同管理应包括相关的分包合同、买卖合同、租赁合同、借款合同等的管理。

12.1.5 承包人在投标前应按质量管理体系文件的要求进行合同评审。

12.1.6 施工合同和分包合同必须以书面形式订立。施工过程中的各种原因造成的洽商变更内容,必须以书面形式签认,并作为合同的组成部分。

12.2 施工项目投标

12.2.1 投标人应具有工程要求的相应的建筑业企业资质等级及招标文件规定的资格条件。

12.2.2 投标人在取得招标文件后应由企业法定代表人确定项目经理及主要技术、经济及管理人员。

12.2.3 投标人应组织有关人员全面、深入地分析和研究招标文件,着重掌握招标人对工程的实质性要求与条件、分析投标风险、工程难易程度及职责范围,确定投标报价策略,按照招标文件的要求编制投标文件。

12.2.4 投标文件应由下列文件组成:

1 协议书。
2 投标书及其附录。
3 合同条件(含通用条件及专用条件)。
4 投标保证金(或投标保函)。
5 法定代表人资格证书或其授权委托书。
6 具有标价的工程量清单及报价表。
7 辅助资料表。
8 资格审查表(已进行过资格预审的除外)。
9 招标文件规定应提交的其他文件。

12.2.5 投标人应在招标文件要求的提交投标文件的截止日期前,将密封的投标文件送达投标地点。

12.2.6 中标通知书对招标人和中标人均具有法律效力。招标人和中标人应自中标通知书发出之日起 30 日内,按照招标文件和中标人的投标文件订立书面施工合同。中标通知书发出后,招标人改变中标结果的,或者中标人放弃中标项目的,应承担法律责任。

12.3 合同的订立

12.3.1 订立施工合同应符合下列原则:
1 合同当事人的法律地位平等。一方不得将自己的意志强加给另一方。
2 当事人依法享有自愿订立合同的权利,任何单位和个人不得非法干预。
3 当事人确定各方的权利和义务应当遵守公平原则。
4 当事人行使权利、履行义务应当遵循诚实信用原则。
5 当事人应当遵守法律、行政法规和社会公德,不得扰乱社会经济秩序,不得损害社会公共利益。

12.3.2 订立施工合同的谈判,应根据招标文件的要求,结合合同实施中可能发生的各种情况进行周密、充分的准备,按照"缔约过失责任原则"保护企业的合法权益。

12.3.3 承包人与发包人订立施工合同应符合下列程序:
1 接受中标通知书。
2 组成包括项目经理的谈判小组。
3 草拟合同专用条件。
4 谈判。
5 参照发包人拟定的合同条件或施工合同示范文本与发包人订立施工合同。
6 合同双方在合同管理部门备案并缴纳印花税。

在施工合同履行中,发包人、承包人有关工程洽商、变更等书面协议或文件,应为本合同的组成部分。

12.3.4 施工合同文件组成及其优先顺序应符合下列要求:
1 协议书。
2 中标通知书。
3 投标书及其附件。
4 专用条款。
5 通用条款。
6 标准、规范及有关技术文件。
7 图纸。
8 具有标价的工程量清单。
9 工程报价单或施工图预算书。

12.3.5 承包人经发包人同意或按照合同约定,可将承包项目的部分非主体工程、非关键工作分包给具备相应的资质条件的分包人完成,并与之订立分包合同。分包合同应符合下列要求:
1 分包人应按照分包合同的各项规定,实施和完成分包工程,修补其中的缺陷,提供所需的全部工程监督、劳务、材料、工程设备和其他物品,提供履约担保、进度计划,不得将分包工程进行转让或再分包。
2 承包人应提供总包合同(工程量清单或费率所列承包人的价格细节除外)供分包人查阅。

3 分包人应当遵守分包合同规定的承包人的工作时间和规定的分包人的设备材料进出场的管理制度。承包人应为分包人提供施工现场及其通道；分包人应允许承包人和监理工程师等在工作时间内合理进入分包工程的现场，并提供方便，做好协助工作。

　4 分包人延长竣工时间应根据下列条件：承包人根据总包合同延长总包合同竣工时间；承包人指示延长；承包人违约。分包人必须在延长开始14天内将延长情况通知承包人，同时提交一份证明或报告，否则分包人无权获得延期。

　5 分包人仅从承包人处受指示，并应执行其指示。如果上述指示从总包合同来分析是监理工程师失误所致，则分包人有权要求承包人补偿由此而导致的费用。

　6 分包人应根据以下指示变更、增补或删减分包工程：监理工程师根据总包合同作出的指示再由承包人作为指示通知分包人；承包人的指示。

12.3.6 分包合同文件组成及优先顺序应符合下列要求：
　1 分包合同协议书。
　2 承包人发出的分包中标书。
　3 分包人的报价书。
　4 分包合同条件。
　5 标准规范、图纸、列有标价的工程量清单。
　6 报价单或施工图预算书。

12.4　合同文件的履行

12.4.1 项目经理部必须履行施工合同，并应在施工合同履行前对合同内容、风险、重点或关键性问题做出特别说明和提示，向各职能部门人员交底，落实根据施工合同确定的目标，依据施工合同指导工程实施和项目管理工作。项目经理部在施工合同履行期间，应注意收集、记录对方当事人违约事实的证据，作为索赔的依据。

12.4.2 项目经理部履行施工合同应遵守下列规定：
　1 必须遵守《合同法》规定的各项合同履行原则。
　2 项目经理应负责组织施工合同的履行。
　3 依据《合同法》规定进行合同的变更、索赔、转让和终止。
　4 如果发生不可抗力致使合同不能履行或不能完全履行时，应及时向企业报告，并在委托权限内依法及时进行处置。

12.4.3 履行分包合同时，承包人应就承包项目（其中包括分包项目），向发包人负责，分包人就分包项目向承包人负责。由于分包人的过失给发包人造成了损失，承包人承担连带责任。

12.4.4 企业与项目经理部应对施工合同实行动态管理，跟踪收集、整理、分析合同履行中的信息，合理、及时地进行调整。对合同履行应进行预测，及早提出和解决影响合同履行的问题，以回避或减少风险。

12.5　合同的变更

12.5.1 项目经理应随时注意下列情况引起的合同变更：
　1 工程量增减。

2 质量及特性的变更。
   3 工程标高、基线、尺寸等变更。
   4 工程的删减。
   5 施工顺序的改变。
   6 永久工程的附加工作,设备、材料和服务的变更等。
12.5.2 合同变更应符合下列要求:
   1 合同各方提出的变更要求应由监理工程师进行审查,经监理工程师同意,由监理工程师向项目经理提出合同变更指令。
   2 项目经理可根据接受的权利和施工合同的约定,及时向监理工程师提出变更申请,监理工程师进行审查,并将审查结果通知承包人。

12.6 违约、索赔、争议

12.6.1 当事人违约责任包括下列情况:
   1 当事人一方不履行合同义务或履行合同义务不符合合同约定的,应当承担继续履行、采取补救措施或者赔偿损失等责任,而不论违约方是否有过错责任。
   2 当事人一方因不可抗力不能履行合同的,应对不可抗力的影响部分(或者全部)免除责任,但法律另有规定的除外。当事人延迟履行后发生不可抗力的,不能免除责任。不可抗力不是当然的免责条件。
   3 当事人一方因第三方的原因造成违约的,应要求对方承担违约责任。
   4 当事人一方违约后,对方应当采取适当措施防止损失的扩大;否则不得就扩大的损失要求赔偿。
12.6.2 承包人应掌握索赔知识,依法进行索赔。
12.6.3 索赔应当按下列要求进行:
   1 有正当的索赔理由和充足的证据。
   2 按施工合同文件中有关规定办理。
   3 认真、如实、合理、正确地计算索赔的时间和费用。
12.6.4 施工项目索赔应具备下列理由之一:
   1 发包人违反合同给承包人造成时间、费用的损失。
   2 因工程变更(含设计变更、发包人提出的工程变更、监理工程师提出的工程变更,以及承包人提出并经监理工程师批准的变更)造成的时间、费用损失。
   3 由于监理工程师对合同文件的歧义解释、技术资料不确切,或由于不可抗力导致施工条件的改变,造成了时间、费用的增加。
   4 发包人提出提前完成项目或缩短工期而造成承包人的费用增加。
   5 发包人延误支付期限造成了承包人的损失。
   6 合同规定以外的项目进行检验,且检验合格,或非承包人的原因导致项目缺陷的修复所发生的损失或费用。
   7 非承包人的原因导致工程暂时停工。
   8 物价上涨,法规变化及其他。
12.6.5 当事人应执行施工合同规定的争议解决办法。

12.7 合同终止和评价

12.7.1 合同终止应具备下列条件之一：
1. 施工合同已按约定履行完成。
2. 合同解除。
3. 承包人依法将标的物提存。

12.7.2 合同终止后，承包人应进行下列评价：
1. 合同订立过程情况评价。
2. 合同条款的评价。
3. 合同履行情况评价。
4. 合同管理工作评价。

13 项目信息管理

13.1 一般规定

13.1.1 项目信息管理应适应项目管理的需要，为预测未来和正确决策提供依据，提高管理水平。项目经理部应建立项目信息管理系统，优化信息结构，实现项目管理信息化。

13.1.2 项目经理部应及时收集信息，并将信息准确、完整地传递给使用单位和人员。

13.1.3 项目信息应包括项目经理部在项目管理过程中形成的各种数据、表格、图纸、文字、音像资料等。

13.1.4 项目经理部应配备信息管理员，项目信息管理员必须经有资质的培训单位培训。

13.1.5 项目经理部应负责收集、整理、管理本项目范围内的信息。实行总分包的项目，项目分包人应负责分包范围的信息收集整理，承包人负责汇总、整理各分包人的全部信息。

13.1.6 项目信息收集应随工程的进展进行，保证真实、准确，按照项目信息管理的要求及时整理，经有关负责人审核签字。

13.2 项目信息的内容

13.2.1 项目经理部应收集并整理下列信息：
1. 法律、法规与部门规章信息。
2. 市场信息。
3. 自然条件信息。

13.2.2 项目经理部应收集并整理下列工程概况信息：
1. 工程实体概况。
2. 场地与环境概况。

  3 参与建设的各单位概况。
  4 施工合同。
  5 工程造价计算书。
13.2.3 项目经理部应收集并整理下列施工信息：
  1 施工记录信息。
  2 施工技术资料信息。
13.2.4 项目经理部应收集并整理下列项目管理信息：
  1 项目管理规划大纲信息和项目管理实施规划信息。
  2 项目进度控制信息。
  3 项目质量控制信息。
  4 项目安全控制信息。
  5 项目成本控制信息。
  6 项目现场管理信息。
  7 项目合同管理信息。
  8 项目材料管理信息、构配件管理信息和工、器具管理信息。
  9 项目人力资源管理信息。
  10 项目机械设备管理信息。
  11 项目资金管理信息。
  12 项目技术管理信息。
  13 项目组织协调信息。
  14 项目竣工验收信息。
  15 项目考核评价信息。

13.3 项目信息管理系统

13.3.1 经签字确认的项目信息应及时存入计算机。
13.3.2 项目经理部应使项目信息管理系统目录完整、层次清晰、结构严密、表格自动生成。
13.3.3 项目信息管理系统应满足下列要求：
  1 应方便项目信息输入、整理与存储。
  2 应有利于用户提取信息。
  3 应能及时调整数据、表格与文档。
  4 应能灵活补充、修改与删除数据。
  5 信息种类与数量应能满足项目管理的全部需要。
  6 应能使设计信息、施工准备阶段的管理信息、施工过程项目管理各专业的信息、项目结算信息、项目统计信息等有良好的接口。
13.3.4 项目信息管理系统应能连接项目经理部各职能部门、项目经理与各职能部门、项目经理部与劳务作业层、项目经理部与企业各职能部门、项目经理与企业法定代表人、项目经理部与发包人和分包人、项目经理部与监理机构等；应能使项目管理层与企业管理层及劳务作业层信息收集渠道畅通、信息资源共享。

14 项目生产要素管理

14.1 一般规定

14.1.1 企业应建立和完善项目生产要素配置机制,适应施工项目管理需要。

14.1.2 项目生产要素管理应实现生产要素的优化配置、动态控制和降低成本。

14.1.3 项目生产要素管理的全过程应包括生产要素的计划、供应、使用、检查、分析和改进。

14.2 项目人力资源管理

14.2.1 项目经理部应根据施工进度计划和作业特点优化配置人力资源,制定劳动力需求计划,报企业劳动管理部门批准,企业劳动管理部门与劳务分包公司签订劳务分包合同。远离企业本部的项目经理部,可在企业法定代表人授权下与劳务分包公司签订劳务分包合同。

14.2.2 劳务分包合同的内容应包括:作业任务、应提供的劳动力人数;进度要求及进场、退场时间;双方的管理责任;劳务费计取及结算方式;奖励与处罚条款。

14.2.3 项目经理部应对劳动力进行动态管理。劳动力动态管理应包括下列内容:

　　1 对施工现场的劳动力进行跟踪平衡,进行劳动力补充与减员,向企业劳动管理部门提出申请计划。

　　2 向进入施工现场的作业班组下达施工任务书,进行考核并兑现费用支付和奖惩。

14.2.4 项目经理部应加强对人力资源的教育培训和思想管理;加强对劳务人员作业质量和效率的检查。

14.3 项目材料管理

14.3.1 施工项目所需的主要材料和大宗材料(A类材料)应由企业物资部门订货或市场采购,按计划供应给项目经理部。企业物资部门应制定采购计划,审定供应人,建立合格供应人目录,对供应方进行考核,签订供货合同,确保供应工作质量和材料质量。项目经理部应及时向企业物资部门提供材料需要计划。远离企业本部的项目经理部,可在法定代表人授权下就地采购。

14.3.2 施工项目所需的特殊材料和零星材料(B类和C类材料)应按承包人授权由项目经理部采购。项目经理部应编制采购计划,报企业物资部门批准,按计划采购。特殊材料和零星材料的品种,在"项目管理目标责任书"中约定。

14.3.3 项目经理部的材料管理应满足下列要求:

　　1 按计划保质、保量、及时供应材料。

　　2 材料需要量计划应包括材料需要量总计划、年计划、季计划、月计划、日计划。

　　3 材料仓库的选址应有利于材料的进出和存放,符合防火、防雨、防盗、防风、防变质的要求。

 4 进场的材料应进行数量验收和质量认证,做好相应的验收记录和标识。不合格的材料应更换、退货或让步接收(降级使用),严禁使用不合格的材料。
 5 材料的计量设备必须经具有资格的机构定期检验,确保计量所需要的精确度。检验不合格的设备不允许使用。
 6 进入现场的材料应有生产厂家的材质证明(包括厂名、品种、出厂日期、出厂编号、试验数据)和出厂合格证。要求复检的材料要有取样送检证明报告。新材料未经试验鉴定,不得用于工程中。现场配制的材料应经试配,使用前应经认证。
 7 材料储存应满足下列要求:
  1) 入库的材料应按型号、品种分区堆放,并分别编号、标识。
  2) 易燃易爆的材料应专门存放、专人负责保管,并有严格的防火、防爆措施。
  3) 有防湿、防潮要求的材料,应采取防湿、防潮措施,并做好标识。
  4) 有保质期的库存材料应定期检查,防止过期,并做好标识。
  5) 易损坏的材料应保护好外包装,防止损坏。
 8 应建立材料使用限额领料制度。超限额的用料,用料前应办理手续,填写领料单,注明超耗原因,经项目经理部材料管理人员审批。
 9 建立材料使用台账,记录使用和节超状况。
 10 应实施材料使用监督制度。材料管理人员应对材料使用情况进行监督;做到工完、料净、场清;建立监督记录;对存在的问题应及时分析和处理。
 11 班组应办理剩余材料退料手续。设施用料、包装物及容器应回收,并建立回收台账。
 12 制定周转材料保管、使用制度。

14.4　项目机械设备管理

14.4.1　项目所需机械设备可从企业自有机械设备调配,或租赁,或购买,提供给项目经理部使用。远离公司本部的项目经理部,可由企业法定代表人授权,就地解决机械设备来源。

14.4.2　项目经理部应编制机械设备使用计划报企业审批。对进场的机械设备必须进行安装验收,并做到资料齐全准确。进入现场的机械设备在使用中应做好维护和管理。

14.4.3　项目经理部应采取技术、经济、组织、合同措施保证施工机械设备合理使用,提高施工机械设备的使用效率,用养结合,降低项目的机械使用成本。

14.4.4　机械设备操作人员应持证上岗、实行岗位责任制,严格按照操作规范作业,搞好班组核算,加强考核和激励。

14.5　项目技术管理

14.5.1　项目经理部应根据项目规模设项目技术负责人。项目经理部必须在企业总工程师和技术管理部门的指导下,建立技术管理体系。

14.5.2　项目经理部的技术管理应执行国家技术政策和企业的技术管理制度。项目经理部可自行制定特殊的技术管理制度,并报企业总工程师审批。

14.5.3　项目经理部的技术管理工作应包括下列内容:

1　技术管理基础性工作。
　　2　施工过程的技术管理工作。
　　3　技术开发管理工作。
　　4　技术经济分析与评价。
14.5.4　项目技术负责人应履行下列职责：
　　1　主持项目的技术管理。
　　2　主持制定项目技术管理工作计划。
　　3　组织有关人员熟悉与审查图纸，主持编制项目管理实施规划的施工方案并组织落实。
　　4　负责技术交底。
　　5　组织做好测量及其核定。
　　6　指导质量检验和试验。
　　7　审定技术措施计划并组织实施。
　　8　参加工程验收，处理质量事故。
　　9　组织各项技术资料的签证、收集、整理和归档。
　　10　领导技术学习，交流技术经验。
　　11　组织专家进行技术攻关。
14.5.5　项目经理部的技术工作应符合下列要求：
　　1　项目经理部在接到工程图纸后，按过程控制程序文件要求进行内部审查，并汇总意见。
　　2　项目技术负责人应参与发包人组织的设计会审，提出设计变更意见，进行一次性设计变更洽商。
　　3　在施工过程中，如发现设计图纸中存在问题，或因施工条件变化必须补充设计，或需要材料代用，可向设计人提出工程变更洽商书面资料。工程变更洽商应由项目技术负责人签字。
　　4　编制施工方案。
　　5　技术交底必须贯彻施工验收规范、技术规程、工艺标准、质量检验评定标准等要求。书面资料应由签发人和审核人签字，使用后归入技术资料档案。
　　6　项目经理部应将分包人的技术管理纳入技术管理体系，并对其施工方案的制定、技术交底、施工试验、材料试验、分项工程预检和隐检、竣工验收等进行系统的过程控制。
　　7　对后续工序质量有决定作用的测量与放线、模板、翻样、预制构件吊装、设备基础、各种基层、预留孔、预埋件、施工缝等应进行施工预验并做好记录。
　　8　各类隐蔽工程应进行隐检、做好隐验记录、办理隐验手续，参与各方责任人应确认、签字。
　　9　项目经理部应按项目管理实施规划和企业的技术措施纲要实施技术措施计划。
　　10　项目经理部应设技术资料管理人员，做好技术资料的收集、整理和归档工作，并建立技术资料台账。

14.6 项目资金管理

14.6.1 项目资金管理应保证收入、节约支出、防范风险和提高经济效益。

14.6.2 企业应在财务部门设立项目专用账号进行项目资金的收支预测、统一对外收支与结算。项目经理部负责项目资金的使用管理。

14.6.3 项目经理部应编制年、季、月度资金收支计划，上报企业财务部门审批后实施。

14.6.4 项目经理部应按企业授权配合企业财务部门及时进行资金计收。资金计收应符合下列要求：

1 新开工项目按工程施工合同收取预付款或开办费。

2 根据月度统计报表编制"工程进度款结算单"，在规定日期内报监理工程师审批、结算。如发包人不能按期支付工程进度款且超过合同支付的最后限期，项目经理部应向发包人出具付款违约通知书，并按银行的同期贷款利率计息。

3 根据工程变更记录和证明发包人违约的材料，及时计算索赔金额，列入工程进度款结算单。

4 发包人委托代购的工程设备或材料，必须签订代购合同，收取设备订货预付款或代购款。

5 工程材料价差应按规定计算，发包人应及时确认，并与进度款一起收取。

6 工期奖、质量奖、措施奖、不可预见费及索赔款应根据施工合同规定与工程进度款同时收取。

7 工程尾款应根据发包人认可的工程结算金额及时回收。

14.6.5 项目经理部应按企业下达的用款计划控制资金使用，以收定支，节约开支；应按会计制度规定设立财务台账记录资金支出情况，加强财务核算，及时盘点盈亏。

14.6.6 项目经理部应坚持做好项目的资金分析，进行计划收支与实际收支对比，找出差异，分析原因，改进资金管理。项目竣工后，结合成本核算与分析进行资金收支情况和经济效益总分析，上报企业财务主管部门备案。企业应根据项目的资金管理效果对项目经理部进行奖惩。

15 项目组织协调

15.1 一般规定

15.1.1 组织协调应分为内部关系的协调、近外层关系的协调和远外层关系的协调。

15.1.2 组织协调应能排除障碍、解决矛盾、保证项目目标的顺利实现。

15.1.3 组织协调应包括下列内容：

1 人际关系应包括施工项目组织内部的人际关系，施工项目组织与关联单位的人际关系。协调对象应是相关工作结合部中人与人之间在管理工作中的联系和矛盾。

2 组织机构关系应包括协调项目经理部与企业管理层及劳务作业层之间的关系。

3 供求关系应包括协调企业物资供应部门与项目经理部及生产要素供需单位之间的

关系。

  4 协作配合关系应包括协调近外层单位的协作配合,内部各部门、上下级、管理层与劳务作业层之间的关系。

15.1.4 组织协调的内容应根据在施工项目运行的不同阶段中出现的主要矛盾作动态调整。

15.2 内部关系的组织协调

15.2.1 内部人际关系的协调应依据各项规章制度,通过做好思想工作,加强教育培训,提高人员素质等方法实现。

15.2.2 项目经理部与企业管理层关系的协调应依靠严格执行"项目管理目标责任书";项目经理部与劳务作业层关系的协调应依靠履行劳务合同及执行"施工项目管理实施规划"。

15.2.3 项目经理部进行内部供求关系的协调应做好下列工作:

  1 做好供需计划的编制、平衡,并认真执行计划。

  2 充分发挥调度系统和调度人员的作用,加强调度工作,排除障碍。

15.3 近外层关系和远外层关系的组织协调

15.3.1 项目经理部进行近外层关系和远外层关系的组织协调必须在企业法定代表人的授权范围内实施。

15.3.2 项目经理部与发包人之间的关系协调应贯穿于施工项目管理的全过程。协调的目的是搞好协作,协调的方法是执行合同,协调的重点是资金问题、质量问题和进度问题。

15.3.3 项目经理部在施工准备阶段应要求发包人,按规定的时间履行合同约定的责任,保证工程顺利开工。项目经理部应在规定时间内承担合同约定的责任,为开工后连续施工创造条件。

15.3.4 项目经理部应及时向发包人或监理机构提供有关的生产计划、统计资料、工程事故报告等。发包人应按规定时间向项目经理部提供技术资料。

15.3.5 项目经理部应按现行《建设工程监理规范》的规定和施工合同的要求,接受监理单位的监督和管理,搞好协作配合。

15.3.6 项目经理部应在设计交底、图纸会审、设计洽商变更、地基处理、隐蔽工程验收和交工验收等环节中与设计单位密切配合,同时应接受发包人和监理工程师对双方的协调。

15.3.7 项目经理部与材料供应人应依据供应合同,充分运用价格机制、竞争机制和供求机制搞好协作配合。

15.3.8 项目经理部与公用部门有关单位的关系应通过加强计划性和通过发包人或监理工程师进行协调。

15.3.9 项目经理部与分包人关系的协调应按分包合同执行,正确处理技术关系、经济关系,正确处理项目进度控制、项目质量控制、项目安全控制、项目成本控制、项目生产要素管理和现场管理中的协作关系。项目经理部还应对分包单位的工作进行监督和支持。

15.3.10 处理远外层关系必须严格守法,遵守公共道德,并充分利用中介组织和社会管理机构的力量。

16 项目竣工验收阶段管理

16.1 一般规定

16.1.1 施工项目竣工验收的交工主体应是承包人,验收主体应是发包人。

16.1.2 竣工验收的施工项目必须具备规定的交付竣工验收条件。

16.1.3 竣工验收阶段管理应按下列程序依次进行:
1 竣工验收准备。
2 编制竣工验收计划。
3 组织现场验收。
4 进行竣工结算。
5 移交竣工资料。
6 办理交工手续。

16.2 竣工验收准备

16.2.1 项目经理应全面负责工程交付竣工验收前的各项准备工作,建立竣工收尾小组,编制项目竣工收尾计划并限期完成。

16.2.2 项目经理和技术负责人应对竣工收尾计划执行情况进行检查,重要部位要做好检查记录。

16.2.3 项目经理部应在完成施工项目竣工收尾计划后,向企业报告,提交有关部门进行验收。实行分包的项目,分包人应按质量验收标准的规定检验工程质量,并将验收结论及资料交承包人汇总。

16.2.4 承包人应在验收合格的基础上,向发包人发出预约竣工验收的通知书,说明拟交工项目的情况,商定有关竣工验收事宜。

16.3 竣 工 资 料

16.3.1 承包人应按竣工验收条件的规定,认真整理工程竣工资料。

16.3.2 企业应建立健全竣工资料管理制度,实行科学收集,定向移交,统一归口,便于存取和检索。

16.3.3 竣工资料的内容应包括:工程施工技术资料、工程质量保证资料、工程检验评定资料、竣工图,规定的其他应交资料。

16.3.4 竣工资料的整理应符合下列要求:
1 工程施工技术资料的整理应始于工程开工,终于工程竣工,真实记录施工全过程,可按形成规律收集,采用表格方式分类组卷。
2 工程质量保证资料的整理应按专业特点,根据工程的内在要求,进行分类组卷。
3 工程检验评定资料的整理应按单位工程、分部工程、分项工程划分的顺序,进行分类组卷。

4 竣工图的整理应区别情况按竣工验收的要求组卷。

16.3.5 交付竣工验收的施工项目必须有与竣工资料目录相符的分类组卷档案。承包人向发包人移交由分包人提供的竣工资料时,检查验证手续必须完备。

16.4 竣工验收管理

16.4.1 单独签订施工合同的单位工程,竣工后可单独进行竣工验收。在一个单位工程中满足规定交工要求的专业工程,可征得发包人同意,分阶段进行竣工验收。

16.4.2 单项工程竣工验收应符合设计文件和施工图纸要求,满足生产需要或具备使用条件,并符合其他竣工验收条件要求。

16.4.3 整个建设项目已按设计要求全部建设完成,符合规定的建设项目竣工验收标准,可由发包人组织设计、施工、监理等单位进行建设项目竣工验收,中间竣工并已办理移交手续的单项工程,不再重复进行竣工验收。

16.4.4 竣工验收应依据下列文件:
　　1 批准的设计文件、施工图纸及说明书。
　　2 双方签订的施工合同。
　　3 设备技术说明书。
　　4 设计变更通知书。
　　5 施工验收规范及质量验收标准。
　　6 外资工程应依据我国有关规定提交竣工验收文件。

16.4.5 竣工验收应符合下列要求:
　　1 设计文件和合同约定的各项施工内容已经施工完毕。
　　2 有完整并经核定的工程竣工资料,符合验收规定。
　　3 有勘察、设计、施工、监理等单位签署确认的工程质量合格文件。
　　4 有工程使用的主要建筑材料、构配件和设备进场的证明及试验报告。

16.4.6 竣工验收的工程必须符合下列规定:
　　1 合同约定的工程质量标准。
　　2 单位工程质量竣工验收的合格标准。
　　3 单项工程达到使用条件或满足生产要求。
　　4 建设项目能满足建成投入使用或生产的各项要求。

16.4.7 承包人确认工程竣工、具备竣工验收各项要求,并经监理单位认可签署意见后,向发包人提交"工程验收报告"。发包人收到"工程验收报告"后,应在约定的时间和地点,组织有关单位进行竣工验收。

16.4.8 发包人组织勘察、设计、施工、监理等单位按照竣工验收程序,对工程进行核查后,应做出验收结论,并形成"工程竣工验收报告",参与竣工验收的各方负责人应在竣工验收报告上签字并盖单位公章。

16.4.9 通过竣工验收程序,办完竣工结算后,承包人应在规定期限内向发包人办理工程移交手续。

16.5 竣工结算

16.5.1 "工程竣工验收报告"完成后,承包人应在规定的时间内向发包人递交工程竣工结算报告及完整的结算资料。

16.5.2 编制竣工结算应依据下列资料:
1 施工合同;
2 中标投标书的报价单;
3 施工图及设计变更通知单、施工变更记录、技术经济签证;
4 工程预算定额、取费定额及调价规定;
5 有关施工技术资料;
6 工程竣工验收报告;
7 "工程质量保修书";
8 其他有关资料。

16.5.3 项目经理部应做好竣工结算基础工作,指定专人对竣工结算书的内容进行检查。

16.5.4 在编制竣工结算报告和结算资料时,应遵循下列原则:
1 以单位工程或合同约定的专业项目为基础,应对原报价单的主要内容进行检查和核对。
2 发现有漏算、多算或计算误差的,应及时进行调整。
3 多个单位工程构成的施工项目,应将各单位工程竣工结算书汇总,编制单项工程竣工综合结算书。
4 多个单项工程构成的建设项目,应将各单项工程综合结算书汇总编制建设项目总结算书,并撰写编制说明。

16.5.5 工程竣工结算报告和结算资料,应按规定报企业主管部门审定,加盖专用章,在竣工验收报告认可后,在规定的期限内递交发包人或其委托的咨询单位审查。承发包双方应按约定的工程款及调价内容进行竣工结算。

16.5.6 工程竣工结算报告和结算资料递交后,项目经理应按照"项目管理目标责任书"规定,配合企业主管部门督促发包人及时办理竣工结算手续。企业预算部门应将结算资料送交财务部门,进行工程价款的最终结算和收款。发包人应在规定期限内支付工程竣工结算价款。

16.5.7 工程竣工结算后,承包人应将工程竣工结算报告及完整的结算资料纳入工程竣工资料,及时归档保存。

17 项目考核评价

17.1 一般规定

17.1.1 项目考核评价的目的应是规范项目管理行为,鉴定项目管理水平,确认项目管理成果,对项目管理进行全面考核和评价。

17.1.2 项目考核评价的主体应是派出项目经理的单位。项目考核评价的对象应是项目经理部,其中应突出对项目经理的管理工作进行考核评价。

17.1.3 考核评价的依据应是施工项目经理与承包人签订的"项目管理目标责任书",内容应包括完成工程施工合同、经济效益、回收工程款、执行承包人各项管理制度、各种资料归档等情况,以及"项目管理目标责任书"中其他要求内容的完成情况。

17.1.4 项目考核评价可按年度进行,也可按工程进度计划划分阶段进行,还可综合以上两种方式,在按工程部位划分阶段进行考核中插入按自然时间划分阶段进行考核。工程完工后,必须对项目管理进行全面的终结性考核。

17.1.5 工程竣工验收合格后,应预留一段时间整理资料、疏散人员、退还机械、清理场地、结清账目等,再进行终结性考核。

17.1.6 项目终结性考核的内容应包括确认阶段性考核的结果,确认项目管理的最终结果,确认该项目经理部是否具备"解体"的条件。经考核评价后,兑现"项目管理目标责任书"确定的奖励和处罚。

17.2 考核评价实务

17.2.1 施工项目完成以后,企业应组织项目考核评价委员会。项目考核评价委员会应由企业主管领导和企业有关业务部门从事项目管理工作的人员组成,必要时也可聘请社团组织或大专院校的专家、学者参加。

17.2.2 项目考核评价可按下列程序进行:
1 制订考核评价方案,经企业法定代表人审批后施行。
2 听取项目经理部汇报,查看项目经理部的有关资料,对项目管理层和劳务作业层进行调查。
3 考察已完工程。
4 对项目管理的实际运作水平进行考核评价。
5 提出考核评价报告。
6 向被考核评价的项目经理部公布评价意见。

17.2.3 项目经理部应向考核评价委员会提供下列资料:
1 "项目管理实施规划"、各种计划、方案及其完成情况。
2 项目所发生的全部来往文件、函件、签证、记录、鉴定、证明。
3 各项技术经济指标的完成情况及分析资料。
4 项目管理的总结报告,包括技术、质量、成本、安全、分配、物资、设备、合同履约及思想工作等各项管理的总结。
5 使用的各种合同,管理制度,工资发放标准。

17.2.4 项目考核评价委员会应向项目经理部提供项目考核评价资料。资料应包括下列内容:
1 考核评价方案与程序。
2 考核评价指标、计分办法及有关说明。
3 考核评价依据。
4 考核评价结果。

17.3 考核评价指标

17.3.1 考核评价的定量指标宜包括下列内容：
1. 工程质量等级；
2. 工程成本降低率；
3. 工期及提前工期率；
4. 安全考核指标。

17.3.2 考核评价的定性指标宜包括下列内容：
1. 执行企业各项制度的情况。
2. 项目管理资料的收集、整理情况。
3. 思想工作方法与效果。
4. 发包人及用户的评价。
5. 在项目管理中应用的新技术、新材料、新设备、新工艺。
6. 在项目管理中采用的现代化管理方法和手段。
7. 环境保护。

18 项目回访保修管理

18.1 一般规定

18.1.1 回访保修的责任应由承包人承担，承包人应建立施工项目交工后的回访与保修制度，听取用户意见，提高服务质量，改进服务方式。

18.1.2 承包人应建立与发包人及用户的服务联系网络，及时取得信息，并按计划、实施、验证、报告的程序，搞好回访与保修工作。

18.1.3 保修工作必须履行施工合同的约定和"工程质量保修书"中的承诺。

18.2 回 访

18.2.1 回访应纳入承包人的工作计划、服务控制程序和质量体系文件。

18.2.2 承包人应编制回访工作计划。工作计划应包括下列内容：
1. 主管回访保修业务的部门。
2. 回访保修的执行单位。
3. 回访的对象（发包人或使用人）及其工程名称。
4. 回访时间安排和主要内容。
5. 回访工程的保修期限。

18.2.3 执行单位在每次回访结束后应填写回访记录；在全部回访结束后，应编写"回访服务报告"。主管部门应依据回访记录对回访服务的实施效果进行验证。

18.2.4 回访可采取以下方式：
1. 电话询问、会议座谈、半年或一年的例行回访。

2 夏季重点回访屋面及防水工程和空调工程、墙面防水,冬季重点回访采暖工程。

3 对施工过程中采用的新材料、新技术、新工艺、新设备工程,回访使用效果或技术状态。

4 特殊工程的专访。

18.3 保　修

18.3.1 "工程质量保修书"中应具体约定保修范围及内容、保修期、保修责任、保修费用等。

18.3.2 保修期为自竣工验收合格之日起计算,在正常使用条件下的最低保修期限。

18.3.3 在保修期内发生的非使用原因的质量问题,使用人应填写"工程质量修理通知书"告知承包人,并注明质量问题及部位、联系维修方式。

18.3.4 承包人应按"工程质量保修书"的承诺向发包人或使用人提供服务。保修业务应列入施工生产计划,并按约定的内容承担保修责任。

18.3.5 保修经济责任应按下列方式处理:

1 由于承包人未按照国家标准、规范和设计要求施工造成的质量缺陷,应由承包人负责修理并承担经济责任。

2 由于设计人造成的质量缺陷,应由设计人承担经济责任。当由承包人修理时,费用数额应按合同约定,不足部分应由发包人补偿。

3 由于发包人供应的材料、构配件或设备不合格造成的质量缺陷,应由发包人自行承担经济责任。

4 由发包人指定的分包人造成的质量缺陷,应由发包人自行承担经济责任。

5 因使用人未经许可自行改建造成的质量缺陷,应由使用人自行承担经济责任。

6 因地震、洪水、台风等不可抗力原因造成损坏或非施工原因造成的事故,承包人不承担经济责任。

7 当使用人需要责任以外的修理维护服务时,承包人应提供相应的服务,并在双方协议中明确服务的内容和质量要求,费用由使用人支付。

附录3

工程网络计划技术规程

(JGJ/T 121—99)

1 总 则

1.0.1 为使工程网络计划技术在工程计划编制与控制的实际应用中遵循统一的技术规定,做到概念正确、计算原则一致和表达方式统一,以保证计划管理的科学性,制定本规程。

1.0.2 本规程适用于工程建设的规划、设计、施工以及相关工作的计划中,计划子项目(工作)、工作之间逻辑关系及各工作的持续时间都肯定的情况下,进度计划的编制与控制。也适用于国民经济各部门生产、科研、技术开发、设备维修及其他工作的进度计划的编制与控制。

1.0.3 网络计划应在确定技术方案与组织方案、按需要粗细划分工作、确定工作之间的逻辑关系及各工作的持续时间的基础上进行编制。

编制成的网络计划应满足预定的目标,否则应修改原技术方案与组织方案,对计划作出调整。经反复修改方案和调整计划均不能达到原定目标时,应对原定目标重新审定。

1.0.4 应用网络计划技术除应符合本规程外,尚应符合国家现行有关强制性标准的规定。

2 术语与符号、代号

2.1 术 语

2.1.1 网络图 network diagram
由箭线和节点组成的、用来表示工作流程的有向、有序网状图形。

2.1.2 双代号网络图 activity-on-arrow network
以箭线及其两端节点的编号表示工作的网络图。

2.1.3 单代号网络图 activity-on-node network
以节点及其编号表示工作,以箭线表示工作之间逻辑关系的网络图。

2.1.4 网络计划 network planning
用网络图表达任务构成、工作顺序并加注工作时间参数的进度计划。

2.1.5 网络计划控制 network planning control
网络计划执行中的记录、检查、分析与调整。它应贯穿于网络计划执行的全过程。

2.1.6 搭接网络计划 multi-dependency network
前后工作之间有多种逻辑关系的肯定型网络计划。

2.1.7 时间坐标 time-coordinate

按一定时间单位表示工作进度时间的坐标轴。

2.1.8 时标网络计划 time-coordinate network

以时间坐标为尺度编制的网络计划。

2.1.9 实际进度前锋线 practical progress vanguard line

在时标网络计划图上,将计划检查时刻各项工作的实际进度所达到的前锋点连接而成的折线。

2.1.10 工作 activity

计划任务按需要粗细程度划分而成的、消耗时间或同时也消耗资源的一个子项目或子任务。

2.1.11 虚工作 dummy activity

双代号网络计划中,只表示前后相邻工作之间的逻辑关系,既不占用时间、也不耗用资源的虚拟工作。

2.1.12 关键工作 critical activity

网络计划中总时差最小的工作。

2.1.13 紧前工作 front closely activity

紧排在本工作之前的工作。

2.1.14 紧后工作 back closely activity

紧排在本工作之后的工作。

2.1.15 箭线 arrow

网络图中一端带箭头的实线。在双代号网络图中,它与其两端节点表示一项工作;在单代号网络图中,它表示工作之间的逻辑关系。

2.1.16 虚箭线 dummy arrow

一端带箭头的虚线。在双代号网络图中表示一项虚拟的工作,以使逻辑关系得到正确表达。

2.1.17 内向前线 inter arrow

指向某个节点的箭线。

2.1.18 外向箭线 outer arrow

从某个节点引出的箭线。

2.1.19 节点 node

网络图中箭线端部的圆圈或其他形状的封闭图形。在双代号网络图中,它表示工作之间的逻辑关系;在单代号网络图中,它表示一项工作。

2.1.20 虚拟节点 dummy node

在单代号网络图中,当有多个无内向箭线的节点或有多个无外向箭线的节点时,为便于计算,虚设的起点节点或终点节点的统称。该节点的持续时间为零,不占用资源。虚拟起点节点与无内向箭线的节点相连,虚拟终点节点与无外向箭线的节点相连。

2.1.21 起点节点 start node

网络图的第一个节点,表示一项任务的开始。

2.1.22 终点节点 end node

网络图的最后一个节点,表示一项任务的完成。

2.1.23 线路 path

网络图中从起点节点开始,沿箭头方向顺序通过一系列箭线与节点,最后达到终点节点的通路。

2.1.24 关键线路 critical path

自始至终全部由关键工作组成的线路或线路上总的工作持续时间最长的线路。

2.1.25 循环回路 logical loop

从一个节点出发,沿箭头方向前进,又返回到原出发点的线路。

2.1.26 逻辑关系 logical relation

工作之间相互制约或依赖的关系。

2.1.27 母线法 generatrix method

网络图中,经一条共用的垂直线段,将多条箭线引入或引出同一个节点,使图形简洁的绘图方法。

2.1.28 过桥法 pass-bridge method

用过桥符号表示箭线交叉,避免引起混乱的绘图方法。

2.1.29 指向法 directional method

在箭线交叉较多处截断箭线、添加虚线指向圈以指示箭线方向的绘图方法。

2.1.30 工作计算法 calculation method on activities

在双代号网络计划中直接计算各项工作的时间参数的方法。

2.1.31 节点计算法 calculation method on node

在双代号网络计划中先计算节点时间参数,再据以计算各项工作的时间参数的方法。

2.1.32 时间参数 time parameter

工作或节点所具有的各种时间值。

2.1.33 工作持续时间 duration

一项工作从开始到完成的时间。

2.1.34 最早开始时间 earliest start time

各紧前工作全部完成后,本工作有可能开始的最早时刻。

2.1.35 最早完成时间 earliest finish time

各紧前工作全部完成后,本工作有可能完成的最早时刻。

2.1.36 最迟开始时间 latest start time

在不影响整个任务按期完成的前提下,工作必须开始的最迟时刻。

2.1.37 最迟完成时间 latest finish time

在不影响整个任务按期完成的前提下,工作必须完成的最迟时刻。

2.1.38 节点最早时间 earliest event time

双代号网络计划中,以该节点为开始节点的各项工作的最早开始时间。

2.1.39 节点最迟时间 latest event time

双代号网络计划中,以该节点为完成节点的各项工作的最迟完成时间。

2.1.40 时距 time difference

搭接网络图中相邻工作之间的时间差值。

2.1.41 计算工期 calculated project duration
根据时间参数计算所得到的工期。

2.1.42 要求工期 required project duration
任务委托人所提出的指令性工期。

2.1.43 计划工期 planned project duration
根据要求工期和计算工期所确定的作为实施目标的工期。

2.1.44 自由时差 free float
在不影响其紧后工作最早开始时间的前提下,本工作可以利用的机动时间。

2.1.45 总时差 total float
在不影响总工期的前提下,本工作可以利用的机动时间。

2.1.46 资源 resource
完成任务所需的人力、材料、机械设备和资金等的统称。

2.1.47 资源需用量 resource requirement
网络计划中各项工作在某一单位时间内所需某种资源总的数量。

2.1.48 资源限量 resource availability
单位时间内可供使用的某种资源的最大数量。

2.1.49 费用率 cost slope
为缩短每一单位工作持续时间所需增加的直接费。

2.2 符号、代号

2.2.1 通用部分

C_i——第 i 次工期缩短增加的总费用

R_t——第 t 个时间单位资源需用量

R_a——资源限量

T_p——网络计划的计划工期

T_c——网络计划的计算工期

T_r——网络计划的要求工期

T_h——资源需用量高峰期的最后时刻

2.2.2 双代号网络计划

CC_{i-j}——工作 $i-j$ 的持续时间缩短为最短持续时间后,完成该工作所需的直接费用

CN_{i-j}——在正常条件下,完成工作 $i-j$ 所需直接费用

D_{i-j}——工作 $i-j$ 的持续时间

DC_{i-j}——工作 $i-j$ 的最短持续时间

DN_{i-j}——工作 $i-j$ 的正常持续时间

EF_{i-j}——工作 $i-j$ 的最早完成时间

ES_{i-j}——工作 $i-j$ 的最早开始时间

ET_i——节点 i 的最早时间

FF_{i-j}——工作 $i-j$ 的自由时差

LF_{i-j}——在总工期已经确定的情况下,工作 $i-j$ 的最迟完成时间

LS_{i-j}——在总工期已经确定的情况下,工作 $i-j$ 的最迟开始时间

LT_i——节点 i 的最迟时间

TF_{i-j}——工作 $i-j$ 的总时差

ΔC_{i-j}——工作 $i-j$ 的费用率

$\Delta D_{m-n,i-j}$——工作 $i-j$ 安排在工作 $m-n$ 之后进行,工期所延长的时间

$\Delta D_{m'-n',i'-j'}$——最佳工作顺序安排所对应的工期延长时间的最小值

ΔT_{i-j}——工作 $i-j$ 的时间差值

2.2.3 单代号网络计划

CC_i——工作 i 的持续时间缩短为最短持续时间后,完成该工作所需直接费用

CN_i——在正常条件下完成工作 i 所需直接费用

D_i——工作 i 的持续时间

DC_i——工作 i 的最短持续时间

DN_i——工作 i 的正常持续时间

EF_i——工作 i 的最早完成时间

ES_i——工作 i 的最早开始时间

$LAG_{i,j}$——工作 i 和工作 j 之间的时间间隔

LF_i——在总工期已确定的情况下,工作 i 的最迟完成时间

LS_i——在总工期已确定的情况下,工作 i 的最迟开始时间

FF_i——工作 i 的自由时差

TF_i——工作 i 的总时差

$FTF_{i,j}$——从工作 i 完成到工作 j 完成的时距

$FTS_{i,j}$——从工作 i 完成到工作 j 开始的时距

$STF_{i,j}$——从工作 i 开始到工作 j 完成的时距

$STS_{i,j}$——从工作 i 开始到工作 j 开始的时距

ΔG_i——工作 i 的费用率

$\Delta T_{m,i}$——工作 i 安排在工作 m 之后进行,工期所延长的时间

$\Delta T_{m',i'}$——最佳工作顺序安排所对应的工期延长时间的最小值

ΔT_i——工作 i 的时间差值

3 双代号网络计划

3.1 一般规定

3.1.1 双代号网络图中,每一条箭线应表示一项工作(图 3.1.1)。箭线的箭尾节点表示该

工作的开始,箭线的箭头节点表示该工作的结束。在非时标网络图中,箭线的长度不直接反映该工作所占用的时间长短。箭线宜画成水平直线,也可画成折线或斜线。水平直线投影的方向应自左向右,表示工作的进行方向。

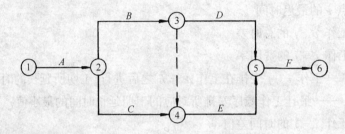

图 3.1.1 双代号网络图

3.1.2 双代号网络图的节点应用圆圈表示,并在圆圈内编号。节点编号顺序应从小到大,可不连续,但严禁重复。

3.1.3 双代号网络图中,一项工作应只有惟一的一条箭线和相应的一对节点编号,箭尾的节点编号应小于箭头的节点编号。

3.1.4 双代号网络图中的虚箭线,表示一项虚工作,其表示形式可垂直方向向上或向下,也可水平方向向右。

3.1.5 双代号网络计划中一项工作的基本表示方法应以箭线表示工作,以节点 i 表示开始节点,以节点 j 表示结束节点,工作名称应标注在箭线之上,持续时间应标注在箭线之下(图 3.1.5)。

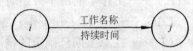

图 3.1.5 双代号网络图工作的表示方法

3.1.6 工作之间的逻辑关系可包括工艺关系和组织关系,在网络图中均应表现为工作之间的先后顺序。

3.1.7 双代号网络图中,各条线路的名称可用该线路上节点的编号自小到大依次记述。

3.2 绘 图 规 则

3.2.1 双代号网络图必须正确表达已定的逻辑关系。

3.2.2 双代号网络图中,严禁出现循环回路。

3.2.3 双代号网络图中,在节点之间严禁出现带双向箭头或无箭头的连线。

3.2.4 双代号网络图中,严禁出现没有箭头节点或没有箭尾节点的箭线。

3.2.5 当双代号网络图的某些节点有多条外向箭线或多条内向箭线时,在不违反本规程第 3.1.3 条的前提下,可使用母线法绘图。当箭线线型不同时,可在从母线上引出的支线上标出。

3.2.6 绘制网络图时,箭线不宜交叉;当交叉不可避免时,可用过桥法或指向法。

3.2.7 双代号网络图中应只有一个起点节点;在不分期完成任务的网络图中,应只有一个终点节点;而其他所有节点均应是中间节点。

3.3 按工作计算法计算时间参数

3.3.1 按工作计算法计算时间参数应在确定各项工作的持续时间之后进行。虚工作必须视同工作进行计算,其持续时间为零。

3.3.2 按工作计算法计算时间参数,其计算结果应标注在箭线之上(图3.3.2)。

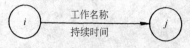

图 3.3.2 按工作计算法的标注内容
注:当为虚工作时,图中的箭线为虚箭线

3.3.3 工作最早开始时间的计算应符合下列规定:

1 工作 $i-j$ 的最早开始时间 ES_{i-j} 应从网络计划的起点节点开始顺着箭线方向依次逐项计算;

2 以起点节点 i 为箭尾节点的工作 $i-j$,当未规定其最早开始时间 ES_{i-j} 时,其值应等于零,即:

$$ES_{i-j} = 0 \quad (i=1) \tag{3.3.3-1}$$

3 当工作 $i-j$ 只有一项紧前工作 $h-i$ 时,其最早开始时间 ES_{i-j} 应为:

$$ES_{i-j} = ES_{h-i} + D_{h-i} \tag{3.3.3-2}$$

4 当工作 $i-j$ 有多个紧前工作时,其最早开始时间 ES_{i-j} 应为:

$$ES_{i-j} = \max\{ES_{h-i} + D_{h-i}\} \tag{3.3.3-3}$$

式中 ES_{h-i} ——工作 $i-j$ 的各项紧前工作 $h-i$ 的最早开始时间;

D_{h-i} ——工作 $i-j$ 的各项紧前工作 $h-i$ 的持续时间。

3.3.4 工作 $i-j$ 的最早完成时间 EF_{i-j} 应按下式计算:

$$EF_{i-j} = ES_{i-j} + D_{i-j} \tag{3.3.4}$$

3.3.5 网络计划的计算工期 T_c 应按下式计算:

$$T_c = \max\{EF_{i-n}\} \tag{3.3.5}$$

式中 EF_{i-n} ——以终点节点 $(j=n)$ 为箭头节点的工作 $i-n$ 的最早完成时间。

3.3.6 网络计划的计划工期 T_p 的计算应按下列情况分别确定:

1 当已规定了要求工期 T_r 时,

$$T_p \leqslant T_r \tag{3.3.6-1}$$

2 当未规定要求工期时,

$$T_p = T_c \tag{3.3.6-2}$$

3.3.7 工作最迟完成时间的计算应符合下列规定:

1 工作 $i-j$ 的最迟完成时间 LF_{i-j} 应从网络计划的终点节点开始,逆着箭线方向依次逐项计算。

2 以终点节点 $(j=n)$ 为箭头节点的工作的最迟完成时间 LF_{i-n},应按网络计划的计划工期 T_p 确定,即:

$$LF_{i-n} = T_p \tag{3.3.7-1}$$

3 其他工作 $i-j$ 的最迟完成时间 LF_{i-j} 应为:

$$LF_{i-j} = \min\{LF_{j-k} - D_{j-k}\} \tag{3.3.7-2}$$

式中 LF_{j-k} ——工作 $i-j$ 的各项紧后工作 $j-k$ 的最迟完成时间;

D_{j-k} ——工作 $i-j$ 的各项紧后工作 $j-k$ 的持续时间。

3.3.8 工作 $i-j$ 的最迟开始时间应按下式计算:

$$LS_{i-j} = LF_{i-j} - D_{i-j} \tag{3.3.8}$$

3.3.9 工作 $i-j$ 的总时差 TF_{i-j} 应按下式计算:

$$TF_{i-j} = LS_{i-j} - ES_{i-j} \tag{3.3.9-1}$$

或

$$TF_{i-j} = LF_{i-j} - EF_{i-j} \tag{3.3.9-2}$$

3.3.10 工作 $i-j$ 的自由时差 FF_{i-j} 的计算应符合下列规定：

1 当工作 $i-j$ 有紧后工作 $j-k$ 时，其自由时差应为：

$$FF_{i-j} = ES_{j-k} - ES_{i-j} - D_{i-j} \tag{3.3.10-1}$$

或

$$FF_{i-j} = ES_{j-k} - EF_{i-j} \tag{3.3.10-2}$$

式中 ES_{j-k}——工作 $i-j$ 的紧后工作 $j-k$ 的最早开始时间。

2 以终点节点($j=n$)为箭头节点的工作，其自由时差 FF_{i-j} 应按网络计划的计划工期 T_p 确定，即：

$$FF_{i-n} = T_p - ES_{i-n} - D_{i-n} \tag{3.3.10-3}$$

或

$$FF_{i-n} = T_p - EF_{i-n} \tag{3.3.10-4}$$

3.4 按节点计算法计算时间参数

3.4.1 按节点计算法计算时间参数应符合本规程第 3.3.1 条的规定。

3.4.2 按节点计算法计算时间参数，其计算结果应标注在节点之上(图 3.4.2)。

图 3.4.2 按节点计算法的标注内容

3.4.3 节点最早时间的计算应符合下列规定：

1 节点 i 的最早时间 ET_i 应从网络计划的起点节点开始，顺着箭线方向依次逐项计算；

2 起点节点 i 如未规定最早时间 ET_i 时，其值应等于零，即：

$$ET_i = 0 \quad (i=1) \tag{3.4.3-1}$$

3 当节点 j 只有一条内向箭线时，最早时间 ET_j 应为：

$$ET_j = ET_i + D_{i-j} \tag{3.4.3-2}$$

4 当节点 j 有多条内向箭线时，其最早时间 ET_j 应为：

$$ET_j = \max\{ET_i + D_{i-j}\} \tag{3.4.3-3}$$

式中 D_{i-j}——工作 $i-j$ 的持续时间。

3.4.4 网络计划的计算工期 T_c 应按下式计算：

$$T_c = ET_n \tag{3.4.4}$$

式中 ET_n——终点节点 n 的最早时间。

3.4.5 计划工期 T_p 的确定应符合本规程第 3.3.6 条的规定。

3.4.6 节点最迟时间的计算应符合下列规定：

1 节点 i 的最迟时间 LT_i 应从网络计划的终点节点开始，逆着箭线的方向依次逐项计算。当部分工作分期完成时，有关节点的最迟时间必须从分期完成节点开始逆向逐项计算；

2 终点节点 n 的最迟时间 LT_n 应按网络计划的计划工期 T_p 确定，即：

$$LT_n = T_p \tag{3.4.6-1}$$

分期完成节点的最迟时间应等于该节点规定的分期完成的时间；

3 其他节点的最迟时间 LT_i 应为：

$$LT_i = \min\{LT_j - D_{i-j}\} \tag{3.4.6-2}$$

式中 LT_j——工作 $i-j$ 的箭头节点 j 的最迟时间。

3.4.7 工作 $i-j$ 的最早开始时间 ES_{i-j} 应按下式计算：
$$ES_{i-j} = ET_i \quad (3.4.7)$$
3.4.8 工作 $i-j$ 的最早完成时间 EF_{i-j} 应按下式计算：
$$EF_{i-j} = ET_i + D_{i-j} \quad (3.4.8)$$
3.4.9 工作 $i-j$ 的最迟完成时间 LF_{i-j} 应按下式计算：
$$LF_{i-j} = LT_j \quad (3.4.9)$$
3.4.10 工作 $i-j$ 的最迟开始时间 LS_{i-j} 应按下式计算：
$$LS_{i-j} = LT_j - D_{i-j} \quad (3.4.10)$$
3.4.11 工作 $i-j$ 的总时差 TF_{i-j} 应按下式计算：
$$TF_{i-j} = LT_j - ET_i - D_{i-j} \quad (3.4.11)$$
3.4.12 工作 $i-j$ 的自由时差 FF_{i-j} 应按下式的计算：
$$FF_{i-j} = ET_j - ET_i - D_{i-j} \quad (3.4.12)$$

3.5 关键工作和关键线路的确定

3.5.1 总时差为最小的工作应为关键工作。

3.5.2 自始至终全部由关键工作组成的线路或线路上总的工作持续时间最长的线路应为关键线路。该线路在网络图上应用粗线、双线或彩色线标注。

4 单代号网络计划

4.1 一般规定

4.1.1 单代号网络图中，箭线表示紧邻工作之间的逻辑关系(图 4.1.1)。箭线应画成水平直线、折线或斜线。箭线水平投影的方向应自左向右，表示工作的进行方向。

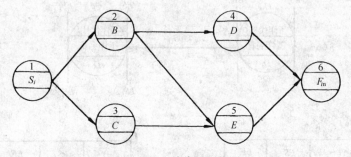

图 4.1.1 单代号网络图

4.1.2 单代号网络图中每一个节点表示一项工作，宜用圆圈或矩形表示。节点所表示的工作名称、持续时间和工作代号等应标注在节点内。

4.1.3 单代号网络图中的节点必须编号。编号标注在节点内，其号码可间断，但严禁重复。箭线的箭尾节点编号应小于箭头节点编号。一项工作必须有惟一的一个节点及相应的一个编号。

4.1.4 单代号网络计划中的一项工作,最基本的表示方法应符合图 4.1.4 的规定。

4.1.5 工作之间的逻辑关系包括工艺关系和组织关系,在网络图中均表现为工作之间的先后顺序。

4.1.6 单代号网络图中,各条线路应用该线路上的节点编号自小到大依次表述。

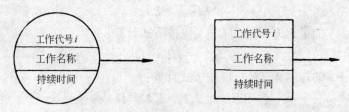

图 4.1.4 单代号网络图工作的表示方法

4.2 绘图规则

4.2.1 单代号网络图必须正确表述已定的逻辑关系。

4.2.2 单代号网络图中,严禁出现循环回路。

4.2.3 单代号网络图中,严禁出现双向箭头或无箭头的连线。

4.2.4 单代号网络图中,严禁出现没有箭尾节点的箭线和没有箭头节点的箭线。

4.2.5 绘制网络图时,箭线不宜交叉。当交叉不可避免时,可采用过桥法和指向法绘制。

4.2.6 单代号网络图只应有一个起点节点和一个终点节点;当网络图中有多项起点节点或多项终点节点时,应在网络图的两端分别设置一项虚工作,作为该网络图的起点节点(S_t)和终点节点(F_{in})。

4.3 时间参数的计算

4.3.1 单代号网络计划的时间参数计算应在确定各项工作持续时间之后进行。

4.3.2 单代号网络计划的时间参数基本内容和形式应按图 4.3.2(a)或(b)所示的方式标

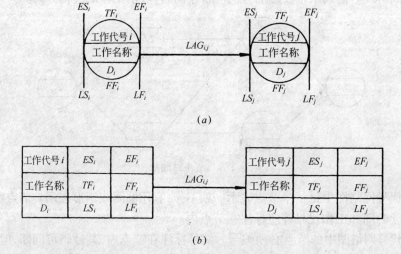

图 4.3.2 时间参数的标注形式

注。

4.3.3 工作最早开始时间的计算应符合下列规定：

1 工作 i 的最早开始时间 ES_i 应从网络图的起点节点开始，顺着箭线方向依次逐项计算；

2 当起点节点 i 的最早开始时间 ES_i 无规定时，其值应等于零，即：

$$ES_i = 0 \quad (i=1) \quad (4.3.3\text{-}1)$$

3 其他工作的最早开始时间 ES_i 应为：

$$ES_i = \max\{EF_h\} \quad (4.3.3\text{-}2)$$

或

$$ES_i = \max\{ES_h + D_h\} \quad (4.3.3\text{-}3)$$

式中 ES_h——工作 i 的各项紧前工作 h 的最早开始时间；

D_h——工作 i 的各项紧前工作 h 的持续时间。

4.3.4 工作 i 的最早完成时间 EF_i 应按下式计算：

$$EF_i = ES_i + D_i \quad (4.3.4)$$

4.3.5 网络计划计算工期 T_c 应按下式计算：

$$T_c = EF_n \quad (4.3.5)$$

式中 EF_n——终点节点 n 的最早完成时间。

4.3.6 网络计划的计划工期 T_p 的计算应符合本规程第 3.3.6 条的规定。

4.3.7 相邻两项工作 i 和 j 之间的时间间隔 $LAG_{i,j}$ 的计算应符合下列规定：

1 当终点节点为虚拟节点时，其时间间隔应为：

$$LAG_{i,n} = T_p - EF_i \quad (4.3.7\text{-}1)$$

2 其他节点之间的时间间隔应为：

$$LAG_{i,j} = ES_j - EF_i \quad (4.3.7\text{-}2)$$

4.3.8 工作总时差的计算应符合下列规定：

1 工作 i 的总时差 TF_i 应从网络计划的终点节点开始，逆着箭线方向依次逐项计算。当部分工作分期完成时，有关工作的总时差必须从分期完成的节点开始逆向逐项计算；

2 终点节点所代表工作 n 的总时差 TF_n 值应为：

$$TF_n = T_p - EF_n \quad (4.3.8\text{-}1)$$

3 其他工作 i 的总时差 TF_i 应为：

$$TF_i = \min\{TF_j + LAG_{i,j}\} \quad (4.3.8\text{-}2)$$

4.3.9 工作 i 的自由时差 FF_i 的计算应符合下列规定：

1 终点节点所代表工作 n 的自由时差 FF_n 应为：

$$FF_n = T_p - EF_n \quad (4.3.9\text{-}1)$$

2 其他工作 i 的自由时差 FF_i 应为：

$$FF_i = \min\{LAG_{i,j}\} \quad (4.3.9\text{-}2)$$

4.3.10 工作最迟完成时间的计算应符合下列规定：

1 工作 i 的最迟完成时间 LF_i 应从网络计划的终点节点开始，逆着箭线方向依次逐项

计算。当部分工作分期完成时,有关工作的最迟完成时间应从分期完成的节点开始逆向逐项计算;

2 终点节点所代表的工作 n 的最迟完成时间 LF_n,应按网络计划的计划工期 T_p 确定,即:

$$LF_n = T_p \tag{4.3.10-1}$$

3 其他工作 i 的最迟完成时间 LF_i 应为:

$$LF_i = \min\{LS_j\} \tag{4.3.10-2}$$

或

$$LF_i = EF_i + TF_i \tag{4.3.10-3}$$

式中 LS_j——工作 i 的各项紧后工作 j 的最迟开始时间。

4.3.11 工作 i 的最迟开始时间 LS_i 应按下式计算:

$$LS_i = LF_i - D_i \tag{4.3.11-1}$$

或

$$LS_i = ES_i + TF_i \tag{4.3.11-2}$$

4.4 关键工作和关键线路的确定

4.4.1 确定关键工作应符合本规程第 3.5.1 条的规定。

4.4.2 从起点节点开始到终点节点均为关键工作,且所有工作的时间间隔均为零的线路应为关键线路。该线路在网络图上应用粗线、双线或彩色线标注。

5 双代号时标网络计划

5.1 一般规定

5.1.1 双代号时标网络计划必须以水平时间坐标为尺度表示工作时间。时标的时间单位应根据需要在编制网络计划之前确定,可为时、天、周、月或季。

5.1.2 时标网络计划应以实箭线表示工作,以虚箭线表示虚工作,以波形线表示工作的自由时差。

5.1.3 时标网络计划中所有符号在时间坐标上的水平投影位置,都必须与其时间参数相对应。节点中心必须对准相应的时标位置。虚工作必须以垂直方向的虚箭线表示,有自由时差时加波形线表示。

5.2 时标网络计划的编制

5.2.1 时标网络计划宜按最早时间编制。

5.2.2 编制时标网络计划之前,应先按已确定的时间单位绘出时标计划表。时标可标注在时标计划表的顶部或底部。时标的长度单位必须注明。必要时,可在顶部时标之上或底部时标之下加注日历的对应时间。时标计划表格式宜符合表 5.2.2 的规定。

表 5.2.2 时标计划表

日　　历 (时间单位)	1	2	3	4	5	6	7	8	9	10	11	12	13	14	15	16	17
网络计划																	
(时间单位)	1	2	3	4	5	6	7	8	9	10	11	12	13	14	15	16	17

时标计划表中部的刻度线宜为细线。为使图面清楚,此线也可以不画或少画。

5.2.3 编制时标网络计划应先绘制无时标网络计划草图,然后按以下两种方法之一进行:
   1 先计算网络计划的时间参数,再根据时间参数按草图在时标计划表上进行绘制;
   2 不计算网络计划的时间参数,直接按草图在时标计划表上绘制。

5.2.4 用先计算后绘制的方法时,应先将所有节点按其最早时间定位在时标计划表上,再用规定线型绘出工作及其自由时差,形成时标网络计划图。

5.2.5 不经计算直接按草图绘制时标网络计划,应按下列方法逐步进行:
   1 将起点节点定位在时标计划表的起始刻度线上;
   2 按工作持续时间在时标计划表上绘制起点节点的外向箭线;
   3 除起点节点以外的其他节点必须在其所有内向箭线绘出以后,定位在这些内向箭线中最早完成时间最迟的箭线末端。其他内向箭线长度不足以到达该节点时,用波形线补足;
   4 用上述方法自左至右依次确定其他节点位置,直至终点节点定位绘完。

5.3　关键线路和时间参数的确定

5.3.1 时标网络计划关键线路的确定,应自终点节点逆箭线方向朝起点节点观察,自始至终不出现波形线的线路为关键线路。

5.3.2 时标网络计划的计算工期,应是其终点节点与起点节点所在位置的时标值之差。

5.3.3 按最早时间绘制的时标网络计划,每条箭线箭尾和箭头所对应的时标值应为该工作的最早开始时间和最早完成时间。

5.3.4 时标网络计划中工作的自由时差值应为表示该工作的箭线中波形线部分在坐标轴上的水平投影长度。

5.3.5 时标网络计划中工作的总时差的计算应自右向左进行,且符合下列规定:
   1 以终点节点($j=n$)为箭头节点的工作的总时差 TF_{i-j} 应按网络计划的计划工期 T_p 计算确定,即:

$$TF_{i-n} = T_p - EF_{i-n} \tag{5.3.5-1}$$

   2 其他工作的总时差成为:

$$TF_{i-j} = \min\{TF_{j-k} + FF_{i-j}\} \tag{5.3.5-2}$$

5.3.6 时标网络计划中工作的最迟开始时间和最迟完成时间应按下式计算:

$$LS_{i-j} = ES_{i-j} + TF_{i-j} \tag{5.3.6-1}$$

$$LF_{i-j} = EF_{i-j} + TF_{i-j} \tag{5.3.6-2}$$

6 单代号搭接网络计划

6.1 一般规定

6.1.1 单代号搭接网络计划中,箭线上面的符号仅表示相关工作之间的时距(图6.1.1)。其中起点节点 S_t 和终点节点 F_{in} 为虚拟节点。节点的标注应与单代号网络图相同(图4.1.4)。

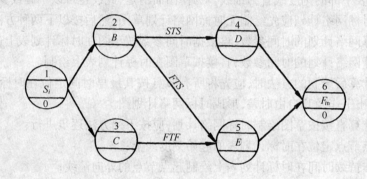

图 6.1.1 单代号搭接网络计划

6.1.2 单代号搭接网络图的绘制应符合本规程第4.1节和第4.2节的规定,同时应以时距表示搭接顺序关系。

6.2 时间参数的计算

6.2.1 单代号搭接网络计划时间参数计算,应在确定各工作持续时间和各项工作之间时距关系之后进行。

6.2.2 单代号搭接网络计划中的时间参数基本内容和形式应按图6.2.2所示方式标注。

6.2.3 工作最早时间的计算应符合下列规定:

1 计算最早时间参数必须从起点节点开始依次进行,只有紧前工作计算完毕,才能计算本工作;

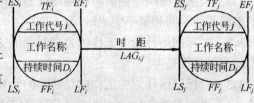

图 6.2.2 单代号搭接网络计划时间参数标注形式

2 计算工作最早开始时间应按下列步骤进行:

1) 凡与起点节点相联的工作最早开始时间都应为零,即:

$$ES_i = 0 \qquad (6.2.3\text{-}1)$$

2) 其他工作 j 的最早开始时间根据时距应按下列公式计算:

相邻时距为 $STS_{i,j}$ 时,

$$ES_j = ES_i + STS_{i,j} \qquad (6.2.3\text{-}2)$$

相邻时距为 $FTF_{i,j}$ 时,
$$ES_j = ES_i + D_i + FTF_{i,j} - D_j \tag{6.2.3-3}$$

相邻时距为 $STF_{i,j}$ 时,
$$ES_j = ES_i + STF_{i,j} - D_j \tag{6.2.3-4}$$

相邻时距为 $FTS_{i,j}$ 时,
$$ES_j = ES_i + D_i + FTS_{i,j} \tag{6.2.3-5}$$

式中 ES_j——工作 i 的紧后工作的最早开始时间;

D_i、D_j——相邻的两项工作的持续时间;

$STS_{i,j}$——i、j 两项工作开始到开始的时距;

$FTF_{i,j}$——i、j 两项工作完成到完成的时距;

$STF_{i,j}$——i、j 两项工作开始到完成的时距;

$FTS_{i,j}$——i、j 两项工作完成到开始的时距。

3 计算工作最早时间,当出现最早开始时间为负值时,应将该工作与起点节点用虚箭线相连接,并确定其时距为:
$$STS = 0 \tag{6.2.3-6}$$

4 工作 j 的最早完成时间 EF_j 应按下式计算:
$$EF_j = ES_j + D_j \tag{6.2.3-7}$$

6.2.4 当有两种以上的时距(有两项工作或两项以上紧前工作)限制工作间的逻辑关系时,应按本规程第 6.2.3 条分别进行计算其最早时间,取其最大值。

6.2.5 有最早完成时间的最大值的中间工作应与终点节点用虚箭线相连接,并确定其时距为:
$$FTF = 0 \tag{6.2.5}$$

6.2.6 搭接网络计划计算工期 T_c 由与终点相联系的工作的最早完成时间的最大值决定。

6.2.7 搭接网络计划的计划工期 T_p 应符合本规程第 3.3.6 条的规定。

6.2.8 相邻两项工作 i 和 j 之间在满足时距之外,还有多余的时间间隔 $LAG_{i,j}$,应按下式计算:
$$LAG_{i,j} = \min \begin{bmatrix} ES_j - EF_i - FTS_{i,j} \\ ES_j - ES_i - STS_{i,j} \\ EF_j - EF_i - FTF_{i,j} \\ EF_j - ES_i - STF_{i,j} \end{bmatrix} \tag{6.2.8}$$

6.2.9 工作 i 的总时差 TF_i 的计算应符合本规程第 4.3.8 条的规定。

6.2.10 工作 i 的自由时差 FF_i 的计算应符合本规程第 4.3.9 条的规定。

6.2.11 工作 i 的最迟完成时间 LF_i 的计算应符合本规程第 4.3.10 条的规定。

6.2.12 工作 i 的最迟开始时间 LS_i 的计算应符合本规程第 4.3.11 条的规定。

6.3 关键工作和关键线路的确定

6.3.1 确定关键工作应符合本规程第 3.5.1 条的规定。

6.3.2 确定关键线路应符合本规程第 4.4.2 条的规定。

7 网络计划优化

7.1 一般规定

7.1.1 网络计划的优化,应在满足既定约束条件下,按选定目标,通过不断改进网络计划寻求满意方案。

7.1.2 网络计划的优化目标,应按计划任务的需要和条件选定。包括工期目标、费用目标、资源目标。

7.2 工期优化

7.2.1 当计算工期不满足要求工期时,可通过压缩关键工作的持续时间满足工期要求。

7.2.2 工期优化的计算,应按下述步骤进行:
    1 计算并找出初始网络计划的计算工期、关键线路及关键工作;
    2 按要求工期计算应缩短的时间;
    3 确定各关键工作能缩短的持续时间;
    4 按本规程第 7.2.3 条选择关键工作,压缩其持续时间,并重新计算网络计划的计算工期;
    5 当计算工期仍超过要求工期时,则重复以上 1~4 款的步聚,直到满足工期要求或工期已不能再缩短为止;
    6 当所有关键工作的持续时间都已达到其能缩短的极限而工期仍不能满足要求时,应遵照本规程第 1.0.3 条的规定对计划的原技术方案、组织方案进行调整或对要求工期重新审定。

7.2.3 选择应缩短持续时间的关键工作宜考虑下列因素:
    1 缩短持续时间对质量和安全影响不大的工作;
    2 有充足备用资源的工作;
    3 缩短持续时间所需增加的费用最少的工作。

7.3 资源优化

7.3.1 "资源有限——工期最短"的优化,宜逐"时间单位"作资源检查,当出现第 t 个"时间单位"资源需用量 R_t 大于资源限量 R_a 时,应进行计划调整。

调整计划时,应对资源冲突的诸工作作新的顺序安排,顺序安排的选择标准是工期延长时间最短,其值应按下列公式计算:

    1) 对双代号网络计划:

$$\Delta D_{m'-n',i'-j'} = \min\{\Delta D_{m-n,i-j}\} \quad (7.3.1\text{-}1)$$

$$\Delta D_{m-n,i-j} = EF_{m-n} - LS_{i-j} \quad (7.3.1\text{-}2)$$

式中 $\Delta D_{m'-n',i'-j'}$——在各种顺序安排中,最佳顺序安排所对应的工期延长时间的最小值;

$\Delta D_{\mathrm{m-n},i-j}$——在资源冲突的诸工作中,工作 $i-j$ 安排在工作 $m-n$ 之后进行,工期所延长的时间。

2) 对单代号网络计划:

$$\Delta D_{m',i'} = \min\{\Delta D_{m,i}\} \tag{7.3.1-3}$$

$$\Delta D_{m,i} = EF_m - LS_i \tag{7.3.1-4}$$

式中 $\Delta D_{m',i'}$——在各种顺序安排中,最佳顺序安排所对应的工期延长时间的最小值;

$\Delta D_{m,i}$——在资源冲突的诸工作中,工作 i 安排在工作 m 之后进行,工期所延长的时间。

7.3.2 "资源有限——工期最短"优化的计划调整,应按下列步骤调整工作的最早开始时间;

1 计算网络计划每"时间单位"的资源需用量;

2 从计划开始日期起,逐个检查每个"时间单位"资源需用量是否超过资源限量,如果在整个工期内每个"时间单位"均能满足资源限量的要求,可行优化方案就编制完成。否则必须进行计划调整;

3 分析超过资源限量的时段(每"时间单位"资源需用量相同的时间区段),按式 7.3.1-1 计算 $\Delta D_{m'-n',i'-j'}$,或按式 7.3.1-3 计算 $\Delta D_{m',i'}$ 值,依据它确定新的安排顺序;

4 当最早完成时间 $EF_{m'-n'}$ 或 $EF_{m'}$ 最小值和最迟开始时间 $LS_{i'-j'}$ 或 $LS_{i'}$ 最大值同属一个工作时,应找出最早完成时间 $EF_{m'-n'}$ 或 $EF_{m'}$ 值为次小,最迟开始时间 $LS_{i'-j'}$ 或 $LS_{i'}$ 为次大的工作,分别组成两个顺序方案,再从中选较小者进行调整;

5 绘制调整后的网络计划,重复本条1~4款的步骤,直到满足要求。

7.3.3 "工期固定——资源均衡"优化,可用削高峰法(利用时差降低资源高峰值),获得资源消耗量尽可能均衡的优化方案。

7.3.4 削高峰法应按下列步骤进行:

1 计算网络计划每"时间单位"资源需用量;

2 确定削峰目标,其值等于每"时间单位"资源需用量的最大值减一个单位量;

3 找出高峰时段的最后时间 T_h 及有关工作的最早开始时间 ES_{i-j}(或 ES_i)和总时差 TF_{i-j}(或 TF_i);

4 按下列公式计算有关工作的时间差值 ΔT_{i-j} 或 ΔT_i:

1) 对双代号网络计划:

$$\Delta T_{i-j} = TF_{i-j} - (T_h - ES_{i-j}) \tag{7.3.4-1}$$

2) 对单代号网络计划:

$$\Delta T_i = TF_i - (T_h - ES_i) \tag{7.3.4-2}$$

优先以时间差值最大的工作 $i'-j'$ 或工作 i' 为调整对象,令

$$ES_{i'-j'} = T_h \tag{7.3.4-3}$$

或

$$ES_{i'} = T_h; \tag{7.3.4-4}$$

5 当峰值不能再减少时,即得到优化方案。否则,重复以上步骤。

7.4 费 用 优 化

7.4.1 进行费用优化,应首先求出不同工期下最低直接费用,然后考虑相应的间接费的影

响和工期变化带来的其他损益,包括效益增量和资金的时间价值等,最后再通过迭加求出最低工程总成本。

7.4.2 费用优化应按下列步骤进行:
1 按工作正常持续时间找出关键工作及关键线路;
2 按下列公式计算各项工作的费用率
　1) 对双代号网络计划:

$$\Delta C_{i-j} = \frac{CC_{i-j} - CN_{i-j}}{DN_{i-j} - DC_{i-j}} \tag{7.4.2-1}$$

式中　ΔC_{i-j}——工作 $i-j$ 的费用率;
　　　CC_{i-j}——将工作 $i-j$ 持续时间缩短为最短持续时间后,完成该工作所需的直接费用;
　　　CN_{i-j}——在正常条件下完成工作 $i-j$ 所需的直接费用;
　　　DN_{i-j}——工作 $i-j$ 的正常持续时间;
　　　DC_{i-j}——工作 $i-j$ 的最短持续时间。

　2) 对单代号网络计划:

$$\Delta C_i = \frac{CC_i - CN_i}{DN_i - DC_i} \tag{7.4.2-2}$$

式中　ΔC_i——工作 i 的费用率;
　　　CC_i——将工作 i 持续时间缩短为最短持续时间后,完成该工作所需的直接费用;
　　　CN_i——在正常条件下完成工作 i 所需的直接费用;
　　　DN_i——工作 i 的正常持续时间;
　　　DC_i——工作 i 的最短持续时间。

3 在网络计划中找出费用率(或组合费用率)最低的一项关键工作或一组关键工作,作为缩短持续时间的对象;
4 缩短找出的关键工作或一组关键工作的持续时间,其缩短值必须符合不能压缩成非关键工作和缩短后其持续时间不小于最短持续时间的原则;
5 计算相应增加的总费用 C_i;
6 考虑工期变化带来的间接费及其他损益,在此基础上计算总费用;
7 重复本条 3~6 款的步骤,一直计算到总费用最低为止。

8 网络计划控制

8.1 网络计划的检查

8.1.1 检查网络计划首先必须收集网络计划的实际执行情况,并进行记录。
　　当采用时标网络计划时,应绘制实际进度前锋线记录计划实际执行情况。前锋线应自上而下地从计划检查的时间刻度出发,用直线段依次连接各项工作的实际进度前锋点,最后到达计划检查的时间刻度为止,形成折线。前锋线可用彩色线标画;不同检查时刻绘制的相邻前锋线可采用不同颜色标画。

当采用无时标网络计划时,可在图上直接用文字、数字、适当符号,或列表记录计划实际执行情况。

8.1.2 对网络计划的检查应定期进行。检查周期的长短应根据计划工期的长短和管理的需要确定。必要时,可作应急检查,以便采取应急调整措施。

8.1.3 网络计划的检查必须包括以下内容:
1 关键工作进度;
2 非关键工作进度及尚可利用的时差;
3 实际进度对各项工作之间逻辑关系的影响;
4 费用资料分析。

8.1.4 对网络计划执行情况的检查结果,应进行以下分析判断:
1 对时标网络计划,宜利用已画出的实际进度前锋线,分析计划的执行情况及其发展趋势,对未来的进度情况作出预测判断,找出偏离计划目标的原因及可供挖掘的潜力所在;
2 对无时标网络计划,宜按表8.1.4记录的情况对计划中的未完成工作进行分析判断。

表 8.1.4 网络计划检查结果分析表

工作编号	工作名称	检查时尚需作业天数	按计划最迟完成前尚有天数	总时差(d)		自由时差(d)		情况分析
				原有	目前尚有	原有	目前尚有	

8.2 网络计划的调整

8.2.1 网络计划的调整可包括下列内容:
1 关键线路长度的调整;
2 非关键工作时差的调整;
3 增减工作项目;
4 调整逻辑关系;
5 重新估计某些工作的持续时间;
6 对资源的投入作相应调整。

8.2.2 调整关键线路的长度,可针对不同情况选用下列不同的方法:
1 对关键线路的实际进度比计划进度提前的情况,当不拟提前工期时,应选择资源占用量大或直接费用高的后续关键工作,适当延长其持续时间,以降低其资源强度或费用;当要提前完成计划时,应将计划的未完成部分作为一个新计划,重新确定关键工作的持续时间,按新计划实施;

  2 对关键线路的实际进度比计划进度延误的情况,应在未完成的关键工作中,选择资源强度小或费用低的,缩短其持续时间,并把计划的未完成部分作为一个新计划,按工期优化方法进行调整。

8.2.3 非关键工作时差的调整应在其时差的范围内进行。每次调整均必须重新计算时间参数,观察该调整对计划全局的影响。调整方法可采用下列方法之一:

  1 将工作在其最早开始时间与其最迟完成时间范围内移动;
  2 延长工作持续时间;
  3 缩短工作持续时间。

8.2.4 增、减工作项目时,应符合下列规定:

  1 不打乱原网络计划的逻辑关系,只对局部逻辑关系进行调整;
  2 重新计算时间参数,分析对原网络计划的影响。当对工期有影响时,应采取措施,保证计划工期不变。

8.2.5 逻辑关系的调整只有当实际情况要求改变施工方法或组织方法时才可进行。调整时应避免影响原定计划工期和其他工作顺利进行。

8.2.6 当发现某些工作的原持续时间有误或实现条件不充分时,应重新估算其持续时间,并重新计算时间参数。

8.2.7 当资源供应发生异常时,应采用资源优化方法对计划进行调整或采取应急措施,使其对工期的影响最小。

8.2.8 网络计划的调整,可定期或根据计划检查结果在必要时进行。